计量经济学学习指导与EViews应用指南

第2版

孙敬水 主编

清華大学出版社
北 京

内 容 简 介

本书是为《计量经济学》(第 4 版)编写的配套教材。本书按照主教材的内容体系编写，给出了各章内容提要、学习重点与难点、典型例题分析、习题及习题解答五部分内容，书中的典型例题和习题中所有计算题都是采用计量经济学软件——EViews 9.0 进行计算的，并且给出了详细的操作步骤，有助于读者加强对所学知识的理解，巩固和提高学习效果。本书对于读者而言是一本更具有可操作性与实用性的读物。

本书可供选用《计量经济学》(第 4 版)作为教材的师生配套使用，同时，本书又具有相对独立性，既可以作为高等院校经济学、管理学研究生、高年级本科生和考研学生的学习参考书，也可以作为经济管理研究人员与实际工作者的学习参考书。

图书在版编目(CIP)数据

计量经济学学习指导与 EViews 应用指南/孙敬水主编. —2 版. —北京：清华大学出版社，2018 (2024.8重印)

ISBN 978-7-302-50539-6

Ⅰ. ①计… Ⅱ. ①孙… Ⅲ. ①计量经济学－高等学校－教学参考资料 ②计量经济学－应用软件－高等学校－教学参考资料 Ⅳ. ①F224.0

中国版本图书馆 CIP 数据核字(2018)第 141971 号

责任编辑：梁云慈
封面设计：傅瑞学
责任校对：王凤芝
责任印制：刘海龙

出版发行：清华大学出版社
网　　址：https：//www.tup.com.cn，https：//www.wqxuetang.com
地　　址：北京清华大学学研大厦 A 座　**邮　　编**：100084
社 总 机：010-83470000　**邮　　购**：010-62786544
投稿与读者服务：010-62776969，c-service@tup.tsinghua.edu.cn
质量反馈：010-62772015，zhiliang@tup.tsinghua.edu.cn
印 装 者：三河市龙大印装有限公司
经　　销：全国新华书店
开　　本：185mm×260mm　**印　　张**：23.5　**字　　数**：552 千字
版　　次：2010 年 12 月第 1 版　2018 年 8 月第 2 版　**印　　次**：2024 年 8 月第 6 次印刷
定　　价：59.00 元

产品编号：077294-02

第2版前言

自《计量经济学学习指导与EViews应用指南》第1版出版以来，我们收到许多读者和同行专家对辅导教材提出的宝贵意见和建议，受益很多。经过七年的使用，发现第1版内容还存在一些不足之处，编者决定对其进行修订与完善。

本书是为《计量经济学》(第4版)编写的配套教材。本书不仅按照教材的内容体系编写，对教材中的全部习题给予详细解答，而且在各章给出了内容提要、学习重点与难点、典型例题分析、习题及习题解答五部分内容。

本书第2版在保留第1版基本结构的基础上，对以下内容进行了补充、修订与完善。

第一，本书各章均增加了判断题并给出了答案，丰富了习题类型；对每章的典型例题分析和习题进行了补充与修订；对第1版中不够准确之处进行了修订与完善。书中的典型例题分析和习题中所有计算题均采用EViews 9.0软件进行更新，并且给出了详细的操作步骤，有助于读者加强对所学知识的理解，巩固和提高学习效果，有助于读者利用EViews 9.0软件分析与解决现实经济问题，具有很强的可操作性。

第二，本书第5章增加了"布罗斯—帕甘—戈弗雷(Breusch-Pagan-Godfrey)检验"的内容，补充了相应的习题，增加了EViews 9.0软件具体操作步骤。

第三，本书第7章增加了"虚拟被解释变量"一节，重点介绍Probit模型和Logit模型，补充了相应的典型例题分析和习题，对于虚拟被解释变量模型，增加了EViews 9.0软件具体操作步骤。在随机解释变量的解决方法中，补充了"两阶段最小二乘法(TSLS)"，增加了"解释变量的内生性检验:豪斯曼检验"。删除了第7章中"模型的设定误差""模型变量的观测误差"两节内容。

第四，本书第11章增加了"面板数据的单位根检验与协整检验"一节，更换了部分典型例题分析，并给出了EViews 9.0软件的具体操作步骤。

编者在清华大学出版社网站(http://www.tup.tsinghua.edu.cn/)"下载专区"为使用本书的教师和读者提供《计量经济学学习指导与EViews应用指南》(第2版)下载资源:计量经济学软件(EViews 9.0)、典型例题分析和习题的EViews 9.0工作文件、各章习题数据等。

本书的修订由第1版编者完成，新增加的内容由孙敬水编写。全书最后由孙敬水负责审阅和定稿。在本书第2版出版之际，感谢对本书提出宝贵建议的同行专家和读者，感谢本书修订时所参考的所有论著的作者，感谢清华大学出版社责任编辑梁云慈老师为本书出版付出的辛勤劳动。

由于我们水平有限，书中肯定存在诸多不足之处，欢迎同行专家和读者批评指正，并提出宝贵的意见和建议，以便我们作进一步的修订与完善。

编　者

2018年1月

前　言

当前，计量经济分析方法已成为现代经济学、管理学各专业重要的科学研究方法，并已广泛应用于宏观经济和微观经济各个研究领域。计量经济学作为我国高等院校经济学科中的一门核心基础课，其重要性日益受到关注和重视，国内各高校相继开设了不同层次的计量经济学课程。与此同时，我们发现，与国外的教材相比，国内的计量经济学教材对练习题的重视程度还不够。众所周知，计量经济学的学习离不开一定量的练习，适量的习题练习对于这门课的学习起着举足轻重的作用，它不仅有利于读者进一步深入理解相关概念和原理，更有助于将这些概念和原理与实际的具体问题相结合，提高学生运用计量经济方法解决问题的能力。目前，国内的大部分计量经济学教材给出的习题量都相对较少，给出相应学习指导书的就更少；引进的国外教材尽管有较多的练习题，但是给出相应解答的很少。学生在学习过程中，做了练习，却不知道自己是否做对了，从而会影响学习效果。这种情况下，我们针对《计量经济学》(第 2 版)编写了这本配套的教材《计量经济学学习指导与EViews 应用指南》，以满足教学与学习的需要。

本书结构与已有的同类配套辅导教材有很大不同，不但给出了教材各章习题的详细答案，而且还给出了各章内容提要、学习重点与难点、典型例题分析、习题及习题解答五部分内容。内容提要对每章的主要内容作了归纳与总结，便于学生复习。学习重点与难点给出了各章的学习要点和需要重点掌握的核心内容。典型例题分析则针对每一章挑选了具有代表性的题型作了较为详细的分析与解答，例题中往往包括教材内容中由于篇幅限制而没有详细讨论的问题。习题形式多种多样，包括单项选择题、多项选择题、简答题、证明题、计算与分析题等，内容涉及计量经济学的基本理论、方法与应用。教材中每章的习题在本书中都给出了详细解答。书中的典型例题和习题中所有计算题都是采用计量经济学软件——EViews 6.0 进行计算的，并且给出了详细的操作步骤，有助于加强读者对所学知识的理解，巩固和提高学习效果。本书对于读者而言是一本更具有操作性与实用性的读物。

目前，在同类计量经济学辅导教材中，软件的使用仍然是薄弱环节。本书与最流行的计量经济学软件 EViews 6.0 紧密结合，书中讲述的所有方法都要求在 EViews 6.0 上实现，改变过去单独介绍软件的做法，将 EViews 6.0 软件的学习与各章典型例题分析、习题解答有机结合，使学生在实际运用中学习 EViews 6.0 的操作方法，训练学生动手能力及分析问题和解决问题的能力。

本书可供选用《计量经济学》(第 2 版)作教材的师生作为学习参考书和实验教材，同时，本书又具有相对独立性，以便于不同层次读者使用。既可以作为高等院校经济学、管理学研究生、高年级本科生和考研学生的学习参考书，也可作为经济管理研究人员与实际工作者的学习参考书。

本书由浙江工商大学经济学院教授孙敬水任主编，参加编写的成员有赵连阁教授、马淑琴教授等。在本书编写过程中，我们参考了国内外一些教材、习题集和辅导书，在此向这些教材、习题集和辅导书的作者表示衷心的感谢。本书得到 2009 年度浙江省高校重点教材建设项目(ZJB2009110)资助，在编写、审稿和出版过程中，清华大学出版社给予大力支持，在此一并致谢！

编写本学习指导书是一项费时而又单调的工作，虽然我们竭尽全力去检查习题解答的完整性和EViews实验操作的准确性，但由于编者自身水平有限，书中难免有不妥甚至错误之处，欢迎读者及同行、专家批评指正，并提出宝贵的意见和建议，以使本书能够在再版时臻于完美。

编　者

2010年8月

目　　录

第1章 导 论

1.1 内容提要

计量经济学是一门从数量方面研究各种经济变量变化规律的应用学科。作为导论，本章主要介绍计量经济学的基本概念与内容体系、建立计量经济模型的步骤、计量经济模型的应用等内容，以便对计量经济学的整体框架有一个总体认识。

1.1.1 计量经济学概述

1. 计量经济学的定义

计量经济学是在经济学理论的指导下，根据实际观测的统计数据，运用数学和统计学的方法，借助于计算机技术从事经济关系与经济活动数量规律的研究，并以建立和应用计量经济模型为核心的一门经济学科。

2. 计量经济学与其他学科的关系

计量经济学是一门应用经济学科，它是以经济现象为研究对象的；计量经济学的目的在于揭示经济关系与经济活动的数量规律；计量经济学是经济学、统计学、数学三者的综合；计量经济学的核心内容是建立和应用具有随机特征的计量经济模型。

计量经济模型建立的过程，是综合应用经济理论、统计、数学方法的过程。经济学为其提供理论基础，统计学为其提供数据资料，数学为其提供研究方法。理论模型的设定、样本数据的收集是直接以经济理论为依据，建立在对所研究经济现象的透彻认识基础上的，而模型参数的估计和模型有效性的检验则是统计学和数学方法在经济研究中的具体应用。没有理论模型和样本数据，统计学和数学方法将没有发挥作用的“对象”和“原料”；反过来，如果没有统计学和数学所提供的方法，原料将无法成为“产品”。因此，计量经济学广泛涉及经济学、统计学、数学这三门学科的理论和方法，缺一不可。

3. 计量经济学的内容体系

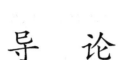

从内容角度，可以将计量经济学划分为理论计量经济学和应用计量经济学。从学科角度，可以将计量经济学划分为广义计量经济学与狭义计量经济学。从计量经济学的发展时期与理论方法的角度，可以将计量经济学划分为经典计量经济学与非经典计量经济学。从

宏观经济学与微观经济学的角度,可以将计量经济学划分为宏观计量经济学与微观计量经济学。

1.1.2 计量经济学的基本概念

计量经济学的基本概念主要涉及经济变量、经济数据、经济模型等。

1. 计量经济模型中的变量

经济变量是用来描述经济因素数量水平的指标。经济变量按其自身特点及其计量经济模型参数估计的需要,可以分为若干不同的类型。

(1) 解释变量和被解释变量。从变量的因果关系看,经济变量可分为解释变量和被解释变量。解释变量也称自变量,是用来解释作为研究对象的变量(因变量)为什么变动、如何变动的变量。它对因变量的变动作出解释,表现为方程所描述的因果关系中的"因"。被解释变量也称因变量,是作为研究对象的变量。它的变动是由解释变量作出解释的,表现为方程所描述的因果关系中的果。

(2) 内生变量和外生变量。从变量的性质看,可以把变量分为内生变量和外生变量。内生变量是由模型系统内部因素所决定的变量,表现为具有一定概率分布的随机变量,其数值受模型中其他变量的影响,是模型求解的结果。所谓外生变量,即其数值由模型系统之外其他因素所决定的变量,不受模型内部因素的影响,表现为非随机变量,其数值在模型求解之前就已经确定。

(3) 滞后变量与前定变量。滞后变量是指过去时期的、对当前因变量产生影响的变量。滞后变量可分为滞后解释变量与滞后因变量两类。通常将外生变量和滞后变量合称为前定变量,即在求解之前已经确定或需要确定的变量。

(4) 控制变量、虚拟变量。在计量经济模型中人为设置反映政策要求、决策者意愿、经济系统运行条件和状态等方面的变量,这类变量称为控制变量。而虚拟变量是反映定性因素(或属性)变化,取值为 1 或 0 的人工变量。

2. 计量经济模型中应用的数据

计量经济研究中使用的经济数据主要包括三种,即时间序列数据、截面数据和混合数据或面板数据。

(1) 时间序列数据。时间序列数据是同一统计指标、同一统计单位按时间顺序记录形成的统计数据。时间序列数据既可以是时期数据,也可以是时点数据。

(2) 截面数据。截面数据是同一统计指标、同一时间(时期或时点)按不同统计单位记录形成的统计数据。时间序列数据与截面数据比较,其区别在于组成数据的排列标准不同,时间序列数据是按时间顺序排列的,截面数据是按统计单位排列的。

(3) 面板数据。面板数据,指既有时间序列数据又有截面数据,即在时间序列上取多个截面,在这些截面上同时选取样本观测值所构成的样本数据。

3. 计量经济模型

经济模型是指对经济现象或过程的一种数学模拟,即经济现象的表示或模仿。计量经济模型是指为了研究分析某个系统中经济变量之间的数量关系而采用的随机代数模型,是以数学形式对客观经济现象所作出的描述和概括。

一个计量经济模型由四个部分构成，即变量、参数、随机误差项和方程式。计量经济模型的一般表达式为：$Y=f(X,b,u)$。它包含因变量或被解释变量 Y、自变量或解释变量 X、参数 b 和随机误差项 u 及方程的形式 $f(\cdot)$ 等四个要素。Y、X、b、u 也可以是向量形式。其中随机误差项 u 是一个随机变量，用于表示模型中尚未包含的其他因素对因变量的影响。参数 b 是模型中表示变量之间数量关系的常系数，它将各种经济变量连接在计量经济模型之中，具体说明解释变量对因变量的影响程度。参数一般是未知的，需要根据样本信息加以估计。通常选择参数估计式时应参照无偏性、最小方差性、一致性等准则。方程的形式 $f(\cdot)$ 就是将计量经济模型的三个要素联系在一起的数学表达式，如线性形式和非线性形式、单一方程模型形式和联立方程组模型形式。

经济理论、建模方法与高质量的数据是计量经济模型成功的三要素。

1.1.3 建立与应用计量经济模型的主要步骤

1. 根据经济理论建立计量经济模型

首先，根据经济理论分析所研究的经济现象，找出经济现象间的因果关系及相互间的联系。把问题作为因变量（或被解释变量），影响问题的主要因素作为自变量（或解释变量），非主要因素归入随机误差项。其次，按照它们之间的行为关系，选择适当的数学形式描述这些变量之间的关系，一般用一组数学上彼此独立、互不矛盾、完整有解的方程组来表示。

2. 样本数据的收集与处理

建立模型之后，应该根据模型中变量的含义、口径，收集并整理样本数据。常用的数据有：时间序列数据、截面数据和面板数据。样本数据质量直接关系到模型的质量。在实际使用数据估计模型之前，需要对数据做预处理，对数据进行一些初步检查和分析，初步把握样本数据的一些统计特征。

3. 模型参数的估计

模型参数的估计是建立计量经济模型的核心，涉及对模型的识别、估计方法的选择等多个方面。对于单一方程模型，最常用的参数估计方法是普通最小二乘法，还有广义最小二乘法、极大似然估计法等。对于联立方程模型，其参数估计方法主要有间接最小二乘法、工具变量法、二阶段最小二乘法、三阶段最小二乘法等。

4. 模型的检验

所谓检验就是对参数估计值加以评定，确定它们在理论上是否有意义，在统计上是否显著。对计量经济模型的检验主要应从以下几方面进行。

（1）经济意义检验（或符号检验、经济合理性检验）：即检验求得的参数估计值的符号（取正值或取负值）与大小是否与预期值或理论值相符。

（2）统计推断检验：就是从数学上论证模型变量选择、函数形式确定、参数估计的科学性和可靠性。通常最广泛应用的统计检验准则有拟合优度检验、单个变量的显著性检验和整个回归模型的显著性检验等，分别采用 R^2、t、F 作为检验统计量。统计推断检验有时也称为一级检验。

（3）计量经济检验：即从参数估计的条件上证明所建立的模型是否成立。目的在于判断所采用的计量经济方法是否令人满意，计量经济方法的假设条件是否得到满足，从而确定统计检验的可靠性。计量经济检验主要有异方差性检验、自相关性检验、多重共线性检验等。计量经济准则检验有时也称为二级检验。

(4) 模型预测检验：主要检验模型参数估计量的稳定性以及相对样本容量变化时的灵敏度，确定所建立的模型是否可以用于样本观测值以外的范围，即模型的所谓超样本特性检验。预测检验包括拟合值检验、内插检验、外推检验等。

5. 模型的应用

计量经济模型的应用大体可以概括为四个方面：结构分析、经济预测、政策评价、检验与发展经济理论。

(1) 结构分析。结构分析是利用模型对经济变量之间的相互关系作出研究，也就是分析当其他条件不变时，模型体系中的解释变量发生一定的变动，对被解释变量的影响程度。常用的经济结构分析方法有乘数分析、弹性分析与比较静力分析等。

(2) 经济预测。经济预测是运用已建立起来的计量经济模型对被解释变量的未来值作出预测估计或推算。这种预测可以是提供被解释变量未来的一个可能取值，即点预测；也可以是提供被解释变量未来取值的一个可能范围，即区间预测。

(3) 政策评价。政策评价就是对不同的政策方案可能产生的后果进行评价对比，从中作出选择的过程。它主要研究不同的政策对经济运行的影响，并从中选择相对适当的政策的一种模拟性实验，以起到"经济政策实验室"的作用。

(4) 检验和发展经济理论。检验和发展经济理论则是通过实际数据考察理论的适用性并发展新的适用的经济学理论。计量经济模型具备两方面功能：一是按照某种经济理论去建立模型，然后用实际的样本数据去估计模型，如果得到的结果能够验证建模所依据的经济理论，就表明这种理论是正确的；如果不能得到验证，就表明这种理论是错误的，这就是检验理论。二是用样本数据去拟合各种模型，拟合最好的模型所表现出来的数量关系，则是经济活动所遵循的经济规律，即理论，这就是发现和发展理论。

1.2 学习重点与难点

(1)计量经济学的含义及内容体系；(2)计量经济学的基本概念(掌握经济变量、经济数据、经济模型等基本概念)；(3)建立与应用计量经济模型的主要步骤(重点掌握模型的检验和模型的应用)。

1.3 习题

1.3.1 单项选择题

1. 计量经济学是一门(　　)学科。

A. 测量　　B. 经济　　C. 统计　　D. 数学

2. 狭义计量经济模型是指(　　)。

A. 投入产出模型　　　　B. 生产函数模型

C. 包含随机方程的经济数学模型　　　　D. 模糊数学模型

3. 计量经济模型分为单方程模型和(　　)。

A. 随机方程模型　B. 行为方程模型　C. 联立方程模型　D. 非随机方程模型

4. 计量经济研究中的数据主要有两类：一类是时间序列数据；另一类是(　　)。

A. 总量数据　B. 截面数据　C. 平均数据　D. 相对数据

5. 同一统计指标按时间顺序记录的数据列称为(　　)。

A. 截面数据　B. 时间序列数据　C. 虚拟变量数据　D. 混合数据

6. 截面数据是指(　　)。

A. 同一时点上不同统计单位、相同统计指标组成的数据

B. 同一时点上相同统计单位、相同统计指标组成的数据

C. 同一时点上相同统计单位、不同统计指标组成的数据

D. 同一时点上不同统计单位、不同统计指标组成的数据

7. 下面属于截面数据的是(　　)。

A. 1981—1990 年各年某地区 20 个乡镇的平均工业产值

B. 1981—1990 年各年某地区 20 个乡镇的各镇工业产值

C. 1990 年某地区 20 个乡镇工业产值的合计数

D. 1990 年某地区 20 个乡镇各镇的工业产值

8. 样本数据的质量问题，可以概括为完整性、准确性、可比性和(　　)。

A. 时效性　B. 一致性　C. 广泛性　D. 系统性

9. 对模型参数估计值的符号和大小合理性进行的检验，属于(　　)。

A. 经济意义检验　　　　B. 计量经济检验

C. 统计推断检验　　　　D. 稳定性检验

10. 设 M 为货币需求量，Y 为收入水平，r 为利率，流动性偏好函数为：$M=\beta_0+\beta_1 Y+\beta_2 r+\mu$，$\hat{\beta}_1$ 和 $\hat{\beta}_2$ 分别为 β_1 和 β_2 的估计值，根据经济理论，有(　　)。

A. $\hat{\beta}_1$ 应为正值，$\hat{\beta}_2$ 应为负值　　　　B. $\hat{\beta}_1$ 应为正值，$\hat{\beta}_2$ 应为正值

C. $\hat{\beta}_1$ 应为负值，$\hat{\beta}_2$ 应为负值　　　　D. $\hat{\beta}_1$ 应为负值，$\hat{\beta}_2$ 应为正值

11. 计量经济学中，通常所说的二级检验指的是(　　)。

A. 经济意义检验　　　　B. 计量经济检验

C. 统计推断检验　　　　D. 稳定性检验

12. 计量经济模型的应用领域有(　　)。

A. 结构分析、经济预测、政策评价、验证和发展经济理论

B. 弹性分析、乘数分析、政策模拟

C. 结构分析、生产技术分析、市场均衡分析

D. 季度分析、年度分析、中长期分析

13. 建立与应用经济模型的主要步骤是(　　)。

A. 设定理论模型→收集样本资料→估计模型参数→检验模型

B. 设定理论模型→收集样本资料→估计模型参数→模型的检验→模型的应用

C. 个体设计→总体设计→估计模型→应用模型

D. 确定模型导向→确定变量及方程式→估计模型→应用模型

14. 在计量经济模型中,由模型系统内部因素决定的随机变量是(　　)。

A. 外生变量　　B. 内生变量　　C. 前定变量　　D. 滞后变量

15. 下列各种数据中,不应该作为计量经济分析所用数据的是(　　)。

A. 时间序列数据　　B. 截面数据

C. 计算机随机生成的数据　　D. 面板数据

16. 对下列模型进行经济意义检验,哪一个模型通常被认为没有实际价值?(　　)

A. C_i(消费)$=500+0.8I_i$(收入)

B. Q_{di}(商品需求)$=10+0.8I_i$(收入)$+0.9P_i$(价格)

C. Q_{si}(商品供给)$=20+0.8P_i$(价格)

D. Y_i(产出量)$=0.65K_i^{0.6}$(资本)$L_i^{0.4}$(劳动)

1.3.2 多项选择题

1. 使用时序数据进行经济计量分析时,要求指标统计的(　　)。

A. 对象及范围可比　　B. 时间可比　　C. 口径可比

D. 计算方法可比　　E. 内容可比

2. 下面属于截面数据的有(　　)。

A. 1980—2005 年各年全国 31 个省市自治区的服务业产值

B. 1980—2005 年各年某地区的财政收入

C. 2004 年全国 31 个省市自治区的工业产值

D. 2004 年 30 个重点调查城市的工业产值

E. 2004 年全国国内生产总值的季度数据

3. 一个计量经济模型主要由以下几部分构成:(　　)。

A. 变量　　B. 参数　　C. 随机误差项

D. 方程式　　E. 数据

4. 计量经济模型成功的三要素包括(　　)。

A. 理论　　B. 应用　　C. 数据

D. 方法　　E. 检验

5. 以下可以作为单方程计量经济模型解释变量的有(　　)。

A. 外生经济变量　　B. 外生政策变量　　C. 滞后解释变量

D. 滞后被解释变量　　E. 内生变量

6. 一个模型用于预测前必须经过的检验有(　　)。

A. 经济意义检验　　B. 统计推断检验

C. 计量经济检验　　D. 模型预测误差检验

E. 实践检验

7. 统计推断检验(或一级检验)主要包括(　　)。

A. 经济意义检验　　B. 拟合优度检验

C. 预测误差程度评价　　D. 总体线性关系显著性检验

E. 单个回归系数的显著性检验

8. 计量经济检验(或二级检验)主要包括(　　)。

A. 误差程度检验　　B. 异方差性检验　　C. 自相关性检验

D. 超一致性检验　　E. 多重共线性检验

9. 在模型的经济意义检验中,主要检验以下哪几项?(　　)

A. 参数估计量的符号　　B. 参数估计量绝对值的大小

C. 参数估计量的相互关系　　D. 参数估计量的显著性

E. 拟合优度检验

10. 建立与应用计量经济模型的几个主要步骤是(　　)。

A. 设计理论模型　　B. 收集样本数据　　C. 估计模型参数

D. 检验的模型　　E. 模型的应用

11. 经济结构分析主要包括(　　)。

A. 弹性分析　　B. 乘数分析　　C. 比较静态分析

D. 方差分析　　E. 动态分析

12. 计量经济学是下列哪些学科的统一?(　　)

A. 经济学　　B. 统计学　　C. 计量学

D. 数学　　E. 计算机科学

13. 计量经济研究中常见的数据有(　　)。

A. 截面数据　　B. 时间序列数据　　C. 面板数据

D. 国家统计数据　　E. 企业数据

1.3.3 判断题

1. 计量经济学是一门应用数学学科。(　　)

2. 理论模型的设计主要包括选择变量、确定变量之间的数学形式、拟定模型中待估计参数的数值范围。(　　)

3. 人口普查数据属于时间序列数据。(　　)

4. 在建立计量经济模型中,进行统计推断检验的目的在于检验模型的计量经济学性质。(　　)

5. 计量经济检验包括异方差性检验、自相关性检验、多重共线性检验等。(　　)

6. 在模型检验中,如果模型通过了统计推断检验,则不需要再进行计量经济检验。(　　)

7. 面板数据是结合了时间序列数据和截面数据特征的数据,面板数据在计量经济研究中的应用价值较大。(　　)

8. 乘数是指某一变量的相对变化引起另一变量相对变化的度量。(　　)

9. 经济预测是利用计量经济模型对各种可供选择的经济政策方案的实施后果进行模拟测算,从中选择较好的政策方案。(　　)

10. 计量经济模型的应用主要包括结构分析、经济预测、政策评价、检验与发展经济理论等几个方面。 ( )

1.3.4 简答题

1. 什么是计量经济学?它与经济学、统计学和数学的关系是怎样的?

2. 计量经济模型一般由哪些要素组成?

3. 计量经济学中应用的数据是怎样进行分类的?试分别举出时间序列数据、截面数据、面板数据的实例。

4. 建立计量经济模型的主要步骤有哪些?计量经济模型主要应用在哪几个方面?结合一个具体经济实例加以说明。

5. 计量经济模型的检验包括哪几个方面?其具体含义是什么?

6. 下列设定的计量经济模型是否合理,为什么?

(1) $\text{GDP}=a+\sum_{i=1}^{3} b_i \cdot \text{GDP}_i+u$,其中,$\text{GDP}_i(i=1,2,3)$是第一产业、第二产业、第三产业增加值,$u$为随机误差项。

(2) $S=a+b \cdot R+u$,其中,S、R分别为农村居民储蓄存款增加额和城镇居民可支配收入总额,u为随机误差项。

(3) 财政收入$=f$(财政支出)$+u$,u为随机误差项。

(4) $Q=f(L,K,X_1,X_2,u)$,其中,Q是煤炭产量,L、K分别是煤炭工业职工人数和固定资产原值,X_1、X_2分别是发电量和钢铁产量,u为随机误差项。

7. 指出下列模型中的错误,并说明理由。

(1) $\hat{C}_t=180+1.2Y_t$,其中,C、Y分别是城镇居民消费支出和可支配收入。

(2) $\ln \hat{Y}_t=1.15+1.62\ln K_t-0.28\ln L_t$,其中,$Y$、$K$、$L$分别是工业总产值、工业生产资金和职工人数。

1.4 习题答案

1.4.1 单项选择题

1. B 2. C 3. C 4. B 5. B 6. A 7. D 8. B 9. A 10. A
11. B 12. A 13. B 14. B 15. C 16. B

1.4.2 多项选择题

1. ABCDE 2. CD 3. ABCD 4. ACD 5. ABCD 6. ABCD
7. BDE 8. BCE 9. ABC 10. ABCDE 11. ABC 12. ABD
13. ABC

1.4.3 判断题

1. × 2. √ 3. × 4. × 5. √ 6. × 7. √ 8. × 9. × 10. √

1.4.4 简答、分析与计算题

1. **解答** 计量经济学是在经济理论的指导下，根据实际观测的统计数据，运用数学和统计学的方法，借助于计算机技术从事经济关系与经济活动数量规律的研究，并以建立和应用计量经济模型为核心的一门经济学科。简单地说，计量经济学是经济学、统计学和数学三者结合而成的交叉性学科。

计量经济模型建立的过程，是综合应用经济理论、统计、数学方法的过程。经济学为其提供理论基础；统计学为其提供数据资料；数学为其提供研究方法。理论模型的设定、样本数据的收集是直接以经济理论为依据，建立在对所研究经济现象的透彻认识基础上的，而模型参数的估计和模型有效性的检验则是统计学和数学方法在经济研究中的具体应用。没有理论模型和样本数据，统计学和数学方法将没有发挥作用的“对象”和“原料”；反过来，如果没有统计学和数学所提供的方法，原料将无法成为“产品”。因此，计量经济学广泛涉及了经济学、统计学、数学这三门学科的理论和方法，缺一不可。

2. **解答** 计量经济模型一般是由因变量或被解释变量 Y、自变量或解释变量 X、参数 b 和随机误差项 u 及方程的形式 $f(\cdot)$ 等要素构成，其一般表达式为：$Y=f(X,b,u)$，其中 Y、X、b、u 也可以是向量形式。解释变量 X 也称自变量，是用来解释作为研究对象的变量(即因变量)为什么变动、如何变动的变量，它对因变量的变动作出解释，表现为方程所描述的因果关系中的“因”。被解释变量 Y 也称因变量，是作为研究对象的变量。它的变动是由解释变量作出解释的，表现为方程所描述的因果关系中的“果”。随机误差项 u 是一个随机变量，用于表示模型中尚未包含的影响因素对因变量的影响。参数 b 是模型中表示变量之间数量关系的常系数，它将各种经济变量连接在计量经济模型之中，具体说明解释变量对因变量的影响程度。在未经实际资料估计之前，参数是未知的。对模型参数进行有效的估计是计量经济学研究的主要内容之一。方程的形式 $f(\cdot)$就是将计量经济模型的三个要素联系在一起的数学表达式。

3. **解答** 计量经济学中的数据主要有三种：时间序列数据、截面数据、面板数据。

时间序列数据是同一统计指标、同一统计单位按时间顺序记录形成的数据列。时间序列数据可以是时期数据，也可以是时点数据。例如，1978—2009 年全国的 GDP、出口总额、进口总额等为时期数据，1978—2009 年全国各年末的人口数、城乡居民储蓄存款额等为时点数据。

截面数据是同一统计指标、同一时间(时期或时点)按不同统计单位记录形成的数据列。例如，2009 年全国 31 个省份城镇居民可支配收入、消费支出数据等。

面板数据是指时间序列数据与截面数据混合而成的数据，如 1978—2009 年全国 31 个省份的 GDP，城镇居民可支配收入、消费支出等数据。

4. **解答** 建立计量经济模型的主要步骤如下：(1)设定理论模型，包括选择模型所包含的变量,确定变量之间的数学关系和拟定模型中待估参数的数值范围;(2)收集样本数据;(3)估计模型参数;(4)检验模型,包括经济意义检验、统计推断检验、计量经济检验和模型预测检验。计量经济模型主要应用见本章内容提要。具体经济实例可以参考教材中的案例分析。

5. **解答** 模型的检验及其具体含义见本章内容提要。

6. **解答** (1) 该模型不合理,因为作为解释变量的第一产业、第二产业和第三产业的增加值是 GDP 的构成部分,三部分之和为 GDP 的值,因此三个变量与 GDP 之间的关系并非随机关系,也非因果关系,而是确定性关系。

(2) 该模型不合理,因为农村居民储蓄增加额应与农村居民可支配收入总额有关,而与城镇居民可支配收入总额之间没有因果关系。

(3) 该模型不合理,一般来说财政收入是影响财政支出的主要因素,而非相反,因此若建立两者之间的模型,解释变量应该为财政收入,被解释变量应为财政支出;另外,该模型没有给出具体的数学形式,是不完整的。

(4) 该模型是合理的,因为在其他条件不变的情况下,煤炭工业职工人数、固定资产原值、发电量、钢铁产量等都是影响煤炭产量的重要因素,而不是相反。

7. **解答** (1) 回归模型 $\hat{C}_t = 180 + 1.2Y_t$ 是错误的,因为根据消费理论,居民可支配收入前面的回归系数为边际消费倾向,其估计值应该在 0 与 1 之间,而不该大于 1。

(2) 回归模型 $\ln \hat{Y}_t = 1.15 + 1.62\ln K_t - 0.28\ln L_t$ 是错误的,因为根据生产函数理论,$\ln L_t$ 前面的回归系数为产出劳动弹性,其估计值应该大于 0,而不该取负值。

第 2 章

一元线性回归模型

2.1 内容提要

回归分析是计量经济分析中使用最多的方法，是通过建立计量经济模型研究变量间相互关系的密切程度、结构状态、经济预测的一种有效工具。本章主要介绍在满足经典假设条件下，如何通过 OLS 法获得一元线性回归模型参数估计量，检验这一估计量的合理性和可靠性，以及应用这一模型进行经济预测。

2.1.1 相关分析与回归分析的联系与区别

1. 相关分析

相关分析是讨论变量之间相关程度的一种分析方法。所谓相关是指两个或两个以上变量间相互关系的程度或强度。按相关的强度分为 4 类：(1)完全相关，指两个变量间存在函数关系。(2)高度相关(或强相关)，变量间近似存在函数关系。(3)弱相关，变量间有关系但不明显。(4)零相关，变量间不存在任何关系。

按变量个数，相关可分为两类：(1)简单相关，指两个变量之间的相关关系。简单相关按形式又可分为线性相关和非线性相关。当变量相关关系散布图上的点接近一条直线时，称为线性相关；当变量相关关系散布图上的点接近于一条曲线时，称为非线性相关。简单相关按符号又可分为正相关、负相关和零相关。(2)多重相关(或复相关)，指三个或三个以上变量之间的相关关系。其中包括多重相关和偏相关。

用来描述两个变量之间线性相关程度的指标称为相关系数。两个变量 x 和 y 的样本相关系数可以表示为

$$r_{xy} = \frac{\sum (x_t - \bar{x})(y_t - \bar{y})}{\sqrt{\sum (x_t - \bar{x})^2 \sum (y_t - \bar{y})^2}}$$

式中，$\bar{x}$、$\bar{y}$分别为 x 和 y 的样本均值。对于样本相关系数，我们有：$-1 \leqslant r_{xy} \leqslant 1$。$r_{xy}=1$ 表示完全正相关；$r_{xy}=-1$ 表示完全负相关；$r_{xy}=0$ 表示无线性关系。

多个变量之间的线性相关程度，可用复相关系数和偏相关系数去度量。

2. 回归分析

回归分析是处理变量与变量之间关系的一种数学方法,是研究一个变量关于另一个(或多个)变量的依赖关系的理论和方法。其目的在于通过后者的已知或设定值,去估计或预测前者的(总体)均值。前一个变量被称为被解释变量,后一个(或多个)变量称为解释变量。

3. 相关分析与回归分析的关系

回归分析和相关分析都是对变量间非确定相关关系的研究,均能通过一定的方法对变量之间的线性依赖程度进行测定。

两者之间的联系:第一,相关分析是回归分析的基础和前提。虽然相关分析不如回归分析应用那么广泛,但是仍有独特之处。通常把相关分析作为回归分析的补充分析方法。一般地,首先进行相关分析,如果相关分析表明现象间确实存在较密切的相关性,则进一步进行回归分析,否则,即使进行了回归分析,也是没有实际意义的。第二,回归分析是相关分析的深入和继续。相关分析仅仅表明现象之间是否存在较密切的相关性,这对于变量间关系的分析是不够的,只有进一步进行回归分析,拟合回归方程,才能深入而具体地描述变量间实际存在的关系。第三,相关分析与回归分析的有关指标之间存在计算上的内在联系。

两者之间的区别表现在以下几个方面:

第一,回归分析强调因果关系,相关分析不关心因果关系。回归分析强调用解释变量的变化,来说明被解释变量变化的原因,而不是相反。

相关分析所研究的两个变量是对等关系,只分析变量之间的相关程度,并且用相关系数表示相关程度。相关分析不关心因果关系。如果所研究的问题中只有两个变量 x 和 y,则二者的地位是可以互易的,一般情况下,认为这两个变量互相影响。

第二,相关分析所采用的相关系数,是一种纯粹的数学计算,相关分析关注的是变量之间的相互关联的程度,而回归分析在应用之前就对变量之间是否存在依赖关系进行了因果分析,在此基础上进行的回归分析,达到了深入分析变量间依存关系、掌握其运动规律的目的。比如,对两个变量 x 与 y 而言,相关分析中 $r_{xy}=r_{yx}$,但回归分析中 $\hat{y}_t=\hat{b}_0+\hat{b}_1x_t$ 与 $\hat{x}_t=\hat{a}_0+\hat{a}_1y_t$ 却是两个完全不同的回归方程。

第三,回归分析对资料的要求是:被解释变量是随机变量,解释变量是非随机变量。相关分析对资料的要求是:两个变量都是随机变量。

2.1.2 一元线性回归模型的基本假定

回归分析估计方法中应用最普遍和广泛的就是最小二乘法,为保证根据最小二乘法得到的参数估计量具有优良的统计特性,通常对模型提出若干基本假定,在这些假定条件满足的情况下,普通最小二乘法得到的估计量是最优的,否则,该方法就不再适用。对于一元线性回归模型 $y_t=b_0+b_1x_t+u_t$ 而言,其基本假定有 5 项:

假设 1 零均值假定。即在给定解释变量 x_t 的条件下,随机误差项 u_t 的数学期望(均值)为零,即 $E(u_t)=0$。

假设 2 同方差假定。随机误差项 u_t 的方差与 t 无关,为一个常数 σ^2,即 $\mathrm{var}(u_t)=\sigma^2$。

假设 3　无自相关假定。不同的误差项 u_t 和 $u_s(t\neq s)$ 相互独立，即 $\operatorname{cov}(u_t,u_s)=0$。

假设 4　解释变量 x_t 与随机误差项 u_t 不相关假定，即 $\operatorname{cov}(x_t,u_t)=0$。这一假定表明解释变量 x_t 和随机误差项 u_t 对被解释变量 y_t 的影响是相互独立的。

假设 5　正态性假定。即假定误差项 u_t 服从均值为零、方差为 σ^2 的正态分布，即 $u_t\sim N(0,\sigma^2)$。

2.1.3　一元线性回归模型的参数估计

1. 普通最小二乘法(OLS)

回归直线参数估计的一种基本思想是使估计到的直线位于样本点的中心位置，以便最大程度上代表样本点，使估计值与真实值的误差尽可能地小。普通最小二乘法依据的原则是残差平方和最小，以此来确定直线的位置，即

$$\min\sum e_t^2=\min\sum(y_t-\hat{y}_t)^2=\min\sum(y_t-\hat{b}_0-\hat{b}_1x_t)^2$$

根据微积分中求极值的原理，要使 $\sum e_t^2$ 达到极小，待定系数 $\hat{b}_0$、$\hat{b}_1$ 应满足：

$$\begin{cases}\dfrac{\partial\left(\sum e_t^2\right)}{\partial\hat{b}_0}=\sum 2e_t\cdot(-1)=-2\sum(y_t-\hat{b}_0-\hat{b}_1x_t)=0\\[2ex]\dfrac{\partial\left(\sum e_t^2\right)}{\partial\hat{b}_1}=\sum 2e_t(-x_t)=-2\sum(y_t-\hat{b}_0-\hat{b}_0x_t)x_t=0\end{cases}$$

这两个正规方程等价于：$\sum e_t=0$；$\sum e_tx_t=0$

方程组称为最小二乘的正规方程组。根据克莱姆法则解正规方程组得

$$\begin{cases}\hat{b}_1=\dfrac{\sum(x_t-\bar{x})(y_t-\bar{y})}{\sum(x_t-\bar{x})^2}\\[2ex]\hat{b}_0=\bar{y}-\hat{b}_1\bar{x}\end{cases}$$

由此得到拟合最优的样本回归直线(或样本回归方程)$\hat{y}_t=\hat{b}_0+\hat{b}_1x_t$ 和样本回归模型 $y_t=\hat{b}_0+\hat{b}_1x_t+e_t$。

一般是根据样本数据建立样本回归模型，用样本回归模型作为总体回归模型的估计式并以此描述总体变量间的依存规律和实际关系。

总体回归模型与样本回归模型的主要区别是：(1)描述的对象不同；(2)建立模型的依据不同；(3)模型性质不同。总体回归模型与样本回归模型的联系是：样本回归模型是总体回归模型的一个估计式，之所以建立样本回归模型，目的是用来估计总体回归模型。

2. 参数最小二乘估计量的统计性质和高斯—马尔可夫定理

判定一个估计量是否为优良估计量需要考察其统计性质。这些统计性质包括以下几个方面：(1)线性特性，考察估计量是不是另一个随机变量的线性函数；(2)无偏性，考察估计量的期望是否等于其真值；(3)有效性，考察该估计量在所有的无偏估计量中是否具有最小方差。具有这类性质的估计量是最佳的线性无偏估计量(BLUE)。可以证明，在模型基本假定条件成立的情况下，根据普通最小二乘估计法得到的估计量具有 BLUE 的性质，这

就是高斯—马尔可夫(Gauss-Markov)定理。

上述三个性质针对的是小样本，另外还有三个统计性质是针对大样本的，也称渐近性质，它表示当小样本的性质不满足时，可以从以下三个性质来考察统计量的估计特性：(1)渐近无偏性，表示当样本容量趋于无穷大时，估计量的均值趋于总体均值；(2)一致性，表示当样本容量趋于无穷时，估计量依概率收敛于总体的真值；(3)渐近有效性，即样本容量趋于无穷时，估计量在所有的一致估计中，具有最小的渐近方差。由于最小二乘估计量具有小样本性质，它自然也具有大样本性质。

3. 普通最小二乘估计的几个重要结果

以 y 表示实际观测值，$\hat{y}$表示回归估计值，e 表示残差，则回归直线满足：

(1) $\sum e_t = 0$，该结论可以由第一个正规方程直接得到，表示回归直线位于样本点的中心位置。

(2) 回归直线$\hat{y}_t = \hat{b}_0 + \hat{b}_1 x_t$ 通过均值点$(\bar{x}, \bar{y})$。

(3) y 的拟合值$\hat{y}$的平均数等于其样本观测值的平均数：$\bar{\hat{y}} = \bar{y}$。

(4) 残差项与解释变量不相关：$\mathrm{cov}(e_t, x_t) = 0$。

4. 回归系数的区间估计

用最小二乘法推导出总体回归模型中参数 b_0、b_1 的估计量$\hat{b}_0$、$\hat{b}_1$，这种估计仅仅给出了一个数值，没有给出总体参数以某种概率所处的区间，即没有给出精确度，这样的估计称为点估计。参数真实值 b_1 可能比$\hat{b}_1$ 小，也可能比$\hat{b}_1$ 大，b_1 很可能在$\hat{b}_1$ 附近的一个区间范围内。因此，需要对总体参数以某种概率作出区间估计。由于 $t = \dfrac{\hat{b}_1 - b_1}{s(\hat{b}_1)} \sim t(n-2)$，所以对于给定的显著性水平 α，查自由度为$(n-2)$的 t 分布表，得临界值 $t_{\alpha/2}(n-2)$，有 $P(-t_{\alpha/2}(n-2) \leqslant t \leqslant t_{\alpha/2}(n-2)) = 1-\alpha$，将 $t = \dfrac{\hat{b}_1 - b_1}{s(\hat{b}_1)}$代入此式得：$P(\hat{b}_1 - t_{\alpha/2}(n-2) \cdot s(\hat{b}_1) \leqslant b_1 \leqslant \hat{b}_1 + t_{\alpha/2}(n-2) \cdot s(\hat{b}_1)) = 1-\alpha$，因此，我们有 $100(1-\alpha)\%$把握说，b_1 在区间$[\hat{b}_1 - t_{\alpha/2} \cdot s(\hat{b}_1), \hat{b}_1 + t_{\alpha/2} \cdot s(\hat{b}_1)]$内。此范围称为 b_1 的置信区间，其中 $1-\alpha$ 称为置信水平或置信概率，α 称为显著性水平，$\hat{b}_1 - t_{\alpha/2}(n-2) \cdot s(\hat{b}_1)$和$\hat{b}_1 + t_{\alpha/2}(n-2) \cdot s(\hat{b}_1)$分别称为 b_1 的下置信限和上置信限。

回归系数 b_1 的 $100(1-\alpha)\%$置信区间也可表示为 $b_1 = \hat{b}_1 \pm t_{\alpha/2}(n-2) \cdot s(\hat{b}_1)$。

显然，置信区间越小，对回归系数的估计精度就越高。

同理，对参数 b_0 置信区间也有类似的结果：$b_0 = \hat{b}_0 \pm t_{\alpha/2}(n-2) \cdot s(\hat{b}_0)$。

2.1.4 一元线性回归模型的假设检验

1. 假设检验的必要性

模型估计式的检验，就是利用一定的定性与定量标准，对模型的函数形式、变量选择、参数估计的正确性进行评估。只有经过检验证明是正确的线性回归模型估计式，才能用于经济分析、预测、决策。假设检验的必要性：(1)模型解释变量选择的正确性需要证明；(2)模型函数形式的正确性需要验证；(3)模型估计的可靠性需要评价。

2. 经济意义检验

线性回归模型估计式的经济意义检验(或理论检验)，是对模型估计式在理论上能否成立进行判别。理论检验又称为符号检验，依据模型参数最小二乘估计值的符号(正号或负号)及取值的大小，评判其是否符合经济理论的规定或社会经济实践的常规。

3. 拟合优度检验

样本回归直线与样本观测数据之间的拟合程度，称为样本回归线的拟合优度。我们把回归平方和 $\mathrm{ESS}=\sum(\hat{y}-\bar{y})^2$ 在总变差 $\mathrm{TSS}=\sum(y_t-\bar{y})^2$ 中所占的比重称为样本决定系数(也称可决系数或判定系数)，用 R^2 表示，即 $R^2=\dfrac{\mathrm{ESS}}{\mathrm{TSS}}=\dfrac{\sum(\hat{y}_t-\bar{y})^2}{\sum(y_t-\bar{y})^2}$，或者 $R^2=1-\dfrac{\mathrm{RSS}}{\mathrm{TSS}}=1-\dfrac{\sum e_t^2}{\sum(y_t-\bar{y})^2}$。

决定系数 R^2 代表回归直线对各观测点拟合紧密程度的测度。它说明解释变量对被解释变量的解释能力。决定系数 R^2 越大，$\sum e_t^2$ 越小，当 $R^2\to 1$ 时，$\sum e_t^2\to 0$，说明在 y 的总变差中由回归直线或回归模型作出了解释的部分所占的比重越大，模型拟合优度越高。

一般地，$0\leqslant R^2\leqslant 1$；当 $R^2=1$ 时表示完全拟合；当 $R^2=0$ 时，表示 x 与 y 不存在线性关系。

4. 回归参数显著性检验的主要步骤

由于回归参数估计值是依据样本估计出来的，虽说最小二乘估计量具有优良的统计特性，但在一次抽样中，估计值不一定等于真值。那么，参数的估计值与真值的差异有多大、是否显著，需要进行进一步的检验。假设检验的基本任务是根据样本所提供的信息，对未知总体分布的某些方面的假设作出合理的判断。

假设检验的基本思想：在某种原假设成立的条件下，利用适当的统计量和给定的显著性水平，构造一个小概率事件，可以认为小概率事件在一次观察中基本不会发生，如果该事件竟然发生了，就认为原假设不真，从而拒绝原假设，接受备择假设。

回归参数的显著性检验是根据样本得到的参数估计值，对参数的真值是否为0(或是否显著)进行检验。从经济意义角度来看，是检验某个解释变量对被解释变量是否有显著影响。对于一元线性回归模型 $y_t=b_0+b_1x_t+u_t$ 而言，通常最关心的问题是解释变量对被解释变量是否有显著影响。检验分三个步骤。

(1) 提出原假设和备择假设：$H_0: b_1=0$，$H_1: b_1\neq 0$。

(2) 选择并计算在原假设成立情况下的统计量：在 H_0 成立时，有

$$t=\frac{\hat{b}_1-b_1}{s(\hat{b}_1)}=\frac{\hat{b}_1}{s(\hat{b}_1)}\sim t(n-2)$$

(3) 给定显著性水平 α，查临界值表得到临界值 $t_{\alpha/2}(n-2)$ 进行判断：如果 $|t|\leqslant t_{\alpha/2}$，就接受 H_0，可以认为解释变量对因变量没有显著影响；当 $|t|>t_{\alpha/2}$ 时，就拒绝 H_0，而接受

H_1,可以认为解释变量对因变量有显著影响,表明回归模型中因变量与自变量之间确实存在线性关系。

p 值判别法:在前面阐述的统计假设检验的基本原理中,是通过比较 t 统计量与临界值的大小来判断拒绝还是接受原假设。与查找临界值的一个等价判别方法就是 p 值判别法,EViews 软件提供了这种判别方法。

检验统计量的 p 值:$p=p(|t|>t_{p/2})$,为统计值的显著性概率或双侧概率(如图 2-1 所示)。据此,可以用 t 统计量的显著性概率 p,与显著性水平 α 比较:若 $p<\alpha$,则拒绝 H_0,而接受 $H_1:b_1\neq 0$;若 $p>\alpha$,则接受 $H_0:b_1=0$。

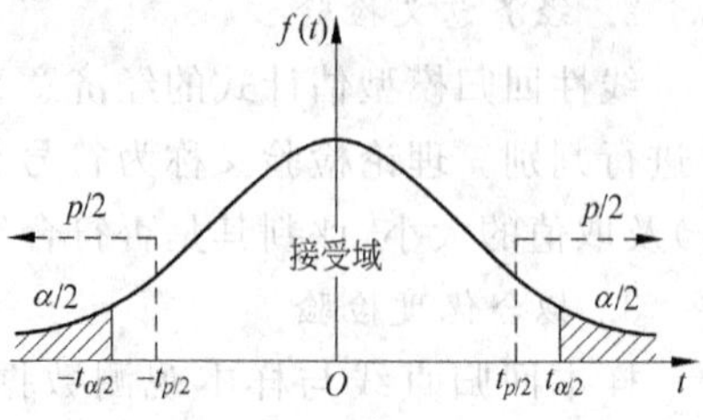

图 2-1　p 值判别法

2.1.5　一元线性回归模型的预测

所谓预测,就是对给定解释变量的值 x_f,对被解释变量的相应值 y_f 作出估计。预测可以分为点预测和区间预测两种。所谓点预测,就是给定 $x=x_f$ 时,利用样本回归方程 $\hat{y}_t=\hat{b}_0+\hat{b}_1x_t$,求出 $y_f=b_0+b_1x_f+u_t$ 相应的样本拟合值 $\hat{y}_f$,以此作为因变量实际值 y_f 和其均值 $E(y_f)$ 的估计值。区间预测是根据一个给定的解释变量的值,预测相应的被解释变量的一个可能取值范围,即提供被解释变量的一个置信区间。

1. 点预测

在解释变量 $x=x_f$ 时,由样本回归方程 $\hat{y}_t=\hat{b}_0+\hat{b}_1x_t$ 计算的预测值 $\hat{y}_f$ 就是 y_f 的点预测值,也可以作为 $E(y_f)$ 的点预测值:

$$\hat{y}_f=\hat{b}_0+\hat{b}_1x_f$$

2. 区间预测

在解释变量 $x=x_f$ 时,其置信度为 $(1-\alpha)$ 的总体均值 $E(y_f)$ 的预测区间为

$$\hat{y}_f-t_{\alpha/2}(n-2)\cdot\hat{\sigma}\sqrt{\frac{1}{n}+\frac{(x_f-\bar{x})^2}{\sum(x_t-\bar{x})^2}}\leqslant E(y_f)$$

$$\leqslant\hat{y}_f+t_{\alpha/2}(n-2)\cdot\hat{\sigma}\sqrt{\frac{1}{n}+\frac{(x_f-\bar{x})^2}{\sum(x_t-\bar{x})^2}}$$

在解释变量 $x=x_f$ 时,其置信度为 $(1-\alpha)$ 的 y_f 的预测区间为

$$\hat{y}_f-t_{\alpha/2}(n-2)\cdot\hat{\sigma}\sqrt{1+\frac{1}{n}+\frac{(x_f-\bar{x})^2}{\sum(x_t-\bar{x})^2}}\leqslant y_f$$

$$\leqslant\hat{y}_f+t_{\alpha/2}(n-2)\cdot\hat{\sigma}\sqrt{1+\frac{1}{n}+\frac{(x_f-\bar{x})^2}{\sum(x_t-\bar{x})^2}}$$

2.2 学习重点与难点

（1）一元线性回归模型的基本假定；（2）普通最小二乘法（OLS）的基本原理；（3）回归参数的估计与置信区间，随机误差项方差的无偏估计；（4）最小二乘估计量的统计性质（掌握线性、无偏性、有效性、一致性，掌握 Gauss-Markov 定理）；（5）一元线性回归模型的检验（重点掌握经济意义检验、拟合优度检验、回归参数显著性检验，掌握 p 值判别法）；（6）一元线性回归模型的预测（掌握点预测与区间预测）；（7）EViews 软件基本操作方法（能应用 EViews 软件解决一元线性回归分析的实际问题）。

2.3 典型例题分析

例 1　为什么计量经济模型的理论方程中必须包含随机误差项？

解答　计量经济模型考察的是具有因果关系的随机变量间的具体联系方式。由于是随机变量，意味着影响被解释变量的因素是复杂的，除了解释变量的影响外，还有其他无法在模型中独立列出的各种因素的影响。这样，理论模型中就必须使用一个称为随机误差项的变量来代表所有这些无法在模型中独立表示出来的影响因素，以保证模型在理论上的科学性。

例 2　一元线性回归模型的基本假设主要有哪些？违背基本假设的计量经济模型是否就不可以估计？

解答　线性回归模型的基本假设有两大类：一类是关于随机误差项的，包括零均值、同方差、不存在序列相关、满足正态分布等假设；另一类是关于解释变量的，主要有解释变量是非随机的，如果是随机变量，则与随机误差项不相关。在违背这些基本假设的情况下，普通最小二乘估计量就不再是最佳线性无偏估计量，因此使用普通最小二乘法进行估计已无多大意义。但模型本身还是可以估计的，尤其是可以通过极大似然法等进行估计。

例 3　回答下列问题：

（1）总体方差与参数估计方差的区别与联系。

（2）随机误差项 u_i 和残差项 e_i 的区别与联系。

（3）根据最小二乘原理，所估计的模型已经使得拟合误差达到最小，为什么还要讨论模型的拟合优度问题？

（4）为什么用可决系数 R^2 评价拟合优度，而不用残差平方和作为评价标准？

（5）最小二乘法和极大似然法的基本原理是什么？说明它们有何区别。

（6）是否任何两个变量之间的关系，都可以用两变量线性回归模型进行分析？

解答　（1）总体方差又称随机误差项的方差，用 $\mathrm{var}(u)=\sigma^2$ 表示。它是参数估计量方差的有机组成部分。例如，在一元线性回归模型 $y_i=b_0+b_1x_i+u_i$ 中，有

$$\mathrm{var}(\hat{b}_1)=\frac{\sigma^2}{\sum(x_i-\bar{x})^2},\quad \mathrm{var}(\hat{b}_0)=\frac{\sum x_i^2}{n\sum(x_i-\bar{x})^2}\sigma^2$$

（2）随机误差项 u_i 是指总体观测值与回归方程理论值之间的偏差，而残差项 e_i 是指样

本观测值与回归方程理论值之间的偏差,二者是有区别的。但是,由于总体观察值无法得到,从而造成总体回归函数事实上是未知的,因此,一般的做法是通过样本观测获得的信息去估计总体回归函数,这样,残差项 e_i 就是随机误差项 u_i 的一个样本估计量。

(3) 普通最小二乘法所保证的最好拟合是同一个问题内部的比较,即使用给出的样本数据满足残差平方和最小;拟合优度检验结果所表示的优劣可以对不同的问题进行比较,即可以辨别不同的样本回归结果的优劣。

(4) 可决系数 $R^2=\frac{\mathrm{ESS}}{\mathrm{TSS}}=1-\frac{\mathrm{RSS}}{\mathrm{TSS}}$ 含义为由解释变量引起的被解释变量的变化占被解释变量总变化的比重,用来判定回归直线拟合的优劣,该值越大说明拟合得越好。而残差平方和与样本容量关系密切,当样本容量较小时,残差平方和的值也较小,尤其是不同样本得到的残差平方和是不能做比较的。此外,作为检验统计量的一般应是相对量而不能用绝对量,因而不能使用残差平方和判断模型的拟合优度。

(5) 最小二乘法和极大似然法都是常用的对线性回归模型参数进行估计的方法。最小二乘法的基本原理是:用使估计的残差平方和最小的原则确定样本回归函数。极大似然法的基本原理是:用产生该样本概率最大的原则去确定样本回归函数。它们的区别在于:最小二乘法的估计量具有线性、无偏性与有效性,随机误差项方差估计量也是无偏的;而极大似然法的估计量仅具有线性性、无偏性、有效性,其随机误差项方差的估计量是有偏的。

(6) 并不是任何两个变量之间的关系都可以用两变量线性回归模型进行分析。当变量间存在非线性关系时,可建立非线性回归模型。

例 4 根据美国 1962—1977 年的数据,得到如下汽车需求函数:

$$\hat{y}_i = 5\,807 + 3.24x_i$$

$$s(\hat{b}_1) = 1.634 \quad R^2 = 0.22$$

式中,y=私家车零售数量(千辆),x=实际可支配收入(1972 年美元价,10 亿美元)。注:未给出 b_0 的标准差。

(1) 对 b_1 建立一个 95%的置信区间;

(2) 检验假设:该置信区间包括 $b_1=0$。如果不包括,那么接受零假设吗?

(3) 在 $H_0:b_1=0$ 下,计算 t 值,在 5%的显著性水平下,它是统计显著的吗?选择双边检验还是单边检验?为什么?

解答 (1) 根据汽车需求函数可得:$\hat{b}_1=3.24, s(\hat{b}_1)=1.634, n-2=14, t_{0.025}(14)=2.145$,$b_1$ 的 95%的置信区间为

$$\begin{aligned}&[\hat{b}_1-t_{0.025}(14)\cdot s(\hat{b}_1),\hat{b}_1+t_{0.025}(14)\cdot s(\hat{b}_1)]\\&=[3.24-2.145\times1.634,3.24+2.145\times1.634]\\&=[-0.256\,4,6.736\,4]\end{aligned}$$

(2) 显然,该置信区间包括 $b_1=0$,所以接受零假设。否则,则拒绝零假设。

(3) 在 $H_0:b_1=0$ 下,$t=3.24/1.634=1.982\,9$,而在 $n=14$,5%的显著性水平下,t 的临界值为 2.145。因此,t 统计量值大于其临界值,所以它是统计显著的,拒绝零假设。选择单边 t 检验。因为根据经济原理,可以预期可支配收入与私人汽车零售量正相关,即收入系数 b_1 为正。

例 5　记 y 表示实际观测值，$\hat{y}$ 表示回归估计值，e 表示残差，样本回归模型为 $y_i=\hat{b}_0+\hat{b}_1x_i+e_i$，试证明：

（1）残差和为零：$\sum e_t=0$；

（2）残差项与解释变量不相关：$\sum e_ix_i=0$；

（3）回归直线 $\hat{y}_i=\hat{b}_0+\hat{b}_1x_i$ 通过均值点 $(\bar{x},\bar{y})$；

（4）y 的拟合值 $\hat{y}$ 的平均数等于其样本观测值的平均数：$\bar{\hat{y}}=\bar{y}$；

（5）残差项与拟合值 $\hat{y}$ 不相关：$\sum e_i\hat{y}_i=0$。

证明　（1）普通最小二乘法依据的原则是残差平方和最小，即

$$\min\sum e_i^2=\min\sum(y_i-\hat{y}_i)^2=\min\sum(y_i-\hat{b}_0-\hat{b}_1x_i)^2$$

根据微积分中求极值的原理，要使 $\sum e_t^2$ 达到最小，待定系数 $\hat{b}_0$、$\hat{b}_1$ 应满足正规方程：

$$\begin{cases}\dfrac{\partial\left(\sum e_i^2\right)}{\partial\hat{b}_0}=\sum 2e_i\cdot(-1)=-2\sum(y_i-\hat{b}_0-\hat{b}_1x_i)=0\\[2ex]\dfrac{\partial\left(\sum e_i^2\right)}{\partial\hat{b}_1}=\sum 2e_i(-x_i)=-2\sum(y_i-\hat{b}_0-\hat{b}_0x_i)x_i=0\end{cases}$$

因此有 $\sum e_i=0$。

（2）由正规方程 $\sum e_ix_i=0$ 即可得到证明。

（3）由正规方程 $\sum e_i=\sum(y_i-\hat{b}_0-\hat{b}_1x_i)=0$ 可得 $\frac{1}{n}\sum y_i=\frac{1}{n}\sum(\hat{b}_0+\hat{b}_1x_i)$，所以有 $\bar{y}=\hat{b}_0+\hat{b}_1\bar{x}$，因此回归直线 $\hat{y}_i=\hat{b}_0+\hat{b}_1x_i$ 通过均值点 $(\bar{x},\bar{y})$。

（4）由正规方程 $\sum e_i=\sum(y_i-\hat{y}_i)=0$ 可得 $\frac{1}{n}\sum y_i=\frac{1}{n}\sum\hat{y}_i$，所以有 $\bar{y}=\bar{\hat{y}}$。

（5）由于 $\sum e_i\hat{y}_i=\sum e_i(\hat{b}_0+\hat{b}_1x_i)=\hat{b}_0\sum e_i+\hat{b}_1\sum e_ix_i$，$\sum e_i=0$，$\sum e_ix_i=0$，所以有 $\sum e_i\hat{y}_i=0$。

例 6　**证明**　相关系数的另一个表达式是

$$r=\hat{b}_1\frac{s_x}{s_y}$$

式中，$\hat{b}_1$ 为一元线性回归模型 $y_i=b_0+b_1x_i+u_i$ 一次项系数的估计值，s_x、s_y 分别为 x 与 y 的样本标准差。

证　由于 $\hat{b}_1=\dfrac{\sum(x_i-\bar{x})(y_i-\bar{y})}{\sum(x_i-\bar{x})^2}$，$s_x=\sqrt{\dfrac{\sum(x_i-\bar{x})^2}{n-1}}$，$s_y=\sqrt{\dfrac{\sum(y_i-\bar{y})^2}{n-1}}$

所以

$$\hat{b}_1\frac{s_x}{s_y}=\frac{\sum(x_i-\bar{x})(y_i-\bar{y})}{\sum(x_i-\bar{x})^2}\cdot\sqrt{\frac{\sum(x_i-\bar{x})^2}{n-1}}\Bigg/\sqrt{\frac{\sum(y_i-\bar{y})^2}{n-1}}$$

$$=\frac{\sum(x_i-\bar{x})(y_i-\bar{y})}{\sqrt{\sum(x_i-\bar{x})^2(y_i-\bar{y})^2}}=r$$

例 7 对于计量经济模型 $y_i=b_0+b_1x_i+u_i$,其 OLS 估计参数 b_1 的特性在下列情况下会受到什么影响:(1)观测值数目 n 增加;(2)x_i 各观测值差额增加;(3)x_i 各观测值近似相等;(4)$E(u_i^2)=0$。

解答 由于$\hat{b}_1=b_1+\sum k_iu_i$,其中 $k_i=\dfrac{x_i-\bar{x}}{\sum(x_i-\bar{x})^2}$,所以$\hat{b}_1=b_1+\dfrac{\sum(x_i-\bar{x})u_i/n}{\sum(x_i-\bar{x})^2/n}$,因此有

(1) 随着观测值数目的增加,根据大样本性质,参数$\hat{b}_1$ 更接近真实值;

(2) 由于 x_i 各观测值差额增加,意味着 $\sum(x_i-\bar{x})^2$ 增加,将使得$\hat{b}_1$ 更接近真实值;

(3) 如果 x_i 各观测值近似相等,意味着 $\sum(x_i-\bar{x})^2$ 趋于零,会使$\hat{b}_1$ 变得很不稳定,甚至无法计算;

(4) $E(u_i^2)=0$,不违背随机误差项同方差的性质,所以既不会对$\hat{\beta}_1$ 的无偏性产生影响,也不会对有效性产生影响。

例 8 过原点回归模型 $y_t=b_1x_t+u_t$,u_t 满足基本假定,$\mathrm{var}(u_t)=\sigma^2$,试证明:$\mathrm{var}(\hat{b}_1)=\dfrac{\sigma^2}{\sum x_t^2}$。

证明 OLS 方法要求残差平方和最小,即 $\min\sum e_t^2=\sum(y_t-\hat{b}_1x_t)^2$,将$\sum e_t^2=\sum(y_t-\hat{b}_1x_t)^2$ 对$\hat{b}_1$ 求导得

$$\frac{\partial\sum e_t^2}{\partial\hat{b}_1}=\sum 2(y_t-\hat{b}_1x_t)(-x_t)=0$$

即有 $\sum x_t(y_t-\hat{b}_1x_t)=0$,$\sum x_ty_t=\hat{b}_1\sum x_t^2$,所以有$\hat{b}_1=\dfrac{\sum x_ty_t}{\sum x_t^2}$。

$$\hat{b}_1=\frac{\sum x_ty_t}{\sum x_t^2}=\frac{\sum x_t(b_1x_t+u_t)}{\sum x_t^2}=b_1+\frac{\sum x_tu_t}{\sum x_t^2}$$

故有 $E(\hat{b}_1)=b_1$,$\mathrm{var}(\hat{b}_1)=E[\hat{b}_1-E(\hat{b}_1)]^2=E\left[b_1+\dfrac{\sum x_tu_t}{\sum x_t^2}-b_1\right]^2=E\left(\dfrac{\sum x_tu_t}{\sum x_t^2}\right)^2$

因此 $$\mathrm{var}(\hat{b}_1)=\frac{E\left(\sum x_tu_t\right)^2}{\left(\sum x_t^2\right)^2}=\frac{\sum x_t^2E(u_t^2)}{\left(\sum x_t^2\right)^2}=\frac{\sigma^2}{\sum x_t^2}$$

例 9 下面数据是依据 10 组 x 和 y 的观察值得到的:

$$\sum y_i=1\,110,\quad \sum x_i=1\,680,\quad \sum x_iy_i=204\,200,$$
$$\sum x_i^2=315\,400,\quad \sum y_i^2=133\,300$$

假定经典线性回归模型 $y_i=b_0+b_1x_i+u_i$ 满足所有的假设。求:

(1) b_0、b_1 的估计值及其标准差;

(2) 可决系数 R^2;

(3) 对 b_0、b_1 分别建立 95%的置信区间。利用置信区间法,你接受零假设 $H_0: b_1=0$ 吗?

解答　(1) 由已知条件易知:$\bar{x} = \dfrac{\sum x_i}{n} = 168$, $\bar{y} = \dfrac{\sum y_i}{n} = 111$

故
$$\begin{aligned}\sum (x_i - \bar{x})(y_i - \bar{y}) &= \sum x_i y_i - \bar{y}\sum x_i - \bar{x}\sum y_i + \sum \overline{xy} \\ &= 204\,200 - 1\,680 \times 111 - 168 \times 1\,110 + 10 \times 168 \times 111 \\ &= 17\,720\end{aligned}$$

又因为 $\sum (x_i - \bar{x})^2 = \sum x_i^2 - 2\bar{x}\sum x_i + \sum \bar{x}^2 = \sum x_i^2 - n\bar{x}^2 = 315\,400 - 10 \times 168 \times 1\,168 = 33\,160$

所以
$$\hat{b}_1 = \frac{\sum (x_i - \bar{x})(y_i - \bar{y})}{\sum (x_i - \bar{x})^2} = \frac{17\,720}{33\,160} = 0.534\,4$$

$$\hat{b}_0 = \bar{y} - \hat{b}_1 \bar{x} = 111 - 0.534\,4 \times 168 = 21.22$$

要求 $\hat{b}_0$ 与 $\hat{b}_1$ 的标准差,首先求随机误差项方差的估计值:

$$\hat{\sigma}^2 = \frac{\sum e_i^2}{n-2} = \frac{\sum (y_i - \hat{y}_i)^2}{10-2} = \frac{\sum (y_i^2 - 2y_i\hat{y}_i + \hat{y}_i^2)}{8}$$

因为　$\hat{y}_i = 21.22 + 0.534\,4 x_i$,所以

$$\begin{aligned}\sum (y_i^2 - 2y_i\hat{y}_i + \hat{y}_i^2) &= \sum y_i^2 - 2\sum y_i(\hat{b}_0 + \hat{b}_1 x_i) + \sum (\hat{b}_0 + \hat{b}_1 x_i)^2 \\ &= \sum y_i^2 - 2\hat{b}_0\sum y_i - \hat{b}_1\sum x_i y_i + \sum (\hat{b}_0^2 + 2\hat{b}_0\hat{b}_1 x_i + \hat{b}_1^2 x_i^2) \\ &= 133\,300 - 2 \times 21.22 \times 1\,110 - 0.534\,4 \times 204\,200 + 10 \\ &\quad \times 21.22 \times 21.22 + 2 \times 21.22 \times 0.534\,4 \times 1\,680 + 0.534\,4 \\ &\quad \times 0.534\,4 \times 315\,400 \\ &= 620.81\end{aligned}$$

故 $\hat{\sigma}^2 = 620.81/8 = 77.60$。

$$s(\hat{b}_0) = \sqrt{\frac{\sum x_i^2 \hat{\sigma}^2}{n\sum (x_i - \bar{x})^2}} = \sqrt{\frac{77.60 \times 315\,400}{10 \times 33\,160}} = \sqrt{73.81} = 8.591\,3$$

$$s(\hat{b}_1) = \sqrt{\frac{\hat{\sigma}^2}{\sum x_i^2}} = \sqrt{\frac{77.60}{33\,160}} = \sqrt{0.002\,3} = 0.048\,4$$

(2) 由于 $\sum e_i^2 = 620.81$, $\sum (y_i - \bar{y})^2 = \sum y_i^2 - n\bar{y}^2 = 133\,300 - 10 \times 111 \times 111 = 10\,090$

故
$$R^2 = 1 - \frac{\text{RSS}}{\text{TSS}} = 1 - \frac{\sum e_i^2}{\sum (y_i - \bar{y})^2} = 1 - 620.81/10\,090 = 0.936\,5$$

(3) 对自由度为 $10 - 2 = 8$ 的 t 分布,在 5% 的显著性水平下的临界值为 $t_{0.025}(8) = 2.306$,故 b_0、b_1 的 95% 的置信区间分别为

$$\begin{aligned}&[\hat{b}_0 - t_{0.025}(8) \cdot s(\hat{b}_0), \hat{b}_0 + t_{0.025}(8) \cdot s(\hat{b}_0)] \\ &= [21.22 - 2.306 \times 8.591\,3, 21.22 + 2.306 \times 8.591\,3] \\ &= [1.408\,5, 41.031\,5]\end{aligned}$$

$$[\hat{b}_1 - t_{0.025}(8)\cdot s(\hat{b}_1), \hat{b}_1 + t_{0.025}(8)\cdot s(\hat{b}_1)]$$
$$=[0.5344-2.306\times0.0484, 0.5344+2.306\times0.0484]$$
$$=[0.4227, 0.6460]$$

由于 $b_1=0$ 不在 b_1 的置信区间内,故拒绝零假设：$b_1=0$。

例 10 利用表 2-1 给出的 2008 年我国城镇居民人均消费支出与人均可支配收入数据,回答下列问题。

表 2-1 2008 年我国城镇居民人均消费支出与人均可支配收入 元

地区	人均消费支出	人均可支配收入	地区	人均消费支出	人均可支配收入
北京	16 460.26	24 724.89	湖北	9 477.51	13 152.86
天津	13 422.47	19 422.53	湖南	9 945.52	13 821.16
河北	9 086.73	13 441.09	广东	15 527.97	19 732.86
山西	8 806.55	13 119.05	广西	9 627.40	14 146.04
内蒙古	10 828.62	14 432.55	海南	94 08.48	12 607.84
辽宁	11 231.48	14 392.69	重庆	11 146.80	14 367.55
吉林	9 729.05	12 829.45	四川	9 679.14	12 633.38
黑龙江	8 622.97	11 581.28	贵州	8 349.21	11 758.76
上海	19 397.89	26 674.90	云南	9 076.61	13 250.22
江苏	11 977.55	18 679.52	西藏	8 323.54	12 481.51
浙江	15 158.30	22 726.66	陕西	9 772.07	12 857.89
安徽	9 524.04	12 990.35	甘肃	8 308.62	10 969.41
福建	12 501.12	17 961.45	青海	8 192.56	11 640.43
江西	8 717.37	12 866.44	宁夏	9 558.29	12 931.53
山东	11 006.61	16 305.41	新疆	8 669.36	11 432.10
河南	8 837.46	13 231.11			

(1) 建立一元线性回归模型,并根据 EViews 输出结果,写出回归方程。如何解释斜率?

(2) 给定显著性水平 $\alpha=5\%$,对参数进行显著性检验。

(3) 弹性定义为自变量每变动百分之一所引起的因变量变动的百分比,用数学形式表示为弹性=斜率×(x/y)。假设仅根据(2)得到的回归结果,你能求出支出对收入的弹性吗?如果不能,计算此弹性还需要什么信息?

(4) 如果增加一个地区,该地区年可支配收入是 12 000 元,求该地区的消费支出的点预测值和该地区人均消费支出 95%置信水平的区间预测。

解答 (1) 根据题意,建立如下一元线性回归模型：$y_i=b_0+b_1x_i+u_i$,其中 y 表示城镇居民人均消费支出,x 表示城镇居民人均可支配收入,u 表示随机误差项。

首先,运行 EViews 软件,打开 EViews 窗口(图 2-2)。EViews 主窗口由五部分构成：标题栏、菜单栏、程序窗口、工作区和状态栏。

其次,建立工作文件,即在主菜单上依次单击 File/New/Workfile,出现 Workfile Create 对话框(图 2-3)。选择数据类型和起止日期：时间序列提供起止日期(年、季度、月度、周、日），非时间序列提供最大观察个数。本例中在 Observations 里输入 31，在 Names 中填写文件名为 CS，单击 OK 按钮后屏幕出现 Workfile 工作框（图 2-4）。

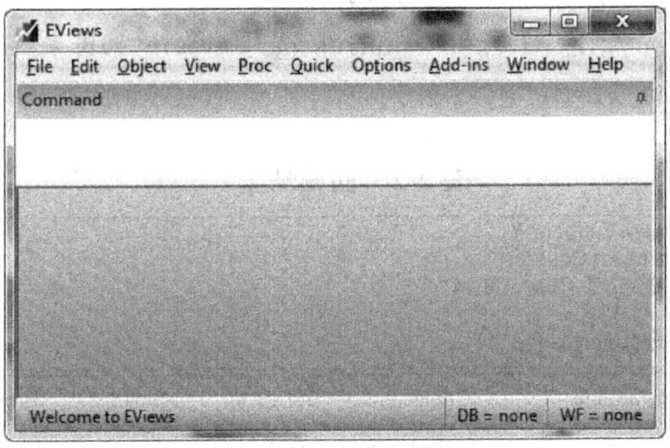

图 2-2　EViews 主窗口

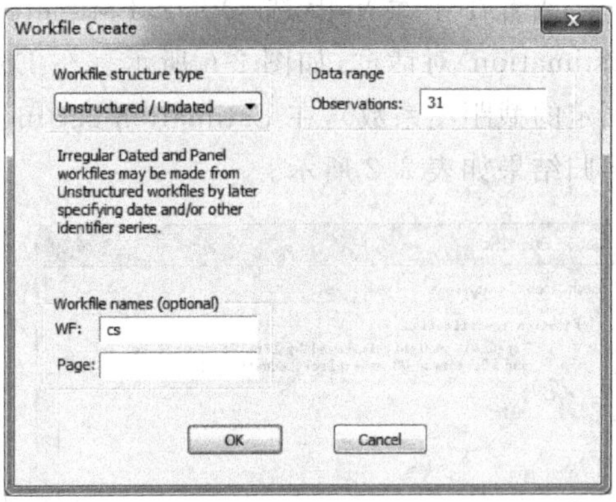

图 2-3　Workfile Create 对话框

工作文件窗口是 EViews 的子窗口。它也有标题栏、控制框、控制按钮。标题栏指明窗口的类型 workfile、工作文件名和存储路径。标题栏下是工作文件窗口的工具条。工具条上是一些按钮。Views：观察按钮；Procs：过程按钮；Save：保存工作文件；Sample：设置观察值的样本区间；Genr：利用已有的序列生成新的序列；Fetch：从磁盘上读取对象；Store：存储对象；Delete：删除对象等。

再次，输入样本数据。建立工作文件以后，可以输入样本数据。输入数据有两种基本方法。Data 命令方式：在光标处直接输入命令：Data y x，按回车键，屏幕出现数据编辑框，输入数据。或者采用菜单方式：在主菜单上单击 Objects\New Object 选项，在 New Object 对话框里选 Group 并在 Name for Object 上定义变量名 x、y，单击 OK 按钮，屏幕出现数据编辑框，输入数据。

在估计计量经济模型之前，借助图形分析可以直观地观察经济变量的变动规律和相关关系，以便合理地确定模型的数学形式。图形分析中最常使用的是趋势图和相关图。带有回归线的散点图如图 2-5 所示，y 与 x 之间拟合直线比较合适。

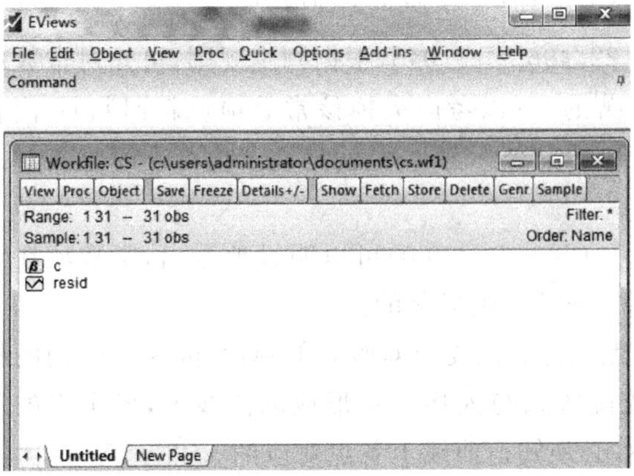

图 2-4　Workfile 工作窗口

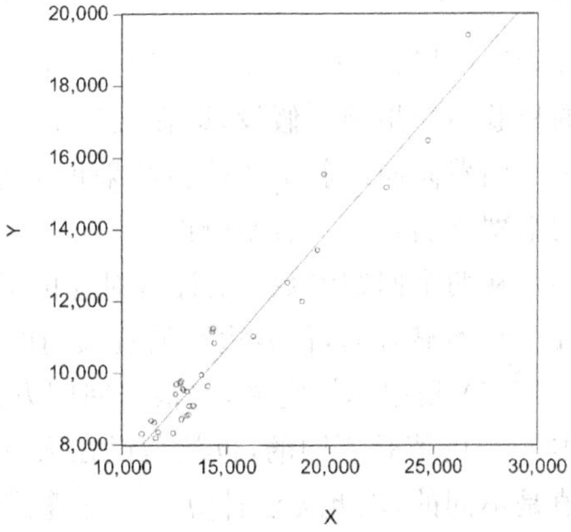

图 2-5　y 与 x 散点图

最后,用 OLS 估计模型中的未知参数。在工作文件窗口输入命令: ls y c x,按回车键,回归结果如表 2-2 所示。

或者在主菜单上选 Quick/Estimate Equation 选项,屏幕出现方程估计(Equation Estimation)对话框,如图 2-6 所示。在 Equation speicfication 中输入"y c x"(c 为 EViews 固定的截距项系数),在 Estimation settings 中选择 LS-Least Squares 选项,单击 OK 按钮,回归结果如表 2-2 所示。

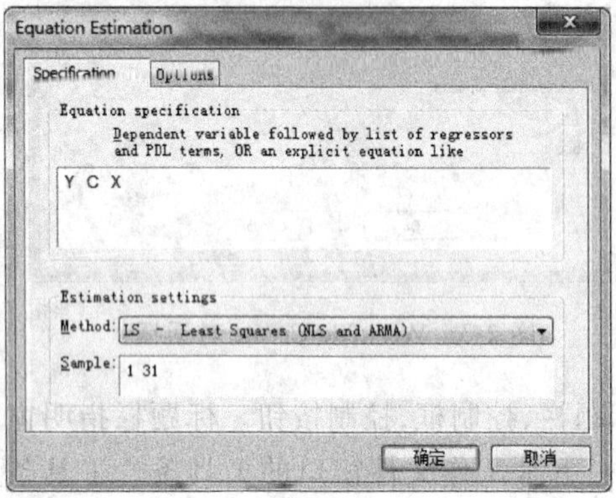

图 2-6 方程估计(Equation Estimation)对话框

表 2-2 回归结果

Dependent Variable: Y
Method: Least Squares
Date: 09/30/17 Time: 09:24
Sample: 1 31
Included observations: 31

Variable	Coefficient	Std. Error	t-Statistic	Prob.
C	725.3459	456.4659	1.589047	0.1229
X	0.664746	0.029549	22.49622	0.0000

R-squared	0.945802	Mean dependent var	10657.15
Adjusted R-squared	0.943934	S.D. dependent var	2727.015
S.E. of regression	645.7119	Akaike info criterion	15.84092
Sum squared resid	12091373	Schwarz criterion	15.93344
Log likelihood	-243.5343	Hannan-Quinn criter.	15.87108
F-statistic	506.0798	Durbin-Watson stat	1.669446
Prob(F-statistic)	0.000000		

根据输出结果,得如下回归方程:

$$\hat{y}_i = 725.345\,9 + 0.664\,7\,x_i$$
$$t = (1.589\,0) \quad (22.496\,2)$$
$$R^2 = 0.945\,8 \quad F = 506.079\,8$$

括号中的数据为各回归参数估计值对应的 t 统计量的值。斜率为 0.664 7,表示我国城镇居民的边际消费倾向,即当城镇居民可支配收入增加 100 元时,人均消费支出平均将增加 66.47 元。

(2) 根据 EViews 结果给出的各回归参数的 t 统计量的值(括号中的数值),可知 $t(\hat{b}_0)=1.589$,$t(\hat{b}_1)=22.496\,2$。在 5%的显著性水平下,查 t 分布表得临界值为 $t_{0.025}(31-2)=2.045$。显然 $t(\hat{b}_0)=1.589<2.045$,$t(\hat{b}_1)=22.496\,2>2.045$,根据判定规则,可知对常数项的检验不能拒绝原假设,即在统计上是不显著的(可以考虑去掉该常数项重新回归);代表边际消费倾向的斜率的检验结果拒绝原假设,即显著不为 0,也就是说人均可支配收入对人均消费支出是有显著影响的。

从两个回归参数 t 统计量对应的 p 值(0.122 9,0.000 0)可以明显地看出,常数项在统计上是不显著的,代表边际消费倾向的斜率在统计上是显著的。

(3) 根据弹性定义,仅根据回归方程是无法计算出支出对收入的弹性,因为对不同的样本 x/y 的值是不同的,也就是说在人均可支配收入与人均消费形成的曲线上,各个点的比值是不同的,因此无法计算。要计算该弹性,必须知道曲线上各点对应的 x 和 y 值。

(4) 当该地区年可支配收入 $x_f=12\,000$ 元时,该地区的消费支出的点预测值为

$$\hat{y}_f = 725.345\,9 + 0.664\,7x_f = 725.345\,9 + 0.664\,7 \times 12\,000 = 8\,701.75(\text{元})$$

区间预测可以根据公式先求出解释变量 x 的均值和离差平方和，计算出预测值的标准差，然后根据区间估计的公式来计算预测区间。这里我们通过 EViews 软件来直接得到预测的标准差。首先在进行预测前，把样本的区间扩展到 32，并在人均消费支出 x 序列中输入第 32 个地区的值，然后单击 OLS 估计输出结果上方的菜单 Forecast，会出现如图 2-7 所示对话框。

在 Forecast 中输入预测序列的名字 y_f，在 S. E. 中输入保存预测值标准差的序列名字 seyf，单击 OK 按钮，即可得到所需结果。打开 y_f 序列，第 32 个预测值对应的就是该地区的点预测值 8 702.301。

打开 seyf 序列，第 32 个数据就是 $\hat{y}_f$ 的标准差：

$$s(\hat{y}_f)=\sqrt{\hat{\sigma}^2\left[1+\frac{1}{n}+\frac{(x_f-\bar{x})^2}{\sum(x_t-\bar{x})^2}\right]}=661.7739$$

然后代入公式计算预测区间：

$$[\hat{y}_f-t_{0.025}(n-2)\times s(\hat{y}_f),\hat{y}_f+t_{0.025}(n-2)\times s(\hat{y}_f)]$$

$$[8\,702.301-2.045\times 661.7739,8\,702.301+2.045\times 661.7739]=[7\,348.97,10\,056.63]$$

即该地区的人均消费支出 95%的预测区间为[7 348.97，10 056.63]。

利用 EViews 软件，样本值与预测值图形如图 2-8 所示。

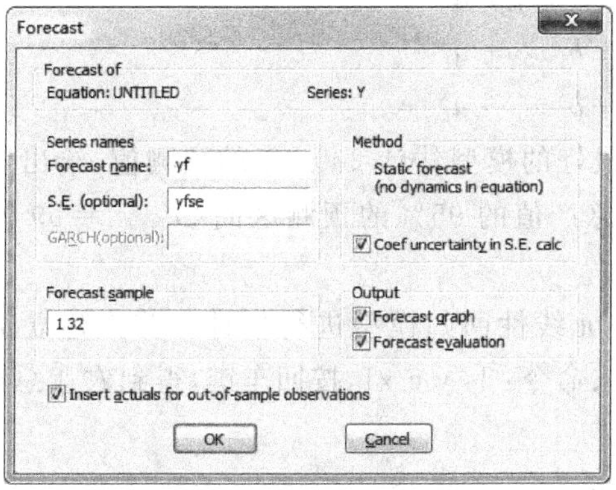

图 2-7　Forecast 对话框

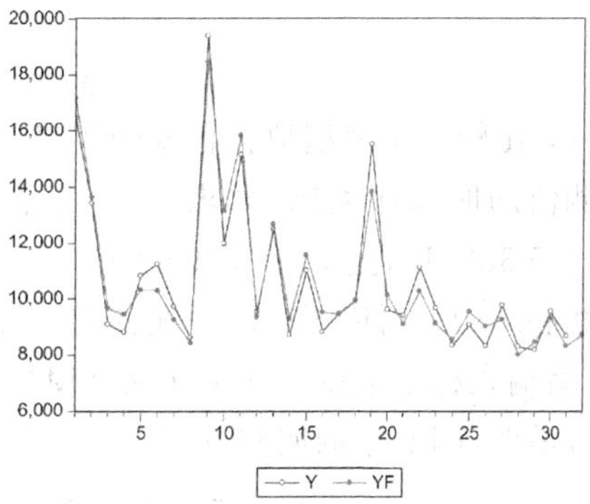

图 2-8　样本值与预测值图形

例 11　表 2-3 给出了我国 1989—2008 年农业总产量 y（万吨）、有效灌溉面积 x_1（千公顷）、化肥施肥量 x_2（万吨）及农机总动力 x_3（万千瓦）。

表 2-3　我国 1989—2008 年农业总产量、有效灌溉面积、化肥施肥量及农机总动力

年　份	农业总产值 y	有效灌溉面积 x_1	化肥施肥量 x_2	农机总动力 x_3
1989	4 100.6	44 917.2	2 357.1	28 067.0
1990	4 954.3	47 403.1	2 590.3	28 707.7
1991	5 146.4	47 822.1	2 805.1	29 388.6
1992	5 588.0	48 590.1	2 930.2	30 308.4
1993	6 605.1	48 727.9	3 151.9	31 816.6
1994	9 169.2	48 759.1	3 317.9	33 802.5
1995	11 884.6	49 281.2	3 593.7	36 118.1

续表

年 份	农业总产值 y	有效灌溉面积 x_1	化肥施肥量 x_2	农机总动力 x_3
1996	13 539.8	50 381.4	3 827.9	38 546.9
1997	13 852.5	51 238.5	3 980.7	42 015.6
1998	14 241.9	52 295.6	4 083.7	45 207.7
1999	14 106.2	53 158.4	4 124.3	48 996.1
2000	13 873.6	53 820.3	4 146.4	52 573.6
2001	14 462.8	54 249.4	4 253.8	55 172.1
2002	14 931.5	54 354.9	4 339.4	57 929.9
2003	14 870.1	54 014.2	4 411.6	60 386.5
2004	18 138.4	54 478.4	4 636.6	64 027.9
2005	19 613.4	55 029.3	4 766.2	68 397.8
2006	21 522.3	55 750.5	4 927.7	72 522.1
2007	24 658.1	56 518.3	5 107.8	76 589.6
2008	28 044.2	58 471.7	5 239.0	82 190.4

根据所给数据回答下列问题：

(1) 试估计下面三个一元线性回归模型，并进行结构分析和统计检验。

$$y_i = b_0 + b_1 x_{1i} + u_i$$

$$y_i = b_0 + b_1 x_{2i} + u_i$$

$$y_i = b_0 + b_1 x_{3i} + u_i$$

(2) 比较三个模型拟合程度的优劣，用最好的模型估计 2009 年的预测值，给出样本值与预测值的时间序列图，并求 2009 年农业总产值的 95% 的预测区间($x_{1,2009}=59\ 942.7$，$x_{2,2009}=5\ 383.1$，$x_{3,2009}=86\ 396.8$)。

解答 (1) 利用 EViews 软件对三个一元线性回归模型进行估计。首先建立工作文件，然后输入样本数据。在工作文件窗口输入命令：ls y c x1，按回车键，得到农业总产值 y 与有效灌溉面积 x_1 的回归方程：

$$\hat{y}_i = -76\ 711.05 + 1.739\ 2 x_{1i}$$

$$t = (-10.181\ 2) \quad (12.021\ 8)$$

$$R^2 = 0.889\ 2 \quad \text{S.E} = 2\ 256.369 \quad F = 144.523\ 4$$

回归方程显示，当有效灌溉面积增加 1 千公顷时，农业总产值将增加 1.739 2 万吨。在 5% 显著性水平下，t 统计量的临界值为 $t_{0.025}(18-2)=2.12$，回归系数 t 统计量值 12.021 8 大于临界值，表明有效灌溉面积对农业总产值有显著影响；样本可决系数为 0.889 2 表示解释变量对被解释变量解释能力较强。

在工作文件窗口输入命令：ls y c x2，按回车键，得到农业总产值 y 与化肥施肥量 x_2 的回归方程为：

$$\hat{y}_i = -16\ 083.48 + 7.570\ 5 x_{2i}$$

$$t = (-8.757\ 8) \quad (16.550\ 3)$$

$$R^2 = 0.938\ 3 \quad \text{S.E.} = 1\ 683.608 \quad F = 273.913\ 3$$

回归方程显示，当化肥施肥量增加 1 万吨时，农业总产值将增加 7.570 5 万吨。在 5%

显著性水平下，回归系数 t 统计量值 16.550 3 大于临界值 $t_{0.025}(20-2)=2.10$，表明化肥施肥量对农业总产值有显著影响；样本可决系数为 0.938 3，表示解释变量对被解释变量解释能力较强。

在工作文件窗口输入命令：ls　y　c　x3，打回车键，得到农业总产值 y 与农机总动力 x_3 的回归方程为

$$\hat{y}_i = -4\,217.528 + 0.363\,9x_{3i}$$
$$t = \quad (-3.136\,8) \quad (14.066\,8)$$
$$R^2 = 0.912\,0 \quad \text{S.E} = 1\,957.792 \quad F = 197.875\,3$$

回归方程显示，当农机总动力增加 1 万千瓦时，农业总产值将增加 0.363 9 万吨。在 5%显著性水平下，显然回归系数 t 统计量值 14.066 8 大于临界值 $t_{0.025}(18-2)=2.12$，表明农机总动力对农业总产值有显著影响；样本可决系数 R^2 为 0.912 0，表示解释变量对被解释变量解释能力较好。

(2) 根据三个模型的样本可决系数 R^2、F、S.E. 统计量值可以看出，第二个方程的回归标准误差 S.E. 统计量较小、F 统计量值较大、样本可决系数 R^2 最高，拟合程度最好，因此可根据第二个模型进行预测，EViews 操作方法与例 11 类似。得出如下结果：

$$\hat{y}_{2009} = 24\,669.09, \quad \text{yfse} = 3\,989.942$$

95%的预测区间为：

$$[24\,669.09 - 2.10 \times 3\,989.942, 24\,669.09 - 2.10 \times 3\,989.942]$$
$$= [16\,290.211\,8, 33\,047.968\,2]$$

例 12　表 2-4 给出了美国 1970—1999 年实际 GDP(单位：10 亿美元)与城市失业率(U，单位：%)的数据。

(1) 估计形如 $y_i = a(x_i - b)$ 的奥肯定律，其中 $y_i = U_i - U_{i-1}$ 表示失业率的变化，$x_i = (\text{GDP}_i - \text{GDP}_{i-1})/\text{GDP}_{i-1}$ 为实际 GDP 增长率，a、b 为参数。

表 2-4　美国 1970—1999 年实际 GDP 与城市失业率(U)

年份	GDP	城市失业率(U)	年份	GDP	城市失业率(U)
1970	3 578.0	4.9	1985	5 717.1	7.2
1971	3 697.7	5.9	1986	5 912.4	7.0
1972	3 898.4	5.6	1987	6 113.3	6.2
1973	4 123.4	4.9	1988	6 368.4	5.5
1974	4 099.0	5.6	1989	6 591.8	5.3
1975	4 084.4	8.5	1990	6 707.9	5.6
1976	4 311.7	7.7	1991	6 676.4	6.8
1977	4 511.8	7.1	1992	6 880.0	7.5
1978	4 760.6	6.1	1993	7 062.6	6.9
1979	4 912.1	5.8	1994	7 347.7	6.1
1980	4 900.9	7.1	1995	7 543.8	5.6
1981	5 021.0	7.6	1996	7 813.2	5.4
1982	4 919.3	9.7	1997	8 159.5	4.0
1983	5 132.3	9.6	1998	8 515.7	4.5
1984	5 505.2	7.5	1999	8 875.8	4.2

(2) 用实际 GDP 增长率 x_i 对城市失业率的变化 y_i 进行回归,并解释回归结果。

(3) 如果失业率保持不变,利用(2)的回归结果预测实际 GDP 增长率是多少? 如何解释这个增长率?

解答 (1) 利用 EViews 软件对回归模型 $y_i = a(x_i - b)$进行估计。首先建立工作文件,然后输入样本数据。在工作文件窗口输入命令:

genr x=100 * d(GDP)/GDP(-1) 生成序列 x_i

genr y=U-U(-1) 生成序列 y_i

ls y c x,按回车键,得到如表 2-5 所示的回归结果。

根据输出结果,得如下回归方程:

$$\hat{y}_i = 1.2547 - 0.3991x_i = -0.3991(x_i - 3.1438)$$

(2) 用实际 GDP 增长率 x 对城市失业率的变化 y 进行回归,得到表 2-6 回归结果。

根据输出结果,得如下回归方程:

$$\hat{x}_i = 3.1627 - 1.7361y_i$$

$$t = (13.9192) \quad (-7.8037)$$

$$R^2 = 0.6928 \quad DW = 2.0091 \quad F = 60.8985$$

回归结果表明,当失业率上升 1%时,实际 GDP 增长率将下降 1.74%。

(3) 根据表 2-6 所示回归结果,如果失业率保持不变,即 $y_i = 0$,则预期实际 GDP 增长率为 3.16%。

表 2-5 回归结果

Dependent Variable: Y
Method: Least Squares
Date: 09/30/17 Time: 10:26
Sample (adjusted): 1971 1999
Included observations: 29 after adjustments

Variable	Coefficient	Std. Error	t-Statistic	Prob.
C	1.254706	0.196763	6.376732	0.0000
X	-0.399060	0.051137	-7.803747	0.0000

R-squared	0.692827	Mean dependent var	-0.024138
Adjusted R-squared	0.681451	S.D. dependent var	1.039112
S.E. of regression	0.586477	Akaike info criterion	1.837104
Sum squared resid	9.286781	Schwarz criterion	1.931401
Log likelihood	-24.63801	Hannan-Quinn criter.	1.866637
F-statistic	60.89846	Durbin-Watson stat	2.051012
Prob(F-statistic)	0.000000		

表 2-6 回归结果

Dependent Variable: X
Method: Least Squares
Date: 09/30/17 Time: 10:27
Sample (adjusted): 1971 1999
Included observations: 29 after adjustments

Variable	Coefficient	Std. Error	t-Statistic	Prob.
C	3.162734	0.227221	13.91923	0.0000
Y	-1.736149	0.222476	-7.803747	0.0000

R-squared	0.692827	Mean dependent var	3.204641
Adjusted R-squared	0.681451	S.D. dependent var	2.167389
S.E. of regression	1.223278	Akaike info criterion	3.307418
Sum squared resid	40.40307	Schwarz criterion	3.401714
Log likelihood	-45.95756	Hannan-Quinn criter.	3.336950
F-statistic	60.89846	Durbin-Watson stat	2.009121
Prob(F-statistic)	0.000000		

2.4 习题

2.4.1 单项选择题

1. 变量之间的关系可以分为两大类,它们是( )。

A. 函数关系和相关关系　　B. 线性相关关系和非线性相关关系

C. 正相关关系和负相关关系　　D. 简单相关关系和复杂相关关系

2. 相关关系是指( )。

A. 变量间的非独立关系　　B. 变量间的因果关系

C. 变量间的函数关系　　D. 变量间不确定性的依存关系

3. 进行相关分析时，假定相关的两个变量(　　)。

A. 都是随机变量　　B. 都不是随机变量

C. 一个是随机变量，一个不是随机变量　　D. 随机的或不随机都可以

4. 在回归分析中，定义的变量满足(　　)。

A. 解释变量和被解释变量都是随机变量

B. 解释变量为非随机变量，被解释变量为随机变量

C. 解释变量和被解释变量都为非随机变量

D. 解释变量为随机变量，被解释变量为非随机变量

5. 相关系数 r 的取值范围是(　　)。

A. $r\leqslant -1$　　B. $r\geqslant 1$　　C. $0\leqslant r\leqslant 1$　　D. $-1\leqslant r\leqslant 1$

6. 表示变量 x 与 y 之间的真实线性关系的是(　　)。

A. $\hat{y}_i=\hat{\beta}_0+\hat{\beta}_1 x_i$　　B. $E(y_i)=\hat{\beta}_0+\hat{\beta}_1 x_i$

C. $y_i=\beta_0+\beta_1 x_i+u_i$　　D. $y_i=\beta_0+\beta_1 x_i$

7. 样本回归方程表达式为(　　)。

A. $y_i=\beta_0+\beta_1 x_i+u_i$　　B. $E(y_i)=\beta_0+\beta_1 x_i$

C. $y_i=\hat{\beta}_0+\hat{\beta}_1 x_i+e_i$　　D. $\hat{y}_i=\hat{\beta}_0+\hat{\beta}_1 x_i$

8. 以 y_i 表示实际观测值，$\bar{y}$ 表示平均值，$\hat{y}_i$ 表示回归估计值，则用普通最小二乘法估计参数的准则是使以下哪项值最小(　　)。

A. $\left|\sum(y_i-\hat{y}_i)\right|$　　B. $\sum|y_i-\hat{y}_i|$

C. $\sum(y_i-\bar{y})^2$　　D. $\sum(y_i-\hat{y}_i)^2$

9. 一元线性回归分析中，回归平方和 ESS 的自由度为(　　)。

A. n　　B. $n-1$　　C. $n-k$　　D. 1

10. 对回归模型 $y_i=\beta_0+\beta_1 x_i+u_i$ 进行统计检验，通常假定随机误差项 u_i 服从(　　)。

A. $N(0,\sigma_i^2)$　　B. $t(n-2)$　　C. $N(0,\sigma^2)$　　D. $t(n)$

11. 参数 β 的估计量 $\hat{\beta}$ 具备有效性是指(　　)。

A. $\mathrm{var}(\hat{\beta})=0$　　B. $\mathrm{var}(\hat{\beta})$ 为最小　　C. $\hat{\beta}-\beta=0$　　D. $(\hat{\beta}-\beta)$ 为最小

12. 以下不属于估计量的小样本性质的有(　　)。

A. 无偏性　　B. 有效性　　C. 线性　　D. 一致性

13. 对于 $y_i=\hat{\beta}_0+\hat{\beta}_1 x_i+e_i$，以 $\hat{\sigma}$ 表示估计标准误差，$\hat{y}_i$ 表示回归值，则(　　)。

A. $\hat{\sigma}=0$ 时，$\sum(y_i-\hat{y}_i)=0$　　B. $\hat{\sigma}=0$ 时，$\sum(y_i-\hat{y}_i)^2=0$

C. $\hat{\sigma}=0$ 时，$\sum(y_i-\hat{y}_i)$ 为最小　　D. $\hat{\sigma}=0$ 时，$\sum(y_i-\hat{y}_i)^2$ 为最小

14. 设样本回归模型为 $y_i=\hat{\beta}_0+\hat{\beta}_1 x_i+e_i$，则普通最小二乘法确定的 $\hat{\beta}_i$ 的公式中，错误的是(　　)。

A. $\hat{\beta}_1=\dfrac{\sum(x_i-\bar{x})(y_i-\bar{y})}{\sum(x_i-\bar{x})^2}$　　B. $\hat{\beta}_1=\dfrac{n\sum x_i y_i-\sum x_i\sum y_i}{n\sum x_i^2-\left(\sum x_i\right)^2}$

C. $\hat{\beta}_1=\dfrac{\sum x_iy_i-n\bar{x}\cdot\bar{y}}{\sum x_i^2-n\bar{x}^2}$　　D. $\hat{\beta}_1=\dfrac{n\sum x_iy_i-\sum x_i\sum y_i}{\sigma_x^2}$

15. 对于 $y_i=\hat{\beta}_0+\hat{\beta}_1x_i+e_i$,以 $\hat{\sigma}$表示估计标准误差,r 表示相关系数,则有(　　)。

A. $\hat{\sigma}=0$ 时,$r=1$　　B. $\hat{\sigma}=0$ 时,$r=-1$

C. $\hat{\sigma}=0$ 时,$r=0$　　D. $\hat{\sigma}=0$ 时,$r=+1$ 或 $r=-1$

16. 在经典线性回归模型的基本假定条件成立的情况下,普通最小二乘法估计与最大似然估计得到的估计量(　　)。

A. 完全一样　　B. 完全不同

C. 小样本下不同,大样本下相同　　D. 小样本下不同,大样本下不同

17. 在总回归直线 $E(y_i)=\beta_0+\beta_1x_i$ 中,β_1 表示(　　)。

A. 当 x 增加一个单位时,y 增加 β_1 个单位

B. 当 x 增加一个单位时,y 平均增加 β_1 个单位

C. 当 y 增加一个单位时,x 增加 β_1 个单位

D. 当 y 增加一个单位时,x 平均增加 β_1 个单位

18. 电视机的销售收入(y,万元)与销售广告支出(x,万元)之间的回归方程为 $\hat{y}=356+2.4x$,这说明(　　)。

A. 销售收入每增加 1 万元,广告支出平均增加 2.4 万元

B. 销售收入每增加 1 万元,广告支出平均减少 2.4 万元

C. 广告支出每增加 1 万元,销售收入平均增加 2.4 万元

D. 广告支出每增加 1 万元,销售收入平均减少 2.4 万元

19. 设 y 表示实际观测值,$\hat{y}$表示 OLS 回归估计值,则下列哪项成立?(　　)

A. $\hat{y}=y$　　B. $\hat{y}=\bar{y}$　　C. $\bar{\hat{y}}=y$　　D. $\bar{\hat{y}}=\bar{y}$

20. 用普通最小二乘法估计经典线性模型 $y_i=\beta_0+\beta_1x_i+u_i$,则样本回归线通过点(　　)。

A. (x,y)　　B. $(x,\hat{y})$　　C. $(\bar{x},\hat{y})$　　D. $(\bar{x},\bar{y})$

21. 以 y 表示实际值,$\hat{y}$表示回归估计值,则用 OLS 得到的样本回归直线 $\hat{y}_i=\hat{\beta}_0+\hat{\beta}_1x_i$ 满足(　　)。

A. $\sum(y_i-\hat{y}_i)=0$　　B. $\sum(\hat{y}_i-\bar{y})^2=0$

C. $\sum(y_i-\hat{y}_i)^2=0$　　D. $\sum(y_i-\bar{y})^2=0$

22. 对线性回归模型 $y_i=\beta_0+\beta_1x_i+u_i$应用普通最小二乘法,会得到一组正规方程,以下方程中不是正规方程的是(　　)。

A. $\sum(y_i-\beta_0-\beta_1x_i)=0$　　B. $\sum(y_i-\beta_0-\beta_1x_i)x_i=0$

C. $\sum(y_i-\hat{y}_i)^2=0$　　D. $\sum e_ix_i=0$

23. 对于总离差平方和 TSS、回归平方和 ESS 与残差平方和 RSS 的相互关系,正确的是(　　)。

A. TSS>RSS+ESS　　B. TSS=RSS+ESS

C. TSS<RSS+ESS　　D. $TSS^2=RSS^2+ESS^2$

24. 反映由模型中解释变量所解释的那部分离差大小的是(　　)。

A. 总离差平方和　　B. 回归平方和　　C. 残差平方和　　D. B和C

25. 已知某一直线回归方程的判定系数为0.64,则解释变量与被解释变量间的线性相关系数绝对值为(　　)。

A. 0.64　　B. 0.8　　C. 0.4　　D. 0.32

26. 判定系数 R^2 的取值范围是(　　)。

A. $R^2\leqslant -1$　　B. $R^2\geqslant 1$　　C. $0\leqslant R^2\leqslant 1$　　D. $-1\leqslant R^2\leqslant 1$

27. 考察某地区农作物种植面积与农作物产值的关系,建立一元线性回归模型 $y_i=\beta_0+\beta_1 x_i+u_i$($x$ 表示农作物种植面积、y 表示农作物产值),采用30个样本,根据OLS方法得 $\hat{\beta}_1=0.54$,对应标准差 $s(\hat{\beta}_1)=0.045$,那么,β_1 对应的 t 统计量为(　　)。

A. 12　　B. 0.024 3　　C. 2.048　　D. 1.701

28. 一元线性回归模型 $y_i=\beta_0+\beta_1 x_i+u_i$ 的普通最小二乘法回归结果显示,残差平方和RSS=40.32,样本容量 $n=25$,则回归模型的标准差 $\hat{\sigma}$ 为(　　)。

A. 1.270　　B. 1.324　　C. 1.613　　D. 1.753

29. 应用某市1978—2005年年人均可支配收入与年均消费支出的数据资料建立简单的一元线性消费函数,估计结果得到样本决定系数 $R^2=0.993\,8$,总离差平方和TSS=480.12,则随机误差项 u_i 的标准差估计值为(　　)。

A. 4.284　　B. 0.326　　C. 0.338　　D. 0.345

30. 用一组有30个观测值的样本估计模型 $y_i=\beta_0+\beta_1 x_i+u_i$ 后,在0.05的显著性水平下,对 β_1 的显著性作 t 检验,则 β_1 显著地不等于零的条件是其统计量 t 的绝对值大于(　　)。

A. $t_{0.05}(30)$　　B. $t_{0.025}(30)$　　C. $t_{0.05}(28)$　　D. $t_{0.025}(28)$

31. 解释变量 x 在某一特定的水平上,总体 y 分布的离散程度越大,即 σ^2 越大,则(　　)。

A. 预测区间越宽,预测精度越高　　B. 预测区间越宽,预测误差越大

C. 预测区间越窄,预测精度越高　　D. 预测区间越窄,预测误差越大

2.4.2　多项选择题

1. 指出下列哪些现象是相关关系(　　)。

A. 家庭消费支出与收入　　B. 商品销售额与销售量、销售价格

C. 物价水平与商品需求量　　D. 小麦亩产量与施肥量

E. 学习成绩总分与各门课程成绩分数

2. 一元线性回归模型 $y_i=\beta_0+\beta_1 x_i+u_i$ 的经典假设包括(　　)。

A. $E(u_i)=0$　　B. $\mathrm{var}(u_i)=\sigma^2$(常数)

C. $\mathrm{cov}(u_i,u_j)=0(i\neq j)$　　D. $u_i\sim N(0,\sigma^2)$

E. x_i 为非随机变量,且 $\mathrm{cov}(x_i,u_i)=0$

3. 以 y 表示实际观测值,$\hat{y}$表示回归估计值,e 表示残差,则回归直线满足(　　)。

A. 通过样本均值点$(\bar{x},\bar{y})$　　B. $\sum y_i = \sum \hat{y}_i$

C. $\mathrm{cov}(x_i,e_i)=0$　　D. $\sum (y_i-\hat{y}_i)^2=0$

E. $\sum (\hat{y}_i-\bar{y})^2=0$

4. 如果 y 与 x 满足一元线性关系,则下列表达式正确的有(　　)。

A. $y_t=\beta_0+\beta_1 x_t$　　B. $y_t=\beta_0+\beta_1 x_t+u_t$

C. $y_t=\hat{\beta}_0+\hat{\beta}_1 x_t+u_t$　　D. $\hat{y}_t=\hat{\beta}_0+\hat{\beta}_1 x_t+u_t$

E. $\hat{y}_t=\hat{\beta}_0+\hat{\beta}_1 x_t$

5. 如果 y 与 x 满足一元线性关系(e 表示残差),则下列表达式正确的有(　　)。

A. $E(y_t)=\beta_0+\beta_1 x_t$　　B. $y_t=\hat{\beta}_0+\hat{\beta}_1 x_t$

C. $y_t=\hat{\beta}_0+\hat{\beta}_1 x_t+e_t$　　D. $\hat{y}_t=\hat{\beta}_0+\hat{\beta}_1 x_t+e_t$

E. $E(y_t)=\hat{\beta}_0+\hat{\beta}_1 x_t$

6. 回归分析中估计回归参数的方法主要有(　　)。

A. 相关系数法　　B. 方差分析法

C. 最小二乘估计法　　D. 极大似然法

E. 矩估计法

7. 用普通最小二乘法估计模型 $y_i=\beta_0+\beta_1 x_i+u_i$ 的参数,要使获得的参数估计量具备最佳线性无偏估计性,则要求(　　)。

A. $E(u_i)=0$　　B. $\mathrm{var}(u_i)=\sigma^2$(常数)

C. $\mathrm{cov}(u_i,u_j)=0(i\neq j)$　　D. x 为非随机变量,与随机误差项 u_i 不相关

E. u_i 服从正态分布

8. 假设线性回归模型满足全部基本假设,则其参数的估计量具备(　　)。

A. 可靠性　　B. 一致性　　C. 线性　　D. 无偏性

E. 有效性

9. 用普通最小二乘法得到的回归直线具有以下特性(　　)。

A. 通过点$(\bar{x},\bar{y})$　　B. $\bar{\hat{y}}=\bar{y}$

C. $\sum e_i=0$　　D. $\sum e_i^2=0$

E. $\mathrm{cov}(x_i,e_i)=0$

10. 由回归直线$\hat{y}_t=\hat{\beta}_0+\hat{\beta}_1 x_t$ 所估计出来的$\hat{y}_t$ 值(　　)。

A. 是一组估计值　　B. 是一组平均值

C. 是一个几何级数　　D. 可能等于实际值 y

E. 与实际值 y 的离差和等于零

11. 反映回归直线拟合优度的指标有(　　)。

A. 相关系数　　B. 回归系数

C. 决定系数　　D. 回归方程的标准误差

E. 残差平方和

12. 对于样本回归直线 $\hat{y}_t=\hat{\beta}_0+\hat{\beta}_1 x_t$（$R^2$ 为决定系数），回归平方和可以表示为(　　)。

A. $\sum(\hat{y}_i-\bar{y})^2$

B. $\hat{\beta}_1^2\sum(x_i-\bar{x})^2$

C. $R^2\sum(y_i-\bar{y})^2$

D. $R^2\sum(y_i-\bar{y})^2$

E. $\sum(y_i-\bar{y})^2-\sum(y_i-\hat{y})^2$

13. 对于样本回归直线 $\hat{y}_t=\hat{\beta}_0+\hat{\beta}_1 x_t$，$\hat{\sigma}$为回归方程的标准差，以下决定系数 R^2 的算式中正确的有(　　)。

A. $\dfrac{\sum(\hat{y}_i-\bar{y})^2}{\sum(y_i-\bar{y})^2}$

B. $1-\dfrac{\sum(y_i-\hat{y}_i)^2}{\sum(y_i-\bar{y})^2}$

C. $\dfrac{\hat{\beta}_1^2\sum(x_i-\bar{x})^2}{\sum(y_i-\bar{y})^2}$

D. $\dfrac{\hat{\beta}_1\sum(x_i-\bar{x})(y_i-\bar{y})}{\sum(y_i-\bar{y})^2}$

E. $1-\dfrac{\hat{\sigma}^2(n-2)}{\sum(y_i-\bar{y})^2}$

14. 设 σ_x 与 σ_y 为 x 和 y 的标准差，以下相关系数的算式中正确的有(　　)。

A. $\dfrac{\overline{xy}-\bar{x}\cdot\bar{y}}{\sigma_x\sigma_y}$

B. $\dfrac{\sum(x_i-\bar{x})(y_i-\bar{y})}{n\sigma_x\sigma_y}$

C. $\dfrac{\mathrm{cov}(x,y)}{\sigma_x\sigma_y}$

D. $\dfrac{\sum(x_i-\bar{x})(y_i-\bar{y})}{\sqrt{\sum(x_i-\bar{x})^2}\sqrt{\sum(y_i-\bar{y})^2}}$

E. $\dfrac{\sum x_i y_i-n\bar{x}\cdot\bar{y}}{\sqrt{\sum x_i^2-n\bar{x}^2}\sqrt{\sum y_i^2-n\bar{y}^2}}$

2.4.3　判断题

1. 在计量经济模型中，随机误差项与回归残差项无区别。(　　)
2. 随机误差项反映了自变量对因变量的影响。(　　)
3. 在线性回归模型中，自变量和因变量都是随机变量。(　　)
4. 在线性回归模型的基本假设中，随机误差项服从均值为 0 的正态分布，对方差则没有什么要求。(　　)
5. 通过增大样本容量和提高拟合优度可以缩小置信区间。(　　)
6. 总体回归函数给出了对应于每一个自变量的因变量的值。(　　)
7. 在线性回归模型中，解释变量是原因，被解释变量是结果。(　　)
8. 在计量经济分析中，模型中的参数一旦被估计出来，就可以将估计的模型直接用于实际计量经济分析。(　　)
9. 在双变量模型中，对样本回归函数整体的显著性检验与斜率系数的显著性检验是一致的。(　　)
10. 线性回归模型的随机误差项不服从正态分布，OLS 估计量将是有偏的。(　　)

11. 随机误差项方差与随机误差项方差的无偏估计没有什么区别。 ( )

12. 在对参数进行最小二乘估计之前,没有必要对模型提出古典假定。 ( )

13. 在一元线性回归分析中,样本决定系数 R^2 与 t 检验是没有什么关系的。 ( )

14. 在线性回归分析中,样本决定系数大的回归方程一定比样本决定系数小的回归方程更能说明解释变量对被解释变量的解释能力。 ( )

15. 回归参数的显著性检验是用来检验解释变量对被解释变量有无显著影响的检验。 ( )

2.4.4 简答题、分析与计算题

1. 回答下列问题

(1) 经典假设条件的内容是什么?为什么要对回归模型规定经典假设条件?

(2) 总体回归模型函数与样本回归模型之间有哪些区别与联系?总体方差与参数方差有哪些区别与联系?

(3) 什么是随机误差项?影响随机误差项的主要因素有哪些?它和残差之间的区别是什么?

2. 最小二乘估计量有哪些特性?高斯—马尔可夫定理的内容是什么?

3. 决定系数 R^2 说明了什么?它与相关系数有何区别和联系?

4. 为什么要进行显著性检验?请说明显著性检验的过程。

5. 相关分析与回归分析有何区别和联系?

6. 影响预测精度的主要原因是什么?

7. 你的朋友将不同年度的债券价格作为该年利率(在相等的风险水平下)的函数,估计出的简单方程如下:

$$\hat{y}_t = 101.40 - 4.78x_t$$

其中:$\hat{y}_t$=第 t 年美国政府债券价格(每 100 美元债券);x_t=第 t 年联邦资金利率(按百分比)。

请回答以下问题:

(1) 解释两个所估系数的意义,所估的符号与你期望的符号一样吗?

(2) 为何方程左边的变量是 $\hat{y}_t$ 而不是 y_t?

(3) 你朋友在估计的方程中是否遗漏了随机误差项?

(4) 此方程的经济意义是什么?对此模型你有何评论?(提示:联邦资金利率是一种适用于银行隔夜持有款项的利率)

8. 假设 A 先生估计的消费函数(用模型 $C_t = b_0 + b_1 y_t + u_t$ 表示,其中,C 表示消费支出,y 表示收入)为

$$\hat{C}_t = 15 + 0.81 y_t$$
$$t = (3.1)\ (18.7)$$
$$R^2 = 0.98 \quad n = 19$$

请回答下列问题:

(1) 利用 t 值检验假设:$H_0: b_1 = 0$(取显著水平 $\alpha = 0.05$);

(2) 确定参数估计量的标准方差；

(3) 构造 b_1 的 95%的置信区间，这个区间包括零吗？

9. 证明：线性回归之残差估计量与相应的样本值 x 不相关，即 $\sum e_t x_t = 0$。

10. 试证：(1) 模型 $y_t = b_0 + u_t (t=1,2,\cdots,n)$ 中的最小二乘估计量为 $\hat{b}_0 = \bar{y}$。

(2) 如果 $y_t = b_0 + u_t (t=1,2,\cdots,n)$ 中的随机误差项满足回归的基本假定，则有 $E(\hat{b}_0) = b_0, D(\hat{b}_0) = \frac{1}{n}\sigma^2$。

11. 对于人均存款与人均收入之间的关系式 $S_t = a + bY_t + u_t$，使用美国 36 年的年度数据，得到如下估计模型(括号内为标准差)：

$$\hat{S}_t = 384.105 + 0.067Y_t$$
$$(151.105)\ (0.011)$$
$$R^2 = 0.538$$

(1) b 的经济解释是什么？

(2) a 和 b 的符号是什么？为什么？实际的符号与你的直觉一致吗？如果不一致，你可以给出可能的原因吗？

(3) 你对于拟合优度有什么看法吗？

(4) 检验每一个回归系数是否都显著不为零(在 1%显著性水平下)，你的结论是什么？

12. 有 10 户家庭的收入与消费的资料如表 2-7 所示。

表 2-7　家庭的收入与消费的资料　　百元

收入 x	20	30	33	40	15	13	26	38	35	43
消费 y	7	9	8	11	5	4	8	10	9	10

要求：(1) 建立消费(y)对收入(x)的回归直线。

(2) 说明回归直线的代表性及解释能力。

(3) 给定显著性水平 $\alpha = 0.05$，检验参数的显著性。

(4) 在 95%的置信度下，预测当 $x = 45$(百元)时，消费(y)的可能区间。

13. 假设某国的货币供给量(y)与国民收入(x)的历史数据如表 2-8 所示。

表 2-8　货币供给量(y)与国民收入(x)数据

年份	1985	1986	1987	1988	1989	1990	1991	1992	1993	1994	1995	1996
货币供给量	2.0	2.5	3.2	3.6	3.3	4.0	4.2	4.6	4.8	5.0	5.2	5.8
国民收入	5.0	5.5	6.0	7.0	7.2	7.7	8.4	9.0	9.7	10.0	11.2	12.4

请回答以下问题：

(1) 作出散点图，然后估计货币供给量 y 对国民收入 x 的回归方程，并把回归直线画在散点图上。

(2) 如何解释回归系数的含义？

(3) 如果希望 1997 年国民收入达到 15.0，那么应该把货币供应量定在什么水平上？

14. 我国 1978—2015 年的财政收入 y 和国内生产总值 x 的数据资料如表 2-9 所示。

表 2-9　我国 1978—2015 年财政收入和国内生产总值数据

年份	财政收入 y	国内生产总值 x	年份	财政收入 y	国内生产总值 x
1978	1 132.26	3 678.7	1987	2 199.35	12 174.6
1979	1 146.38	4 100.5	1988	2 357.24	15 180.4
1980	1 159.93	4 587.6	1989	2 664.90	17 179.7
1981	1 175.79	4 935.8	1990	2 937.10	18 872.9
1982	1 212.33	5 373.4	1991	3 149.48	22 005.6
1983	1 366.95	6 020.9	1992	3 483.37	27 194.5
1984	1 642.86	7 278.5	1993	4 348.95	35 673.2
1985	2 004.82	9 098.9	1994	5 218.10	48 637.5
1986	2 122.01	10 376.2	1995	6 242.20	61 339.9
1996	7 407.99	71 813.6	2006	38 760.20	219 438.5
1997	8 651.14	79 715.0	2007	51 321.78	270 232.3
1998	9 875.95	85 195.5	2008	61 330.35	319 515.5
1999	11 444.08	90 564.4	2009	68 518.30	349 081.4
2000	13 395.23	100 280.1	2010	83 101.51	413 030.3
2001	16 386.04	110 863.1	2011	103 874.43	489 300.6
2002	18 903.64	121 717.4	2012	117 253.52	540 367.4
2003	21 715.25	137 422.0	2013	129 209.64	595 244.4
2004	26 396.47	161 840.2	2014	140 370.03	643 974.0
2005	31 649.29	187 318.9	2015	152 269.23	689 052.1

试根据资料完成下列问题：

(1) 建立财政收入对国内生产总值的一元线性回归方程，并解释回归系数的经济意义；

(2) 求置信度为 95%的回归系数的置信区间；

(3) 对所建立的回归方程进行检验(包括经济意义检验、估计标准误差评价、拟合优度检验、参数的显著性检验)；

(4) 若 2016 年国内生产总值为 744 127 亿元，求 2016 年财政收入预测值及预测区间($\alpha=0.05$)。

2.5　习题答案

2.5.1　单项选择题

1. A　2. D　3. A　4. B　5. D　6. C　7. D　8. D　9. D　10. C
11. B　12. D　13. B　14. D　15. D　16. A　17. B　18. C　19. D　20. D
21. A　22. C　23. B　24. B　25. B　26. C　27. A　28. B　29. C　30. D
31. B

2.5.2 多项选择题

1. ACD 2. ABCDE 3. ABC 4. BE 5. AC 6. CDE
7. ABCDE 8. BCDE 9. ABCE 10. ABDE 11. CDE 12. ABCDE
13. ABCDE 14. ABCDE

2.5.3 判断题

1. × 2. × 3. × 4. × 5. √ 6. × 7. √ 8. × 9. √ 10. ×
11. × 12. × 13. × 14. × 15. √

2.5.4 简述题、分析与计算题

1. **解答** (1) 对于一元线性回归模型：$y_t = b_0 + b_1 x_t + u_t$，其基本假定有 5 项(见本章内容提要)。

为保证根据最小二乘法得到的参数估计量具有优良的统计特性，通常对模型提出若干基本假定，在这些假定条件满足的情况下，普通最小二乘法得到的估计量是最优的，否则，该方法就不再适用，而要采用其他方法。

(2) 总体回归模型与样本回归模型的主要区别见本章内容提要。

总体回归模型与样本回归模型的联系是：样本回归模型是总体回归模型的一个估计式，之所以建立样本回归模型，目的是用来估计总体回归模型。

总体方差反映总体的波动情况，对一个特定的总体而言，是一个确定的值。在回归模型中，由于解释变量是非随机变量，因此总体方差等于随机误差项的方差，即

$$\operatorname{var}(y_t) = \operatorname{var}(b_0 + b_1 x_t + u_t) = \operatorname{var}(u_t) = \sigma^2$$

在最小二乘估计中，由于总体方差在大多数情况下并不知道，所以用样本数据去估计，即 $\hat{\sigma}^2 = \sum e_i^2/(n-k-1)$，其中 $\hat{\sigma}^2$ 为总体方差 σ^2 的估计量，n 为样本数，k 为解释变量的个数。

回归系数估计量的方差反映的是回归系数估计量的离散程度，在一元线性回归模型中，两个回归系数估计量 $\hat{b}_0$、$\hat{b}_1$ 的方差分别为 $\operatorname{var}(\hat{b}_0) = \dfrac{\sigma^2 \sum x_t^2}{n \sum (x_t - \bar{x})^2}$ 和 $\operatorname{var}(\hat{b}_1) = \dfrac{\sigma^2}{\sum (x_t - \bar{x})^2}$，可以看出，要得出回归系数估计量的方差，则须先估计出总体方差 σ^2。

(3) 计量经济模型考察的是具有因果关系的随机变量间的具体联系方式。由于是随机变量，意味着影响被解释变量的因素是复杂的，除了解释变量的影响外，还有其他无法在模型中独立列出的各种因素的影响。这样，理论模型中就必须使用一个称为随机误差项的变量来代表所有这些无法在模型中独立表示出来的影响因素，以保证模型在理论上的科学性。随机误差项指总体观测值与回归方程理论期望值之间的偏差，即 $u_t = y_t - E(y|x_t) = y_t - (b_0 + b_1 x_t)$，包括除了解释变量之外的所有对被解释变量有影响的因素。

随机误差项包括的主要因素有：模型中被忽略掉的影响因素造成的误差，模型关系设定不准确造成的误差，变量的测量误差以及变量的内在随机性。

随机误差项与残差不同，残差项指样本观测值与拟合值之差，即 $e_t=y_t-\hat{y}_t$。残差项可以作为随机误差项的估计。

2. **解答**　判定一个估计量是否为优良估计量需要考察其统计性质。这些统计性质包括以下几个方面：①线性特性，考察估计量是否是另一个随机变量的线性函数；②无偏性，考察估计量的期望是否等于其真值；③有效性，考察估计量在所有的无偏估计量中是否有最小方差。上述三个统计特性称为估计量的小样本性质。具有这类性质的估计量是最佳的线性无偏估计量(BLUE)。可以证明，在模型基本假定条件成立的情况下，根据普通最小二乘估计法得到的估计量具有 BLUE 的性质，这就是 Gauss-Markov 定理。

3. **解答**　样本决定系数与相关系数的联系与区别有以下几点：首先，从意义上讲，决定系数 R^2 是就模型而言，说明模型中解释变量对因变量变差的解释程度，是对回归直线拟合优度的度量，有一定因果关系；而相关系数是就两个变量而言，是对两个变量线性依存程度的度量，不包含因果关系。其次，样本相关系数是由随机的 x 和 y 抽样样本计算得到，因而相关关系是否显著，还需进行检验。再次，决定系数 R^2 具有非负性，取值 $0\leqslant R^2\leqslant 1$，相关系数可正可负，取值范围为 $-1\leqslant r\leqslant 1$。在取值上，决定系数是样本相关系数的平方。

4. **解答**　模型估计式的检验，就是利用一定的定性与定量标准，对模型的函数形式、变量选择、参数估计的正确性进行评估。只有经过检验证明是正确的线性回归模型估计式，才能用于经济分析、预测、决策。模型估计式检验的必要性包括以下几个方面：一是模型解释变量选择的正确性需要证明；二是模型函数形式的正确性需要验证；三是模型估计的可靠性需要评价。

对于一元线性回归模型 $y_t=b_0+b_1x_t+u_t$ 而言，通常最关心的问题是解释变量对被解释变量是否有显著影响，检验步骤见本章内容提要。

5. **解答**　相关分析与回归分析的区别与联系见本章内容提要。

6. **解答**　一是误差项 u_t 的方差或标准差 $\hat{\sigma}$ 的大小。$\hat{\sigma}$ 越小，预测精度越高。二是样本容量 n 的大小。样本容量越大，预测越准确，预测精度越高。三是 $\sum(x_t-\bar{x})^2$ 的大小。$\sum(x_t-\bar{x})^2$ 越大，预测精度越高。四是 $(x_f-\bar{x})^2$ 的大小。预测点 x_f 离平均值 $\bar{x}$ 越近，预测所依据的信息越充分，预测误差越小。

7. **解答**　(1)估计系数 101.4 是对常数项的估计，该值表示当联邦利率为 0 时，美国政府债券的价格估计。由于实际中联邦利率不可能为 0，因而常数项的实际经济意义不大；估计系数 -4.78 是对回归直线斜率的估计，该值表示当联邦利率增加(降低)一个单位时，债券价格将下降(上升)4.78 个单位。该估计值的符号为负，与预期相符，即利率的变动会引起债券价格的反向变动。

(2) 由于方程的右边没有加入残差项，右边得出的结果就是债券价格 y_t 的估计值，因此应是 $\hat{y}_t$ 而不是 y_t，当左边为 y_t 时，原回归方程可等价表示为样本回归模型 $y_t=101.4-4.78x_t+e_t$。

(3) 估计的方程没有遗漏随机误差项，由于随机误差项是不可观测的，且该方程是样本回归方程，而非回归模型，因此不必加入随机误差项。

(4) 此方程表明，若联邦利率上升1个百分点，债券价格将下降4.78个单位。对于该模型，建议有如下改进：第一，当解释长期资产的价值时，应用长期利率作解释变量而非短期利率；第二，可以考虑其他的解释变量，并将其加入模型；第三，在考察资本市场对利率变化的反应程度时，可选取月度数据而非年度数据，这样一方面可以增加样本容量，提高拟合优度，另一方面，资本市场价格波动频繁，使用月度数据更能反映实际情况。

8. **解答**　(1) 由于回归参数 b_1 对应的 t 统计量的值为18.7，它明显大于 t 统计量临界值 $t_{0.025}(19-2)=2.110$，因此拒绝原假设：$H_0: b_1=0$，从而 b_1 在统计上是显著的。

(2) 参数 b_0 估计量的标准方差为 $15/3.1=4.84$，参数 b_1 估计量的标准方差为 $0.81/18.7=0.043$。

(3) 由(2)结果可知 b_1 的95%的置信区间为

$$
\begin{aligned}
&[\hat{b}_1 - t_{\alpha/2}(n-2)\cdot s(\hat{b}_1), \hat{b}_1 + t_{\alpha/2}(n-2)\cdot s(\hat{b}_1)] \\
=&[0.81 - 2.11\times 0.043, 0.81 + 2.11\times 0.043] \\
=&[0.719, 0.901]
\end{aligned}
$$

显然这个区间不包括0。

9. **解答**　利用最小二乘法原理，要使 $\sum e_t^2 = \sum (y_t - \hat{y}_t)^2 = \sum (y_t - \hat{b}_0 - \hat{b}_1 x_t)^2$ 达到极小，系数 $\hat{b}_1$ 应满足

$$\frac{\partial\left(\sum e_t^2\right)}{\partial \hat{b}_1} = \sum 2e_t \frac{\partial e_t}{\partial \hat{b}_1} = 2\sum e_t(-x_t) = 0,\text{即}\sum e_t x_t = 0$$

10. **解答**　(1) 利用最小二乘法原理，要使 $\sum e_t^2 = \sum (y_t - \hat{y}_t)^2 = \sum (y_t - \hat{b}_0)^2$ 达到极小，系数 $\hat{b}_0$ 应满足：

$$\frac{\partial\left(\sum e_t^2\right)}{\partial \hat{b}_0} = \sum 2(y_t - \hat{b}_0)(-1) = 0,\text{解得：}\hat{b}_0 = \bar{y}$$

(2) $E(\hat{b}_0) = E(\bar{y}) = E\left(\frac{1}{n}\sum y_t\right) = \frac{1}{n}\sum E(b_0 + u_t) = b_0$，因此有：$E(\hat{b}_0) = b_0$

$\mathrm{var}(\hat{b}_0) = \mathrm{var}\left(\frac{1}{n}\sum y_t\right) = \frac{1}{n^2}\sum \mathrm{var}(b_0 + u_t) = \frac{1}{n^2}\sum \mathrm{var}(u_t) = \frac{1}{n}\sigma^2$，因此有：$D(\hat{b}_0) = \frac{1}{n}\sigma^2$

11. **解答**　(1) b 为收入的边际储蓄倾向，表示人均收入每增加1单位时人均储蓄的预期平均变化量。

(2) 储蓄是收入的一部分，且会随着收入的增加而增加，因此预期 b 的符号为正。实际的回归式中，b 的符号为正，与预期的一致。由于收入为零时，家庭仍会有支出，可预期零收入时的平均储蓄为负，因此 a 符号应为负。但截距项为正，与预期不符。这可能是由模型的错误设定造成的，一种原因是随机误差项中可能包含重要的解释变量，使模型不满足基本的零期望假定，如家庭的人口数可能影响家庭的储蓄行为，省略该变量将对截距项的估计产生影响；另一种原因是线性设定可能不正确。

(3) 拟合优度反映了解释变量对被解释变量变化的解释能力。模型中53.8%的拟合优度，表明收入的变化可以解释储蓄中53.8%的变动。这一拟合优度不高，也表明建立的

模型需要改进。

(4) 对单个回归系数的显著性检验采用 t 检验,零假设为被检验参数为零,备择假设为被检验参数不为零。双变量情形下,在零假设下 t 分布的自由度为 $n-2=36-2=34$。由 t 分布表知,双侧 1% 显著水平下的临界值位于 2.750 与 2.704 之间。斜率项计算的 t 值为 $0.067/0.011=6.09$,截距项计算的 t 值为 $384.105/151.105=2.54$。可见斜率项计算的 t 值大于临界值,截距项小于临界值,因此拒绝斜率项为零的假设,但不拒绝截距项为零的假设。

12. **解答** (1) 首先建立工作文件,然后输入样本数据,在工作文件窗口输入命令:ls y c x,按回车键,可得到如表 2-10 所示的回归结果。

根据输出结果,得到消费 y 关于收入 x 的回归直线为

$$\hat{y}_t = 2.1727 + 0.2023x_t$$
$$t = (3.0167) \quad (8.6925)$$
$$R^2 = 0.9043 \quad \hat{\sigma} = 0.7330 \quad \text{DW} = 2.0776 \quad F = 75.5590$$

(2) 由于 $R^2=0.9043$,因此回归直线的拟合程度较高,说明收入对消费的解释能力为 90.43%,解释能力较强。

(3) 由于解释变量 x 前的回归参数对应的 t 统计量值为 8.6925,它明显大于 t 统计量临界值 $t_{0.025}(8)=2.306$,因此回归参数在统计上是显著不为零的。

表 2-10 回归结果

Dependent Variable: Y
Method: Least Squares
Date: 09/30/17 Time: 15:43
Sample: 1 10
Included observations: 10

Variable	Coefficient	Std. Error	t-Statistic	Prob.
C	2.172664	0.720217	3.016678	0.0166
X	0.202298	0.023273	8.692467	0.0000

R-squared	0.904259	Mean dependent var	8.100000
Adjusted R-squared	0.892292	S.D. dependent var	2.233582
S.E. of regression	0.733038	Akaike info criterion	2.393619
Sum squared resid	4.298760	Schwarz criterion	2.454136
Log likelihood	-9.968093	Hannan-Quinn criter.	2.327232
F-statistic	75.55898	Durbin-Watson stat	2.077648
Prob(F-statistic)	0.000024		

(4) 当 $x_f = 45$(百元)时,消费 $\hat{y}_f = 2.1727 + 0.2023x_f = 2.1727 + 0.2023 \times 45 = 11.2762$,在 95% 的置信度下,$t_{0.025}(8) = 2.306$,$\hat{\sigma} = 0.7330$,$\bar{x} = 29.3$,$\sum (x_t-\bar{x})^2 = \sigma_x^2 \cdot (n-1) = (10.4992)^2 \times 9 = 992.0988$,可得预测期消费支出 y_f 为

$$y_f = \hat{y}_f \pm t_{\alpha/2}(n-2) \cdot \hat{\sigma}\sqrt{1+\frac{1}{n}+\frac{(x_f-\bar{x})^2}{\sum(x_t-\bar{x})^2}}$$
$$= 11.2762 \pm 2.306 \times 0.733 \times \sqrt{1+\frac{1}{10}+\frac{(45-29.3)^2}{992.0998}}$$
$$= [11.263 \pm 1.96283] \text{或} [9.300, 13.239]。$$

也就是说,预测期家庭的收入为 $x_f=45$(百元)时,家庭消费支出平均值置信度为 95% 的预测区间为[9.300,13.239](百元)。

13. **解答** (1) 带有回归直线的散点图如图 2-9 所示。

利用 EViews 软件对模型进行估计。首先建立工作文件,然后输入样本数据,在工作文件窗口输入命令:ls y c x,按回车键,货币供给量 y 对国民收入 x 的回归结果如表 2-11 所示。

根据输出结果,得到如下回归方程:

$$\hat{y}_t = 0.0098 + 0.4852x_t$$
$$t = (0.0343) \quad (14.5513)$$
$$R^2 = 0.9504 \quad \text{DW} = 1.3218 \quad F = 211.7394$$

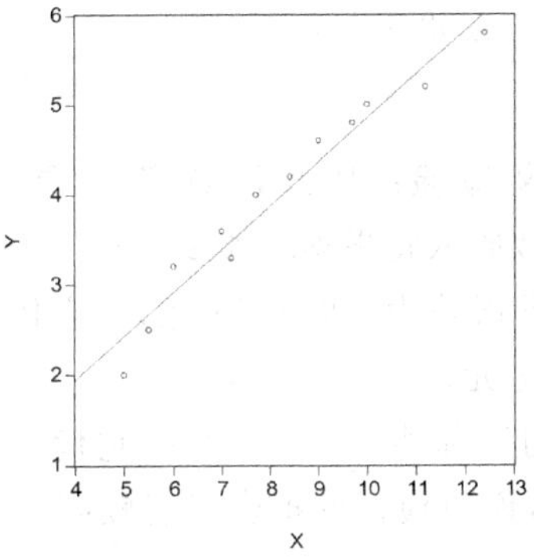

图 2-9　带有回归直线的散点图

表 2-11　回归结果

Dependent Variable: Y
Method: Least Squares
Date: 09/30/17 Time: 16:04
Sample: 1985 1996
Included observations: 12

Variable	Coefficient	Std. Error	t-Statistic	Prob.
C	0.009777	0.284926	0.034315	0.9733
X	0.485193	0.033344	14.55127	0.0000

R-squared	0.954902	Mean dependent var	4.016667
Adjusted R-squared	0.950392	S.D. dependent var	1.138447
S.E. of regression	0.253564	Akaike info criterion	0.244611
Sum squared resid	0.642947	Schwarz criterion	0.325428
Log likelihood	0.532336	Hannan-Quinn criter.	0.214689
F-statistic	211.7394	Durbin-Watson stat	1.321761
Prob(F-statistic)	0.000000		

（2）回归系数$\hat{b}_1=0.4852$的经济含义是国民收入每增加一个单位，货币供给量将平均增加 0.485 2 单位。

（3）如果 1997 年国民收入为 15.0，那么货币供给量应达到

$$\hat{y}_{1997}=0.0098+0.4852x_{1997}=0.0098+0.4852\times 15=7.2878$$

14. **解答**　（1）利用 EViews 软件对模型进行估计。首先建立工作文件，然后输入样本数据，在工作文件窗口输入命令：ls　y　c　x，打回车键，回归结果如表 2-12 所示。

表 2-12　回归结果

Dependent Variable: Y
Method: Least Squares
Date: 12/17/17 Time: 15:36
Sample:(adjusted): 1978 2015
Included observations: 38 after adjustments

Variable	Coefficient	Std. Error	t-Statistic	Prob.
C	-3892.319	818.7377	-4.754049	0.000
X	0.217926	0.003228	67.52071	0.000

R-squared	0.992165	Mean dependent var	30457.8
Adjusted R-squared	0.991948	S.D. dependent var	44068.8
S.E. of regression	3954.460	Akaike info criterion	19.4542
Sum squared resid	5.63E+08	Schwarz criterion	19.5404
Log likelihood	-367.6312	Hannan-Quinn criter.	19.4849
F-statistic	4559.046	Durbin-Watson stat	0.07600
Prob(F-statistic)	0.000000		

根据输出结果，得到如下回归方程：

$$\hat{y}_t=-3892.319+0.2179x_t$$

$$s=(818.7377)\quad(0.0032)$$

$$t=(-4.7540)\quad(67.5207)$$

$$R^2=0.9922\quad SE=\hat{\sigma}=3954.460\quad F=4559.046\quad DW=0.0760$$

回归系数$\hat{b}_1=0.2179$的经济意义：GDP 每增加 1 亿元，财政收入将平均增加 2 179.26 万元。

（2）置信度为 95%的回归系数 b_0、b_1 的置信区间：

$$b_0=\hat{b}_0\pm t_{\alpha/2}(n-2)\cdot s(\hat{b}_0)=-3892.319\pm 2.03\times 818.7377$$
$$=[-5554.357\quad -2230.281]$$

$$b_1 = \hat{b}_1 \pm t_{\alpha/2}(n-2) \cdot s(\hat{b}_1) = 0.2179 \pm 2.03 \times 0.0032$$
$$= [0.2114 \quad 0.2244]$$

(3) 对所建立的回归方程进行检验。①经济意义检验:从经济意义上看,$\hat{b}_1 = 0.217962 > 0$,符合经济理论,表明 GDP 每增加 1 亿元,财政收入将平均增加 2 179.26 万元。

② 估计标准误差评价:SE=$\hat{\sigma}$=3 954.46,即估计标准误差为 3 954.46 亿元,它代表我国财政收入估计值与实际值之间的平均误差为 3 954.46 亿元。

③ 拟合优度检验:$R^2=0.9922$ 说明样本回归直线的解释能力为 99.2%,它代表我国财政收入变动中,由解释变量 GDP 解释的部分占 99.2%,说明模型的拟合优度较高。

④ 参数显著性检验:$t(\hat{b}_1)=67.52071 > t_{0.025}(36)=2.03$,说明国内生产总值对财政收入的影响是显著的。

(4) 若 2016 年国内生产总值 $x_{2016}=744127$ 亿元,可求得财政收入预测值:

$$\hat{y}_{2016} = -3892.319 + 0.2179 \times 744127 = 158253.0$$

下面计算$\hat{y}_{2016}$的预测区间。

方法一:在 x、y 的数据框里点击 View,选择 Descriptive Stats 里的 Common Sample,EViews 计算出有关 x 和 y 的描述统计结果,见表 2-13。

根据此表可计算如下结果:$\sum(x_t-\bar{x})^2 = \sigma_x^2 \cdot (n-1) = (201425.4)^2 \times 37 = 1.5 \times 10^{12}$ $(x_{2016}-\bar{x})^2 = (744127-157623)^2 = 3.44 \times 10^{11}$,2016 年财政收入预测区间($\alpha = 0.05$)为

$$\hat{y}_{\mathrm{f}} \pm t_{\alpha/2}(n-2) \cdot \hat{\sigma} \cdot \sqrt{1+\frac{1}{n}+\frac{(x_f-\bar{x})^2}{\sum(x_t-\bar{x})^2}}$$

$$= 158272.3 \pm 2.03 \times 3954.46 \times \sqrt{1+\frac{1}{38}+\frac{3.44\times10^{11}}{1.5\times10^{12}}}$$

$$= (141502.5 \quad 175042.1)$$

方法二:通过 EViews 软件来直接得到预测的标准差。首先在进行预测前,把样本的区间扩展到 2016,并在国内生产总值 x 序列中输入 2016 年数值 744 127,然后点击 OLS 估计输出结果上方的菜单 Forecast,会出现如图 2-10 所示对话框。

表 2-13 描述统计结果

	X	Y
Mean	157623.0	30457.84
Median	75764.30	8029.565
Maximum	689052.1	152269.2
Minimum	3678.700	1132.260
Std. Dev.	201425.4	44068.81
Skewness	1.399475	1.582435
Kurtosis	3.709829	4.194843
Jarque-Bera	13.20179	18.11974
Probability	0.001359	0.000116
Sum	5989675.	1157398.
Sum Sq. Dev.	1.50E+12	7.19E+10
Observations	38	38

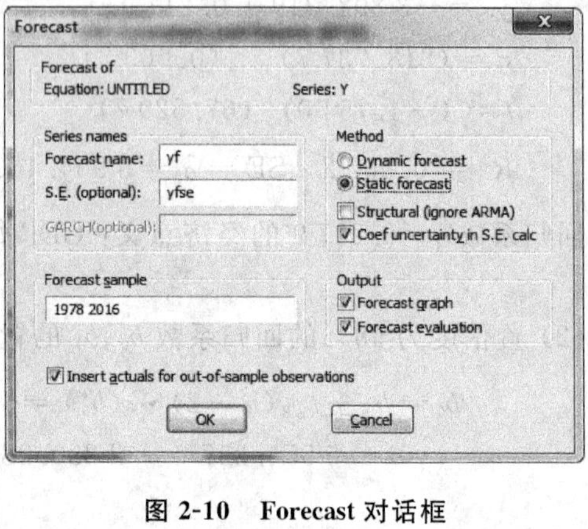

图 2-10 Forecast 对话框

在 Forecast 中输入预测序列的名字 yf，在 S. E. 中输入保存预测值标准差的序列名字 yfse，点击 OK，即可得到所需结果。打开 yf 序列，2016 年预测值对应的就是中国财政收入的点预测值 158 272.3（与以上结果有偏差是因为在上面计算中有四舍五入）。打开 yfse 序列，2016 年数据就是 $\hat{y}_f$ 的标准差 $s(\hat{y}_f)=4\,430.869$，然后代入公式计算预测区间：

$$
\begin{aligned}
&(\hat{y}_f - t_{0.025}(n-2)\times s(\hat{y}_f),\quad \hat{y}_f + t_{0.025}(n-2)\times s(\hat{y}_f))\\
&=(158\,272.3-2.03\times 4\,430.869,158\,272.3+2.03\times 4\,430.869)\\
&=(149\,277.6,167\,267.0)
\end{aligned}
$$

即 2016 年财政收入的 95％的预测区间为：(149 277.6，167 267.0)。

第3章

多元线性回归模型

3.1 内容提要

本章将一元回归模型拓展到多元回归模型，其基本的建模思想与建模方法与一元情形相同。本章主要内容包括模型的基本假定、模型的估计、模型的检验，以及模型的应用等方面。

3.1.1 多元线性回归模型的基本假定

设多元线性回归模型的一般形式为 $y_t=b_0+b_1x_{1t}+b_2x_{2t}+\cdots+b_kx_{kt}+u_t$，其基本假定为：

假设 1 随机误差项的期望为零，即 $E(u_t)=0$。

假设 2 不同的随机误差项之间相互独立，即 $\mathrm{cov}(u_t,u_s)=0(t\neq s)$。

假设 3 同方差假设。随机误差项的方差与 t 无关，为一个常数，即 $\mathrm{var}(u_t)=\sigma^2$。

假设 4 随机误差项与解释变量不相关，即 $\mathrm{cov}(x_{jt},u_t)=0(j=1,2,\cdots,k;\ t=1,2,\cdots,n)$。

假设 5 随机误差项 u_t 为服从正态分布的随机变量，即 $u_t\sim N(0,\sigma^2)$。

假设 6 解释变量之间不存在多重共线性。

模型的假设使用矩阵形式表示更方便、更简洁。

记 $\boldsymbol{Y}=\begin{pmatrix}y_1\\y_2\\\vdots\\y_n\end{pmatrix}$ 为被解释变量的观测值向量，$\boldsymbol{X}=\begin{pmatrix}1&x_{11}&x_{21}&\cdots&x_{k1}\\1&x_{12}&x_{22}&\cdots&x_{k2}\\\vdots&\vdots&\vdots&\vdots&\vdots\\1&x_{1n}&x_{2n}&\cdots&x_{kn}\end{pmatrix}$ 为解释变量的观测值矩阵，$\boldsymbol{B}=\begin{pmatrix}b_0\\b_1\\\vdots\\b_k\end{pmatrix}$ 为总体回归参数向量，$\boldsymbol{U}=\begin{pmatrix}u_1\\u_2\\\vdots\\u_n\end{pmatrix}$ 为随机误差项向量，$\hat{\boldsymbol{B}}=\begin{pmatrix}\hat{b}_0\\\hat{b}_1\\\vdots\\\hat{b}_k\end{pmatrix}$，$\boldsymbol{e}=\begin{pmatrix}e_1\\e_2\\\vdots\\e_n\end{pmatrix}$。

则多元线性回归模型用矩阵表示如下：

$$\boldsymbol{Y} = \boldsymbol{XB} + \boldsymbol{U}$$

多元线性回归方程 $E(y_t)=b_0+b_1x_{1t}+b_2x_{2t}+\cdots+b_kx_{kt}$ 用矩阵表示如下：

$$E(\boldsymbol{Y}) = \boldsymbol{XB}$$

多元线性样本回归模型 $y_t=\hat{b}_0+\hat{b}_1x_{1t}+\hat{b}_2x_{2t}+\cdots+\hat{b}_kx_{kt}+e_t$ 用矩阵表示如下：

$$\boldsymbol{Y} = \boldsymbol{X}\hat{\boldsymbol{B}} + \boldsymbol{e}$$

多元线性样本回归方程 $\hat{y}_t=\hat{b}_0+\hat{b}_1x_{1t}+\hat{b}_2x_{2t}+\cdots+\hat{b}_kx_{kt}$ 用矩阵表示如下：

$$\hat{\boldsymbol{Y}} = \boldsymbol{X}\hat{\boldsymbol{B}}$$

假设 1 用矩阵形式表示为：$E(\boldsymbol{U})=\boldsymbol{0}$；

假设 2、假设 3 用矩阵形式表示就是随机误差项的方差—协方差矩阵为：$E(\boldsymbol{UU}')=\boldsymbol{\sigma}^2\boldsymbol{I}_n$；

假设 4 可以表示为矩阵 $\boldsymbol{X}$ 的所有元素均为非随机元素，即 $\boldsymbol{X}$ 为确定的矩阵。用矩阵表示为 $E(\boldsymbol{X}'\boldsymbol{U})=\boldsymbol{0}$；

假设 5 可以表示为随机误差项向量 $\boldsymbol{U}$ 服从多元正态分布，即 $\boldsymbol{U}\sim N(\boldsymbol{0},\sigma^2\boldsymbol{I}_n)$；

假设 6 是说假定各解释变量之间不存在线性关系，即方阵 $\boldsymbol{X}'\boldsymbol{X}$ 满秩。

3.1.2　多元线性回归模型的估计

1. 参数的最小二乘估计

普通最小二乘法估计的原理：当从模型总体中随机抽取 n 组样本观测值后，最合理的参数估计量应该使得模型能最好地拟合样本数据。即选择合适的参数，使残差平方和达到最小，或者说使拟合值尽可能地接近样本观测值。

设 $(y_t,x_{1t},x_{2t}\cdots x_{kt})$ 为第 t 次观测样本 $(t=1,2,\cdots,n)$，为使残差

$$e_t = y_t - \hat{y}_t = y_t - (\hat{b}_0 + \hat{b}_1x_{1t} + \hat{b}_2x_{2t} + \cdots + \hat{b}_kx_{kt})$$

的平方和

$$\sum e_t^2 = \sum (y_t - \hat{y}_t)^2 = \sum [y_t - (\hat{b}_0 + \hat{b}_1x_{1t} + \hat{b}_2x_{2t} + \cdots + \hat{b}_kx_{kt})]^2$$

达到最小，根据极值原理有如下条件：

$$\frac{\partial\left(\sum e_t^2\right)}{\partial \hat{b}_j} = 0 \quad (j = 0,1,2,\cdots,k)$$

即

$$\begin{cases} \sum 2e_t(-1) = -2\sum [y_t - (\hat{b}_0 + \hat{b}_1x_{1t} + \hat{b}_2x_{2t} + \cdots + \hat{b}_kx_{kt})] = 0 \\ \sum 2e_t(-x_{1t}) = -2\sum x_{1t}[y_t - (\hat{b}_0 + \hat{b}_1x_{1t} + \hat{b}_2x_{2t} + \cdots + \hat{b}_kx_{kt})] = 0 \\ \sum 2e_t(-x_{2t}) = -2\sum x_{2t}[y_t - (\hat{b}_0 + \hat{b}_1x_{1t} + \hat{b}_2x_{2t} + \cdots + \hat{b}_kx_{kt})] = 0 \\ \vdots \\ \sum 2e_t(-x_{kt}) = -2\sum x_{kt}[y_t - (\hat{b}_0 + \hat{b}_1x_{1t} + \hat{b}_2x_{2t} + \cdots + \hat{b}_kx_{kt})] = 0 \end{cases}$$

上述正规方程用矩阵表示就是：$\boldsymbol{X}'\boldsymbol{e}=\boldsymbol{0}$；$\boldsymbol{X}'\boldsymbol{Y}=\boldsymbol{X}'\boldsymbol{X}\hat{\boldsymbol{B}}$。

由古典假定条件知$(\boldsymbol{X}'\boldsymbol{X})^{-1}$存在,用$(\boldsymbol{X}'\boldsymbol{X})^{-1}$左乘上述方程两端,就得到参数向量 $\boldsymbol{B}$ 的最小二乘估计为

$$\hat{\boldsymbol{B}} = (\boldsymbol{X}'\boldsymbol{X})^{-1}\boldsymbol{X}'\boldsymbol{Y}$$

2. 最小二乘估计量的性质及其概率分布

当多元线性回归模型满足基本假定时,其参数的普通最小二乘估计仍具有线性、无偏性和有效性,同时,参数估计量具有渐近无偏性、一致性和渐近有效性,满足高斯—马尔可夫定理。即在满足基本假定的情况下,普通最小二乘估计量是最佳线性无偏估计量。

性质 1. 线性特性。即参数估计量$\hat{\boldsymbol{B}}$既是因变量观测值 $\boldsymbol{Y}$ 的线性组合,也是随机误差项 $\boldsymbol{U}$ 的线性组合。

$$\hat{\boldsymbol{B}} = (\boldsymbol{X}'\boldsymbol{X})^{-1}\boldsymbol{X}'\boldsymbol{Y} = \boldsymbol{B} + (\boldsymbol{X}'\boldsymbol{X})^{-1}\boldsymbol{X}'\boldsymbol{U}$$

性质 2. 无偏性。参数估计量$\hat{\boldsymbol{B}}$的均值等于总体参数,即:$E(\hat{\boldsymbol{B}})=\boldsymbol{B}$。

性质 3. 最小方差性。参数向量 $\boldsymbol{B}$ 的最小二乘估计$\hat{\boldsymbol{B}}$是 $\boldsymbol{B}$ 的所有线性无偏估计量中方差最小的估计量,且 $E[(\hat{\boldsymbol{B}}-\boldsymbol{B})(\hat{\boldsymbol{B}}-\boldsymbol{B})']=(\boldsymbol{X}'\boldsymbol{X})^{-1}\sigma^2$。

性质 4. 参数的最小二乘估计量$\hat{\boldsymbol{B}}$服从正态分布:$\hat{\boldsymbol{B}}\sim N[\boldsymbol{B},\sigma^2(\boldsymbol{X}'\boldsymbol{X})^{-1}]$。

记 $\boldsymbol{C}=(\boldsymbol{X}'\boldsymbol{X})^{-1}$的第 j 个主对角元素为 c_{jj},则有:$\hat{b}_j\sim N(b_j,\sigma^2 c_{jj})$。

3. 随机误差项方差的估计

若记 $\hat{\sigma}^2 = \dfrac{\sum e_t^2}{n-k-1}$,则 $\hat{\sigma}^2$ 是随机误差项方差 σ^2 的无偏估计。即

$$E(\hat{\sigma}^2) = E\left(\frac{\sum e_t^2}{n-k-1}\right) = \sigma^2$$

一般地,称 $\hat{\sigma}^2$ 为残差的方差,$\hat{\sigma}$ 为估计标准误差,或回归方程的标准误差,它是用来反映被解释变量的实际值与估计值的平均误差程度的指标。$\hat{\sigma}$ 越大,回归直线的精度越低,$\hat{\sigma}$ 越小,回归直线的精度越高。当 $\hat{\sigma}=0$ 时,表示所有样本点都落在回归直线上。

参数估计量$\hat{b}_j(j=0,1,2,\cdots,k)$的标准差 $s(\hat{b}_j)$可借助 $\hat{\sigma}$ 来估计,从而得到参数估计量 $\hat{b}_j$ 的样本标准差估计式:$s(\hat{b}_j)=\sqrt{\hat{\sigma}^2 c_{jj}}\quad(j=0,1,2,\cdots,k)$。

3.1.3 多元线性回归模型的检验

1. 拟合优度检验

拟合优度是指样本回归直线与观测值之间的拟合程度。

(1) 多重决定系数。回归平方和与总离差平方和的比值称为多重决定系数,用 R^2 表示。多元线性回归有如下总变差分解式:$\sum(y_t-\bar{y})^2=\sum(y_t-\hat{y}_t)^2+\sum(\hat{y}_t-\bar{y})^2$

记 $\mathrm{TSS}=\sum(y_t-\bar{y})^2$,$\mathrm{RSS}=\sum(y_t-\hat{y}_t)^2$,$\mathrm{ESS}=\sum(\hat{y}_t-\bar{y})^2$,则有

$$\mathrm{TSS}=\mathrm{RSS}+\mathrm{ESS}$$

ESS 是被回归直线(即解释变量)解释的部分，表示 x 对 y 的线性影响。RSS 是未被回归直线解释的部分，是由解释变量 x 以外的随机因素造成的。

多重决定系数是指解释变差占总变差的比重，用来表述解释变量对被解释变量的解释程度：

$$R^2=\frac{\text{ESS}}{\text{TSS}},\quad 或\ R^2=1-\frac{\text{RSS}}{\text{TSS}}=1-\frac{\sum e_t^2}{\sum(y_t-\bar{y})^2}$$

R^2 是介于 0～1 之间的一个数。R^2 越大，模型对数据的拟合程度就越好，解释变量对被解释变量的解释能力越强。当 $R^2=1$ 时，被解释变量的变化 100%由回归直线解释，所有观测点都落在回归直线上。当 $R^2=0$ 时，解释变量与被解释变量之间没有任何线性关系。

(2) 修正的决定系数。R^2 的一个重要特征是随着解释变量个数的增加，R^2 的值越来越高(即 R^2 是解释变量个数的增函数)。也就是说，在样本容量不变的情况下，在模型中增加新的解释变量不会改变总离差平方和(TSS)，但可能增加回归平方和(ESS)，减少残差平方和(RSS)，从而可能改变模型的解释功能。因此在多元线性回归模型之间比较拟合优度时，R^2 不是一个合适的指标，需要加以调整。

记 $\bar{R}^2$ 为修正的或调整的样本可决系数，其计算公式为

$$\bar{R}^2=1-\frac{\text{RSS}/(n-k-1)}{\text{TSS}/(n-1)},或者\ \bar{R}^2=1-\frac{\sum e_t^2/(n-k-1)}{\sum(y_t-\bar{y})^2/(n-1)}$$

式中，$(n-k-1)$为 $\sum e_t^2$ 的自由度，$(n-1)$为 $\sum(y_t-\bar{y})^2$ 的自由度。

引入修正的样本决定系数 $\bar{R}^2$ 的作用：一是用自由度调整后，可以消除拟合优度评价中解释变量多少对决定系数计算的影响；二是对于包含的解释变量个数不同的模型，可以用调整后的决定系数直接比较它们的拟合优度的高低。

修正的决定系数与未经修正的决定系数之间有如下关系：

$$\bar{R}^2=1-\frac{n-1}{n-k-1}\cdot(1-R^2)$$

由此式可以看出，$\bar{R}^2\leqslant R^2$，即修正的决定系数不大于未经修正的决定系数。

(3) 赤池信息准则和施瓦兹准则。为了比较所含解释变量个数不同的多元回归模型的拟合优度，常用的标准还有赤池信息准则(Akaike information criterion，AIC)和施瓦兹准则(Schwarz criterion，SC)，其定义分别为

$$\text{AIC}=\ln\frac{\sum e_t^2}{n}+\frac{2(k+1)}{n};\quad \text{SC}=\ln\frac{\sum e_t^2}{n}+\frac{k}{n}\ln n$$

这两个准则均要求，仅当所增加的解释变量能够减少 AIC 或 SC 值时，才能在原模型中增加该解释变量。

2. 回归模型的总体显著性检验：F 检验

回归模型的总体显著性检验，旨在对模型中被解释变量与解释变量之间的线性关系在总体上是否显著成立作出推断。

检验模型中被解释变量与解释变量之间的线性关系在总体上是否显著成立，即是检验方程 $y_t=b_0+b_1x_{1t}+b_2x_{2t}+\cdots+b_kx_{kt}+u_t$ 中参数是否显著不为 0。按照假设检验的原理与程序，提出原假设与备择假设为

$$H_0: b_1 = b_2 = \cdots = b_k = 0, \quad H_1: b_j (j = 1,2,\ldots,k) \text{ 不全为零}$$

在 H_0 成立的条件下,统计量 $F=\dfrac{\mathrm{ESS}/k}{\mathrm{RSS}/(n-k-1)}$ 服从第一自由度为 k 和第二自由度为$(n-k-1)$的 F 分布。F 检验的具体步骤为

(1) 给定显著性水平 α,在 F 分布表中查出第一自由度为 k 和第二自由度为$(n-k-1)$的临界值 $F_\alpha(k,n-k-1)$;

(2) 将样本观测值代入 F 表达式,计算统计量 F 的值;

(3) 然后将 F 值与临界值 $F_\alpha(k,n-k-1)$ 比较,若 $F>F_\alpha(k,n-k-1)$,则拒绝原假设 H_0,说明回归方程显著,解释变量对被解释变量的线性影响是显著的;若 $F<F_\alpha(k,n-k-1)$,则接受原假设 H_0,说明回归方程不显著。

F 统计量与决定系数 R^2 和修正的决定系数 $\bar{R}^2$ 之间有如下关系:

$$F = \frac{\mathrm{ESS}/k}{\mathrm{RSS}/(n-k-1)} = \frac{n-k-1}{k} \cdot \frac{R^2}{1-R^2}$$

因此有:$R^2=1 \Rightarrow F=\infty$, $R^2=0 \Rightarrow F=0$, $R^2 \uparrow \Rightarrow F \uparrow$。由上式可以得到

$$R^2 = \frac{k \cdot F}{(n-k-1)+k \cdot F}, \quad \bar{R}^2 = 1 - \frac{n-1}{(n-k-1)+k \cdot F}$$

3. 回归参数的显著性检验:t 检验

回归参数的显著性检验,目的在于检验当其他解释变量不变时,该回归系数对应的解释变量对因变量是否有显著影响。

由参数估计量的分布性质可知,回归系数的估计量服从如下正态分布:$\hat{b}_j \sim N(b_j, \mathrm{var}(\hat{b}_j))$,可以证明,该统计量服从自由度为$(n-k-1)$的 t 分布,即

$$t = \frac{\hat{b}_j - b_j}{s(\hat{b}_j)} \sim t(n-k-1)$$

用 t 统计量进行回归参数的显著性检验,其具体过程如下:

(1) 提出假设:$H_0: b_j=0$, $H_1: b_j \neq 0 (j=1,2,\cdots,k)$。

(2) 根据样本观测值,计算 t 统计量的值:$t=\dfrac{\hat{b}_j}{s(\hat{b}_j)}$,在 H_0 成立的条件下,$t=\dfrac{\hat{b}_j-b_j}{s(\hat{b}_j)}=\dfrac{\hat{b}_j}{s(\hat{b}_j)} \sim t(n-k-1)$。

(3) 比较判断:给定显著性水平 α,查自由度为$(n-k-1)$的 t 分布表,得临界值 $t_{\alpha/2}(n-k-1)$,若 $|t| \geqslant t_{\alpha/2}(n-k-1)$,则拒绝 $H_0: b_j=0$,接受 $H_1: b_j \neq 0$,说明解释变量 x_j 对因变量 y 的影响是显著的。若 $|t|<t_{\alpha/2}(n-k-1)$,就接受 H_0,说明解释变量 x_j 对因变量 y 的影响不显著。

在一元情形下,F 检验与 t 检验是一致的,它们之间存在关系:$F=t^2$,即 F 统计量等于 t 统计量的平方。在一元情形下,对参数 b_1 的显著性检验与对回归总体线性的显著性检验是等价的。

在多元线性回归模型中,F 检验与 t 检验是不同的:

(1) 检验对象不同，t 检验为 $H_0:b_j=0, H_1:b_j\neq 0(j=1,2,\ldots,k)$，$F$ 检验为

$$H_0:b_1=b_2=\cdots=b_k=0,\quad H_1:b_j(j=1,2,\cdots,k)\text{ 不全为零}$$

(2) 当对参数 $b_1,b_2,\cdots,b_k$ 的检验显著时，F 检验一定是显著的；

(3) 但当 F 检验显著时，并不意味着对每一个回归系数的 t 检验一定都是显著的。

3.1.4　多元线性回归模型的预测

所谓预测，是指在给定解释变量的值 $\boldsymbol{X}_f=(1,x_{1f},x_{2f},\cdots,x_{kf})$ 的情况下，对因变量 y 的相应值 y_f 和 $E(y_f)$ 作出估计。所进行的估计可分为点估计与区间估计，从而预测有点预测与区间预测两种。

1. 点预测

点预测就是根据给定解释变量的值，预测相应的被解释变量的一个可能值。设多元线性回归模型为

$$y_t=b_0+b_1x_{1t}+b_2x_{2t}+\cdots+b_kx_{kt}+u_t$$

若根据观测样本已经估计出参数向量 $\hat{\boldsymbol{B}}$，且模型通过检验，并得到样本回归方程

$$\hat{y}_t=\hat{b}_0+\hat{b}_1x_{1t}+\hat{b}_2x_{2t}+\cdots+\hat{b}_kx_{kt}$$

则对样本以外解释变量的值 $\boldsymbol{X}_f=(1,x_{1f},x_{2f},\cdots,x_{kf})$，$y_f$ 的拟合值为

$$\hat{y}_f=\boldsymbol{X}_f\hat{\boldsymbol{B}}=\hat{b}_0+\hat{b}_1x_{1f}+\hat{b}_2x_{2f}+\cdots+\hat{b}_kx_{kf}$$

可以用 $\hat{y}_f$ 作为 y_f 和 $E(y_f)$ 的预测值。

2. 区间预测

(1) $E(y_f)$ 的区间预测：$E(y_f)$ 的置信度为 $1-\alpha$ 的预测区间为

$$\hat{y}_f-t_{\alpha/2}\cdot\hat{\sigma}\cdot\sqrt{\boldsymbol{X}_f(\boldsymbol{X}'\boldsymbol{X})^{-1}\boldsymbol{X}_f}\leqslant E(y_f)\leqslant\hat{y}_f+t_{\alpha/2}\cdot\hat{\sigma}\cdot\sqrt{\boldsymbol{X}_f(\boldsymbol{X}'\boldsymbol{X})^{-1}\boldsymbol{X}_f}$$

(2) y_f 的区间预测：y_f 的置信度为 $1-\alpha$ 的预测区间为

$$\hat{y}_f-t_{\alpha/2}\cdot\hat{\sigma}\cdot\sqrt{1+\boldsymbol{X}_f(\boldsymbol{X}'\boldsymbol{X})^{-1}\boldsymbol{X}_f}\leqslant y_f\leqslant\hat{y}_f+t_{\alpha/2}\cdot\hat{\sigma}\cdot\sqrt{1+\boldsymbol{X}_f(\boldsymbol{X}'\boldsymbol{X})^{-1}\boldsymbol{X}_f}$$

3.1.5　非线性回归模型

非线性化模型分为可线性化模型和不可线性化模型，对于不可线性化模型，需要用逼近的方法得到参数估计值。对于可线性化的非线性模型，可经过适当的变量变换或函数变换转化成线性回归模型。

1. 可线性化模型

在非线性回归模型中，有一些模型经过适当的变量变换或函数变换就可以转化成线性回归模型，从而将非线性回归模型的参数估计问题转化成线性回归模型的参数估计，这类模型称为可线性化模型。在计量经济分析中经常使用的可线性化模型有对数线性模型、半对数线性模型、倒数线性模型、多项式线性模型、成长曲线模型等。

2. 非线性化模型的处理方法

无论通过什么变换都不可能实现线性化，这样的模型称为非线性化模型。对于非线性

化模型,一般采用高斯—牛顿迭代法进行估计,即将其展开成泰勒级数之后,再利用迭代估计方法进行估计。

3.1.6 受约束回归

在建立回归模型时,有时需要对模型中变量的参数施加一定的约束条件。对模型施加约束条件后进行回归,称为受约束回归,与此对应,不加任何约束的回归称为无约束回归。

1. 模型参数的线性约束:沃尔德(Wald)检验

一般地,估计线性模型时可对模型参数施加若干个线性约束条件。然而,对所考察的具体问题能否施加约束条件,或者说能否直接对施加约束后的模型进行回归,需要进行相应的检验。常用的检验有 F 检验、χ^2 检验与 t 检验。在 EViews 软件中,通常用沃尔德(Wald)检验。

考虑线性回归模型:$\boldsymbol{Y}=\boldsymbol{XB}+\boldsymbol{U}$,若约束条件即原假设为:$\boldsymbol{RB}=\boldsymbol{r}$,其中,$\boldsymbol{R}$ 是一个已知的 $m\times(k+1)$ 阶矩阵,$\boldsymbol{B}$,$\boldsymbol{r}$ 分别是 $k+1$ 维和 m 维列向量。则沃尔德(Wald)检验统计量为

$$W=(\boldsymbol{R}\hat{\boldsymbol{B}}-\boldsymbol{r})'[\hat{\sigma}^2\boldsymbol{R}(\boldsymbol{X}'\boldsymbol{X})^{-1}\boldsymbol{R}']^{-1}(\boldsymbol{R}\hat{\boldsymbol{B}}-\boldsymbol{r})$$

式中$\hat{\boldsymbol{B}}$为无约束条件下的参数估计值,$\hat{\sigma}^2=\dfrac{\sum e_t^2}{n-k-1}$。在原假设下,统计量 W 渐近服从 $\chi^2(m)$分布。给定显著性水平 α,查自由度为 m 的 χ^2 分布表,得临界值 $\chi_\alpha^2(m)$。若 $W>\chi_\alpha^2(m)$,则拒绝原假设,约束条件不成立。反之约束条件为真。

在小样本情况下,如果随机误差项满足古典假定,则可进一步得到如下的 F 统计量:

$$F=\frac{(\mathrm{RSS_R}-\mathrm{RSS_U})/(k_\mathrm{U}-k_\mathrm{R})}{\mathrm{RSS_U}/(n-k_\mathrm{U}-1)}$$

式中,$\mathrm{RSS_R}$ 为受约束样本回归模型的残差平方和,$\mathrm{RSS_U}$ 为无约束样本回归模型的残差平方和,k_U、k_R 分别为无约束与受约束回归模型的解释变量的个数(不包括常数项),实际上,$k_\mathrm{U}-k_\mathrm{R}=m$ 恰为约束条件的个数。如果 $F>F_\alpha$,则约束条件不成立;反之,约束条件为真。

2. 解释变量的选择

在实际建模时,选取哪些变量作为解释变量引入模型,对模型的优劣有直接的影响。模型中,既不能遗漏重要的解释变量,又要防止过多的变量带来的多重共线性问题或对因变量没有什么影响的不必要的解释变量。

考虑如下两个回归模型:

$$y=b_0+b_1x_1+b_2x_2+\cdots+b_kx_k+u$$
$$y=b_0+b_1x_1+b_2x_2+\cdots+b_kx_k+b_{k+1}x_{k+1}+\cdots+b_{k+q}x_{k+q}+u$$

前式可以看成是后式施加如下约束条件的受约束回归:

$$H_0:b_{k+1}=b_{k+2}=\cdots=b_{k+q}=0$$

相应的 F 统计量为

$$F=\frac{(\mathrm{RSS_R}-\mathrm{RSS_U})/q}{\mathrm{RSS_U}/[n-(k+q+1)]}$$

如果约束条件为真,即额外的变量 $x_{k+1},\cdots,x_{k+q}$对 y 没有解释能力,则 F 统计量较小;

否则，约束条件为假，意味着额外的变量 $x_{k+1},\cdots,x_{k+q}$ 对 y 有较强的解释能力，则 F 统计量较大。因此，可通过给定某一显著性水平下 F 分布的临界值与 F 统计量的计算值的比较，来判断额外变量 $x_{k+1},\cdots,x_{k+q}$ 是否应包括在模型中。

3. 参数的稳定性检验：邹氏检验

建立模型时往往希望模型的参数是稳定的，即所谓的结构不变，这将提高模型的预测与分析功能。然而，经济结构的变化往往导致计量经济模型结构也发生变化。

假设需要建立的模型为

$$y=b_0+b_1x_1+b_2x_2+\cdots+b_kx_k+u$$

在两个连续的时间序列$(1,2,\cdots,n_1)$与$(n_1+1,n_1+2,\cdots,n_1+n_2)$中，相应的模型分别为

$$y_1=\alpha_0+\alpha_1x_1+\alpha_2x_2+\cdots+\alpha_kx_k+u_1$$

$$y_2=\beta_0+\beta_1x_1+\beta_2x_2+\cdots+\beta_kx_k+u_2$$

这两个回归方程是否显著不同？如果这两个回归方程的差别并不显著，说明模型所反映的经济结构在时间上（或截面上）是稳定的，否则是不稳定的。邹至庄(Chow)提出了如下的 Chow 检验。

合并两个时间序列为$(1,2,\cdots,n_1,n_1+1,n_1+2,\cdots,n_1+n_2)$，则可写出如下无约束回归模型：

$$\begin{pmatrix}\boldsymbol{Y}_1\\ \boldsymbol{Y}_2\end{pmatrix}=\begin{pmatrix}\boldsymbol{X}_1 & 0\\ 0 & \boldsymbol{X}_2\end{pmatrix}\begin{pmatrix}\boldsymbol{\alpha}\\ \boldsymbol{\beta}\end{pmatrix}+\begin{pmatrix}\boldsymbol{u}_1\\ \boldsymbol{u}_2\end{pmatrix}$$

式中，$\boldsymbol{\alpha}$、$\boldsymbol{\beta}$ 分别是两时间序列对应模型中的参数列向量，$\boldsymbol{Y}_1$、$\boldsymbol{Y}_2$ 是对应模型的被解释变量以其样本为元素的列向量，$\boldsymbol{X}_1$、$\boldsymbol{X}_2$ 是对应模型的解释变量矩阵。

如果 $\boldsymbol{\alpha}=\boldsymbol{\beta}$，表示没有发生结构变化，因此可针对如下假设进行检验：

$$H_0:\boldsymbol{\alpha}=\boldsymbol{\beta}$$

受约束回归模型

$$\begin{pmatrix}\boldsymbol{Y}_1\\ \boldsymbol{Y}_2\end{pmatrix}=\begin{pmatrix}\boldsymbol{X}_1\\ \boldsymbol{X}_2\end{pmatrix}\boldsymbol{\alpha}+\begin{pmatrix}\boldsymbol{u}_1\\ \boldsymbol{u}_2\end{pmatrix}$$

仍可用如下 F 统计量进行检验：

$$F=\frac{(\mathrm{RSS_R}-\mathrm{RSS_U})/(k+1)}{\mathrm{RSS_U}/[n_1+n_2-2(k+1)]}$$

式中，$\mathrm{RSS_U}$ 与 $\mathrm{RSS_R}$ 分别为对应于无约束模型与受约束模型的残差平方和。记 $\mathrm{RSS_1}$ 与 $\mathrm{RSS_2}$ 为两个连续的时间序列$(1,2,\cdots,n_1)$与$(n_1+1,n_1+2,\cdots,n_1+n_2)$对应的回归模型在各自时间段上分别回归后所得的残差平方和，可以验证：$\mathrm{RSS_U}=\mathrm{RSS_1}+\mathrm{RSS_2}$。于是，$F$ 统计量可写为

$$F=\frac{(\mathrm{RSS_R}-\mathrm{RSS_1}-\mathrm{RSS_2})/(k+1)}{(\mathrm{RSS_1}+\mathrm{RSS_2})/[n_1+n_2-2(k+1)]}$$

因此，对参数稳定性的原假设 $H_0:\boldsymbol{\alpha}=\boldsymbol{\beta}$ 的检验步骤为

首先，分别以两个连续的时间序列作为两个样本对 $y=b_0+b_1x_1+b_2x_2+\cdots+b_kx_k+u$ 进行回归，得到相应的残差平方和 $\mathrm{RSS_1}$ 与 $\mathrm{RSS_2}$；

其次，将两序列并为一个大样本后对 $y=b_0+b_1x_1+b_2x_2+\cdots+b_kx_k+u$ 进行回归，得到

大样本下的残差平方和 RSS_R；

最后，通过计算 F 统计量值，在事先给定的显著性水平下进行假设检验。如果 F 大于相应的临界值，则拒绝原假设，认为发生了结构变化，参数是非稳定的。该检验方法也被称为邹氏参数稳定性检验。

3.2 学习重点与难点

(1)多元线性回归模型的基本假定；(2)回归参数的 OLS 估计及最小二乘估计量的统计性质，随机误差项方差的无偏估计；(3)多元线性回归模型的统计检验(掌握经济意义检验、拟合优度检验、回归模型的总体显著性检验、回归参数的显著性检验，掌握 F 检验与拟合优度检验的内在联系、F 检验与 t 检验的区别与联系)；(4)多元线性回归模型的预测(掌握点预测与区间预测)；(5)可线性化模型的常见类型与非线性化模型的处理方法；(6)受约束回归(掌握参数线性约束的检验——Wald 检验、对模型增加或减少解释变量的检验——F 检验，以及参数的稳定性检验——Chow 检验)；(7)EViews 软件操作方法(能应用 EViews 软件解决多元线性回归分析的实际问题)。

3.3 典型例题分析

例 1 考虑以下过原点回归：$y_i=\hat{b}_1 x_{1i}+\hat{b}_2 x_{2i}+e_i$

(1) 求参数的 OLS 估计量；

(2) 对该模型，是否仍有结论：$\sum e_i=0, \sum e_i x_{1i}=0, \sum e_i x_{2i}=0$。

解答 (1) 根据最小二乘原理，需求适当的 $\hat{b}_1$、$\hat{b}_2$ 使得残差平方和最小：

$$\min \sum e_i^2=\sum\left(y_i-\hat{b}_1 x_{1i}-\hat{b}_{2i} x_{2i}\right)^2$$

由微积分的知识，对上式分别关于 $\hat{b}_1$、$\hat{b}_2$ 求偏导，并令导数值为零，得如下正规方程组：

$$\begin{cases}\sum\left(y_i-\hat{b}_1 x_{1i}-\hat{b}_2 x_{2i}\right) x_{1i}=0 \\ \sum\left(y_i-\hat{b}_1 x_{1i}-\hat{b}_2 x_{2i}\right) x_{2i}=0\end{cases}$$

或

$$\begin{cases}\hat{b}_1 \sum x_{1i}^2+\hat{b}_2 \sum x_{1i} x_{2i}=\sum x_{1i} y_i \\ \hat{b}_1 \sum x_{1i} x_{2i}+\hat{b}_2 \sum x_{2i}^2=\sum x_{2i} y_i\end{cases}$$

解得

$$\hat{b}_1=\frac{\left(\sum y_i x_{1i}\right)\left(\sum x_{2i}^2\right)-\left(\sum y_i x_{2i}\right)\left(\sum x_{1i} x_{2i}\right)}{\sum x_{1i}^2 \sum x_{2i}^2-\left(\sum x_{1i} x_{2i}\right)^2}$$

$$\hat{b}_2=\frac{\left(\sum y_i x_{2i}\right)\left(\sum x_{1i}^2\right)-\left(\sum y_i x_{1i}\right)\left(\sum x_{1i} x_{2i}\right)}{\sum x_{1i}^2 \sum x_{2i}^2-\left(\sum x_{1i} x_{2i}\right)^2}$$

（2）由（1）中的正规方程组知，对该模型，仍有

$$\sum e_i x_{1i} = 0, \quad \sum e_i x_{2i} = 0$$

但不存在 $\sum e_i = 0$，即过原点的残差和不一定为零。

例2　根据美国1965—1983年数据，得出下面的回归方程，用以解释美国的个人消费支出：

$$\hat{y}_t = -10.96 + 0.93x_{1t} - 2.09x_{2t}$$
$$t = (-3.33) \quad (249.06) \quad (-3.09)$$
$$R^2 = 0.9996 \quad F = 83\,753.7$$

式中，y 为个人消费支出（10亿美元）；x_1 为可支配收入（10亿美元）；x_2 为银行利率。

（1）求边际消费倾向MPC。

（2）边际消费倾向MPC显著不等于1吗？给出检验过程。

（3）模型中包括利率变量的理论基础是什么？你能先验地预期这个变量的符号吗？

（4）b_2 显著不为零吗？

（5）检验假设 $R^2=0$。

（6）计算每个系数的标准误。

解答　（1）由回归方程可知，边际消费倾向MPC＝0.93，表示个人可支配收入每增加1美元，个人消费支出增加0.93美元。

（2）检验边际消费倾向MPC等于1，即检验 $H_0:b_1=1$，$H_1:b_1\neq1$，检验此假设的统计量为 $t=\dfrac{\hat{b}_1-b_1}{s(\hat{b}_1)}=\dfrac{0.93-1}{0.93/249.06}=-18.7467$，其绝对值远大于2（对应 p 值为0.0000），所以拒绝原假设 $H_0:b_1=1$，因此边际消费倾向MPC显著不等于1。

（3）模型中包括利率变量的理论基础：利率上升提高了储蓄倾向，降低了个人消费支出。由此可预期利率变量回归系数的符号为负。

（4）因为 $t(\hat{b}_2)=-3.09$，其绝对值大于2（对应 p 值在0.001与0.005之间），所以 b_2 显著不为零。

（5）检验假设 $R^2=0$，即要检验 $H_0:b_1=0, b_2=0$。由于 $F=83\,753.7$，对应 p 值为0.0000，显然拒绝原假设。

（6）每个系数的标准误：$s(\hat{b}_0)=(-10.96)/(-3.33)=3.2931$，$s(\hat{b}_1)=0.93/249.06=0.0037$，$s(\hat{b}_2)=(-2.09)/(-3.09)=0.6764$。

例3　为什么从计量经济模型得到的预测值不是一个确定的值？预测值的置信区间和置信度的含义是什么？在相同的置信度下如何才能缩小置信区间？

解答　从计量经济模型得到的预测值不是一个确定的值，基于以下两个原因：(1)模型中参数估计值的不确定性，它们随着抽样的不同而不同；(2)其他随机因素的影响，即使找到了总体的真实值，由于受到随机因素的影响，也会使通过估计模型得到的预测值具有不确定性。

正是由于预测值的不确定性，得到的仅仅是预测值的估计值。真实的预测值仅以某一个置信度处于以该估计值为中心的一个区间内。预测值的置信区间是：在给定$(1-\alpha)$的置

信度下,被解释变量预测值 y_f 的置信区间为

$$\hat{y}_f - t_{\alpha/2} \cdot \hat{\sigma} \cdot \sqrt{1+\boldsymbol{X}_f(\boldsymbol{X}'\boldsymbol{X})^{-1}\boldsymbol{X}_f} \leqslant y_f \leqslant \hat{y}_f + t_{\alpha/2} \cdot \hat{\sigma} \cdot \sqrt{1+\boldsymbol{X}_f(\boldsymbol{X}'\boldsymbol{X})^{-1}\boldsymbol{X}_f}$$

预测的置信度又称预测值的置信水平,是指预测值落在上述置信区间的概率,反映了预测值的可靠程度。

在相同的置信度下,可以通过以下几种方式缩小置信区间:(1)增大样本容量 n,这样可以通过降低 $t_{\alpha/2}(n-k-1)$ 来缩小置信区间;(2)提高模型的拟合优度,减少残差平方和,进而降低 $\hat{\sigma}$ 来缩小置信区间;(3)提高样本观测值的分散度,降低 $(\boldsymbol{X}'\boldsymbol{X})^{-1}$ 的值。

例 4 某地区通过一个样本容量为 722 的调查数据得到劳动力受教育的一个回归方程为

$$\hat{Y} = 10.36 - 0.094X_1 + 0.131X_2 + 0.210X_3$$
$$R^2 = 0.214$$

式中,Y 为劳动力受教育年数,X_1 为该劳动力家庭中兄弟姐妹的人数,X_2 与 X_3 分别为母亲与父亲受教育的年数。回答下列问题:

(1) X_1 是否具有预期的影响? 为什么? 若 X_2 与 X_3 保持不变,为了使预测的受教育水平减少一年,需要 X_1 增加多少?

(2) 请对 X_2 的系数给予适当的解释。

(3) 如果两个劳动力都没有兄弟姐妹,但其中一个的父母受教育的年数为 12 年,另一个的父母受教育的年数为 16 年,则两人受教育的年数预期相差多少?

解答 (1) 预期 X_1 对劳动者受教育的年数有影响。因为在收入及支出预算约束一定的条件下,子女越多的家庭,每个孩子接受教育的时间会越短。

根据多元回归模型偏回归系数的含义,X_1 前的参数估计值 -0.094 表明,在其他条件不变的情况下,每增加 1 个兄弟姐妹,受教育年数会减少 0.094 年,因此,要减少 1 年受教育的时间,兄弟姐妹需增加 $1/0.094 \approx 11$ 个。

(2) X_2 的系数表示当兄弟姐妹数与父亲受教育的年数保持不变时,母亲每增加 1 年受教育的机会,其子女作为劳动者就会预期增加 0.131 年的受教育机会。

(3) 首先计算两人受教育的年数分别为

$$10.36 + 0.131 \times 12 + 0.210 \times 12 = 14.452$$
$$10.36 + 0.131 \times 16 + 0.210 \times 16 = 15.816$$

因此,两人的受教育年数的差别为

$$15.816 - 14.452 = 1.364$$

例 5 考虑模型 $y_t = b_0 + b_1 x_{1t} + b_2 x_{2t} + u_t$ 的回归方程:

$$\hat{y}_t = -120 + 0.10x_{1t} + 5.33x_{2t}, \quad \bar{R}^2 = 0.50$$

式中,y_t 为第 t 年的玉米产量(单位:吨/亩),x_{1t} 为第 t 年的施肥强度(单位:千克/亩),x_{2t} 为第 t 年的降雨量(单位:毫米)。

(1) 从 x_1 和 x_2 对 y 的影响方面,说出本方程中系数 0.10 和 5.33 的含义;

(2) 常数项 -120 是否意味着玉米的负产量可能存在?

(3) 假定 b_1 的真实值为 0.40,则估计值是否有偏? 为什么?

(4) 假定该方程并不满足所有的经典模型假设,即并不是最佳线性无偏估计值,是否意味着 b_2 的真实值绝对不等于 5.33? 为什么?

解答 (1) 在降雨量不变时，每亩增加1千克肥料将使第 t 年的玉米产量增加0.1吨/亩；在每亩施肥量不变的情况下，每增加1毫米的降雨量将使第 t 年的玉米产量增加5.33吨/亩。

(2) 在种地的一年中不施肥也不下雨的现象同时发生的可能性极小，所以玉米的负产量不可能存在。事实上，这里截距项为负无实际意义。

(3) 如果 b_1 的真实值为0.40，则表明该估计值与真值有偏误，但一般不说0.1是有偏的估计。理由是0.1是参数的一个估计值，而所谓估计量的有偏性是针对估计的期望来说的，即如果取遍所有可能的样本，这些参数估计值的平均值与0.40有偏误的话，就说估计是有偏的。

(4) 不一定。即便该方程并不满足所有的经典模型假设，不是最佳线性无偏估计值，也有可能得出的估计系数等于5.33。因为5.33只是一个估计值，无论该估计值是否是最佳线性无偏估计量，它都有可能碰巧等于真实值。

例6 一个关于个人收入与物价水平及失业率关系的回归方程如下(括号内为估计标准差)：

$$
\begin{aligned}
\hat{W}_t &= 8.562 + 0.364P_t + 0.004P_{t-1} - 2.560U_t \\
s &= \qquad\quad (0.080) \qquad (0.072) \qquad\quad (0.658) \\
n &= 19, \quad R^2 = 0.873
\end{aligned}
$$

其中，W_t 为第 t 年的每位雇员的工资和薪水，P_t 为第 t 年的物价水平，U_t 为第 t 年的失业率。

(1) 对个人收入估计的斜率系数进行假设检验；

(2) 讨论 P_{t-1} 在理论上的正确性，对本模型的正确性进行讨论。P_{t-1} 是否应从方程中删除？为什么？

解答 (1) 对给定在5%的显著水平下，可以进行 t 检验。计算的 t 值如下：

P_t 参数的 t 值：$\dfrac{0.364}{0.080}=4.55$，$P_{t-1}$ 参数的 t 值：$\dfrac{0.004}{0.072}=0.056$，$U_t$ 参数的 t 值：$\dfrac{-2.560}{0.658}=-3.89$。在5%的显著性水平下，自由度为 $19-3-1=15$ 的 t 分布的临界值为 $t_{0.025}(15)=2.131$，比较得 P_1、U_t 的参数显著不为零，而不能拒绝 P_{t-1} 为零的假设。

(2) 回归式表明影响工资水平的主要是当期的物价水平，前期的物价水平对它的影响并不大，而失业率与工资水平呈反向变动也符合经济理论，故可将 P_{t-1} 从模型中删除。

例7 设某商品的需求量 y(百件)，消费者平均收入 x_1(百元)，该商品价格 x_2(元)的统计数据如下：$\sum y = 800$，$\sum x_1 = 80$，$\sum x_2 = 60$，$\sum x_1x_2 = 439$，$\sum y^2 = 67\,450$，$\sum x_1^2 = 740$，$\sum x_2^2 = 390$，$\sum yx_1 = 6\,920$，$\sum yx_2 = 4\,500$，$n = 10$。应用矩阵解法回答下列问题：

(1) 建立需求量对消费者平均收入、商品价格的线性回归方程并进行估计；

(2) 对回归系数进行显著性检验，显著性水平 $\alpha=0.05$，并说明其经济意义；

(3) 估计可决系数，以显著性水平 $\alpha=0.05$，对方程总体线性显著性进行检验，估计调整的可决系数，并说明其经济意义；

(4) 用回归系数分析商品需求量对消费者平均收入的变化以及商品需求量对商品价格

的变化哪个更敏感;

(5) 需求量对收入的弹性以及需求量对价格的弹性分别是多少?

(6) 假如提高消费者收入和降低价格是提高商品需求量的两种可供选择的手段,你将建议采用哪一个,为什么?

解答 (1) 建立需求量对消费者平均收入、商品价格的线性回归模型如下:

$$y_t = b_0 + b_1 x_{1t} + b_2 x_{2t} + u_t$$

接下来对模型参数进行估计:

$$\boldsymbol{X}'\boldsymbol{X} = \begin{bmatrix} 1 & 1 & \cdots & 1 \\ x_{11} & x_{12} & \cdots & x_{1n} \\ x_{21} & x_{22} & \cdots & x_{2n} \end{bmatrix} \begin{bmatrix} 1 & x_{11} & x_{21} \\ 1 & x_{12} & x_{22} \\ \vdots & \vdots & \vdots \\ 1 & x_{1n} & x_{2n} \end{bmatrix}$$

$$= \begin{bmatrix} n & \sum x_1 & \sum x_2 \\ \sum x_1 & \sum x_1^2 & \sum x_1 x_2 \\ \sum x_2 & \sum x_1 x_2 & \sum x_2^2 \end{bmatrix} = \begin{bmatrix} 10 & 80 & 60 \\ 80 & 740 & 439 \\ 60 & 439 & 390 \end{bmatrix}$$

$$(\boldsymbol{X}'\boldsymbol{X})^{-1} = \begin{bmatrix} 10 & 80 & 60 \\ 80 & 740 & 439 \\ 60 & 439 & 390 \end{bmatrix}^{-1} = \begin{bmatrix} 7.2691 & -0.3685 & -0.7036 \\ -0.3685 & 0.0227 & 0.0311 \\ -0.7036 & 0.0311 & 0.0758 \end{bmatrix}$$

$$\boldsymbol{X}'\boldsymbol{Y} = \begin{bmatrix} 800 \\ 6\,920 \\ 4\,500 \end{bmatrix}$$

于是

$$\begin{bmatrix} \hat{b}_0 \\ \hat{b}_1 \\ \hat{b}_2 \end{bmatrix} = (\boldsymbol{X}'\boldsymbol{X})^{-1}\boldsymbol{X}'\boldsymbol{Y} = \begin{bmatrix} 99.4693 \\ 2.5019 \\ -6.5807 \end{bmatrix}$$

所以回归方程为

$$\hat{y} = 99.4693 + 2.5019 x_1 - 6.5807 x_2$$

经济意义:如果商品价格保持不变,消费者平均收入增加 100 元,商品需求平均增加 250 件;如果消费者平均收入不变,商品价格提高 1 元,商品需求平均减少 658 件。

(2) 对回归系数进行显著性检验,显著性水平 $\alpha = 0.05$

首先计算回归标准差的估计值:$\hat{\sigma}^2 = \dfrac{\sum e_i^2}{n-k-1} = \dfrac{\boldsymbol{e}'\boldsymbol{e}}{n-k-1}$

由于 $\boldsymbol{e}'\boldsymbol{e} = (\boldsymbol{Y}-\hat{\boldsymbol{Y}})'(\boldsymbol{Y}-\hat{\boldsymbol{Y}}) = (\boldsymbol{Y}-\boldsymbol{X}\hat{\boldsymbol{B}})'(\boldsymbol{Y}-\boldsymbol{X}\hat{\boldsymbol{B}}) = \boldsymbol{Y}'\boldsymbol{Y}-\boldsymbol{Y}'\boldsymbol{X}\boldsymbol{B}$

$= 67\,450 - 67\,275.2085 = 174.7915$

所以

$$\hat{\sigma}^2 = \frac{\boldsymbol{e}'\boldsymbol{e}}{n-k-1} = \frac{174.7915}{10-(2+1)} = 24.9702$$

由于

$$s(\hat{b}_1)=\sqrt{\hat{\sigma}^2 c_{11}}=\sqrt{24.9702\times 0.0227}=0.7529$$

$$s(\hat{b}_2)=\sqrt{\hat{\sigma}^2 c_{22}}=\sqrt{24.9702\times 0.0758}=1.3758$$

$$t_1=\frac{\hat{b}_1}{s(\hat{b}_1)}=\frac{2.5019}{0.7529}=3.3230,\quad t_2=\frac{\hat{b}_2}{s(\hat{b}_2)}=\frac{-6.5807}{1.3758}=-4.7832$$

由于 $|t_1|=3.3230>t_{0.025}(7)=2.365$，$|t_2|=4.7832>t_{0.025}(7)=2.365$，可见在 5% 的显著性水平下，$x_1$ 与 x_2 的总体参数值均显著地不为零。

经济意义：在 95% 置信概率下，消费者平均收入对该商品的需求量的影响是显著的，商品价格对该商品的需求量的影响是显著的。

(3) 首先，计算可决系数。由于

$$R^2=1-\frac{\mathrm{RSS}}{\mathrm{TSS}}=1-\frac{\boldsymbol{e}'\boldsymbol{e}}{\boldsymbol{Y}'\boldsymbol{Y}-n\bar{y}^2}=1-\frac{174.7915}{67450-10\times 80^2}=0.9493$$

$$\bar{R}^2=1-\frac{n-1}{n-k-1}\cdot(1-R^2)=0.9349$$

经济意义：在商品需求量的总变差中，有 93.49% 是可以由消费者平均收入、商品价格作出解释的。

其次，对回归方程进行显著性检验：

$$F=\frac{R^2/k}{(1-R^2)/(n-k-1)}=\frac{0.9493/2}{(1-0.9493)/(10-2-1)}$$
$$=65.5823>4.74=F_{0.05}(2,7)$$

所以，拒绝原假设，接受备择假设，认为回归方程是显著呈线性的。即在 5% 的显著性水平下，消费者平均收入和该商品价格在整体上对商品需求量的解释作用是显著的。

(4) $$\hat{b}_1^*=\hat{b}_1\cdot\frac{\sigma_{x_1}}{\sigma_y}=\hat{b}_1\cdot\frac{\sqrt{\sum(x_1-\bar{x}_1)^2/(n-1)}}{\sqrt{\sum(y-\bar{y})^2/(n-1)}}=\hat{b}_1\cdot\frac{\sqrt{\sum x_1^2-n\bar{x}_1^2}}{\sqrt{\sum(y^2-n\bar{y}^2)}}$$

$$=2.5019\times\frac{\sqrt{740-10\times 64}}{\sqrt{67450-10\times 6400}}=0.4260$$

经济意义：消费者平均收入每增加 1 个标准差，将使商品需求量增加 0.4260 个标准差。

$$\hat{b}_2^*=\hat{b}_2\cdot\frac{\sigma_{x_2}}{\sigma_y}=\hat{b}_2\cdot\frac{\sqrt{\sum(x_2-\bar{x}_2)^2/(n-1)}}{\sqrt{\sum(y-\bar{y})^2/(n-1)}}=\hat{b}_2\cdot\frac{\sqrt{\sum x_2^2-n\bar{x}_2^2}}{\sqrt{\sum(y^2-n\bar{y}^2)}}$$

$$=-6.5807\times\frac{\sqrt{740-10\times 36}}{\sqrt{67450-10\times 6400}}=-0.6137$$

经济意义：商品价格每增加 1 个标准差，将使商品需求量减少 0.6137 个标准差。

由于 $|\hat{b}_1^*|<|\hat{b}_2^*|$，商品需求量对商品价格的变化要比对消费者平均收入的变化更敏感。

(5) 需求量对收入的弹性：$E_1=\hat{b}_1\dfrac{\bar{x}_1}{\bar{y}}=2.5019\times\dfrac{8}{80}=0.2502$

经济意义：就该样本而言，消费者平均收入每增加 1%，将使商品需求量增加 0.25%。

需求量对价格的弹性：$E_2=\hat{b}_2\dfrac{\bar{x}_2}{\bar{y}}=(-0.65807)\times\dfrac{6}{80}=-0.4936$

经济意义：商品价格每增加 1%，将使商品需求量减少 0.49%。

由于$|E_1|<|E_2|$，商品需求量对商品价格的变化要比对消费者平均收入的变化更敏感。

(6) 由于$|\hat{b}_1^*|<|\hat{b}_2^*|$和$|E_1|<|E_2|$，商品需求量对商品价格的变化要比对消费者平均收入的变化更敏感。因此采用降低价格的手段对提高商品需求量的效果更好。

例 8 表 3-1 给出了 64 个国家的婴儿死亡率(y)、女性文盲率(x_1)、人均 GNP(x_2，1980 年)、总生育率(x_3)数据资料。

表 3-1 64 个国家婴儿死亡率、女性文盲率等相关数据

婴儿死亡率(y)	女性文盲率(x_1)	人均 GNP(x_2)	总生育率(x_3)	婴儿死亡率(y)	女性文盲率(x_1)	人均 GNP(x_2)	总生育率(x_3)
128	37	1 870	6.66	142	50	8 640	7.17
204	22	130	6.15	104	62	350	6.60
202	16	310	7.00	287	31	230	7.00
197	65	570	6.25	41	66	1620	3.91
96	76	2 050	3.81	312	11	190	6.70
209	26	200	6.44	77	88	2 090	4.20
170	45	670	6.19	142	22	900	5.43
240	29	300	5.89	262	22	230	6.50
241	11	120	5.89	215	12	140	6.25
55	55	290	2.36	246	9	330	7.10
75	87	1 180	3.93	191	31	1 010	7.10
129	55	900	5.99	182	19	300	7.00
24	93	1 730	3.50	37	88	1 730	3.46
165	31	1 150	7.41	103	35	780	5.66
94	77	1 160	4.21	67	85	1 300	4.82
96	80	1 270	5.00	143	78	930	5.00
148	30	580	5.27	83	85	690	4.74
98	69	660	5.21	223	33	200	8.49
161	43	420	6.50	240	19	450	6.50
118	47	1 080	6.12	312	21	280	6.50
269	17	290	6.19	12	79	4 430	1.69
189	35	270	5.05	52	83	270	3.25
126	58	560	6.16	79	43	1 340	7.17
12	81	4 240	1.80	61	88	670	3.52
167	29	240	4.75	168	28	410	6.09
135	65	430	4.10	28	95	4 370	2.86
107	87	3 020	6.66	121	41	1 310	4.88
72	63	1 420	7.28	115	62	1 470	3.89
128	49	420	8.12	186	45	300	6.90
27	63	19 830	5.23	47	85	3 630	4.10
152	84	420	5.79	178	45	220	6.09
224	23	530	6.50	142	67	560	7.20

（1）预期婴儿死亡率(y)和各个变量之间的关系；

（2）做婴儿死亡率(y)对女性文盲率(x_1)的回归，试给出回归结果；

（3）做婴儿死亡率(y)对女性文盲率(x_1)和人均GNP(x_2)的回归，试给出回归结果；

（4）做婴儿死亡率(y)对女性文盲率(x_1)、人均GNP(x_2)和总生育率(x_3)的回归，试给出回归结果；

（5）根据各回归结果，选择哪个回归模型？为什么？

（6）如果回归结果(3)或(4)是正确的模型，但却估计了(2)，会有什么后果？

（7）假定做了(2)回归，如何决定增加变量 x_2 和 x_3？使用哪种检验？试给出必要的计算结果。

解答　(1) 一般来说，女性识字率与人均GNP越高，婴儿死亡率越低；生育率越高，婴儿死亡率越高。

(2) 婴儿死亡率(y)对女性文盲率(x_1)回归，利用EViews软件计算得到第一个回归方程：

$$\hat{y}_i = 263.8635 - 2.3905x_{1i}$$
$$t = (21.5840)\quad(-11.2092)$$
$$\bar{R}^2 = 0.6643\quad \text{SE} = 44.0240\quad F = 125.6544$$

(3) 婴儿死亡率(y)对女性文盲率(x_1)和人均GNP(x_2)回归，利用EViews软件计算得到第二个回归方程：

$$\hat{y}_i = 263.6416 - 2.2316x_{1i} - 0.0056x_{2i}$$
$$t = (22.7411)\quad(-10.6293)\quad(-2.8187)$$
$$\bar{R}^2 = 0.6981\quad \text{SE} = 41.7478\quad F = 73.8325$$

(4) 婴儿死亡率(y)对女性文盲率(x_1)、人均GNP(x_2)和总生育率(x_3)回归，利用EViews软件计算得到第三个回归方程：

$$\hat{y}_i = 168.3067 - 1.7680x_{1t} - 0.0055x_{2t} + 12.8686x_{3t}$$
$$t = \quad(5.1170)\quad(-7.1287)\quad(-2.9343)\quad(3.0709)$$
$$\bar{R}^2 = 0.7474\quad \text{SE} = 39.1313\quad F = 59.1677$$

(5) 根据各回归结果，选择第三个回归方程，因为第三个回归方程所有变量回归系数都是显著的，经济合理，且通过 F 检验，拟合优度是最高的，因此是最好的模型。

(6) 将会造成遗漏重要变量的错误。

(7) 将变量 x_2 和 x_3 分别加入第一个回归模型，利用 t 检验，检验所有的变量是否为统计显著，用 F 检验和调整后的样本决定系数 $\bar{R}^2$ 判断变量是否应该引入模型。

例9　中国的财政收入 y 主要来自税收项 x_1 与其他收入项 x_2，表3-2列出了1985—2000年的这三项数据的资料。

（1）估计中国财政收入关于税收与其他收入的二元线性回归模型 $y_t = b_0 + b_1x_{1t} + b_2x_{2t} + u_t$；

（2）在5%显著性水平，对方程进行 F 检验，对参数 b_1 和 b_2 进行 t 检验，并构造参数95%的置信区间。

表 3-2　1985—2000 年中国财政收入数据　亿元

年　份	财政收入 y	税收 x_1	其他收入 x_2
1985	2 004.82	2 040.79	280.51
1986	2 122.01	2 090.73	156.95
1987	2 199.35	2 140.36	212.38
1988	2 357.24	2 390.47	176.18
1989	2 664.90	2 727.40	179.41
1990	2 937.10	2 821.86	299.53
1991	3 149.48	2 990.17	240.10
1992	3 483.37	3 296.91	265.15
1993	4 348.95	4 255.30	191.04
1994	5 218.10	5 126.88	280.18
1995	6 242.20	6 038.04	396.19
1996	7 407.99	6 909.82	724.66
1997	8 651.14	8 234.04	682.30
1998	9 875.95	9 262.78	833.30
1999	11 444.08	10 682.58	925.43
2000	13 395.23	12 581.51	944.98

解答　(1) 利用 EViews 软件对模型进行 OLS 估计。首先建立工作文件，然后输入样本数据，在工作文件窗口输入命令：ls y c x1 x2，按回车键，回归结果如表 3-3 所示。

根据输出结果，得如下回归方程：

$$\hat{y} = -176.2778 + 1.0261x_1 + 0.6700x_2$$
$$s = (30.6241)\quad (0.0163)\quad (0.1912)$$
$$t = (-5.7562)\quad (62.7894)\quad (3.5033)$$
$$R^2 = 0.9997\quad \bar{R}^2 = 0.9997\quad F = 23\,692.95\quad \hat{\sigma} = 65.10726$$

(2) 对方程进行 F 检验：在 5% 的显著性水平下，自由度为(2,13)的 F 分布的临界值为 $F_{0.05}(2,13) = 3.81$，可见 23 692.95 > 3.81，表明方程的总体线性关系显著成立。

用 p 值进行检验：在 5% 显著性水平上，F 统计量对应的 p 值为 0.000 292，明显小于 0.05，说明税收与其他收入对中国财政收入的共同影响是相当显著的，即模型整体显著。

表 3-3　回归结果

Dependent Variable: Y
Method: Least Squares
Date: 09/30/17　Time: 20:26
Sample (adjusted): 1985 2000
Included observations: 16 after adjustments

Variable	Coefficient	Std. Error	t-Statistic	Prob.
C	-176.2790	30.62402	-5.756233	0.0001
X1	1.026136	0.016342	62.78962	0.0000
X2	0.669978	0.191238	3.503367	0.0039

R-squared	0.999726	Mean dependent var	5468.869
Adjusted R-squared	0.999684	S.D. dependent var	3659.889
S.E. of regression	65.10700	Akaike info criterion	11.35730
Sum squared resid	55105.97	Schwarz criterion	11.50216
Log likelihood	-87.85841	Hannan-Quinn criter.	11.36472
F-statistic	23693.15	Durbin-Watson stat	1.345316
Prob(F-statistic)	0.000000		

在 5% 的显著性水平下，自由度为 13 的 t 分布的临界值为 $t_{0.025}(13) = 2.160$，而 $t(\hat{b}_0) = -5.7562$，$t(\hat{b}_1) = 62.7894$，$t(\hat{b}_2) = 3.5033$，可见常数项、x_1 与 x_2 的总体参数值均显著不为零。

用 p 值进行检验：在 5% 显著性水平，t 统计量对应的 p 值分别为：$p(\hat{b}_1) = 0.0000 < 0.05$，$p(\hat{b}_2) = 0.0039 < 0.05$，说明税收对中国财政收入的影响是显著的，其他收入对中国

财政收入的影响是显著的，两个回归系数显著不为 0。

常数项、x_1 与 x_2 参数的 95%的置信区间分别为

$\hat{b}_0 \pm t_{0.025}(13) \cdot s(\hat{b}_0) = -176.2778 \pm 2.16 \times 30.6241$，或$[-242.4259, -110.1297]$

$\hat{b}_1 \pm t_{0.025}(13) \cdot s(\hat{b}_1) = 1.0261 \pm 2.16 \times 0.0163$，或$[0.9909, 1.0613]$

$\hat{b}_2 \pm t_{0.025}(13) \cdot s(\hat{b}_2) = 0.6700 \pm 2.16 \times 0.1912$，或$[0.2570, 1.0830]$

例 10　经研究发现，学生用于购买书籍及课外读物的支出与本人受教育年数和其家庭人均收入水平有关，对 18 名学生进行调查的统计资料如表 3-4 所示。

表 3-4　统计数据

学 生 序 号	购买书籍及课外物支出 y(元/年)	受教育年数 x_1(年)	家庭人均收入水平 x_2(元/月)
1	450.5	4	171.2
2	507.7	4	174.2
3	613.9	5	204.3
4	563.4	4	218.7
5	501.5	4	219.4
6	781.5	7	240.4
7	541.8	4	273.5
8	611.1	5	294.8
9	1 222.1	10	330.2
10	793.2	7	333.1
11	660.8	5	366.0
12	792.7	6	350.9
13	580.8	4	357.0
14	612.7	5	359.0
15	890.8	7	371.9
16	1 121.0	9	435.3
17	1 094.2	8	523.9
18	1 253.0	10	604.1

(1) 试求出学生购买书籍及课外读物的支出 y 与受教育年数 x_1 和家庭人均收入水平 x_2 的回归方程估计式

$$\hat{y} = \hat{b}_0 + \hat{b}_1 x_1 + \hat{b}_2 x_2$$

(2) 在 5%显著性水平，对方程进行 F 检验，对参数 b_1 和 b_2 进行 t 检验。

(3) 假设有一学生的受教育年数 $x_1 = 10$ 年，家庭人均收入水平 $x_2 = 480$ 元/月，试预测该学生全年购买书籍及课外读物的支出，并求出相应的预测区间($\alpha = 5\%$)。

解答　(1) 利用 EViews 软件对模型进行 OLS 估计。首先建立工作文件，然后输入样本数据，在工作文件窗口输入命令：ls y c x1 x2，按回车键，回归结果如表 3-5 所示。

根据输出结果，得如下回归方程：

$$\hat{y} = -0.9754 + 104.295 x_1 + 0.4024 x_2$$

$$t = (-0.032) \quad (16.2556) \quad (3.4542)$$

$$R^2 = 0.9797 \quad \bar{R}^2 = 0.9970 \quad F = 362.2025$$

(2) 对方程进行 F 检验(用 p 值进行检验):在 5%显著性水平,F 统计量对应的 p 值为 0.000 0,明显小于 0.05,说明受教育年数和家庭人均收入水平对学生购买书籍及课外读物支出的共同影响是相当显著的,即模型整体显著。

表 3-5 回归结果

Dependent Variable: Y
Method: Least Squares
Date: 09/30/17 Time: 20:42
Sample: 1 18
Included observations: 18

Variable	Coefficient	Std. Error	t-Statistic	Prob.
C	-0.915366	30.32774	-0.030182	0.9763
X1	104.2975	6.416083	16.25563	0.0000
X2	0.402383	0.116490	3.454240	0.0035

R-squared	0.979713	Mean dependent var	755.1500
Adjusted R-squared	0.977009	S.D. dependent var	258.6859
S.E. of regression	39.22437	Akaike info criterion	10.32749
Sum squared resid	23078.27	Schwarz criterion	10.47588
Log likelihood	-89.94737	Hannan-Quinn criter.	10.34795
F-statistic	362.2025	Durbin-Watson stat	2.561922
Prob(F-statistic)	0.000000		

对参数进行 t 检验(用 p 值进行检验):在 5%显著性水平,t 统计量对应的 p 值分别为:$p(\hat{b}_1)=0.000\,0<0.05$,$p(\hat{b}_2)=0.003\,5<0.05$,说明受教育年数和家庭人均收入水平对学生购买书籍及课外读物支出的影响是显著的,两个回归系数均显著不为 0。

(3) 将 $x_1=10$,$x_2=480$,代入回归方程,可得

$$\hat{y}_f=-0.975\,4+104.295\times10+0.402\,4\times480=1\,235.203$$

下面我们通过 EViews 软件来计算 y_f 的预测区间。y_f 的置信度为 $1-\alpha$ 的预测区间为

$$\hat{y}_f-t_{\alpha/2}\cdot\hat{\sigma}\cdot\sqrt{\hat{\sigma}^2(1+\boldsymbol{X}_f(\boldsymbol{X}'\boldsymbol{X})^{-1}\boldsymbol{X}_f)}\leqslant y_f\leqslant\hat{y}_f+t_{\alpha/2}\cdot\hat{\sigma}\cdot\sqrt{1+\boldsymbol{X}_f(\boldsymbol{X}'\boldsymbol{X})^{-1}\boldsymbol{X}_f}$$

首先计算 y_f 预测的标准差 $s(\hat{y}_f)=\sqrt{\hat{\sigma}^2(1+\boldsymbol{x}_f(\boldsymbol{X}'\boldsymbol{X})^{-1}\boldsymbol{x}_f')}$。在进行预测前,把样本的区间扩展到 19,并输入第 19 个学生受教育年数 $x_1=10$ 年,家庭人均收入水平 $x_2=480$ 元/月,然后单击 OLS 估计输出结果上方的菜单 Forecast,会出现如图 3-1 所示的对话框。

在 Forecast 中输入预测序列的名字 yf,在 S. E. 中输入保存预测值标准差的序列名字 yfse,单击 OK 按钮,即可得到所需结果。打开 yf 序列,第 19 个预测值对应的就是该地区的点预测值 1 235.203。打开 yfse 序列,第 19 个数据就是 $\hat{y}_f$ 的标准差 $s(\hat{y}_f)=41.135\,49$,在 5%的显著性水平下,自由度为 18−2−1=15 的 t 分布的临界值为 $t_{0.025}(15)=2.131$,于是 y 单点值的 95%的预测区间为

$$[\hat{y}_f-t_{0.025}(15)\times s(\hat{y}_f),\hat{y}_f+t_{0.025}(15)\times s(\hat{y}_f)]$$

$$[1\,235.203-2.131\times41.135\,49,1\,235.203+2.131\times41.135\,49]=[1\,147.543,1\,322.863]$$

即该学生全年购买书籍及课外读物的支出 95%的预测区间为[1 147.543,1 322.863]。

利用 EViews 软件,得到样本值与预测值图形,如图 3-2 所示。

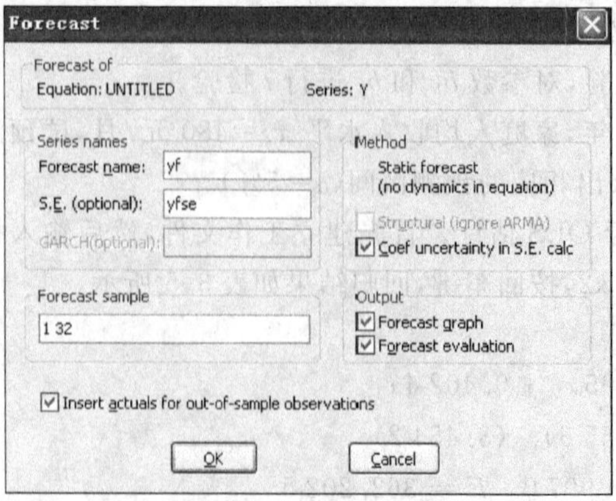

图 3-1 Forecast 对话框

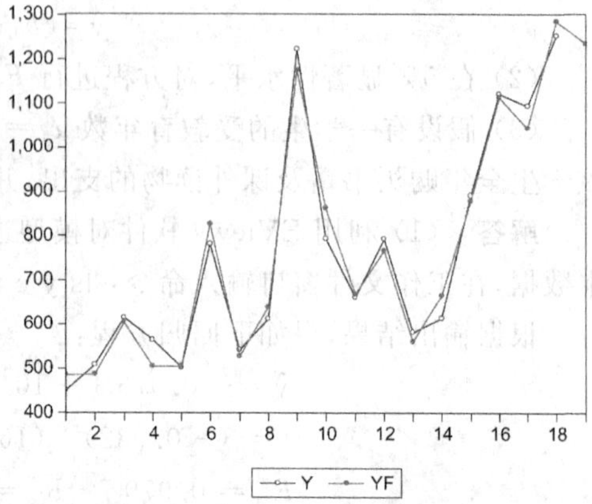

图 3-2 样本值 y 与预测值 y_f 图形

3.4 习题

3.4.1 单项选择题

1. 样本决定系数 R^2 是指(　　)。

A. 残差平方和占总离差平方和的比重　B. 总离差平方和占回归平方和的比重

C. 回归平方和占总离差平方和的比重　D. 回归平方和占残差平方和的比重

2. 调整的多重样本决定系数 $\bar{R}^2$ 与多重样本决定系数 R^2 之间有如下关系:(　　)。

A. $\bar{R}^2=R^2\dfrac{n-1}{n-k-1}$　　B. $\bar{R}^2=1-R^2\dfrac{n-1}{n-k-1}$

C. $\bar{R}^2=1-(1+R^2)\dfrac{n-1}{n-k-1}$　　D. $\bar{R}^2=1-\dfrac{n-1}{n-k-1}(1-R^2)$

3. 在有 $n=30$ 的一组样本、包含3个解释变量的线性回归模型中,计算得到多重决定系数为0.850 0,则调整后的多重决定系数为(　　)。

A. 0.860 3　　B. 0.838 9　　C. 0.865 5　　D. 0.832 7

4. 设 k 为模型中的参数个数,则回归平方和是指(　　)。

A. $\sum_{i=1}^{n}(y_i-\bar{y})^2$　　B. $\sum_{i=1}^{n}(y_i-\hat{y}_i)^2$

C. $\sum_{i=1}^{n}(\hat{y}_i-\bar{y})^2$　　D. $\sum_{i=1}^{n}(y_i-\bar{y})^2/(k-1)$

5. 已知含有截距项的三元线性回归模型估计的残差平方和为 $\sum e_i^2=800$,估计用的样本容量为24,则随机误差项 u_i 的方差估计量为(　　)。

A. 33.33　　B. 40　　C. 38.09　　D. 36.36

6. 模型 $y_i=\beta_0+\beta_1x_{1i}+\beta_2x_{2i}+u_i$ 的最小二乘回归结果显示,样本决定系数 R^2 为0.98,样本容量为28,总离差平方和为455,则回归方程的标准差为(　　)。

A. 0.325　　B. 0.603　　C. 0.364　　D. 0.570

7. 设 k 为回归模型中的解释变量个数,n 为样本容量,要使模型能够得出参数估计值,所要求的最小样本容量为(　　)。

A. $n>k+1$　　B. $n\leqslant k+1$　　C. $n\geqslant 30$　　D. $n\geqslant 3(k+1)$

8. 设 k 为回归模型中的解释变量个数,n 为样本容量,RSS为残差平方和,ESS为回归平方和。则对总体回归模型进行显著性检验时构造的 F 统计量为(　　)。

A. $F=\dfrac{\text{ESS}}{\text{TSS}}$　　B. $F=\dfrac{\text{ESS}/k}{\text{RSS}/(n-k-1)}$

C. $F=1-\dfrac{\text{ESS}/k}{\text{TSS}/(n-k-1)}$　　D. $F=\dfrac{\text{RSS}}{\text{TSS}}$

9. 根据样本决定系数 R^2 与 F 统计量的关系可知,当 $R^2=1$ 时有(　　)。

A. $F=1$　　B. $F=-1$　　C. $F\to\infty$　　D. $F=0$

10. 多重样本决定系数 R^2、调整的多重样本决定系数 $\bar{R}^2$ 与用于回归方程显著性检验的

F 统计量的关系是(　　)。

A. $F=\dfrac{R^2/k}{(1-R^2)/(n-k-1)}$　　B. $F=\dfrac{\bar{R}^2/k}{(1-\bar{R}^2)/(n-k-1)}$

C. $F=\dfrac{R^2/(n-k-1)}{(1-R^2)/k}$　　D. $F=\dfrac{\bar{R}^2/(n-k-1)}{(1-\bar{R}^2)/k}$

11. 假设一元回归方程为 $\hat{y}_i=32.03+0.22x_i$,其回归系数对应的 t 统计量为 3.44,样本容量为 20,则在 5%显著性水平下,该方程对应的方程显著性检验的 F 统计量为(　　)。

A. 11.833 6　　B. 1.854 7　　C. 61.92　　D. 无法计算

12. 最常用的统计推断检验包括拟合优度检验、变量的显著性检验和(　　)。

A. 回归方程的显著性检验　　B. 多重共线性检验

C. 异方差性检验　　D. 自相关检验

13. 对于 $y_i=\hat{\beta}_0+\hat{\beta}_1x_{1i}+\hat{\beta}_2x_{2i}+\cdots+\hat{\beta}_kx_{ki}+e_i$,统计量 $\dfrac{\sum(\hat{y}_i-\bar{y})^2/k}{\sum(y_i-\hat{y}_i)^2/(n-k-1)}$ 服从(　　)。

A. $t(n-k)$　　B. $t(n-k-1)$　　C. $F(k-1,n-k)$　　D. $F(k,n-k-1)$

14. 对于样本回归模型 $y_i=\hat{\beta}_0+\hat{\beta}_1x_{1i}+\hat{\beta}_2x_{2i}+\cdots+\hat{\beta}_kx_{ki}+e_i$,如果原模型满足线性模型的基本假定,则在零假设 $\beta_j=0$ 下,统计量 $\dfrac{\hat{\beta}_j}{s(\hat{\beta}_j)}$(其中 $s(\hat{\beta}_j)$ 是 $\hat{\beta}_j$ 的标准误差)将服从(　　)。

A. $t(n-k)$　　B. $t(n-k-1)$

C. $F(k-1,n-k)$　　D. $F(k,n-k-1)$

15. 用一组有 30 个观测值的样本估计模型 $y_i=\beta_0+\beta_1x_{1i}+\beta_2x_{2i}+u_i$ 后,在 0.05 的显著性水平上对 β_1 的显著性作 t 检验,则 β_1 显著不等于零的条件是其统计量 t 的绝对值大于等于(　　)。

A. $t_{0.05}(30)$　　B. $t_{0.025}(28)$　　C. $t_{0.025}(27)$　　D. $F_{0.025}(1,28)$

16. 对回归方程进行的各种统计检验中,与其他检验所用统计量不同的是(　　)。

A. 线性约束检验　　B. 若干个回归系数同时为零检验

C. 回归参数的显著性检验　　D. 回归方程的总体线性显著性检验

17. 如果两个经济变量 y 和 x 之间的关系近似地表现为:当 x 发生一个绝对量(Δx)变动时,y 以一个固定的相对量($\Delta y/y$)变动,则适宜的回归模型是(　　)。

A. $y_i=\beta_0+\beta_1x_i+u_i$　　B. $\ln y_i=\beta_0+\beta_1x_i+u_i$

C. $y_i=\beta_0+\beta_1\dfrac{1}{x_i}+u_i$　　D. $\ln y_i=\beta_0+\beta_1\ln x_i+u_i$

18. 在对数线性模型 $\ln y_i=\beta_0+\beta_1\ln x_{1i}+\beta_2\ln x_{2i}+u_i$ 中,参数 β_1 的含义是(　　)。

A. y 关于 x_1 的增长量　　B. y 关于 x_1 的发展速度

C. y 关于 x_1 的边际倾向　　D. y 关于 x_1 的弹性

19. 下列哪个为常数弹性回归模型(　　)。

A. $\ln y_i=\ln\beta_0+\beta_1\ln x_i+u_i$　　B. $\ln y_i=\ln\beta_0+\beta_1x_i+u_i$

C. $y_i=\beta_0+\beta_1\ln x_i+u_i$　　D. $y_i=\beta_0+\beta_1\dfrac{1}{x_i}+u_i$

20. 半对数模型 $y_i=\beta_0+\beta_1\ln x_i+u_i$ 中，参数 β_1 的含义是(　　)。

A. x 的绝对量变化，引起 y 的绝对量变化

B. y 关于 x 的边际变化

C. x 的相对变化，引起 y 的期望值绝对量变化

D. y 关于 x 的弹性

21. 半对数模型 $\ln y_i=\beta_0+\beta_1 x_i+u_i$ 中，参数 β_1 的含义是(　　)。

A. x 的绝对量发生变动时，引起 y 期望值相对变化

B. y 关于 x 的弹性

C. x 的相对变化，引起 y 的期望值绝对量变化

D. y 关于 x 的边际变化

22. 回归模型 $y_i=\beta_0+\beta_1\ln x_i+u_i$ 中，y 关于 x 的弹性为(　　)。

A. $\dfrac{\beta_1}{x_i}$　　B. $\beta_1 x_i$　　C. $\dfrac{\beta_1}{y_i}$　　D. $\beta_1 y_i$

23. 回归模型 $\ln y_i=\ln\beta_0+\beta_1\ln x_i+u_i$ 中，参数 β_1 的含义为(　　)。

A. x 关于 y 的弹性　　B. y 关于 x 的弹性

C. x 关于 y 的边际倾向　　D. y 关于 x 的边际倾向

24. 对科布-道格拉斯生产函数模型 $Y=AK^{\alpha}L^{\beta}e^{u}$ 进行线性变换后的估计结果为 $\ln Y=2.27+0.613\ln K+0.412\ln L$，则原模型中参数 A 的估计值为(　　)。

A. 2.27　　B. ln2.27　　C. $e^{2.27}$　　D. 以上都不对

25. 接上题，根据回归结果，严格来说，该生产函数为规模报酬(　　)。

A. 递增　　B. 递减

C. 不变　　D. 递增还是递减需进行进一步的检验

3.4.2　多项选择题

1. 对模型 $y_i=\beta_0+\beta_1 x_{1i}+\beta_2 x_{2i}+u_i$ 进行总体显著性检验，如果检验结果总体线性关系显著，则可能有如下结果(　　)。

A. $\beta_1=\beta_2=0$　　B. $\beta_1\neq0,\beta_2=0$　　C. $\beta_1=0,\beta_2\neq0$

D. $\beta_1\neq0,\beta_2\neq0$　　E. β_1 与 β_2 一定相等 且不等于零

2. 残差平方和是指(　　)。

A. 随机因素影响所引起的被解释变量的变差

B. 解释变量变动所引起的被解释变量的变差

C. 被解释变量的变差中，回归方程不能作出解释的部分

D. 被解释变量的总变差与回归平方和之差

E. 被解释变量的实际值与回归值的离差平方和

3. 回归平方和是指(　　)。

A. 被解释变量的实际值 y 与平均值 $\bar{y}$ 的离差平方和

B. 被解释变量的回归值 $\hat{y}$ 与平均值 $\bar{y}$ 的离差平方和

C. 被解释变量的总变差与剩余变差之差

D. 解释变量变动所引起的被解释变量的变差

E. 随机因素影响所引起的被解释变量的变差

4. 设R^2为样本决定系数，$\bar{R}^2$为调整的样本决定系数，则有如下结果(　　)。

A. $\bar{R}^2<R^2$　　　　B. $\bar{R}^2\geqslant R^2$

C. $\bar{R}^2$只能大于零　　　　D. $\bar{R}^2$可能为负值

E. $\bar{R}^2$不可能为负值

5. 设k为回归模型中的解释变量个数，则对总体线性回归模型进行显著性检验时所用的F统计量可表示为(　　)。

A. $F=\dfrac{\text{ESS}/(n-k-1)}{\text{RSS}/k}$　　　　B. $F=\dfrac{\text{ESS}/k}{\text{RSS}/(n-k-1)}$

C. $F=\dfrac{R^2/k}{(1-R^2)/(n-k-1)}$　　　　D. $F=\dfrac{(1-R^2)/(n-k-1)}{R^2/k}$

E. $F=\dfrac{R^2/(n-k-1)}{(1-R^2)/k}$

6. 以下关于回归模型检验说法正确的有(　　)。

A. 拟合优度检验可以通过样本决定系数、施瓦茨准则、赤池信息准则来检验

B. 拟合优度高的模型一定比拟合优度低的模型更好，更适用于各种应用

C. 虽说样本决定系数并没给出具体的临界值对拟合优度的好坏作出判定，但可以根据其与F统计量的关系进行推导判定

D. 对于一元线性回归模型来说，回归方程的显著性检验与回归参数的显著性检验是等价的

E. 模型参数的线性约束检验、若干个回归系数同时为零的检验以及方程稳定性检验用到的统计量均为F统计量

7. 下列哪些非线性模型可以通过变量替换转化为线性模型？(　　)

A. $y_i=\beta_0+\beta_1 x_i^2+u_i$　　　　B. $y_i=\beta_0+\beta_1\dfrac{1}{x_i}+u_i$

C. $\ln y_i=\beta_0+\beta_1\ln x_i+u_i$　　　　D. $y_i=\beta_0+\beta_1^2 x_i+u_i$

E. $y_i=\beta_0+\sqrt{\beta_i x_i}+u_i$

8. 在模型$\ln y_i=\beta_0+\beta_1\ln x_i+u_i$中(　　)。

A. y与x是非线性的　　　　B. y与β_1是非线性的

C. $\ln y$与β_1是线性的　　　　D. $\ln y$与$\ln x$是线性的

E. y与$\ln x$是线性的

9. 将非线性回归模型转换为线性回归模型，常用的数学处理方法有(　　)。

A. 直接替换法　　　　B. 函数变换法

C. 级数展开法　　　　D. 广义最小二乘法

E. 加权最小二乘法

10. 在线性回归分析中，就F检验与t检验而言，以下阐述正确的有(　　)。

A. 在一元线性回归模型中，t检验与F检验是等价的，F统计量等于t统计量的平方

B. 在多元线性回归模型中，F检验与t检验是不同的

C. t检验常被用于检验回归方程单个参数的显著性，而F检验则被用于检验整个回归

模型的显著性

D. 当回归方程各个参数 t 检验均显著时，F 检验一定是显著的

E. 但当 F 检验显著时，并不意味着对每一个回归系数的 t 检验一定都是显著的

3.4.3 判断题

1. 线性回归模型意味着因变量是自变量的线性函数。（ ）

2. 在实际经济分析中，一元线性回归模型没有什么用，因为因变量的行为不可能仅由一个解释变量来解释。（ ）

3. 一元线性回归模型的基本假设与多元线性回归模型的基本假设是完全相同的。

4. 拟合优度检验与 F 检验没有什么区别。（ ）

5. 残差平方和是解释变量变动所引起的被解释变量的变差。（ ）

6. 回归平方和是被解释变量的估计值与其均值的离差平方和。（ ）

7. 利用赤池信息准则和施瓦兹准则可以对所含解释变量个数不同的多元线性回归模型进行拟合优度检验。（ ）

8. 只要解释变量个数大于1，修正的样本决定系数的值一定比未修正的样本决定系数小，且可能为负值。（ ）

9. 用于检验回归方程总体线性关系是否显著的统计量是 F 统计量，其检验与单个回归参数显著性检验的 t 检验无关。（ ）

10. 回归方程总体线性显著性检验的原假设是模型中所有的回归参数同时为零。

（ ）

11. 对于满足基本假定的多元线性回归模型来说，普通最小二乘估计、极大似然估计与矩估计的结果是一样的，原理也是相同的。（ ）

12. 作为检验的统计量既可以是绝对量也可以是相对量。（ ）

13. 对于多元线性回归模型来说，若要估计出回归结果，对样本容量的最低要求是样本容量不少于模型中解释变量个数的3倍。（ ）

14. 如果多元线性回归模型中的解释变量个数为 k，那么回归参数显著性检验的 t 统计量的自由度一定为 $n-k$。（ ）

15. 如果多元线性回归模型中的解释变量个数为 k，那么回归方程显著性检验的 F 统计量的第一自由度为 $n-k-1$，第二自由度为 k。（ ）

16. 通常的真正意义上的非线性单方程模型指的是解释变量为非线性的模型。（ ）

17. 计量经济模型中，一旦包含参数非线性，一般情况下通过简单的变化难以化为线性模型。（ ）

3.4.4 简答题、分析与计算题

1. 给定二元回归模型：$y_t=b_0+b_1x_{1t}+b_2x_{2t}+u_t(t=1,2,\cdots,n)$

(1)叙述模型的古典假定；(2)写出总体回归方程、样本回归方程与样本回归模型；(3)写出回归模型的矩阵表示；(4)写出回归系数及随机误差项方差的最小二乘估计量，并

叙述参数估计量的性质;(5)试述总离差平方和、回归平方和、残差平方和之间的关系及其自由度之间的关系。

2. 在多元线性回归分析中,为什么用修正的决定系数衡量估计模型对样本观测值的拟合优度?

3. 决定系数 R^2 与总体线性关系显著性 F 检验之间是何关系?在多元线性回归分析中,F 检验与 t 检验有何不同?在一元线性回归分析中二者是否有等价的作用?

4. 为什么说对模型施加约束条件后,其回归的残差平方和一定不比未施加约束的残差平方和小?在什么样的条件下,受约束回归与无约束回归的结果相同?

5. 观察下列方程并判断其变量是否呈线性,系数是否呈线性。

(1) $y_t=b_0+b_1x_t^3+u_t$

(2) $y_t=b_0+b_1\log x_t+u_t$

(3) $\log y_t=b_0+b_1\log x_t+u_t$

(4) $y_t=b_0+b_1(b_2x_t)+u_t$

(5) $y_t=b_0/(b_1x_t)+u_t$

(6) $y_t=1+b_0(1-x_t^{b_1})+u_t$

(7) $y_t=b_0+b_1x_{1t}+b_2x_{2t}/10+u_t$

6. 常见的非线性回归模型有几种情况?

7. 指出下列模型中所要求的待估参数的经济意义:

(1) 食品类需求函数:$\ln Y=\alpha_0+\alpha_1\ln I+\alpha_2\ln P_1+\alpha_3\ln P_2+u$ 中的 $\alpha_1,\alpha_2,\alpha_3$(其中 Y 为人均食品支出额,I 为人均收入,P_1 为食品类商品价格,P_2 为其他替代商品价格)。

(2) 消费函数:$C_t=\beta_0+\beta_1Y_t+\beta_2Y_{t-1}+u_t$ 中的 β_1 和 β_2(其中 C 为人均消费额,Y 为人均收入)。

8. 设货币需求方程式的总体模型为

$$\ln(M_t/P_t)=b_0+b_1\ln(r_t)+b_3\ln(\text{RGDP}_t)+u_t$$

式中,M 为名义货币需求量,P 为物价水平,r 为利率,RGDP 为实际国内生产总值。假定根据容量为 $n=19$ 的样本,用最小二乘法估计出如下样本回归模型:

$$\ln(M_t/P_t)=0.03-0.26\ln(r_t)+0.54\ln(\text{RGDP}_t)+e_t$$

$$t=(13)\qquad\qquad(3)$$

$$R^2=0.9\qquad \text{DW}=0.1$$

式中,括号内的数值为系数估计的 t 统计值,e_t 为残差。

(1) 从经济意义上考察估计模型的合理性;

(2) 在 5%显著性水平,分别检验参数 b_1,b_2 的显著性;

(3) 在 5%显著性水平,检验模型的整体显著性。

9. 一项关于 Waikiki 1965—1973 年酒店投资的研究估计出以下生产函数:

$$R=AL^{\alpha}K^{\beta}e^{u}$$

其中:A=常数;L=土地投入(单位面积:平方尺);K=资本投入(建设成本:千美元);R=酒店的年净收入(千美元);u=满足古典假定的随机误差项。请回答以下问题:

(1) 你认为 α 和 β 的总体值一般应为正值还是负值?在理论上如何解释?

(2) 为本方程建立具体的零假设和备择假设。

(3) 如果显著性水平为 5%，自由度为 26，问(2)中的两个假设应如何作出具体的决定？

(4) 在以下回归方程基础上计算出适当的统计量 t 值(括号内为参数估计值的标准差)，并进行 t 检验。

$$\ln R = -0.9175 + 0.273\ln L + 0.733\ln K$$
$$(0.135) \qquad (0.125)$$

你是拒绝还是接受零假设？

(5) 如果你打算建造一所 Waikiki 理想酒店，你是否还想知道一些额外的信息？

10. David 将教师工资作为其"生产力"的函数，估计出具有如下系数的回归方程：

$$\hat{S}_i = 11155 + 230B_i + 18A_i + 120E_i + 489D_i + 189Y_i$$

其中：S_i=1969—1970 年每年第 i 个教授按美元计的工资；B_i=该教授一生中出版书的数量；A_i=该教授一生中发表文章的数量；　E_i=该教授一生中发表的"优秀"文章的数量；D_i=该教授自 1964 年以来指导的论文数量；　Y_i=该教授的教龄。请回答以下问题：

(1) 系数的符号符合你的预期吗？

(2) 系数的相对值合理吗？

(3) 假设一个教授在授课之余所剩时间仅够用来或者写一本书，或者写两篇优秀文章，或者指导三篇论文，你会建议哪一个，为什么？

(4) 你会重新考虑(2)的答案吗？哪个系数是不协调的？对该结果你如何解释？此方程在一定意义上是否是有效的，给出判断并解释原因。

11. 以企业研发支出(R&D)占销售额的比重作为被解释变量 Y，以企业销售额 X_1 与利润占销售额的比重 X_2 作为解释变量，一个容量为 32 的样本企业的估计结果如下：

$$Y = 0.472 + 0.32\log X_1 + 0.05X_2$$
$$s = (1.37) \qquad (0.22) \qquad (0.046)$$
$$R^2 = 0.099$$

式中，括号内数字为系数估计值的标准差。

(1) 解释 $\log X_1$ 的系数。如果 X_1 增加 10%，估计 Y 会变化多少个百分点？这在经济上是一个很大的影响吗？

(2) 针对 R&D 强度随销售额的增加而提高这一备择假设，检验它不随 X_1 而变化的假设。分别在 5%和 10%的显著性水平上进行这个检验。

(3) 利润占销售额的比重 X_2 对 R&D 强度 Y 是否在统计上有显著的影响？

12. 表 3-6 给出某地区职工平均消费水平 y_t，职工平均收入 x_{1t} 和生活费用价格指数 x_{2t}，试根据模型 $y_t = b_0 + b_1x_{1t} + b_2x_{2t} + u_t$ 作回归分析。

表 3-6　某地区职工收入、消费和生活费用价格指数

年份	y_t	x_{1t}	x_{2t}	年份	y_t	x_{1t}	x_{2t}
1985	20.10	30.00	1.00	1991	42.10	65.20	0.90
1986	22.30	35.00	1.02	1992	48.80	70.00	0.95
1987	30.50	41.20	1.20	1993	50.50	80.00	1.10
1988	28.20	51.30	1.20	1994	60.10	92.10	0.95
1989	32.00	55.20	1.50	1995	70.00	102.00	1.02
1990	40.10	61.40	1.05	1996	75.00	120.30	1.05

13. 设有模型 $y_t=b_0+b_1x_{1t}+b_2x_{2t}+u_t$,试在下列条件下:

(1)$b_1+b_2=1$,(2)$b_1=b_2$,分别求出 b_1 和 b_2 的最小二乘估计量。

14. 某地区统计了机电行业的销售额 y(万元)和汽车产量 x_1(万辆)以及建筑业产值 x_2(千万元)的数据如表 3-7 所示。试按照下面要求建立该地区机电行业的销售额与汽车产量及建筑业产值之间的回归方程,并进行检验(显著性水平 $\alpha=0.05$)。

表 3-7　某地区机电行业的销售额、汽车产量与建筑业产值数据

年份	销售额 y	汽车产量 x_1	建筑业产值 x_2	年份	销售额 y	汽车产量 x_1	建筑业产值 x_2
1981	280.00	3.909	9.43	1990	620.80	6.113	32.17
1982	281.50	5.119	10.36	1991	513.60	4.258	35.09
1983	337.40	6.666	14.50	1992	606.90	5.591	36.42
1984	404.20	5.338	15.75	1993	629.00	6.675	36.58
1985	402.10	4.321	16.78	1994	602.70	5.543	37.14
1986	452.00	6.117	17.44	1995	656.70	6.933	41.30
1987	431.70	5.559	19.77	1996	998.50	7.638	45.62
1988	582.30	7.920	23.76	1997	877.60	7.752	47.38
1989	596.60	5.816	31.61				

(1) 根据上面的数据建立对数模型:

$$\ln y_t = b_0 + b_1 \ln x_{1t} + b_2 \ln x_{2t} + u_t \tag{1}$$

(2) 所估计的回归系数是否显著? 用 p 值回答这个问题。

(3) 解释回归系数的意义。

(4) 根据上面的数据建立线性回归模型:

$$y_t = b_0 + b_1 x_{1t} + b_2 x_{2t} + u_t \tag{2}$$

(5) 比较模型(1)、模型(2)的 R^2 值。

(6) 如果模型(1)、模型(2)的结论不同,你将选择哪一个回归模型? 为什么?

15. 对下列模型进行适当变化将其转换为标准线性模型:

(1) $y=b_0+b_1\cdot\dfrac{1}{x}+b_2\cdot\dfrac{1}{x^2}+u$

(2) $Q=AL^{\alpha}K^{\beta}e^{u}$

(3) $y=e^{b_0+b_1x+u}$

(4) $y=\dfrac{1}{1+e^{-(b_0+b_1x+u)}}$

16. 表 3-8 给出了一个钢厂在不同年份的钢产量。试建立钢产量 y 和年度 x(1991 年取 1,1992 年取 2,依次类推)之间关系的方程: $y=ae^{bx}$,并预测 2002 年的产量。

表 3-8　某钢厂 1991—2001 年钢产量　　单位:千吨

年份	1991	1992	1993	1994	1995	1996	1997	1998	1999	2000	2001
钢产量	12.2	12.0	13.9	15.9	17.9	20.1	22.7	26.0	29.0	32.5	36.1

17. 表 3-9 给出了 1960—1982 年间 7 个 OECD 国家(美国、加拿大、德国、意大利、英国、日本、法国)的能源需求指数(y)、实际的 GDP 指数(x_1)、能源价格指数(x_2)的数据,所

有指数均以 1970 为基准(1970=100)。

表 3-9　7 个 OECD 国家能源需求指数、实际 GDP 指数与能源价格指数

年份	能源需求指数(y)	实际 GDP 指数(x_1)	能源价格指数(x_2)	年份	能源需求指数(y)	实际 GDP 指数(x_1)	能源价格指数(x_2)
1960	54.1	54.1	111.9	1972	97.2	94.3	98.6
1961	55.4	56.4	112.4	1973	100.0	100.0	100.0
1962	58.5	59.4	111.1	1974	97.3	101.4	120.1
1963	61.7	62.1	110.2	1975	93.5	100.5	131.0
1964	63.6	65.9	109.0	1976	99.1	105.3	129.6
1965	66.8	69.5	108.3	1977	100.9	109.9	137.7
1966	70.3	73.2	105.3	1978	103.9	114.4	133.7
1967	73.5	75.7	105.4	1979	106.9	118.3	144.5
1968	78.3	79.9	104.3	1980	101.2	119.6	179.0
1969	83.3	83.8	101.7	1981	98.1	121.1	189.4
1970	88.9	86.2	97.7	1982	95.6	120.6	190.9
1971	91.8	89.8	100.3				

(1) 运用柯布—道格拉斯生产函数建立能源需求与收入、价格之间的对数需求函数:

$$\ln y_t = b_0 + b_1 \ln x_{1t} + b_2 \ln x_{2t} + u_t \tag{1}$$

(2) 所估计的回归系数是否显著? 用 p 值回答这个问题。

(3) 解释回归系数的意义。

(4) 根据上面的数据建立线性回归模型:

$$y_t = b_0 + b_1 x_{1t} + b_2 x_{2t} + u_t \tag{2}$$

(5) 比较模型(1)、(2)的 $\bar{R}^2$ 值。

(6) 如果模型(1)、(2)的结论不同,你将选择哪一个回归模型? 为什么?

18. 表 3-10 列出了中国 2000 年按行业分的全部制造业国有企业及规模以上制造业非国有企业的工业总产值 Y、资产合计 K 及职工人数 L。设定模型为

$$Y = AK^{\alpha}L^{\beta}e^{u}$$

(1) 利用表 3-10 的资料,进行回归分析。

(2) 中国 2000 年的制造业总体呈现规模报酬不变状态吗?

表 3-10　中国 2000 年制造业总产值、资产、职工人数统计资料

序号	工业总产值 Y(亿元)	资产合计 K(亿元)	职工人数 L(万人)	序号	工业总产值 Y(亿元)	资产合计 K(亿元)	职工人数 L(万人)
1	3 722.70	3 078.22	113	9	370.18	363.48	16
2	1 442.52	1 684.43	67	10	1 590.36	2 511.99	66
3	1 752.37	2 742.77	84	11	616.71	973.73	58
4	1 451.29	1 973.82	27	12	617.94	516.01	28
5	5 149.30	5 917.01	327	13	4 429.19	3 785.91	61
6	2 291.16	1 758.77	120	14	5 749.02	8 688.03	254
7	1 345.17	939.10	58	15	1 781.37	2 798.90	83
8	656.77	694.94	31	16	1 243.07	1 808.44	33

续表

序号	工业总产值 Y(亿元)	资产合计 K(亿元)	职工人数 L(万人)	序号	工业总产值 Y(亿元)	资产合计 K(亿元)	职工人数 L(万人)
17	812.70	1 118.81	43	25	5 364.83	8 129.68	244
18	1 899.70	2 052.16	61	26	4 834.68	5 260.20	145
19	3 692.85	6 113.11	240	27	7 549.58	7 518.79	138
20	4 732.90	9 228.25	222	28	867.91	984.52	46
21	2 180.23	2 866.65	80	29	4 611.39	18 626.94	218
22	2 539.76	2 545.63	96	30	170.30	610.91	19
23	3 046.95	4 787.90	222	31	325.53	1 523.19	45
24	2 192.63	3 255.29	163				

19. 表 3-11 列出了某地区家庭人均鸡肉年消费量 Y 与家庭月平均收入 X，鸡肉价格 P_1、猪肉价格 P_2 与牛肉价格 P_3 的相关数据。

(1) 利用表 3-11 的资料，求出该地区家庭鸡肉消费需求模型：

$$\ln Y = b_0 + b_1 \ln X + b_2 \ln P_1 + b_3 \ln P_2 + b_4 \ln P_3 + u$$

(2) 试分析该地区家庭鸡肉消费需求是否受猪肉价格 P_2 与牛肉价格 P_3 的影响。

表 3-11 相关统计数据

年份	鸡肉家庭人均年消费量 Y(公斤)	家庭月平均收入 X(元)	鸡肉价格 P_1(元/公斤)	猪肉价格 P_2(元/公斤)	牛肉价格 P_3(元/公斤)
1980	2.78	397	4.22	5.07	7.83
1981	2.99	413	3.81	5.20	7.92
1982	2.98	439	4.03	5.40	7.92
1983	3.08	459	3.95	5.53	7.92
1984	3.12	492	3.73	5.47	7.74
1985	3.33	528	3.81	6.37	8.02
1986	3.56	560	3.93	6.98	8.04
1987	3.64	624	3.78	6.59	8.39
1988	3.67	666	3.84	6.45	8.55
1989	3.84	717	4.01	7.00	9.37
1990	4.04	768	3.86	7.32	10.61
1991	4.03	843	3.98	6.78	10.48
1992	4.18	911	3.97	7.91	11.40
1993	4.04	931	5.21	9.54	12.41
1994	4.07	1 021	4.89	9.42	12.76
1995	4.01	1 165	5.83	12.35	14.29
1996	4.27	1 349	5.79	12.99	14.36
1997	4.41	1 449	5.67	11.76	13.92
1998	4.67	1 575	6.37	13.09	16.55
1999	5.06	1 759	6.16	12.98	20.33
2000	5.01	1 994	5.89	12.80	21.96
2001	5.17	2 258	6.64	14.10	22.16
2002	5.29	2 478	7.04	16.82	23.26

20. 在一项对某社区家庭对某种商品需求调查中，得到表3-12的统计数据。请用手工与软件两种方式对该社区家庭对某种商品的消费支出作二元线性回归分析，其中手工方式要求以矩阵表达式进行运算。

表3-12 某社区家庭某商品消费需求统计调查数据 元

序 号	对某商品的消费支出 Y	商品单价 X_1	家庭月收入 X_2
1	591.9	23.56	7 620
2	654.5	24.44	9 120
3	623.6	32.07	10 670
4	647.0	32.46	11 160
5	674.0	31.15	11 900
6	644.4	34.14	12 920
7	680.0	35.30	14 340
8	724.0	38.70	15 960
9	757.1	39.63	18 000
10	706.8	46.68	19 300

(1) 估计回归方程的参数及随机误差项的方差$\hat{\sigma}^2$，计算R^2及$\bar{R}^2$。其中已知：

$$(\boldsymbol{X}'\boldsymbol{X})^{-1}=\begin{pmatrix} 5.32536028 & -0.36302110 & 0.00053817 \\ -0.3630211 & 0.03381604 & -0.0005958 \\ 0.00053817 & -0.0005958 & 0.00000011 \end{pmatrix}$$

(2) 对方程进行F检验，对参数进行t检验，并构造参数95%的置信区间。

(3) 如果商品价格变为35元，则某一月收入为20 000元的家庭对其消费支出估计是多少？构造该估计值的95%的置信区间。

3.5 习题答案

3.5.1 单项选择题

1. C 2. D 3. D 4. C 5. B 6. B 7. A 8. B 9. C 10. A
11. A 12. A 13. D 14. B 15. C 16. C 17. B 18. D 19. A 20. C
21. A 22. C 23. B 24. C 25. D

3.5.2 多项选择题

1. BCD 2. ACDE 3. BCD 4. AD 5. BC 6. ACDE
7. ABC 8. ABCD 9. ABC 10. ABCDE

3.5.3 判断题

1. × 2. × 3. × 4. × 5. × 6. √ 7. √ 8. √ 9. × 10. √
11. × 12. × 13. × 14. × 15. × 16. × 17. √

3.5.4 简述题、分析与计算题

1. **解答** (1) 二元线性回归模型的基本假定见本章内容提要。

(2) 总体回归方程：$E(y_t)=b_0+b_1x_{1t}+b_2x_{2t}$

样本回归方程：$\hat{y}_t=\hat{b}_0+\hat{b}_1x_{1t}+\hat{b}_2x_{2t}$

样本回归模型：$y_t=\hat{b}_0+\hat{b}_1x_{1t}+\hat{b}_2x_{2t}+e_t$

(3) 回归模型的矩阵表示：$\boldsymbol{Y}=\boldsymbol{XB}+\boldsymbol{U}$,其中：

$$\boldsymbol{Y}=\begin{pmatrix}y_1\\y_2\\\vdots\\y_n\end{pmatrix},\quad \boldsymbol{X}=\begin{pmatrix}1&x_{11}&x_{21}\\1&x_{12}&x_{22}\\\vdots&\vdots&\vdots\\1&x_{1n}&x_{2n}\end{pmatrix},\quad \boldsymbol{B}=\begin{bmatrix}b_0\\b_1\\b_2\end{bmatrix},\quad \boldsymbol{U}=\begin{pmatrix}u_1\\u_2\\\vdots\\u_n\end{pmatrix}$$

(4) 回归系数最小二乘估计量：$\hat{\boldsymbol{B}}=(\boldsymbol{X}'\boldsymbol{X})^{-1}\boldsymbol{X}'\boldsymbol{Y}$

随机误差项方差的最小二乘估计量：$\hat{\sigma}^2=\dfrac{\sum\limits_{t=1}^{n}e_t^2}{n-3}$

在该回归模型满足基本假定时,其参数的普通最小二乘估计具有线性、无偏性和有效性,同时,参数估计量具有渐近无偏性、一致性、渐近有效性。同样满足高斯—马尔可夫定理,即在满足基本假定的情况下,普通最小二乘估计量是最佳线性无偏估计量。

(5) 总离差平方和、回归平方和、残差平方和之间的关系及其自由度之间的关系如下：

总离差平方和=回归平方和+残差平方和

即：$\sum(y_t-\bar{y})^2=\sum(y_t-\hat{y}_t)^2+\sum(\hat{y}_t-\bar{y})^2$

总离差平方和自由度$(n-1)$=回归平方和自由度(k)+残差平方和自由度$(n-k-1)$。在本题中$k=2$。

2. **解答** 未调整可决系数R^2的一个重要特征是：随着样本解释变量个数的增加,R^2的值越来越大(即R^2是解释变量个数的增函数)。也就是说,在样本容量不变的情况下,在模型中增加新的解释变量不会改变总离差平方和(TSS),但可能增加回归平方和(ESS),减少残差平方和(RSS),从而可能改变模型的解释功能。因此在多元线性回归模型之间比较拟合优度时,R^2不是一个合适的指标,需加以调整。而修正的可决系数：

$$\bar{R}^2=1-\frac{\text{RSS}/(n-k-1)}{\text{TSS}/(n-1)},\text{或者 }\bar{R}^2=1-\frac{\sum e_t^2/(n-k-1)}{\sum(y_t-\bar{y})^2/(n-1)}$$

其中,$(n-k-1)$为$\sum e_t^2$的自由度,$(n-1)$为$\sum(y_t-\bar{y})^2$的自由度。$\bar{R}^2$值不会随着解释变量个数k的增加而增加,因此在用于估计多元回归模型方面要优于未调整的可决系数R^2。

引入修正的样本决定系数$\bar{R}^2$的作用：(1)用自由度调整后,可以消除拟合优度评价中解释变量多少对决定系数计算的影响；(2)对于包含的解释变量个数不同的模型,可以用调整后的决定系数直接比较它们的拟合优度的高低。

3. **解答** (1) 在多元线性回归分析中,可决系数R^2是指解释变差占总变差的比重,用

来表述解释变量对被解释变量的解释程度，它与总体线性关系显著性检验统计量 F 的关系如下：

$$F=\frac{n-k-1}{k}\cdot\frac{R^2}{1-R^2}\quad \text{或}\quad R^2=\frac{k\cdot F}{(n-k-1)+k\cdot F}$$

可决系数是用于检验回归方程的拟合优度的，F 检验是用于检验回归方程总体显著性的。两检验是从不同原理出发的两类检验，前者是从已经得到的模型出发，检验它对样本观测值的拟合程度，后者是从样本观测值出发检验模型总体线性关系的显著性。但两者是关联的，这一点也可以从上面两者的关系式看出，回归方程对样本拟合程度高，模型总体线性关系的显著性就强。

(2) 在多元线性回归模型分析中，t 检验常被用于检验回归方程各个参数的显著性，是单一检验；而 F 检验则被用于检验整个回归关系的显著性，是对回归参数的联合检验。在多元线性回归中，若 F 检验拒绝原假设，意味着解释变量与被解释变量之间线性关系是显著的，但具体是哪个解释变量与被解释变量之间关系显著则需要通过 t 检验来进一步验证，但若 F 检验接受原假设，则意味着所有的 t 检验均不显著。两者是不可相互替代的。在一元线性回归模型中，由于解释变量只有一个，因此 F 检验的联合假设等同于 t 检验的单一假设，两检验作用是等价的。

4. **解答**　对模型参数施加约束条件后，就限制了参数的取值范围，寻找到的参数估计值也是在此条件下使残差平方和达到最小，它不可能比未施加约束条件时找到的参数估计值使得残差平方和达到的最小值还要小。但当约束条件为真时，受约束回归与无约束回归的结果就相同了。

5. **解答**　(1)系数线性；(2)系数线性；(3)系数线性；(4)变量线性；(5)系数、变量都不是线性；(6)系数、变量都不是线性；(7)系数线性。

6. **解答**　非线性化模型分为可线性化模型和不可线性化模型，对于不可线性化模型，需要用逼近的方法得到参数估计值。在计量经济分析中经常使用的可线性化模型有对数线性模型、半对数线性模型、倒数线性模型、多项式线性模型、成长曲线模型等。对于这类模型，可以直接用新的变量替换模型中原有的非线性变量，或者对模型进行变形，然后应用OLS法估计模型参数。

7. **解答**　(1) 食品类需求函数中的 α_1、α_2、α_3 依次表示食品需求收入弹性、食品需求价格弹性、食品需求交叉弹性。即人均收入、食品类价格、其他商品价格每提高1%时，人均食品支出额将依次增加 α_1%、α_2%、α_3%。

(2) 消费函数中的 β_1 和 β_2 依次表示 t 期边际消费倾向、$t-1$ 期边际消费倾向。即t 期、$t-1$ 期人均收入每增加1单位时，t 期人均消费将分别增加 β_1、β_2 个单位。

8. **解答**　(1) 根据经济理论可知，货币需求量与利率呈反向变化，货币需求量与实际国内生产总值呈同向变化。从估计出的样本回归方程可知，$\ln(r_t)$前的回归系数为-0.03，小于0，表明利率提高1%，实际货币需求量将平均下降0.03%；$\ln(\mathrm{RGDP}_t)$前的回归系数为0.54大于0，表明实际GDP增长1%，实际货币需求量将平均增长0.54%。因此，从经济意义上考察，所估计的回归模型是合理的。

(2) 参数显著性检验：在5%显著性水平，$t_{0.025}(19-3)=2.12$，而 $t(\hat{b}_1)=13$，$t(\hat{b}_2)=3$ 明显大于临界值，所以回归系数 b_1、b_2 显著不为0，说明利率、实际国内生产总值对实际国货币需求量的影响是显著的。

(3) 由(2)可知回归系数 b_1、b_2 显著不为 0,所以模型整体上是显著的,说明利率与实际国内生产总值对实际货币需求量的共同影响是显著的。

9. **解答** (1) α 和 β 都应取正值。因为随着土地投入、资本投入的增加,其他要素不变时,产出也应该增长。α 和 β 表示其他要素不变时,土地投入、资本投入每增加 1%,产出将平均增长 α% 和 β%。

(2) $H_0:\alpha\leqslant 0$;$H_1:\alpha>0$;$H_0:\beta\leqslant 0$;$H_1:\beta>0$。

(3) 显著性水平为 5%,$t_{0.05}(26-3)=1.714$,如果 $\hat{\alpha}$ 和 $\hat{\beta}$ 对应的 t 统计量大于其临界值 1.714,则拒绝原假设 H_0,即 α 和 β 符号为正。

(4) 因为 $t(\hat{\alpha})=0.273/0.135=2.022>t_{0.05}(26-3)=1.714$,所以拒绝原假设 H_0,即 α 符号为正。$t(\hat{\beta})=0.733/0.125=5.846>t_{0.05}(26-3)=1.714$,所以拒绝原假设 H_0,即 β 符号为正。

(5) 需要知道两种要素投入的相对价格。

10. **解答** (1) 系数的符号符合预期。

(2) 系数的相对值初看似乎是合理的,但仔细分析不一定,见(3)、(4)的分析。

(3) 指导三篇论文,因为指导三篇论文的收入为 489×3=1 467(美元),大于写一本书的收入 230×1=230(美元),大于写两篇优秀文章的收入 120×2=240(美元)。

(4) D 的系数似乎过大,可能是由于它吸收了回归模型中遗漏的自变量所产生的影响。例如,学生可能根据教授的声誉来选择论文指导教师,而这是未包括在模型中的变量。

11. **解答** (1) $\log X_1$ 的系数表明在其他条件不变时,$\log X_1$ 变化 1 个单位,Y 变化的单位数,即 $\Delta Y=0.32\Delta\log X_1\approx 0.32\Delta X_1/X_1=0.32\times 10\%=3.2\%$,换言之,当企业销售额 X_1 增长 10%时,企业研发支出占销售额的比重 Y 会增加 3.2 个百分点。这在经济上不是一个较大的影响。

(2) 针对备择假设 $H_1:b_1>0$,检验原假设 $H_0:b_1=0$。易知计算的 t 统计量的值为 $t=\frac{0.32}{0.22}=1.468$。在 5%的显著性水平下,自由度为 32-3=29 的 t 分布的临界值为 1.699(单侧),计算的 t 值小于该临界值,所以不拒绝原假设。意味着 R&D 强度不随销售额的增加而变化。在 10%的显著性水平下,t 分布的临界值为 1.311,计算的 t 值大于该值,拒绝原假设,意味着 R&D 强度随销售额的增加而增加。

(3) 对 X_2,参数估计值的 t 统计值为 $\frac{0.05}{0.46}=1.087$,它比在 10%的显著性水平下的临界值还小,因此可以认为它对 Y 在统计上没有显著的影响。

12. **解答** (1) 利用 EViews 软件对模型进行估计。首先建立工作文件,然后输入样本数据,在工作文件窗口输入命令:ls y c x,按回车键,回归结果如表 3-13 所示。

根据输出结果,得如下回归方程:

$$\hat{y}_t = 10.457\,41 + 0.634\,817x_{1t} - 8.963\,759x_{2t}$$

$$t = (1.564\,306) \quad (20.105\,78) \quad (-1.664\,608)$$

$$R^2 = 0.980\,321 \quad \bar{R}^2 = 0.975\,948 \quad SE = \hat{\sigma} = 208.557\,2 \quad F = 224.170\,5$$

表 3-13　回归结果

Dependent Variable: Y
Method: Least Squares
Date: 10/13/17 Time: 07:32
Sample: 1985 1996
Included observations: 12

Variable	Coefficient	Std. Error	t-Statistic	Prob.
C	10.45741	6.685015	1.564306	0.1522
X1	0.634817	0.031574	20.10578	0.0000
X2	-8.963759	5.384905	-1.664608	0.1303

R-squared	0.980321	Mean dependent var	43.30833
Adjusted R-squared	0.975948	S.D. dependent var	18.07200
S.E. of regression	2.802738	Akaike info criterion	5.111388
Sum squared resid	70.69806	Schwarz criterion	5.232615
Log likelihood	-27.66833	Hannan-Quinn criter.	5.066506
F-statistic	224.1705	Durbin-Watson stat	3.064367
Prob(F-statistic)	0.000000		

(2) ① 经济意义检验：从经济意义上看，$0<\hat{b}_1=0.634\,8<1$，这说明边际消费倾向在 0～1 之间，符合绝对收入假说理论。表明职工平均收入每增加 100 元，职工消费水平平均增加 63.48 元。$\hat{b}_2=-8.964<0$，符合经济意义，表明职工消费水平随着生活费用价格指数的提高而下降，生活费用价格指数每提高 1 单位，职工消费水平将下降 8.964 个单位。

② 估计标准误差评价：$SE=\hat{\sigma}=208.557\,2$，即估计标准误差为 208.557 2 单位，它代表职工平均消费水平估计值与实际值之间的平均误差为 208.557 2 单位。

③ 拟合优度检验：$\bar{R}^2=0.975\,948$，这说明样本回归直线的解释能力为 97.6%，它代表职工平均消费水平变动中，由解释变量职工平均收入和生活费用价格指数解释的部分占 97.6%，说明模型的拟合优度较高。

④ F 检验：$F=224.170\,5>F_\alpha(k,n-k-1)=F_{0.05}(2,12-2-1)=4.26$，表明总体回归方程显著，即职工平均收入和生活费用价格指数对职工消费水平的影响在整体上是显著的。

或用 p 值进行检验：在 5% 显著性水平，F 统计量对应的 p 值为 0.000 0，明显小于 0.05，说明职工平均收入和生活费用价格指数对职工消费水平的共同影响是显著的。

⑤ t 检验：$t(\hat{b}_1)=20.105\,78>t_{0.025}(9)=2.262$，说明职工平均收入对职工消费水平的影响是显著的；$|t(\hat{b}_2)|=1.664\,608<t_{0.025}(9)=2.262$，说明生活费用价格指数对职工消费水平的影响是不显著的。

或用 p 值进行检验：在 5% 显著性水平，t 统计量对应的 p 值为：$p(\hat{b}_1)=0.000\,0<0.05$，$p(\hat{b}_2)=0.130\,3>0.05$，说明职工平均收入对职工消费水平的影响是显著的，而生活费用价格指数对职工消费水平的影响是不显著的。

13. **解答**　(1) 将约束条件代入模型中便有

$$y_t=b_0+b_1x_{1t}+(1-b_1)x_{2t}+u_t\text{，即 }y_t-x_{2t}=b_0+b_1(x_{1t}-x_{2t})+u_t$$

应用最小二乘法得

$$\hat{b}_1=\frac{\sum(\dot{x}_{1t}-\dot{x}_{2t})(\dot{y}_t-\dot{x}_{2t})}{\sum(\dot{x}_{1t}-\dot{x}_{2t})^2},\quad \hat{b}_2=1-\hat{b}_1=\frac{\sum(\dot{x}_{1t}-\dot{x}_{2t})(\dot{x}_{1t}-\dot{y}_t)}{\sum(\dot{x}_{1t}-\dot{x}_{2t})^2}$$

其中，$\dot{x}_{1t}=x_{1t}-\bar{x}_1$，$\dot{x}_{2t}=x_{2t}-\bar{x}_2$，$\dot{y}_t=y_t-\bar{y}$。

(2) 将约束条件代入模型中便有 $y_t=b_0+b_1(x_{1t}+x_{2t})+u_t$。

应用最小二乘法得 $\hat{b}_1=\dfrac{\sum(\dot{x}_{1t}+\dot{x}_{2t})\,\dot{y}_t}{\sum(\dot{x}_{1t}+\dot{x}_{2t})^2}$，$\hat{b}_0=\bar{y}-\hat{b}_1(\bar{x}_1+\bar{x}_2)$

14. **解答** (1) 利用 EViews 软件对模型进行估计,回归结果如表 3-14 所示。根据输出结果,得如下回归方程:

$$\ln \hat{y}_t = 3.7349 + 0.3879 \ln x_{1t} + 0.5685 \ln x_{2t} \qquad (1)$$

$$t = (17.5541) \quad (2.8143) \quad (10.2101)$$

$$\bar{R}^2 = 0.9251 \quad SE = \hat{\sigma} = 0.0974 \quad F = 99.8163$$

表 3-14 回归结果

Dependent Variable: LOG(Y)
Method: Least Squares
Date: 10/13/17 Time: 07:44
Sample: 1981 1997
Included observations: 17

Variable	Coefficient	Std. Error	t-Statistic	Prob.
C	3.734902	0.212765	17.55410	0.0000
LOG(X1)	0.387929	0.137842	2.814299	0.0138
LOG(X2)	0.568470	0.055677	10.21006	0.0000

R-squared	0.934467	Mean dependent var	6.243029
Adjusted R-squared	0.925105	S.D. dependent var	0.356017
S.E. of regression	0.097431	Akaike info criterion	-1.660563
Sum squared resid	0.132899	Schwarz criterion	-1.513526
Log likelihood	17.11479	Hannan-Quinn criter.	-1.645947
F-statistic	99.81632	Durbin-Watson stat	1.839701
Prob(F-statistic)	0.000000		

(2) t 检验:$t(\hat{b}_1) = 2.814299 > t_{0.025}(14) = 2.145$,$p_1 = 0.0138 < 0.05$,说明汽车产量对机电行业销售额的影响是显著的;$t(\hat{b}_2) = 10.21006 > t_{0.025}(14) = 2.145$,$p_2 = 0.0000 < 0.05$,说明建筑业产值对机电行业销售额的影响是显著的。

F 检验:$F = 99.81632 > F_\alpha(k, n-k-1) = F_\alpha(2, 17-2-1) = 3.74$,$p = 0.0000 < 0.05$ 表明总体回归方程显著,即汽车产量、建筑业产值对机电行业销售额的影响在整体上是显著的。

(3) $\hat{b}_1 = 0.387929$,说明汽车产量每增加 1%,机电行业的销售额将平均增加 0.39%;$\hat{b}_2 = 0.56847$,说明建筑业产值每增加 1%,机电行业的销售额将平均增加 0.57%。

(4) 利用 EViews 软件对模型 $y_t = b_0 + b_1 x_{1t} + b_2 x_{2t} + u_t$ 进行估计,得到如下回归方程:

$$\hat{y}_t = -57.45496 + 45.70558 x_{1t} + 11.93339 x_{2t} \qquad (2)$$

$$t = (-0.709128) \quad (2.916971) \quad (7.868761)$$

$$\bar{R}^2 = 0.89017 \quad SE = \hat{\sigma} = 64.08261 \quad F = 65.83991$$

(5) 模型(1)的 $\bar{R}^2 = 0.925105$,模型(2)的 $\bar{R}^2 = 0.89017$。因此,模型(1)的拟合优度大于模型(2)的拟合优度。

(6) 从两个模型的 S.E、t、F、$\bar{R}^2$ 统计量可以看出,模型(1)优于模型(2),应选择模型(1)。

15. **解答** (1) 令 $x_1 = 1/x$,$x_2 = 1/x^2$,则 $y = b_0 + b_1 x_1 + b_2 x_2 + u$。

(2) 由 $Q = AL^\alpha K^\beta e^u$,两边取对数得:$\ln Q = \ln A + \alpha \ln L + \beta \ln K + u$,再令 $Q^* = \ln Q$,$L^* = \ln L$,$A^* = \ln A$,$K^* = \ln K$,得到线性模型:

$$Q^* = A^* + \alpha L + \beta K + u$$

(3) 由 $y = e^{b_0 + b_1 x + u}$,两边取对数得:$\ln y = b_0 + b_1 x + u$,令 $y^* = \ln y$,得到线性模型:

$$y^* = b_0 + b_1 x + u$$

(4) 由 $y = \frac{1}{1 + e^{-(b_0 + b_1 x + u)}}$ 得:$1/y = 1 + e^{-(b_0 + b_1 x + u)}$,$1/y - 1 = e^{-(b_0 + b_1 x + u)}$,两边取对数得:

$$\ln\left(\frac{1}{y} - 1\right) = -(b_0 + b_1 x + u),\text{即:}\ln\left(\frac{y}{1-y}\right) = b_0 + b_1 x + u$$

令 $y^* = \ln \frac{y}{1-y}$,得到线性模型:

$$y^* = b_0 + b_1 x + u$$

16. **解答**　利用 EViews 软件对模型进行估计，得到如下回归方程：

$$\ln \hat{y}_t = 2.307\,562 + 0.116\,7x_t$$
$$t = \quad (105.148\,4)\ (36.065\,98)$$
$$R^2 = 0.993\,128 \quad SE = 0.033\,937 \quad DW = 1.888\,171 \quad F = 1\,300.755$$

当 $x_{2002}=12$ 时，由回归方程可求得：$\ln \hat{y}_{2002}=2.307\,562+0.116\,7\times 12=3.707\,958$，$\hat{y}_{2002}=\mathrm{e}^{3.707\,958}=40.77$。

17. **解答**　(1) 利用 EViews 软件对柯布—道格拉斯生产函数 $\ln y_t=b_0+b_1\ln x_{1t}+b_2\ln x_{2t}+u_t$ 进行估计。回归结果如表 3-15 所示。

根据输出结果，得到回归方程(1)：

$$\ln \hat{y}_t = 1.562\,7 + 0.994\,5\ln x_{1t} - 0.332\,0\ln x_{2t} \tag{1}$$
$$t = (16.744\,4)\quad (50.527\,2)\quad (-12.465\,4)$$
$$R^2 = 0.993\,9 \quad \bar{R}^2 = 0.993\,2 \quad F = 1\,543.101$$

表 3-15　回归结果

Dependent Variable: LOG(Y)
Method: Least Squares
Date: 10/13/17 Time: 08:51
Sample: 1960 1982
Included observations: 22

Variable	Coefficient	Std. Error	t-Statistic	Prob.
C	1.562662	0.093324	16.74444	0.0000
LOG(X1)	0.994521	0.019683	50.52717	0.0000
LOG(X2)	-0.331992	0.024655	-13.46535	0.0000

R-squared	0.993881	Mean dependent var	4.400267
Adjusted R-squared	0.993237	S.D. dependent var	0.221934
S.E. of regression	0.018251	Akaike info criterion	-5.043059
Sum squared resid	0.006329	Schwarz criterion	-4.894281
Log likelihood	58.47365	Hannan-Quinn criter.	-5.008011
F-statistic	1543.101	Durbin-Watson stat	0.788644
Prob(F-statistic)	0.000000		

(2) 在 5%显著性水平上，t 统计量对应的 p 值为：$p(\hat{b}_1)=0.000\,0<0.05$，$p(\hat{b}_2)=0.000\,0<0.05$，说明实际 GDP 指数与能源价格指数对能源需求指数的影响是显著的。

(3) 从经济意义上看，$\hat{b}_1=0.994\,5>0$，说明实际 GDP 指数对能源需求指数的影响是正向的，符合经济意义，表明实际 GDP 指数每增长 1%，能源需求指数将平均增长 0.994 5%。

$\hat{b}_1=0.332<0$，说明能源价格指数对能源需求指数的影响是负向的，符合经济意义，表明能源价格指数每增长 1%，能源需求指数将平均下降 0.332%。

(4) 利用 EViews 软件对线性回归模型 $y_t=b_0+b_1x_{1t}+b_2x_{2t}+u_t$ 进行估计，得到回归方程(2)：

$$\hat{y}_t = 28.246\,0 + 0.981\,0x_{1t} - 0.258\,4x_{2t} \tag{2}$$
$$t = (19.051\,7)\quad (47.767\,1)\quad (-16.462\,9)$$
$$R^2 = 0.993\,4 \quad \bar{R}^2 = 0.992\,7 \quad F = 1\,422.842$$

(5) 模型(1)中的 $\bar{R}^2$ 值比模型(2)中的 $\bar{R}^2$ 值大。

(6) 模型(1)与模型(2)中的回归系数经济含义都是合理的，两个模型回归系数对应的 t 统计量、两个模型的 F 统计量都是显著的，结论没有什么本质不同。从两个模型中的 $\bar{R}^2$、F 统计指标看，模型(1)比模型(2)要好一些。

18. **解答**　(1) 利用 EViews 软件对模型 $Y=AK^{\alpha}L^{\beta}\mathrm{e}^{u}$ 两边取对数后进行估计。回归结果如表 3-16 所示。

根据输出结果，得如下回归方程：

$$\ln \hat{Y} = 1.154\,0 + 0.609\,2\ln K + 0.360\,8\ln L$$
$$t = \quad (1.586\,0)\quad (3.454\,1)\quad (1.789\,7)$$
$$\bar{R}^2 = 0.796\,3 \quad F = 59.655\,0 \quad DW = 0.793\,2$$

经济意义检验：在 5%显著性水平，t 统计量对应的 p 值为：$p(\hat{\alpha})=0.0018<0.05$，表示资本投入对 GDP 有显著影响，$p(\hat{\beta})=0.084>0.05$，表示劳动投入对 GDP 的影响不显著。

在 5%显著性水平，F 统计量对应的 p 值为 0.000，明显小于 0.05，说明模型整体显著成立，劳动投入与资本投入对 Y 的整体影响是相当显著的。

表 3-16　回归结果

Dependent Variable: LOG(Y)
Method: Least Squares
Date: 10/13/17　Time: 09:02
Sample: 1 31
Included observations: 31

Variable	Coefficient	Std. Error	t-Statistic	Prob.
C	1.153994	0.727611	1.586004	0.1240
LOG(K)	0.609236	0.176378	3.454149	0.0018
LOG(L)	0.360796	0.201591	1.789741	0.0843

R-squared	0.809925	Mean dependent var	7.493997
Adjusted R-squared	0.796348	S.D. dependent var	0.942960
S.E. of regression	0.425538	Akaike info criterion	1.220839
Sum squared resid	5.070303	Schwarz criterion	1.359612
Log likelihood	-15.92300	Hannan-Quinn criter.	1.266075
F-statistic	59.65501	Durbin-Watson stat	0.793209
Prob(F-statistic)	0.000000		

修正的样本决定系数 $\bar{R}^2=0.7963$，表明劳动投入(对数)和资本投入(对数)对产出(对数)的解释能力为 79.6%。

(2) 从上述回归结果看，$\hat{\alpha}+\hat{\beta}\approx 1$，即资本与劳动的产出弹性之和近似为 1，表明中国制造业在 2000 年基本呈现规模报酬不变的状态。下面进行对数的约束性检验。检验的零假设为：$H_0:\alpha+\beta=1$。

如果原假设为真，则可估计如下模型：$\ln(Y/L)=c+\alpha\ln(K/L)+u$，根据表 3-13 的数据，可得表 3-17 的估计结果。

由此可知，无约束条件的回归模型的残差平方和 $\mathrm{RSS_U}=5.0703$，有约束条件的回归模型的残差平方和 $\mathrm{RSS_R}=5.0886$，样本容量 $n=31$，无约束条件回归模型解释变量个数 $k_U=2$，约束条件个数 $k_U-k_R=2-1=1$。于是

$$F=\frac{(\mathrm{RSS_R}-\mathrm{RSS_U})/(k_U-k_R)}{\mathrm{RSS_U}/(n-k_U-1)}$$

$$=\frac{(5.0886-5.0703)/1}{5.0703/(31-2-1)}=0.1011$$

在 5%的显著性水平下，自由度为(1,28)的 F 分布的临界值 $F=4.20$，显然有 $F<F_\alpha$，不拒绝原假设，表明中国 C-D 生产函数呈现规模报酬不变的状态。

在 EViews 软件中，当估计完 C-D 生产函数后，在方程结果输出窗口，单击 View 按钮，然后在下拉菜单中选择 Coefficient Test\Wald Coefficient Restrictions 选项，屏幕出现对话框。在对话框中输入系数的约束条件，若有多个，则用逗号分开。本例中输入：C(2)+C(3)=1，得检验结果见表 3-18。

表 3-17　有约束条件的 C-D 生产函数估计结果

Dependent Variable: LOG(Y/L)
Method: Least Squares
Date: 10/13/17　Time: 09:08
Sample: 1 31
Included observations: 31

Variable	Coefficient	Std. Error	t-Statistic	Prob.
C	1.026048	0.596769	1.719339	0.0962
LOG(K/L)	0.608141	0.173590	3.503324	0.0015

R-squared	0.297366	Mean dependent var	3.100040
Adjusted R-squared	0.273138	S.D. dependent var	0.491331
S.E. of regression	0.418891	Akaike info criterion	1.159927
Sum squared resid	5.088613	Schwarz criterion	1.252443
Log likelihood	-15.97888	Hannan-Quinn criter.	1.190085
F-statistic	12.27328	Durbin-Watson stat	0.846460
Prob(F-statistic)	0.001511		

表 3-18　Wald 检验输出结果

Wald Test:
Equation: Untitled

Test Statistic	Value	df	Probability
t-statistic	-0.317991	28	0.7529
F-statistic	0.101118	(1, 28)	0.7529
Chi-square	0.101118	1	0.7505

Null Hypothesis: C(2)+C(3)=1
Null Hypothesis Summary:

Normalized Restriction (= 0)	Value	Std. Err.
-1 + C(2) + C(3)	-0.029968	0.094242

Restrictions are linear in coefficients.

由此可知，在 0.05 显著性水平下，两个检验均仍然不能拒绝和为 1 的原假设，原假设为真。

19. **解答**　(1) 利用 EViews 软件对模型进行估计。回归结果如表 3-19 所示。

根据输出结果，得如下回归方程：

$$\ln \hat{Y} = -0.7315 + 0.3463\ln X - 0.5021\ln P_1 + 0.1469\ln P_2 + 0.0872\ln P_3$$

$$t = \quad (-2.4635) \quad (4.18216) \quad (-4.5693) \quad (1.4834) \quad (0.8731)$$

$$\bar{R}^2 = 0.9786 \quad F = 25.2633 \quad RSS_U = 0.01358$$

容易验证，家庭收入水平与鸡肉的价格对鸡肉的消费需求有显著的影响，而猪肉价格及牛肉价格对鸡肉的消费影响不显著，尤其是牛肉价格的影响很小。但方程总体的线性关系是显著的。

(2) 那么是否猪肉价格与牛肉价格真的对鸡肉的消费需求没有影响呢？可检验如下原假设：

$$H_0: b_3 = b_4 = 0$$

对 Y 关于 X_1、P_1 做回归得到如表 3-20 所示的结果。

表 3-19　回归结果

Dependent Variable: LOG(Y)
Method: Least Squares
Date: 10/13/17　Time: 09:16
Sample: 1980 2002
Included observations: 23

Variable	Coefficient	Std. Error	t-Statistic	Prob.
C	-0.731520	0.296947	-2.463467	0.0241
LOG(X)	0.345257	0.082565	4.181649	0.0006
LOG(P1)	-0.502122	0.109891	-4.569294	0.0002
LOG(P2)	0.146868	0.099006	1.483420	0.1553
LOG(P3)	0.087185	0.099852	0.873137	0.3941

R-squared	0.982474	Mean dependent var	1.361301
Adjusted R-squared	0.978579	S.D. dependent var	0.187659
S.E. of regression	0.027465	Akaike info criterion	-4.162123
Sum squared resid	0.013578	Schwarz criterion	-3.915276
Log likelihood	52.86441	Hannan-Quinn criter.	-4.100042
F-statistic	252.2633	Durbin-Watson stat	1.824820
Prob(F-statistic)	0.000000		

表 3-20　回归结果

Dependent Variable: LOG(Y)
Method: Least Squares
Date: 10/13/17　Time: 09:37
Sample: 1980 2002
Included observations: 23

Variable	Coefficient	Std. Error	t-Statistic	Prob.
C	-1.125797	0.088420	-12.73237	0.0000
LOG(X)	0.451547	0.024554	18.38966	0.0000
LOG(P1)	-0.372735	0.063104	-5.906668	0.0000

R-squared	0.980287	Mean dependent var	1.361301
Adjusted R-squared	0.978316	S.D. dependent var	0.187659
S.E. of regression	0.027634	Akaike info criterion	-4.218445
Sum squared resid	0.015273	Schwarz criterion	-4.070337
Log likelihood	51.51212	Hannan-Quinn criter.	-4.181197
F-statistic	497.2843	Durbin-Watson stat	1.877706
Prob(F-statistic)	0.000000		

根据输出结果，得如下回归方程：

$$\ln \hat{Y} = -1.1258 + 0.4515\ln x - 0.3727\ln P_1$$

$$t = (-12.7324) \quad (18.3897) \quad (-5.9067)$$

$$\bar{R}^2 = 0.9783 \quad F = 497.2843 \quad RSS_R = 0.01527$$

为了检验原假设，求如下的 F 统计量：

$$F = \frac{(RSS_R - RSS_U)/2}{RSS_U/(23-4-1)} = \frac{(0.01527 - 0.01358)/2}{0.01358/18} = 1.20029$$

在 5% 的显著性水平下，自由度为(2,18)的 F 分布的临界值为 $F_{0.05}(2.18) = 3.55$，因此，没有理由拒绝原假设，即该地区猪肉与牛肉价格确实对家庭的鸡肉消费需求不产生显著影响。

20. **解答**　用手工方式计算如下：

(1) 以矩阵形式表达，二元样本回归方程为 $\boldsymbol{Y} = \boldsymbol{X}\hat{\boldsymbol{B}} + \boldsymbol{e}$，参数的估计值为 $\boldsymbol{B} = (\boldsymbol{X}'\boldsymbol{X})^{-1}\boldsymbol{X}'\boldsymbol{Y}$，由于

$$(\boldsymbol{X}'\boldsymbol{X})^{-1}=\begin{bmatrix}5.32536028 & -0.36302110 & 0.00053817\\ -0.3630211 & 0.03381604 & -0.0005958\\ 0.00053817 & -0.0005958 & 0.00000011\end{bmatrix},\quad \boldsymbol{X}'\boldsymbol{Y}=\begin{bmatrix}6703.3\\ 228956.63\\ 89275178\end{bmatrix}$$

于是

$$\begin{bmatrix}\hat{b}_0\\ \hat{b}_1\\ \hat{b}_2\end{bmatrix}=(\boldsymbol{X}'\boldsymbol{X})^{-1}\boldsymbol{X}'\boldsymbol{Y}=\begin{bmatrix}626.509\\ -9.79057\\ 0.02862\end{bmatrix}$$

所以回归方程为

$$\hat{y}=626.51-9.7906x_1+0.0286x_2$$

根据随机误差项方差的估计式 $\hat{\sigma}^2=\dfrac{\sum e_i^2}{n-k-1}$，得到 $\hat{\sigma}^2=\dfrac{\boldsymbol{e}'\boldsymbol{e}}{\boldsymbol{n}-\boldsymbol{k}-1}$，而

$$\begin{aligned}\boldsymbol{e}'\boldsymbol{e}&=(\boldsymbol{Y}-\hat{\boldsymbol{Y}})'(\boldsymbol{Y}-\hat{\boldsymbol{Y}})=(\boldsymbol{Y}-\boldsymbol{X}\hat{\boldsymbol{B}}')(\boldsymbol{Y}-\boldsymbol{X}\hat{\boldsymbol{B}})=\boldsymbol{Y}'\boldsymbol{Y}-\boldsymbol{Y}'\boldsymbol{X}\boldsymbol{B}\\ &=4515072-4512955=2117\end{aligned}$$

故 $$\hat{\sigma}^2=\frac{\boldsymbol{e}'\boldsymbol{e}}{\boldsymbol{n}-\boldsymbol{k}-1}=\frac{2117}{10-2-1}=302.429$$

又由于

$$\begin{aligned}\text{TSS}&=\sum(y_i-\bar{y})^2=\sum y_i^2-n\bar{y}=\boldsymbol{Y}'\boldsymbol{Y}-\boldsymbol{n}\bar{\boldsymbol{y}}^2\\ &=4515072-10\times449342.3=21649\end{aligned}$$

$$R^2=1-\frac{\text{RSS}}{\text{TSS}}=1-\frac{\boldsymbol{e}'\boldsymbol{e}}{\boldsymbol{Y}'\boldsymbol{Y}-\boldsymbol{n}\bar{\boldsymbol{y}}^2}=1-\frac{2117}{21649}=0.902$$

$$\bar{R}^2=1-(1-R^2)\frac{n-1}{n-k-1}=0.874$$

(2) 方程的总体线性检验由下面的 F 检验进行：

$$\begin{aligned}F&=\frac{\text{ESS}/k}{\text{RSS}/(n-k-1)}=\frac{(\text{TSS}-\text{RSS})/k}{\text{RSS}/(n-k-1)}\\ &=\frac{(21649-2117)/2}{2117/(10-2-1)}=32.292\end{aligned}$$

在 5％的显著性水平下，自由度为(2,7)的 F 分布的临界值为 $F_{0.05}(2,7)=4.74$。32.292＞4.74，表明方程的总体线性关系显著成立。由于

$$s(\hat{b}_0)=\sqrt{\hat{\sigma}^2c_{00}}=\sqrt{302.429\times5.32536}=40.1316$$

$$s(\hat{b}_1)=\sqrt{\hat{\sigma}^2c_{11}}=\sqrt{302.429\times0.033816}=3.1980$$

$$s(\hat{b}_2)=\sqrt{\hat{\sigma}^2c_{22}}=\sqrt{302.429\times0.00000011}=0.0058$$

故常数项、x_1 与 x_2 前参数估计值的 t 检验值分别为

$$t(\hat{b}_0)=\frac{\hat{b}_0}{s(\hat{b}_0)}=\frac{626.509}{40.1316}=15.586$$

$$t(\hat{b}_1)=\frac{\hat{b}_1}{s(\hat{b}_1)}=\frac{-9.79057}{3.1980}=-3.061$$

$$t(\hat{b}_2)=\frac{\hat{b}_2}{s(\hat{b}_2)}=\frac{0.028\,618}{0.005\,8}=4.934$$

在 5%的显著性水平下，自由度为 7 的 t 分布的临界值为 $t_{0.025}(7)=2.365$，可见，常数项、x_1 与 x_2 的总体参数值均显著不为零。

常数项、x_1 与 x_2 参数的 95%的置信区间分别为

$$\hat{b}_0 \pm t_{0.025}\times s(\hat{b}_0)=626.509\,3\pm 2.365\times 40.131\,6,\quad 或[531.621\,7,721.396\,9]$$

$$\hat{b}_1 \pm t_{0.025}\times s(\hat{b}_1)=-9.790\,6\pm 2.365\times 3.198\,0,\quad 或[-17.353\,9,-2.227\,3]$$

$$\hat{b}_2 \pm t_{0.025}\times s(\hat{b}_2)=0.028\,6\pm 2.365\times 0.005\,8,\quad 或[0.014\,9,0.042\,3]$$

(3) 将 $x_1=35$，$x_2=20\,000$ 代入回归方程，可得

$$\hat{y}_f=626.509-9.790\,6\times 35+0.028\,6\times 20\,000=855.838(元)$$

由于 $(\boldsymbol{X}'\boldsymbol{X})^{-1}=\begin{pmatrix}5.325\,360\,28 & -0.363\,021\,10 & 0.000\,538\,17\\ -0.363\,021\,1 & 0.033\,816\,04 & -0.000\,595\,8\\ 0.000\,538\,17 & -0.000\,595\,8 & 0.000\,000\,11\end{pmatrix}$，因此，取 $\boldsymbol{x}_f=(1\quad 35\quad 20\,000)$，则 y_f 均值的预测的标准差为

$$s(\hat{y}_f)=\sqrt{\hat{\sigma}^2\boldsymbol{x}_f(\boldsymbol{X}'\boldsymbol{X})^{-1}\boldsymbol{x}_f'}=\sqrt{302.429\times 4.539}=37.050\,3$$

在 5%的显著性水平下，自由度为 10−2−1=7 的 t 分布的临界值为 $t_{0.025}(7)=2.365$，于是 y 均值的 95%的预测区间为

$$855.838\pm 2.365\times 37.050\,3\quad 或\quad [768.214,943.462]$$

同样容易得到 y_f 单点值预测的标准差为

$$s(\hat{y}_f)=\sqrt{\hat{\sigma}^2(1+\boldsymbol{x}_f(\boldsymbol{X}'\boldsymbol{X})^{-1}\boldsymbol{x}_f')}=\sqrt{302.429\times 5.539}=40.93$$

于是，y 值的 95%的预测区间为

$$855.838\pm 2.365\times 40.93\quad 或\quad [759.04,952.64]$$

利用 EViews 软件解题如下：

(1) 利用 EViews 软件对模型进行估计。首先建立工作文件，然后输入样本数据，在工作文件窗口输入命令：ls y c x1 x2，按回车键，回归结果如表 3-21 所示。

表 3-21　回归结果

Dependent Variable: Y
Method: Least Squares
Date: 10/13/17　Time: 09:55
Sample: 1 10
Included observations: 10

Variable	Coefficient	Std. Error	t-Statistic	Prob.
C	626.5093	40.13010	15.61195	0.0000
X1	-9.790570	3.197843	-3.061617	0.0183
X2	0.028618	0.005838	4.902030	0.0017

R-squared	0.902218	Mean dependent var	670.3300
Adjusted R-squared	0.874281	S.D. dependent var	49.04504
S.E. of regression	17.38985	Akaike info criterion	8.792975
Sum squared resid	2116.847	Schwarz criterion	8.883751
Log likelihood	-40.96488	Hannan-Quinn criter.	8.693395
F-statistic	32.29408	Durbin-Watson stat	1.650804
Prob(F-statistic)	0.000292		

根据输出结果,得如下回归方程:

$$\hat{y} = 626.5093 - 9.7906x_1 + 0.0286x_2$$

$$t = (15.6120) \quad (-3.0616) \; (4.9020)$$

$$R^2 = 0.9022 \quad \bar{R}^2 = 0.8743 \quad SE = \hat{\sigma} = 17.3899 \quad F = 32.2941$$

因此有:$\hat{\sigma}^2 = 17.3899^2 = 3024069$;$R^2 = 0.9022$;$\bar{R}^2 = 0.8743$

(2) 对方程进行 F 检验(用 p 值进行检验):在 5%显著性水平,F 统计量对应的 p 值为 0.000 292,明显小于 0.05,说明商品价格和家庭月收入对家庭商品消费支出的共同影响是显著的,即模型整体显著。

对参数进行 t 检验(用 p 值进行检验):在 5%显著性水平,t 统计量对应的 p 值分别为:$p(\hat{b}_1) = 0.0183 < 0.05$,$p(\hat{b}_2) = 0.0017 < 0.05$,说明商品价格和家庭月收入对家庭商品消费支出的影响是显著的,两个回归系数显著不为 0。

参数的 95%的置信区间同上。

(3) 将 $x_1 = 35$,$x_2 = 20000$ 代入回归方程,可得

$$\hat{y}_f = 626.51 - 9.7906 \times 35 + 0.0286 \times 20000 = 856.2025$$

下面我们通过 EViews 软件来直接得到预测的标准差。首先在进行预测前,把样本的区间扩展到 11,并输入第 11 个家庭商品价格、家庭月收入值,然后单击 OLS 估计输出结果上方的菜单 Forecast,会出现如图 3-3 所示对话框。

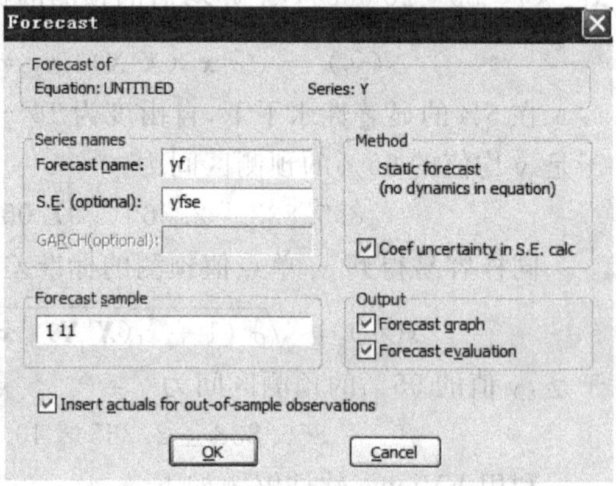

图 3-3 Forecast 对话框

在 Forecast 中输入预测序列的名字 yf,在 S. E. 中输入保存预测值标准差的序列名字 yfse,单击 OK 按钮,即可得到所需结果。打开 yf 序列,第 11 个预测值对应的就是该地区的点预测值 856.202 5。打开 yfse 序列,第 11 个数据就是$\hat{y}_f$ 的标准差 $s(\hat{y}_f) = 40.92713$,然后代入公式计算预测区间:

$$[\hat{y}_f - t_{0.025} \times s(\hat{y}_f), \hat{y}_f + t_{0.025} \times s(\hat{y}_f)]$$

$$[856.2025 - 2.365 \times 40.92713, 856.2025 + 2.365 \times 40.92713]$$

$$= [759.4098, 952.9952]$$

即该家庭商品消费支出 95%的预测区间为[759.409 8,952.995 2]。

第 4 章

异方差性

4.1 内容提要

本章将在认识异方差性含义的基础上，分析异方差性产生的原因及其影响，讨论检验异方差性和解决异方差性的基本方法。

4.1.1 异方差性的含义及其产生的原因

如果线性回归模型 $y_t=b_0+b_1x_{1t}+b_2x_{2t}+\cdots+b_kx_{kt}+u_t$ 中随机误差项 u_t 的方差不是常数，即满足 $\mathrm{var}(u_t)=\sigma_t^2\neq$ 常数 $(t=1,2,\cdots,n)$，则称随机误差项 u_t 具有异方差性。在计量经济研究中，异方差性产生的原因主要有：(1)模型中遗漏了某些解释变量。如果模型中只包含所要研究的几个主要因素，其他被省略的因素对被解释变量的影响都归入了随机误差项，则可能使随机误差项产生异方差性。(2)模型函数形式的设定误差。在构造模型时，为了简化模型，用线性模型代替了非线性关系，或者用简单的非线性模型代替了复杂的非线性关系，造成了模型关系不准确的误差。(3)样本数据的测量误差。(4)随机因素的影响。

4.1.2 异方差性的影响

如果线性回归模型的随机误差项存在异方差性，会对模型参数估计、模型检验及模型应用带来较大影响。(1)对模型参数估计值无偏性的影响。当模型存在异方差时，根据普通最小二乘法估计出的参数估计量仍具有线性和无偏性。(2)对模型参数估计值有效性的影响。当随机误差项存在异方差时，参数的最小二乘估计量不再具有有效性。(3)对模型参数估计值显著性检验的影响。在变量的显著性检验中，构造了 t 统计量，它是建立在随机误差项为同方差条件下而正确估计了参数方差的基础之上的。如果出现了异方差性，估计的参数标准差出现偏误，t 统计量检验就会失去意义。(4)对模型估计式应用的影响。随机误差项具有异方差性使参数估计量不再具有有效性，估计值与真实值的差异增大，由此得到的回归模型估计式对真实总体关系式的代表性亦相应降低，进一步影响被解释变量的预测区间，降低预测精度。

4.1.3 异方差性的检验

1. 相关图分析

具体做法是将残差对一个或多个解释变量作散点图,或是对被解释变量 y_t 的估计值 $\hat{y}_t$ 作散点图,初步判断线性回归模型中随机误差项的同方差假定是否满足。

2. 戈德菲尔德—匡特检验

检验的基本思想是将样本分为容量相等的两部分,然后分别对两个子样本进行回归,并计算两个子样本的残差平方和,如果随机误差项是同方差的,则这两个子样本的残差平方和应该大致相等。如果是异方差的,则两者差别较大。以此来判断是否存在异方差。基本步骤如下:

(1) 将观察值按解释变量的大小顺序排列,被解释变量与解释变量保持原来的对应关系。

(2) 将排列在中间的约 1/4 的观察值删除掉,除去的观察值个数记为 c,则余下的观察值分为两个部分,每部分的观察值个数为 $(n-c)/2$。

(3) 提出检验假设。$H_0: u_t$ 存在同方差性; $H_1: u_t$ 不存在异方差性。

(4) 分别对两部分观察值求回归方程,并计算两部分的残差平方和 RSS_1 与 RSS_2,它们的自由度均为 $\frac{n-c}{2}-k-1$,k 为模型中解释变量的个数。构造 $F=\frac{\mathrm{RSS}_2}{\mathrm{RSS}_1}$,则统计量 F 服从 $F\left(\frac{n-c}{2}-k-1, \frac{n-c}{2}-k-1\right)$ 分布。

(5) 判断。当 $F>F_\alpha$(给定显著性水平 α 下的 F 临界值),则否定 H_0,接受 H_1,即随机误差项存在异方差性。若 $F<F_\alpha$,则不存在异方差性。

戈德菲尔德—匡特检验适用于检验样本容量较大、异方差性呈递增或递减的情况;随机误差项满足基本假定。

3. 布罗斯—帕甘—戈弗雷检验

对于线性模型

$$y_t = b_0 + b_1 x_{1t} + b_2 x_{2t} + \cdots + b_k x_{kt} + u_t$$

同方差性意味着 $\mathrm{var}(u_t)=E(u_t^2)=\sigma^2$,即随机误差项的平方 u_t^2 与一个或多个解释变量不相关。异方差性的存在就意味着 u_t^2 是部分或全部解释变量的某种函数。一个简单的方法就是假定该函数为解释变量的线性函数:

$$u_t^2 = a_0 + a_1 x_{1t} + a_2 x_{2t} + \cdots + a_k x_{kt} + v_t$$

则检验同方差性就是检验如下联合假设:

$$H_0: a_1 = a_2 = \cdots = a_k = 0$$

由于观测不到真实的 u_t^2,可以用 OLS 估计线性模型得到残差,用残差 e_t^2 近似代替,则对原模型随机误差项同方差性检验,就是针对辅助回归模型

$$e_t^2 = a_0 + a_1 x_{1t} + a_2 x_{2t} + \cdots + a_k x_{kt} + v_t$$

检验联合假设式 H_0。这可以通过以 $a_1=a_2=\cdots=a_k=0$ 为约束条件下的受约束 F 检验或拉格朗日(Lagrange)检验来进行:

$$F=\frac{R^2/k}{(1-R^2)/(n-k-1)}$$

$$\mathrm{LM}=nR^2$$

其中，R^2 为辅助回归模型的决定系数。可以证明，在大样本下 F 统计量、LM 统计量分别渐进服从 $F(k,n-k-1)$ 分布和 $\chi^2(k)$ 分布。如果计算的 F 值或 LM 值大于给定的显著性水平下的临界值，则拒绝 H_0，表明存在异方差性。

4. 怀特检验

怀特检验是通过建立辅助回归模型的方式来判断随机误差项是否存在异方差性。不妨设回归模型为二元线性回归模型：$y_t=b_0+b_1x_{1t}+b_2x_{2t}+u_t$，具体步骤如下：

(1) 用 OLS 法估计模型，并计算出相应的残差平方 e_t^2，作辅助回归模型：

$$e_t^2=a_0+a_1x_{1t}+a_2x_{2t}+a_3x_{1t}^2+a_4x_{2t}^2+a_5x_{1t}x_{2t}+v_t$$

式中，v_t 为随机误差项。如果是一元线性回归模型，则辅助回归模型为

$$e_t^2=a_0+a_1x_t+a_2x_t^2+v_t\text{。}$$

(2) 计算统计量 nR^2，其中 n 为样本容量，R^2 为辅助回归函数中的未调整的决定系数。

(3) 在 $H_0:a_1=a_2=a_3=a_4=a_5=0$ 的原假设下，nR^2 渐进地服从自由度为 5 的 χ^2 分布(对于一元情况，nR^2 渐进地服从自由度为 2 的 χ^2 分布)，给定显著性水平 α，查 χ^2 分布表得临界值 $\chi_\alpha^2(5)$，比较 nR^2 与 $\chi_\alpha^2(5)$，如果 $nR^2>\chi_\alpha^2(5)$，则拒绝 H_0，接受 H_1，表明回归模型中参数至少有一个显著地不为零，即随机误差项 u_t 存在异方差性。反之，则认为不存在异方差性。

5. 戈里瑟检验和帕克检验

其基本原理是通过建立残差绝对值(或残差平方)对解释变量作辅助回归模型。戈里瑟提出的模型形式为 $|e_t|=a_0+a_1x_t^h+v_t(h=\pm1,\pm2,\pm1/2,\cdots)$，帕克提出的模型形式为 $e_t^2=a_0x_t^{a_1}e^{v_t}$，根据回归模型的显著性判断是否存在异方差性。戈里瑟检验(帕克检验类似)的具体步骤如下：(1)根据样本数据用最小二乘法估计回归模型并求残差 e_t；(2)分别建立残差绝对值 $|e_t|$ 对每个解释变量的各种回归方程；(3)检验每个回归方程参数的显著性。如果其参数显著地不为零，则存在异方差性，相反，则认为随机误差项满足同方差假定。

戈里瑟检验的优点：不仅能检验异方差性，而且通过“实验”可以探测异方差性的具体形式，这有助于进一步研究如何消除异方差性的影响。

6. ARCH 检验

如果在建模分析中所用样本资料是时间序列数据，当存在异方差性的时候，可考虑用 ARCH(autoregressive conditional heteroskedasticity)方法检验。这种检验方法不是把随机误差项方差 σ_t^2(或 e_t^2)看作 x_t 的函数，而是把 σ_t^2 看作其滞后项 $\sigma_{t-1}^2,\sigma_{t-2}^2,\cdots,\sigma_{t-p}^2$ 的函数。ARCH 过程为

$$\sigma_t^2=a_0+a_1\sigma_{t-1}^2+a_2\sigma_{t-2}^2+\cdots+a_p\sigma_{t-p}^2+v_t$$

并且提出原假设为

$$H_0:a_1=a_2=\cdots=a_p=0$$

其中 p 为 ARCH 过程的阶数，v_t 为随机误差项。ARCH 检验的基本步骤如下。

第一,运用 OLS 方法对模型

$$y_t = b_0 + b_1 x_{1t} + b_2 x_{2t} + \cdots + b_k x_{kt} + u_t$$

进行估计。

第二,计算残差序列 e_t,及 $e_t^2, e_{t-1}^2, e_{t-2}^2, \cdots e_{t-p}^2$。

第三,求辅助回归函数

$$\hat{e}_t^2 = \hat{a}_0 + \hat{a}_1 e_{t-1}^2 + \hat{a}_2 e_{t-2}^2 + \cdots + \hat{a}_p e_{t-p}^2$$

第四,由辅助回归模型得到 R^2,计算检验统计量 $\mathrm{LM}(p) = (n-p)R^2$,在 H_0 成立的条件下,$\mathrm{LM}(p)$ 服从自由度为 p 的 χ^2 分布。比较 $\mathrm{LM}(p)$ 与给定 α 下的临界值 $\chi_\alpha^2(p)$,如果 $\mathrm{LM}(p) > \chi_\alpha^2(p)$,则拒绝 H_0,表明模型中存在异方差性,即存在 ARCH 效应。

4.1.4 异方差性的解决方法

1. 模型变换法

模型变换法即对存在异方差性的模型进行适当的变量变换,使变换后的模型满足同方差假定,这样就可以利用最小二乘法重新估计模型,得到的参数估计还是最佳线性无偏估计。其前提是要合理确定异方差性的具体形式,这可以通过对问题的经验分析,或者用帕克检验、戈里瑟检验等方法所提供的异方差的具体形式来确定。

假设模型为一元线性回归模型 $y_t = b_0 + b_1 x_t + u_t$,随机误差项 u_t 具有异方差性,设异方差性与 x_t 变化有关,且 $\mathrm{var}(u_t) = \sigma_t^2 = \sigma^2 f(x_t)$,$\sigma^2$ 为常数,用 $1/\sqrt{f(x_t)}$ 乘模型 $y_t = b_0 + b_1 x_t + u_t$ 两端得

$$\frac{y_t}{\sqrt{f(x_t)}} = \frac{b_0}{\sqrt{f(x_t)}} + b_1 \frac{x_t}{\sqrt{f(x_t)}} + \frac{u_t}{\sqrt{f(x_t)}}$$

记

$$y_t^* = \frac{y_t}{\sqrt{f(x_t)}}, \quad x_{1t} = \frac{1}{\sqrt{f(x_t)}}, \quad x_{2t} = \frac{x_t}{\sqrt{f(x_t)}}, \quad v_t = \frac{u_t}{\sqrt{f(x_t)}}$$

则有

$$y_t^* = b_0 x_{1t} + b_1 x_{2t} + v_t$$

则有

$$\mathrm{var}(v_t) = \mathrm{var}\left(\frac{u_t}{\sqrt{f(x_t)}}\right) = \frac{1}{f(x_t)} \mathrm{var}(u_t) = \sigma^2$$

此时,原模型变成同方差模型,可以利用 OLS 估计模型并得到最佳线性无偏估计量。

2. 加权最小二乘法

加权最小二乘法是对原模型加权,使之变成一个新的不存在异方差性的模型,然后采用 OLS 法估计其参数。加权的基本思想是:在采用 OLS 方法时,对较小的残差平方赋予较大的权数,对较大的残差平方赋予较小的权数,以对残差进行校正,提高参数估计的精度。

以一元线性回归模型 $y_t = b_0 + b_1 x_t + u_t$ 为例(多元类似),如果 $\mathrm{var}(u_t) = \sigma_t^2$,则用 σ_t 除模型得

$$\frac{y_t}{\sigma_t} = \frac{b_0}{\sigma_t} + b_1 \frac{x_1}{\sigma_t} + \frac{u_t}{\sigma_t}$$

记

$$y_t^* = \frac{y_t}{\sigma_t}, x_{1t} = \frac{1}{\sigma_t}, x_{2t} = \frac{x_t}{\sigma_t}, u_t^* = \frac{u_t}{\sigma_t}$$

则上式变为

$$y_t^* = b_0 x_{1t} + b_1 x_{2t} + u_t^*$$

此时，$\mathrm{var}(u_t^*) = \mathrm{var}\left(\frac{u_t}{\sigma_t}\right) = \frac{1}{\sigma_t^2}\mathrm{var}(u_t) = 1$，原模型变成同方差模型，可以利用最小二乘法估计模型，由此获得 b_0 和 b_1 的最小二乘估计值就称为加权最小二乘法估计值，被解释变量和解释变量的每个观测值都以其误差项标准差的倒数 $1/\sigma_t$ 为权数。这种加权过程就称为加权最小二乘法(weighted least squares，WLS)。加权最小二乘法与模型变换法本质上是一致的。

3. 模型的对数变换

如果在模型 $y_t = b_0 + b_1 x_t + u_t$(多元类似)中，变量 y_t、x_t 分别用 $\ln y_t$、$\ln x_t$ 取代，则对 $\ln y_t = b_0 + b_1 \ln x_t + u_t$ 进行回归，通常可以降低异方差性的影响。其原因在于：(1)对数变换能使测定变量值的尺度缩小。(2)经过对数变换后的线性模型，其残差 e_t 表示为相对误差，而相对误差往往具有较小的差异。

4. 广义最小二乘法(GLS)

对于多元线性回归模型：$\boldsymbol{Y} = \boldsymbol{XB} + \boldsymbol{U}$，存在 $E(\boldsymbol{U}) = 0$，$E(\boldsymbol{UU}') = \sigma^2 \boldsymbol{\Omega}$，其中 $\boldsymbol{\Omega}$ 为 n 阶实对称矩阵，σ^2 为常数。

如果随机误差项的方差相同且等于 σ^2，并且非自相关，则 $\boldsymbol{\Omega} = \boldsymbol{I}$($\boldsymbol{I}$ 为单位矩阵)。古典回归模型中关于同方差和非自相关的假定可以统一表示为 $E(\boldsymbol{UU}') = \sigma^2 \boldsymbol{I}$。

如果 $\boldsymbol{\Omega} \neq \boldsymbol{I}$，因为 $\boldsymbol{\Omega}$ 为 n 阶实对称矩阵，根据线性代数知识，存在 n 阶非奇异矩阵 $\boldsymbol{P}$，使得 $\boldsymbol{P\Omega P}' = \boldsymbol{I}$，由此可得 $\boldsymbol{\Omega} = \boldsymbol{P}^{-1}(\boldsymbol{P}')^{-1} = (\boldsymbol{P}'\boldsymbol{P})^{-1}$，$\boldsymbol{\Omega}^{-1} = \boldsymbol{P}'\boldsymbol{P}$，用 $\boldsymbol{P}$ 左乘 $\boldsymbol{Y} = \boldsymbol{XB} + \boldsymbol{U}$，得：$\boldsymbol{PY} = \boldsymbol{PXB} + \boldsymbol{PU}$，令：$\boldsymbol{Y}^* = \boldsymbol{PY}$，$\boldsymbol{X}^* = \boldsymbol{PX}$，$\boldsymbol{U}^* = \boldsymbol{PU}$，则原模型 $\boldsymbol{Y} = \boldsymbol{XB} + \boldsymbol{U}$ 变为

$$\boldsymbol{Y}^* = \boldsymbol{X}^* \boldsymbol{B} + \boldsymbol{U}^*$$

随机误差项的方差—协方差矩阵为

$$\begin{aligned} E(\boldsymbol{U}^* \boldsymbol{U}^{*\prime}) &= E[\boldsymbol{PU}(\boldsymbol{PU})'] = E(\boldsymbol{PUU}'\boldsymbol{P}') \\ &= \boldsymbol{P}E(\boldsymbol{UU}')\boldsymbol{P}' = \boldsymbol{P}\sigma^2 \boldsymbol{\Omega P}' = \sigma^2 \boldsymbol{I} \end{aligned}$$

这表明变换后的模型满足同方差和非自相关的假定，由于是线性变换，其他假定也显然满足，因此可以应用 OLS 法估计模型 $\boldsymbol{Y}^* = \boldsymbol{X}^* \boldsymbol{B} + \boldsymbol{U}^*$，参数的 OLS 估计量为

$$\begin{aligned} \hat{\boldsymbol{B}} &= (\boldsymbol{X}^{*\prime}\boldsymbol{X}^*)^{-1}(\boldsymbol{X}^{*\prime}\boldsymbol{Y}^*) = [(\boldsymbol{PX})'\boldsymbol{PX}]^{-1}[(\boldsymbol{PX})'(\boldsymbol{PY})] \\ &= (\boldsymbol{X}'\boldsymbol{\Omega}^{-1}\boldsymbol{X})^{-1}(\boldsymbol{X}'\boldsymbol{\Omega}^{-1}\boldsymbol{Y}) \end{aligned}$$

即

$$\hat{\boldsymbol{B}} = (\boldsymbol{X}'\boldsymbol{\Omega}^{-1}\boldsymbol{X})^{-1}(\boldsymbol{X}'\boldsymbol{\Omega}^{-1}\boldsymbol{Y})$$

此式为广义最小二乘估计(generalized least square，GLS)。

当 $\boldsymbol{\Omega}$ 为对角矩阵，即存在异方差性时

$$\boldsymbol{\Omega} = \begin{pmatrix} \sigma_1^2 & 0 & \cdots & 0 \\ 0 & \sigma_2^2 & \cdots & 0 \\ \vdots & \vdots & \vdots & \vdots \\ 0 & 0 & \cdots & \sigma_n^2 \end{pmatrix}; \quad \boldsymbol{\Omega}^{-1} = \begin{pmatrix} 1/\sigma_1^2 & 0 & \cdots & 0 \\ 0 & 1/\sigma_2^2 & \cdots & 0 \\ \vdots & \vdots & \vdots & \vdots \\ 0 & 0 & \cdots & 1/\sigma_n^2 \end{pmatrix}$$

此时,选取权矩阵 $\boldsymbol{P}$ 为下列形式:$\boldsymbol{P}=\begin{pmatrix} 1/\sigma_1 & 0 & \cdots & 0 \\ 0 & 1/\sigma_2 & \cdots & 0 \\ \vdots & \vdots & \vdots & \vdots \\ 0 & 0 & \cdots & 1/\sigma_n \end{pmatrix}$

其中,$w_t=1/\sigma_t$ 为权数。所以,在异方差性情况下,GLS 估计即为 WLS 估计;或者说,WLS 估计也是 GLS 估计的特例。

4.2 学习重点与难点

(1)异方差性的含义及异方差性产生的原因;(2)异方差性的影响;(3)异方差性的检验方法(重点掌握 Goldfeld-Quandt 检验、怀特检验、戈里瑟检验与帕克检验);(4)异方差性的解决方法(重点掌握加权最小二乘法 WLS、广义最小二乘法 GLS)。

4.3 典型例题分析

例 1 已知模型 $y_t=\beta_0+\beta_1 x_{1t}+\beta_2 x_{2t}+u_t$,$\mathrm{var}(u_t)=\sigma_t^2=\sigma^2 z_t^2$,其中,$y$、$x_1$、$x_2$ 和 z 的数据已知。假设给定权数 w_t,加权最小二乘法就是求下式中的各 β,以使

$$\mathrm{RSS}=\sum(w_t e_t)^2=\sum(w_t y_t-\beta_0 w_t-\beta_1 w_t x_{1t}-\beta_2 w_t x_{2t})^2$$

最小。

(1) 求 RSS 对 β_0、β_1 和 β_2 的偏微分并写出正规方程组;

(2) 用 z 去除原模型,写出所得新模型的正规方程组;

(3) 把 $w_t=1/z_t$ 代入(1)中的正规方程,并证明它们和在(2)中推导的结果一样。

解答 (1) 由 $\mathrm{RSS}=\sum(w_t e_t)^2=\sum(w_t y_t-\beta_0 w_t-\beta_1 w_t x_{1t}-\beta_2 w_t x_{2t})^2$,对各 β 求偏导并令值为零,可得如下正规方程组:

$$\sum(w_t y_t-\beta_0 w_t-\beta_1 w_t x_{1t}-\beta_2 w_t x_{2t})w_t=0$$

$$\sum(w_t y_t-\beta_0 w_t-\beta_1 w_t x_{1t}-\beta_2 w_t x_{2t})w_t x_{1t}=0$$

$$\sum(w_t y_t-\beta_0 w_t-\beta_1 w_t x_{1t}-\beta_2 w_t x_{2t})w_t x_{1t}=0$$

(2) 用 z 去除原模型,得如下新模型:$\dfrac{y_t}{z_t}=\dfrac{\beta_0}{z_t}+\beta_1\dfrac{x_{1t}}{z_t}+\beta_2\dfrac{x_{2t}}{z_t}+\dfrac{u_t}{z_t}$,对应的正规方程组为

$$\sum\left[\frac{y_t}{z_t}-\frac{\beta_0}{z_t}-\beta_1\frac{x_{1t}}{z_t}-\beta_2\frac{x_{2t}}{z_t}\right]\frac{1}{z_t}=0$$

$$\sum\left[\frac{y_t}{z_t}-\frac{\beta_0}{z_t}-\beta_1\frac{x_{1t}}{z_t}-\beta_2\frac{x_{2t}}{z_t}\right]\frac{x_{1t}}{z_t}=0$$

$$\sum\left[\frac{y_t}{z_t}-\frac{\beta_0}{z_t}-\beta_1\frac{x_{1t}}{z_t}-\beta_2\frac{x_{2t}}{z_t}\right]\frac{x_{2t}}{z_t}=0$$

(3) 如果用 $1/z_t$ 代替(1)中的 w_t,则容易看到与(2)中的正规方程组是一样的。

例 2 已知模型 $y_i=\beta_0+\beta_1 x_{1i}+\beta_2 x_{2i}+u_i$,其中,$y_i$ 为某公司在第 i 个地区的销售额;

x_{1i}为该地区的总收入；x_{2i}为该公司在该地区投入的广告费用$(i=0,1,2,\cdots,50)$。

(1) 由于不同地区人口规模 P_i 可能影响着该公司在该地区的销售，因此有理由怀疑随机误差项 u_i 是异方差的。假设 σ_i 依赖于总体 P_i 的容量，请逐步描述你如何对此进行检验。需说明：(a)零假设和备择假设；(b)要进行的回归；(c)要计算的检验统计量及它的分布(包括自由度)；(d)接受或拒绝零假设的标准。

(2) 假设 $\sigma_i=\sigma P_i$。逐步描述如何求得 BLUE 并给出理论依据。

解答　(1)如果 σ_i 依赖于总体 P_i 的容量，则随机误差项的方差 σ_i^2 依赖于 P_i^2。因此，要进行的回归的一种形式为 $\sigma_i^2=\alpha_0+\alpha_1 P_i^2+\varepsilon_i$。于是，要检验的零假设 $H_0:\alpha_1=0$，备择假设 $H_0:\alpha_1\neq 0$。检验步骤如下：

第一步：使用 OLS 方法估计模型，并保存残差平方项$\tilde{e}_i^2$；

第二步：做$\tilde{e}_i^2$ 对常数项 c 和 P_i^2 的回归；

第三步：考察估计的参数 α_1 的 t 统计量，它在零假设下服从自由度为(50－2)的 t 分布；

第四步：给定显著性水平 0.05，查相应的自由度为 48 的 t 分布的临界值，如果估计的参数 $\hat{\alpha}_1$ 的 t 统计值大于该临界值，则拒绝同方差的零假设。

(2) 假设 $\sigma_i=\sigma P_i$ 时，模型除以 P_i 有

$$\frac{y_i}{P_i}=\beta_0\frac{1}{P_i}+\beta_1\frac{x_{1i}}{P_i}+\beta_2\frac{x_{2i}}{P_i}+\frac{u_i}{P_i}$$

由于 $\operatorname{var}\left(\frac{u_t}{P_i}\right)=\frac{\sigma_i^2}{P_i^2}=\sigma^2$，所以在该变换模型中可以使用 OLS 方法，得出具有 BLUE 性质的估计值。方法是对$\frac{y_i}{P_i}$关于$\frac{1}{P_i}$、$\frac{x_{1i}}{P_i}$、$\frac{x_{2i}}{P_i}$做回归，不包括常数项。

例 3　对于一元线性回归模型 $y_i=\beta_0+\beta_1 x_i+u_i$，如果已知 $\operatorname{var}(u_i)=\sigma^2\sigma_i^2$，则可对原模型两边以权数$\frac{1}{\sigma_i}$相乘后变换成如下的二元模型：

$$\frac{y_i}{\sigma_i}=\beta_0\frac{1}{\sigma_i}+\beta_1\frac{x_i}{\sigma_i}+\frac{\mu_i}{\sigma_i}$$

对该模型进行 OLS 估计就是加权最小二乘法。试证明该模型的随机误差项是同方差的，并求出 β_0、β_1 的加权最小二乘估计量。

解答　由于

$$\operatorname{var}\left(\frac{u_i}{\sigma_i}\right)=\frac{1}{\sigma_i^2}\operatorname{var}(u_i)=\frac{1}{\sigma_i^2}\sigma^2\sigma_i^2=\sigma^2$$

因此，变换后的模型是同方差的。

记变换后的模型的样本函数的离差式为

$$\frac{y_i}{\sigma_i}=\hat{\beta}_0\frac{1}{\sigma_i}+\hat{\beta}_1\frac{x_i}{\sigma_i}+e_i^*$$

对该式的 OLS 回归，就是求适当的 $\hat{\beta}_0$、$\hat{\beta}_1$，以使

$$\begin{aligned}\Sigma e_i^{*2}&=\Sigma\left(\frac{y_i}{\sigma_i}-\hat{\beta}_0\frac{1}{\sigma_i}-\hat{\beta}_1\frac{y_i}{\sigma_i}\right)^2\\&=\Sigma\frac{1}{\sigma_i^2}(y_i-\hat{\beta}_0-\hat{\beta}_1 x_i)^2\end{aligned}$$

最小。如果记 $w_i=\frac{1}{\sigma_i^2}$,则有

$$\Sigma e_i^{*2}=\Sigma w_i(y_i-\hat{\beta}_0-\hat{\beta}_1 x_i)^2$$

再对该式关于 $\hat{\beta}_0$,$\hat{\beta}_1$ 求偏导,并令偏导数为零,得如下正规方程组:

$$\hat{\beta}_0\Sigma w_i+\hat{\beta}_1\Sigma w_i x_i=\Sigma w_i y_i$$

$$\hat{\beta}_0\Sigma w_i x_i+\hat{\beta}_1\Sigma w_i x_i^2=\Sigma w_i x_i y_i$$

解线性方程组,则容易得到参数的 OLS 估计量为

$$\hat{\beta}_1=\frac{(\Sigma w_i)(\Sigma w_i x_i y_i)-(\Sigma w_i x_i)(\Sigma w_i y_i)}{(\Sigma w_i)(\Sigma w_i x_i^2)-(\Sigma w_i x_i)^2},\quad \hat{\beta}_0=\bar{y}^*-\hat{\beta}_1\bar{x}^*$$

进一步令 $\bar{x}^*=\frac{\Sigma w_i x_i}{\Sigma w_i}$, $\bar{y}^*=\frac{\Sigma w_i y_i}{\Sigma w_i}$, 且 $y_i^*=y_i-\bar{y}^*$, $x_i^*=x_i-\bar{x}^*$

则上述估计式可简化为

$$\hat{\beta}_1=\frac{\Sigma w_i x_i^* y_i^*}{\Sigma w_i(x_i^*)^2}$$

例 4 试比较说明模型存在异方差时,普通最小二乘法与加权最小二乘法的区别和联系。

解答 当模型存在异方差性时,加权最小二乘法得到的估计量仍是 BLUE 估计量,而普通最小二乘法得到的估计量则往往不具有最小方差性。当然,OLS 与 WLS 都是广义最小二乘法(GLS)的特例:当 WLS 中的权 $w_1=w_2=\cdots=w_n$ 时,WLS 的参数估计量就是 OLS 的参数估计量。

例 5 已知消费模型

$$y_t=\alpha_0+\alpha_1 x_{1t}+\alpha_2 x_{2t}+u_t$$

式中,y_t 为消费支出,x_{1t}为个人可支配收入,x_{2t}为消费者的流动资产,且

$$E(u_t)=0,\quad \text{var}(u_t)=\sigma^2 x_{1t}^2(\text{其中 }\sigma^2\text{ 为常数})$$

(1) 进行适当变换消除异方差,并证明之;

(2) 写出消除异方差后,模型的参数估计量的表达式。

解答 (1) 模型两边同时除以 x_{1t},进行变换,得:$\frac{y_t}{x_{1t}}=\frac{\alpha_0}{x_{1t}}+\alpha_1+\alpha_2\frac{x_{2t}}{x_{1t}}+\frac{u_t}{x_{1t}}$,令 $y_t^*=\frac{y_t}{x_{1t}}$,$x_{1t}^*=\frac{1}{x_{1t}}$,$x_{2t}^*=\frac{x_{2t}}{x_{1t}}$,$u_t^*=\frac{u_t}{x_{1t}}$,得到 $y_t^*=\alpha_1+\alpha_0 x_{1t}^*+\alpha_2 x_{2t}^*+u_t^*$,由于 $\text{var}(u_t^*)=\text{var}\left(\frac{u_t}{x_{1t}}\right)=\frac{1}{x_{1t}^2}\sigma^2 x_{1t}^2=\sigma^2$,所以新的随机误差项 u_t^* 是同方差的。

(2) 对变换后的模型,易知有如下 OLS 估计量:

$$\begin{cases}\hat{\alpha}_0=\dfrac{(\Sigma\dot{y}_t^*\dot{x}_{1t}^*)(\Sigma\dot{x}_{2t}^{*2})-(\Sigma\dot{y}_t^*\dot{x}_{2t}^*)(\Sigma\dot{x}_{1t}^*\dot{x}_{2t}^*)}{\Sigma\dot{x}_{1t}^{*2}\Sigma\dot{x}_{2t}^{*2}-(\Sigma\dot{x}_{1t}^*\dot{x}_{2t}^*)^2}\\[2ex]\hat{\alpha}_2=\dfrac{(\Sigma\dot{y}_t^*\dot{x}_{2t}^*)(\Sigma\dot{x}_{1t}^{*2})-(\Sigma\dot{y}_t^*\dot{x}_{1t}^*)(\Sigma\dot{x}_{1t}^*\dot{x}_{2t}^*)}{\Sigma\dot{x}_{1t}^{*2}\Sigma\dot{x}_{2t}^{*2}-(\Sigma\dot{x}_{1t}^*\dot{x}_{2t}^*)^2}\\[2ex]\hat{\alpha}_1=\bar{y}^*-\hat{\alpha}_0\bar{x}_1^*-\hat{\alpha}_1\bar{x}_2^*\end{cases}$$

式中,$\dot{y}_t^*=y_t^*-\bar{y}^*$,$\dot{x}_{1t}^*=x_{1t}^*-\bar{x}_1^*$,$\dot{x}_{2t}^*=x_{2t}^*-\bar{x}_2^*$。

例 6 设模型 $\boldsymbol{Y}=\boldsymbol{XB}+\boldsymbol{U}$,其中 $\boldsymbol{Y}$ 为 $n\times1$ 观测值向量,$\boldsymbol{X}$ 为 $n\times(k+1)$ 观测值矩阵,$\boldsymbol{B}$

为 $(k+1)\times 1$ 参数向量，$\boldsymbol{U}$ 为 $n\times 1$ 随机误差向量，并且

$$E(\boldsymbol{U})=0,\quad E(\boldsymbol{UU}')=\boldsymbol{\Phi}=\mathrm{diag}(\sigma_1^2,\sigma_2^2,\cdots,\sigma_n^2)$$

证明　加权变换后的随机误差项具有同方差性，且平方和为

$$(\boldsymbol{Y}-\boldsymbol{XB})'\boldsymbol{\Phi}^{-1}(\boldsymbol{Y}-\boldsymbol{XB})=\Sigma\left(\frac{u_i}{\sigma_i}\right)^2$$

证明　对正定矩阵 $\boldsymbol{\Phi}$ 存在一个矩阵 $\boldsymbol{P}$ 使得：$\boldsymbol{P\Phi P}'=\boldsymbol{I}$，$\boldsymbol{P}'\boldsymbol{P}=\boldsymbol{\Phi}^{-1}$，对模型左乘矩阵 $\boldsymbol{P}$ 进行加权变换得 $\boldsymbol{PY}=\boldsymbol{PXB}+\boldsymbol{PU}$。变换后模型随机误差项 $\boldsymbol{PU}$ 的方差为

$$\mathrm{var}(\boldsymbol{PU})=E[(\boldsymbol{PU})(\boldsymbol{PU})']=E(\boldsymbol{PUU}'\boldsymbol{P}')=\boldsymbol{P}E(\boldsymbol{UU}')\boldsymbol{P}'=\boldsymbol{P\Phi P}'=\boldsymbol{I}$$

即变换后的模型是同方差的，随机误差项的平方和为

$$\begin{aligned}(\boldsymbol{PU})'(\boldsymbol{PU})&=(\boldsymbol{PY}-\boldsymbol{PXB})'(\boldsymbol{PY}-\boldsymbol{PXB})\\&=(\boldsymbol{Y}-\boldsymbol{XB})'\boldsymbol{P}'\boldsymbol{P}(\boldsymbol{Y}-\boldsymbol{XB})\\&=(\boldsymbol{Y}-\boldsymbol{XB})'\boldsymbol{\Phi}^{-1}(\boldsymbol{Y}-\boldsymbol{XB})\end{aligned}$$

另有

$$\begin{aligned}(\boldsymbol{PU})'(\boldsymbol{PU})&=\boldsymbol{U}'\boldsymbol{P}'\boldsymbol{PU}=\boldsymbol{U}'\boldsymbol{\Phi}^{-1}\boldsymbol{U}\\&=(u_1,u_2,\cdots,u_n)\begin{bmatrix}1/\sigma_1^2&&&\\&1/\sigma_2^2&&\\&&\ddots&\\&&&\sigma_n^2\end{bmatrix}\begin{pmatrix}u_1\\u_2\\\vdots\\u_n\end{pmatrix}\\&=\Sigma(u_i^2/\sigma_i^2)=\Sigma\left(\frac{u_i}{\sigma_i}\right)^2\end{aligned}$$

因此有 $(\boldsymbol{Y}-\boldsymbol{XB})'\boldsymbol{\Phi}^{-1}(\boldsymbol{Y}-\boldsymbol{XB})=\Sigma\left(\frac{u_i}{\sigma_i}\right)^2$。

例 7　表 4-1 给出了美国 18 个行业 1988 年研究开发(R&D)经费 y 与销售收入 x 的数据。请用 Goldfeld-Quandt 检验、帕克检验、戈里瑟检验与怀特检验来检验 y 关于 x 的回归模型是否存在异方差性。若存在异方差性，请尝试消除它。

表 4-1　美国 18 个行业 1988 年研究开发经费支出与销售收入的数据

序号	研究开发经费 y	销售收入 x	序号	研究开发经费 y	销售收入 x
1	62.5	6 375.3	10	509.2	70 761.6
2	92.9	11 626.4	11	6 620.1	80 522.8
3	178.3	14 655.1	12	3 918.6	95 294.0
4	258.4	21 869.2	13	1 595.3	101 314.1
5	494.7	26 408.3	14	6 107.5	116 141.3
6	1 083.0	32 405.6	15	4 454.1	122 315.7
7	1 620.6	35 107.7	16	3 163.8	141 649.9
8	421.7	40 295.4	17	13 210.7	175 025.8
9	509.2	70 761.6	18	1 703.8	230 614.5

解答　(1) 利用 EViews 软件对模型进行 OLS 估计。首先建立工作文件，然后输入样本数据，在工作文件窗口输入命令：ls y c x，按回车键，研究开发经费 y 对销售收入 x 的回归结果如表 4-2 所示。

(2) 下面进行异方差性的检验。①Goldfeld-Quandt 检验。在工作文件窗口输入命令：

sort x,将样本 x 数据排序,$n=18$,$c=18/4$,取 $c=4$,从中间去掉 4 个数据,分别以前 7 个与后 7 个数据样本做 y 关于 x 的回归。即确定子样 1(1~7),求出 $RSS_1=412\ 586$;确定子样 2(13~20),求出 $RSS_2=94\ 219\ 377$,计算出 $F=\frac{RSS_2}{RSS_1}=\frac{94\ 219\ 377}{412\ 586}=228.363$,给定显著性水平 $\alpha=0.05$,查 $F_{0.05}(5,5)=10.97$,因此有 $F>F_\alpha$,所以模型存在异方差性。

② 怀特检验:建立回归模型,在方程窗口中依次单击:View\Residual Diagnostics\Heteroskedasticity Tests,出现检验方法设定窗口,选择怀特检验,估计结果如表 4-3 所示。

表 4-2 回归结果

Dependent Variable: Y
Method: Least Squares
Date: 10/13/17 Time: 10:03
Sample: 1 18
Included observations: 18

Variable	Coefficient	Std. Error	t-Statistic	Prob.
C	64.45285	1071.646	0.060144	0.9528
X	0.032189	0.010911	2.950245	0.0094

R-squared	0.352330	Mean dependent var	2555.800
Adjusted R-squared	0.311851	S.D. dependent var	3374.430
S.E. of regression	2799.251	Akaike info criterion	18.81653
Sum squared resid	1.25E+08	Schwarz criterion	18.91546
Log likelihood	-167.3488	Hannan-Quinn criter.	18.83017
F-statistic	8.703945	Durbin-Watson stat	2.662222
Prob(F-statistic)	0.009406		

表 4-3 怀特检验结果

Heteroskedasticity Test: White

F-statistic	9.687084	Prob. F(2,15)	0.0020
Obs*R-squared	10.14526	Prob. Chi-Square(2)	0.0063
Scaled explained SS	17.18102	Prob. Chi-Square(2)	0.0002

Test Equation:
Dependent Variable: RESID^2
Method: Least Squares
Date: 10/13/17 Time: 10:08
Sample: 1 18
Included observations: 18

Variable	Coefficient	Std. Error	t-Statistic	Prob.
C	76299.32	5515578.	0.013833	0.9891
X^2	0.000928	0.000584	1.587145	0.1333
X	-26.61587	128.5859	-0.206989	0.8388

R-squared	0.563626	Mean dependent var	6965159.
Adjusted R-squared	0.505443	S.D. dependent var	14838947
S.E. of regression	10435456	Akaike info criterion	35.31033
Sum squared resid	1.63E+15	Schwarz criterion	35.45872
Log likelihood	-314.7930	Hannan-Quinn criter.	35.33079
F-statistic	9.687084	Durbin-Watson stat	2.648229
Prob(F-statistic)	0.001990		

根据输出结果,得如下辅助回归方程:

$$e_t^2=76\ 299.32-26.615\ 9x_t+0.000\ 928x_t^2$$
$$t=(0.013\ 8)\quad(-0.207\ 0)\quad(1.587\ 1)$$
$$r^2=0.563\ 6\quad nr^2=18\times 0.565\ 3=10.145\ 3\quad F=9.687\ 1$$

式中,r^2 为辅助回归模型的决定系数,F 值为辅助回归模型的 F 统计量值。取显著水平 $\alpha=0.05$,由于 $nr^2=10.145\ 3>\chi^2_{0.05}(2)=5.99$,所以模型存在异方差性。实际应用中,一般是直接观察 p 值的大小,若 p 值小于 0.05,则拒绝不存在异方差性的假设,认为模型存在异方差性。

③ Glejser 检验。在方程窗口中依次单击:View\Residual Diagnostics\Heteroskedasticity Tests,出现检验方法设定窗口,选择 Glejser 检验,在 Regressors 栏填写 x、$\sqrt{x}$、x^2,得到如下估计结果。

$|e_t|$ 对解释变量 x 的辅助回归方程:

$$|e_i|=-286.205\ 0+0.025\ 9x_i$$
$$t=(-0.562\ 1)\quad(4.991\ 0)$$
$$R^2=0.608\ 9\quad F=24.910\ 3$$

$|e_t|$ 对解释变量 $\sqrt{x}$ 的辅助回归方程:

$$|e_i|=-1\ 690.641+13.344\ 1\sqrt{x_i}$$
$$t=\quad(-1.978\ 1)\quad(4.343\ 7)$$
$$R^2=0.541\ 1\quad F=18.867\ 5$$

$|e_t|$ 对解释变量 x^2 的辅助回归方程：

$$|e_i| = -876\,541.0 + 0.000\,813x_i^2$$
$$t = \quad (-0.297\,5) \quad (4.534\,5)$$
$$R^2 = 0.562\,4 \quad F = 20.561\,4$$

从上述三个辅助回归方程看，回归系数显著不为零，F 统计量值较大，回归方程显著成立，表明存在异方差性。

④ 帕克检验。在方程窗口中依次单击：View\Residual Diagnostics\Heteroskedasticity Tests，出现检验方法设定窗口，选择 Harvey 检验，在 Regressors 栏填写 log(x)，输出结果即为帕克检验结果，如表 4-4 所示。

根据表 4-4 输出结果，得到 $\ln e_i^2$ 对解释变量 $\ln x_i$ 的辅助回归方程：

$$\ln e_i^2 = -6.902\,6 + 1.878\,3\ln x_i$$
$$t = \quad (-1.295\,2) \quad (3.845\,9)$$
$$R^2 = 0.4804 \quad F = 14.790\,9$$

从辅助回归方程看，回归系数显著不为零，F 统计量值较大，回归方程显著成立，表明存在异方差性。

(3) 消除异方差性。如果我们认定存在异方差性，由 Glejser 检验知，异方差的形式很可能是 $|e_i| = -286.205\,0 + 0.025\,9x_i$，因此，为了消除异方差性，做如下的回归：

$$\frac{y_i}{x_i} = \frac{b_0}{x_i} + b_1 + \varepsilon_i$$

利用 EViews 软件对模型进行加权最小二乘估计。在命令窗口直接输入命令：LS(W=1/x)y c x 或在方程窗口中单击 Estimate\Options 按钮，并在权数变量栏输入权数 1/x，可以得到表 4-5 估计结果。

表 4-4　帕克检验结果

Heteroskedasticity Test: Harvey

F-statistic	14.79070	Prob. F(1,16)	0.0014
Obs*R-squared	8.646528	Prob. Chi-Square(1)	0.0033
Scaled explained SS	12.27568	Prob. Chi-Square(1)	0.0005

Test Equation:
Dependent Variable: LRESID2
Method: Least Squares
Date: 10/13/17　Time: 10:14
Sample: 1 18
Included observations: 18

Variable	Coefficient	Std. Error	t-Statistic	Prob.
C	-6.902556	5.329408	-1.295182	0.2136
LOG(X)	1.878346	0.488406	3.845868	0.0014

R-squared	0.480363	Mean dependent var	13.51138
Adjusted R-squared	0.447885	S.D. dependent var	2.723632
S.E. of regression	2.023779	Akaike info criterion	4.352250
Sum squared resid	65.53092	Schwarz criterion	4.451180
Log likelihood	-37.17025	Hannan-Quinn criter.	4.365891
F-statistic	14.79070	Durbin-Watson stat	1.702439
Prob(F-statistic)	0.001428		

表 4-5　加权最小二乘法估计结果

Dependent Variable: Y
Method: Least Squares
Date: 10/13/17　Time: 10:19
Sample: 1 18
Included observations: 18
Weighting series: 1/X
Weight type: Inverse standard deviation (EViews default scaling)

Variable	Coefficient	Std. Error	t-Statistic	Prob.
C	-229.0482	142.2472	-1.610212	0.1269
X	0.034981	0.006998	4.998674	0.0001

Weighted Statistics

R-squared	0.609630	Mean dependent var	868.3070
Adjusted R-squared	0.585232	S.D. dependent var	741.8968
S.E. of regression	709.4074	Akaike info criterion	16.07118
Sum squared resid	8052143.	Schwarz criterion	16.17011
Log likelihood	-142.6406	Hannan-Quinn criter.	16.08482
F-statistic	24.98674	Durbin-Watson stat	2.357706
Prob(F-statistic)	0.000131	Weighted mean dep.	231.6853

Unweighted Statistics

R-squared	0.349122	Mean dependent var	2555.800
Adjusted R-squared	0.308443	S.D. dependent var	3374.430
S.E. of regression	2806.174	Sum squared resid	1.26E+08
Durbin-Watson stat	2.670138		

根据输出结果,得如下回归方程:

$$\frac{\hat{y}_i}{x_i}=\frac{-229.0482}{x_i}+0.03498$$

$$t=(-1.6102)\qquad(4.9987)$$

$$R^2=0.6096\quad F=24.9867$$

或写为

$$\hat{y}_i=-229.0482+0.03498\,x_i$$

$$t=(-1.6102)\quad(4.9987)$$

$$R^2=0.6096\quad F=24.9867$$

再进行怀特检验:在方程窗口中依次单击 View\Residual Diagnostics\Heteroskedasticity Tests,出现检验方法设定窗口,选择怀特检验,估计结果如表 4-6 所示。

由怀特检验的输出结果可知,nr^2 对应的 p 值远大于 0.05,表明用加权最小二乘法估计研究开发经费函数不存在异方差性。

表 4-6 怀特检验结果

Heteroskedasticity Test: White			
F-statistic	1.495880	Prob. F(2,15)	0.2556
Obs*R-squared	2.993130	Prob. Chi-Square(2)	0.2239
Scaled explained SS	2.344226	Prob. Chi-Square(2)	0.3097

例 8 表 4-7 是 2004 年全国 31 个省市自治区农业总产值 y(亿元)和农作物播种面积 x(万亩)数据。

表 4-7 2004 年全国 31 个省市自治区农业总产值和农作物播种面积数据

地区	农业总产值 y	农作物种植面积 x	地区	农业总产值 y	农作物种植面积 x
北京市	92.7	312.5	湖北省	921.6	7 155.9
天津市	95.3	504.3	湖南省	874.0	7 886.2
河北省	1 135.7	8 695.4	广东省	960.0	4 808.0
山西省	290.5	3 741.5	广西	623.1	6 368.2
内蒙古	411.5	5 924.0	海南省	170.9	826.9
辽宁省	611.3	3 723.3	重庆市	333.0	3 435.3
吉林省	486.2	4 904.0	四川省	987.7	9 387.5
黑龙江	620.2	9 888.4	贵州省	317.7	4 695.0
上海市	109.3	404.4	云南省	516.9	5 890.0
江苏省	1 242.4	7 669.0	西藏	26.6	231.2
浙江省	592.6	2 778.4	陕西省	413.7	4 099.8
安徽省	842.0	9 200.4	甘肃省	331.4	3 668.9
福建省	525.8	2 519.3	青海省	34.2	473.3
江西省	491.1	5 182.8	宁夏	71.3	1 158.3
山东省	1 891.7	10 638.6	新疆	515.0	3 592.3
河南省	1 602.9	13 789.7			

试对数据进行如下分析:

(1) 根据表 4-7 数据,建立一元线性回归模型,并给出估计结果。

(2) 将农业总产值 y 和残差平方 e^2 分别对农作物产值 x 作散点图,是否表明存在异方差性?

(3) 对回归的残差进行帕克检验、戈里瑟检验、Goldfeld-Quandt 检验与怀特检验，会得出什么结论？

(4) 如果在对数回归模型中发现了异方差性，你会选择用哪种 WLS 变换来消除它？估计结果如何？

(5) 建立两变量的全对数模型，给出估计结果。并应用 Goldfeld-Quandt 检验来检验模型是否存在异方差性。与(1)的估计结果相比较，其参数的经济意义有何不同？对数模型与(1)的模型相比有何优点？

解答　(1) 根据题意，建立如下一元线性回归模型：$y_i = b_0 + b_1 x_i + u_i$。最小二乘估计的 EViews 输出结果如表 4-8 所示。

农业总产值与农作物种植面积的线性回归方程为

$$\hat{y}_i = 25.0875 + 0.1131 x_i$$

$$t = (0.3516) \quad (9.5589)$$

$$R^2 = 0.7591 \quad F = 91.3725$$

表 4-8　回归结果

Dependent Variable: Y
Method: Least Squares
Date: 10/13/17 Time: 10:27
Sample: 1 31
Included observations: 31

Variable	Coefficient	Std. Error	t-Statistic	Prob.
C	25.08754	71.34154	0.351654	0.7276
X	0.113059	0.011828	9.558894	0.0000

R-squared	0.759081	Mean dependent var	585.1065
Adjusted R-squared	0.750774	S.D. dependent var	454.0268
S.E. of regression	226.6619	Akaike info criterion	13.74714
Sum squared resid	1489893.	Schwarz criterion	13.83965
Log likelihood	-211.0806	Hannan-Quinn criter.	13.77729
F-statistic	91.37246	Durbin-Watson stat	2.116709
Prob(F-statistic)	0.000000		

(2) 保存(1)中回归方程的残差，即在工作文件窗口输入命令：genr e=resid，则将残差保存在变量序列 e 中，并应用 EViews 软件作出如图 4-1、图 4-2 所示的散点图。从散点图上可以初步判定随机误差项存在异方差。

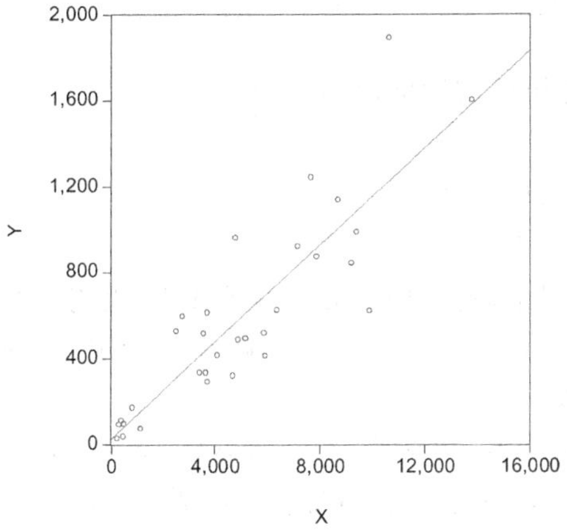

图 4-1　y 关于 x 散点图

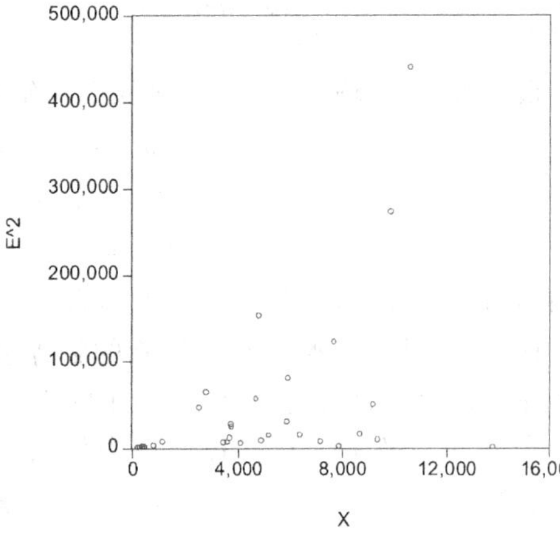

图 4-2　残差平方 e^2 关于 x 散点图

(3) 对回归的残差进行帕克检验、戈里瑟检验、Goldfeld-Quandt 检验与怀特检验。

① 怀特检验。建立回归模型，在方程窗口中依次单击 View\Residual Diagnostics\Heteroskedasticity Tests，出现检验方法设定窗口，选择怀特检验，估计结果如表 4-9 所示。

根据输出结果，得如下辅助回归方程：

$$e_t^2 = -10578.63 + 12.5125 x_t - 9.18 \times 10^{-5} x_t^2$$

$$t = (-0.2943) \quad (0.9181) \quad (-0.0830)$$

$$r^2 = 0.1868 \quad nr^2 = 31 \times 0.1868 = 5.7916 \quad F = 3.2165$$

其中 r^2 为辅助回归模型的决定系数,F 为辅助回归模型的 F 统计量值。取显著水平 $\alpha=0.05$,由于 $nr^2=5.7916<\chi^2_{0.05}(2)=5.99$,所以在 5%显著性水平上,农业总产值函数不存在异方差性。实际上,由 nr^2 对应的 p 值为 0.0553,大于 0.05,判定模型不存在异方差性。而在 6%显著性水平上,农业总产值函数存在异方差性。

② 帕克检验。在方程窗口中依次单击 View\Residual Diagnostics\Heteroskedasticity Tests,出现检验方法设定窗口,选择 Harvey 检验,在 Regressors 栏填写 log(x),输出结果即为帕克检验结果,如表 4-10 所示。

表 4-9　怀特检验结果

Heteroskedasticity Test: White

F-statistic	3.216477	Prob. F(2,28)	0.0553
Obs*R-squared	5.791590	Prob. Chi-Square(2)	0.0553
Scaled explained SS	9.123537	Prob. Chi-Square(2)	0.0104

Test Equation:
Dependent Variable: RESID^2
Method: Least Squares
Date: 10/13/17 Time: 10:33
Sample: 1 31
Included observations: 31

Variable	Coefficient	Std. Error	t-Statistic	Prob.
C	-10578.63	35939.65	-0.294344	0.7707
X^2	-9.18E-05	0.001106	-0.082964	0.9345
X	12.51247	13.62818	0.918133	0.3664

R-squared	0.186825	Mean dependent var	48061.06
Adjusted R-squared	0.128742	S.D. dependent var	92698.98
S.E. of regression	86526.36	Akaike info criterion	25.66605
Sum squared resid	2.10E+11	Schwarz criterion	25.80482
Log likelihood	-394.8238	Hannan-Quinn criter.	25.71129
F-statistic	3.216477	Durbin-Watson stat	2.616921
Prob(F-statistic)	0.055281		

表 4-10　帕克检验结果

Heteroskedasticity Test: Harvey

F-statistic	15.60665	Prob. F(1,29)	0.0005
Obs*R-squared	10.84605	Prob. Chi-Square(1)	0.0010
Scaled explained SS	7.800976	Prob. Chi-Square(1)	0.0052

Test Equation:
Dependent Variable: LRESID2
Method: Least Squares
Date: 10/13/17 Time: 10:37
Sample: 1 31
Included observations: 31

Variable	Coefficient	Std. Error	t-Statistic	Prob.
C	1.325231	2.051915	0.645851	0.5235
LOG(X)	0.992987	0.251356	3.950525	0.0005

R-squared	0.349873	Mean dependent var	9.354412
Adjusted R-squared	0.327455	S.D. dependent var	1.915110
S.E. of regression	1.570560	Akaike info criterion	3.803082
Sum squared resid	71.53310	Schwarz criterion	3.895598
Log likelihood	-56.94778	Hannan-Quinn criter.	3.833240
F-statistic	15.60665	Durbin-Watson stat	2.148345
Prob(F-statistic)	0.000458		

根据表 4-10 输出结果,得到 $\ln e_i^2$ 对解释变量 $\ln x_i$ 的辅助回归方程:

$$\ln e_i^2 = 1.3252 + 0.9930\ln x_i$$
$$t = (0.6459)\quad (3.9505)$$
$$R^2 = 0.3499\quad F = 15.6067$$

从辅助回归方程看,回归系数显著不为零,F 统计量值较大,回归方程显著成立,表明存在异方差性。5%显著性水平下,t 检验的临界值为 $t_{0.025}(29)=2.045$,根据帕克检验规则,回归参数在统计上是显著的,因此拒绝了同方差的假设。

③ 戈里瑟检验。在方程窗口中依次单击 View\Residual Diagnostics\Heteroskedasticity Tests,出现检验方法设定窗口,选择戈里瑟检验,在 Regressors 栏填写 x、$\sqrt{x}$、$1/x$,得到如下估计结果。

$|e_t|$ 对解释变量 x 的辅助回归方程:

$$|e_i| = 66.1881 + 0.0191x_i$$
$$t = \quad (1.5225)\quad (2.6526)$$
$$R^2 = 0.1953\quad F = 7.1361$$

$|e_i|$ 对解释变量 $\sqrt{x}$ 的辅助回归方程:

$$|e_i| = -5.6998 + 2.5709\sqrt{x_i}$$
$$t = \quad (-0.0914)\quad (2.9014)$$
$$R^2 = 0.2250\quad F = 8.4182$$

$|e_i|$对解释变量$1/x$的辅助回归方程：

$$|e_i| = 200.6661 - 59135.421\frac{1}{x_i}$$
$$t = \quad (6.6498) \quad (-2.4067)$$
$$R^2 = 0.1665 \quad F = 5.7921$$

在5%显著性水平，t检验的临界值为$t_{0.025}(29)=2.045$，显然上述三个回归方程的系数都是显著的，拒绝了同方差的假设。

④ Goldfeld-Quandt检验。首先将样本按全年人均可支配收入x的升序进行排序，然后去掉中间7个样本，将余下的样本分为容量各为12的两个子样本，并分别进行回归。样本取值较小的残差平方和$RSS_1=138421.2$。样本取值较大的残差平方和$RSS_2=996129.4$。因此，检验统计量为：$F=\frac{RSS_2}{RSS_1}=\frac{996129.4}{138421.2}=7.1964$，在5%的显著性水平下，查$F$分布表得$F_{0.05}(10,10)=2.97$。由于$7.964>2.97$，因此拒绝原假设，认为原模型中存在递增型的异方差。

综上所述，四种方法除了怀特检验在6%水平上显著外，其他三种方法均拒绝了同方差性的假设，认为模型随机误差项存在异方差性。

(4) 采用加权最小二乘法(WLS)进行估计。根据戈里瑟检验确定异方差的形式$|e_i|=-5.6998+2.5709\sqrt{x_i}$，为消除异方差，作如下回归：

$$\frac{y_i}{\sqrt{x_i}} = b_0\frac{1}{\sqrt{x_i}} + b_1\sqrt{x_i} + \frac{u_i}{\sqrt{x_i}}$$

利用EViews软件对模型进行加权最小二乘法估计。在命令窗口直接输入命令：LS(W=1/sqr(x)) y c x或在方程窗口中单击Estimate\Options按钮，并在权数变量栏输入权数1/sqr(x)，可以得到表4-11估计结果。

表4-11 加权最小二乘法估计结果

Dependent Variable: Y
Method: Least Squares
Date: 10/13/17 Time: 10:38
Sample: 1 31
Included observations: 31
Weighting series: 1/SQR(X)
Weight type: Inverse standard deviation (EViews default scaling)

Variable	Coefficient	Std. Error	t-Statistic	Prob.
C	30.62505	24.37308	1.256511	0.2190
X	0.111941	0.008982	12.46295	0.0000

Weighted Statistics

R-squared	0.842669	Mean dependent var	375.1335
Adjusted R-squared	0.837244	S.D. dependent var	186.5353
S.E. of regression	139.5286	Akaike info criterion	12.77676
Sum squared resid	564578.8	Schwarz criterion	12.86927
Log likelihood	-196.0397	Hannan-Quinn criter.	12.80692
F-statistic	155.3251	Durbin-Watson stat	2.040324
Prob(F-statistic)	0.000000	Weighted mean dep.	197.0335

Unweighted Statistics

R-squared	0.759007	Mean dependent var	585.1065
Adjusted R-squared	0.750697	S.D. dependent var	454.0268
S.E. of regression	226.6968	Sum squared resid	1490352.
Durbin-Watson stat	2.097364		

根据输出结果，得如下回归方程：

$$\hat{y}_i = 30.6251 + 0.1119x_i$$
$$t = (1.2565) \quad (12.4630)$$
$$R^2 = 0.8427 \quad F = 155.3251$$

可以看出，斜率项的t统计量值、样本可决系数R^2、F统计量比没有加权的回归模型显著增加了。

再进行怀特检验：在方程窗口中依次单击View\Residual Diagnostics\Heteroskedasticity Tests，出现检验方法设定窗口，选择怀特检验，估计结果如表4-12所示。

由怀特检验的输出结果可知，nr^2对应的p值远大于0.05，表明用加权最小二乘法估计农业总产值函数不存在异方差性。

(5) 农业总产值与农作物面积的全对数模型如下：$\ln y_i = b_0 + b_1 \ln x_i + u_i$。EViews 软件中 $\ln y$ 关于 $\ln x$ 的 OLS 回归结果如表 4-13 所示。

$$\ln \hat{y}_i = -1.0405 + 0.8670 \ln x_i$$

$$t = (-1.9178) \quad (13.0462)$$

$$R^2 = 0.8544 \quad F = 170.2024$$

再进行 Goldfeld-Quandt 检验。首先将样本按全年人均可支配收入 x 的升序进行排序，然后去掉中间 7 个样本，将余下的样本分为容量各为 12 的两个子样本，并分别进行回归。样本取值较小的残差平方和 $RSS_1 = 2.8947$。样本取值较大的残差平方和 $RSS_2 = 0.9744$。因此，检验统计量为 $F = \frac{RSS_2}{RSS_1} = \frac{0.9744}{2.8947} = 0.3366$，显然，$F$ 统计量的值小于临界值 $F_{0.05}(10,10) = 2.97$，因此不能拒绝同方差的假设。即取对数后的模型不再存在异方差性。

表 4-12　怀特检验结果

Heteroskedasticity Test: White			
F-statistic	0.597100	Prob. F(3,27)	0.6224
Obs*R-squared	1.928719	Prob. Chi-Square(3)	0.5873
Scaled explained SS	1.333314	Prob. Chi-Square(3)	0.7212

表 4-13　回归结果

Dependent Variable: LOG(Y)
Method: Least Squares
Date: 10/13/17 Time: 10:41
Sample: 1 31
Included observations: 31

Variable	Coefficient	Std. Error	t-Statistic	Prob.
C	-1.040480	0.542530	-1.917831	0.0650
LOG(X)	0.867032	0.066459	13.04616	0.0000

R-squared	0.854419	Mean dependent var	5.970248
Adjusted R-squared	0.849399	S.D. dependent var	1.070052
S.E. of regression	0.415258	Akaike info criterion	1.142509
Sum squared resid	5.000747	Schwarz criterion	1.235025
Log likelihood	-15.70890	Hannan-Quinn criter.	1.172667
F-statistic	170.2024	Durbin-Watson stat	1.552249
Prob(F-statistic)	0.000000		

线性模型的回归系数 $\hat{b}_1 = 0.1119$ 是边际系数，表示当农作物种植面积增加 1 万亩时，农业总产值增加 0.1119 亿元；对数模型的回归系数 $\hat{b}_1 = 0.867$ 是弹性系数，表示当农作物种植面积增长 1%时，农业总产值将平均增长 0.867%。弹性系数是相对系数，便于比较。对数模型与线性模型相比，可以消除异方差性。

4.4　习题

4.4.1　单项选择题

1. 容易产生异方差性的数据是(　　)。

A. 时间序列数据　　B. 虚变量数据　　C. 横截面数据　　D. 年度数据

2. 下列哪种方法不是检验异方差性的方法？(　　)

A. 戈德菲尔德—匡特检验　　B. 怀特检验

C. 戈里瑟检验　　D. 方差膨胀因子检验

3. 当存在异方差现象时，估计模型参数的适当方法是(　　)。

A. 加权最小二乘法　　B. 工具变量法

C. 广义差分法　　　　D. 普通最小二乘法

4. 如果回归模型中的随机误差项存在异方差性，则模型参数的普通最小二乘估计量是(　　)。

A. 无偏、有效估计量　　　　B. 无偏、非有效估计量

C. 有偏、有效估计量　　　　D. 有偏、非有效估计量

5. 加权最小二乘法克服异方差性的主要原理是通过赋予不同观测点以不同的权数，从而提高估计精度，即(　　)。

A. 重视大误差的作用，轻视小误差的作用

B. 重视小误差的作用，轻视大误差的作用

C. 重视小误差和大误差的作用

D. 轻视小误差和大误差的作用

6. 设回归模型为 $y_i=\beta x_i+u_i$，其中 $\text{var}(u_i)=\sigma^2 x_i^2$，则 β 的最有效估计量为(　　)。

A. $\hat{\beta}=\dfrac{\sum x_i y_i}{\sum x_i^2}$　　　　B. $\hat{\beta}=\dfrac{n\sum x_i y_i-\sum x_i \sum y_i}{n\sum x_i^2-\left(\sum x_i\right)^2}$

C. $\hat{\beta}=\dfrac{\bar{y}}{\bar{x}}$　　　　D. $\hat{\beta}=\dfrac{1}{n}\sum \dfrac{y_i}{x_i}$

7. 如果戈里瑟检验表明，普通最小二乘估计结果的残差 e_i 与 x_i 有显著的形式为 $|e_i|=0.287\,15x_i+v_i$ 的相关关系(v_i 满足线性模型的经典假设)，则用加权最小二乘法估计模型参数时，权数应为(　　)。

A. x_i　　　　B. $\dfrac{1}{x_i^2}$　　　　C. $\dfrac{1}{x_i}$　　　　D. $\dfrac{1}{\sqrt{x_i}}$

8. 设线性回归模型为 $y_i=\beta_0+\beta x_i+u_i$，其中 $\text{var}(u_i)=\sigma^2 x_i^2$，则使用加权最小二乘法估计模型时，应将模型变换为(　　)。

A. $\dfrac{y_i}{\sqrt{x_i}}=\dfrac{\beta_0}{\sqrt{x_i}}+\beta_1\sqrt{x_i}+\dfrac{u_i}{\sqrt{x_i}}$　　　　B. $\dfrac{y_i}{\sqrt{x_i}}=\dfrac{\beta_0}{\sqrt{x_i}}+\beta_1+\dfrac{u_i}{\sqrt{x_i}}$

C. $\dfrac{y_i}{x_i}=\dfrac{\beta_0}{x_i}+\beta_1+\dfrac{u_i}{x_i}$　　　　D. $\dfrac{y_i}{x_i^2}=\dfrac{\beta_0}{x_i^2}+\dfrac{\beta_1}{x_i}+\dfrac{u_i}{x_i^2}$

9. 如果戈德菲尔德—匡特检验显著，则认为什么问题是严重的？(　　)

A. 异方差性问题　　　　B. 自相关性问题

C. 多重共线性问题　　　　D. 模型设定误差问题

10. 下列关于异方差性检验的叙述，正确的是(　　)。

A. 通过图示法可以精确判断模型是否存在异方差性

B. 戈德菲尔德—匡特检验需要对样本进行排序

C. 戈德菲尔德—匡特检验不需要对样本进行排序

D. 怀特检验需要对样本进行排序

11. 所谓异方差性是指(　　)。

A. $\text{var}(u_i)\neq\sigma^2$　　　　B. $\text{var}(x_i)\neq\sigma^2$　　　　C. $\text{var}(u_i)=\sigma^2$　　　　D. $\text{var}(x_i)=\sigma^2$

12. 在检验异方差性的方法中，不正确的是(　　)。

A. 戈德菲尔德—匡特检验方法　　　　B. 戈里瑟检验法

C. 怀特检验法　　　　　　　　　　D. DW 检验法

13. 戈德菲尔德—匡特检验法可用于检验(　　)。

A. 异方差性　　B. 多重共线性　　C. 自相关性　　D. 随机解释变量

14. 戈里瑟检验方法主要用于检验(　　)。

A. 异方差性　　　　　　　　　　B. 自相关性

C. 随机解释变量　　　　　　　　D. 多重共线性

15. 对模型进行对数变换,其原因是(　　)。

A. 能使误差转变为绝对误差　　　　B. 能使误差转变为相对误差

C. 更加符合经济意义　　　　　　　D. 大多数经济现象可用对数模型表示

16. 在修正异方差性的方法中,不正确的是(　　)。

A. 加权最小二乘法　　　　　　　　B. 对原模型变换的方法

C. 对模型的对数变换法　　　　　　D. 两阶段最小二乘法

17. 加权最小二乘法是(　　)的一个特例。

A. 广义差分法　　　　　　　　　　B. 广义最小二乘法

C. 普通最小二乘法　　　　　　　　D. 两阶段最小二乘法

4.4.2 多项选择题

1. 在计量经济研究中,产生异方差性的原因主要有(　　)。

A. 模型中遗漏了某些解释变量　　　B. 模型函数形式的设定误差

C. 样本数据的测量误差　　　　　　D. 随机因素的影响

E. 非随机因素的影响

2. 下列经济计量分析中哪些很可能存在异方差问题?(　　)

A. 用横截面数据建立家庭消费支出对家庭收入水平的回归模型

B. 用横截面数据建立产出对劳动和资本的回归模型

C. 以凯恩斯的有效需求理论为基础构造宏观经济计量模型

D. 以国民经济核算账户为基础构造宏观经济计量模型

E. 以 30 年的时序数据建立某种商品的市场供需模型

3. 在异方差性条件下,普通最小二乘法具有如下性质(　　)。

A. 线性　　　　B. 无偏性　　　　C. 最小方差性

D. 精确性　　　E. 有效性

4. 异方差性的影响主要有(　　)。

A. 普通最小二乘估计量是有偏的

B. 普通最小二乘估计量是无偏的

C. 普通最小二乘估计量不再具有最小方差性

D. 建立在普通最小二乘估计基础上的假设检验失效

E. 建立在普通最小二乘估计基础上的预测区间变宽

5. 异方差性的检验方法有(　　)。

A. 图示检验法　　　　B. 怀特检验　　　　C. 戈里瑟检验

D. 样本分段比较法检验　　E. 帕克检验

6. 当模型存在异方差现象时，加权最小二乘估计量具备(　　)。

A. 线性　　B. 无偏性　　C. 有效性

D. 一致性　　E. 精确性

7. 异方差性的解决方法主要有(　　)。

A. 普通最小二乘法　　B. 加权最小二乘法　　C. 广义差分法

D. 广义最小二乘法　　E. 模型变换法

8. 当模型存在异方差性时，对参数估计量的影响包括(　　)。

A. 参数估计量非有效　　B. 变量的显著性检验失去意义

C. 模型的预测失效　　D. 参数估计量的方差被低估

E. 参数估计量的方差被高估

9. 用矩阵形式表示的广义最小二乘估计量为$\hat{\boldsymbol{B}}=(\boldsymbol{X}'\boldsymbol{\Omega}^{-1}\boldsymbol{X})^{-1}(\boldsymbol{X}'\boldsymbol{\Omega}^{-1}\boldsymbol{Y})$，此估计量是(　　)。

A. 有偏的　　B. 无效的　　C. 无偏的

D. 有效的　　E. 精确的

10. 模型的对数变换有以下特点(　　)。

A. 能使测定变量值的尺度缩小　　B. 模型的残差为相对误差

C. 更加符合经济意义　　D. 经济现象中大多数可用对数模型表示

E. 相对误差往往有较小的差异

4.4.3 判断题

1. 一般经验表明，对于采用时间序列数据做样本的计量经济学问题，往往存在异方差性。(　　)

2. 如果用普通最小二乘法估计的残差是解释变量的函数，则意味着存在异方差性。(　　)

3. 在存在异方差性的情况下，普通最小二乘估计量仍然是无偏和有效的。(　　)

4. 当模型中的随机误差项存在异方差性时，常用的 t 检验和 F 检验失效。(　　)

5. 戈德菲尔德—匡特检验以 t 检验为基础，适用于样本容量较大的情况。(　　)

6. 戈德菲尔德—匡特检验是用来检验异方差性的，可用于检验各种类型的异方差性。(　　)

7. 加权最小二乘法的基本原理是使加权后的残差平方和最小。(　　)

8. 加权最小二乘法解决异方差性的主要原理是通过赋予不同观测点以不同的权数，从而提高参数估计的精度，即重视大误差的作用，轻视小误差的作用。(　　)

9. 广义最小二乘法可以消除异方差性。(　　)

10. 广义最小二乘法是加权最小二乘法的特例。(　　)

4.4.4 简答题、分析与计算题

1. 什么是异方差性？试举例说明经济现象中的异方差性。

2. 产生异方差性的原因及异方差性对模型的OLS估计有何影响？

3. 样本分段法检验(即戈德菲尔德—匡特检验)异方差性的基本步骤及其适用条件。

4. 戈里瑟检验异方差性的基本原理及优点。

5. 检验异方差性的戈德菲尔德—匡特检验和怀特检验是否相同？试述怀特检验、帕克检验和戈里瑟检验的异同之处。

6. 加权最小二乘法及其基本原理，它与普通最小二乘法有何差异？

7. 判断下列说法是否正确，并简要回答为什么：

(1) 当异方差出现时，最小二乘估计是有偏的和不具有最小方差特性；

(2) 当异方差出现时，常用的 t 检验和 F 检验失效；

(3) 在异方差情况下，通常OLS估计一定高估了估计量的标准差；

(4) 如果OLS回归的残差表现出系统性，则说明数据中有异方差性；

(5) 如果回归模型遗漏一个重要变量，则OLS残差必定表现出明显的趋势；

(6) 在异方差情况下，通常预测失效。

8. 用横截面资料建立企业利润(π)对企业销售收入(I)的线性回归模型时，可能遇到的主要问题是什么？

9. 检验下列模型是否存在异方差性，列出检验步骤，并给出结论。

$$y_t = b_0 + b_1 x_{1t} + b_{2t} x_{2t} + b_3 x_{3t} + u_t$$

样本共40个，本题假设去掉样本点 $C=12$ 个，假设异方差性由 x_1 引起，数值小的一组残差平方和为 $RSS_1=0.466E-17$，x_1 数值大的一组残差平方和为 $RSS_2=0.36E-17$。

10. 建立住房支出模型：$y_t=b_0+b_1 x_t+u_t$，样本数据如表4-14(其中：y 是住房支出，x 是收入，单位：千美元)。

表4-14 住房支出与收入数据

y	1.8	2.0	2.0	2.0	2.1	3.0	3.2	3.5	3.5	3.6
x	5	5	5	5	5	10	10	10	10	10
y	4.2	4.2	4.5	4.8	5.0	4.8	5.0	5.7	6.0	6.2
x	15	15	15	15	15	20	20	20	20	20

请回答下列问题：

(1) 用最小二乘法估计 b_0，b_1 的估计值、标准差、拟合优度；

(2) 用戈德菲尔德—匡特检验法检验异方差性(假设分组时不去掉任何样本值)，取 $\alpha=0.05$；

(3) 如果存在异方差性，假设 $\sigma_t^2=\sigma^2 x_t^2$，用加权最小二乘法重新估计 b_0，b_1 的估计值、标准差、拟合优度。

11. 考虑表 4-15 中的数据。(1)估计 OLS 回归方程：$y_t = b_0 + b_1 x_t + u_t$；

表 4-15　样本数据

就业规模（平均就业人数）	平均赔偿 y(美元)	平均生产率 x(美元)	赔偿的标准方差 σ(美元)
1～4	3 396	9 335	744
5～9	3 787	8 584	851
10～19	4 013	7 962	728
20～49	4 104	8 275	805
50～99	4 146	8 389	930
100～249	4 241	9 418	1 081
250～499	4 387	9 795	1 243
500～999	4 538	10 281	1 308
1 000～2 499	4 843	11 750	1 112

(2) 估计：$\frac{y_t}{\sigma_t} = b_0 \frac{1}{\sigma_t} + b_1 \frac{x_t}{\sigma_t} + \frac{u_t}{\sigma_t}$。

分析两个回归方程的结果，你认为哪个回归方程更好？为什么？

12. 表 4-16 列出了 1995 年北京市规模最大的 20 家百货零售商店的商品销售收入 x 和销售利润 y 的统计资料。

(1) 根据 y、x 的相关图分析异方差性；

(2) 利用怀特检验、帕克检验和戈里瑟检验进行异方差性检验；

表 4-16　1995 年北京规模最大的 20 家百货商店商品销售收入与销售利润　千万元

商店名称	销售收入	销售利润	商店名称	销售收入	销售利润
百货大楼	160.0	2.8	贵友大厦	49.3	4.1
城乡贸易中心	151.8	8.9	金伦商场	43.0	2.0
西单商场	108.1	4.1	隆福大厦	42.9	1.3
蓝岛大厦	102.8	2.8	友谊商业集团	37.6	1.8
燕莎友谊商场	89.3	8.4	天桥百货商场	29.0	1.8
东安商场	68.7	4.3	百盛轻工公司	27.4	1.4
双安商场	66.8	4.0	菜市口百货商场	26.2	2.0
赛特购物中心	56.2	4.5	地安门商场	22.4	0.9
西单购物中心	55.7	3.1	新街口百货商场	22.2	1.0
复兴商业城	53.0	2.3	星座商厦	20.7	0.5

(3) 利用 WLS 方法估计利润函数。

13. 表 4-17 列出了 2000 年中国部分省市城镇居民每个家庭平均全年可支配收入 x 与消费性支出 y 的统计数据。

(1) 利用 OLS 法建立人均消费支出与可支配收入的线性模型；

(2) 检验模型是否存在异方差性；

(3) 如果存在异方差性,试采用适当的方法加以消除。

表 4-17　2000 年中国部分省市城镇居民每个家庭平均全年可支配收入与消费性支出　　元

地区	可支配收入 x	消费性支出 y	地区	可支配收入 x	消费性支出 y
北京	10 349.69	8 493.49	浙江	9 279.16	7 020.22
天津	8 140.50	6 121.04	山东	6 489.97	5 022.00
河北	5 661.16	4 348.47	河南	4 766.26	3 830.71
山西	4 724.11	3 941.87	湖北	5 524.54	4 644.50
内蒙古	5 129.05	3 927.75	湖南	6 218.73	5 218.79
辽宁	5 357.79	4 356.06	广东	9 761.57	8 016.91
吉林	4 810.00	4 020.87	陕西	5 124.24	4 276.67
黑龙江	4 912.88	3 824.44	甘肃	4 916.25	4 126.47
上海	11 718.01	8 868.19	青海	5 169.96	4 185.73
江苏	6 800.23	5 323.18	新疆	5 644.86	4 422.93

14. 已知某地区的个人储蓄 y,可支配收入 x 的截面样本数据见表 4-18。

(1) 利用 OLS 法建立个人储蓄与可支配收入的线性模型;

(2) 利用布罗斯—帕甘—戈弗雷检验、怀特检验、戈里瑟检验和帕克检验、戈德菲尔德—匡特检验对模型进行异方差性检验;

(3) 如果存在异方差性,试采用适当的方法加以消除。

表 4-18　某地区个人储蓄与可支配收入数据

序号	储蓄 y	收入 x	序号	储蓄 y	收入 x	序号	储蓄 y	收入 x
1	264	8 777	12	950	17 663	23	2 105	29 560
2	105	9 210	13	779	18 575	24	1 600	28 150
3	90	9 954	14	819	19 635	25	2 250	32 100
4	131	10 508	15	1 222	21 163	26	2 420	32 500
5	122	10 979	16	1 702	22 880	27	2 570	35 250
6	107	11 912	17	1 578	24 127	28	1 720	33 500
7	406	12 747	18	1 654	25 604	29	1 900	36 000
8	503	13 499	19	1 400	26 500	30	2 100	36 200
9	431	14 269	20	1 829	26 760	31	2 800	38 200
10	588	15 522	21	2 200	28 300			
11	898	16 730	22	2 017	27 430			

4.5 习题答案

4.5.1 单项选择题

1. C　2. D　3. A　4. B　5. B　6. D　7. C　8. C　9. A　10. B
11. A　12. D　13. A　14. A　15. B　16. D　17. B

4.5.2 多项选择题

1. ABCD　2. AB　3. AB　4. BCDE　5. ABCDE　6. ABCD
7. BDE　8. ABC　9. CD　10. ABE

4.5.3 判断题

1. ×　2. √　3. ×　4. √　5. ×　6. ×　7. √　8. ×　9. √　10. ×

4.5.4 简述题、分析与计算题

1. **解答**　如果线性回归模型中随机误差项 u_t 的方差不是常数，则称随机误差项 u_t 具有异方差性。在分析实际经济问题时，经常会出现异方差现象，尤其是截面数据。例如，用截面数据研究某一时点上不同地区的某类企业的生产函数，其模型为

$$Y_t = AL_t^{\alpha}K_t^{\beta}e^{u_t}$$

u 为随机误差项，它包含除资本 K 和劳动力 L 以外的其他因素对产出 Y 的影响，比如不同企业在设计、生产工艺、技术熟练程度或管理上的差别以及其他因素，这些因素在小企业之间差别不大，而在大企业之间则相差很远，随机误差项随 L、K 增大而增大。由于不同的地区这些因素不同造成了对产出的影响出现差异，使得模型中的 u 具有异方差性，并且这种异方差性的表现是随资本和劳动力的增加而有规律变化的。

2. **解答**　见本章内容提要。

3. **解答**　见本章内容提要。

4. **解答**　戈里瑟的基本原理是通过建立残差绝对值对解释变量的回归模型，判断随机误差项是否存在异方差性。具体步骤如下：(1)根据样本数据用最小二乘法估计回归模型并求残差 e_t；(2)分别建立残差绝对值 $|e_t|$ 对每个解释变量的各种回归方程，比如 $|e_t| = a_0 + a_1x_t^h + v_t(h = \pm1, \pm2, \pm1/2, \cdots)$，其中 v_t 为随机误差项；(3)检验每个回归方程参数的显著性。如果其参数显著地不为零，则存在异方差性，相反，则认为随机误差项满足同方差假定。

戈里瑟检验的优点：不仅能检验异方差性，而且通过"实验"可以探测异方差性的具体形式，这有助于进一步研究如何消除异方差性的影响。

5. **解答**　(1)戈德菲尔德—匡特检验和怀特检验的基本思想是不相同的。戈德菲尔德—匡特检验为样本分段法检验，其基本思想是将样本分为容量相等的两部分，然后分别对两个子样进行回归，并计算两个子样的残差平方和，如果随机误差项是同方差的，则这两个子样的残差平方和应该大致相等。如果是异方差的，则两者差别较大。以此来判断是否存在异方差性。而怀特检验为残差回归检验法，其基本原理是通过建立残差平方关于解释变量的辅助回归模型，来判断随机误差项是否存在异方差性。

(2) 怀特检验、戈里瑟检验和帕克检验方法的基本原理都是相近的，都是通过建立残差序列对解释变量的辅助回归模型，判断随机误差项的方差与解释变量之间是否存在较强的

相关关系。这几种方法,统称为残差回归检验法。

(3) 其基本原理都是由普通最小二乘法得到残差,通过建立残差序列对解释变量的辅助回归模型,根据回归模型的显著性来判断是否存在异方差性。

区别之处在于:怀特检验是用残差平方关于解释变量的一次项、二次项、交叉项作辅助回归模型,通过构建 χ^2 统计量来判断是否存在异方差性;戈里瑟检验是用残差绝对值关于解释变量作辅助回归模型,帕克检验是用残差平方取对数关于解释变量取对数作辅助回归模型,根据模型回归系数的显著性来判断是否存在异方差性。

6. **解答** 加权最小二乘法是对原模型加权,使之变成一个新的不存在异方差性的模型,然后采用最小二乘估计法(OLS)估计其参数。其基本思想是:存在异方差性的情况下,使用 OLS 时,为满足残差平方和最小的目的,在采用 WLS 方法时,对较小的残差平方赋予较大的权数,对较大的残差平方赋予较小的权数,对残差进行校正,提高参数估计的精度。

加权最小二乘法与普通最小二乘法的差异在于:最小二乘法的基本原理是使残差平方和 $\sum e_t^2$ 为最小,对每个残差平方 $e_t^2(t=1,2,\cdots,n)$ 都有相同的权数(权数为 1),对各点的残差平方 e_t^2 所提供信息的重要程度是一样看待的。而加权最小二乘法是使加权残差平方和 $\sum w_t e_t^2$ 为最小,对每个残差平方 e_t^2 赋予不同的权数(权数为随机项的标准差的倒数),对较小的 e_t^2 给予充分的重视,即给予较大的权数,对较大的 e_t^2 给予较小的权数,更好地使 $\sum e_t^2$ 反映 $\mathrm{var}(u_t)$ 对残差平方和的影响程度,从而改善参数估计的统计性质。

7. **解答** (1) 错。在存在异方差情况下,OLS 法估计量是无偏的但不具有有效性。

(2) 对。如果存在异方差,通常使用的 t 检验和 F 检验是无效的。

(3) 错。实际情况可能是高估也可能是低估。

(4) 对。通过将残差对其相应的观察值作散点图,了解变量与残差之间是否存在可以观察到的系统模式,可以用来判断数据中是否存在异方差。

(5) 对。如果回归模型遗漏一个重要变量,则此时随机误差项包含解释变量,不满足基本假定,此时其 OLS 残差必定表现出明显的趋势。

(6) 对。在异方差性情况下,参数估计量不再具有有效性,估计值与真实值的差异增大,由此得到的回归模型估计式对真实总体关系式的代表性亦相应降低,进一步影响被解释变量的预测区间,降低预测精度。

8. **解答** 用截面资料建立企业利润对企业销售收入的线性回归模型时,可能遇到的主要问题是异方差性。

因为不同的企业在设计、生产工艺、技术水平、管理方法等方面差异较大,建立企业利润对企业销售收入的线性回归模型,使得模型中的随机误差项具有异方差性,这种异方差性是随企业销售收入的增加而有规律变化的。

9. **解答** 戈德菲尔德—匡特检验步骤如下:

(1) 提出原假设和备择假设。$H_0: u_t$ 为同方差性;$H_1: u_t$ 为异方差性;

(2) 根据题意计算 F 统计量:$F=\frac{\mathrm{RSS}_2}{\mathrm{RSS}_1}=\frac{0.466}{0.36}=1.2389$;

（3）根据临界值进行判断：查 F 分布的临界值表得 $F_{0.05}\left(\frac{40-12}{2}-3-1,\frac{40-12}{2}-4-1\right)=F_{0.05}(10,10)=2.98>F=1.2389$，因此不能拒绝原假设，认为模型随机误差项是同方差的。

10. **解答**　（1）利用 EViews 软件对模型进行 OLS 估计。首先建立工作文件，然后输入样本数据，在工作文件窗口输入命令：ls y c x，按回车键，得到住房支出 y 对收入 x 的回归结果：

$$\hat{y}_i = 0.890 + 0.2372x_i$$
$$s = (0.2043)\ (0.0149)$$
$$t = (4.3561)\ (15.8972)$$
$$R^2 = 0.9335 \quad F = 252.7223$$

因此，用最小二乘法求得参数 b_0、b_1 的估计值为：$\hat{b}_0=0.89$，$\hat{b}_1=0.2372$；标准差为：$s(\hat{b}_0)=0.2043$，$s(\hat{b}_1)=0.0149$；拟合优度为 $R^2=0.9335$。

（2）戈德菲尔德—匡特检验：将样本 x 数据排序，$n=20$，分组时不去掉任何样本值，将 20 个样本一分为二，确定子样 1(1～10)，求出 $RSS_1=0.3$；确定子样 2(11～20)，求出 $RSS_2=2.024$。计算出 $F=\frac{RSS_2}{RSS_1}=\frac{2.024}{0.3}=7.467$，给定显著性水平 $\alpha=0.05$，查 $F_{0.05}(8,8)=3.44$，得 $F>F_\alpha$，所以模型存在异方差性。

（3）利用 EViews 软件对模型进行加权最小二乘法估计。在命令窗口直接输入命令：LS(W=1/x) y c x 或在方程窗口中单击 Estimate\Options 按钮，并在权数变量栏输入权数 $1/x$，可以得到表 4-19 估计结果。

表 4-19　加权最小二乘法估计结果

Dependent Variable: Y
Method: Least Squares
Date: 10/13/17 Time: 11:01
Sample: 1 20
Included observations: 20
Weighting series: 1/X
Weight type: Inverse standard deviation (EViews default scaling)

Variable	Coefficient	Std. Error	t-Statistic	Prob.
C	0.752923	0.098255	7.662934	0.0000
X	0.249487	0.011723	21.28124	0.0000

Weighted Statistics

R-squared	0.961775	Mean dependent var	3.148000
Adjusted R-squared	0.959651	S.D. dependent var	0.493204
S.E. of regression	0.245441	Akaike info criterion	0.123122
Sum squared resid	1.084347	Schwarz criterion	0.222696
Log likelihood	0.768775	Hannan-Quinn criter.	0.142560
F-statistic	452.8914	Durbin-Watson stat	1.493042
Prob(F-statistic)	0.000000	Weighted mean dep.	2.578439

Unweighted Statistics

R-squared	0.930862	Mean dependent var	3.855000
Adjusted R-squared	0.927020	S.D. dependent var	1.408050
S.E. of regression	0.380381	Sum squared resid	2.604413
Durbin-Watson stat	1.422569		

根据输出结果，得如下回归方程：

$$\hat{y}_i = 0.7529 + 0.2495x_i$$
$$s = (0.0983)\quad (0.0117)$$
$$t = (7.6629)\quad (21.2812)$$
$$R^2 = 0.9618 \quad F = 452.8914$$

因此，用加权最小二乘法求得参数 b_0、b_1 的估计值为：$\hat{b}_0=0.7529$、$\hat{b}_1=0.2495$；标准差为：$s(\hat{b}_0)=0.0983$，$s(\hat{b}_1)=0.0117$；拟合优度为 $R^2=0.9618$。

再进行怀特检验：在方程窗口中依次单击 View\Residual Diagnostics\Heteroskedasticity Tests，出现异方差性检验方法设定窗口，如图 4-3 所示。

在检验方法设定窗口，选择怀特检验（也可含交叉乘积项和不含交叉乘积项进行选择），估计结果如表 4-20 所示。

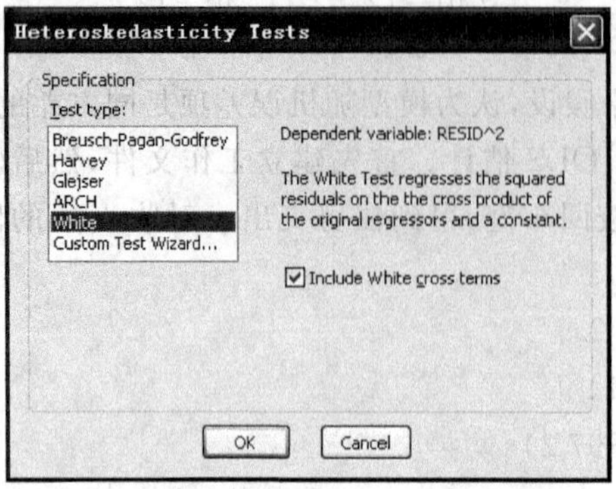

图 4-3　异方差性检验方法设定窗口

表 4-20　怀特检验结果

Heteroskedasticity Test: White			
F-statistic	0.379713	Prob. F(2,17)	0.6897
Obs*R-squared	0.855237	Prob. Chi-Square(2)	0.6521
Scaled explained SS	0.371809	Prob. Chi-Square(2)	0.8304

由怀特检验的输出结果可知，nr^2（为了区别起见，辅助回归模型的判定系数用 r^2 表示）对应的 p 值大于 0.05，表明模型已不存在异方差性。

11. **解答**　(1) 利用 EViews 软件对模型 $y_t=b_0+b_1x_t+u_t$ 进行 OLS 估计，得到回归方程(1)：

$$\hat{y}_t = 1\,980.107 + 0.234\,3x_t$$
$$t = (2.124\,5) \quad (2.357\,7)$$
$$R^2 = 0.442\,6 \quad \text{S.E.} = 335.691\,5 \quad F = 5.558\,5$$

(2) 利用 EViews 软件对模型$\frac{y_t}{\sigma_t}=b_0\frac{1}{\sigma_t}+b_1\frac{x_t}{\sigma_t}+\frac{u_t}{\sigma_t}$进行 OLS 估计，得回归方程(2)：

$$\hat{y}_t = 1.298\,1 + 0.314\,9x_t$$
$$t = (1.154\,0) \quad (2.763\,9)$$
$$R^2 = 0.521\,8 \quad \text{SE} = 0.496\,2 \quad F = 7.639\,0$$

容易检验两个回归方程均不存在异方差性，从两个回归方程的结果看，由于回归方程(2)中的 $t(\hat{b}_1)$、R^2、F 统计量值大于回归方程(1)，而回归方程(2)中的标准误小于回归方程(1)，所以回归方程(2)比回归方程(1)更好。

12. **解答**　(1) 根据表 4-16 中的数据，很容易得到北京市 20 家百货商店商品销售收入与利润的相关图如图 4-4 所示。从销售利润与销售收入的相关图可以看出，利润函数呈现出递增异方差性。

根据表 4-16 中的数据，建立利润回归函数可以得出残差平方 e_t^2 与 x_t 的散点图(图 4-5)，从残差分布图可以大致看出随机误差项存在递增的异方差性。

(2) ①怀特检验：建立回归模型，在方程窗口中依次单击 View\Residual Diagnostics\Heteroskedasticity Tests，出现检验方法设定窗口，选择怀特检验，估计结果如表 4-21 所示。

由怀特检验的输出结果可知，nr^2 对应的 p 值小于 0.05，表明模型存在异方差性。

② 戈里瑟检验：在方程窗口中依次单击 View\Residual Diagnostics\Heteroskedasticity Tests，出现检验方法设定窗口，选择戈里瑟检验，估计结果如表 4-22。

由戈里瑟检验的输出结果可知，nr^2 对应的 p 值小于 0.05，表明模型存在异方差性。

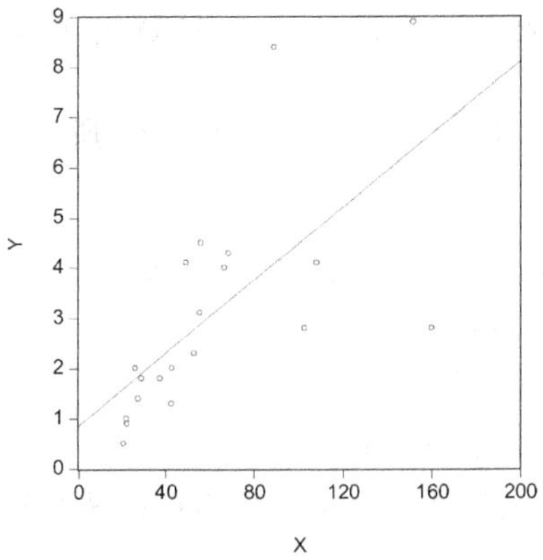

图 4-4 销售利润与销售收入的相关图

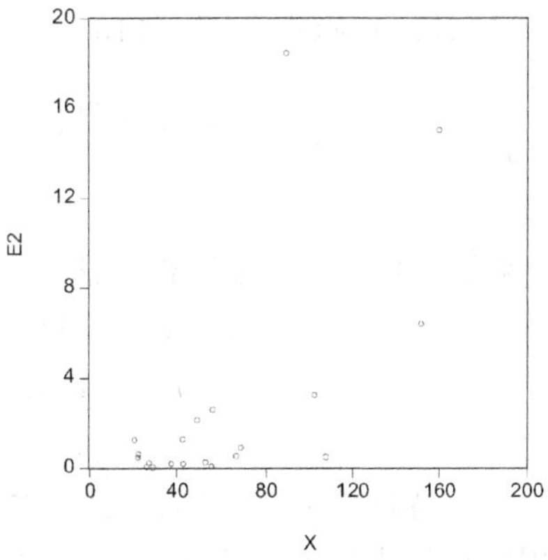

图 4-5 e_t^2 与 x_t 的散点图

表 4-21 怀特检验结果

Heteroskedasticity Test: White			
F-statistic	6.172459	Prob. F(2,17)	0.0097
Obs*R-squared	8.413667	Prob. Chi-Square(2)	0.0149
Scaled explained SS	11.37535	Prob. Chi-Square(2)	0.0034

表 4-22 戈里瑟检验结果

Heteroskedasticity Test: Glejser			
F-statistic	18.15856	Prob. F(1,18)	0.0005
Obs*R-squared	10.04385	Prob. Chi-Square(1)	0.0015
Scaled explained SS	11.76721	Prob. Chi-Square(1)	0.0006

③ 帕克检验：在方程窗口中依次单击 View\Residual Diagnostics\Heteroskedasticity Tests，出现检验方法设定窗口，选择 Harvey 检验，在 Regressors 栏填写 log(x)，输出结果即为帕克检验结果，由帕克检验的输出结果可知，nr^2 对应的 p 值远小于 0.05，表明模型存在异方差性。

(3) 利用 WLS 方法估计利润函数。在方程窗口求残差绝对值，生成序列 $e=\text{abs(resid)}$，取权数 $w=1/e$，得到如下回归方程：

$$\hat{y}_t = 0.7677 + 0.0388x_t$$
$$t = (3.3979) \quad (7.2002)$$
$$\bar{R}^2 = 0.7280 \quad F = 51.8424$$

再进行怀特检验可知，用加权最小二乘法估计利润函数不存在异方差性。

13. **解答** (1) 利用 EViews 软件对模型 $y_t=b_0+b_1x_t+u_t$ 进行 OLS 估计，得到人均消费支出与可支配收入回归方程：

$$\hat{y}_t = 272.3635 + 0.7551x_t$$
$$t = (1.7057) \quad (32.3869)$$
$$R^2 = 0.9831 \quad F = 1048.912$$

(2) ①怀特检验：在方程窗口中依次单击 View\Residual Diagnostics\Heteroskedasticity Tests，出现检验方法设定窗口，选择怀特检验，估计结果如表 4-23 所示。

由怀特检验的输出结果可知，nr^2 对应的 p 值小于 0.05，表明模型存在异方差性。

表 4-23 怀特检验结果

Heteroskedasticity Test: White			
F-statistic	14.63595	Prob. F(2,17)	0.0002
Obs*R-squared	12.65213	Prob. Chi-Square(2)	0.0018
Scaled explained SS	5.568079	Prob. Chi-Square(2)	0.0618

② 戈德菲尔德—匡特检验：将样本 x 数据排序，$n=20$，$c=20/4=5$，取 $c=4$，从中间去掉 4 个数据，确定子样 1(1～8)，求出

$RSS_1=126\ 528.6$；确定子样 2(13～20)，求出 $RSS_2=615\ 472.0$。计算出 $F=\frac{RSS_2}{RSS_1}=\frac{615\ 472.0}{126\ 528.3}=4.86$，给定显著性水平 $\alpha=0.05$，查 $F_{0.05}(6,6)=4.28$，得 $F>F_\alpha$，所以模型存在异方差性。

(3) 采用加权最小二乘法进行估计。取权数 $w=1/x$，得如下回归方程：

$$\hat{y}_t = 311.180\ 0 + 0.748\ 9x_t$$
$$t = (1.877\ 7) \qquad (26.453\ 2)$$
$$R^2 = 0.974\ 9 \quad F = 699.774\ 1$$

再进行怀特检验可知，用加权最小二乘法估计人均消费支出函数不存在异方差性。

采用加权最小二乘法得到的回归方程，不存在异方差性，模型拟合优度较高，回归系数显著，其经济意义：311.18(元)为城镇居民的自发消费，0.748 9 为边际消费倾向，即我国城镇居民人均可支配收入每增加 100 元时，居民消费性支出将增加 74.89 元。

通过模型的对数变换，也可以消除异方差性。对数线性回归模型回归结果如表 4-24 所示。

再进行怀特检验，易知对数模型已不存在异方差性。

表 4-24 回归结果

Dependent Variable: LOG(Y)
Method: Least Squares
Date: 10/13/17 Time: 14:38
Sample: 1 20
Included observations: 20

Variable	Coefficient	Std. Error	t-Statistic	Prob.
C	0.249434	0.263495	0.946635	0.3564
LOG(X)	0.945917	0.030132	31.39272	0.0000

R-squared	0.982063	Mean dependent var	8.516948
Adjusted R-squared	0.981066	S.D. dependent var	0.276333
S.E. of regression	0.038023	Akaike info criterion	-3.606594
Sum squared resid	0.026024	Schwarz criterion	-3.507021
Log likelihood	38.06594	Hannan-Quinn criter.	-3.587157
F-statistic	985.5030	Durbin-Watson stat	2.288332
Prob(F-statistic)	0.000000		

线性模型的回归系数 $\hat{b}_1=0.748\ 9$ 是边际系数，表示城镇居民人均可支配收入每增加 100 元时，居民消费性支出将增加 74.89 元。对数模型的回归系数 $\hat{b}_1=0.945\ 9$ 是弹性系数，表示城镇居民人均可支配收入增长 1%，居民消费性支出将平均增长 0.945 9%。弹性系数是相对系数，便于比较。对数模型与线性模型相比，可以消除异方差性。

14. **解答** (1) 利用 EViews 软件建立个人储蓄与可支配收入的线性模型 $y_t=b_0+b_1x_t+u_t$，得到储蓄函数回归方程：

$$\hat{y}_t = -700.411 + 0.087\ 8x_t$$
$$t = (-6.003\ 5) \quad (18.195\ 8)$$
$$R^2 = 0.919\ 5 \quad F = 331.085\ 2$$

(2) ① 布罗斯—帕甘—戈弗雷检验。在方程窗口中依次点击 View\Residual Diagnostics\Heteroskedasticity Tests，出现检验方法设定窗口，选择 Breusch-Pagan-Godfrey 检验，估计结果如表 4-25 所示。

根据输出结果，得到辅助回归方程 F 统计量及其对应的 p 值(0.002 4)，p 值明显小于 0.01，所以原模型存在异方差性。由 Breusch-Pagan-Godfrey 检验的输出结果可知，nr^2 对应的 p 值为 0.003 4，小于 0.05，表明模型存在异方差性。

② 戈德菲尔德—匡特检验：将样本 x 数据排序，$n=31$，$c=31/4$，取 $c=7$，从中间去掉 7 个数据，确定子样 1(1～12)，求出 $RSS_1=162\ 899.2$；确定子样 2(20～31)，求出

$RSS_2=969\ 933.3$。计算出 $F=\frac{RSS_2}{RSS_1}=\frac{969\ 933.2}{162\ 899.2}=5.954\ 2$，给定显著性水平 $\alpha=0.05$，查 $F_{0.05}(10,10)=2.85$，得 $F>F_\alpha$，所以模型存在异方差性。

③ 怀特检验：在方程窗口中依次单击 View\Residual Diagnostics\Heteroskedasticity Tests，出现检验方法设定窗口，选择怀特检验，估计结果如表 4-26 所示。

由怀特检验的输出结果可知，nr^2 对应的 p 值小于 0.05，表明模型存在异方差性。

④ 戈里瑟检验：在方程窗口中依次单击：View\Residual Diagnostics\Heteroskedasticity Tests，出现检验方法设定窗口，选择戈里瑟检验，估计结果如表 4-27 所示。

由戈里瑟的输出结果可知，nr^2 对应的 p 值小于 0.05，表明模型存在异方差性。

⑤ 帕克检验：在方程窗口中依次单击 View\Residual Diagnostics\Heteroskedasticity Tests，出现检验方法设定窗口，选择 Harvey 检验，在 Regressors 栏填写 log(x)，输出结果即为帕克检验结果，如表 4-28 所示。由帕克检验的输出结果可知，nr^2 对应的 p 值小于 0.05，表明模型存在异方差性。

表 4-25　布罗斯—帕甘—戈弗雷检验结果

Heteroskedasticity Test: Breusch-Pagan-Godfrey			
F-statistic	11.06912	Prob. F(1,29)	0.0024
Obs*R-squared	8.563770	Prob. Chi-Square(1)	0.0034
Scaled explained SS	7.042568	Prob. Chi-Square(1)	0.0080

Test Equation:
Dependent Variable: RESID^2
Method: Least Squares
Date: 12/16/17　Time: 15:14
Sample: 1 31
Included observations: 31

Variable	Coefficient	Std. Error	t-Statistic	Prob.
C	-43270.25	32165.64	-1.345232	0.1890
X	4.427678	1.330820	3.327029	0.0024

R-squared	0.276251	Mean dependent var	55881.73
Adjusted R-squared	0.251294	S.D. dependent var	77875.67
S.E. of regression	67384.12	Akaike info criterion	25.13655
Sum squared resid	1.32E+11	Schwarz criterion	25.22906
Log likelihood	-387.6165	Hannan-Quinn criter.	25.16670
F-statistic	11.06912	Durbin-Watson stat	2.489993
Prob(F-statistic)	0.002394		

表 4-26　怀特检验结果

Heteroskedasticity Test: White			
F-statistic	5.819690	Prob. F(2,28)	0.0077
Obs*R-squared	9.102584	Prob. Chi-Square(2)	0.0106
Scaled explained SS	7.485672	Prob. Chi-Square(2)	0.0237

表 4-27　戈里瑟检验结果

Heteroskedasticity Test: Glejser			
F-statistic	16.07827	Prob. F(1,29)	0.0004
Obs*R-squared	11.05691	Prob. Chi-Square(1)	0.0009
Scaled explained SS	9.530118	Prob. Chi-Square(1)	0.0020

表 4-28　帕克检验结果

Heteroskedasticity Test: Harvey			
F-statistic	15.72696	Prob. F(1,29)	0.0004
Obs*R-squared	10.90027	Prob. Chi-Square(1)	0.0010
Scaled explained SS	9.722079	Prob. Chi-Square(1)	0.0018

(3) 用加权最小二乘法估计家庭消费函数。在方程窗口求残差绝对值，生成序列 $e=$ abs(resid)，取权数 $w=1/e$，得到储蓄函数回归方程：

$$\hat{y}_t=-731.80+0.090\ 7x_t$$
$$t=(-45.122\ 4)\quad(55.637\ 7)$$
$$R^2=0.990\ 7\quad F=3\ 095.555$$

再进行怀特检验可知，用加权最小二乘法估计储蓄函数不存在异方差性。

第5章 自相关性

5.1 内容提要

本章将在阐述自相关性含义的基础上，分析自相关性产生的原因及其影响，探讨检验自相关性和解决自相关性的基本方法。

5.1.1 自相关性的含义及其产生的原因

对于模型 $y_t=b_0+b_1x_{1t}+b_2x_{2t}+\cdots+b_kx_{kt}+u_t$，如果随机误差项的各期值之间存在相关关系，即协方差 $\mathrm{cov}(u_t,u_s)\neq 0(t\neq s,t,s=1,2,\cdots,n)$，则称随机误差项之间存在自相关性。

自相关性产生的原因：(1)经济变量惯性的作用引起随机误差项自相关；(2)经济行为的滞后性引起随机误差项自相关；(3)一些随机偶然因素的干扰引起随机误差项自相关；(4)模型设定误差引起随机误差项自相关；(5)观测数据处理引起随机误差项自相关。

一般经验告诉我们，对于采用时间序列数据作样本的计量经济模型，其随机误差项往往存在自相关性。

5.1.2 自相关性的影响

当模型存在自相关时，根据普通最小二乘法估计出的参数估计量仍具有线性和无偏性，但不再具有有效性；用于参数显著性的检验统计量，涉及参数估计量的标准差，因而参数显著性检验也失去意义，区间估计和预测区间的精度降低。

5.1.3 自相关性的检验

1. 图示法检验

由于回归残差 e_t 可以作为随机误差项 u_t 的估计值，随机误差项 u_t 的性质应该在残差 e_t 中反映出来。可以通过检验残差 e_t 是否存在自相关性来判断随机误差项 u_t 的自相关性。

（1）按时间顺序绘制残差图。以 t 为横轴，以 e_t 为纵轴，绘出 $(t_1, e_{t1}), (t_2, e_{t2}), \cdots, (t_n, e_{tn})$ 点，作为 e_t 随时间变化的图形。如果 e_t 随时间的变化而呈现有规律的变动，则随机误差项 u_t 可能存在自相关。

（2）绘制 e_t 与 e_{t-1} 散点图。以 e_t 为纵轴，e_{t-1} 为横轴，绘出 $(e_1, e_2), (e_2, e_3), \cdots, (e_{n-1}, e_n)$ 点，作 e_t 与 e_{t-1} 散点图。如果 e_t 与 e_{t-1} 的图形中存在系统反映，则随机误差项 u_t 可能存在自相关。

2. 德宾—沃森(Durbin-Watson)检验

（1）DW 检验的主要步骤。第一，提出假设 $H_0: \rho=0$，即不存在一阶自相关性。$H_1: \rho \neq 0$，即存在一阶自相关性。第二，用 OLS 方法估计模型，求出随机误差项的估计值，即残差。第三，计算 DW 统计量值：$DW=\frac{\sum_{t=2}^{n}(e_t-e_{t-1})^2}{\sum_{t-1}^{n}e_t^2}$。第四，给定显著性水平 α，查 DW 临界值 d_L 和 d_U。第五，比较判断。将计算的 DW 统计量值与临界值 d_L 和 d_U 进行比较：①$0 \leqslant DW \leqslant d_L$ 时，拒绝 H_0，表明存在一阶正自相关。②$4-d_L \leqslant DW \leqslant 4$ 时，拒绝 H_0，表明存在一阶负自相关。③$d_U \leqslant DW \leqslant 4-d_U$ 时，接受 H_0，即认为不存在一阶自相关。④$d_L < DW < d_U$，或 $4-d_U < DW < 4-d_L$ 时，表明不能确定存在自相关。

（2）应用条件。①DW 检验只能判断是否存在一阶自相关性，对于高阶自相关或非线性自相关皆不适用；②DW 检验有两个无法判定的区域；③DW 检验不适用于模型中含有滞后的被解释变量。

3. 回归检验法

回归检验法主要步骤：(1)依据模型变量的样本观测数据，应用普通最小二乘法求出模型的样本估计式，用被解释变量的观测值 y_t 减去回归值 $\hat{y}_t$，求出真实总体关系式随机误差项 u_t 的估计值 $e_t(t=1,2,\cdots,n)$。(2)建立 e_t 与 $e_{t-1}, e_{t-2}, \cdots$ 的相互关系模型，由于它们相互关系的形式和类型是未知的，需要用多种函数形式进行试验，常用的函数形式主要有：$e_t=\rho e_{t-1}+v_t$，$e_t=\rho_1 e_{t-1}+\rho_2 e_{t-2}+v_t$。(3)对不同形式的 e_t 与 $e_{t-1}, e_{t-2}, \cdots$ 的相互关系模型，用普通最小二乘法进行参数估计，得出回归估计式，再对估计式进行统计检验(F 检验和 t 检验)。如果检验的结果是每一种估计式都是不显著的，就表明 e_t 与 $e_{t-1}, e_{t-2}, \cdots$ 是不相关的，随机误差项 u_t 不存在序列相关。如果通过检验发现某一个估计式是显著的，就表明 e_t 与 $e_{t-1}, e_{t-2}, \cdots$ 是相关的，随机误差项 u_t 存在序列相关。

4. 高阶自相关性检验

（1）**相关图检验**。利用所估计的回归方程残差序列的自相关和偏自相关系数来检验高阶序列相关。如果残差序列的自相关系数和偏自相关系数随着滞后阶数的增加都接近于零，则随机误差项 u_t 可能不存在自相关，否则，可能存在高阶自相关。

（2）**Q 统计量检验**。主要步骤：p 阶滞后的 Q 统计量的原假设是：序列不存在 p 阶自相关；备选假设为：序列存在 p 阶自相关。Q 统计量的表达式：$Q_{LB}=n(n+2)\sum_{j=1}^{p}\frac{r_j^2}{n-j}$，其中 r_j 是残差序列的 j 阶自相关系数，n 为样本容量，p 是设定的滞后阶数。在原假设条件下，Q_{LB} 服从 $\chi^2(n-p)$ 分布。给定显著水平 α，若 $Q_{LB}<\chi_\alpha^2(n-p)$，则不拒绝原假设，序列不

存在 p 阶自相关；若 $Q_{LB}>\chi_{\alpha}^{2}(n-p)$，则拒绝原假设，序列存在 p 阶自相关。

在实际的检验中，通常会计算出不同滞后阶数的 Q 统计量。如果各阶 Q 统计量都没有超过由设定的显著性水平决定的临界值，则接受原假设，即不存在序列相关，并且此时，各阶的自相关和偏自相关系数都接近于 0。如果在某一滞后阶数 p，Q 统计量超过设定的显著性水平的临界值，则拒绝原假设，说明残差序列存在 p 阶自相关。否则接受原假设，即不存在序列相关。

(3) **拉格朗日乘数检验(LM 检验)或布罗斯—戈弗雷检验(BG 检验)**。主要步骤如下：对于模型 $y_t=b_0+b_1x_{1t}+b_2x_{2t}+\cdots+b_kx_{kt}+u_t$，设自相关形式为 $u_t=\rho_1u_{t-1}+\rho_2u_{t-2}+\cdots+\rho_pu_{t-p}+v_t$，假设：$H_0:\rho_1=\rho_2=\cdots=\rho_p=0$，即不存在自相关性。对该假设的检验过程如下：①利用 OLS 法估计模型，得到残差序列 e_t；②将 e_t 关于所有解释变量和残差的滞后值 $e_{t-1},e_{t-2},\cdots,e_{t-p}$ 进行回归 $e_t=b_0+b_1x_{1t}+\cdots+b_kx_{kt}+\rho_1e_{t-1}+\rho_2e_{t-2}+\cdots+\rho_pe_{t-p}+v_t$，并计算出辅助回归模型的判定系数 R^2；③布罗斯和戈弗雷证明，在大样本情况下，渐近地有 $\mathrm{LM}(p)=nR^2\sim\chi^2(p)$，因此，对于显著水平 α，若 $\mathrm{LM}(p)=nR^2$ 大于临界值 $\chi_{\alpha}^{2}(p)$，则拒绝原假设 H_0，即认为至少有一个 ρ_i 的值显著地不等于零，即可能存在直到 i 阶的序列相关性。

5.1.4 自相关性的解决方法

1. *广义差分法*

设线性回归模型 $y_t=b_0+b_1x_t+u_t$ 存在一阶自相关性：$u_t=\rho u_{t-1}+v_t$，其中 v_t 为满足古典回归模型基本假定的随机误差项。将模型滞后一期，得 $y_{t-1}=b_0+b_1x_{t-1}+u_{t-1}$，在方程两边同乘以 ρ，并与原模型相减得

$$y_t-\rho y_{t-1}=b_0(1-\rho)+b_1(x_t-\rho x_{t-1})+(u_t-\rho u_{t-1})$$

作广义差分变换：$y_t^*=y_t-\rho y_{t-1}$，$x_t^*=x_t-\rho x_{t-1}$，模型 $y_t=b_0+b_1x_t+u_t$ 可以表示成如下形式：$y_t^*=A+b_1x_t^*+v_t$，其中，$A=b_0(1-\rho)$。变换后模型的随机误差项 v_t 满足回归模型的基本假定，故可以对 $y_t^*=A+b_1x_t^*+v_t$ 中的参数 A、b_1 运用最小二乘法进行估计，得到参数 A,b_1 的估计值 $\hat{A},\hat{b}_1$，进而得到 $\hat{b}_0=\hat{A}/(1-\rho)$。这种方法称为广义差分估计法。

如果模型为多元线性回归模型，同理可以进行类似的广义差分变换：

$$\begin{cases} y_t^* = y_t-\rho y_{t-1} \\ x_{1t}^* = x_{1t}-\rho x_{1,t-1} \\ x_{2t}^* = x_{2t}-\rho x_{2,t-1} \\ \vdots \\ x_{kt}^* = x_{kt}-\rho x_{k,t-1} \end{cases}$$

仍然可以得到满足基本假定的广义差分模型：

$$y_t^*=A+b_1x_{1t}^*+b_2x_{2t}^*+\cdots+b_kx_{kt}^*+v_t$$

如果自相关类型为高阶自回归形式：

$$u_t=\rho_1u_{t-1}+\rho_2u_{t-2}+\cdots+\rho_pu_{t-p}+v_t$$

以一元线性回归模型为例，其广义差分变换为

$$\begin{cases} y_t^* = y_t - \rho_1 y_{t-1} - \rho_2 y_{t-2} - \cdots - \rho_p y_{t-p} \\ x_t^* = x_t - \rho_1 x_{t-1} - \rho_2 x_{t-2} - \cdots - \rho_p x_{t-p} \end{cases}$$

同理得到满足基本假定的模型：$y_t^* = A + b_1 x_t^* + v_t$。

因此，只要对存在自相关性的模型进行广义差分变换，就可以消除原模型中的自相关性；然后再对变换后的模型进行 OLS 估计，得到的仍然是最佳估计量。

2. 自相关系数 ρ 的估计方法

进行广义差分变换的前提是已知 ρ 的值。但 ρ 是随机误差项的相关系数，u_t 值的不可观测性使得 ρ 的值也是未知的。所以利用广义差分法处理自相关性时，需要事先估计出 ρ 的值。ρ 的常用估计方法有以下几种。

(1) **利用 DW 统计量求 $\hat{\rho}$，然后再用广义差分法对模型进行估计**。在大样本情况下，利用 DW 统计量：$\mathrm{DW} \approx 2(1-\rho)$，求出近似估计：$\hat{\rho} = 1 - \frac{\mathrm{DW}}{2}$，然后再用广义差分法对模型进行估计。另外，由于 ρ 是 u_t 与 u_{t-1} 的相关系数，如果用 e_t 作为 u_t 的估计，则 e_t 与 e_{t-1} 的相关系数可以作为 ρ 的近似估计 $\hat{\rho} = \frac{\sum e_t e_{t-1}}{\sum e_t^2}$。

(2) **杜宾(Durbin)两步估计法**。设模型 $y_t = b_0 + b_1 x_t + u_t$ 存在一阶自相关性：$u_t = \rho u_{t-1} + v_t$，其中 v_t 为满足古典回归模型基本假定的随机误差项。

首先，对模型进行广义差分变换，得 $y_t - \rho y_{t-1} = b_0(1-\rho) + b_1(x_t - \rho x_{t-1}) + v_t$，整理得 $y_t = b_0(1-\rho) + \rho y_{t-1} + b_1 x_t - \rho b_1 x_{t-1} + v_t$，令 $a_0 = b_0(1-\rho)$，$a_1 = b_1$，$a_2 = -\rho b_1$，得 $y_t = a_0 + \rho y_{t-1} + a_1 x_t + a_2 x_{t-1} + v_t$。这是一个满足基本假定的三元线性回归模型，其中解释变量 y_{t-1} 的回归系数恰好为 ρ。对此模型进行 OLS 估计得 ρ 的估计值 $\hat{\rho}$。

其次，再用 ρ 的估计值 $\hat{\rho}$ 对原模型进行广义差分变换，并估计广义差分模型。此法称为 Durbin 两步估计法。

(3) **迭代估计或科克伦—奥克特(Cochrane-Orcutt)估计**。迭代估计法就是依据 ρ 的近似估计公式，通过一系列的迭代运算，逐步提高 ρ 的近似估计精度。

3. 广义最小二乘法(GLS)

设线性回归模型 $y_t = b_0 + b_1 x_t + u_t$ 存在一阶自相关性：$u_t = \rho u_{t-1} + v_t$，其中 v_t 为满足古典假定的误差项，即

$$E(v_t) = 0, \quad E(v_t^2) = \sigma_v^2, \quad E(v_t v_s) = 0 (t \neq s, t, s = 1, 2, \cdots, n)$$

容易求出 u_t 的期望和方差为

$$E(u_t) = 0, \mathrm{var}\,(u_t) = E(u_t^2) = \frac{\sigma_v^2}{1-\rho^2}, \quad E(u_t u_{t-s}) = \rho^s \sigma_u^2 (s = 0, 1, 2, \cdots, n-1)$$

式中，u_t 的方差记为 $\sigma_u^2 = \sigma_v^2 / (1-\rho^2)$。$\boldsymbol{U}$ 的协方差矩阵为以下形式：

$$E(\boldsymbol{U}\boldsymbol{U}') = \sigma_u^2 \cdot \begin{pmatrix} 1 & \rho & \cdots & \rho^{n-1} \\ \rho & 1 & \cdots & \rho^{n-2} \\ \vdots & \vdots & & \vdots \\ \rho^{n-1} & \rho^{n-2} & \cdots & 1 \end{pmatrix} = \sigma_u^2 \boldsymbol{\Omega}\text{，其中：}\boldsymbol{\Omega} = \begin{pmatrix} 1 & \rho & \cdots & \rho^{n-1} \\ \rho & 1 & \cdots & \rho^{n-2} \\ \vdots & \vdots & & \vdots \\ \rho^{n-1} & \rho^{n-2} & \cdots & 1 \end{pmatrix}$$

$\boldsymbol{\Omega}$ 的逆矩阵为

$$\boldsymbol{\Omega}^{-1}=\frac{1}{1-\rho^2}\begin{pmatrix}1 & -\rho & 0 & \cdots & 0 & 0 & 0\\ -\rho & 1+\rho^2 & -\rho & \cdots & 0 & 0 & 0\\ 0 & -\rho & 1+\rho^2 & \cdots & 0 & 0 & 0\\ \vdots & \vdots & \vdots & & \vdots & \vdots & \vdots\\ 0 & 0 & 0 & \cdots & -\rho & 1+\rho^2 & -\rho\\ 0 & 0 & 0 & \cdots & 0 & -\rho & 1\end{pmatrix}$$

选取矩阵 $\boldsymbol{P}$ 为如下形式：

$$\boldsymbol{P}=\begin{pmatrix}\sqrt{1-\rho^2} & 0 & 0 & \cdots & 0 & 0 & 0\\ -\rho & 1 & 0 & \cdots & 0 & 0 & 0\\ 0 & -\rho & 1 & \cdots & 0 & 0 & 0\\ \vdots & \vdots & \vdots & & \vdots & \vdots & \vdots\\ 0 & 0 & 0 & \cdots & -\rho & 1 & 0\\ 0 & 0 & 0 & \cdots & 0 & -\rho & 1\end{pmatrix}$$

则有

$$\boldsymbol{P}'\boldsymbol{P}=(1-\rho^2)\boldsymbol{\Omega}^{-1}$$

用矩阵 $\boldsymbol{P}$ 左乘 $\boldsymbol{Y}=\boldsymbol{XB}+\boldsymbol{U}$ 得

$$\boldsymbol{PY}=\boldsymbol{PXB}+\boldsymbol{PU}$$

则此式满足古典假定，从而参数估计量为

$$\hat{\boldsymbol{B}}=(\boldsymbol{X}'\boldsymbol{\Omega}^{-1}\boldsymbol{X})^{-1}\boldsymbol{X}'\boldsymbol{\Omega}^{-1}\boldsymbol{Y}$$

这正是广义最小二乘估计，表明广义差分法是广义最小二乘法的一个特例，即当 $\boldsymbol{\Omega}^{-1}=\boldsymbol{I}$ 时，也即 $\rho=0$，说明无序列相关，只是同方差，GLS 为 OLS。所以对于存在自相关性的模型，广义差分法与广义最小二乘法是等价的。

5.2 学习重点与难点

(1)自相关性的含义及自相关性产生的原因；(2)自相关性的影响；(3)自相关性的检验方法(重点掌握 DW 检验、拉格朗日乘数检验或 LM 检验)；(4)自相关性的解决方法(重点掌握 Durbin 两步估计法、广义差分法)。

5.3 典型例题分析

例 1 对于模型 $y_t=b_0+b_1x_t+u_t$，请回答下列问题：

(1) 如果用变量的一次差分估计该模型，则意味着采用了何种自相关形式？

(2) 用差分估计时，如果包含一个截距项，其含义是什么？

解答 (1) 如果用变量的一次差分估计该模型，即采用如下形式

$$y_t-y_{t-1}=b_1(x_t-x_{t-1})+(u_t-u_{t-1})$$

或

$$\Delta y_t = b_1 \Delta x_t + \varepsilon_t$$

这时，意味着 $u_t = u_{t-1} + \varepsilon_t$，即随机误差项是自相关系数为 1 的一阶自相关形式。

(2) 在一阶差分形式中出现有截距项，意味着在原始模型中有一个关于时间的趋势项，截距项事实上就是趋势变量的系数，即原模型应为

$$y_t = b_0 + b_1 t + b_2 x_t + u_t$$

例 2　考虑模型 $y_t = b_0 + b_1 x_t + u_t$，其中：$u_t = \rho_1 u_{t-1} + \rho_2 u_{t-2} + v_t$，$v_t$ 为满足古典回归模型基本假定的误差项。在考虑二阶自回归情况下，给出估计此模型的主要步骤。

解答　将模型 $y_t = b_0 + b_1 x_t + u_t$ 滞后一期、滞后二期，得

$$y_{t-1} = b_0 + b_1 x_{t-1} + u_{t-1} \tag{5-1}$$

$$y_{t-2} = b_0 + b_1 x_{t-2} + u_{t-2} \tag{5-2}$$

在式(5-1)两边同乘以 ρ_1，式(5-2)两边同乘以 ρ_2，并与原模型 $y_t = b_0 + b_1 x_t + u_t$ 相减得

$$y_t - \rho_1 y_{t-1} - \rho_2 y_{t-2} = b_0(1 - \rho_1 - \rho_2) + b_1(x_t - \rho_1 x_{t-1} - \rho_2 x_{t-2}) + (u_t - \rho_1 u_{t-1} - \rho_2 u_{t-2}) \tag{5-3}$$

作广义差分变换

$$y_t^* = y_t - \rho_1 y_{t-1} - \rho_2 y_{t-2}$$

$$x_t^* = x_t - \rho_1 x_{t-1} - \rho_2 x_{t-2}$$

则原模型 $y_t = b_0 + b_1 x_t + u_t$ 变为满足基本假定的模型

$$y_t^* = A + b_1 x_t^* + v_t \tag{5-4}$$

如果 ρ_1、ρ_2 已知，则可将上述广义差分变换，得到满足基本假定的回归模型(5-4)，然后利用 OLS 方法估计模型。

如果 ρ_1、ρ_2 未知，则首先利用 OLS 法估计原模型，得到残差 $e_t = y_t - \hat{y}_t$，然后作如下回归

$$e_t = \rho_1 e_{t-1} + \rho_2 e_{t-2} + \varepsilon_t \tag{5-5}$$

式中，ε_t 为误差项。

利用 OLS 法估计模型(5-5)得到 ρ_1、ρ_2 的估计值，再作上述广义差分变换，得到满足基本假定的回归模型(5-4)，然后再利用 OLS 方法估计模型(5-4)。若样本容量充分大，则估计出来的 ρ_1、ρ_2 便是与总体估计值一致的估计值。

例 3　假设你估计出以下回归：

$$\Delta \ln Y_t = \beta_0 + \beta_1 \Delta \ln L_t + \beta_2 \Delta \ln K_t + u_t$$

式中，Y 为产出，L 为劳动力投入，K 为资本投入，而 Δ 为一阶差分运算符。你怎样解释此模型中的 β_0？是否可以把它解释为技术变化的一个估计值？请说明理由。

解答　若一阶差分回归中存在截距项，则意味着原回归中存在线性趋势项。给定劳动力和资本不变，如果我们假定时间或趋势是技术进步的代理变量，那么截距项可以解释为技术进步所导致的产出增长率。

例 4　试证明具有形如 $u_t = \rho u_{t-1} + \varepsilon_t$ 的一阶自相关的随机误差项 u_t 的方差与协方差为

$$\text{var}(u_t) = \frac{\sigma_\varepsilon^2}{1-\rho^2}, \quad \text{cov}(u_t, u_{t-s}) = \frac{\sigma_\varepsilon^2 \rho^s}{1-\rho^2} = \sigma^2 \rho^s$$

式中，ε_t 为满足古典回归模型基本假定的随机误差项，即 $E(\varepsilon_t) = 0$，$E(\varepsilon_t^2) = \sigma_\varepsilon^2$，$E(\varepsilon_t \varepsilon_s) = 0$ $(t \neq s, t, s = 1, 2, \cdots, n)$，$\sigma^2$ 为 u_t 的方差。

证明

$$u_t = \rho u_{t-1} + \varepsilon_t = \rho(\rho u_{t-2} + \varepsilon_{t-1}) + \varepsilon_t = \rho^2 u_{t-2} + \rho\varepsilon_{t-1} + \varepsilon_t$$
$$= \rho^2(\rho u_{t-3} + \varepsilon_{t-2}) + \rho\varepsilon_{t-1} + \varepsilon_t = \rho^3 u_{t-3} + \rho^2\varepsilon_{t-2} + \rho\varepsilon_{t-1} + \varepsilon_t$$
$$= \cdots = \sum_{k=1}^{\infty}\rho^k\varepsilon_{t-k}$$

于是有

$$E(u_t) = \sum_{k=1}^{\infty}\rho^k E(\varepsilon_{t-k}) = 0$$

$$\mathrm{var}(u_t) = E[u_t - E(u_t)]^2 = E(u_t^2) = E\left(\sum_{k=0}^{\infty}\rho^k\varepsilon_{t-k}\right)^2$$
$$= \sum\rho^{2k}E(\varepsilon_{t-k}^2) = \sum\rho^{2k}\mathrm{var}(\varepsilon_{t-k})$$
$$= \sum\rho^{2k}\sigma_\varepsilon^2(1 + \rho^2 + \rho^3 + \cdots) = \frac{\sigma_\varepsilon^2}{1-\rho^2}$$

因此有

$$\mathrm{var}(u_t) = \frac{\sigma_\varepsilon^2}{1-\rho^2}$$

$$\begin{aligned}
\mathrm{cov}(u_t, u_{t-1}) &= E(u_t u_{t-1}) \\
&= E[(\varepsilon_t + \rho\varepsilon_{t-1} + \rho^2\varepsilon_{t-2} + \cdots)(\varepsilon_{t-1} + \rho\varepsilon_{t-2} + \rho^2\varepsilon_{t-3} + \cdots)] \\
&= E[\varepsilon_t + \rho(\varepsilon_{t-1} + \rho\varepsilon_{t-2} + \cdots)](\varepsilon_{t-1} + \rho\varepsilon_{t-2} + \cdots) \\
&= E[\varepsilon_t(\varepsilon_{t-1} + \rho\varepsilon_{t-2} + \cdots)] + E[\rho(\varepsilon_{t-1} + \rho\varepsilon_{t-2} + \cdots)^2] \\
&= 0 + \rho E(\varepsilon_{t-1}^2 + \rho^2\varepsilon_{t-2} + \cdots + \sum_{l\neq m}\rho^{l-1}\rho^{m-1}\varepsilon_{t-l}\varepsilon_{t-m}) \\
&= \rho(\sigma_\varepsilon^2 + \rho^2\sigma_\varepsilon^2 + \rho^4\sigma_\varepsilon^2 + \cdots) = \rho\frac{\sigma_\varepsilon^2}{1-\rho^2} = \rho\sigma^2
\end{aligned}$$

同理有

$$\mathrm{cov}(u_t, u_{t-2}) = E(u_t u_{t-2}) = \rho^2\sigma^2, \cdots, \mathrm{cov}(u_t, u_{t-s}) = E(u_t u_{t-s}) = \rho^s\sigma^2\ (s = 1, 2, \cdots)$$

例 5 模型 $\boldsymbol{Y}=\boldsymbol{X}\boldsymbol{B}+\boldsymbol{U}$ 随机误差项存在一阶自相关,即 $u_t=\rho u_{t-1}+v_t$,随机误差项的方差协方差矩阵为 $\sigma^2\boldsymbol{\Omega}$。证明:

(1) $\boldsymbol{B}$ 的广义最小二乘估计 $\hat{\boldsymbol{B}}$ 为:$\hat{\boldsymbol{B}}=(\boldsymbol{X}\boldsymbol{\Omega}^{-1}\boldsymbol{X})^{-1}\boldsymbol{X}'\boldsymbol{\Omega}^{-1}\boldsymbol{Y}$。

(2) 广义最小二乘估计 $\hat{\boldsymbol{B}}$ 的协方差矩阵为:$\mathrm{cov}(\hat{\boldsymbol{B}})=\sigma^2(\boldsymbol{X}'\boldsymbol{\Omega}'\boldsymbol{X})^{-1}$。

证明 (1) 由例 4 结果可知,$\mathrm{cov}(u_t,u_{t-s})=E(u_t u_{t-s})=\rho^s\sigma^2(s=1,2,\cdots)$,

$$\mathrm{cov}(\boldsymbol{U}) = E[(\boldsymbol{U}-E(\boldsymbol{U}))(\boldsymbol{U}-E(\boldsymbol{U}))']$$

$$= \boldsymbol{E}(\boldsymbol{U}\boldsymbol{U}') = \boldsymbol{E}\begin{pmatrix} u_1^2 & u_1u_2 & \cdots & u_1u_n \\ u_2u_1 & u_2^2 & \cdots & u_2u_n \\ \vdots & \vdots & \vdots & \vdots \\ u_nu_1 & u_nu_2 & \cdots & u_n^2 \end{pmatrix}$$

$$= \sigma^2\begin{pmatrix} 1 & \rho & \cdots & \rho^{n-1} \\ \rho & 1 & \cdots & \rho^{n-2} \\ \vdots & \vdots & \vdots & \vdots \\ \rho^{n-1} & \rho^{n-2} & \cdots & 1 \end{pmatrix} = \sigma^2\Omega$$

其中

$$\boldsymbol{\Omega}=\begin{pmatrix}1 & \rho & \cdots & \rho^{n-1}\\ \rho & 1 & \cdots & \rho^{n-2}\\ \vdots & \vdots & \vdots & \vdots\\ \rho^{n-1} & \rho^{n-2} & \cdots & 1\end{pmatrix}$$

$\boldsymbol{\Omega}$ 的逆矩阵为

$$\boldsymbol{\Omega}^{-1}=\frac{1}{1-\rho^2}\begin{pmatrix}1 & -\rho & 0 & \cdots & 0 & 0 & 0\\ -\rho & 1+\rho^2 & -\rho & \cdots & 0 & 0 & 0\\ 0 & -\rho & 1+\rho^2 & \cdots & 0 & 0 & 0\\ \vdots & \vdots & \vdots & \vdots & \vdots & \vdots & \vdots\\ 0 & 0 & 0 & \cdots & -\rho & 1+\rho^2 & -\rho\\ 0 & 0 & 0 & \cdots & 0 & -\rho & 1\end{pmatrix}$$

选取矩阵 $\boldsymbol{P}$ 为下列形式

$$\boldsymbol{P}=\begin{pmatrix}\sqrt{1-\rho^2} & 0 & 0 & \cdots & 0 & 0 & 0\\ -\rho & 1 & 0 & \cdots & 0 & 0 & 0\\ 0 & -\rho & 1 & \cdots & 0 & 0 & 0\\ \vdots & \vdots & \vdots & \vdots & \vdots & \vdots & \vdots\\ 0 & 0 & 0 & \cdots & -\rho & 1 & 0\\ 0 & 0 & 0 & \cdots & 0 & -\rho & 1\end{pmatrix}$$

则有

$$\boldsymbol{P}'\boldsymbol{P}=(1-\rho^2)\boldsymbol{\Omega}^{-1},\quad \boldsymbol{\Omega}^{-1}=\frac{1}{1-\rho^2}\boldsymbol{P}'\boldsymbol{P},\quad \boldsymbol{\Omega}=\frac{1}{1-\rho^2}\boldsymbol{P}^{-1}(\boldsymbol{P}')^{-1}$$

用 $\boldsymbol{P}$ 左乘矩阵 $\boldsymbol{Y}=\boldsymbol{XB}+\boldsymbol{U}$，得 $\boldsymbol{PY}=\boldsymbol{PXB}+\boldsymbol{PU}$，作变换：

$$\boldsymbol{Y}^*=\boldsymbol{PY},\quad \boldsymbol{X}^*=\boldsymbol{PX},\quad \boldsymbol{U}^*=\boldsymbol{PU}$$

则原模型 $\boldsymbol{Y}=\boldsymbol{XB}+\boldsymbol{U}$ 变换为

$$\boldsymbol{Y}^*=\boldsymbol{X}^*\boldsymbol{B}+\boldsymbol{U}^*$$

此时
$$E(\boldsymbol{U}^*\boldsymbol{U}^{*\prime})=E(\boldsymbol{PUU}'\boldsymbol{P}')=\boldsymbol{P}E(\boldsymbol{UU}')\boldsymbol{P}'=\boldsymbol{P}\sigma^2\boldsymbol{\Omega}\boldsymbol{P}'=\frac{\sigma^2}{1-\rho^2}\boldsymbol{I}$$

因此，变换后的模型 $\boldsymbol{Y}^*=\boldsymbol{X}^*\boldsymbol{B}+\boldsymbol{U}^*$ 满足基本假定，可用普通最小二乘法估计变换后的模型，记参数为$\hat{\boldsymbol{B}}$，则$\hat{\boldsymbol{B}}$也是原模型的广义最小二乘估计：

$$\hat{\boldsymbol{B}}=(\boldsymbol{X}^{*\prime}\boldsymbol{X}^*)^{-1}\boldsymbol{X}^{*\prime}\boldsymbol{Y}^*=(\boldsymbol{X}'\boldsymbol{P}'\boldsymbol{PX})^{-1}\boldsymbol{X}'\boldsymbol{P}'\boldsymbol{PY}=(\boldsymbol{X\Omega}^{-1}\boldsymbol{X})^{-1}\boldsymbol{X}'\boldsymbol{\Omega}^{-1}\boldsymbol{Y}$$

(2) 由于

$$\begin{aligned}\hat{\boldsymbol{B}}&=(\boldsymbol{X\Omega}^{-1}\boldsymbol{X})^{-1}\boldsymbol{X}'\boldsymbol{\Omega}^{-1}\boldsymbol{Y}=(\boldsymbol{X}'\boldsymbol{\Omega}^{-1}\boldsymbol{X})^{-1}\boldsymbol{X}'\boldsymbol{\Omega}^{-1}(\boldsymbol{XB}+\boldsymbol{U})\\&=\boldsymbol{B}+(\boldsymbol{X}'\boldsymbol{\Omega}^{-1}\boldsymbol{X})^{-1}\boldsymbol{X}'\boldsymbol{\Omega}^{-1}\boldsymbol{U}\end{aligned}$$

所以有$\hat{\boldsymbol{B}}-\boldsymbol{B}=(\boldsymbol{X}'\boldsymbol{\Omega}^{-1}\boldsymbol{X})^{-1}\boldsymbol{X}'\boldsymbol{\Omega}^{-1}\boldsymbol{U}$，因此有

$$\begin{aligned}\operatorname{cov}(\hat{\boldsymbol{B}})&=E[(\hat{\boldsymbol{B}}-\boldsymbol{B})(\hat{\boldsymbol{B}}-\boldsymbol{B})']\\&=E[(\boldsymbol{X}'\boldsymbol{\Omega}^{-1}\boldsymbol{X})^{-1}\boldsymbol{X}'\boldsymbol{\Omega}^{-1}\boldsymbol{UU}'\boldsymbol{\Omega}^{-1}\boldsymbol{X}(\boldsymbol{X}'\boldsymbol{\Omega}^{-1}\boldsymbol{X})^{-1}]\end{aligned}$$

由于 $E(\boldsymbol{UU}')=\sigma^2\boldsymbol{\Omega}$，所以有 $\text{cov}(\hat{\boldsymbol{B}})=\sigma^2(\boldsymbol{X}'\boldsymbol{\Omega}'\boldsymbol{X})^{-1}$。

例 6 以某地区22年的年度数据估计了如下工业就业回归方程：

$$\hat{y}_t=-3.89+0.51\ln x_{1t}-0.25\ln x_{2t}+0.62\ln x_{3t}$$
$$t=(-0.56)\quad(2.3)\qquad(-1.7)\qquad(5.8)$$
$$\bar{R}^2=0.996\quad DW=1.147$$

其中，y_t 为第 t 年总就业量，x_{1t} 为第 t 年总收入，x_{2t} 为第 t 年平均月工资率，x_{3t} 为第 t 年地方政府的总支出。

(1) 试证明：一阶自相关的DW检验是无定论的。

(2) 逐步描述如何使用LM检验。

解答 (1) 由于样本容量 $n=22$，解释变量个数为 $k=3$，在5%的显著性水平下，相应的上下临界值为 $d_U=1.664$，$d_L=1.053$。由于DW=1.147位于这两个值之间，所以DW检验是无定论的。

(2) 进行LM检验。设自相关形式为：$u_t=\rho_1u_{t-1}+\rho_2u_{t-2}+\cdots+\rho_pu_{t-p}+v_t$，原假设

$$H_0:\rho_1=\rho_2=\cdots=\rho_p=0$$

即不存在自相关性。对该假设的LM检验过程如下：

第一步，做 y_t 关于常数项、$\ln x_{1t}$、$\ln x_{2t}$ 和 $\ln x_{3t}$ 的回归并保存残差 e_t；

第二步，做 e_t 关于常数项、$\ln x_{1t}$、$\ln x_{2t}$、$\ln x_{3t}$ 和 $e_{t-1}, e_{t-2}, \cdots, e_{t-p}$ 的回归并计算出辅助回归模型的判定系数 r^2，计算统计量 $\text{LM}(p)=nr^2$；

第三步，在大样本情况下，渐进地有 $\text{LM}(p)=nr^2\sim\chi^2(p)$；

第四步，比较判断。对于显著水平 α，若 $\text{LM}(p)=nr^2$ 大于临界值 $\chi^2_\alpha(p)$，则拒绝原假设 H_0，即认为至少有一个 ρ_i 的值显著地不等于零，即可能存在直到 i 阶的序列相关性。

例 7 表5-1为美国1950—1991年制造业的库存(y)与销售(x)数据(单位为10亿美元)。

表 5-1 美国 1950—1991 年制造业的库存与销售数据

年份	库存 y	销售 x	年份	库存 y	销售 x
1950	59 822	38 596	1965	120 929	80 283
1951	70 242	43 356	1966	136 824	87 187
1952	72 377	44 840	1967	145 681	90 918
1953	76 122	47 987	1968	156 611	98 794
1954	73 175	46 443	1969	170 400	105 812
1955	79 516	51 694	1970	178 594	108 352
1956	87 304	54 063	1971	188 991	117 023
1957	89 052	55 879	1972	203 227	131 227
1958	87 055	54 201	1973	234 406	153 881
1959	92 097	59 729	1974	287 144	178 201
1960	94 719	60 827	1975	288 992	182 412
1961	95 580	61 159	1976	318 345	204 386
1962	101 049	65 662	1977	350 706	229 786
1963	105 463	68 995	1978	400 929	260 755
1964	111 504	73 682	1979	452 636	298 328

续表

年份	库存 y	销售 x	年份	库存 y	销售 x
1980	510 124	328 112	1986	664 654	431 786
1981	547 169	356 909	1987	711 745	459 107
1982	575 486	348 771	1988	767 387	496 334
1983	591 858	370 501	1989	813 018	522 344
1984	651 527	411 427	1990	835 985	540 788
1985	665 837	423 940	1991	828 184	533 838

请回答以下问题：

(1) 利用表中数据估计模型 $y_t = b_0 + b_1 x_t + u_t$；

(2) 根据 DW 检验法、LM 检验法检验模型是否存在自相关性；

(3) 如果存在高阶自相关性，请用广义差分估计模型；

(4) 重复前面的步骤，但用以下模型：

$$\ln y_t = b_0 + b_1 \ln x_t + u_t$$

解答　(1) 利用 EViews 软件估计 y 关于 x 的回归方程。首先建立工作文件，然后输入样本数据，在工作文件窗口输入命令：ls　y　c　x，按回车键，得到如下回归方程：

$$\hat{y}_t = 1\,654.842 + 1.554\,4x_t$$
$$t = (0.916\,1)\qquad(222.564\,2)$$
$$R^2 = 0.999\,2\quad \mathrm{DW} = 1.374\,0\quad F = 49\,534.84$$

(2) 在 5% 的显著性水平下，容量为 $n=42$ 的 DW 分布的临界值为 $d_L = 1.46$，$d_U = 1.56$，由于 $\mathrm{DW} = 1.374\,0 < d_L$，所以该模型存在一阶正自相关。

根据 LM 乘数法判断，得表 5-2～表 5-4 所示的结果，由伴随概率知，模型存在一阶、三阶自相关。

表 5-2　LM 检验结果(1)

Breusch-Godfrey Serial Correlation LM Test:			
F-statistic	4.167116	Prob. F(1,39)	0.0480
Obs*R-squared	4.054449	Prob. Chi-Square(1)	0.0441

表 5-3　LM 检验结果(2)

Breusch-Godfrey Serial Correlation LM Test:			
F-statistic	2.176891	Prob. F(2,38)	0.1273
Obs*R-squared	4.317415	Prob. Chi-Square(2)	0.1155

表 5-4　LM 检验结果(3)

Breusch-Godfrey Serial Correlation LM Test:			
F-statistic	3.132684	Prob. F(3,37)	0.0370
Obs*R-squared	8.507215	Prob. Chi-Square(3)	0.0366

(3) 由(2)可知，模型存在一阶、三阶自相关。利用 EViews 软件，用广义差分估计模型，即在工作文件窗口输入命令：ls　y　c　x　ar(1)　ar(3)，其中 ar(1)、ar(3) 表示随机误差项是一阶、三阶自回归形式的序列相关，得到如表 5-5 所示的回归结果。

根据输出结果，广义最小二乘估计结果为

$$\hat{y}_t = 1\,521.296 + 1.555\,2x_t$$
$$t = (0.823\,6)\quad(213.127\,2)$$
$$R^2 = 0.999\,3\quad F = 19\,071.89\quad \mathrm{DW} = 2.214\,2$$

根据 LM 乘数检验法判断，容易求得 LM(1) = 2.842 3、LM(2) = 3.024 4、LM(3) = 5.423 2，其伴随概率依次为 0.091 8、0.220 4、0.143 3，都大于 0.05，模型已不存在一阶、

二阶、三阶自相关。

(4) 利用 EViews 软件估计 ln$y$ 关于 ln$x$ 的回归方程。首先建立工作文件,然后输入样本数据,在工作文件窗口输入命令:ls log(y) c log(x),按回车键,得到如下回归方程:

$$\ln \hat{y}_t = 0.5061 + 0.9952 \ln x_t$$
$$t = (10.4564) \quad (244.0386)$$
$$R^2 = 0.9993 \quad DW = 1.1998 \quad F = 59554.85$$

在 5%的显著性水平下,容量为 $n=20$ 的 DW 分布的临界值为 $d_L=1.46$,$d_U=1.56$,由于 DW=1.199 8<d_L,所以该模型存在一阶正自相关。

根据 LM 乘数法判断,容易求得 LM(1)=6.473 9、LM(2)=6.641 0、LM(3)=7.782 6,其伴随概率依次为 0.010 9、0.036 1、0.050 7,所以模型在 5%显著性水平上,存在一阶、二阶自相关。

利用 EViews 软件,用广义差分估计模型,即在工作文件窗口输入命令:ls log(y) c log(x) ar(1) ar(2),其中 ar(1)、ar(2)表示随机误差项是一阶、二阶自回归形式的序列相关,得到如表 5-6 所示的回归结果。

表 5-5 采用广义差分法回归结果

Dependent Variable: Y
Method: ARMA Generalized Least Squares (BFGS)
Date: 10/13/17 Time: 15:35
Sample: 1950 1991
Included observations: 42
Convergence achieved after 5 iterations
Coefficient covariance computed using outer product of gradients
d.f. adjustment for standard errors & covariance

Variable	Coefficient	Std. Error	t-Statistic	Prob.
C	1521.296	1847.071	0.823626	0.4153
X	1.555177	0.007297	213.1272	0.0000
AR(1)	0.360277	0.149562	2.408888	0.0210
AR(3)	-0.293517	0.151570	-1.936512	0.0603

R-squared	0.999336	Mean dependent var	311725.4
Adjusted R-squared	0.999284	S.D. dependent var	259139.8
S.E. of regression	6934.647	Akaike info criterion	20.62709
Sum squared resid	1.83E+09	Schwarz criterion	20.79259
Log likelihood	-429.1690	Hannan-Quinn criter.	20.68775
F-statistic	19071.89	Durbin-Watson stat	2.214175
Prob(F-statistic)	0.000000		

Inverted AR Roots	.46+.55i	.46-.55i	-.56

表 5-6 采用广义差分法回归结果

Dependent Variable: LOG(Y)
Method: ARMA Generalized Least Squares (BFGS)
Date: 10/13/17 Time: 15:45
Sample: 1950 1991
Included observations: 42
Convergence achieved after 5 iterations
Coefficient covariance computed using outer product of gradients
d.f. adjustment for standard errors & covariance

Variable	Coefficient	Std. Error	t-Statistic	Prob.
C	0.502815	0.068004	7.393915	0.0000
LOG(X)	0.995481	0.005729	173.7686	0.0000
AR(1)	0.436539	0.162019	2.694373	0.0104
AR(2)	-0.090003	0.161916	-0.555859	0.5816

R-squared	0.999438	Mean dependent var	12.28713
Adjusted R-squared	0.999394	S.D. dependent var	0.877232
S.E. of regression	0.021601	Akaike info criterion	-4.737225
Sum squared resid	0.017731	Schwarz criterion	-4.571733
Log likelihood	103.4817	Hannan-Quinn criter.	-4.676565
F-statistic	22527.10	Durbin-Watson stat	2.045152
Prob(F-statistic)	0.000000		

Inverted AR Roots	.22-.21i	.22+.21i

根据输出结果,广义最小二乘估计结果为

$$\ln \hat{y}_t = 0.5028 + 0.9955 x_t$$
$$t = (7.3939) \quad (173.7686)$$
$$R^2 = 0.9994 \quad F = 22527.10 \quad DW = 2.0452$$

根据 LM 乘数检验法判断,容易求得 LM(1)=2.305 6、LM(2)=2.774 8,其伴随概率依次为 0.128 9、0.294 8,均大于 0.05,模型已不存在一阶、二阶自相关。

例 8 表 5-7 为美国 1968—1987 年进口支出(y)与个人可支配收入(x),单位为 10 亿美元,以 1982 年为基期。

请回答以下问题:

(1) 利用表中数据估计模型 $y_t=b_0+b_1x_t+u_t$;

(2) 根据 DW 检验法、LM 检验法检验模型是否存在自相关性;

(3) 如果存在一阶自相关性,用 DW 值来估计自相关系数 $\hat{\rho}$;

表 5-7 美国 1968—1987 年进口支出(y)与个人可支配收入(x)

年份	y	x	年份	y	x
1968	135.5	1 551.3	1978	274.1	2 167.4
1969	144.6	1 599.8	1979	277.9	2 212.6
1970	150.9	1 668.1	1980	253.6	2 214.3
1971	166.2	1 728.4	1981	258.7	2 248.6
1972	190.7	1 797.4	1982	249.5	2 261.5
1973	218.2	1 961.3	1983	282.2	2 331.9
1974	211.8	1 896.9	1984	351.1	2 469.8
1975	187.9	1 931.7	1985	367.9	2 542.8
1976	220.9	2 001.0	1986	412.3	2 640.9
1977	259.4	2 066.6	1987	439.0	2 686.3

(4) 利用估计的 $\hat{\rho}$ 值,用 OLS 法估计广义差分方程:

$$y_t - \hat{\rho} y_{t-1} = b_0(1-\hat{\rho}) + b_1(x_t - \hat{\rho} x_{t-1}) + v_t$$

(5) 应用 Durbin 两步估计法与广义最小二乘法估计原模型。

解答 (1) 利用 EViews 软件对模型 $y_t = b_0 + b_1 x_t + u_t$ 进行 OLS 估计。首先建立工作文件,然后输入样本数据,在工作文件窗口输入命令:ls y c x,按回车键,得到如下回归方程:

$$\hat{y}_t = -264.939\,8 + 0.246\,6 x_t$$
$$t = (-8.441\,0) \quad (16.691\,3)$$
$$R^2 = 0.939\,3 \quad DW = 0.619\,2 \quad F = 278.598$$

(2) 自相关检验。DW 检验:因为 $n=20, k=2$(参数个数),取显著水平 $\alpha=0.05$ 时,查表得 $d_L=1.20, d_U=1.41$,而 $0<DW=0.619\,2<d_L=1.20$,所以存在一阶正自相关性。

LM 检验法:检验结果如表 5-8 和表 5-9 所示。

表 5-8 LM 检验结果(1)

Breusch-Godfrey Serial Correlation LM Test:			
F-statistic	12.98517	Prob. F(1,17)	0.0022
Obs*R-squared	8.661060	Prob. Chi-Square(1)	0.0033

表 5-9 LM 检验结果(2)

Breusch-Godfrey Serial Correlation LM Test:			
F-statistic	6.341276	Prob. F(2,16)	0.0094
Obs*R-squared	8.843392	Prob. Chi-Square(2)	0.0120

由 LM 检验结果(1)可知 LM(1)=8.661 1,伴随概率 $p=0.003\,3$,由 LM 检验结果(2)可知 LM(1)=8.843 4,伴随概率 $p=0.012$,所以在 $\alpha=0.05$ 显著性水平上存在一阶、二阶自相关。

(3) 由于 DW=0.619 2,所以 $\hat{\rho}=1-0.5DW=0.690\,4$。

(4) 应用估计的 $\rho=0.690\,4$,利用 EViews 软件,直接估计模型

$$y_t - \rho y_{t-1} = b_0(1-\rho) + b_1(x_t - \rho x_{t-1}) + v_t$$

即在工作文件窗口输入命令:ls y−0.690 4 * y(−1) c x−0.690 4 * x(−1),按回车键,可得表 5-10 回归结果。

根据输出结果,得到如下回归方程:

$$y_t - 0.690\,4 y_{t-1} = -117.819\,6 + 0.298\,5(x_t - 0.690\,4 x_{t-1}) + e_t$$
$$t = (-4.978\,8) \quad (8.933\,2)$$
$$R^2 = 0.824\,4 \quad DW = 1.916\,2 \quad F = 79.802\,3$$

由于 DW=1.916 2,在 5%的显著性水平下,容量为 19 的 DW 检验的临界值的下限与上限分别为 $d_L=1.18$,$d_U=1.40$,$d_U=1.40<DW=1.916\ 2<4-d_U=2.6$,故模型不存在一阶序列相关。

根据 LM 乘数法判断,容易求得 LM(1)、LM(2)的伴随概率依次为 0.994、0.811,所以在 5%显著性水平上,模型已不存在一阶、二阶自相关。因此,估计的原回归模型为

$$\hat{y}_t=\frac{-117.819\ 6}{1-0.690\ 4}+0.298\ 5x_t, \quad 或 \quad \hat{y}_t=-380.554\ 3+0.298\ 5x_t$$

(5) 按 Durbin 两步法,首先,估计模型 $y_t-\hat{\rho}y_{t-1}=b_0(1-\hat{\rho})+b_1(x_t-\hat{\rho}x_{t-1})+v_t$,或 $y_t=b_0(1-\hat{\rho})+\hat{\rho}y_{t-1}+b_1x_t-b_1\hat{\rho}x_{t-1}+v_t$,利用 EViews 软件,可得表 5-11 回归结果。

表 5-10 回归结果

Dependent Variable: Y-0.6904*Y(-1)
Method: Least Squares
Date: 06/30/10 Time: 20:39
Sample (adjusted): 1969 1987
Included observations: 19 after adjustments

	Coefficient	Std. Error	t-Statistic	Prob.
C	-117.8196	23.66418	-4.978814	0.0001
X-0.6904*X(-1)	0.298527	0.033418	8.933215	0.0000

R-squared	0.824384	Mean dependent var	91.14782
Adjusted R-squared	0.814054	S.D. dependent var	36.16402
S.E. of regression	15.59445	Akaike info criterion	8.431008
Sum squared resid	4134.176	Schwarz criterion	8.530422
Log likelihood	-78.09457	Hannan-Quinn criter.	8.447833
F-statistic	79.80233	Durbin-Watson stat	1.916198
Prob(F-statistic)	0.000000		

表 5-11 回归结果

Dependent Variable: Y
Method: Least Squares
Date: 10/13/17 Time: 15:58
Sample (adjusted): 1969 1987
Included observations: 19 after adjustments

Variable	Coefficient	Std. Error	t-Statistic	Prob.
C	-97.30738	55.56228	-1.751321	0.1003
Y(-1)	0.758194	0.205777	3.684545	0.0022
X	0.338831	0.078562	4.312898	0.0006
X(-1)	-0.265450	0.090341	-2.938316	0.0102

R-squared	0.968159	Mean dependent var	258.7842
Adjusted R-squared	0.961791	S.D. dependent var	83.64400
S.E. of regression	16.35009	Akaike info criterion	8.611008
Sum squared resid	4009.883	Schwarz criterion	8.809837
Log likelihood	-77.80458	Hannan-Quinn criter.	8.644658
F-statistic	152.0292	Durbin-Watson stat	2.292984
Prob(F-statistic)	0.000000		

根据输出结果,得到如下回归方程:

$$\hat{y}_t=-97.307\ 4+0.758\ 2y_{t-1}+0.338\ 8x_t-0.265\ 44x_{t-1}$$
$$t=(-1.751\ 3) \quad (3.684\ 5) \quad (4.312\ 9) \quad (-2.938\ 3)$$
$$\bar{R}^2=0.961\ 8 \quad F=152.029\ 2 \quad DW=2.293\ 0$$

回归方程中 y_{t-1} 前的回归系数即为自相关系数 ρ 估计值:$\hat{\rho}=0.758\ 2$。

其次,应用估计的 $\hat{\rho}=0.758\ 2$ 作广义差分变换:

$$y_{1t}=y_t-0.758\ 2y_{t-1}, \quad x_{1t}=x_t-0.758\ 2x_{t-1}$$

经过差分变换后,原模型变为:$y_{1t}=b_0^*+b_1^*x_{1t}+v_t$

利用 EViews 软件,生成新序列 y1、x1,然后估计模型。在工作文件窗口输入命令:

```
genr  x1=x-0.7582*x(-1)    生成新序列 x1
genr  y1=y-0.7582*y(-1)    生成新序列 y1
ls  y1  c  x1              估计模型
```

可得表 5-12 回归结果。

根据输出结果,得到如下回归方程:

$$\hat{y}_{1t}=-100.994\ 5+0.313\ 8x_{1t}$$
$$t=(-4.472\ 2) \quad (7.876\ 7)$$
$$R^2=0.784\ 9 \quad F=62.042\ 4 \quad DW=2.140\ 8$$

或者利用 EViews 软件,直接估计模型

$$y_t-\rho y_{t-1}=b_0(1-\rho)+b_1(x_t-\rho x_{t-1})+v_t$$

即在工作文件窗口输入命令：ls　y－0.758 2 * y(－1)　c　x－0.758 2 * x(－1)，按回车键，可得表 5-13 回归结果。

表 5-12　回归结果

Dependent Variable: Y1
Method: Least Squares
Date: 06/30/10 Time: 21:12
Sample (adjusted): 1969 1987
Included observations: 19 after adjustments

	Coefficient	Std. Error	t-Statistic	Prob.
C	-100.9945	22.58294	-4.472157	0.0003
X1	0.313835	0.039844	7.876697	0.0000

R-squared	0.784925	Mean dependent var	74.68527
Adjusted R-squared	0.772274	S.D. dependent var	32.33675
S.E. of regression	15.43131	Akaike info criterion	8.409975
Sum squared resid	4048.129	Schwarz criterion	8.509389
Log likelihood	-77.89476	Hannan-Quinn criter.	8.426799
F-statistic	62.04236	Durbin-Watson stat	2.140765
Prob(F-statistic)	0.000000		

表 5-13　回归结果

Dependent Variable: Y-0.7582*Y(-1)
Method: Least Squares
Date: 06/30/10 Time: 21:15
Sample (adjusted): 1969 1987
Included observations: 19 after adjustments

	Coefficient	Std. Error	t-Statistic	Prob.
C	-100.9945	22.58294	-4.472157	0.0003
X-0.7582*X(-1)	0.313835	0.039844	7.876697	0.0000

R-squared	0.784925	Mean dependent var	74.68527
Adjusted R-squared	0.772274	S.D. dependent var	32.33675
S.E. of regression	15.43131	Akaike info criterion	8.409975
Sum squared resid	4048.129	Schwarz criterion	8.509389
Log likelihood	-77.89476	Hannan-Quinn criter.	8.426799
F-statistic	62.04236	Durbin-Watson stat	2.140765
Prob(F-statistic)	0.000000		

根据输出结果，得到如下回归方程：

$$y_t - 0.758\,2y_{t-1} = -100.994\,5 + 0.313\,8(x_t - 0.758\,2x_{t-1}) + e_t$$

$$t = (-4.472\,2) \quad (7.876\,7)$$

$$R^2 = 0.784\,9 \quad F = 62.042\,4 \quad \mathrm{DW} = 2.140\,8$$

由于 DW＝2.140 8，在 5%的显著性水平下，容量为 19 的 DW 检验的临界值的下限与上限分别为 $d_L=1.18$，$d_U=1.40$，$d_U=1.40<\mathrm{DW}=2.140\,8<4-d_U=2.6$，故模型不存在一阶序列相关。由 LM 乘数法判断易知，模型也不存在一阶自相关。

因此，估计的原回归模型为

$$\hat{y}_t = \frac{-100.994\,5}{1-0.758\,2} + 0.313\,8x_t \quad 或 \quad \hat{y}_t = -417.677\,8 + 0.313\,8x_t$$

在 EViews 软件中，在工作文件窗口输入命令：ls　y　c　x　ar(1)，其中 ar(1)表示随机误差项是一阶自回归形式的序列相关，得到表 5-14 所示回归结果。

表 5-14　采用广义差分法回归结果

Dependent Variable: Y
Method: ARMA Generalized Least Squares (BFGS)
Date: 10/13/17 Time: 16:04
Sample: 1968 1987
Included observations: 20
Convergence achieved after 7 iterations
Coefficient covariance computed using outer product of gradients
d.f. adjustment for standard errors & covariance

Variable	Coefficient	Std. Error	t-Statistic	Prob.
C	-303.7739	70.82927	-4.288818	0.0005
X	0.268897	0.034008	7.906877	0.0000
AR(1)	0.789906	0.190327	4.150259	0.0007

R-squared	0.966821	Mean dependent var	252.6200
Adjusted R-squared	0.962917	S.D. dependent var	85.95372
S.E. of regression	16.55203	Akaike info criterion	8.637278
Sum squared resid	4657.486	Schwarz criterion	8.786638
Log likelihood	-83.37278	Hannan-Quinn criter.	8.666434
F-statistic	247.6830	Durbin-Watson stat	1.841740
Prob(F-statistic)	0.000000		
Inverted AR Roots	.79		

根据输出结果，广义最小二乘估计结果：

$$\hat{y}_t = -303.773\,9 + 0.268\,9x_t$$

$$t = (-4.288\,8) \quad (7.906\,9)$$

$$R^2 = 0.968\,0 \quad F = 247.683 \quad \mathrm{DW} = 1.841\,7$$

根据 LM 乘数法判断，容易求得 LM(1)、LM(2)的伴随概率依次为 0.653 6、0.541 3，所以在 5%显著性水平上，模型已不存在一阶、二阶自相关。

例 9　表 5-15 为美国 1959—1998 年人均实际工资(y)与人均产出指数(x)数据，以 1992 年为基年，取值 100。

(1) 利用表中数据估计模型 $y_t=b_0+b_1x_t+u_t$；

(2) 根据残差图示法、DW 检验法、相关图和 Q 统计量检验、残差回归检验法、LM 检验

法检验模型是否存在自相关性;

表 5-15　美国 1959—1998 年人均实际工资与人均产出指数

年份	y	x	年份	y	x
1959	58.5	47.2	1979	90.0	79.7
1960	59.9	48.0	1980	89.7	79.8
1961	61.7	49.8	1981	89.8	81.4
1962	63.9	52.1	1982	91.1	81.2
1963	65.3	54.1	1983	91.2	84.0
1964	67.8	54.6	1984	91.5	86.4
1965	69.3	58.6	1985	92.8	88.1
1966	71.8	61.0	1986	95.9	90.7
1967	73.7	62.3	1987	96.3	91.3
1968	76.5	64.5	1988	97.3	92.4
1969	77.6	64.8	1989	95.8	93.3
1970	79.0	66.2	1990	96.4	94.5
1971	80.5	68.8	1991	97.4	95.9
1972	82.9	71.0	1992	100.0	100.0
1973	84.7	73.1	1993	99.9	100.1
1974	83.7	72.2	1994	99.7	101.4
1975	84.5	74.8	1995	99.1	102.2
1976	87.0	77.2	1996	99.6	105.2
1977	88.1	78.4	1997	101.1	107.5
1978	89.7	79.5	1998	105.1	110.5

注:x——每小时产出指数,商业部分;y——每小时实际工资,商业部分。

(3) 应用 Durbin 两步估计法与广义差分法估计模型,检验残差项是否仍存在序列相关,并解释其参数的经济含义;

(4) 对于模型 $y_t=b_0+b_1x_t+b_2y_{t-1}+u_t$,由于含有滞后的被解释变量 y_{t-1},所以不适用 DW 检验判断误差项是否存在自相关。对此类自回归模型,Durbin 提出了一个新的检验统计量,称为 Durbin-h 统计量:

$$h=\left(1-\frac{\mathrm{DW}}{2}\right)\sqrt{\frac{n}{1-n\mathrm{var}\,(\hat{b}_2)}}$$

式中,n 为样本容量,$\mathrm{var}(\hat{b}_2)$是 y_{t-1}系数的估计方差。DW 为自回归模型用 OLS 法得到的 DW 统计量值。

在大样本情况下,Durbin 已经证明,h 统计量近似地服从标准正态分布,所以利用正态分布可以直接对一阶自相关性进行检验。具体步骤为

第一,用 OLS 法估计模型:$y_t=b_0+b_1x_t+b_2y_{t-1}+u_t$;

第二,根据模型输出的 DW 统计量值和 $s(\hat{b}_2)$计算 h 统计量;

第三,给定显著水平 α,查标准正态分布临界值 $z_{\alpha/2}$,如果$|h|>z_{\alpha/2}$,则拒绝 $\rho=0$ 的假

设，即认为存在一阶自相关性。例如，当 $\alpha=0.05$ 时，$z_{0.025}=1.96$，如果 $|h|>1.96$，则认为存在一阶自相关性。此检验法称为 h 检验，对模型中含有滞后的被解释变量 $y_{t-1}, y_{t-2}, \cdots$ 其 h 检验所用的统计量仍然适用。

请回答以下问题：用 OLS 法估计模型 $y_t=b_0+b_1x_t+b_2y_{t-1}+u_t$，给出 Durbin-$h$ 统计量，检验此模型是否存在自相关性。

解答　(1) 利用 EViews 软件估计模型 $y_t=b_0+b_1x_t+u_t$。首先建立工作文件，然后输入样本数据，在工作文件窗口输入命令：ls　y　c　x，按回车键，得到如下回归方程：

$$\hat{y}_t = 29.7451 + 0.7112x_t$$
$$t = (15.4954)\quad(29.8430)$$
$$R^2 = 0.9591\quad F = 890.6016\quad \mathrm{DW} = 0.1468$$

(2) 自相关检验。① 图示法。由上述 OLS 估计，可直接得到残差 resid，记为 e，在命令窗口输入：scat　@trend(1958)　e　或在命令窗口输入 scat　e(−1)　e，可以得到图 5-1 的输出结果。由图 5-1 中的(a)、(b)可知，随机项存在一阶正自相关。

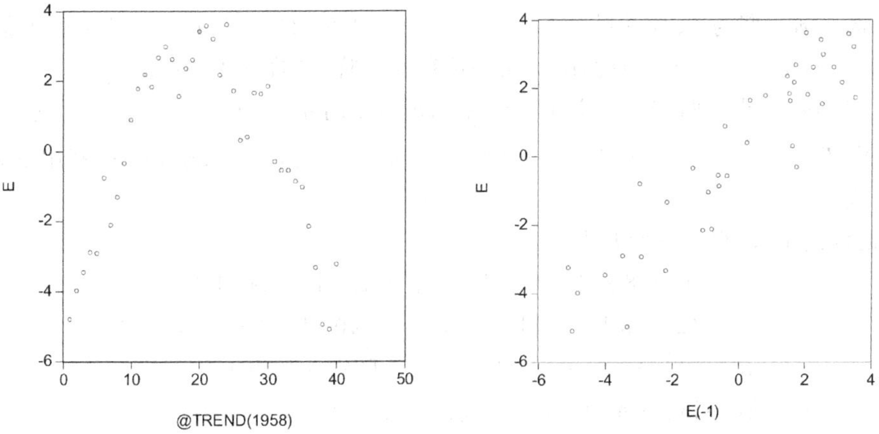

(a)　　(b)

图 5-1　残差图

② DW 检验法。在 5% 的显著性水平下，容量得 $n=40$ 的 DW 分布的临界值为 $d_L=1.44$，$d_U=1.54$，由于 $\mathrm{DW}=0.1468<d_L$，所以该模型存在一阶正自相关。

③ 相关图和 Q 统计量检验。在方程窗口中单击 View\Residual Diagnostics\Correlogram-Q-statistics，并输入滞后期为 12，屏幕将显示残差 e_t 与滞后值的相关系数和偏相关系数，如图 5-2 所示。

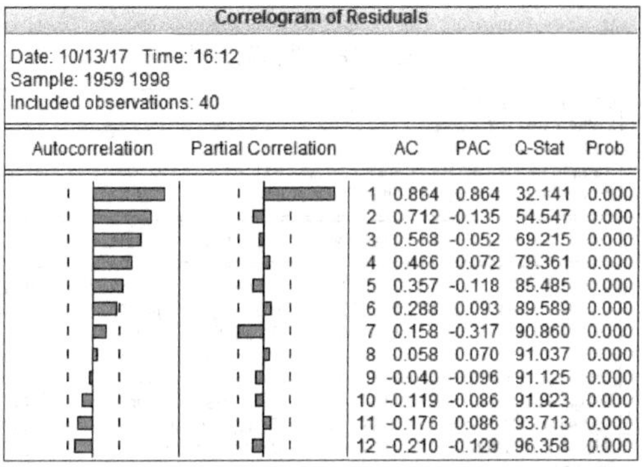
Correlogram of Residuals

Date: 10/13/17　Time: 16:12
Sample: 1959 1998
Included observations: 40

Autocorrelation	Partial Correlation		AC	PAC	Q-Stat	Prob
		1	0.864	0.864	32.141	0.000
		2	0.712	-0.135	54.547	0.000
		3	0.568	-0.052	69.215	0.000
		4	0.466	0.072	79.361	0.000
		5	0.357	-0.118	85.485	0.000
		6	0.288	0.093	89.589	0.000
		7	0.158	-0.317	90.860	0.000
		8	0.058	0.070	91.037	0.000
		9	-0.040	-0.096	91.125	0.000
		10	-0.119	-0.086	91.923	0.000
		11	-0.176	0.086	93.713	0.000
		12	-0.210	-0.129	96.358	0.000

图 5-2　e_t 与 $e_{t-1}, e_{t-2}, \cdots, e_{t-p}$ 相关系数与偏相关系数

从图 5-2 可以明显看出，人均实际工资(y)与人均产出指数(x)模型存在着一阶和二阶自相关性。各阶滞后的 Q 统计量的 p 值都小于0.05,说明在5%的显著性水平下,拒绝原假设,残差序列存在序列相关。

④ 残差回归检验法。建立残差 e_t 与 e_{t-1}、e_{t-2} 的回归模型,如表5-16和表5-17所示。由回归结果可知随机误差项存在一阶自相关。

表5-16 残差回归结果(1)

Dependent Variable: E
Method: Least Squares
Date: 10/13/17 Time: 16:16
Sample (adjusted): 1960 1998
Included observations: 39 after adjustments

Variable	Coefficient	Std. Error	t-Statistic	Prob.
E(-1)	0.898944	0.061242	14.67852	0.0000

R-squared	0.849709	Mean dependent var	0.123477
Adjusted R-squared	0.849709	S.D. dependent var	2.534608
S.E. of regression	0.982601	Akaike info criterion	2.828078
Sum squared resid	36.68914	Schwarz criterion	2.870734
Log likelihood	-54.14753	Hannan-Quinn criter.	2.843383
Durbin-Watson stat	1.736610		

表5-17 残差回归结果(2)

Dependent Variable: E
Method: Least Squares
Date: 10/13/17 Time: 16:17
Sample (adjusted): 1961 1998
Included observations: 38 after adjustments

Variable	Coefficient	Std. Error	t-Statistic	Prob.
E(-1)	1.012431	0.170090	5.952333	0.0000
E(-2)	-0.115987	0.171136	-0.677747	0.5023

R-squared	0.840837	Mean dependent var	0.231584
Adjusted R-squared	0.836416	S.D. dependent var	2.475832
S.E. of regression	1.001363	Akaike info criterion	2.891798
Sum squared resid	36.09822	Schwarz criterion	2.977986
Log likelihood	-52.94416	Hannan-Quinn criter.	2.922463
Durbin-Watson stat	1.966266		

⑤ LM检验。在方程窗口中单击View\Residual Diagnostics\Serial Correlation LM Test,并选择滞后期为1、2,得到LM(1)=31.154 3,LM(2)=31.158 1,对应的 p 值分别为0.000、0.000,均小于0.05,因此,随机误差项存在一阶、二阶自相关性。

(3) ① 用Durbin两步法估计模型。按Durbin两步法,首先,估计模型 $y_t-\hat{\rho}y_{t-1}=b_0(1-\hat{\rho})+b_1(x_t-\hat{\rho}x_{t-1})+v_t$ 或 $y_t=b_0(1-\hat{\rho})+\hat{\rho}y_{t-1}+b_1x_t-b_1\hat{\rho}x_{t-1}+v_t$,利用EViews软件,可得表5-18回归结果。

根据输出结果,得如下回归方程:

$$\hat{y}_t = 5.458\,2 + 0.880\,3y_{t-1} + 0.476\,1x_t - 0.409\,8x_{t-1}$$

$$t = (2.805\,1)\quad (14.686\,3)\quad (3.406\,4)\quad (-2.615\,8)$$

$$R^2 = 0.994\,8 \quad F = 2\,232.94 \quad DW = 1.764\,9$$

回归方程中 y_{t-1} 前的回归系数即为自相关系数 ρ 估计值:$\hat{\rho}=0.880\,3$。

其次,应用估计的 $\hat{\rho}=0.880\,3$,利用EViews软件,直接估计模型

$$y_t-\hat{\rho}y_{t-1} = b_0(1-\hat{\rho})+b_1(x_t-\hat{\rho}x_{t-1})+v_t$$

即在工作文件窗口输入命令:ls y−0.8803*y(−1) c x−0.8803*x(−1),按回车键,可得表5-19回归结果。

表5-18 回归结果

Dependent Variable: Y
Method: Least Squares
Date: 10/13/17 Time: 16:19
Sample (adjusted): 1960 1998
Included observations: 39 after adjustments

Variable	Coefficient	Std. Error	t-Statistic	Prob.
C	5.458150	1.945762	2.805147	0.0082
Y(-1)	0.880293	0.059940	14.68627	0.0000
X	0.476054	0.139751	3.406442	0.0017
X(-1)	-0.409754	0.156644	-2.615831	0.0130

R-squared	0.994802	Mean dependent var	86.34103
Adjusted R-squared	0.994357	S.D. dependent var	12.34486
S.E. of regression	0.927358	Akaike info criterion	2.783960
Sum squared resid	30.09974	Schwarz criterion	2.954582
Log likelihood	-50.28722	Hannan-Quinn criter.	2.845178
F-statistic	2232.940	Durbin-Watson stat	1.764924
Prob(F-statistic)	0.000000		

表5-19 回归结果

Dependent Variable: Y-0.8803*Y(-1)
Method: Least Squares
Date: 10/13/17 Time: 16:47
Sample (adjusted): 1960 1998
Included observations: 39 after adjustments

Variable	Coefficient	Std. Error	t-Statistic	Prob.
C	5.520647	0.700864	7.876917	0.0000
X-0.8803*X(-1)	0.536562	0.062719	8.554972	0.0000

R-squared	0.664209	Mean dependent var	11.38687
Adjusted R-squared	0.655133	S.D. dependent var	1.541549
S.E. of regression	0.905280	Akaike info criterion	2.688775
Sum squared resid	30.32267	Schwarz criterion	2.774086
Log likelihood	-50.43112	Hannan-Quinn criter.	2.719384
F-statistic	73.18755	Durbin-Watson stat	1.809511
Prob(F-statistic)	0.000000		

根据输出结果，得如下回归方程：

$$y_t - 0.8803y_{t-1} = 5.5206 + 0.5366(x_t - 0.8803x_{t-1}) + e_t$$

$$t = (7.9869) \qquad (8.5550)$$

$$R^2 = 0.6642 \quad F = 73.1876 \quad DW = 1.8095$$

由于 DW=1.809 5，在 5%的显著性水平下，容量为 39 的 DW 检验的临界值的下限与上限分别为 $d_L=1.43$，$d_U=1.54$，$d_U=1.54<DW=1.8095<4-d_U=2.46$，故模型不存在一阶序列相关。由 LM 乘数法判断，模型也不存在自相关。因此，估计的原回归模型为

$$\hat{y}_t = \frac{5.5206}{1-0.8803} + 0.5366x_t \quad 或 \quad \hat{y}_t = 46.1203 + 0.5366x_t$$

参数的经济含义：由回归结果可知，实际工资与劳动生产率之间的关系为正，每小时产出指数每增加 1 单位，每小时实际工资将平均增加 0.536 6 个单位。

② 用广义差分法估计模型。由(2)可知，模型存在一阶、二阶自相关。利用 EViews 软件，用广义差分估计模型，即在工作文件窗口输入命令：ls　y　c　x　ar(1)　ar(2)，其中 ar(1)、ar(2)表示随机误差项是一阶、二阶自回归形式的序列相关，去掉不显著的 ar(2)项后的回归结果如表 5-20 所示。

根据输出结果，广义最小二乘估计结果：

$$\hat{y}_t = 28.5152 + 0.6956x_t$$

$$t = (4.4072) \quad (8.8978)$$

$$R^2 = 0.9941 \quad F = 3109.362 \quad DW = 1.7874$$

根据 LM 乘数检验法判断，容易求得 LM(1)=0.00、LM(2)=0.00，其伴随概率依次为 1.00、1.00，都大于 0.05，模型已不存在一阶、二阶自相关。此结果与 Durbin 两步法回归结果相差很小。

(4) 利用表 5-15 数据估计工资决定模型：$y_t=b_0+b_1x_t+b_2y_{t-1}+u_t$。利用 EViews 软件估计，在工作文件窗口输入命令：ls　y　c　x　y(−1)，按回车键，回归结果如表 5-21 所示。

表 5-20　采用广义差分法回归结果

Dependent Variable: Y
Method: ARMA Generalized Least Squares (BFGS)
Date: 10/13/17　Time: 16:51
Sample: 1959 1998
Included observations: 40
Convergence achieved after 10 iterations
Coefficient covariance computed using outer product of gradients
d.f. adjustment for standard errors & covariance

Variable	Coefficient	Std. Error	t-Statistic	Prob.
C	28.51516	6.470167	4.407176	0.0001
X	0.695556	0.078172	8.897814	0.0000
AR(1)	0.969303	0.056210	17.24423	0.0000

R-squared	0.994085	Mean dependent var	85.64500
Adjusted R-squared	0.993766	S.D. dependent var	12.95632
S.E. of regression	1.022999	Akaike info criterion	3.025540
Sum squared resid	38.72147	Schwarz criterion	3.152206
Log likelihood	-57.51079	Hannan-Quinn criter.	3.071338
F-statistic	3109.362	Durbin-Watson stat	1.787417
Prob(F-statistic)	0.000000		

Inverted AR Roots　.97

表 5-21　回归结果

Dependent Variable: Y
Method: Least Squares
Date: 10/13/17　Time: 17:08
Sample (adjusted): 1960 1998
Included observations: 39 after adjustments

Variable	Coefficient	Std. Error	t-Statistic	Prob.
C	8.247920	1.754545	4.700890	0.0000
X	0.124297	0.041018	3.030290	0.0045
Y(-1)	0.801256	0.055810	14.35680	0.0000

R-squared	0.993786	Mean dependent var	86.34103
Adjusted R-squared	0.993441	S.D. dependent var	12.34486
S.E. of regression	0.999782	Akaike info criterion	2.911244
Sum squared resid	35.98430	Schwarz criterion	3.039211
Log likelihood	-53.76926	Hannan-Quinn criter.	2.957157
F-statistic	2878.781	Durbin-Watson stat	1.521781
Prob(F-statistic)	0.000000		

根据输出结果,得如下回归方程:

$$\hat{y}_t = 8.2479 + 0.1243x_t + 0.8013y_{t-1}$$
$$t = (4.7009) \quad (3.0303) \quad (14.3568)$$
$$R^2 = 0.9938 \quad F = 2878.781 \quad DW = 1.5218$$

利用 h 统计量计算公式,由表 5-21 回归结果可以得到

$$h = \left(1 - \frac{DW}{2}\right)\sqrt{\frac{n}{1 - n\text{var}(\hat{b}_2)}} = \left(1 - \frac{1.5218}{2}\right) \times \sqrt{\frac{39}{1 - 0.0558^2}} = 1.4955$$

给定显著水平 $\alpha = 0.05$ 时,$z_{0.025} = 1.96$,$|h| = 1.4955 < 1.96$,因此可以推断采用 $y_t = b_0 + b_1x_t + b_2y_{t-1} + u_t$,模型不存在自相关。

上述回归结果显示,实际工资指数不仅取决于劳动生产率指数,而且还取决于上一期的实际工资指数。回归结果表明,本期每小时产出指数每增加 1 单位,本期每小时实际工资将平均增加 0.1243 个单位;上一期每小时实际工资每增加 1 单位,本期每小时实际工资将平均增加 0.8013 个单位。

5.4 习题

5.4.1 单项选择题

1. 如果模型 $y_t = b_0 + b_1x_t + u_t$ 存在自相关性,则(　　)。

A. $\text{cov}(x_t, u_t) = 0$　　B. $\text{cov}(u_t, u_s) = 0 \quad (t \neq s)$

C. $\text{cov}(x_t, u_t) \neq 0$　　D. $\text{cov}(u_t, u_s) \neq 0 \quad (t \neq s)$

2. 设线性回归模型为 $y_t = b_0 + b_1x_t + u_t$,ρ 为随机误差项 u_t 的一阶自相关系数,则 DW 检验的零假设是(　　)。

A. DW=0　　B. $\rho=0$　　C. DW=1　　D. $\rho=1$

3. 设 v_i 为具有零均值、常数方差,且不存在自相关性的随机变量,下列哪种形式的自相关性可用 DW 统计量来检验?(　　)

A. $u_t = \rho u_{t-1} + v_t$　　B. $u_t = \rho u_{t-1} + \rho^2 u_{t-2} + \cdots + v_t$

C. $u_t = \rho v_t$　　D. $u_t = \rho v_t + \rho^2 v_{t-1} + \cdots$

4. DW 的取值范围是(　　)。

A. $-1 \leqslant DW \leqslant 0$　　B. $-1 \leqslant DW \leqslant 1$

C. $-2 \leqslant DW \leqslant 2$　　D. $0 \leqslant DW \leqslant 4$

5. 当 DW=4 时,说明(　　)。

A. 不存在自相关　　B. 不能判断是否存在一阶自相关

C. 存在正的一阶自相关　　D. 存在负的一阶自相关

6. 给定显著性水平,若 DW 统计量的下限临界值和上限临界值分别为 d_L 和 d_U,则当 $d_L \leqslant DW \leqslant d_U$ 时,可认为随机误差项(　　)。

A. 存在一阶正自相关　　B. 存在一阶负相关

C. 不存在自相关性　　D. 是否存在自相关性不能断定

7. 根据20个观测值估计的结果，一元线性回归模型的DW=2.3。在样本容量$n=20$，解释变量个数$k=1$，显著性水平$\alpha=0.05$下，查得$d_L=1, d_U=1.41$，则可以判断随机误差项(   )。

A. 不存在一阶自相关　　B. 存在正的一阶自相关

C. 存在负的一阶自相关　　D. 无法确定

8. 当模型存在自相关性现象时，适宜的参数估计方法是(   )。

A. 加权最小二乘法　　B. 间接最小二乘法

C. 广义差分法　　D. 工具变量法

9. 对于原模型$y_t=b_0+b_1x_t+u_t$，广义差分模型是指(   )。

A. $\dfrac{y_t}{\sqrt{f(x_t)}}=b_0\dfrac{1}{\sqrt{f(x_t)}}+b_1\dfrac{x_t}{\sqrt{f(x_t)}}+\dfrac{u_t}{\sqrt{f(x_t)}}$

B. $\Delta y_t=b_1\Delta x_t+\Delta u_t$

C. $\Delta y_t=b_0+b_1\Delta x_t+\Delta u_t$

D. $y_t^*=b_0(1-\rho)+b_1x_t^*+v_t^*$，其中：$y_t^*=y_t-\rho y_{t-1}, x_t^*=x_t-\rho x_{t-1}, v_t^*=u_t-\rho u_{t-1}$

10. 采用一阶差分模型克服一阶自相关问题适用于下列哪种情况？(   )

A. $\rho\approx 0$　　B. $\rho\approx 1$　　C. $-1<\rho<0$　　D. $0<\rho<1$

11. 某企业的生产决策是由模型$S_t=b_0+b_1P_t+u_t$描述的(其中S_t为产量，P_t为价格)，如果该企业在$t-1$期生产过剩，则企业会削减t期的产量。由此判断上述模型存在(   )。

A. 异方差性问题　　B. 自相关性问题

C. 多重共线性问题　　D. 随机解释变量问题

12. 根据一个$n=30$的样本估计$y_i=\beta_0+\beta_1x_i+u_i$后计算得DW=1.4，已知在5%的显著性水平下，$d_L=1.35, d_U=1.49$，则认为原模型(   )。

A. 存在正的一阶自相关性　　B. 存在负的一阶自相关性

C. 不存在一阶自相关性　　D. 无法判断是否存在一阶自相关性

13. 对于模型$y_i=\hat{\beta}_0+\hat{\beta}_1x_i+e_i$，以$\rho$表示$e_t$与$e_{t-1}$之间的线性相关系数($t=1,2,\cdots,n$)，则以下有明显错误的是(   )。

A. $\rho=0.8$, DW=0.4　　B. $\rho=-0.8$, DW=-0.4

C. $\rho=0$, DW=2　　D. $\rho=1$, DW=0

14. 设$\boldsymbol{U}$为随机误差项向量，其协方差矩阵为$\boldsymbol{\Omega}$，用矩阵形式表示的广义最小二乘参数估计量为$\hat{\boldsymbol{B}}=(\boldsymbol{X}'\boldsymbol{\Omega}^{-1}\boldsymbol{X})^{-1}\boldsymbol{X}'\boldsymbol{\Omega}^{-1}\boldsymbol{Y}$，此估计量为(   )。

A. 有偏、有效的估计量　　B. 有偏、非有效的估计量

C. 无偏、非有效的估计量　　D. 无偏、有效的估计量

15. 采用广义最小二乘法关键的一步是得到随机误差项的方差协方差矩阵$\boldsymbol{\Omega}$，这就需对原模型$\boldsymbol{Y}=\boldsymbol{XB}+\boldsymbol{U}$首先采用下面哪种方法，以求得随机误差项的近似估计量，从而构成矩阵的估计量？(   )

A. 一阶差分法　　B. 广义差分法

C. 普通最小二乘法　　D. 加权最小二乘法

16. 假设回归模型中的随机误差项 u_t 具有一阶自回归形式 $u_t=\rho u_{t-1}+v_t$，其中 v_t 是满足回归模型基本假定的随机误差项，则 u_t 的方差 $\mathrm{var}(u_t)$ 为(　　)。

A. $\frac{\sigma_v^2}{1-\rho^2}$　　B. $\frac{\rho\sigma_v^2}{1-\rho^2}$　　C. $\frac{\rho}{1-\rho}$　　D. $\frac{\rho^2\sigma_v^2}{1-\rho^2}$

17. 应用 DW 检验需满足的条件不包括(　　)。

A. 模型包含截距项　　B. 模型解释变量不能包含被解释变量的滞后项

C. 样本容量足够大　　D. 解释变量为随机变量

18. 估计模型 $y_t=\beta_0+\beta_1x_t+\beta_2y_{t-1}+u_t$ 参数(其中 x_t 为非随机变量，u_t 满足基本假定)的方法为(　　)。

A. 加权最小二乘法　　B. 一阶差分法

C. 广义差分法　　D. 工具变量法

5.4.2 多项选择题

1. 产生自相关性的主要原因有(　　)。

A. 经济变量惯性的作用引起随机误差项自相关

B. 经济行为的滞后性引起随机误差项自相关

C. 一些随机偶然因素的干扰引起随机误差项自相关

D. 模型设定误差引起随机误差项自相关

E. 观测数据处理引起随机误差项自相关性

2. 自相关性的影响主要有(　　)。

A. OLS 参数估计值仍是无偏的

B. OLS 参数估计值不再具有最小方差性

C. 随机误差项的方差一般会低估

D. 模型的统计检验失效

E. 区间估计和预测区间的精度降低

3. DW 检验不适用于以下哪些情况的自相关性检验？(　　)

A. 高阶线性自相关　　B. 一阶非线性自相关

C. 移动平均形式的自相关　　D. 正的一阶线性自相关

E. 负的一阶线性自相关

4. 检验自相关性的方法主要有(　　)。

A. 戈里瑟检验　　B. 怀特检验

C. 回归检验　　D. DW 检验

E. LM 检验

5. 以 d_L 表示统计量 DW 的下限临界值，d_U 表示统计量 DW 的上限临界值，则 DW 检验的不确定区域是(　　)。

A. $d_U\leqslant DW\leqslant 4-d_U$　　B. $4-d_U\leqslant DW\leqslant 4-d_L$　　C. $d_L\leqslant DW\leqslant d_U$

D. $4-d_L\leqslant DW\leqslant 4$　　E. $0\leqslant DW\leqslant d_L$

6. DW检验不适用于以下情况下的一阶自相关性检验(　　)。

A. 模型包含随机解释变量　B. 样本容量太小　C. 含有滞后的被解释变量

D. 包含有虚拟变量的模型　E. 非一阶自回归模型

7. 关于DW检验,以下说法正确的有(　　)。

A. DW检验只适用于一阶自相关性检验,且样本容量要充分大

B. DW统计量的取值范围是[0,4]

C. 当DW=2时,对应的相关系数为0,表明不存在自相关性

D. 当DW统计量的值落在区间$[d_L,d_U]$或$[4-d_U,4-d_L]$上时,无法确定随机误差项是否存在自相关性

E. 当DW接近于4时,相关系数接近于1,表明可能存在完全正的一阶自相关

8. 针对存在自相关性的模型估计,下述哪些方法可能是适用的?(　　)

A. 加权最小二乘法　B. 普通最小二乘法　C. 残差回归法

D. 广义差分法　E. 杜宾两步法

9. 如果模型$y_t=b_0+b_1x_t+u_t$存在一阶自相关,普通最小二乘估计仍具备(　　)。

A. 线性　B. 无偏性　C. 有效性

D. 真实性　E. 精确性

10. 检验高阶自相关性的主要方法有(　　)。

A. DW检验　B. 回归检验法　C. 偏自相关系数检验

D. Q统计量检验　E. 拉格朗日乘数检验

11. 用于进行广义差分变换的自相关系数ρ的估计方法有(　　)。

A. 科克伦—奥科特迭代法　B. 杜宾两步法　C. 加权最小二乘法

D. 回归法　E. 普通最小二乘法

5.4.3 判断题

1. 当模型存在自相关性时,OLS估计量是有偏的,也是无效的。(　　)

2. 采用时间序列数据建立计量模型时,容易出现自相关性。(　　)

3. 当模型存在自相关性时,可以用DW法进行检验,不需任何前提条件。(　　)

4. DW值在0和4之间,数值越大说明正相关程度越大,数值越小说明负相关程度越大。(　　)

5. 如果用滞后的被解释变量作解释变量,则在检验自相关时,DW检验就不适用了。(　　)

6. DW检验法可以对随机误差项存在一阶自相关性进行检验,也可以对存在滞后被解释变量的模型进行检验。(　　)

7. 拉格朗日乘数检验克服了DW检验的缺陷,适用于高阶自相关性及模型中存在滞后被解释变量的情形。(　　)

8. 发现模型中随机误差项存在自相关性,则都可以利用差分法来消除自相关性。(　　)

9. 用于进行广义差分变换的自相关系数ρ的常用估计方法有科克伦—奥科特迭代法

和杜宾两步法。 (　　)

10. 异方差性、自相关性都是随机误差现象,但两者是有区别的。 (　　)

11. 广义最小二乘法就是广义差分法。 (　　)

5.4.4 简答题、分析与计算题

1. 什么是一阶自相关性和高自相关性?举例说明经济现象中的自相关性。

2. 计量经济模型中产生自相关性的原因和影响是什么?

3. 简述 DW 检验的步骤及应用条件。

4. 用时间序列数据建立消费支出对人均收入的线性回归模型时,可能遇到的主要问题是什么?

5. 回答下列问题:(1)DW 检验的五个区域;(2)用代数方法证明:$0\leqslant DW\leqslant 4$;(3)一阶自相关性检验中,$H_0:\rho=0$ 与 $H_0:DW=2$ 是等价的;(4)DW 检验的局限性。

6. 有如下一个回归方程,共 95 个样本点:

$$\hat{y}_t = 1.3 + 9.23x_{1t} + 1.8x_{2t} - 4.8x_{3t} + 11.9x_{4t},\quad DW = 0.95$$

写出 DW 检验法的步骤,并根据给出的数值,判断该模型是否存在自相关。

7. 回归方程 $\hat{y}_t=1.3+2.7x_t$ 是由 OLS 法估计得到的,样本点 24 个,DW=1.31。试判断该模型是否存在自相关性。

8. 利用以下给定的 DW 统计数据进行自相关性检验(k 为解释变量数目,n 为样本容量,显著水平 $\alpha=0.05$)。

(1)DW=0.81,$k=3$,$n=21$;(2)DW=3.48,$k=2$,$n=15$;(3)DW=1.56,$k=5$,$n=30$;(4)DW=2.64,$k=4$,$n=30$;(5)DW=1.75,$k=1$,$n=45$;(6)DW=0.91,$k=2$,$n=28$;(7)DW=1.03,$k=5$,$n=26$。

9. 在研究生产中的劳动附加值所占份额的变动时,根据美国 1949—1964 年数据,对初级金属工业得到如下结果(括号内数值为回归参数的 t 统计量值):

$$\text{模型 A}:\hat{y}_t = 0.4529 - 0.0041t$$
$$t = (-3.9608)$$
$$R^2 = 0.5284\quad DW = 0.8252$$
$$\text{模型 B}:\hat{y}_t = 0.4786 - 0.0127t + 0.0005t^2$$
$$t = (-3.2724)(2.7777)$$
$$R^2 = 0.6629\quad DW = 1.82$$

式中,y_t=劳动份额,t=时间。

(1) 模型 A 与模型 B 哪个存在自相关性?取 $\alpha=0.05$。

(2) 如果模型 A 中存在自相关性,而模型 B 却并不存在,则前者存在自相关性的原因何在?

(3) 如何区分“纯粹”的自相关和模型形式误设产生的自相关?

(4) 这个例子告诉我们在自相关性的检验中,DW 统计量有哪些优点?

10. 表 5-22 给出了美国 1958—1969 年每小时收入指数的年变化率(y)和失业率(x),请回答以下问题:

（1）估计模型 $y_t=b_0+b_1\frac{1}{x_t}+u_t$ 中的参数 b_0，b_1。

（2）计算上述模型中的 DW 值。

（3）上述模型是否存在一阶自相关性？如果存在，是正自相关还是负自相关？

（4）如果存在自相关，请用 DW 的估计值估计自相关系数 ρ。

（5）利用广义差分法重新估计上述模型，自相关问题还存在吗？

表 5-22　美国 1958—1969 年每小时收入指数变化率和失业率

年份	y	x	年份	y	x
1958	4.2	6.8	1964	2.8	5.2
1959	3.5	5.5	1965	3.6	4.5
1960	3.4	5.5	1966	4.3	3.8
1961	3.0	6.7	1967	5.0	3.8
1962	3.4	5.5	1968	6.1	3.6
1963	2.8	5.7	1969	6.7	3.5

11. 中国 1980—2000 年全社会固定资产投资总额 x 与工业总产值 y（单位：亿元）的统计资料如表 5-23 所示。试问：

（1）当模型为 $\ln y_t=b_0+b_1\ln x_t+u_t$ 时，是否存在自相关性？如果存在自相关性，利用 DW 求出 $\hat{\rho}$。

（2）若按一阶自相关性假设 $u_t=\rho u_{t-1}+v_t$，试用 Durbin 两步估计法与广义最小二乘法估计原模型。

（3）采用差分形式 $y_t^*=y_t-y_{t-1}$ 与 $x_t^*=x_t-x_{t-1}$ 作为新数据，估计模型

$$y_t^* = a_0 + a_1 x_t^* + v_t$$

该模型是否存在自相关性？

表 5-23　中国 1980—2000 年投资总额 x 与工业总产值 y 数据

年份	投资总额 x	工业总产值 y	年份	投资总额 x	工业总产值 y
1980	910.9	1 996.5	1991	5 594.5	8 087.1
1981	961.0	2 048.4	1992	8 080.1	10 284.5
1982	1 230.4	2 162.3	1993	13 072.3	14 143.8
1983	1 430.1	2 375.6	1994	17 042.1	19 359.6
1984	1 832.9	2 789.0	1995	20 019.3	24 718.3
1985	2 543.2	3 448.7	1996	22 913.5	29 082.6
1986	3 120.6	3 967.0	1997	24 941.1	32 412.1
1987	3 791.7	4 585.8	1998	28 406.2	33 387.9
1988	4 753.8	5 777.2	1999	29 854.71	35 087.21
1989	4 410.4	6 484.0	2000	32 917.73	39 570.3
1990	4 517.0	6 858.0			

12. 天津市城镇居民人均消费性支出（CONSUM），人均可支配收入（INCOME），以及消费价格指数（PRICE）见表 5-24。定义人均实际消费性支出 $y=$ CONSUM/PRICE，人均实际可支配收入 $x=$INCOME/PRICE。

(1) 利用 OLS 估计模型 $y_t = b_0 + b_1 x_t + u_t$。

(2) 根据 DW 检验法、LM 检验法检验模型是否存在自相关性。

(3) 如果存在一阶自相关性,用 DW 值来估计自相关系数 $\hat{\rho}$。

(4) 利用估计的 $\hat{\rho}$ 值,用 OLS 法估计广义差分方程:

$$y_t - \hat{\rho} y_{t-1} = b_0(1 - \hat{\rho}) + b_1(x_t - \hat{\rho} x_{t-1}) + v_t$$

(5) 利用 OLS 估计模型:$\ln y_t = b_0 + b_1 \ln x_t + u_t$,检验此模型是否存在自相关性,如果存在自相关性,如何消除?

表 5-24　天津市城镇居民人均消费性支出与人均可支配收入数据

年份	CONSUM(元)	INCOME(元)	PRICE
1978	344.88	388.32	1.000
1979	385.20	425.40	1.010
1980	474.72	526.92	1.062
1981	485.88	539.52	1.075
1982	496.56	576.72	1.081
1983	520.84	604.31	1.086
1984	599.64	728.17	1.106
1985	770.64	875.52	1.250
1986	949.08	1 069.61	1.336
1987	1 071.04	1 187.49	1.426
1988	1 278.87	1 329.7	1.667
1989	1 291.09	1 477.77	1.912
1990	1 440.47	1 638.92	1.970
1991	1 585.71	1 844.98	2.171
1992	1 907.17	2 238.38	2.418
1993	2 322.19	2 769.26	2.844
1994	3 301.37	3 982.13	3.526
1995	4 064.10	4 929.53	4.066
1996	4 679.61	5 967.71	4.432
1997	5 204.29	6 608.56	4.569
1998	5 471.01	7 110.54	4.546
1999	5 851.53	7 649.83	4.496
2000	6 121.07	8 140.55	4.478

5.5　习题答案

5.5.1　单项选择题

1. D　2. B　3. A　4. D　5. D　6. D　7. A　8. C　9. D　10. B
11. B　12. D　13. B　14. D　15. C　16. A　17. D　18. D

5.5.2 多项选择题

1. ABCDE 2. ABCDE 3. ABC 4. CDE 5. BC 6. ABCE
7. ABCD 8. DE 9. AB 10. BCDE 11. AB

5.5.3 判断题

1. × 2. √ 3. × 4. × 5. √ 6. × 7. √ 8. × 9. √ 10. √
11. ×

5.5.4 简述题、分析与计算题

1. **解答** 对于模型 $y_t=b_0+b_1x_{1t}+b_2x_{2t}+\cdots+b_kx_{kt}+u_t$,如果随机误差项的各期值之间存在着相关关系,即协方差 $\text{cov}(u_t,u_s)\neq 0(t\neq s,t,s=1,2,\cdots,n)$,则称随机误差项之间存在自相关性。

在现实经济运行中,序列相关性经常出现,尤其是采用时间序列数据作为样本的计量经济学问题。例如,以时间序列数据作为样本建立的行业生产函数模型和居民消费函数模型等。

2. **解答** 自相关性产生的原因和影响见本章内容提要。

3. **解答** DW 检验的步骤及应用条件见本章内容提要。

4. **解答** 用时间序列数据建立消费支出对人均收入的线性回归模型时,可能遇到的主要问题是自相关性。因为消费支出通常具有一定的刚性,本期消费水平除了受到收入水平影响外,在很大程度上要受到原有(比如上一年)消费水平的影响,滞后影响使得随机误差项存在自相关性。

5. **解答** (1) DW 检验的五个区域见本章内容提要。

(2) 由于 $\text{DW}\approx 2(1-\hat{\rho})$,其中 $\hat{\rho}\approx\dfrac{\sum e_te_{t-1}}{\sum e_t^2}$ 为自相关系数的估计值,而自相关系数 $\hat{\rho}$ 的值介于-1和1之间,所以 $0\leqslant \text{DW}=2(1-\hat{\rho})\leqslant 4$。

(3) 如果不存在自相关,则 $\hat{\rho}=0$,则有:$\text{DW}=2(1-\hat{\rho})=2$。所以在一阶自相关性检验中,$H_0:\rho=0$ 与 $H_0:\text{DW}=2$ 是等价的。

(4) DW 检验的局限性:DW 检验只能判断是否存在一阶自相关性,对于高阶自相关或非线性自相关皆不适用;DW 检验有两个无法判定的区域;DW 检验不适用于模型中含有滞后的被解释变量的情况。

6. **解答** DW 检验的具体步骤见本章内容提要。根据题意,在5%显著性水平下,查临界值表得 $d_L=1.58,d_U=1.75$,由于 $\text{DW}=0.95<d_L=1.58$,所以拒绝零假设,模型存在正自相关。

7. **解答** 在5%显著性水平下,查临界值表得 $d_L=1.27,d_U=1.45$,由于 $d_L=1.27<\text{DW}=1.31<d_U=1.45$,所以无法判断该模型是否存在自相关。

8. **解答** (1) 在 5%显著性水平下,查临界值表得 $d_L=1.03$,$d_U=1.67$,由于 $DW=0.81<d_L=1.03$,所以模型存在正自相关。

(2) 在 5%显著性水平下,查临界值表得 $d_L=0.95$,$d_U=1.54$,由于 $4-d_L=3.05<DW=3.48<4$,所以模型存在负自相关。

(3) 在 5%显著性水平下,查临界值表得 $d_L=1.07$,$d_U=1.83$,由于 $d_L=1.07<DW=1.56<d_U=1.83$,所以无法确定该模型是否存在自相关。

(4) 在 5%显著性水平下,查临界值表得 $d_L=1.21$,$d_U=1.65$,由于 $4-d_U=2.35<DW=2.64<4-d_L=2.79$,所以无法确定该模型是否存在自相关。

(5) 在 5%显著性水平下,查临界值表得 $d_L=1.48$,$d_U=1.57$,由于 $d_U=1.57<DW=1.75<4-d_U=2.43$,所以模型不存在自相关。

(6) 在 5%显著性水平下,查临界值表得 $d_L=1.26$,$d_U=1.56$,由于 $DW=0.91<d_L=1.26$,所以模型存在正自相关。

(7) 在 5%显著性水平下,查临界值表得 $d_L=0.98$,$d_U=1.88$,由于 $d_L=0.98<DW=1.03<d_U=1.88$,所以无法确定该模型是否存在自相关。

9. **解答** (1) 模型 A: $n=16$,$k=2$(k 为解释变量数目),$\alpha=0.05$,查临界值表得 $d_L=1.10$,$d_U=1.37$,由于 $DW=0.8252<d_L=1.10$,所以模型 A 存在正自相关。

模型 B: $n=16$,$k=3$(k 为解释变量数目),$\alpha=0.05$,查临界值表得 $d_L=0.98$,$d_U=1.54$,由于 $d_U=1.54<DW=1.82<4-d_U=2.46$,所以模型 B 不存在自相关。

(2) 第二个模型中加入了时间的平方项,自相关消失,因此自相关产生的原因是模型形式误设。

(3) 若自相关是由模型误设造成的,可以改变模型函数形式,并估计该模型,然后根据模型的 DW 值判定是否消除了自相关。模型的函数形式可依据经济理论或解释变量与被解释变量的散点图来确定。若新模型的 DW 检验显示模型不再存在一阶序列相关,则可以认为原来模型的自相关是模型误设引起的,反之则可以认为是“纯粹”的自相关。

(4) 虽然 DW 统计量广泛应用于检验模型是否存在一阶自相关,但它有时也能用于检验模型误设。

10. **解答** (1) 利用 EViews 软件对模型 $y_t=b_0+b_1\dfrac{1}{x_t}+u_t$ 进行估计。首先建立工作文件,然后输入样本数据,在工作文件窗口输入命令: ls y c 1/x,按回车键,得到如下回归方程:

$$\hat{y}_t=-0.2594+20.5879\frac{1}{x_t}$$
$$t=(-0.2572)\quad(4.6795)$$
$$R^2=0.6594\quad DW=0.6394\quad F=19.3565$$

所以有 $\hat{b}_0=-0.2594$,$\hat{b}_1=20.5879$。

(2) 由回归结果可得: $DW=0.6394$。

(3) LM 检验法检验结果如表 5-25 所示。

表 5-25 LM 检验结果

Breusch-Godfrey Serial Correlation LM Test:			
F-statistic	2.692136	Prob. F(1,9)	0.1353
Obs*R-squared	2.763022	Prob. Chi-Square(1)	0.0965

给定显著性水平 $\alpha=0.05$,由于 $LM(1)=2.7630$,伴随概率 $p=0.0965>\alpha=0.05$,所

以不存在一阶正自相关。

（4）由于 DW=0.639 4，因此有 $\hat{\rho}=1-DW/2=1-0.639\ 4/2=0.680\ 3$。

（5）应用估计的 $\rho=0.680\ 3$，利用 EViews 软件，直接估计模型

$$y_t-\rho y_{t-1}=b_0(1-\rho)+b_1\left(\frac{1}{x_t}-\rho\frac{1}{x_{t-1}}\right)+v_t$$

即在工作文件窗口输入命令：ls　y－0.680 3 * y(－1)　c　1/x－0.680 3 * 1/x(－1)，按回车键，可得表 5-26 回归结果。

根据输出结果，得如下回归方程：

$$y_t-0.680\ 3y_{t-1}=-0.359\ 0+23.327\ 4(1/x_t-0.680\ 3/x_{t-1})+e_t$$

$$t=(-0.621\ 0)\ (7.133\ 7)$$

$$R^2=0.543\ 0\quad DW=0.924\ 8\quad F=10.693\ 1$$

再利用 LM 检验，检验结果如表 5-27 所示。给定显著性水平 $\alpha=0.05$，由于 LM(1)＝1.422 3，伴随概率 $p=0.233>\alpha=0.05$，所以不存在自相关。

因此，估计的原回归模型为

$$\hat{y}_t=\frac{-0.359}{1-0.680\ 3}+23.327\ 4\frac{1}{x_t}$$

或者

$$\hat{y}_t=-1.222\ 9+23.327\ 4\frac{1}{x_t}$$

在 EViews 软件中，在工作文件窗口输入命令：ls　y　c　1/x　ar(1)，其中 AR(1)表示随机误差项是一阶自回归形式的序列相关，得到表 5-28 所示回归结果。

表 5-26　回归结果

Dependent Variable: Y-0.6803*Y(-1)
Method: Least Squares
Date: 06/30/10　Time: 15:16
Sample (adjusted): 1959 1969
Included observations: 11 after adjustments

	Coefficient	Std. Error	t-Statistic	Prob.
C	-0.359034	0.578129	-0.621027	0.5500
1/X-0.6803*1/X(-1)	23.32736	7.133670	3.270037	0.0097

R-squared	0.542988	Mean dependent var	1.450852
Adjusted R-squared	0.492209	S.D. dependent var	0.777394
S.E. of regression	0.553967	Akaike info criterion	1.819541
Sum squared resid	2.761911	Schwarz criterion	1.891886
Log likelihood	-8.007475	Hannan-Quinn criter.	1.773938
F-statistic	10.69314	Durbin-Watson stat	0.924820
Prob(F-statistic)	0.009682		

表 5-27　LM 检验结果

Breusch-Godfrey Serial Correlation LM Test:

F-statistic	1.187973	Prob. F(1,8)	0.3075
Obs*R-squared	1.422261	Prob. Chi-Square(1)	0.2330

表 5-28　采用广义差分法回归结果

Dependent Variable: Y
Method: ARMA Generalized Least Squares (BFGS)
Date: 10/13/17　Time: 17:04
Sample: 1958 1969
Included observations: 12
Convergence achieved after 9 iterations
Coefficient covariance computed using outer product of gradients
d.f. adjustment for standard errors & covariance

Variable	Coefficient	Std. Error	t-Statistic	Prob.
C	2.104702	1.943130	1.083150	0.3069
1/X	13.18688	7.988066	1.650823	0.1332
AR(1)	0.907994	0.198487	4.574580	0.0013

R-squared	0.814858	Mean dependent var	4.066667
Adjusted R-squared	0.773715	S.D. dependent var	1.271601
S.E. of regression	0.604893	Akaike info criterion	2.189777
Sum squared resid	3.293064	Schwarz criterion	2.311003
Log likelihood	-10.13866	Hannan-Quinn criter.	2.144894
F-statistic	19.80563	Durbin-Watson stat	1.089379
Prob(F-statistic)	0.000506		
Inverted AR Roots	.91		

根据输出结果,得如下回归方程:

$$\hat{y}_t = 2.1047 + 13.1869/x_t$$
$$t = (1.0832) \quad (1.6508)$$
$$R^2 = 0.8149 \quad F = 19.8056 \quad DW = 1.0894$$

由 LM 乘数检验法判断,可得表 5-29 所示的结果。由伴随概率知,利用广义差分法重新估计上述模型后已不存在自相关。

表 5-29 LM 检验结果

Breusch-Godfrey Serial Correlation LM Test:			
F-statistic	3.353361	Prob. F(1,8)	0.1044
Obs*R-squared	3.532786	Prob. Chi-Square(1)	0.0602

11. **解答** (1) 利用 EViews 软件对模型进行估计。首先建立工作文件,然后输入样本数据,生成新序列 ln$x$、ln$y$,在工作文件窗口输入命令:ls lny c lnx,按回车键,回归结果如表 5-30 所示。

表 5-30 回归结果

Dependent Variable: LNY
Method: Least Squares
Date: 10/13/17 Time: 17:21
Sample: 1980 2000
Included observations: 21

Variable	Coefficient	Std. Error	t-Statistic	Prob.
C	1.452109	0.190925	7.605645	0.0000
LNX	0.870419	0.021727	40.06187	0.0000

R-squared	0.988300	Mean dependent var	9.031179
Adjusted R-squared	0.987684	S.D. dependent var	1.062296
S.E. of regression	0.117889	Akaike info criterion	-1.347752
Sum squared resid	0.264059	Schwarz criterion	-1.248274
Log likelihood	16.15140	Hannan-Quinn criter.	-1.326163
F-statistic	1604.953	Durbin-Watson stat	0.451709
Prob(F-statistic)	0.000000		

由于 DW 值为 0.4517,小于显著性水平为 5%下,样本容量为 21 的 DW 分布的下限临界值 $d_L=1.22$。因此,可判定模型存在一阶序列相关。

(2) 按杜宾两步法,首先,估计模型 $\ln y_t = \rho \ln y_{t-1} + b_0(1-\rho) + b_1(\ln x_t - \rho \ln x_{t-1}) + u_t$,或 $\ln y_t = b_0(1-\rho) + \rho \ln y_{t-1} + b_1 \ln x_t - b_1 \rho \ln x_{t-1} + u_t$,利用 EViews 软件,得到如下回归方程:

$$\ln \hat{y}_t = 0.4456 + 0.6319 \ln y_{t-1} + 0.4704 \ln x_t - 0.1322 \ln x_{t-1}$$
$$t = (2.9467) \quad (7.4901) \quad (6.0429) \quad (-1.1586)$$
$$R^2 = 0.9986 \quad F = 3823.187 \quad DW = 1.0659$$

回归方程中 $\ln y_{t-1}$ 前的回归系数即为自相关系数 ρ 估计值:$\hat{\rho}=0.6319$。

其次,应用估计的 $\hat{\rho}=0.6319$ 作广义差分变换:

$$y_{1t} = \ln y_t - 0.6319 \ln y_{t-1}$$
$$x_{1t} = \ln x_t - 0.6319 \ln x_{t-1}$$

经过差分变换后,原模型变为 $y_{1t} = b_0^* + b_1^* x_{1t} + v_t$。利用 EViews 软件,生成新序列 y_1、x_1,然后估计模型。得到如下回归方程:

$$\hat{y}_{1t} = 0.4154 + 0.9035 x_{1t}$$
$$t = (3.2474) \quad (23.8730)$$
$$R^2 = 0.9694 \quad F = 569.9212 \quad DW = 1.3332$$

或者利用 EViews 软件,直接估计模型

$$\ln y_t - \rho \ln y_{t-1} = b_0(1-\rho) + b_1(\ln y_t - \rho \ln y_{t-1}) + v_t$$

即在工作文件窗口输入命令:ls lny−0.6319 * lny(−1) c lnx−0.6319 * lnx(−1),按回车键,得到如下回归方程:

$$\ln y_t - 0.6319 \ln y_{t-1} = 0.4154 + 0.9035(\ln x_t - 0.6319 \ln x_{t-1}) + e_t$$
$$t = (3.2474) \quad (23.8730)$$
$$R^2 = 0.9694 \quad F = 569.9212 \quad DW = 1.3332$$

由 LM 乘数法判断可知,模型已不存在一阶自相关。因此,估计的原回归模型为

$$\ln \hat{y}_t = \frac{0.4154}{1-0.6319} + 0.9035\ln x_t \quad 或者 \quad \ln \hat{y}_t = 1.1285 + 0.9035\ln x_t$$

在 EViews 软件中,在工作文件窗口输入命令:ls lny c lnx ar(1) ar(2),得到广义最小二乘估计结果:

$$\ln \hat{y}_t = 1.6035 + 0.8540\ln x_t$$
$$t = \quad (4.7164) \quad (22.2065)$$
$$R^2 = 0.9965 \quad F = 1621.209 \quad DW = 1.9693$$

由 LM 乘数法判断,得知模型已不存在一阶、二阶自相关。

(3) 利用 EViews 软件,在工作文件窗口输入命令:ls d(y) c d(x),得到差分法回归结果:

$$\Delta \hat{y}_t = 291.0347 + 0.9921\Delta x_t$$
$$t = (0.8313) \quad (6.1914)$$
$$R^2 = 0.6805 \quad F = 38.3332 \quad DW = 1.6201$$

这里 DW=1.620 1,在 5%的显著性水平下,容量为 20 的 DW 检验的临界值的上限 $d_U=1.41$,DW 统计量落在区间 $(d_U, 4-d_U)=(1.41, 2.59)$上,因此新数据下的新模型不存在一阶序列相关。

12. **解答** (1) 利用 EViews 软件对模型进行 OLS 估计。首先建立工作文件,然后输入样本数据,生成新序列 x = INCOME/PRICE、y= CONSUM/PRICE,然后估计模型。得到人均实际消费性支出 y 对人均实际可支配收入 x 的回归结果,如表 5-31 所示。

表 5-31 回归结果

Dependent Variable: Y				
Method: Least Squares				
Date: 10/13/17 Time: 17:43				
Sample: 1978 2000				
Included observations: 23				
Variable	Coefficient	Std. Error	t-Statistic	Prob.
C	111.4400	17.05592	6.533804	0.0000
X	0.711829	0.016899	42.12221	0.0000
R-squared	0.988303	Mean dependent var	769.4035	
Adjusted R-squared	0.987746	S.D. dependent var	296.7204	
S.E. of regression	32.84676	Akaike info criterion	9.904525	
Sum squared resid	22657.10	Schwarz criterion	10.00326	
Log likelihood	-111.9020	Hannan-Quinn criter.	9.929357	
F-statistic	1774.281	Durbin-Watson stat	0.598571	
Prob(F-statistic)	0.000000			

(2) 自相关检验:由 DW=0.598 6,给定显著性水平 $\alpha=0.05$ 查 DW 统计表,$n=20$,$k=1$,得下限临界值 $d_L=1.2$ 和上限临界值 $d_U=1.41$,因为 $DW=0.5986<d_L=1.2$,根据判断区域可知,这时随机误差项存在一阶正自相关。

表 5-32 LM 检验结果

Breusch-Godfrey Serial Correlation LM Test:			
F-statistic	14.83210	Prob. F(1,20)	0.0010
Obs*R-squared	9.793792	Prob. Chi-Square(1)	0.0018

LM 检验法检验结果如表 5-32 所示。由于 LM(1)=9.794,临界概率 $p=0.001751$,所以模型存在一阶自相关。

(3) 由于 DW=0.598 57,所以 $\hat{\rho}=1-0.5DW=0.7007$

(4) 应用估计的 $\rho=0.7007$,利用 EViews 软件,直接估计模型

$$y_t - \rho y_{t-1} = b_0(1-\rho) + b_1(y_t - \rho y_{t-1}) + v_t$$

即在工作文件窗口输入命令:ls y-0.700 7 * y(-1) c x-0.700 7 * x(-1),按回车键,得到如下回归方程:

$$y_t - 0.7007y_{t-1} = 45.1678 + 0.6782(x_t - 0.7007x_{t-1}) + e_t$$
$$t = (3.6850) \quad (19.9218)$$
$$\bar{R}^2 = 0.9520 \quad DW = 2.3103 \quad F = 396.8798$$

由于 DW=2.336 2,在 5%的显著性水平下,容量为 22 的 DW 检验的临界值的下限与上限分别为 $d_L=1.24$,$d_U=1.43$,$d_U=1.43<\mathrm{DW}=2.310\,3<4-d_U=2.57$,故不存在一阶序列相关。因此,估计的原回归模型为

$$\hat{y}_t=\frac{45.167\,8}{1-0.700\,7}+0.678\,2x_t \quad 或者 \quad \hat{y}_t=150.911\,5+0.678\,2x_t$$

在 EViews 软件中,在工作文件窗口输入命令:ls　y　c　x　ar(1),经检验模型已不存在自相关,得到如下回归方程:

$$\hat{y}_t=107.234\,8+0.707\,8x_t$$
$$t=(2.988\,9)\quad(21.658\,9)$$
$$R^2=0.993\,8\quad \mathrm{DW}=2.209\,0\quad F=1\,594.439$$

(5) 利用 EViews 软件对对数线性回归模型进行 OLS 估计,结果如表 5-33 所示。

表 5-33　对数模型回归结果

Dependent Variable: LNY				
Method: Least Squares				
Date: 06/30/10　Time: 11:13				
Sample: 1978 2000				
Included observations: 23				
	Coefficient	Std. Error	t-Statistic	Prob.
C	0.597437	0.127668	4.679608	0.0001
LNX	0.887162	0.018916	46.89923	0.0000
R-squared	0.990543	Mean dependent var		6.572538
Adjusted R-squared	0.990092	S.D. dependent var		0.396222
S.E. of regression	0.039438	Akaike info criterion		-3.545208
Sum squared resid	0.032663	Schwarz criterion		-3.446469
Log likelihood	42.76989	Hannan-Quinn criter.		-3.520375
F-statistic	2199.538	Durbin-Watson stat		0.786490
Prob(F-statistic)	0.000000			

由于 DW=0.786 5,在 5%的显著性水平下,容量为 23 的 DW 检验的临界值的下限与上限分别为 $d_L=1.26$,$d_U=1.44$,因此有 $\mathrm{DW}=0.786\,5<d_L=1.26$,故存在一阶序列相关。由 LM 乘数检验法也可以判断模型存在一阶自相关。

自相关的修正:应用估计的 $\rho=0.700\,7$ 作广义差分变换:$y_{1t}=\ln y_t-0.700\,7\ln y_{t-1}$,$x_{1t}=\ln x_t-0.700\,7\ln x_{t-1}$,经过差分变换后,原模型变为:$y_{1t}=b_0^*+b_1^*x_{1t}+v_t$,利用 EViews 软件,得到如下回归方程:

$$\hat{y}_{1t}=0.259\,1+0.848\,9x_{1t}$$
$$t=(2.410\,6)\quad(16.425\,3)$$
$$\bar{R}^2=0.931\,0\quad \mathrm{DW}=2.336\,2\quad F=269.789\,2$$

或者利用 EViews 软件,直接估计模型

$$\ln y_t-\rho\ln y_{t-1}=b_0(1-\rho)+b_1(\ln y_t-\rho\ln y_{t-1})+v_t$$

即在工作文件窗口输入命令:ls　lny−0.700 7 * lny(−1)　c　lnx−0.700 7 * lnx(−1),按回车键,可得到如下回归结果:

$$y_t-0.700\,7y_{t-1}=0.259\,1+0.848\,9(x_t-0.700\,7x_{t-1})+e_t$$
$$t=(2.410\,6)\quad(16.425\,3)$$
$$\bar{R}^2=0.931\,0\quad \mathrm{DW}=2.336\,2\quad F=269.789\,2$$

由于 DW=2.336 2,在 5%的显著性水平下,容量为 22 的 DW 检验的临界值的下限与上限分别为 $d_L=1.24$,$d_U=1.43$,$d_U=1.43<\mathrm{DW}=2.336\,2<4-d_U=2.57$,故不存在一阶序列相关。因此,估计的原回归模型为

$$\ln\hat{y}_t=\frac{0.259\,1}{1-0.700\,7}+0.848\,9\ln x_t \quad 或者 \quad \ln\hat{y}_t=0.865\,7+0.903\,5\ln x_t$$

利用 EViews 软件,采用广义差分法:在 EViews 软件中,在工作文件窗口输入命令:ls　lny　c　lnx　ar(1),其中 ar(1)表示随机误差项是一阶自回归形式的序列相关,得到如

下回归方程：

$$\ln \hat{y}_t = 0.5679 + 0.8908 \ln x_t$$
$$t = (2.5749) \quad (27.3016)$$
$$\bar{R}^2 = 0.9938 \quad F = 1612.92 \quad DW = 2.1387$$

经检验，模型已不存在自相关。

采用广义差分法得到的回归方程，不存在自相关性，模型拟合优度较高，回归系数显著，其经济意义：0.8908 为消费弹性，即天津市城镇居民人均可支配收入每增长 1%时，人均消费将增长 0.8908%。

第 6 章 多重共线性

6.1 内容提要

本章将在介绍多重共线性含义的基础上，分析多重共线性产生的原因及其影响，探讨检验多重共线性和解决多重共线性的基本方法。

6.1.1 多重共线性及其产生的原因

对于 k 个解释变量 $x_1,x_2,\cdots,x_k$，如果存在不全为零的常数 $\lambda_1,\lambda_2,\cdots\lambda_k$，使得下式成立：

$$\lambda_1 x_1+\lambda_2 x_2+\cdots+\lambda_k x_k=0$$

则称这些解释变量之间存在完全的多重共线性。

完全多重共线性还可以用矩阵形式加以描述。设解释变量矩阵 $\boldsymbol{X}$ 为

$$\boldsymbol{X}=\begin{pmatrix}1 & x_{11} & x_{21} & \cdots & x_{k1}\\ 1 & x_{12} & x_{22} & \cdots & x_{k2}\\ \vdots & \vdots & \vdots & \vdots & \vdots\\ 1 & x_{1n} & x_{2n} & \cdots & x_{kn}\end{pmatrix}$$

所谓完全的多重共线性，就是 $|\boldsymbol{X}'\boldsymbol{X}|=0$。或者 $\operatorname{rank}(\boldsymbol{X})<k+1$，表明在矩阵 $\boldsymbol{X}$ 中，至少有一个列向量可以由其余的列向量线性表示。

所谓近似共线性或不完全多重共线性是指对于 k 个解释变量 $x_t(t=1,2,3,\cdots,k)$，存在不全为零的数 $\lambda_1,\lambda_2,\cdots,\lambda_k$ 使得

$$\lambda_1 x_1+\lambda_2 x_2+\cdots+\lambda_k x_k+u=0$$

成立，其中 u 为随机误差项。

如果 k 个解释变量之间不存在上述完全或不完全的线性关系式，则称无多重共线性。如果用矩阵表示，这时 $\boldsymbol{X}$ 为满秩矩阵，即 $\operatorname{rank}(\boldsymbol{X})=k+1$。

多重共线性产生的原因：(1)经济变量之间往往存在同方向的变化趋势；(2)经济变量之间往往存在着密切的关联度；(3)在模型中引入滞后变量也容易产生多重共线性；(4)在建模过程中由于解释变量选择不当，引起了变量之间的多重共线性。

6.1.2　多重共线性的影响

1. 完全共线性下参数估计量不存在

对于多元线性回归模型 $\boldsymbol{Y}=\boldsymbol{XB}+\boldsymbol{U}$，如果解释变量之间不存在多重共线性，则 $\boldsymbol{X}$ 矩阵的系数行列式 $|\boldsymbol{X}'\boldsymbol{X}|\neq 0$，逆矩阵 $(\boldsymbol{X}'\boldsymbol{X})^{-1}$ 存在，则 $\boldsymbol{B}$ 的普通最小二乘估计量为 $\hat{\boldsymbol{B}}=(\boldsymbol{X}'\boldsymbol{X})^{-1}\boldsymbol{X}'\boldsymbol{Y}$。如果解释变量之间存在完全多重共线性，由于 $\boldsymbol{X}$ 矩阵的系数行列式 $|\boldsymbol{X}'\boldsymbol{X}|=0$，逆矩阵 $(\boldsymbol{X}'\boldsymbol{X})^{-1}$ 不存在，无法得到参数估计式 $\hat{\boldsymbol{B}}$。

2. 近似共线性造成的影响

(1)参数估计量的方差随着解释变量共线性的增加而增加；(2)参数估计量的置信区间随着解释变量共线性的增加而变大；(3)解释变量存在严重共线性时，t 检验失效，预测精度降低；(4)参数估计量的经济含义不合理，回归模型缺乏稳定性。

6.1.3　多重共线性的检验

1. 相关系数检验法(Klein 判别法)

如果用矩阵表示相关系数，两个不同解释变量 x_i 与 x_j 的相关系数记作 r_{ij}，那么解释变量之间的相关系数矩阵可以表示为

$$\boldsymbol{A}=\begin{pmatrix} r_{11} & r_{12} & \cdots & r_{1k} \\ r_{21} & r_{22} & \cdots & r_{2k} \\ \vdots & \vdots & \vdots & \vdots \\ r_{k1} & r_{k2} & \cdots & r_{kk} \end{pmatrix}=\begin{pmatrix} 1 & r_{12} & \cdots & r_{1k} \\ r_{21} & 1 & \cdots & r_{2k} \\ \vdots & \vdots & \vdots & \vdots \\ r_{k1} & r_{k2} & \cdots & 1 \end{pmatrix}$$

其中对角线元素全为 1，若 $r_{ij}^2>R^2$(其中 R^2 为多元线性回归模型 $\boldsymbol{Y}=\boldsymbol{XB}+\boldsymbol{U}$ 中样本决定系数)，则这两个变量 x_i、x_j 之间的共线性是较为严重的。

2. 法勒—格劳伯(Farrar-Glauber)检验

法勒—格劳伯提出的检验是三种：第一种检验是 χ^2 检验，它检验多元回归模型中所有解释变量之间是否存在共线性及共线性的程度。第二种检验是 F 检验，用来确定哪些解释变量是多重共线性的。第三种检验是 t 检验，用来找出造成解释变量多重共线性的是哪些变量。

第一，χ^2 检验。若变量 $x_1,x_2,\cdots,x_k$ 之间的样本相关系数满足 $r_{ij}=0,i\neq j,i,j=1,2,\cdots,k$，则说这 k 个变量 $x_1,x_2,\cdots,x_k$ 是正交的。

计算解释变量之间的样本相关系数，构成相关系数矩阵 $\boldsymbol{A}$，当解释变量存在完全共线性时，$|\boldsymbol{A}|=0$；当解释变量相互正交时，$|\boldsymbol{A}|=1$。因此可以认为解释变量存在多重共线性时，$0<|\boldsymbol{A}|<1$。多重共线性程度越高，$|\boldsymbol{A}|$ 就越偏离 1 而接近于 0，也就是说解释变量就越偏离正交性而接近完全共线性。由此法勒—格劳伯提出 χ^2 检验的假设为

原假设 $H_0:x_i$ 之间是正交的，备择假设 $H_1:x_i$ 之间不是正交的

统计量为 $\chi^2=-\left[n-1-\dfrac{1}{6}(2k+5)\right]\cdot|\boldsymbol{A}|$

式中，n 是样本容量，k 是解释变量的个数。可以证明这个统计量服从自由度为 $k(k-1)/2$

的 χ^2 分布。

根据样本数据计算统计量 χ^2 的值与其临界值 χ^2_α 相比较。若 $\chi^2>\chi^2_\alpha$,则拒绝正交假设 H_0,接受多重共线性假设 H_1。若 $\chi^2<\chi^2_\alpha$,就不拒绝正交假设 H_0,即不存在多重共线性。

第二,F 检验(辅助回归模型检验)。解释变量之间存在多重共线性可以看作是一个解释变量对其余解释变量的近似线性组合。可以分别建立每一个解释变量与其他解释变量的线性回归方程,检验 x_i 与其他$(k-1)$个解释变量之间的线性关系是否显著,即 x_i 与其他$(k-1)$个解释变量是否显著多重共线。我们用前面对回归方程显著性的 F 检验方法即可。

第三,t 检验。x_j 与哪些解释变量是引起多重共线的原因,可由下面的 t 检验给出。

计算 x_j 与其余的每一个解释变量的偏相关系数 $r_{ij}.(i\neq j)$,构建统计量:

$$t=\frac{r_{ij}.\sqrt{n-k}}{\sqrt{1-r_{ij}.}}\sim t(n-k)$$

给定显著性水平 α,查 t 分布表得临界值 $t_{\alpha/2}(n-k)$,若统计量 $|t|>t_{\alpha/2}$,则认为 x_j 和 x_i 的偏相关系数是显著的,也就是 x_j 和 x_i 是引起多重共线性的原因。否则认为 x_j 和 x_i 不是引起多重共线性的原因。

3. *方差膨胀因子检验*

对于多元线性回归模型,参数估计值 $\hat{b}_i$ 的方差可以表示成

$$\mathrm{var}(\hat{b}_i)=\frac{\sigma^2}{\sum(x_{it}-\bar{x}_i)^2}\cdot\frac{1}{1-R_i^2}=\frac{\sigma^2}{\sum(x_{it}-\bar{x}_i)^2}\cdot\mathrm{VIF}_i$$

式中,$\mathrm{VIF}_i=\dfrac{1}{1-R_i^2}$称为方差膨胀因子,$R_i^2$ 表示第 i 个解释变量与模型中其他解释变量辅助回归模型的决定系数。R_i^2 度量了 x_i 与其余解释变量的线性相关程度,R_i^2 越接近于 1,VIF_i 就越大,说明 x_i 与其余解释变量之间多重共线性越强,反之越弱。一般地,当 $\mathrm{VIF}_i>5$ 或 $\mathrm{VIF}_i>10$ 时(此时 $R_i^2>0.8$ 或 $R_i^2>0.9$),认为模型存在较严重的多重共线性。

4. *特征值检验*

当模型存在完全多重共线性时,$\mathrm{rank}(\boldsymbol{X})<k+1$,$|\boldsymbol{X}'\boldsymbol{X}|=0$;当模型存在严重多重共线性时,$|\boldsymbol{X}'\boldsymbol{X}|\approx 0$,根据矩阵代数知识,若 $\lambda_1,\lambda_2,\cdots,\lambda_{k+1}$为矩阵 $\boldsymbol{X}'\boldsymbol{X}$ 的 $k+1$ 个特征值,则有 $|\boldsymbol{X}'\boldsymbol{X}|=\lambda_1\cdot\lambda_2\cdots\lambda_{k+1}\approx 0$,这表明特征值 $\lambda_i(i=1,2,\cdots,k+1)$中至少有一个近似地等于 0。

利用特征值还可以构造两个用于检验多重共线性的指标:条件数 CN(condition number)和条件指数 CI(condition index)。其指标定义为

$$\mathrm{CN}=\text{最大特征值}/\text{最小特征值};\ \mathrm{CI}=\sqrt{\mathrm{CN}}$$

这两个指标都反映了特征值的离散程度,数值越大,表明多重共线性越严重。一般的经验法则是:CI>10 即认为存在多重共线性,大于 30 认为存在严重的多重共线性。

5. *根据回归结果判断*

在运用 OLS 法建立样本线性回归模型时,由 EViews 软件可直接得到决定系数 R^2(或 $\bar{R}^2$)、F 统计量值、t 统计量值。如果 R^2(或 $\bar{R}^2$)很大,F 值显著地大于给定显著性水平下的临界值,且发现:(1)系数估计值的符号与理论分析结果相违背;(2)某些变量对应的回归系数 t 值偏低或不显著;(3)当一个不太重要的解释变量被删除后,或者改变一个观测值时,回归结果显著变化,则该模型可能存在多重共线性。

6.1.4 多重共线性的解决方法

1. 保留重要的解释变量,去掉可替代的解释变量

找出引起多重共线性的解释变量,将它排除出去,是最为有效的克服多重共线性问题的方法。在估计模型之前,为避免多重共线性的影响,应该从模型中略去不重要的、经济意义不明显的解释变量,被略去的解释变量对被解释变量的解释作用可以由与它高度相关的其他解释变量承担。预测的误差不会明显增大,既简化了模型,又消除了多重共线性。

2. 利用先验信息改变参数的约束形式

根据经济理论或其他信息,找出参数间的某种关系,并将这种关系作为约束条件与样本信息结合起来,进行有约束的最小二乘估计。

3. 变换模型的形式

对原设定的模型进行适当的变换,也可以消除或削弱原模型中解释变量之间的相关关系。具体有三种变换方式,一是变换模型的函数形式,二是变换模型的变量形式,三是改变变量的统计指标。

4. 综合使用时间序列数据与截面数据

如果能同时获得变量的时间序列数据和截面数据,这时模型又存在多重共线性,可以考虑用时间序列数据与截面数据相结合的办法,即先利用某类数据估计出模型中的部分参数,再利用另一类数据估计模型的其余参数,以达到消除多重共线性的目的。

5. 逐步回归法(Frisch 综合分析法)

从所有解释变量中先选择影响最为显著的变量建立模型,然后再将模型之外的变量逐个引入模型;每引入一个变量,就对模型中的所有变量进行一次显著性检验,并从中剔除不显著的变量;逐步引入——剔除——引入,直到模型之外所有变量均不显著时为止。这种消除多重共线性的方法称为逐步回归法,也称 Frisch 综合分析法。

6. 增加样本容量

增加样本容量,$\sum(x_{it}-\bar{x}_i)^2$ 将会增大,从而使 $\operatorname{var}(\hat{b}_i)=\dfrac{\sigma^2}{\sum(x_{it}-\bar{x}_i)^2}\cdot \mathrm{VIF}_i$ 变小,有助于提高$\hat{b}_i$ 的估计精度,这在一定程度上会减轻多重共线性。

7. 主成分回归法

首先,利用主成分回归法将解释变量转换成若干个主成分,这些主成分从不同侧面反映了解释变量的综合影响,并且互不相关。其次,将被解释变量关于这些主成分进行回归,再根据主成分与解释变量之间的对应关系,求得原回归模型的估计方程。这在一定程度上会减轻多重共线性。

6.2 学习重点与难点

(1)多重共线性的含义及多重共线性产生的原因;(2)多重共线性的影响;(3)多重共线性的检验方法(重点掌握 Klein 判别法、辅助回归模型检验、方差膨胀因子检验);(4)多

重共线性的解决方法(重点掌握逐步回归法)。

6.3 典型例题分析

例 1 对于两个解释变量的线性回归模型 $y_i = b_0 + b_1 x_{1i} + b_2 x_{2i} + u_i$,其中随机误差项满足古典假定。

(1) 如果解释变量 x_1 与 x_2 完全共线,试证明:①参数估计量 $\hat{b}_1$、$\hat{b}_2$ 为不定式;②参数估计量 $\hat{b}_1$、$\hat{b}_2$ 的方差为无穷大。

(2) 如果解释变量 x_1 与 x_2 不完全共线,试证明:①参数估计量 $\hat{b}_1$、$\hat{b}_2$ 的方差随着 x_1 与 x_2 共线性的增加而增加;②参数估计量 $\hat{b}_1$、$\hat{b}_2$ 的置信区间随着 x_1 与 x_2 共线性的增加而变大;③x_1 与 x_2 严重共线性时,t 检验失效。

证明 记 $\dot{y}_i = y_i - \bar{y}$,$\dot{x}_{1i} = x_{1i} - \bar{x}_1$,$\dot{x}_{2i} = x_{2i} - \bar{x}_2$,$\dot{u}_i = u_i - \bar{u}$,则两个解释变量的线性回归模型 $y_i = b_0 + b_1 x_{1i} + b_2 x_{2i} + u_i$ 采用离差形式可以表示为

$$\dot{y}_i = b_1 \dot{x}_{1i} + b_2 \dot{x}_{2i} + \dot{u}_i$$

样本回归模型的离差式为

$$\dot{y}_i = \hat{b}_1 \dot{x}_{1i} + \hat{b}_2 \dot{x}_{2i} + e_i$$

根据最小二乘原理,求参数 b_1、b_2 的估计量 $\hat{b}_1$、$\hat{b}_2$ 使得残差平方和最小:

$$\min \Sigma e_i^2 = \Sigma(\dot{y}_i - \hat{b}_1 \dot{x}_{1i} - \hat{b}_2 \dot{x}_{2i})^2$$

由微积分的知识,对上式分别关于 $\hat{b}_1$、$\hat{b}_2$ 求偏导,并令导数值为零,得如下正规方程组:

$$\begin{cases} \Sigma(\dot{y}_i - \hat{b}_1 \dot{x}_{1i} - \hat{b}_2 \dot{x}_{2i})\dot{x}_{1i} = 0 \\ \Sigma(\dot{y}_i - \hat{b}_1 \dot{x}_{1i} - \hat{b}_2 \dot{x}_{2i})\dot{x}_{2i} = 0 \end{cases}$$

或

$$\begin{cases} \hat{b}_1 \Sigma \dot{x}_{1i}^2 + \hat{b}_2 \Sigma \dot{x}_{1i}\dot{x}_{2i} = \Sigma \dot{x}_{1i}\dot{y}_i \\ \hat{b}_1 \Sigma \dot{x}_{1i}\dot{x}_{2i} + \hat{b}_2 \Sigma \dot{x}_{2i}^2 = \Sigma \dot{x}_{2i}\dot{y}_i \end{cases}$$

解此正规方程组得

$$\hat{b}_1 = \frac{(\Sigma \dot{y}_i \dot{x}_{1i})(\Sigma \dot{x}_{2i}^2) - (\Sigma \dot{y}_i \dot{x}_{2i})(\Sigma \dot{x}_{1i}\dot{x}_{2i})}{\Sigma \dot{x}_{1i}^2 \Sigma \dot{x}_{2i}^2 - (\Sigma \dot{x}_{1i}\dot{x}_{2i})^2} \tag{6-1}$$

$$\hat{b}_2 = \frac{(\Sigma \dot{y}_i \dot{x}_{2i})(\Sigma \dot{x}_{1i}^2) - (\Sigma \dot{y}_i \dot{x}_{1i})(\Sigma \dot{x}_{1i}\dot{x}_{2i})}{\Sigma \dot{x}_{1i}^2 \Sigma \dot{x}_{2i}^2 - (\Sigma \dot{x}_{1i}\dot{x}_{2i})^2} \tag{6-2}$$

由线性代数的知识可知

$$\dot{\boldsymbol{X}}' \dot{\boldsymbol{X}} = \begin{bmatrix} \dot{x}_{11} & \dot{x}_{12} & \cdots & \dot{x}_{1n} \\ \dot{x}_{21} & \dot{x}_{22} & \cdots & \dot{x}_{2n} \end{bmatrix} \begin{bmatrix} \dot{x}_{11} & \dot{x}_{21} \\ \dot{x}_{12} & \dot{x}_{22} \\ \vdots & \vdots \\ \dot{x}_{1n} & \dot{x}_{2n} \end{bmatrix} = \begin{bmatrix} \Sigma \dot{x}_{1i}^2 & \Sigma \dot{x}_{1i}\dot{x}_{2i} \\ \Sigma \dot{x}_{1i}\dot{x}_{2i} & \Sigma \dot{x}_{2i}^2 \end{bmatrix}$$

$$(\dot{\boldsymbol{X}}'\dot{\boldsymbol{X}})^{-1}=\begin{bmatrix}\dfrac{\sum\dot{x}_{2i}^2}{\sum\dot{x}_{1i}^2\sum\dot{x}_{2i}^2-(\sum\dot{x}_{1i}\dot{x}_{2i})^2} & \dfrac{\sum\dot{x}_{1i}\dot{x}_{2i}}{\sum\dot{x}_{1i}^2\sum\dot{x}_{2i}^2-(\sum\dot{x}_{1i}\dot{x}_{2i})^2}\\ \dfrac{\sum\dot{x}_{1i}\dot{x}_{2i}}{\sum\dot{x}_{1i}^2\sum\dot{x}_{2i}^2-(\sum\dot{x}_{1i}\dot{x}_{2i})^2} & \dfrac{\sum\dot{x}_{1i}^2}{\sum\dot{x}_{1i}^2\sum\dot{x}_{2i}^2-(\sum\dot{x}_{1i}\dot{x}_{2i})^2}\end{bmatrix}$$

则容易得知

$$\mathrm{var}(\hat{b}_1)=\sigma^2(\dot{\boldsymbol{X}}'\dot{\boldsymbol{X}})_{11}^{-1}=\frac{\sum\dot{x}_{2i}^2}{\sum\dot{x}_{1i}^2\sum\dot{x}_{2i}^2-(\sum\dot{x}_{1i}\dot{x}_{2i})^2}\sigma^2 \tag{6-3}$$

$$\mathrm{var}(\hat{b}_2)=\sigma^2(\dot{\boldsymbol{X}}'\dot{\boldsymbol{X}})_{22}^{-1}=\frac{\sum\dot{x}_{1i}^2}{\sum\dot{x}_{1i}^2\sum\dot{x}_{2i}^2-(\sum\dot{x}_{1i}\dot{x}_{2i})^2}\sigma^2 \tag{6-4}$$

如果 r_{12} 表示变量 x_1 与 x_2 的相关系数，则 r_{12}^2 采用离差形式可以表示为

$$r_{12}^2=\frac{(\sum\dot{x}_{1i}\dot{x}_{2i})^2}{\sum\dot{x}_{1i}^2\sum\dot{x}_{2i}^2} \tag{6-5}$$

因此有 $(\sum\dot{x}_{1i}\dot{x}_{2i})^2=r_{12}^2\cdot(\sum\dot{x}_{1i}^2\sum\dot{x}_{2i}^2)$，将此式代入 $\hat{b}_1$、$\hat{b}_2$ 和 $\hat{b}_1$、$\hat{b}_2$ 的方差表达式得

$$\hat{b}_1=\frac{(\sum\dot{y}_i\dot{x}_{1i})(\sum\dot{x}_{2i}^2)-(\sum\dot{y}_i\dot{x}_{2i})(\sum\dot{x}_{1i}\dot{x}_{2i})}{\sum\dot{x}_{1i}^2\sum\dot{x}_{2i}^2(1-r_{12}^2)} \tag{6-6}$$

$$\hat{b}_2=\frac{(\sum\dot{y}_i\dot{x}_{2i})(\sum\dot{x}_{1i}^2)-(\sum\dot{y}_i\dot{x}_{1i})(\sum\dot{x}_{1i}\dot{x}_{2i})}{\sum\dot{x}_{1i}^2\sum\dot{x}_{2i}^2(1-r_{12}^2)} \tag{6-7}$$

$$\mathrm{var}(\hat{b}_1)=\frac{\sigma^2}{\sum\dot{x}_{1i}^2(1-r_{12}^2)} \tag{6-8}$$

$$\mathrm{var}(\hat{b}_2)=\frac{\sigma^2}{\sum\dot{x}_{2i}^2(1-r_{12}^2)} \tag{6-9}$$

(1) ① 如果解释变量 x_1 与 x_2 完全共线，则 $r_{12}^2=1$。显然 $\hat{b}_1$、$\hat{b}_2$ 分子分母为 0，由式(6-6)、式(6-7)可知，参数估计量 $\hat{b}_1$、$\hat{b}_2$ 为不定式。② 如果解释变量 x_1 与 x_2 完全共线，则 $r_{12}^2=1$，由式(6-8)、式(6-9)可知，参数估计量 $\hat{b}_1$、$\hat{b}_2$ 的方差分母为 0，方差为无穷大。

(2) ① 如果解释变量 x_1 与 x_2 不完全共线，则 $r_{12}^2\neq1$。随着 x_1 与 x_2 共线性的增加，r_{12}^2 趋于 1，由式(6-8)、式(6-9)可知，两个参数估计量 $\hat{b}_1$、$\hat{b}_2$ 的方差也将增大。

② 随着 x_1 与 x_2 共线性的增加，两个参数估计量 $\hat{b}_1$、$\hat{b}_2$ 的方差将增大，其标准误差也增大，导致总体参数的置信区间也随之变大。

③ 对回归系数的原假设，如 $b_2=0$，由于 t 统计量 $t=\dfrac{\hat{b}_2}{\sqrt{\mathrm{var}(\hat{b}_2)}}$，在 x_1 与 x_2 严重共线性时，参数估计量的方差将增加较快，会使得 t 统计量变小，而使本应否定的原假设被错误地接受，导致 t 检验失效。

例 2 假设在模型 $y_i=b_0+b_1x_{1i}+b_2x_{2i}+u_i$ 中解释变量 x_1 与 x_2 之间的相关系数 $r_{12}=0$。现进行如下回归模型：

$$y_i=\alpha_0+\alpha_1x_{1i}+u_i$$
$$y_i=\beta_0+\beta_2x_{2i}+u_i$$

(1) 是否存在 $\hat{\alpha}_1=\hat{b}_1$，且 $\hat{\beta}_2=\hat{b}_2$？为什么？

(2) $\hat{b}_0$ 会等于 $\hat{\alpha}_1$ 或 $\hat{\beta}_2$ 或两者的某个线性组合吗？

(3) 是否有 $\text{var}(\hat{b}_1)=\text{var}(\hat{\alpha}_1)$ 且 $\text{var}(\hat{b}_2)=\text{var}(\hat{\beta}_2)$？

解答 (1) 存在，这是因为解释变量 x_1 与 x_2 之间的相关系数 $r_{12}=0$，即 $r_{12}=\frac{\sum \dot{x}_{1i}\dot{x}_{2i}}{\sqrt{\sum \dot{x}_{1i}^2 \sum \dot{x}_{2i}^2}}=0$，因此有 $\sum \dot{x}_{1i}\dot{x}_{2i}=0$。由式(6-6)、式(6-7)可得

$$\hat{b}_1=\frac{\sum \dot{y}_i\dot{x}_{1i}}{\sum \dot{x}_{1i}^2},\quad \hat{b}_2=\frac{\sum \dot{y}_i\dot{x}_{2i}}{\sum \dot{x}_{2i}^2}$$

而回归模型 $y_i=\alpha_0+\alpha_1x_{1i}+u_i$ 中 α_1 的 OLS 估计值为 $\hat{\alpha}_1=\frac{\sum \dot{y}_i\dot{x}_{1i}}{\sum \dot{x}_{1i}^2}$；回归模型 $y_i=\beta_0+\beta_2x_{2i}+u_i$ 中 $\hat{\beta}_2$ 的 OLS 估计值为 $\hat{\beta}_2=\frac{\sum \dot{y}_i\dot{x}_{2i}}{\sum \dot{x}_{2i}^2}$，因此有 $\hat{\alpha}_1=\hat{b}_1$，且 $\hat{\beta}_2=\hat{b}_2$。

(2) $\hat{b}_0$ 是 $\hat{\alpha}_1$、$\hat{\beta}_2$ 的一个线性组合。证明如下：

因为 $\hat{b}_0=\bar{y}-\hat{b}_1\bar{x}_1-\hat{b}_2\bar{x}_2$，$\hat{\alpha}_0=\bar{y}-\hat{\alpha}_1\bar{x}_1$，$\beta_0=\bar{y}-\hat{\beta}_2\bar{x}_2$

由(2)结果可知：$\hat{\alpha}_1=\hat{b}_1$，且 $\hat{\beta}_2=\hat{b}_2$，因此有：$\hat{b}_0=\hat{\alpha}_1+\hat{\beta}_2-\bar{y}$

(3) 没有。原因如下：假设解释变量 x_1 与 x_2 之间的相关系数 $r_{12}=0$，代入参数估计量 $\hat{b}_1$ 方差表达式(6-8)得

$$\text{var}(\hat{b}_1)=\frac{\sigma^2}{\sum \dot{x}_{1i}^2},\quad \hat{\sigma}^2=\frac{\Sigma e_t^2}{n-3}$$

而 $\text{var}(\hat{\alpha}_1)=\frac{\sigma_1^2}{\sum \dot{x}_{1i}^2}$，$\hat{\sigma}_1^2=\frac{\Sigma e_t^2}{n-2}$，$\hat{\sigma}^2=\frac{\Sigma e_t^2}{n-3}\neq\hat{\sigma}_1^2$，所以不一定有 $\text{var}(\hat{b}_1)=\text{var}(\hat{\alpha}_1)$，同理也不一定有 $\text{var}(\hat{b}_2)=\text{var}(\hat{\beta}_2)$。

例 3 根据美国 1899—1922 年制造业部门的年度数据，在研究生产函数时，得到以下两种结果：

$$\ln\hat{Y}=2.81-0.53\ln K+0.91\ln L+0.047t \tag{6-10}$$
$$s=(1.38)\quad(0.34)\quad(0.14)\quad(0.21)$$
$$R^2=0.97\quad F=189.8$$
$$\ln(\widehat{Y/L})=-0.11+0.11\ln(K/L)+0.006t \tag{6-11}$$
$$s=(0.03)\quad(0.15)\quad(0.006)$$
$$R^2=0.65\quad F=19.5$$

式中，Y=实际产出指数，K=实际资本投入指数，L=实际劳动力投入指数，t=时间或趋势。请回答以下问题：

(1) 回归式(6-10)中有没有多重共线性？为什么？

(2) 回归式(6-10)中趋势变量 t 的作用是什么？

(3) 估计回归式(6-11)有何道理？如果原先的回归式(6-10)存在多重共线性，是否已被回归式(6-11)减弱？

(4) 如果回归式(6-11)被看作回归式(6-10)的一个受约束回归形式，施加的约束条件是什么？你如何知道这个约束是否正确？

(5) 两个回归中的 R^2 值是可比的吗？如果它们现在的形式不可比，如何使得它们可比？

解答　(1) 由回归结果可知 $R^2=0.97$，拟合优度较高，$F=19.5$，回归模型在统计上是显著的，从理论上讲，资本对产出具有正向影响，但回归式(6-10)$\ln K$ 前回归系数为负，且回归系数不显著，模型可能存在共线性。

(2) 在样本期内，真实劳动投入指数提高 1%导致真实产出指数平均上升约 0.91%。模型中的 t 变量代表时间。时间通常被视为技术变化的工具变量。系数 0.047 表明，在样本期内，真实产出(用产出指数度量)增长率平均约为 4.7%。

(3) 这个方程蕴涵规模报酬不变假定，这种假定的一个好处是减小了共线性问题。由回归式(6-11)可知，资本劳动比系数在统计上不显著，可能是多重共线性问题还没有解决。

(4) 如果回归式(6-11)被看作回归式(6-10)的一个受约束回归形式，施加的约束条件是规模报酬不变，看这个约束是否有效，可以用受约束回归中的 F 检验，需要计算约束和无约束残差平方和。

(5) 两个回归中的 R^2 值是不可比的。因为根据决定系数评价模型，其样本容量和因变量都必须相同，解释变量可以不同，而式(6-10)与式(6-11)中的因变量不同，所以它们的 R^2 值是可比的。如果在式(6-11)中去掉 L，用原来的样本重新回归后，则它们的 R^2 值是可比的。

例 4　某地区供水部利用最近 26 年的用水年度数据得出如下估计模型：

$$
\begin{aligned}
\hat{W} &= -350.31 + 0.46H + 0.258P_{\mathrm{o}} - 0.003I - 18.94P_{\mathrm{r}} - 3.639R \\
t &= \quad (-1.96) \quad (1.21) \quad (0.35) \quad (-1.12) \quad (-0.25) \quad (-0.8) \\
\bar{R}^2 &= 0.93 \quad F = 38.9
\end{aligned}
$$

式中，W 为用水总量(单位：百万立方米)，H 为住户总数(单位：千户)，P_{o} 为总人口(单位：千人)，I 为人均收入(单位：元)，P_{r} 为价格(单位：元/100 立方米)，R 为降雨量(单位：毫米)。

(1) 根据经济理论和直觉，预期回归系数的符号是什么(不包括常量)？回归系数符号与预期符号相符吗？

(2) 在 5%的显著性水平下，请进行变量的 t 检验与方程的 F 检验。t 检验与 F 检验结果有相互矛盾的现象吗？

(3) 你认为估计值是有偏的、无效的、还是不一致的？请阐述理由。

解答　(1) 在其他变量不变的情况下，一城市的人口越多或房屋数量越多，则对用水的需求越高，所以可期望 H 和 P_{o} 的符号为正。收入较高的个人可能用水较多，因此 I 的预期符号为正，但它可能是不显著的。如果水价上涨，则用户会节约用水，所以可预期 P_{r} 的系数为负。显然，如果降雨量较大，则草地和其他花园或耕地的用水需求就会下降，所以可以预期 R 的系数符号为负。从估计的模型看，除了 I 之外，所有符号都与预期相符。

(2) t 统计量检验单个变量的显著性，F 统计量检验线性回归方程的显著性。

这里 t 检验的自由度为 26－5－1＝20，在 5%显著性水平下的临界值为 2.086。可见，所有参数估计值的 t 值的绝对值都小于该值，所以在 5%的水平下这些变量是不显著的。

这里，F 统计量的分子自由度为 5，分母自由度为 20。在 5%显著性水平下 F 分布的临界值为 2.71。可见计算的 $F=15.2$，大于该临界值，表明回归系数在统计上是联合显著的。

t 检验与 F 检验结果的矛盾可能是由于多重共线性造成的。比如,H、P_o、I 都是高度相关的,这将使它们的 t 值降低且表现为不显著。P_r 和 R 不显著另有原因。根据经验,如果一个变量的值在样本期间没有很大的变化,则它对被解释变量的影响就不能够很好地被度量。可以预期水价与年降雨量在各年中一般没有太大的变化,所以它们的影响很难度量。

(3) 多重共线性往往表现的是解释变量间的样本观察现象,在不存在完全共线性的情况下,近似共线并不意味着基本假定的任何改变,所以 OLS 估计量的无偏性、一致性和有效性仍然成立,即仍是 BLUE 估计量。但共线性往往导致参数估计值的方差大于不存在多重共线性的情况。

例 5 如果用矩阵表示相关系数,不同解释变量 x_i 与 x_j 的相关系数记作 r_{ij},那么解释变量之间的相关系数矩阵可以表示为

$$\boldsymbol{A}=\begin{pmatrix} r_{11} & r_{12} & \cdots & r_{1k} \\ r_{21} & r_{22} & \cdots & r_{2k} \\ \vdots & \vdots & & \vdots \\ r_{k1} & r_{k2} & \cdots & r_{kk} \end{pmatrix}$$

如何从相关系数矩阵中判断解释变量之间是否存在共线性?

解答 若 $\boldsymbol{A}$ 的行列式为 0,则存在完全共线性。若 $\boldsymbol{A}$ 的行列式很小,则共线性程度比完全共线性弱。

若矩阵 $\boldsymbol{A}$ 的元素中,除了主角元素外,其余元素值全为 0,即 $\boldsymbol{A}$ 行列式为 1,则解释变量之间正交,解释变量之间互不相关。

例 6 表 6-1 给出了某产品总成本 y 与产出 x 的数据。请回答下列问题:

表 6-1 总成本 y 与产出 x 的数据

产出 x	总成本 y	产出 x	总成本 y
1	193	6	260
2	226	7	274
3	240	8	297
4	244	9	350
5	237	10	420

(1) 用表 6-1 数据建立三次多项式回归模型:

$$y=b_0+b_1x+b_2x^2+b_3x^3+u$$

(2) 根据表 6-1 数据,求 x、x^2 和 x^3 相关系数矩阵,能否据此判断变量之间存在严重多重共线性。

(3) 你会从模型中剔除 x^2 和 x^3 吗?如果把它们剔除,x 的系数将会出现什么情况?

解答 (1) 利用 EViews 软件对模型进行估计。首先建立工作文件,然后输入样本数据,在工作文件窗口输入命令:ls y c x^2 x^3,按回车键,得到如下回归方程:

$$\hat{y}=149.7667+56.7178x-11.8893x^2+0.8930x^3$$

$$t=(13.6795)\quad(6.9115)\quad(-7.0240)\quad(8.7976)$$

$$\bar{R}^2=0.9929\quad F=418.1106$$

由回归结果可知,模型拟合优度较高,回归模型显著成立,每个回归系数都显著。

(2) 利用 EViews 软件,求 x、x^2 和 x^3 相关系数矩阵如下:首先打开数组 x、x^2 和 x^3,在数组窗口单击“View”,然后选择“Covariance Analysis”,出现 Covariance Analysis 对话框,在此对话框中选择 Correlation,得到相关系数矩阵如表 6-2 所示。不能据此相关系数矩阵,来判断变量之间是否存在严重多重共线性,因为多重共线性指的是多个变量之间的线性关系,这里的关系是非线性的。

表 6-2 相关系数矩阵

Correlation	X	X^2	X^3
X	1.000000		
X^2	0.974559	1.000000	
X^3	0.928391	0.987180	1.000000

(3) 不会从模型中剔除 x^2 和 x^3,由回归结果知,它们在统计上都是显著的。如果将其中一个变量去掉,剩余变量的系数中便会出现模型设定误差。

例 7 表 6-3 是某种商品的需求量 y,价格 x_1 以及消费者收入 x_2 的统计资料。

(1) 检验 x_1 和 x_2 是否存在严重的多重共线性。

(2) 如何解决或减轻多重共线性的影响?并给出这一问题的回归方程。

表 6-3 某种商品需求量、价格、消费者收入数据

序 号	1	2	3	4	5	6	7	8	9	10
需求量 y	3.5	4.3	5.0	6.0	7.0	9.0	8.0	10	12	14
价格 x_1	16	13	10	7	7	5	4	3	3.5	2
消费者收入 x_2	15	20	30	42	50	54	65	72	85	90

解答 (1) 设模型的函数形式为

$$y = b_0 + b_1x_1 + b_2x_2 + u$$

利用 EViews 软件对模型进行估计。首先,建立工作文件,然后输入样本数据,在工作文件窗口输入命令:ls y c x1 x2,按回车键,回归结果如表 6-4 所示。

表 6-4 回归结果

Dependent Variable: Y
Method: Least Squares
Date: 10/13/17 Time: 19:52
Sample: 1 10
Included observations: 10

Variable	Coefficient	Std. Error	t-Statistic	Prob.
C	-1.919432	3.014676	-0.636696	0.5446
X1	0.198413	0.186325	1.064876	0.3223
X2	0.160624	0.033114	4.850684	0.0019

R-squared	0.950385	Mean dependent var	7.880000
Adjusted R-squared	0.936209	S.D. dependent var	3.412331
S.E. of regression	0.861849	Akaike info criterion	2.783853
Sum squared resid	5.199490	Schwarz criterion	2.874628
Log likelihood	-10.91926	Hannan-Quinn criter.	2.684272
F-statistic	67.04269	Durbin-Watson stat	2.641746
Prob(F-statistic)	0.000027		

从 F 统计量的计算值看,$F=67.0427$,该值大于 5% 显著性水平下,自由度为(2,7)的 F 分布的临界值 $F_{0.05}(2,7)=9.55$,表明从整体上看商品需求量与解释变量之间线性关系显著。但由于商品价格前参数的估计值的 t 检验不显著,且为正数,违背经济意义,故怀疑两解释变量间存在较严重的多重共线性。事实上,容易验证两解释变量间的相关系数高达 $r_{12}=-0.9427$,说明模型中解释变量间确实存在共线性。

(2) 运用 OLS 方法逐一求 y 对各个解释变量的回归,然后结合经济意义和统计检验选出拟合效果最好的线性回归模型。通过 EViews 软件,容易得到以下回归结果:

回归结果(1)

$$\hat{y} = 12.4879 - 0.6536x_1$$

$$t = (12.3869)\ (-5.3824)$$

$$R^2 = 0.7836 \quad F = 28.9707$$

回归结果(2)

$$\hat{y} = 1.2179 + 0.1274x_2$$
$$t = (1.8907)\ (11.4351)$$
$$R^2 = 0.9423 \quad F = 130.7618$$

从这两个回归结果看,第二个方程要比第一个方程好,故可选择第二个方程为最终回归模型。

例 8 表 6-5 给出了 1970—1998 年美国进口(IM)、国内生产总值(GDP)和消费价格指数(CPI)统计数据。

表 6-5 1970—1998 年美国进口(IM)、GDP 和 CPI 数据

年份	CPI	GDP	IM	年份	CPI	GDP	IM
1970	38.8	1 039.7	39 866	1985	107.6	4 213.0	338 088
1971	40.5	1 128.6	45 579	1986	109.6	4 452.9	368 425
1972	41.8	1 240.4	55 797	1987	113.6	4 742.5	409 765
1973	41.4	1 385.5	70 449	1988	118.3	5 108.3	447 189
1974	49.3	1 501.0	103 811	1989	124.0	5 489.1	477 365
1975	53.8	1 635.2	98 185	1990	130.7	5 803.2	498 337
1976	56.9	1 823.9	124 228	1991	136.2	5 986.2	490 981
1977	60.2	2 031.4	151 907	1992	140.3	6 318.9	536 458
1978	65.2	2 295.9	176 002	1993	144.5	6 642.3	589 441
1979	72.6	2 566.4	212 007	1994	148.2	7 054.3	668 590
1980	82.4	2 795.0	249 750	1995	152.4	7 400.5	749 574
1981	90.9	3 131.3	265 067	1996	159.6	7 813.2	803 327
1982	96.5	3 259.2	247 642	1997	160.5	8 300.8	876 366
1983	99.6	3 534.9	268 901	1998	163.0	8 759.9	917 178
1984	103.9	3 932.7	332 418				

考虑以下进口函数模型:

$$\ln IM_t = b_0 + b_1 \ln GDP_t + b_1 \ln CPI_t + u_t$$

(1) 用表中数据估计此模型,可能存在多重共线性吗?

(2) 做回归:

$$\ln IM_t = \alpha_0 + \alpha_1 \ln GDP_t + u_t$$
$$\ln IM_t = \beta_0 + \beta_1 \ln CPI_t + u_t$$
$$\ln GDP_t = a_0 + a_1 \ln CPI_t + u_t$$

根据这些回归结果,解释变量之间是否存在多重共线性?

(3) 如果解释变量之间存在多重共线性,如何解决?

解答 (1) 利用 EViews 软件对模型进行估计。首先,建立工作文件,然后输入样本数据,在工作文件窗口输入命令:ls log(IM) c log(GDP) log(CPI),按回车键,回归结果如表 6-6 所示。

从回归结果看,F 统计量对应的 p 值远小于 1%,模型从整体上看显著,$R^2 = 0.9824$,拟合优度较高。但 ln(CPI)前参数的估计值的 t 检验不显著,因此,两解释变量间可能存在多重共线性。事实上，容易验证两解释变量间的相关系数高达 $r_{12}=-0.9951$，说明模型中解释变量间确实存在多重共线性。

（2）利用 EViews 软件很容易得到如下回归方程：

$$\ln\widehat{\mathrm{IM}}_t=1.4070+1.3597\ln\mathrm{GDP}_t$$
$$t=(4.8427)\quad(38.2693)$$
$$R^2=0.9819\quad F=1464.535$$

$$\ln\widehat{\mathrm{IM}}_t=3.9957+1.8847\ln\mathrm{CPI}_t$$
$$t=(15.7276)\quad(33.6145)$$
$$R^2=0.9767\quad F=1129.933$$

$$\ln\widehat{\mathrm{GDP}}_t=1.9176+1.3831\ln\mathrm{CPI}_t$$
$$t=(16.0830)\quad(52.5630)$$
$$R^2=0.9903\quad F=2762.866$$

从以上各回归结果看，F 统计量、t 统计量较大，对应的 p 值远小于 1%，各回归模型显著，各回归系数显著，因此，两解释变量间可能存在多重共线性。ln(CPI)对 ln(GDP)的辅助回归表明，这两解释变量高度相关，解释变量之间确实存在共线性。

（3）这里最好的解决办法是将进口和 GDP 都除以 CPI，以实际值表示，消除自相关后的回归结果如表 6-7 所示。

表 6-6　回归结果

Dependent Variable: LOG(IM)
Method: Least Squares
Date: 12/13/17   Time: 19:47
Sample: 1970 1998
Included observations: 29

Variable	Coefficient	Std. Error	t-Statistic	Prob.
C	1.973174	0.731718	2.696631	0.0121
LOG(GDP)	1.054726	0.363098	2.904799	0.0074
LOG(CPI)	0.425899	0.504640	0.843966	0.4064

R-squared	0.982381	Mean dependent var	12.49046
Adjusted R-squared	0.981025	S.D. dependent var	0.904885
S.E. of regression	0.124647	Akaike info criterion	-1.228964
Sum squared resid	0.403959	Schwarz criterion	-1.087520
Log likelihood	20.81998	Hannan-Quinn criter.	-1.184666
F-statistic	724.8204	Durbin-Watson stat	0.444565
Prob(F-statistic)	0.000000		

表 6-7　回归结果

Dependent Variable: LOG(IM/CPI)
Method: ARMA Conditional Least Squares (BFGS / Marquardt steps)
Date: 12/13/17   Time: 19:42
Sample (adjusted): 1971 1998
Included observations: 28 after adjustments
Convergence achieved after 28 iterations
Coefficient covariance computed using outer product of gradients

Variable	Coefficient	Std. Error	t-Statistic	Prob.
C	4.530407	1.379099	3.285049	0.0030
LOG(GDP/CPI)	1.007170	0.353450	2.849538	0.0086
AR(1)	0.843896	0.060316	13.99117	0.0000

R-squared	0.966313	Mean dependent var	8.020614
Adjusted R-squared	0.963618	S.D. dependent var	0.400491
S.E. of regression	0.076389	Akaike info criterion	-2.204987
Sum squared resid	0.145884	Schwarz criterion	-2.062250
Log likelihood	33.86981	Hannan-Quinn criter.	-2.161351
F-statistic	358.5674	Durbin-Watson stat	2.396323
Prob(F-statistic)	0.000000		

根据输出结果，得如下回归方程：

$$\ln(\widehat{\mathrm{IM/CPI}})_t=4.5304+1.0072\ln(\mathrm{GDP/CPI})_t$$
$$t=(3.2851)\quad(2.8496)$$
$$\bar{R}^2=0.9636\quad \mathrm{DW}=2.3963\quad F=358.5674$$

从表 6-7 回归结果可知，模型拟合优度较高，回归模型显著成立，每个回归系数都显著，且不存在自相关。实际国内生产总值每增长 1%时，实际进口将平均增长 1.007%。

例 9　为了评价保障最低工资政策的可行性，兰德(Rand)公司进行了一项研究，以评价劳动供给(平均工作小时数)对小时工资提高的反应，此研究中的数据取自 6 000 户男户主收入低于 15 000 美元的一个国民样本，这些数据分成 39 个人口组，并放在表 6-8 中。由于

4 个人口组中的某些变量缺失，所以此表中只给出了 35 个组的数据。用于分析的各个变量的定义如下：

y——该年度平均工作小时数，x_1——平均小时工资(美元)，x_2——配偶年均收入(美元)，x_3——其他家庭成员的平均收入(美元)，x_4——年均非劳动收入(美元)，x_5——平均家庭资产拥有量(美元)，x_6——被调查者的平均年龄，x_7——平均赡养人数，x_8——平均受教育年限。

(1) 将该年度平均工作小时数 y 对表 6-8 中变量进行回归。

(2) 计算各变量间的简单相关系数矩阵，计算各个辅助回归模型的方差膨胀因子，判断解释变量之间是否存在多重共线性。

(3) 如果解释变量之间存在多重共线性，如何解决？

表 6-8　35 个人口组的工作小时数据及其他数据

观测	y	x_1	x_2	x_3	x_4	x_5	x_6	x_7	x_8
1	2 157	2.905	1 121	291	380	7 250	38.5	2.340	10.5
2	2 174	2.970	1 128	301	398	7 744	39.3	2.335	10.5
3	2 062	2.350	1 214	326	185	3 068	40.1	2.851	8.9
4	2 111	2.511	1 203	49	117	1 632	22.4	1.159	11.5
5	2 134	2.791	1 013	594	730	12 710	57.7	1.229	8.8
6	2 185	3.040	1 135	287	382	776	38.6	2.602	10.7
7	2 210	3.222	1 100	295	474	9 338	39.0	2.187	112.0
8	2 105	2.495	1 180	310	255	4 730	39.9	2.616	9.3
9	2 267	2.838	1 298	252	431	8 317	38.9	2.024	11.1
10	2 205	2.356	885	264	373	6 789	38.8	2.662	9.5
11	2 121	2.922	1 251	328	312	5 907	39.8	2.287	10.3
12	2 109	2.499	1 207	347	271	5 069	39.7	3.193	8.9
13	2 108	2.796	1 036	300	259	4 614	38.2	2.040	9.2
14	2 047	2.453	1 213	397	139	1 987	40.3	2.545	9.1
15	2 174	3.582	1 141	414	498	10239	40.0	2.064	11.7
16	2 067	2.909	1 805	290	239	4 439	39.1	2.301	10.5
17	2 159	2.511	1 075	289	308	5 621	39.3	2.486	9.5
18	2 257	2.516	1 093	176	392	7 293	37.9	2.042	10.1
19	1 985	1.423	553	381	146	1 866	40.6	3.833	6.6
20	2 184	3.636	1091	291	560	11 240	39.1	2.328	11.6
21	2 084	2.983	1 327	331	296	5 653	39.8	2.208	10.2
22	2 051	2.573	1 197	279	172	2 806	40.0	2.362	9.1
23	2 127	3.263	1 226	314	408	8 042	39.5	2.259	10.8
24	2 102	3.234	1 188	414	352	7 557	39.8	2.019	10.7
25	2 098	2.280	973	364	272	4 400	40.6	2.661	8.4
26	2 042	2.304	1 085	328	140	1 739	41.8	2.444	8.2
27	2 181	2.912	1 072	304	383	7 340	39.0	2.337	10.2
28	2 186	3.015	1 122	30	352	7 292	37.2	2.046	10.9
29	2 188	3.010	990	366	374	7 325	38.4	2.847	10.6
30	2 077	1.901	350	209	95	1 370	37.4	4.158	8.2
31	2 196	3.009	947	294	342	6 888	37.5	3.047	10.6

续表

观测	y	x_1	x_2	x_3	x_4	x_5	x_6	x_7	x_8
32	2 093	1.899	342	311	120	1 425	37.5	4.512	8.1
33	2 173	2.959	1 116	296	387	7 625	39.2	2.342	10.5
34	2 179	2.959	1 116	296	387	7 625	39.2	2.342	10.5
35	2 200	2.980	1 126	204	393	7 885	39.2	2.341	10.6

解答　(1) 利用 EViews 软件建立年度平均工作小时数 y 回归模型。首先,建立工作文件,然后输入样本数据,在工作文件窗口输入命令:ls　y　c　x1　x2　x3　x4　x5　x6　x7　x8,按回车键,回归结果如表 6-9 所示。

表 6-9　回归结果

Dependent Variable: Y
Method: Least Squares
Date: 12/13/17　Time: 20:44
Sample: 1 35
Included observations: 35

Variable	Coefficient	Std. Error	t-Statistic	Prob.
C	2207.265	112.9617	19.53995	0.0000
X1	-22.28552	26.24097	-0.849264	0.4035
X2	0.026216	0.038150	0.687178	0.4981
X3	-0.257087	0.096270	-2.670489	0.0129
X4	0.588980	0.132798	4.435173	0.0001
X5	-0.001013	0.004936	-0.205190	0.8390
X6	-5.368418	2.662135	-2.016583	0.0542
X7	26.29028	14.64759	1.794854	0.0843
X8	0.040061	0.343785	0.116529	0.9081

R-squared	0.795687	Mean dependent var	2137.086
Adjusted R-squared	0.732821	S.D. dependent var	64.11542
S.E. of regression	33.14086	Akaike info criterion	10.05645
Sum squared resid	28556.23	Schwarz criterion	10.45639
Log likelihood	-166.9878	Hannan-Quinn criter.	10.19451
F-statistic	12.65693	Durbin-Watson stat	1.642317
Prob(F-statistic)	0.000000		

从表 6-9 回归结果来看,模型可能存在多重共线性。因为拟合优度较高,F 统计量对应的 p 值小于 1%,说明回归方程是显著的,回归系数 x_3、x_4、x_6、x_7 在 10%水平上显著,其他回归系数的 t 统计量对应的 p 值大于 5%,说明解释变量之间可能存在多重共线性。

(2) 多重共线性检验。① 相关系数检验:应用 EViews 软件,在主菜单窗口,选择"Quick\Group Statistics\Correlations",在出现的对话框中输入"y　x1　x2　x3　x4　x5　x6　x7　x8",单击 OK 键,得到各解释变量之间的如表 6-10 所示的简单相关系数表。

表 6-10　各解释变量之间的简单相关系数表

Correlation	Y	X1	X2	X3	X4	X5	X6	X7	X8
Y	1.000000								
X1	0.555377	1.000000							
X2	0.122672	0.571114	1.000000						
X3	-0.287480	0.036538	-0.025874	1.000000					
X4	0.678879	0.701354	0.233298	0.310309	1.000000				
X5	0.638989	0.703212	0.248206	0.241670	0.918300	1.000000			
X6	-0.078026	0.043558	-0.015461	0.771151	0.502284	0.409738	1.000000		
X7	-0.338595	-0.601392	-0.692682	0.053207	-0.520902	-0.504742	-0.048067	1.000000	
X8	0.240888	0.237835	0.048087	-0.031462	0.225351	0.236508	-0.031633	-0.118391	1.000000

从表 6-10 结果可以看出,有几个解释变量,如 x_1 与 x_4 之间、x_1 与 x_5 之间、x_3 与 x_6 之间简单相关系数都在 70%以上,x_4 与 x_5 之间简单相关系数在 90%以上,这表明解释变量之间存在多重共线性。

② 方差膨胀因子检验:应用 EViews 软件,做每一个解释变量的辅助回归模型,求其方差膨胀因子:$VIF_1=4.52$、$VIF_2=2.97$、$VIF_3=2.67$、$VIF_4=10.17$、$VIF_5=6.73$、$VIF_6=4.25$、$VIF_7=2.91$、$VIF_8=1.09$,其中 $VIF_4=10.17$ 大于 10,$VIF_5=6.73$ 大于 5,表明解释变量之间存在多重共线性。

(3) 根据逐步回归法确定回归模型的步骤如下:

第一步,用每个解释变量分别对被解释变量做简单回归,从而决定解释变量的重要程度,为解释变量排序。即将 y 分别对 x_1、x_2、x_3、x_4、x_5、x_6、x_7、x_8 作一元回归模型,结果如

表 6-11 所示。

表 6-11　一元回归结果(被解释变量为 y,下同)

解释变量	x_1	x_2	x_3	x_4	x_5	x_6	x_7	x_8
参数估计值	77.368 8	0.030 6	−0.191 1	0.318 9	0.013 7	−1.137 3	−32.803 2	0.892 8
t 统计量	(3.836 5)	(0.710 1)	(−1.724 2)	(5.311 4)	(4.772 0)	(−0.449 6)	(−2.067 2)	(1.425 8)
$\bar{R}^2$	0.287 5	−0.014 8	0.054 8	0.444 5	0.390 4	−0.024 0	0.087 8	0.029 5

根据 $\bar{R}^2$ 的大小排序,可见解释变量的重要程度依次为 $x_4,x_5,x_1,x_7,x_3,x_8,x_6,x_2$。

第二步,以$\hat{y}=2\,033.924+0.318\,9x_4$ 为基础,依次引入 $x_5,x_1,x_7,x_3,x_8,x_6,x_2$ 逐步回归,结果如表 6-12 所示。

表 6-12　加入新变量的回归结果(一)

变量	x_1	x_2	x_3	x_4	x_5	x_6	x_7	x_8	$\bar{R}^2$
x_4、x_5				0.276 0 (1.794 8)	0.002 1 (0.303 5)				0.428 8
x_4、x_1	21.726 2 (0.866 5)			0.267 5 (3.164 0)					0.440 3
x_4、x_7				0.324 0 (4.536 6)			1.998 9 (0.135 7)		0.427 5
x_4、x_3			−0.366 5 (−5.763 3)	0.399 3 (8.886 4)					0.718 9
x_4、x_8				0.309 1 (4.976 8)				0.343 2 (0.700 4)	0.435 8
x_4、x_6				0.451 1 (8.515 7)		−8.168 1 (−4.969 2)			0.676 7
x_4、x_2		−0.009 4 (−0.283 3)		0.323 0 (5.158 4)					0.428 6

第三步,经比较,新加入 x_3 的方程,其 $\bar{R}^2=0.718\,9$ 改进较大,从 0.444 5 增至 0.718 9,而且各参数经济合理,t 检验显著,选择保留 x_6,以$\hat{y}=2\,118.115+0.399\,3x_4-0.366\,5x_3$ 为基础,再依次加入 x_5、x_1、x_7、x_8、x_6、x_2 进行回归,结果如表 6-13 所示。

表 6-13　加入新变量的回归结果(二)

变量	x_1	x_2	x_3	x_4	x_5	x_6	x_7	x_8	$\bar{R}^2$
x_4、x_3、x_5			−0.368 2 (−5.665 9)	0.422 7 (3.756 4)	−0.001 2 (−0.228 3)				0.710 3
x_4、x_3、x_1	−6.077 2 (−0.324 9)		−0.372 3 (−5.562 3)	0.414 9 (6.258 1)					0.710 8
x_4、x_3、x_7			−0.397 6 (−6.253 6)	0.454 3 (8.644 3)			19.082 2 (1.849 4)		0.738 7
x_4、x_3、x_8			−0.364 0 (−5.610 8)	0.395 1 (8.403 3)				0.126 5 (0.358 6)	0.711 1
x_4、x_3、x_6			−0.256 6 (−2.735 3)	0.432 5 (8.863 8)		−3.540 1 (−1.566 1)			0.731 1
x_4、x_3、x_2		−0.024 0 (−1.023 1)	−0.373 5 (−5.843 6)	0.411 3 (8.861 2)					0.719 3

第四步，经比较，新加入 x_7 的方程，其 $\bar{R}^2=0.7387$ 有所改进，从 0.7189 增至 0.7387，而且各参数经济合理，t 检验显著，选择保留 x_7，以 $\hat{y}=2062.216+0.4543x_4-0.3976x_3+19.0822x_7$ 为基础，再依次加入 x_5、x_1、x_8、x_6、x_2 进行回归，结果如表 6-14 所示。

表 6-14　加入新变量的回归结果(三)

变量	x_1	x_2	x_3	x_4	x_5	x_6	x_7	x_8	$\bar{R}^2$
x_4、x_3、x_7、x_5			−0.3986 (−6.1388)	0.4686 (4.2013)	−0.0007 (−0.1462)		19.0059 (1.8105)		0.7302
x_4、x_3、x_7、x_1	5.8260 (0.3035)		−0.3940 (−5.9987)	0.4426 (6.7304)			20.2363 (1.8163)		0.7308
x_4、x_3、x_7、x_8			−0.3953 (−6.0867)	0.4504 (8.2361)			18.9854 (1.8124)	0.1086 (0.3189)	0.7309
x_4、x_3、x_7、x_6			−0.2713 (−3.0560)	0.5018 (8.9799)		−4.2134 (−1.9547)	21.8637 (2.1907)		0.7605
x_4、x_3、x_7、x_2		0.0091 (0.2887)	−0.3997 (−6.1555)	0.4580 (8.3497)			21.9510 (1.5204)		0.7307

第五步，经比较，新加入 x_6 的方程，其 $\bar{R}^2=0.7605$ 有所改进，从 0.7387 增至 0.7605，而且各参数经济合理，t 检验显著，选择保留 x_6，再依次加入 x_5、x_1、x_8、x_2 进行回归，结果如表 6-15 所示。回归结果显示，$\bar{R}^2$ 都没有改进，而且 x_5、x_1、x_8、x_2 回归系数的 t 检验不显著。这说明不论加入哪一个变量都会引起多重共线性，应予剔除。

表 6-15　加入新变量的回归结果(四)

变量	x_1	x_2	x_3	x_4	x_5	x_6	x_7	x_8	$\bar{R}^2$
x_4、x_3、x_7、x_6、x_5			−0.2713 (−3.0106)	0.5337 (4.7740)	−0.0015 (−0.3307)	−4.2800 (−1.9477)	21.7417 (2.1445)		0.7532
x_4、x_3、x_7、x_6、x_1	−12.8887 (−0.6278)		−0.2586 (−2.8126)	0.5355 (6.8762)		−4.9094 (−2.0091)	19.7701 (1.8616)		0.7556
x_4、x_3、x_7、x_6、x_8			−0.2715 (−3.0054)	0.5009 (8.5109)		−4.1945 (−1.8940)	21.8336 (2.1484)	0.0197 (0.0598)	0.7523
x_4、x_3、x_7、x_6、x_2		0.0075 (0.2466)	−0.2734 (−3.0176)	0.5047 (8.7111)		−4.1980 (−1.9161)	24.2027 (1.7431)		0.7527

最后经过修正严重多重共线性影响后的回归结果如表 6-16 所示。

根据输出结果，得如下回归方程：

$$\hat{y}=2167.264+0.5018x_4-0.2713x_3+21.8637x_7-4.2134x_6$$

$$t=(33.8551)\quad(8.9799)\quad(-3.0560)\quad(2.1907)\quad(-1.9547)$$

$$\bar{R}^2=0.7605\quad \mathrm{DW}=1.6188\quad F=27.9889$$

从表 6-16 的结果来看，模型拟合优度比较高，F 统计量对应的 p 值小于 1%，说明回归方程是显著的，1 个回归系数的 t 统计量对应的 p 值小于等于 6%，3 个回归系数的 t 统计量对应的 p 值小于 5%，说明各回归系数在统计上是显著的，解释变量之间已不存在多重共线性。

回归系数的经济含义：在其他条件不变的情况下，其他家庭成员的平均收入 x_3 每上涨 1 美元，则年度工作时数平均减少约 0.27 小时；年均非劳动收入 x_4 每上涨 1 美元，则年度工作时数平均增加 0.50 小时；被调查者的平均年龄 x_6 每增加 1 年，则年度工作时数平均减少 4.21 小时；平均赡养人数每增加 1 人，则年度工作时数平均增加 21.86 小时。

下面利用 EViews 9.0 软件新增的逐步回归法解答此题：

在主菜单窗口选择 Object、New Object、Equation，从对象类型中单击 Estimate，在弹出的方程设定对话框通过估计方法的下拉选单选择逐步最小二乘法(STEPLS-Stepwise Least Squares)，EViews 软件将显示逐步最小二乘法的设定(Specification)标签页。在第一个设定框内输入：y c，在第二个框内输入：x_1 x_2 x_3 x_4 x_5 x_6 x_7 x_8，如图 6-1 所示。

表 6-16 最终回归结果

Dependent Variable: Y
Method: Least Squares
Date: 12/13/17 Time: 21:07
Sample: 1 35
Included observations: 35

Variable	Coefficient	Std. Error	t-Statistic	Prob.
C	2167.264	64.01588	33.85511	0.0000
X4	0.501816	0.055882	8.979851	0.0000
X3	-0.271319	0.088783	-3.055986	0.0047
X7	21.86366	9.980138	2.190717	0.0364
X6	-4.213354	2.155479	-1.954718	0.0600

R-squared	0.788666	Mean dependent var	2137.086
Adjusted R-squared	0.760488	S.D. dependent var	64.11542
S.E. of regression	31.37804	Akaike info criterion	9.861657
Sum squared resid	29537.44	Schwarz criterion	10.08385
Log likelihood	-167.5790	Hannan-Quinn criter.	9.938358
F-statistic	27.98887	Durbin-Watson stat	1.618821
Prob(F-statistic)	0.000000		

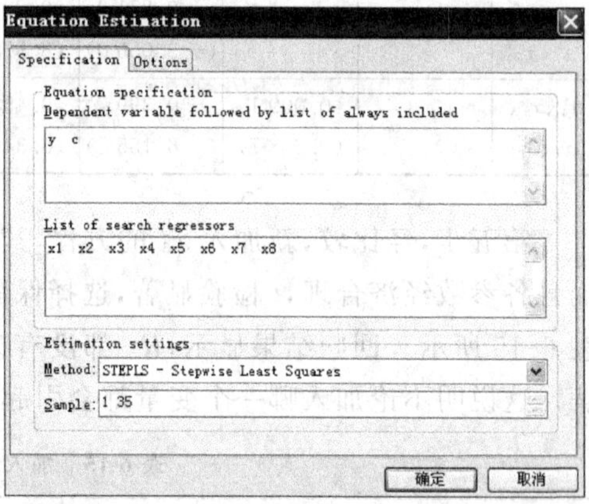

图 6-1 方程设定标签页

然后，可以利用选项(Options)标签页来控制逐步回归具体采用的方法，选择模型(Selection Method)部分用来设定逐步回归的方法，本例选择后向有进有出(Stepwise-backwards)法、单项逐步回归结果(Uni-directional)，程序终止准则区选择 p 值为 0.05，其余采用默认设置，如图 6-2 和图 6-3 所示，得到估计结果如表 6-17 和表 6-18 所示。

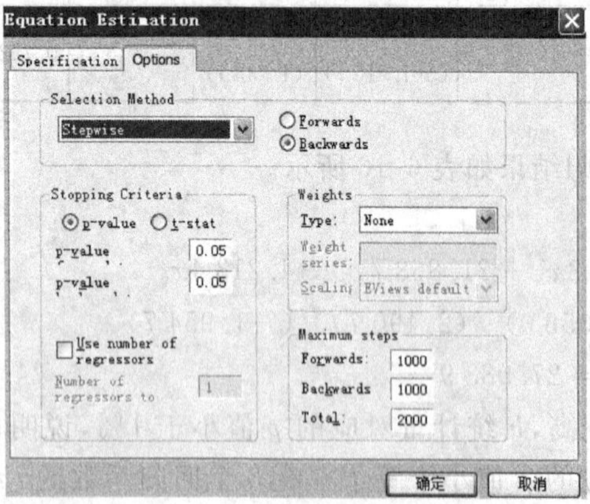

图 6-2 后向有进有出逐步回归法设定

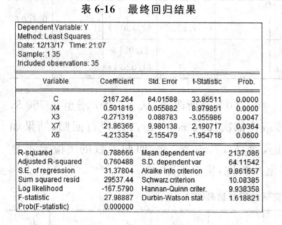

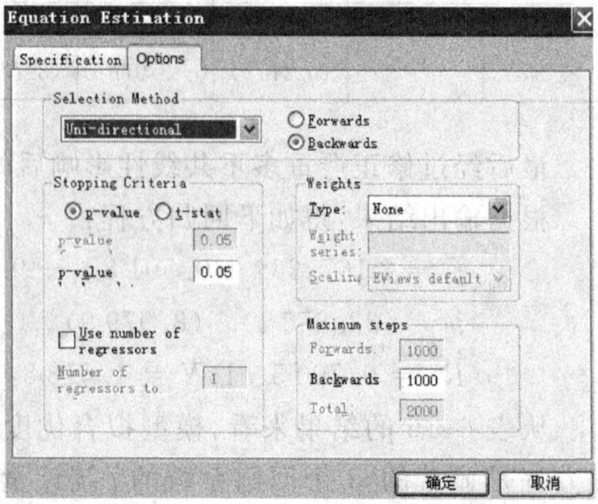

图 6-3 单项逐步回归法设定

表 6-17 中后向有进有出逐步回归结果、表 6-18 中单项逐步回归结果与表 6-16 最终回归结果完全相同。

表 6-17　后向有进有出逐步回归结果

(Stepwise-backwards)

Dependent Variable: Y
Method: Stepwise Regression
Date: 12/13/17　Time: 21:13
Sample: 1 35
Included observations: 35
Number of always included regressors: 1
Number of search regressors: 8
Selection method: Stepwise backwards
Stopping criterion: p-value forwards/backwards = 0.05/0.05

Variable	Coefficient	Std. Error	t-Statistic	Prob.*
C	2167.264	64.01588	33.85511	0.0000
X4	0.501816	0.055882	8.979851	0.0000
X3	-0.271319	0.088783	-3.055986	0.0047
X7	21.86366	9.980138	2.190717	0.0364
X6	-4.213354	2.155479	-1.954718	0.0600

R-squared	0.788666	Mean dependent var	2137.086
Adjusted R-squared	0.760488	S.D. dependent var	64.11542
S.E. of regression	31.37804	Akaike info criterion	9.861657
Sum squared resid	29537.44	Schwarz criterion	10.08385
Log likelihood	-167.5790	Hannan-Quinn criter.	9.938358
F-statistic	27.98887	Durbin-Watson stat	1.618821
Prob(F-statistic)	0.000000		

Selection Summary

Removed X8
Removed X5
Removed X2
Removed X1

*Note: p-values and subsequent tests do not account for stepwise selection.

表 6-18　单项逐步回归结果

(Uni-directional)

Dependent Variable: Y
Method: Stepwise Regression
Date: 12/13/17　Time: 21:15
Sample: 1 35
Included observations: 35
Number of always included regressors: 1
Number of search regressors: 8
Selection method: Uni-directional
Stopping criterion: p-value = 0.05

Variable	Coefficient	Std. Error	t-Statistic	Prob.*
C	2167.264	64.01588	33.85511	0.0000
X4	0.501816	0.055882	8.979851	0.0000
X3	-0.271319	0.088783	-3.055986	0.0047
X7	21.86366	9.980138	2.190717	0.0364
X6	-4.213354	2.155479	-1.954718	0.0600

R-squared	0.788666	Mean dependent var	2137.086
Adjusted R-squared	0.760488	S.D. dependent var	64.11542
S.E. of regression	31.37804	Akaike info criterion	9.861657
Sum squared resid	29537.44	Schwarz criterion	10.08385
Log likelihood	-167.5790	Hannan-Quinn criter.	9.938358
F-statistic	27.98887	Durbin-Watson stat	1.618821
Prob(F-statistic)	0.000000		

Selection Summary

Removed X8
Removed X5
Removed X2
Removed X1

*Note: p-values and subsequent tests do not account for stepwise selection.

例 10　表 6-19 给出了影响美国鸡肉需求的变量数据，被解释变量 y 是人均鸡肉消费量(磅)，解释变量包括人均实际可支配收入 x_1(美元)、鸡肉实际零售价格 x_2(美分/磅)、猪肉实际零售价格 x_3(美分/磅)、牛肉实际零售价格 x_4(美分/磅)相关数据。

表 6-19　影响美国鸡肉需求的主要数据

年份	y	x_1	x_2	x_3	x_4
1960	27.8	397.5	42.2	50.7	78.3
1961	29.9	413.3	38.1	52.0	79.2
1962	29.8	439.2	40.3	54.0	79.2
1963	30.8	459.7	39.5	55.3	79.2
1964	31.2	492.9	37.3	54.7	77.4
1965	33.3	528.6	38.1	63.7	80.2
1966	35.6	560.3	39.3	69.8	80.4
1967	36.4	624.6	37.8	65.9	83.9
1968	36.7	666.4	38.4	64.5	85.5
1969	38.4	717.8	40.1	70.0	93.7
1970	40.4	768.2	38.6	73.2	106.1
1971	40.3	843.3	39.8	67.8	104.8
1972	41.8	911.6	39.7	79.1	114.0

续表

年份	y	x_1	x_2	x_3	x_4
1973	40.4	931.1	52.1	95.4	124.1
1974	40.7	1 021.5	48.9	94.2	127.6
1975	40.1	1 165.9	58.3	123.5	142.9
1976	42.7	1 349.6	57.9	129.9	143.6
1977	44.1	1 449.4	56.7	117.6	139.2
1978	46.7	1 575.5	63.7	130.9	165.5
1979	50.6	1 759.1	61.6	129.8	203.3
1980	50.1	1 994.2	58.9	128.0	219.6
1981	51.7	2 258.1	66.4	141.0	221.6
1982	52.9	2 478.7	70.4	168.2	232.6

(1) 用 OLS 法估计样本回归方程

$$\ln y = b_0 + b_1 \ln x_1 + b_2 \ln x_2 + b_3 \ln x_3 + b_4 \ln x_4 + u$$

(2) 如果模型存在多重共线性,试估计各辅助回归方程,找出哪些变量是高度共线的。

(3) 选择适当的方法,消除多重共线性,建立一个较好的回归模型。

解答 (1) 利用 EViews 软件对鸡肉需求函数进行估计。首先,建立工作文件,然后输入样本数据,用生成新序列的命令 genr 生成对数序列 $\ln y$、$\ln x_1$、$\ln x_2$、$\ln x_3$、$\ln x_4$,在工作文件窗口输入命令:ls lny c lnx1 lnx2 lnx3 lnx4,按回车键,得到如下回归方程:

$$\ln \hat{y} = 2.187\,8 + 0.344\,5 \ln x_1 - 0.503\,1 \ln x_2 + 0.147\,8 \ln x_3 + 0.088\,4 \ln x_4$$

$$t = (14.140\,8) \quad (4.163\,1) \quad (-4.570\,5) \quad (1.489\,6) \quad (0.883\,6)$$

$$\bar{R}^2 = 0.978\,5 \quad F = 251.145\,9 \quad \mathrm{DW} = 1.823\,4$$

(2) 从估计结果来看,模型可能存在多重共线性。原因如下:拟合优度较高,F 统计量对应的 p 值小于 5%,说明回归方程是显著的,所有回归系数符合经济意义,$\ln x_1$、$\ln x_2$ 回归系数的 t 统计量对应的 p 值均小于 5%,$\ln x_1$、$\ln x_2$ 回归系数是显著的,而 $\ln x_3$、$\ln x_4$ 回归系数的 t 统计量对应的 p 值均大于 5%,说明 $\ln x_3$、$\ln x_4$ 回归系数是不显著的,解释变量之间可能存在多重共线性。

(3) 多重共线性检验。① 相关系数检验:应用 EViews 软件,在主菜单窗口,选择"Quick\Group Statistics\Correlations",在出现的对话框中输入"lnx1 lnx2 lnx3 lnx4",单击 OK 键,得到各解释变量之间的如表 6-20 所示的简单相关系数表。

表 6-20 各解释变量之间的简单相关系数表

Correlation	LNX1	LNX2	LNX3	LNX4
LNX1	1.000000			
LNX2	0.907244	1.000000		
LNX3	0.972459	0.946802	1.000000	
LNX4	0.979005	0.932841	0.954277	1.000000

从表 6-20 结果可以看出,4 个解释变量之间两两简单相关系数都在 90% 以上,这表明解释变量之间存在多重共线性。

② 辅助回归模型检验:应用 EViews 软件很容易建立每个解释变量对其余解释变量的辅助回归模型:

$$\ln \hat{x}_1 = 0.9377 - 0.8264\ln x_2 + 0.9477\ln x_3 + 1.0151\ln x_4$$
$$t = (2.5266) \quad (-3.4550) \quad (5.6266) \quad (6.7473)$$
$$R^2 = 0.9845 \quad \bar{R}^2 = 0.9821 \quad F = 402.8207 \quad DW = 1.9771$$

$$\ln \hat{x}_2 = 1.2329 - 0.4670\ln x_1 + 0.6698\ln x_3 + 0.5917\ln x_4$$
$$t = (7.9633) \quad (-3.4550) \quad (4.8439) \quad (3.7424)$$
$$R^2 = 0.9423 \quad \bar{R}^2 = 0.9332 \quad F = 103.4437 \quad DW = 1.8301$$

$$\ln \hat{x}_3 = -1.0078 + 0.6594\ln x_1 + 0.8249\ln x_2 - 0.4641\ln x_4$$
$$t = (-3.6900) \quad (5.6266) \quad (4.8439) \quad (-2.2603)$$
$$R^2 = 0.9757 \quad \bar{R}^2 = 0.9719 \quad F = 254.8013 \quad DW = 1.8284$$

$$\ln \hat{x}_4 = -0.6978 + 0.6590\ln x_1 + 0.7171\ln x_2 - 0.4567\ln x_3$$
$$t = (-2.2026) \quad (6.7473) \quad (3.7424) \quad (-2.2603)$$
$$R^2 = 0.9761 \quad \bar{R}^2 = 0.9724 \quad F = 259.0451 \quad DW = 1.6421$$

从以上辅助回归模型中的 R^2、F 统计量的数值可以看出，解释变量 $\ln x_1$、$\ln x_2$、$\ln x_3$、$\ln x_4$ 之间存在较为严重的多重共线性，每一个变量都可以表示为其他变量的线性组合。

③ 方差膨胀因子检验：从以上辅助回归模型可知，$VIF_1 = 64.52$、$VIF_2 = 17.33$、$VIF_3 = 41.15$、$VIF_4 = 41.84$，明显大于 10，解释变量 $\ln x_1$、$\ln x_2$、$\ln x_3$、$\ln x_4$ 之间存在较为严重的多重共线性。

（4）根据逐步回归法确定回归模型的步骤如下：

第一步，用每个解释变量分别对被解释变量做简单回归，从而决定解释变量的重要程度，为解释变量排序。即分别做 $\ln y$ 与 $\ln x_1$、$\ln x_2$、$\ln x_3$、$\ln x_4$ 的一元回归模型，结果如表 6-21 所示。

表 6-21　一元回归结果（被解释变量为 lny，下同）

解释变量	$\ln x_1$	$\ln x_2$	$\ln x_3$	$\ln x_4$
参数估计值	0.3201	0.6801	0.4564	0.4612
t 统计量	19.1444	6.2035	0.4564	11.9442
$\bar{R}^2$	0.9458	0.6470	0.8537	0.8717

根据 $\bar{R}^2$ 的大小排序，可见解释变量的重要程度依次为 $\ln x_1$、$\ln x_4$、$\ln x_3$、$\ln x_2$。

第二步，以 $\ln\hat{y} = 1.4922 + 0.3169\ln x_1$ 为基础，依次引入 $\ln x_4$、$\ln x_3$、$\ln x_2$ 逐步回归，结果如表 6-22 所示。

表 6-22　加入新变量的回归结果（1）

变量	$\ln x_1$	$\ln x_2$	$\ln x_3$	$\ln x_4$	$\bar{R}^2$
$\ln x_1$、$\ln x_4$	0.4634 (5.9838)			−0.2195 (−1.8893)	0.9494
$\ln x_1$、$\ln x_3$	0.4484 (6.6573)		−0.1979 (−1.9577)		0.9500
$\ln x_1$、$\ln x_2$	0.4518 (18.3364)	−0.3727 (−5.8892)			0.9782

经比较,$\ln x_4$、$\ln x_3$ 回归系数经济意义不合理,$\ln x_2$ 回归系数经济意义合理,其 $\bar{R}^2$ 有所改进,从 0.945 8 增至 0.978 2,t 检验显著,选择保留 $\ln x_2$,再加入其他新变量逐步回归,结果如表 6-23 所示。

表 6-23 加入新变量的回归结果(2)

变量	$\ln x_1$	$\ln x_2$	$\ln x_3$	$\ln x_4$	$\bar{R}^2$
$\ln x_1$、$\ln x_2$、$\ln x_3$	0.405 9 (9.092 4)	−0.439 8 (−5.296 0)	0.107 4 (1.226 9)		0.978 7
$\ln x_1$、$\ln x_2$、$\ln x_4$	0.441 9 (8.453 7)	−0.381 2 (−5.018 9)		0.019 8 (0.216 0)	0.977 1

在 $\ln x_1$、$\ln x_2$ 基础上加入 $\ln x_3$ 后,使 $\bar{R}^2$ 得到改善,$\ln x_3$ 回归系数经济意义合理,但不显著,$\bar{R}^2$ 反而减小,去掉此变量。最后修正多重共线性影响的回归结果如表 6-24 所示。

根据输出结果,得如下回归方程:

$$\ln \hat{y} = 2.032\,9 + 0.451\,8\ln x_1 - 0.372\,7\ln x_2$$
$$t = (17.558\,2) \quad (18.336\,4) \quad (-5.889\,2)$$
$$\bar{R}^2 = 0.978\,2 \quad F = 494.516\,3 \quad DW = 1.875\,6$$

此模型拟合优度较高,回归模型显著,所有回归系数显著,经济意义合理,且不存在自相关。回归结果表明,人均实际可支配收入 x_1 每增长 1%,鸡肉实际零售价格 x_2 每下降 1%时,人均鸡肉消费量 y 将分别增加 0.451 8%和 0.372 7%。

表 6-24 回归结果

Dependent Variable: LNY
Method: Least Squares
Date: 10/14/17 Time: 08:57
Sample: 1960 1982
Included observations: 23

Variable	Coefficient	Std. Error	t-Statistic	Prob.
C	2.032942	0.115783	17.55822	0.0000
LNX1	0.451785	0.024639	18.33644	0.0000
LNX2	-0.372682	0.063283	-5.889160	0.0000

R-squared	0.980179	Mean dependent var	3.663887
Adjusted R-squared	0.978197	S.D. dependent var	0.187659
S.E. of regression	0.027710	Akaike info criterion	-4.212974
Sum squared resid	0.015356	Schwarz criterion	-4.064866
Log likelihood	51.44920	Hannan-Quinn criter.	-4.175725
F-statistic	494.5163	Durbin-Watson stat	1.875619
Prob(F-statistic)	0.000000		

下面利用 EViews 9.0 软件新增的逐步回归法解答此题:

在主菜单窗口选择 Object、New Object、Equation,从对象类型中单击 Estimate,在弹出的方程设定对话框通过估计方法的下拉选单选择逐步最小二乘法(STEPLS-Stepwise Least Squares),EViews 软件将显示逐步最小二乘法的设定(Specification)标签页。在第一个设定框内输入:lny c,在第二个框内输入:lnx1 lnx2 lnx3 lnx4。

然后,可以利用选项(Options)标签页来控制逐步回归具体采用的方法,选择模型(Selection method)部分用来设定逐步回归的方法,本例选择前向有进有出(Stepwise-forwards)法、单项逐步回归结果(Uni-directional),程序终止准则区选择 p 值为 0.05,其余采用默认设置,得到估计结果如表 6-25、表 6-26 所示。

表 6-25 中前向有进有出逐步回归结果、表 6-26 中单项逐步回归结果与表 6-24 最终回归结果完全相同。

表 6-25　有进有出逐步回归结果(Stepwise-forwards)

Dependent Variable: LNY
Method: Stepwise Regression
Date: 12/14/17 Time: 07:58
Sample: 1960 1982
Included observations: 23
Number of always included regressors: 1
Number of search regressors: 4
Selection method: Stepwise forwards
Stopping criterion: p-value forwards/backwards = 0.05/0.05

Variable	Coefficient	Std. Error	t-Statistic	Prob.*
C	2.032942	0.115783	17.55822	0.0000
LNX1	0.451785	0.024639	18.33644	0.0000
LNX2	-0.372682	0.063283	-5.889160	0.0000

R-squared	0.980179	Mean dependent var	3.663887
Adjusted R-squared	0.978197	S.D. dependent var	0.187659
S.E. of regression	0.027710	Akaike info criterion	-4.212974
Sum squared resid	0.015356	Schwarz criterion	-4.064866
Log likelihood	51.44920	Hannan-Quinn criter.	-4.175725
F-statistic	494.5163	Durbin-Watson stat	1.875619
Prob(F-statistic)	0.000000		

Selection Summary

Added LNX1
Added LNX2

*Note: p-values and subsequent tests do not account for stepwise selection.

表 6-26　单项逐步回归结果(Uni-directional)

Dependent Variable: LNY
Method: Stepwise Regression
Date: 12/14/17 Time: 08:01
Sample: 1960 1982
Included observations: 23
Number of always included regressors: 1
Number of search regressors: 4
Selection method: Uni-directional
Stopping criterion: p-value = 0.05

Variable	Coefficient	Std. Error	t-Statistic	Prob.*
C	2.032942	0.115783	17.55822	0.0000
LNX1	0.451785	0.024639	18.33644	0.0000
LNX2	-0.372682	0.063283	-5.889160	0.0000

R-squared	0.980179	Mean dependent var	3.663887
Adjusted R-squared	0.978197	S.D. dependent var	0.187659
S.E. of regression	0.027710	Akaike info criterion	-4.212974
Sum squared resid	0.015356	Schwarz criterion	-4.064866
Log likelihood	51.44920	Hannan-Quinn criter.	-4.175725
F-statistic	494.5163	Durbin-Watson stat	1.875619
Prob(F-statistic)	0.000000		

Selection Summary

Added LNX1
Added LNX2

*Note: p-values and subsequent tests do not account for stepwise selection.

6.4　习题

6.4.1　单项选择题

1. 在线性回归模型中,若解释变量 x_1 和 x_2 的观测值成比例,即 $x_1=kx_2$,其中 k 为非零常数,则表明模型中存在(　　)。

A. 异方差性　　B. 多重共线性　　C. 自相关性　　D. 模型设定误差

2. 如果方差膨胀因子 VIF=10,则认为什么问题是严重的?(　　)

A. 异方差问题　　B. 自相关性问题

C. 多重共线性问题　　D. 解释变量与随机项的相关性

3. 当模型存在严重的多重共线性时,OLS 估计量将不具备(　　)。

A. 线性　　B. 无偏性　　C. 有效性　　D. 一致性

4. 经验研究认为,某个解释变量与其他解释变量间多重共线性严重的情况是这个解释变量的 VIF(　　)。

A. 大于 1　　B. 小于 1　　C. 大于 5　　D. 小于 5

5. 模型中引入实际上与解释变量无关的变量,会导致参数的 OLS 估计量(　　)。

A. 增大　　B. 减小　　C. 有偏　　D. 不再具有最小方差性

6. 对于模型 $y_i=b_0+b_1x_{1i}+b_2x_{2i}+u_i$,与 $r_{12}=0$ 相比,当 $r_{12}=0.5$ 时,估计量 $\hat{b}_1$ 的方差 $\mathrm{var}(\hat{b}_1)$ 将是原来的(　　)。

A. 1 倍　　B. 1.33 倍　　C. 1.96 倍　　D. 2 倍

7. 模型中引入一个无关的解释变量(　　)。

A. 对模型参数估计量的性质不产生任何影响

B. 导致普通最小二乘估计量有偏

C. 导致普通最小二乘估计量精度下降

D. 导致普通最小二乘估计量有偏,同时精度下降

8. 多元线性回归模型 $\boldsymbol{Y}=\boldsymbol{XB}+\boldsymbol{U}$ 存在近似共线,如果使用普通最小二乘法估计其中的参数,那么参数估计量的方差将会(　　)。

A. 变大　　B. 变小　　C. 不变　　D. 不能确定

9. 下列各项中,不属于解决多重共线性的方法的有(　　)。

A. 排除引起共线性的解释变量　　B. 加权最小二乘法

C. 差分法　　D. 逐步回归法

10. 在下列多重共线性产生的原因中,不正确的是(　　)。

A. 经济变量大多存在共同变化趋势　　B. 模型中采用滞后变量

C. 由于认识上的局限使得选择变量不当　　D. 解释变量与随机误差项相关

11. 设 x_1、x_2 为解释变量,则完全多重共线性是(　　)。

A. $x_1+0.5x_2=0$　　B. $x_1e^{x_2}=0$

C. $x_1+0.5x_2+u=0$　　D. $x_1+e^{x_2}=0$

12. 经济变量的时间序列数据大多存在序列相关性,在分布滞后模型中,这种序列相关性就转化为(　　)。

A. 异方差性问题　　B. 多重共线性问题

C. 自相关性问题　　D. 设定误差问题

13. 在多元线性回归模型中,若某个解释变量对其余解释变量的判定系数接近于1,则表明模型中存在(　　)。

A. 异方差性　　B. 自相关性　　C. 多重共线性　　D. 设定误差

14. 多元线性回归模型中,发现各参数估计量的 t 值都不显著,但模型的判定系数却很大,F统计量也很显著,这说明模型可能存在(　　)。

A. 多重共线性　　B. 异方差性　　C. 自相关性　　D. 设定偏误

15. 如果回归模型中解释变量之间存在完全的多重共线性,则最小二乘估计量(　　)。

A. 不确定,方差无限大　　B. 确定,方差无限大

C. 不确定,方差最小　　D. 确定,方差最小

16. 简单相关系数矩阵方法主要用于检验(　　)。

A. 异方差性　　B. 自相关性

C. 随机解释变量　　D. 多重共线性

6.4.2 多项选择题

1. 根据经验,多重共线性产生的经济背景和原因主要有(　　)。

A. 经济变量之间往往存在同方向的变化趋势

B. 经济变量之间往往存在着密切的关联度

C. 在模型中引入滞后解释变量容易产生多重共线性

D. 在模型中引入滞后被解释变量也容易产生多重共线性

E. 在建模过程中由于解释变量选择不当,引起了变量之间的多重共线性

2. 以下哪些回归分析中很可能出现多重共线性问题?( )

A. “资本投入”、“劳动投入”两个变量同时作为生产函数的解释变量

B. “消费”作被解释变量,“收入”作解释变量的消费函数

C. “本期收入”和“前期收入”同时作为“消费”的解释变量的消费函数

D. “商品价格”“地区”“消费风俗”同时作为解释变量的需求函数

E. “每亩施肥量”“每亩施肥量的平方”同时作为“小麦亩产”的解释变量的模型

3. 当模型中解释变量间存在高度的多重共线性时( )。

A. 减少最小二乘估计量的方差　　B. 参数估计量经济含义不合理

C. 变量的显著性检验失效　　D. 回归模型缺乏稳定性

E. 模型的预测功能失去意义

4. 用来检验多重共线性的主要方法有( )。

A. 相关系数检验　　B. 辅助回归模型检验

C. 方差膨胀因子检验　　D. 特征值检验

E. 根据回归结果判断

5. 多重共线性的解决方法主要有( )。

A. 保留重要的解释变量,去掉次要的或可替代的解释变量

B. 变换模型的形式

C. 综合使用时序数据与截面数据

D. 逐步回归法(Frisch 综合分析法)

E. 增加样本容量

6. 对具有多重共线性的模型采用普通最小二乘法估计参数,会产生的不良后果有( )。

A. 完全共线性下参数估计量不存在

B. 参数估计量不具有有效性

C. 近似共线性下普通最小二乘法参数估计量的方差变大

D. 参数估计量的经济意义不合理

E. 变量的显著性检验和模型的预测功能失去意义

7. 下列关于异方差性、自相关性和多重共线性的说法,正确的有( )。

A. 当存在异方差性、自相关性和多重共线性时,都会导致参数显著性检验失去意义

B. 当存在异方差性、自相关性和多重共线性时,普通最小二乘法的参数估计量都存在

C. 当存在异方差性、自相关性和多重共线性时,仍然可以进行模型预测

D. 当存在异方差性、自相关性和多重共线性时,如果参数估计量存在,那么都具有有效性

E. 当存在异方差性、自相关性和多重共线性时,都可以通过一定的方法进行补救

8. 下列说法不正确的是( )。

A. 多重共线性是总体现象

B. 多重共线性是完全可以避免的

C. 多重共线性是一种样本现象

D. 在共线性程度不严重的时候可进行结构分析

E. 只有完全多重共线性一种类型

9. 当模型中解释变量之间存在近似多重共线性时(　　)。

A. 解释变量对被解释变量的影响将难以精确判断

B. 解释变量与随机误差项高度相关

C. 估计量的精度大幅度下降

D. 估计量对样本的变动将十分敏感

E. 回归模型缺乏稳定性

10. 如果多元线性回归模型中解释变量之间存在多重共线性,则 OLS 估计量仍然具备(　　)。

A. 线性　　B. 无偏性　　C. 有效性　　D. 一致性

E. 精确性

6.4.3 判断题

1. 多重共线性只有在多元线性回归模型中才有可能发生。(　　)

2. 解释变量个数越多,则多重共线性越严重。(　　)

3. 在模型中引入解释变量的多个滞后项容易产生多重共线性。(　　)

4. 解释变量与随机误差项相关是产生多重共线性的主要原因。(　　)

5. 多重共线性是指回归模型中的某两个或多个解释变量之间出现了相关性,它是一种总体现象。(　　)

6. 当解释变量之间存在完全共线性时,模型的最小二乘参数估计量是不存在的。(　　)

7. 多重共线性问题是随机误差项违背古典假定引起的。(　　)

8. VIF 越大,则多重共线性越严重。(　　)

9. 当存在严重的多重共线性时,普通最小二乘估计往往会低估参数估计量的方差。(　　)

10. 当用于检验回归方程总体线性显著性的 F 统计量与检验单个系数显著性的 t 统计量结果矛盾时,一般可以认为出现了多重共线性。(　　)

12. 变量不存在两两相关表示不存在多重共线性。(　　)

13. 当模型中存在多重共线性时,最小二乘估计将是有偏的,并不再具有有效性。(　　)

14. 消除多重共线性最主要的方法是广义最小二乘法。(　　)

15. 当模型存在近似多重共线性时,则模型参数无法估计。(　　)

6.4.4 简答题、分析与计算题

1. 什么是多重共线性?产生多重共线性的经济背景是什么?

2. 多重共线性对模型的主要影响是什么?

3. 简述检验多重共线性与消除多重共线性的方法。

4. 什么是方差膨胀因子 VIF？根据 $VIF=1/(1-R^2)$，你能说出 VIF 的最小可能值和最大可能值吗？VIF 多大时，认为解释变量间的多重共线性是比较严重的？

5. 在用诸如 GDP、失业、货币供给、利率、消费支出等经济数据进行回归分析时，常常怀疑存在多重共线性，为什么？

6. 对于线性回归模型

$$\boldsymbol{Y}=\boldsymbol{XB}+\boldsymbol{U}$$

的最小二乘估计量 $\hat{\boldsymbol{B}}=(\boldsymbol{X}'\boldsymbol{X})^{-1}\boldsymbol{X}'\boldsymbol{Y}$

(1) 当解释变量之间出现不完全共线性时，$\hat{\boldsymbol{B}}$会出现什么情况？

(2) 用什么方法检验不完全多重共线性？

7. 建立产出(y)对资本投入(K)和劳动投入(L)的生产函数模型的过程中，可能遇到的主要问题是什么？

8. 在研究生产函数时，我们得到以下两种结果：

$$\ln\hat{Q}=-5.04+0.887\ln K+0.893\ln L \quad (1)$$
$$s=(1.40)\quad(0.087)\quad(0.137)$$
$$R^2=0.878\quad n=21$$

$$\ln\hat{Q}=-8.57+0.0272t+0.460\ln K+1.285\ln L \quad (2)$$
$$s=(2.99)\quad(0.0204)\quad(0.333)\quad(0.324)$$
$$R^2=0.889\quad n=21$$

其中：Q=产量；K=资本；L=劳动时数；t=时间(技术指标)；n=样本容量。请回答以下问题：

(1) 证明在模型(1)中所有的系数在统计上都是显著的($\alpha=0.05$)。

(2) 证明在模型(2)中 t 和 $\ln K$ 的系数在统计上是不显著的($\alpha=0.05$)。

(3) 可能是什么原因造成模型(2)中 $\ln K$ 的不显著性？

(4) 如果 t 和 $\ln K$ 之间的相关系数为 0.98，你将从中得出什么结论？

(5) 模型(1)中，规模报酬为多少？

9. 用适当的方法消除下列函数的多重共线性：

(1) 消费函数为 $C=b_0+b_1W+b_2P+u$，式中 C、W、P 分别代表消费、工资收入和非工资收入，W 与 P 可能高度相关，但研究表明 $b_2=b_1/2$。

(2) 需求函数为 $Q=b_0+b_1Y+b_2P+b_3P_s+u$，式中 Q、Y、P、P_s 分别代表需求量、收入水平、该商品本身价格以及相关商品价格水平，P 与 P_s 可能高度相关。

10. 表 6-27 给出了美国 1971—1986 年的年数据。

表 6-27 美国 1971—1986 年有关数据

年份	y	x_1	x_2	x_3	x_4	x_5
1971	10 227	112.0	121.3	776.8	4.89	79 367
1972	10 872	111.0	125.3	839.6	4.55	82 153
1973	11 350	111.1	133.1	949.8	7.38	85 064
1974	8 775	117.5	147.7	1 038.4	8.61	86 794

续表

年份	y	x_1	x_2	x_3	x_4	x_5
1975	8 539	127.6	161.2	1 142.8	6.16	85 846
1976	9 994	135.7	170.5	1 252.6	5.22	88 752
1977	11 046	142.9	181.5	1 379.3	5.50	92 017
1978	11 164	153.8	195.3	1 551.2	7.78	96 048
1979	10 559	166.0	217.7	1 729.3	10.25	98 824
1980	8 979	179.3	247.0	1 918.0	11.28	99 303
1981	8 535	190.2	272.3	2 127.6	13.73	100 397
1982	7 980	197.6	286.6	2 261.4	11.20	99 526
1983	9 179	202.6	297.4	2 428.1	8.69	100 834
1984	10 394	208.5	307.6	2 670.6	9.65	105 005
1985	11 039	215.2	318.5	2 841.1	7.75	107 150
1986	11 450	224.4	323.4	3 022.1	6.31	109 597

式中，y 为售出新客车的数量(千辆)；x_1 为新车价格指数，1967＝100；x_2 为居民消费价格指数，1967＝100；x_3 为个人可支配收入(PDI，10 亿美元)；x_4 为利率；x_5 为城市就业劳动力(千人)。考虑下面的客车需求函数：

$$\ln y_t = b_0 + b_1 \ln x_{1t} + b_2 \ln x_{2t} + b_3 \ln x_{3t} + b_4 \ln x_{4t} + b_5 \ln x_{5t} + u_t$$

(1) 用 OLS 法估计样本回归方程。

(2) 如果模型存在多重共线性，试估计各辅助回归方程，找出哪些变量是高度共线性的。

(3) 如果存在严重的共线性，你会除去哪一个变量，为什么？

(4) 在除去一个或多个解释变量后，最终的客车需求函数是什么？这个模型在哪些方面好于包括所有解释变量的原始模型？

(5) 你认为还有哪些变量可以更好地解释美国的汽车需求？

11. 表 6-28 给出了天津市 1974—1987 年粮食销售量 y(万吨/年)，常住人口数 x_1(万人)、人均收入 x_2(元)、肉销售量 x_3(万吨/年)、蛋销售量 x_4(万吨/年)、鱼虾销售量 x_5(万吨/年)的时间序列数据。

表 6-28　天津市 1974—1987 年粮食销售量、人均收入等数据

年份	y	x_1	x_2	x_3	x_4	x_5
1974	98.45	560.2	153.20	6.53	1.23	1.89
1975	100.70	603.11	190.00	9.12	1.30	2.03
1976	102.80	668.05	240.30	8.10	1.80	2.71
1977	133.95	715.47	301.12	10.10	2.09	3.00
1978	140.13	724.27	361.00	10.93	2.39	3.29
1979	143.11	736.13	420.00	11.85	3.90	5.24
1980	146.15	748.91	491.76	12.28	5.13	6.83
1981	144.60	760.32	501.00	13.50	5.47	8.36
1982	148.94	774.92	529.20	15.29	6.09	10.07
1983	158.55	785.30	552.72	18.10	7.97	12.57

续表

年份	y	x_1	x_2	x_3	x_4	x_5
1984	169.68	795.50	771.16	19.61	10.18	15.12
1985	162.14	804.80	811.80	17.22	11.79	18.25
1986	170.09	814.94	988.43	18.60	11.54	20.59
1987	178.69	828.73	1094.65	23.53	11.68	23.37

(1) 用 OLS 法建立关于天津市粮食销售量的多元线性回归模型：

$$y = b_0 + b_1 x_1 + b_2 x_2 + b_3 x_3 + b_4 x_4 + b_5 x_5 + u$$

(2) 根据(1)的结果，能否初步判定模型存在多重共线性？说明原因。

(3) 求 5 个解释变量 x_1、x_2、x_3、x_4、x_5 的简单相关系数矩阵，能得出什么结果？

(4) 根据逐步回归法，确定一个较好的粮食需求模型。

6.5 习题答案

6.5.1 单项选择题

1. B　2. C　3. C　4. C　5. D　6. B　7. C　8. A　9. B　10. D
11. A　12. B　13. C　14. A　15. A　16. D

6.5.2 多项选择题

1. ABCDE　2. AC　3. BCDE　4. ABCDE　5. ABCDE　6. ACDE
7. AE　8. ABE　9. ACDE　10. ABCD

6.5.3 判断题

1. √　2. ×　3. √　4. ×　5. ×　6. √　7. ×　8. √　9. ×　10. √
12. ×　13. ×　14. ×　15. ×

6.5.4 简述题、分析与计算题

1. **解答**　多重共线性的含义及产生多重共线性的经济背景见本章内容提要。

2. **解答**　多重共线性的影响见本章内容提要。

3. **解答**　检验多重共线性与消除多重共线性的方法见本章内容提要。

4. **解答**　(1) 对于多元回归模型 $y_t = b_0 + b_1 x_{1t} + b_2 x_{2t} + \cdots + b_k x_{kt} + u_t$，如果第 i 个解释变量 x_i 与其他解释变量的线性回归方程的决定系数为 R_i^2，则 $1/(1-R_i^2)$ 称为第 i 个解释变量的方差膨胀因子，记成 VIF_i，即 $\text{VIF}_i = 1/(1-R_i^2)$。

当 x_i 与模型中其他解释变量存在严重多重共线性时，即 $R_i^2 \to 1$，$\text{VIF}_i \to \infty$，当 x_i 与模

型中其他解释变量不存在多重共线性时，$R_i^2=0$，$\mathrm{VIF}_i=1$。VIF 的最小可能值为 1，而最大可能值为无穷大。

一般地，当 $\mathrm{VIF}_i>5$ 或 $\mathrm{VIF}_i>10$ 时(此时 $R_i^2>0.8$ 或 $R_i^2>0.9$)，可以认为模型存在较严重的多重共线性。

5. **解答** GDP、货币供给、消费支出等经济数据之间存在同方向的变化趋势，GDP 与失业、利率等经济数据之间存在反方向的变化趋势。在经济繁荣时期，GDP、货币供给、消费支出都趋向增长，失业减少，在经济衰退时期，GDP、货币供给、消费支出又都趋向下降，失业增加。当它们被引入同一个模型成为解释变量时，常常怀疑这些解释变量之间可能存在多重共线性。

6. **解答** (1) 如果解释变量之间存在完全多重共线性，由于 $\boldsymbol{X}$ 矩阵的系数行列式 $|\boldsymbol{X}'\boldsymbol{X}|=0$，逆矩阵 $(\boldsymbol{X}'\boldsymbol{X})^{-1}$ 不存在，无法得到参数估计式 $\hat{\boldsymbol{B}}$。当解释变量之间出现不完全共线性时，$|\boldsymbol{X}'\boldsymbol{X}|\neq 0$，逆矩阵 $(\boldsymbol{X}'\boldsymbol{X})^{-1}$ 存在，可以得到参数估计值 $\hat{\boldsymbol{B}}=(\boldsymbol{X}'\boldsymbol{X})^{-1}\boldsymbol{X}'\boldsymbol{Y}$，并且 $\hat{\boldsymbol{B}}$ 仍然满足线性、无偏性和最小方差性。

但当多重共线性程度很高时，$|\boldsymbol{X}'\boldsymbol{X}|\approx 0$，$\hat{\boldsymbol{B}}$ 的协方差矩阵：$\mathrm{cov}(\hat{\boldsymbol{B}})=\sigma^2(\boldsymbol{X}'\boldsymbol{X})^{-1}$ 中的对角线元素的数值将很大。即各共线变量的参数的 OLS 估计值方差很大，相应的 t 统计量值变小，显著性检验也失去意义，模型预测失去意义，参数也失去了应有的经济含义。

(2) 检验多重共线性方法有：相关系数检验、辅助回归模型检验、方差膨胀因子检验、特征值检验、根据回归结果判断等。

7. **解答** 建立产出对资本投入和劳动投入的生产函数模型的过程中，可能遇到的主要问题是多重共线性。因为如果利用截面数据来建立样本生产函数，从投入的要素看，资本投入、劳动力投入、科技进步等都与企业的生产规模密切相关，一般地，大企业拥有较多的资本，同时也拥有较多的劳动力，小企业拥有较少的资本，同时也拥有较少的劳动力，所以资本投入与劳动力规模之间具有内在的联系，往往表现为多重共线性。

8. **解答** (1) 在模型(1)中三个回归系数的 t 统计量值依次为 -3.6、10.1954、6.518，在 5% 的显著性水平上都是显著的。

(2) 在模型(2)中 t 和 $\ln K$ 的回归系数的 t 统计量值依次为 1.333 和 1.381 4，在 5% 的显著性水平上都是不显著的。

(3) 可能是由 t 和 $\ln K$ 存在多重共线性造成的。

(4) 如果 t 和 $\ln K$ 之间的相关系数为 0.98，它告诉我们 t 和 $\ln K$ 之间确实存在多重共线性。

(5) 模型(1)中，由于 $0.887+0.893=1.78>1$，估计的生产函数为规模报酬递增。

9. **解答** (1) 将 $b_2=b_1/2$ 代入消费函数 $C=b_0+b_1W+b_2P+u$ 可得 $C=b_0+b_1(W+P/2)+u$，记 $X=W+P/2$，则原模型变为 $C=b_0+b_1X+u$，此时，一元线性回归模型已不存在多重共线性。

(2) 记 $y=Y/P_s$ 为消费者相对收入、$p=P/P_s$ 为商品相对价格，则可以将原模型变换成模型

$$Q=a_0+a_1y+a_2p+u$$

此模型消除了 P 与 P_s 的多重共线性。

10. **解答**　(1) 利用 EViews 软件对客车需求函数进行估计。首先，建立工作文件，然后输入样本数据，生成新的序列：lnx1、lnx2、lnx3、lnx4、lnx5，在工作文件窗口输入命令：ls lny　c　lnx1　lnx2　lnx3　lnx4　lnx5，按回车键，得到如下回归方程：

$$\ln \hat{y}_t = 3.2549 + 1.7901\ln x_{1t} - 4.1085\ln x_{2t} + 2.1272\ln x_{3t} - 0.0304\ln x_{4t} + 0.2778\ln x_{5t}$$

$$t = (0.1723)\quad (2.0500)\quad (-2.5683)\quad (1.6912)\quad (-0.2499)\quad (0.1364)$$

$$R^2 = 0.8548\quad \bar{R}^2 = 0.7822\quad DW = 1.7930\quad F = 11.7744$$

(2) 相关系数矩阵检验：应用 EViews 软件，在主菜单窗口，选择"Quick\Group Statistics\Correlations"，在出现的对话框中输入"X1　X2　X3　X4　X5"，单击 OK 键，得到各解释变量之间如表 6-29 所示的简单相关系数表。

表 6-29　相关系数矩阵

Correlation	LNX1	LNX2	LNX3	LNX4	LNX5
LNX1	1.000000				
LNX2	0.995839	1.000000			
LNX3	0.993053	0.996028	1.000000		
LNX4	0.585013	0.618742	0.585009	1.000000	
LNX5	0.973676	0.973973	0.986775	0.599528	1.000000

各变量之间相关系数较大，可初步判定变量之间存在多重共线性。

辅助回归模型检验：利用 EViews 软件对每一个解释变量建立关于其他解释变量的辅助回归模型，求出每一个辅助回归模型的 R^2、F 统计量，得表 6-30 结果。

表 6-30　辅助回归模型中的 R^2、F 统计量

被解释变量	关于其他解释变量作辅助回归模型的统计量			F 值是否显著
	R^2	F	F—Prob	
$\ln x_1$	0.9959	666.740	0.0000	是
$\ln x_2$	0.9993	4189.204	0.0000	是
$\ln x_3$	0.9993	4192.893	0.0000	是
$\ln x_4$	0.8704	18.4733	0.0000	是
$\ln x_5$	0.9949	533.4324	0.0000	是

由表 6-30 结果可以看出，变量之间是高度共线的。

(3) 由于 x_1(新车价格指数)与 x_2(居民消费价格指数)变化趋于一致，可舍去其中之一；由于 x_3(个人可支配收入)与 x_5(城市就业劳动力)变化趋于一致，可舍去其中之一。

(4) 利用 EViews 软件，建立 lny 关于 $\ln x_1$、$\ln x_3$、$\ln x_4$，lny 关于 $\ln x_1$、$\ln x_4$、$\ln x_5$，lny 关于 $\ln x_2$、$\ln x_3$、$\ln x_4$，lny 关于 $\ln x_2$、$\ln x_4$、$\ln x_5$ 的回归模型，其中 lny 关于 $\ln x_1$、$\ln x_4$、$\ln x_5$ 与 lny 关于 $\ln x_2$、$\ln x_4$、$\ln x_5$ 的回归模型较为合适。回归方程如下：

方程(1) $\ln \hat{y}_t = -22.1037 - 1.0378\ln x_{1t} - 0.2949\ln x_{4t} + 3.2439\ln x_{5t}$

$$t = (-2.6397)\quad (-3.1428)\quad (-4.0015)\quad (3.7191)$$

$$\bar{R}^2 = 0.6061\quad DW = 1.3097\quad F = 8.6926$$

方程(2) $\ln \hat{y}_t = -22.7996 - 0.9218\ln x_{2t} - 0.2429\ln x_{4t} + 3.7028\ln x_{5t}$

$$t = (-3.9255)\quad (-4.5492)\quad (-3.9541)\quad (5.2288)$$

$$\bar{R}^2 = 0.7364\quad DW = 1.5906\quad F = 14.9690$$

与原模型相比,所有回归系数符号正确,t 统计量值与 F 统计量值较大,且都在统计上显著,因此他们都可以作为最终的客车需求函数。

方程(1)中回归系数的经济意义:在其他因素不变的情况下,当新车价格指数 x_1 每提高1%,售出新客车的数量将下降1.037 8%;利率 x_4 每提高1%,售出新客车的数量将下降0.294 9%;城市就业劳动力 x_5 每增长1%时,售出新客车的数量将增长3.243 9%。

(5) 美国汽车需求影响因素,除了新车价格、居民消费价格、个人可支配收入、利率、城市就业劳动力外,还受到汽车消费税、汽车保险费率、汽油价格等因素的影响。

11. **解答** (1) 利用 EViews 软件对客车需求函数进行估计,得到如下回归方程:

$$\hat{y} = -3.4966 + 0.1253x_1 + 0.0737x_2 + 2.6776x_3 + 3.4534x_4 - 4.4911x_5$$

$$t = (-0.1165)\quad(2.1192)\quad(1.9449)\quad(2.1296)\quad(1.4091)\quad(-2.0277)$$

$$\bar{R}^2 = 0.9520 \quad F = 52.5309 \quad \mathrm{DW} = 1.9728$$

(2) 从估计结果来看,模型可能存在多重共线性。原因如下:所有回归系数的 t 统计量对应的 p 值均大于5%的显著性水平;而 F 统计量对应的 p 值远小于5%的显著性水平,表明回归方程是显著的,即至少有一个系数是不为零的。t 检验与 F 检验出现矛盾。此外 $\bar{R}^2=0.9520$,说明拟合优度很高,解释变量应该对被解释变量有显著解释能力。

(3) 应用 EViews 软件,在主菜单窗口,选择"Quick\Group Statistics\Correlations",在出现的对话框中输入"X1 X2 X3 X4 X5",单击 OK 键,得到各解释变量之间如表6-31所示的简单相关系数表。

表6-31 各解释变量之间的简单相关系数表

Correlation	X1	X2	X3	X4	X5
X1	1.000000				
X2	0.866552	1.000000			
X3	0.882293	0.945896	1.000000		
X4	0.852449	0.964773	0.940506	1.000000	
X5	0.821305	0.982532	0.948361	0.981979	1.000000

可以看出5个解释变量之间两两简单相关系数都在80%以上,甚至有的在95%以上。并且 x_5 与 x_2、x_4 的相关系数超过了样本可决系数 R^2,这都表明模型存在严重的多重共线性。

(4) 根据逐步回归法确定回归模型的步骤如下:

第一步,用每个解释变量分别对被解释变量做简单回归,从而决定解释变量的重要程度,为解释变量排序。即分别做 y 与 x_1、x_2、x_3、x_4、x_5 的一元回归模型,结果如表6-32所示。

表6-32 一元回归结果(被解释变量为 y,下同)

解释变量	x_1	x_2	x_3	x_4	x_5
参数估计值	0.3169	0.0815	4.8927	5.7398	3.0808
t 统计量	12.1516	7.5871	8.6815	6.8432	6.0137
$\bar{R}^2$	0.9186	0.8131	0.8512	0.7790	0.7301

根据 $\bar{R}^2$ 的大小排序,可见解释变量的重要程度依次为 x_1, x_3, x_2, x_4, x_5。

第二步,以 $\hat{y}=-90.9207+0.3169x_1$ 为基础,依次引入 x_3, x_2, x_4, x_5 逐步回归,结果如表6-33所示。

表 6-33 加入新变量的回归结果(一)

变量	x_1	x_2	x_3	x_4	x_5	$\bar{R}^2$
x_1、x_3	0.211 5 (4.669 6)		1.909 2 (2.636 5)			0.945 6
x_1、x_2	0.229 4 (5.064 5)	0.027 4 (2.228 9)				0.938 8
x_1、x_4	0.242 5 (5.393 0)			1.704 3 (1.941 6)		0.933 8
x_1、x_5	0.253 1 (6.083 0)				0.837 7 (1.865 7)	0.932 5

经比较,新加入 x_3 的方程,其 $\bar{R}^2$ 改进较大,从 0.918 6 增至 0.945 6,而且各参数经济合理,t 检验显著,选择保留 x_3,再加入其他新变量逐步回归,结果如表 6-34 所示。

表 6-34 加入新变量的回归结果(二)

变量	x_1	x_2	x_3	x_4	x_5	$\bar{R}^2$
x_1、x_3、x_2	0.206 5 (4.302 8)	0.009 4 (0.498 0)	1.455 5 (1.233 3)			0.941 6
x_1、x_3、x_4	0.210 3 (4.389 0)		1.745 8 (1.481 2)	0.234 8 (0.181 2)		0.940 3
x_1、x_3、x_5	0.210 5 (4.416 5)		2.144 8 (1.565 0)		−0.157 4 (−0.206 3)	0.940 4

在 x_1、x_3 基础上加入 x_2、x_4、x_5 后,没有使 $\bar{R}^2$ 得到改善,同时还使各回归系数的 t 值下降,x_5 回归系数经济意义不合理。

最后经过修正严重多重共线性后的回归结果(其中去掉不显著的常数项)如表 6-35 所示。

根据输出结果,得如下回归方程:

$$\hat{y} = 0.140\,9x_1 + 2.802\,2x_3$$
$$t = (14.619\,4) \quad (5.768\,4)$$
$$\bar{R}^2 = 0.938\,6 \quad \mathrm{LM}(1) = 1.685\,9 \quad \mathrm{LM}(2) = 3.881\,6$$

此模型拟合优度较高,回归系数显著,且不存在自相关。回归结果表明,在其他因素不变的情况下,当常住人口数 x_1 每年增加 1 万人,肉销售量 x_3 每年增加 1 万吨时,粮食销售量 y 每年将分别增加 0.140 9 万吨和 2.802 2 万吨。

表 6-35 最终回归结果

Dependent Variable: Y
Method: Least Squares
Date: 04/27/18 Time: 08:52
Sample: 1974 1987
Included observations: 14

Variable	Coefficient	Std. Error	t-Statistic	Prob.
X1	0.140938	0.009640	14.61943	0.0000
X3	2.802225	0.485786	5.768433	0.0001

R-squared	0.943350	Mean dependent var	142.7129
Adjusted R-squared	0.938629	S.D. dependent var	26.09805
S.E. of regression	6.465331	Akaike info criterion	6.702349
Sum squared resid	501.6060	Schwarz criterion	6.793643
Log likelihood	-44.91644	Hannan-Quinn criter.	6.693898
Durbin-Watson stat	1.291041		

用 EViews 9.0 新增的逐步回归法解答此题:

在主菜单窗口选择 Object、New Object、Equation,从对象类型中单击 Estimate,在弹

出方程设定对话框通过估计方法的下拉选单选择逐步最小二乘法(STEPLS-Stepwise Least Squares),EViews 软件将显示逐步最小二乘法的设定(Specification)标签页。在第一个设定框内输入:Y C,在第二个框内输入:X1 X2 X3 X4 X5,然后,可以利用选项(Options)标签页来控制逐步回归具体采用的方法。选择模型(Selection method)部分用来设定逐步回归的方法,本例选择前向有进有出(Stepwise-forwards)法。程序终止准则区选择 p 值为 0.05,其余采用默认设置,得到估计结果(去掉不显著的常数项)如表 6-36 和表 6-37 所示。

表 6-36 有进有出逐步回归结果(Stepwise-forwards)

Dependent Variable: Y
Method: Stepwise Regression
Date: 12/15/17 Time: 08:11
Sample: 1974 1987
Included observations: 14
No always included regressors
Number of search regressors: 5
Selection method: Stepwise forwards
Stopping criterion: p-value forwards/backwards = 0.05/0.05

Variable	Coefficient	Std. Error	t-Statistic	Prob.*
X1	0.140938	0.009640	14.61943	0.0000
X3	2.802225	0.485786	5.768433	0.0001

R-squared	0.943350	Mean dependent var	142.7129
Adjusted R-squared	0.938629	S.D. dependent var	26.09805
S.E. of regression	6.465331	Akaike info criterion	6.702349
Sum squared resid	501.6060	Schwarz criterion	6.793643
Log likelihood	-44.91644	Hannan-Quinn criter.	6.693898
Durbin-Watson stat	1.291041		

Selection Summary

Added X1
Added X3

*Note: p-values and subsequent tests do not account for stepwise selection.

表 6-37 单项逐步回归结果(Uni-directional)

Dependent Variable: Y
Method: Stepwise Regression
Date: 12/15/17 Time: 08:14
Sample: 1974 1987
Included observations: 14
No always included regressors
Number of search regressors: 5
Selection method: Uni-directional
Stopping criterion: p-value = 0.05

Variable	Coefficient	Std. Error	t-Statistic	Prob.*
X1	0.140938	0.009640	14.61943	0.0000
X3	2.802225	0.485786	5.768433	0.0001

R-squared	0.943350	Mean dependent var	142.7129
Adjusted R-squared	0.938629	S.D. dependent var	26.09805
S.E. of regression	6.465331	Akaike info criterion	6.702349
Sum squared resid	501.6060	Schwarz criterion	6.793643
Log likelihood	-44.91644	Hannan-Quinn criter.	6.693898
Durbin-Watson stat	1.291041		

Selection Summary

Added X1
Added X3

*Note: p-values and subsequent tests do not account for stepwise selection.

表 6-36 有进有出逐步回归结果与表 6-35 逐步回归结果完全相同。

第7章 虚拟变量与随机解释变量

7.1 内容提要

本章内容属于单一方程模型的扩展问题。在计量经济分析中，经常会遇到所建模型的被解释变量受到定性因素的影响，为了估计定性因素的影响，需要引入一种特殊的变量即虚拟变量。另外建模过程中解释变量为随机变量对回归模型也会产生较大影响，这些问题需要专门讨论。对这些专门问题的学习和认识，有助于提高应用计量经济方法的技术水平。

7.1.1 虚拟解释变量

1. 虚拟变量的概念及作用

在计量经济学中，我们把反映定性(或属性)因素变化，取值为0和1的人工变量称为虚拟变量，习惯上用字母 D 表示。一般而言，当某种属性存在时，虚拟变量的取值为1；当某种属性不存在时，虚拟变量的取值为0。

引入虚拟变量的作用，在于将定性因素或属性因素对因变量的影响数量化。(1)可以描述和测量定性(或属性)因素的影响；(2)能够正确反映经济变量之间的相互关系，提高模型的精度；(3)便于处理异常数据。

2. 虚拟变量的设置

(1) 虚拟变量的设置规则。若定性因素有 m 个不同属性或相互排斥的类型，在模型中则只能引入 $m-1$ 个虚拟变量，否则会产生完全多重共线性。如果有 m 个定性因素，且每个因素各含有 m_i 个不同的属性类型，则引入 $\sum_{i=1}^{m}(m_i-1)$ 个虚拟变量。

一般地，“1”表示这种属性或特征存在，“0”表示这种属性或特征不存在。而且设置虚拟变量时，基础类型、否定类型通常取值为0，而将比较类型、肯定类型取值为1。

虚拟变量在单一方程中，可以作为解释变量，也可以作为因变量。

(2) 虚拟变量的引入方式。①加法类型。在所设定的计量经济模型中加入适当的虚拟变量,此时虚拟变量与其他解释变量在设定模型中是相加关系。其作用是改变了设定模型的截距水平。②乘法类型。在所设定的计量经济模型中,将虚拟解释变量与其他解释变量相乘作为新的解释变量出现在模型中,以达到其调整设定模型斜率系数的目的。乘法形式引入虚拟解释变量的主要作用在于:两个回归模型之间的比较;因素之间的交互影响分析;提高模型对现实经济现象的描述精度。③一般方式。实际应用中,一般是直接以加法和乘法方式引入虚拟变量,然后再利用 t 检验判断其系数是否显著地不等于零,进而确定虚拟变量的具体引入方式。

3. 虚拟变量的特殊应用

(1) 虚拟变量在季节调整模型中的应用。在计量经济模型中使用虚拟变量,可以反映季节因素的影响。

(2) 虚拟变量在模型结构稳定性检验中的应用。利用不同的样本数据估计同一形式的计量经济模型,可能会得到不同的估计结果。如果估计的参数之间存在着显著差异,则称模型结构是不稳定的,反之则认为是稳定的。模型结构的稳定性检验主要有两个用途:一是分析模型结构对样本变化的敏感性,如多重共线性检验;二是比较两个(或多个)回归模型之间的差异情况,即分析模型结构是否发生了显著变化。利用一些特定的统计检验(如邹至庄检验法),可以检验模型结构的稳定性问题,使用虚拟变量也可以得到相同的检验结果。

(3) 虚拟变量在分段回归中的应用。在实际经济问题的研究中,有些经济关系需要用分段回归加以描述。在模型中使用虚拟变量,可以比较容易解决分段回归问题。

(4) 虚拟变量在混合回归中的应用。估计模型时,样本容量越大则估计误差越小。如果能同时获得变量的时序数据和横截面数据,是否可以将它们"混合"成一个样本来估计模型?只要模型参数不随时间而改变,并且在各个横截面之间没有差异,在模型中使用虚拟变量,就可以使用混合样本数据估计模型。

(5) 虚拟变量在异常值问题中的应用。现实经济中常常存在这样的情况,一些突发事件对经济活动、经济关系造成短暂的,但却是很显著的冲击。这种情况在经济数据上反映出来,就会表现为一个脱离基本趋势的异常值。如果判断模型存在异常值问题,在模型中使用虚拟变量,则可以解决异常值问题。

7.1.2 虚拟被解释变量

1. 线性概率模型

(1) 线性概率模型的定义。线性概率模型的回归形式为

$$y_i = b_0 + b_1 x_{1i} + b_2 x_{2i} + \cdots + b_k x_{ki} + u_i = \boldsymbol{x}_i' \boldsymbol{B} + u_i \quad (i = 1, 2, \cdots, n)$$

其中,n 是样本容量,k 是解释变量的个数,$x_{1i}, x_{2i}, \cdots, x_{ki}$ 为解释变量,$\boldsymbol{x}_i' = (1, x_{1i}, x_{2i}, \cdots, x_{ki})$,$\boldsymbol{B} = \begin{bmatrix} b_0 \\ b_1 \\ \vdots \\ b_k \end{bmatrix}$,$u_i$ 为相互独立且均值为 0 的随机误差项,y_i 表示取值为 0 和 1 的虚拟被解

释变量，即

$$y_i=\begin{cases}1 & \text{做出某种选择}\\0 & \text{不做出某种选择}\end{cases}$$

线性概率模型研究的是做出某种选择的概率，如果令 $p_i=P(y_i=1)$，则 $1-p_i=P(y_i=0)$，于是有：$E(y_i)=1\cdot P(y_i=1)+0\cdot P(y_i=0)=p_i$，又因为 $E(u_i)=0$，所以 $E(y_i)=E(\boldsymbol{x}_i'\boldsymbol{B}+u_i)=\boldsymbol{x}_i'\boldsymbol{B}$，从而有

$$E(y_i)=p_i=P(y_i=1)=\boldsymbol{x}_i'\boldsymbol{B}$$

此式表示给定解释变量 $\boldsymbol{x}_i'$值，做出某种选择（y_i 取值为1）的平均概率。这一概率体现为线性的形式 $\boldsymbol{x}_i'\boldsymbol{B}$，因此称为线性概率模型。

（2）线性概率模型的估计。线性概率模型是不能直接运用OLS法对参数进行估计的。常见的问题和相应的解决方法如下。

第一，$E(y_i)=p_i$ 不在0和1之间。y_i 取值为1的平均概率为

$$\hat{p}_i=\hat{P}(y_i=1)=\boldsymbol{x}_i'\hat{\boldsymbol{B}}$$

$\boldsymbol{x}_i'\hat{\boldsymbol{B}}$的值并不能保证在0和1之间，而概率值$\hat{p}_i$ 必须位于0和1之间。解决这一问题的方法是：当出现的预测值$\hat{y}_i>1$ 时，就认定$\hat{y}_i=1$；当$\hat{y}_i<0$ 时，就认定$\hat{y}_i=0$。另外一类方法是选择Probit模型和Logit模型等能够满足 $E(y_i)=p_i$ 在0和1之间的非线性模型。

第二，随机误差项 u_i 不服从正态分布。由于 y_i 是二元选择变量，因此随机误差项

$$u_i=\begin{cases}1-\boldsymbol{x}_i'\boldsymbol{B} & (y_i=1)\\-\boldsymbol{x}_i'\boldsymbol{B} & (y_i=0)\end{cases}$$

服从二项分布，大样本条件下可以按正态分布对参数进行OLS估计。

第三，随机误差项 u_i 存在异方差性。在线性概率模型中，随机误差项的方差为

$$\operatorname{var}(u_i)=(1-\boldsymbol{x}_i'\boldsymbol{B})^2\cdot p_i+(-\boldsymbol{x}_i'\boldsymbol{B})^2\cdot(1-p_i)=(1-\boldsymbol{x}_i'\boldsymbol{B})\cdot\boldsymbol{x}_i'\boldsymbol{B}\neq\text{常数}$$

因此，随机误差项存在异方差性，不宜采用OLS方法估计线性概率模型。为了克服异方差性，可以采用加权最小二乘法估计线性概率模型。

第四，由于因变量是二元选择的结果，因此按传统线性回归模型所计算的拟合优度 R^2 不再具有实际的意义。比较合理的测度是模型正确预测的观测值的百分比。定义

$$\text{Count } R^2=\text{正确预测的次数}/\text{预测的总次数}$$

当 y 取值为1的概率的预测值大于0.5时，视其预测值为1；当小于0.5时，视其预测值为0。

第五，边际效应（边际影响）分析。由 $E(y_i)=P(y_i=1)=\boldsymbol{x}_i'\boldsymbol{B}$ 可以得到

$$\frac{\partial E(y_i)}{\partial x_{ji}}=\frac{\partial P(y_i=1)}{\partial x_{ji}}=\frac{\partial(\boldsymbol{x}_i'\boldsymbol{B})}{\partial x_{ji}}=b_j\quad(j=1,2,\cdots,k)$$

因此，当解释变量是非虚拟变量时，b_j 表示第 j 个解释变量 x_{ji}变动一个单位时对 y 取值为1的平均概率的影响。如果解释变量是虚拟变量，则 b_j 表示虚拟解释变量取值为1和取值为0时，y 的取值为1和 y 的取值为0的概率之差。因此，线性概率模型的边际效应是一个常数，它与解释变量取值的大小无关。

（3）非线性概率模型。表现概率变化比较理想的模型应当具有这样的特征：一是概率 p 随解释变量 x 的变化而变化，但在[0,1]区间内。二是随着解释变量 $x\to-\infty$，$p\to0$，

$x \to \infty, p \to 1$。p 随解释变量 x 变化而变化，p 和 x 之间是非线性关系。连续随机变量的分布函数可以满足这两点要求。通常选择逻辑分布(logistic distribution)和标准正态分布的分布函数去设定线性概率模型。

2. Probit 模型和 Logit 模型

(1) 模型的形式。假设有一个未被观测到的潜在变量 y_i^*，它与 $\boldsymbol{x}_i' = (1, x_{1i}, x_{2i}, \cdots, x_{ki})$ 之间具有线性关系，即：

$$y_i^* = \boldsymbol{x}_i'\boldsymbol{B} + u_i^*$$

其中，u_i^* 是随机误差项，y_i 和 y_i^* 的关系如下：

$$y_i = \begin{cases} 1 & y_i^* > 0 \\ 0 & y_i^* \leqslant 0 \end{cases}$$

假设 $F(\cdot)$是 u_i^* 的概率分布函数(连续、单调递增)，$0 < F(\cdot) < 1$。则有

$$P(y_i = 1) = 1 - F(-\boldsymbol{x}_i'\boldsymbol{B}), P(y_i = 0) = F(-\boldsymbol{x}_i'\boldsymbol{B})$$

u_i^* 的概率分布函数 $F(\cdot)$ 的类型决定了虚拟被解释变量模型的类型，常用的有 Probit 模型和 Logit 模型。如果将 $F(\cdot)$ 设定为标准正态分布函数 $\Phi(\cdot)$，即 $F(z) = \Phi(z) = \int_{-\infty}^{z} \frac{1}{\sqrt{2\pi}} \mathrm{e}^{-t^2/2} \mathrm{d}t$，对于标准正态分布函数，$\Phi(z) = 1 - \Phi(-z)$，因此有

$$P(y_i = 1) = \Phi(\boldsymbol{x}_i'\boldsymbol{B})$$

此式称为 Probit 模型。

如果将函数 $F(\cdot)$设定为 Logit 分布函数 $\Lambda(\cdot)$，即 $F(z) = \Lambda(z) = \frac{\mathrm{e}^z}{1+\mathrm{e}^z} = \frac{1}{1+\mathrm{e}^{-z}}$，则有

$$P(y_i = 1) = \Lambda(\boldsymbol{x}_i'\boldsymbol{B})$$

此式称为 Logit 模型(逻辑分布模型)。Probit 分布函数与 Logit 分布函数有两个特点。一是分布函数的最小值为零、最大值(极限值)为 1。二是分布函数曲线有一个拐点，在此点之前，其增长速度越来越快；在此点之后，其增长速度越来越慢，逐渐趋近于零。

考虑到估计中的便利，采用以下变换

$$L_i = \ln \frac{P(y_i = 1)}{P(y_i = 0)} = \ln \frac{p_i}{1 - p_i} = \boldsymbol{x}_i'\boldsymbol{B}$$

其中，比率 $p_i/(1-p_i)$称为机会比率，即所研究的事件“发生”的概率与“没有发生”的概率之比。机会比率的对数 $L_i = \ln \frac{p_i}{1-p_i}$称为对数单位。

(2) 边际效应分析。对于线性概率模型，由于 $P(y_i = 1) = \boldsymbol{x}_i'\boldsymbol{B}$，因此，第 j 个解释变量 x_j 变动一个单位时对响应概率的影响(称为边际效应)为

$$\frac{\partial P(y_i = 1)}{\partial x_{ji}} = \frac{\partial(\boldsymbol{x}_i'\boldsymbol{B})}{\partial x_{ji}} = b_j \quad (j = 1, 2, \cdots, k)$$

对于 Probit 模型，由于 $P(y_i = 1) = \Phi(\boldsymbol{x}_i'\boldsymbol{B})$，因此其边际效应为

$$\frac{\partial P(y_i = 1)}{\partial x_{ji}} = \frac{\partial \Phi(x_i'B)}{\partial x_{ji}} = \Phi'(\boldsymbol{x}_i'\boldsymbol{B}) \cdot b_j = \phi(\boldsymbol{x}_i'\boldsymbol{B}) \cdot b_j \quad (j = 1, 2, \cdots, k)$$

对于 Logit 模型，由于 $P(y_i = 1) = \Lambda(\boldsymbol{x}_i'\boldsymbol{B})$，因此其边际效应为

$$\frac{\partial P(y_i = 1)}{\partial x_{ji}} = \frac{\partial \Lambda(x_i'B)}{\partial x_{ji}} = \Lambda_j'(\boldsymbol{x}_i'\boldsymbol{B}) \cdot b_j = \Lambda(\boldsymbol{x}_i'\boldsymbol{B})[1 - \Lambda(\boldsymbol{x}_i'\boldsymbol{B})] \cdot b_j \quad (j = 1, 2, \cdots, k)$$

Probit 模型和 Logit 模型中解释变量对响应概率(y_i 取值为 1 的概率)的边际效应依次为 $\phi(\boldsymbol{x}_i'\boldsymbol{B})b_j$ 和 $\Lambda(\boldsymbol{x}_i'\boldsymbol{B})[1-\Lambda(\boldsymbol{x}_i'\boldsymbol{B})]b_j$,它们不是常数 b_j,随着解释变量的变化而变化,其符号与参数 b_j 相同。$\phi(\boldsymbol{x}_i'\boldsymbol{B})$和 $\Lambda(\boldsymbol{x}_i'\boldsymbol{B})[1-\Lambda(\boldsymbol{x}_i'\boldsymbol{B})]$称为比例因子或调整因子,它与解释变量有关。在计算边际效应时,通常希望有一个适用于模型中所有斜率的比例因子,常用的方法是采用解释变量观测值的均值计算边际效应的表达式,对于 Probit 模型,比例因子为 $\boldsymbol{\phi}(\bar{\boldsymbol{x}}'\hat{\boldsymbol{B}})$,对于 Logit 模型,比例因子为 $\Lambda(\bar{\boldsymbol{x}}'\hat{\boldsymbol{B}})[1-\Lambda(\bar{\boldsymbol{x}}'\hat{\boldsymbol{B}})]$,其中,$\bar{\boldsymbol{x}}'=(1,\bar{x}_1,\bar{x}_2,\cdots\bar{x}_k)$。对于虚拟解释变量而言,则需要分别计算虚拟解释变量取值为 1 和 0 时,$P(y_i=1)$和 $P(y_i=0)$的值,二者之差即为虚拟解释变量的边际效应。

(3) 极大似然估计。Probit 和 Logit 模型为非线性模型,不能直接用 OLS 或 WLS 法估计,可以用极大似然法。对于 Probit 和 Logit 模型来说

$$P(y_i=1)=F(\boldsymbol{x}_i'\boldsymbol{B});\quad P(y_i=0)=1-F(\boldsymbol{x}_i'\boldsymbol{B})$$

我们假设有一组容量为 n 的随机样本,$\boldsymbol{x}_i'=(1,x_{1i},x_{2i},\cdots,x_{ki})$和 $y_i=0,1(i=1,2,\cdots,n)$,将 Probit 和 Logit 模型(概率分布函数)写为

$$P(y_i)=[F(\boldsymbol{x}_i'\boldsymbol{B})]^{y_i}[1-F(\boldsymbol{x}_i'\boldsymbol{B})]^{1-y_i}$$

不难看出,当 $y_i=1$ 时,有 $P(y_i=1)=F(\boldsymbol{x}_i'\boldsymbol{B})$;当 $y_i=0$ 时,有 $P(y_i=1)=1-F(\boldsymbol{x}_i'\boldsymbol{B})$。

所以似然函数为:$\boldsymbol{L}=\prod\limits_{i=1}^{n}[F(\boldsymbol{x}_i'\boldsymbol{B})]^{y_i}[1-F(\boldsymbol{x}_i'\boldsymbol{B})]^{1-y_i}$

对数似然函数为:$\ln L=\sum\limits_{i=1}^{n}\{y_i\cdot\ln F(\boldsymbol{x}_i'\boldsymbol{B})+(1-y_i)\cdot\ln[1-F(\boldsymbol{x}_i'\boldsymbol{B})]\}$

最大化 $\ln L$ 的一阶条件为:$\dfrac{\partial\ln\boldsymbol{L}}{\partial\boldsymbol{B}}=0$

$$\begin{aligned}\frac{\partial\ln\boldsymbol{L}}{\partial\boldsymbol{B}}&=\sum_{i=1}^{n}\left[\boldsymbol{y}_i\cdot\boldsymbol{x}_i\frac{f(\boldsymbol{x}_i'\boldsymbol{B})}{F(\boldsymbol{x}_i'\boldsymbol{B})}+(1-\boldsymbol{y}_i)\boldsymbol{x}_i\frac{(-f(\boldsymbol{x}_i'\boldsymbol{B}))}{1-F(\boldsymbol{x}_i'\boldsymbol{B})}\right]\\&=\sum_{i=1}^{n}\left[\boldsymbol{x}_i\cdot f(\boldsymbol{x}_i'\boldsymbol{B})\cdot\frac{\boldsymbol{y}_i-F(\boldsymbol{x}_i'\boldsymbol{B})}{F(\boldsymbol{x}_i'\boldsymbol{B})(1-F(\boldsymbol{x}_i'\boldsymbol{B}))}\right]=0\end{aligned}$$

其中,$F'(z)=f(z)$。由于一阶条件是非线性方程,需要利用非线性方程的迭代法求解。

(4) 模型的检验。似然比检验类似于检验模型整体显著性的 F 检验,原假设为全部解释变量的系数都为 0(总体显著性检验的零假设为 $H_0:\boldsymbol{B}=\boldsymbol{0}$),检验的似然比统计量 LR 为:

$$\mathrm{LR}=2(\ln L-\ln L_0)$$

其中,$\ln L$ 为对概率模型进行极大似然估计的对数似然函数值,$\ln L_0$ 为估计只有截距项模型的对数似然函数值。当原假设成立时,LR 的渐近分布是自由度为 k 的 χ^2 分布。

对于 Probit 和 Logit 模型,可以计算类似于传统 R^2 的麦克法登似然比指数来度量拟合优度。似然比指数的定义为

$$\text{McFadden } R^2=1-\ln L/\ln L_0$$

McFadden R^2 总是介于 0 和 1 之间。如果模型完全不拟合样本观测值,则 McFadden $R^2=0$;如果模型完全拟合样本观测值,则 McFadden R^2 接近于 1。McFadden R^2 越大,表明模型拟合效果越好。

(5) 线性概率模型、Probit 模型和 Logit 模型主要异同点比较。一是相同点。三种模型

的主要相同点在于被解释变量 y 的期望值都是 $y=1$ 的概率,因此,解释变量 x 与 y 的关系在本质上都是考察 x 取不同值时对 y 取值为 1 时的概率大小的影响。二是不同点。三种模型不同点主要体现在模型设定的差异上。线性概率模型认为 y 取值为 1 时的概率随解释变量的变动而呈线性变化关系,而且 x 的线性组合完全有可能比 0 小或比 1 大。Probit 模型和 Logit 模型则将 y 取值为 1 时的概率描述成为 x 的非线性关系,而且最重要的在于该非线性函数就是不同随机变量的分布函数,因此既保证了函数值在[0,1]范围内,又与其所刻画的 y 取值为 1 时概率的含义相一致。

7.1.3 随机解释变量

1. 估计量的渐近统计性质

(1) **渐近无偏性**。记 $\hat{\theta}_n$ 为当样本容量为 n 时参数 θ 的估计量,如果满足 $\lim\limits_{n\to\infty}E(\hat{\theta}_n)=\theta$,则称 $\hat{\theta}_n$ 是 θ 的渐近无偏估计量。

(2) **一致性**。对真实总体参数 θ 在样本容量为 n 时的估计量 $\hat{\theta}_n$,如果随着样本容量的增大,估计量 $\hat{\theta}_n$ 几乎处处趋于 θ,即 $p(\lim\limits_{n\to\infty}\hat{\theta}_n=\theta)=1$,则称 $\hat{\theta}_n$ 为 θ 的一致估计量,或称 $\hat{\theta}_n$ 依概率收敛于 θ。记为 $p\lim\limits_{n\to\infty}\hat{\theta}_n=\theta$。

可以证明,$\hat{\theta}_n$ 是 θ 的一致估计量,当且仅当 $\lim\limits_{n\to\infty}E(\hat{\theta}_n)=\theta$,$\lim\limits_{n\to\infty}\text{var}(\hat{\theta}_n)=0$。

2. 随机解释变量的概念及来源

对于多元线性回归模型 $y_t=b_0+b_1x_{1t}+b_2x_{2t}+\cdots+b_kx_{kt}+u_t$,如果存在一个或多个随机变量作为解释变量,则称原模型存在随机解释变量问题。对于随机解释变量问题,又分为三种情况:一是随机解释变量与随机误差项独立;二是随机解释变量与随机误差项同期无关但异期相关;三是随机解释变量与随机误差项同期相关。

随机解释变量的来源:①经济变量不可控性,使得解释变量观测值具有随机性;②随机误差项中包括了模型略去的解释变量,而略去的解释变量与模型中的解释变量往往是相关的;③模型中含有被解释变量的滞后项,而被解释变量本身就是随机的。

3. 随机解释变量的后果

随机解释变量带来何种后果取决于它与随机误差项是否相关,以及相关的性质。有以下三种情形:(1)如果二者不相关,这时采用 OLS 法得到的参数估计量仍是无偏估计量;(2)如果二者同期不相关,但异期相关,此时参数的 OLS 估计量在小样本下是有偏的,在大样本下具有一致性;(3)如果二者同期相关,则无论是小样本还是大样本,所得的参数估计量均是有偏且非一致的。

4. 随机解释变量的解决方法:工具变量法

工具变量法的基本思路是:当随机解释变量与随机误差项相关时,则寻找另一个变量,该变量与随机解释变量高度相关,但与随机误差项不相关,称其为工具变量,用其替代随机解释变量。

(1) **选择工具变量的要求**。①工具变量是有明确经济含义的外生变量;②工具变量与所替代的随机解释变量高度相关，而与随机误差项不相关；③工具变量与模型中的其他解释变量不相关，以免出现多重共线性；④模型中多个工具变量之间不相关。

（2）**工具变量的应用**。首先设法寻找一个工具变量，然后在最小二乘法的正规方程组中用工具变量对随机解释变量进行替代，求解替代后的新正规方程组，可以得到参数估计量。用工具变量求得的参数估计量是有偏的、一致的估计量。

（3）**工具变量法的缺陷**。①在解释变量 x 与随机误差项 u 相关的情况下，要寻求一个既与 x 高度相关，又与 u 不相关的工具变量 z 十分困难。②在能找到符合要求的工具变量条件下，所选择的工具变量不同，模型参数估计值也会不一致，使参数估计出现随意性。③由于使用了工具变量，有可能产生较高的标准差，从而不能保证参数估计值的渐近方差一定能达到最小。

（4）**两阶段最小二乘法**。以一元线性回归模型 $y_t=b_0+b_1x_t+u_t$ 为例，设 x 为随机解释变量（或内生解释变量），与随机误差项 u 相关，工具变量法估计过程可等价地分解成以下两个阶段的普通最小二乘回归：第一阶段，用普通最小二乘法，将 x 对工具变量 z 进行回归，$\hat{x}_t=\hat{a}_0+\hat{a}_1z_t$；第二阶段，以第一步得到的$\hat{x}_t$ 为解释变量，进行普通最小二乘回归，$y_t=b_0+b_1\hat{x}_t+u_t$。此处工具变量法仍是 y 对 x 的回归，而不是对 z 的回归。这里采用两个阶段的普通最小二乘法来估计模型参数，称为两阶段最小二乘法（two stage least squares，TSLS）。

在多元线性回归模型中，其基本做法与上述一元回归两个阶段的 OLS 法相同，只不过第一阶段是将内生变量关于所有工具变量以及模型中已有的外生变量进行 OLS 回归。以下以二元模型为例进行说明。对于二元线性回归模型：$y_t=b_0+b_1x_{1t}+b_2x_{2t}+u_t$，假设 x_{1t} 为同期内生变量，x_{2t}为外生变量。如果对内生变量 x_{1t}寻找到了两个工具变量 z_{1t}、z_{2t}，则两阶段最小二乘估计过程为：第一阶段，将内生变量 x_{1t}对工具变量 z_{1t}、z_{2t}及外生变量 x_{2t}进行 OLS 回归，并记录 x_{1t}的拟合值，$\hat{x}_{1t}=\hat{a}_0+\hat{a}_1x_{2t}+\hat{a}_2z_{1t}+\hat{a}_3z_{2t}$；第二阶段，以第一阶段得到的$\hat{x}_{1t}$代替原模型中的 x_{1t}，进行 OLS 回归，$y_t=b_0+b_1\hat{x}_{1t}+b_2x_{2t}+u_t$。如果所有解释变量都是外生变量，则 OLS 法也可看成是工具变量法的特例。

5. *解释变量的内生性检验：豪斯曼检验*

豪斯曼（Hausman）于 1978 年提出了解释变量的内生性检验方法。假设有二元线性回归模型

$$y_t=b_0+b_1x_{1t}+b_2x_{2t}+u_t$$

其中，x_{1t}是随机解释变量，x_{2t}为外生变量。如果 x_{1t}是内生变量，则寻找一外生变量 z_t 作为工具变量。第一步，将内生变量 x_{1t}关于外生变量 x_{2t}、z_t 作普通最小二乘估计：

$$x_{1t}=a_0+a_1x_{2t}+a_2z_t+v_t$$

得到残差项$\hat{v}_t$（满足所有假设）。第二步，将残差项$\hat{v}_t$ 加入原模型后，再进行普通最小二乘估计：

$$y_t=b_0+b_1x_{1t}+b_2x_{2t}+\delta\hat{v}_t+\varepsilon_t$$

假设随机误差项 ε_t 满足所有线性回归基本假设，并与 v_t 不相关。如果$\hat{v}_t$ 前的参数δ 显著为零，则表明 x_{1t}与 u_t 同期无关，由此可判断解释变量 x_{1t}是同期外生变量，否则可判断 x_{1t}是同期内生变量。

7.2 学习重点与难点

(1)虚拟变量的概念、虚拟变量的设置方法和虚拟解释变量的特殊应用;(2)线性概率模型、Probit 和 Logit 模型的含义、模型的参数估计方法、模型的检验;(3)随机解释变量的概念及来源、随机解释变量的后果、随机解释变量的解决方法(重点掌握工具变量法);(4)能够运用 EViews 软件建立虚拟变量模型与随机解释变量模型,解决现实经济问题。

7.3 典型例题分析

例 1 考虑模型 A:$y_i = b_0 + b_1 x_i + b_2 D_{2i} + b_3 D_{3i} + u_i$

模型 B:$y_i = b_0 + b_1 x_i + b_2 D_{2i} + b_3 D_{3i} + b_4 (D_{2i} x_i) + b_5 (D_{3i} x_i) + u_i$

其中,y 为 MBA 毕业生年收入,x 为工龄,$D_2 = \begin{cases} 1 & \text{哈佛 MBA} \\ 0 & \text{其他} \end{cases}$,$D_3 = \begin{cases} 1 & \text{沃顿 MBA} \\ 0 & \text{其他} \end{cases}$

(1) 预期模型 A 各回归系数的符号,解释 b_2、b_3 的经济意义。

(2) 对于模型 A,如果 $b_2 > b_3$,则能得出什么结论?

(3) 模型 B 与模型 A 有什么区别? 如何解释 b_4、b_5?

(4) 如果 b_4、b_5 均是统计显著的,则是选择模型 A 还是模型 B? 如果不是,则会犯哪类错误?

解答 (1) $b_1 > 0, b_2 > 0, b_3 > 0$,$b_2$、$b_3$ 分别表示在工龄相同情况下,哈佛 MBA 和沃顿 MBA 年薪高出其他学校 MBA 的金额。

(2) 对于模型 A,如果 $b_2 > b_3$,说明哈佛 MBA 的年薪起点高于沃顿 MBA。

(3) 相比之下,模型 B 不仅考虑截距问题,还考虑了斜率问题。b_4、b_5 分别表示引入哈佛 MBA 和沃顿 MBA 虚拟变量后的收入函数与未引入时的收入函数的斜率的差距有多大。

(4) 如果 b_4、b_5 均是统计显著的,则应该选择模型 B,否则会造成模型设定偏误。

例 2 一项对北京某大学学生月消费支出的研究认为,学生的消费支出除受其家庭每月收入水平影响外,还受在学校中是否得到奖学金,来自农村还是城市,是经济发达地区还是欠发达地区,以及性别等因素的影响。试设定适当的模型,并导出如下情形下学生消费支出的平均水平:

(1) 来自欠发达农村地区的女生,未得到奖学金;

(2) 来自欠发达城市地区的男生,得到奖学金;

(3) 来自发达地区的农村女生,得到奖学金;

(4) 来自发达地区的城市男生,未得到奖学金。

解答 记学生月消费支出为 y,其家庭月收入水平为 x,则在不考虑其他因素的影响时,有如下基本回归模型:

$$y_i = b_0 + b_1 x_i + u_i$$

其他定性因素可用如下虚拟变量表示:

$$D_1=\begin{cases}1 & \text{有奖学金}\\0 & \text{无奖学金}\end{cases},\quad D_2=\begin{cases}1 & \text{来自城市}\\0 & \text{来自农村}\end{cases},$$

$$D_3=\begin{cases}1 & \text{来自发达地区}\\0 & \text{来自欠发达地区}\end{cases},\quad D_4=\begin{cases}1 & \text{男性}\\0 & \text{女性}\end{cases}$$

则引入各虚拟变量后的回归模型如下：

$$y_i=b_0+b_1x_i+\alpha_1D_{1i}+\alpha_2D_{2i}+\alpha_3D_{3i}+\alpha_4D_{4i}+u_i$$

由此回归模型，可得如下各种情形下学生的平均消费支出：

(1) 来自欠发达农村地区的女生，未得到奖学金时的月消费支出：

$$E(y_i \mid D_{1i}=D_{2i}=D_{3i}=D_{4i}=0)=b_0+b_1x_i$$

(2) 来自欠发达城市地区的男生，得到奖学金时的月消费支出：

$$E(y_i \mid x_i, D_{1i}=D_{2i}=D_{4i}=1, D_{3i}=0)=(b_0+\alpha_1+\alpha_2+\alpha_4)+b_1x_i$$

(3) 来自发达地区的农村女生，得到奖学金时的月消费支出：

$$E(y_i \mid x_i, D_{1i}=D_{3i}=1, D_{2i}=D_{4i}=0)=(b_0+\alpha_1+\alpha_3)+b_1x_i$$

(4) 来自发达地区的城市男生，未得到奖学金时的月消费支出：

$$E(y_i \mid x_i, D_{2i}=D_{3i}=D_{4i}=1, D_{1i}=0)=(b_0+\alpha_2+\alpha_3+\alpha_4)+b_1x_i$$

例 3　根据 20 世纪 70 年代早期 101 个国家以美元计人均收入和预期寿命的数据，得到如下回归方程：

$$\hat{y}_t=-2.40+9.39\ln x_t-3.36D_t\cdot[\ln x_t-\ln(1\,097)]$$

$$t=(0.112)\quad(3.935)\quad(-0.009)$$

$$\bar{R}^2=0.885\quad F=62.503\quad \text{DW}=1.881$$

式中，D 在 $\ln x$ 大于 $\ln(1\,097)$ 时取 1，否则取 0(注：穷国和富国之间的分界线为人均收入 1 097 美元)。

(1) 解释 $\ln x$ 回归系数的含义。

(2) 引入 D 的理由是什么？解释 D 回归系数的含义。

(3) 请导出收入低于 1 097 美元国家的回归方程和收入高于 1 097 美元国家的回归方程。

(4) 你从这个问题给出的结果中得到什么一般结论？

解答　(1) 回归系数表明，在其他条件不变的情况下，人均收入提高 1%，则平均预期寿命可能提高约 0.093 9 年。

(2) 引入 D 以刻画把人均收入提高到临界值 1 097 美元之上对预期寿命的影响。引入 D 表明，如果一个人的收入高于这个临界值，那么他预期会多活的年数。但这个系数估计值在统计上不显著。

(3) 对人均收入水平低于 1 097 美元的国家，其回归方程为

$$\hat{y}_t=-2.40+9.39\ln x_t$$

对人均收入超过 1 097 美元的国家，其回归方程为

$$\hat{y}_t=3.36\times\ln(1\,907)-2.40+(9.39-3.36)\ln x_t=22.12+6.03\ln x_t$$

(4) 尽管这两个回归方程在数值上看起来不同，但在统计上并非如此，因为后一个回归方程最后一项的系数在统计上显著为 0。因此，如果把人均收入超过1 097 美元的国家定义

为富国的话，那么，穷国和富国的预期寿命不存在统计上显著的区别。

例 4 以 Y 代表一个企业在给定年份是否申请了专利，假定它与企业的年销售额 X、研发支出 Z 满足如下 Logit 模型的关系：

$$P_i = E(Y_i = 1) = \frac{1}{1 + \exp(-(\beta_0 + \beta_1 \ln X_i + \beta_2 Z_i + \beta_3 Z_i^2))}$$

(1) 试解释 β_1 的含义；(2)求出 Logit 模型中解释变量 Z 对响应概率 P 的边际效应。

解答 (1) 由于 Logit 模型可以等价地写成

$$\ln(P_i/(1-P_i)) = \beta_0 + \beta_1 \ln X_i + \beta_2 Z_i + \beta_3 Z_i^2$$

因此 β_1 的含义为申请专利的概率与不申请专利的概率的机会比率 $P_i/(1-P_i)$ 关于销售额 X_i 的弹性，即销售额变化 1 个百分点带来的该机会比率变化的百分点数。

(2) 对 $\ln(P_i/(1-P_i))=\beta_0+\beta_1\ln X_i+\beta_2 Z_i+\beta_3 Z_i^2$ 两边对 Z 求导数得

$$\frac{\partial \ln(P_i/(1-P_i))}{\partial Z_i} = \beta_2 + 2\beta_3 Z_i, \quad \frac{1}{(1-P_i)^2} \cdot \frac{(1-P_i)}{P_i} \cdot \frac{\mathrm{d}P_i}{\mathrm{d}Z_i} = \beta_2 + 2\beta_3 Z_i$$

$$\frac{\mathrm{d}P_i}{\mathrm{d}Z_i} = P_i(1-P)(\beta_2 + 2\beta_3 Z_i)$$

例 5 在二元虚拟被解释变量模型中，假设被解释变量 y_i(只取 0 和 1)受到 k 个解释变量 $x_{1i}, x_{2i}, \cdots x_{ki}$ 的影响，其线性概率模型为

$$y_i = b_0 + b_1 x_{1i} + b_2 x_{2i} + \cdots + b_k x_{ki} + u_i = \boldsymbol{x}_i'\boldsymbol{B} + u_i \quad (i = 1,2,\cdots,n)$$

其中 u_i 为相互独立且均值为 0 的随机误差项。于是有 $E(y_i)=p_i=P(y_i=1)=\boldsymbol{x}_i'\boldsymbol{B}$。而 Probit 模型和 Logit 模型可分别写为

$$E(y_i) = P(y_i = 1) = \Phi(\boldsymbol{x}_i'\boldsymbol{B}), \quad E(y_i) = P(y_i = 1) = \Lambda(\boldsymbol{x}_i'\boldsymbol{B})$$

其中，$\Phi(\cdot)$为标准正态分布函数，$\Lambda(\cdot)$为 Logit 分布函数。

(1)简述线性概率模型、Probit 模型和 Logit 模型的异同点。(2)写出这三个模型关于解释变量 $x_j(j=1,2,\cdots,k)$的边际效应。

解答 (1) 线性概率模型、Probit 模型和 Logit 模型主要相同点在于被解释变量 y_i 的期望值都是 $y_i=1$ 的概率，因此，解释变量 $\boldsymbol{x}_i'$与被解释变量 y 的关系在本质上都是考察 $\boldsymbol{x}_i'$取不同值时对 y_i 取 1 的概率大小的影响。

三种模型的不同点主要体现在模型设定的差异上。线性概率模型认为 y_i 取值为 1 的概率随解释变量的变动而呈线性变化关系，而且 $\boldsymbol{x}_i'$的线性组合 $\boldsymbol{x}_i'\boldsymbol{B}$ 有可能比 0 小或比 1 大。而 Probit 模型和 Logit 模型则将 y_i 取值为 1 的概率描述成为 x_i'的非线性关系，而且最重要的在于该非线性函数就是不同随机变量的分布函数，因此既保证了函数值在[0,1]范围内，又与其所刻画的 y_i 取值为 1 时的概率的含义相一致。

(2) 线性概率模型关于解释变量 x_j 的边际效应为$\frac{\partial P(y_i=1)}{\partial x_{ji}}=\frac{\partial(\boldsymbol{x}_i'\boldsymbol{B})}{\partial x_{ji}}=b_j$

Probit 模型关于解释变量 x_j 的边际效应为

$$\frac{\partial P(y_i = 1)}{\partial x_{ji}} = \frac{\partial \Phi(\boldsymbol{x}_i'\boldsymbol{B})}{\partial x_{ji}} = \Phi'(\boldsymbol{x}_i'\boldsymbol{B}) \cdot b_j = \phi(\boldsymbol{x}_i'\boldsymbol{B}) \cdot b_j$$

其中，$\phi(\cdot)$为标准正态分布函数 $\Phi(\cdot)$的概率密度函数，即 $\Phi'(\cdot)=\phi(\cdot)$。

Logit 模型关于解释变量 x_j 的边际效应为

$$\frac{\partial P(y_i=1)}{\partial x_{ji}}=\frac{\partial \Lambda(\boldsymbol{x}_i'\boldsymbol{B})}{\partial x_{ji}}=\Lambda_j'(\boldsymbol{x}_i'\boldsymbol{B})\cdot b_j=\Lambda(\boldsymbol{x}_i'\boldsymbol{B})[1-\Lambda(\boldsymbol{x}_i'\boldsymbol{B})]\cdot b_j$$

为了对线性概率模型的 OLS 估计结果进行比较，一般需要对 Probit 模型和 Logit 模型的估计结果进行如下变换：对于 Probit 模型，比例因子为$\boldsymbol{\phi}(\bar{\boldsymbol{x}}'\hat{\boldsymbol{B}})$，对于 Logit 模型，比例因子为 $\Lambda(\bar{\boldsymbol{x}}'\hat{\boldsymbol{B}})[1-\Lambda(\bar{\boldsymbol{x}}'\hat{\boldsymbol{B}})]$，其中，$\bar{\boldsymbol{x}}'=(1,\bar{x}_1,\bar{x}_2,\cdots\bar{x}_k)$。

例 6 对于一元回归模型 $y_t=b_0+b_1x_t^*+u_t$，假设解释变量 x_t^* 的实测值 x_t 与之有偏误：$x_t=x_t^*+e_t$，其中 e_t 是具有零均值，无序列相关，且与 x_t^* 及 u_t 不相关的随机变量。试问：

(1) 能否将 $x_t^*=x_t-e_t$ 代入原模型，使之变换成 $y_t=b_0+b_1x_t+v_t$ 后进行估计？其中 v_t 为变换后模型的随机干扰项。

(2) 进一步假设 u_t 与 e_t 之间，以及它们与 x_t^* 之间无异期相关，那么 $E(x_{t-1}v_t)=0$ 成立吗？x_t 与 x_{t-1} 相关吗？

(3) 由(2)的结论，你能寻找什么样的工具变量对变换后的模型进行估计？

解答 (1) 不能。因为变换后的模型为

$$y_t=b_0+b_1x_t+v_t$$

式中，$v_t=u_t-b_1e_t$，显然，由于 e_t 与 x_t 同期相关，则说明变换后的模型中的随机干扰项 $v_t=u_t-b_1e_t$ 与 x_t 同期相关。

(2) $E(x_{t-1}v)=E(x_{t-1}^*+e_{t-1})(u_t-b_1e_t)$

$$=E(x_{t-1}^*u_t)-b_1E(x_{t-1}^*e_t)+E(e_{t-1}u_t)-b_1E(e_{t-1}e_t)=0$$

多数经济变量的时间序列，往往具有较强的相关性，因此，当 x_t 与 x_{t-1} 是直接表示经济规模或水平的经济变量时，它们之间很可能相关；如果变量是一阶差分的形式或以变化率的形态出现，则它们间的相关性就会降低，但仍有一定程度的相关性。

(3) 由(2)的结论知，$E(x_{t-1}v)=0$，即 x_{t-1} 与变换后的模型的随机干扰项不相关，而且 x_{t-1} 与 x_t 有较强的相关性，因此，可用 x_{t-1} 作为 x_t 的工具变量对变换后的模型进行估计。

例 7 什么是估计的一致性？通过一元线性回归模型证明对于工具变量法的斜率的估计量$\hat{b}_1$ 是 b_1 的一致估计。

解答 估计的一致性是指，随着样本容量的增加，即当 $n\to\infty$时，参数估计量依概率收敛于参数的真值，即有

$$p(\lim\hat{\theta}_n)=\hat{\theta}$$

对一元线性回归模型

$$y_t=b_0+b_1x_t+u_t$$

曾得到如下以离差形式表示的最小二乘估计量：

$$\hat{b}_1=\frac{\sum\dot{x}_t\dot{y}_t}{\sum\dot{x}_t^2}=b_1+\frac{\sum\dot{x}_t\dot{u}_t}{\sum\dot{x}_t^2}$$

如果 x_t 与 u_t 同期相关，则估计量有偏且不一致，这时需用一个与 x_t 高度相关而与 u_t 同期无关的工具变量 z_t 来代替 x_t 进行 OLS 估计，这就是所谓的工具变量法。这时由正规方程组易得

$$\tilde{b}_1 = \frac{\sum \dot{z}_t \dot{y}_t}{\sum \dot{z}_t \dot{x}_t} = b_1 + \frac{\sum \dot{z}_t \dot{u}_t}{\sum \dot{z}_t \dot{x}_t}$$

两边取概率极限得

$$p(\lim \tilde{b}_1) = b_1 + \frac{p\left(\lim \frac{1}{n} \sum \dot{z}_t \dot{u}_t\right)}{p\left(\lim \frac{1}{n} \sum \dot{z}_t \dot{x}_t\right)} = b_1 + \frac{\text{cov}(z_t, u_t)}{\text{cov}(z_t, x_t)} = b_1$$

例 8 选择作为工具变量的变量必须满足哪些条件?

解答 选择作为工具变量的变量需满足以下几个条件:(1)工具变量是有明确经济含义的外生变量;(2)工具变量与所替代的随机解释变量高度相关,而与随机误差项不相关;(3)工具变量与模型中的其他解释变量不相关,以免出现多重共线性;(4)模型中多个工具变量之间不相关。

例 9 表 7-1 给出了 1978—1985 年美国冰箱销售量(千台)的季度数据。记 $D_1=1$:第一季度;$D_2=1$:第二季度;$D_3=1$:第三季度;$D_4=1$:第四季度。现考虑如下模型:

$$y_t = b_1 + b_2 D_{2t} + b_3 D_{3t} + b_4 D_{4t} + u_t$$

请回答以下问题:

(1) 估计此模型;(2)解释 b_1、b_2、b_3、b_4;(3)如何消除数据的季节性?

(4) 引入 4 个季度的虚拟变量,然后重新估计模型,与(1)中回归结果进行比较。

表 7-1 1978—1985 年美国冰箱销售量季度数据

年份季度		销售量(y)	年份季度		销售量(y)
1978—	1	1 317	1982—	1	943
	2	1 615		2	1 175
	3	1 662		3	1 269
	4	1 295		4	973
1979—	1	1 271	1983—	1	1 102
	2	1 555		2	1 344
	3	1 639		3	1 641
	4	1 238		4	1 225
1980—	1	1 277	1984—	1	1 429
	2	1 258		2	1 699
	3	1 417		3	1 749
	4	1 185		4	1 117
1981—	1	1 196	1985—	1	1 242
	2	1 410		2	1 684
	3	1 417		3	1 764
	4	919		4	1 328

解答 (1) 利用 EViews 软件估计模型。首先生成 4 个季度的虚拟变量数据,生成 D_1 数据的 EViews 命令是"GENR D1=@SEAS(1)",D_2、D_3、D_4 类似。其次在命令窗口输入命令"LS Y C D2 D3 D4",消除自相关后,模型回归结果如表 7-2 所示。

根据输出结果，得如下回归方程：

$$\hat{y}_t = 1\ 254.983 + 242.001\ 1D_{2t} + 342.047\ 6D_{3t} - 68.822\ 8D_{4t}$$
$$t = (13.396\ 1) \quad (6.940\ 5) \quad (8.421\ 9) \quad (-1.894\ 6)$$
$$\bar{R}^2 = 0.806\ 9 \quad F = 33.386\ 0 \quad DW = 1.768\ 4$$

从估计结果来看，模型拟合优度较高，F 统计量对应的 p 值小于 1%，说明回归方程是显著的，D_4 回归系数的 t 统计量对应的 p 值小于 7%，其他回归系数的 t 统计量对应的 p 值小于 1%，说明各回归系数在统计上是显著的。同时模型不存在自相关。

（2）$\hat{b}_1 = 1\ 254.983$ 表示第一季度的平均销售量为 1 254.983 千台；$\hat{b}_2 = 242.001\ 1$、$\hat{b}_3 = 342.047\ 6$ 依次表示第二、第三季度比第一季度的销售量平均高出 242.001 1 和 342.047 6 千台；$\hat{b}_4 = -68.822\ 8$ 依次表示第四季度比第一季度的销售量平均少 68.822 8 千台。

（3）为消除数据的季节性，只需将每季度中的原始数据减去相应季度虚拟变量的系数估计值即可。

（4）在表 7-2 估计结果中，去掉常数项，可以引入 4 个虚拟变量，回归结果如表 7-3 所示。

表 7-2　回归结果

Dependent Variable: Y
Method: ARMA Generalized Least Squares (BFGS)
Date: 10/14/17 Time: 17:25
Sample: 1978Q1 1985Q4
Included observations: 32
Convergence achieved after 5 iterations
Coefficient covariance computed using outer product of gradients
d.f. adjustment for standard errors & covariance

Variable	Coefficient	Std. Error	t-Statistic	Prob.
C	1254.983	93.68272	13.39610	0.0000
D2	242.0011	34.86808	6.940476	0.0000
D3	342.0476	40.61399	8.421915	0.0000
D4	-68.82281	36.32592	-1.894592	0.0689
AR(1)	0.819618	0.116979	7.006537	0.0000

R-squared	0.831822	Mean dependent var	1354.844
Adjusted R-squared	0.806907	S.D. dependent var	235.6719
S.E. of regression	103.5599	Akaike info criterion	12.29559
Sum squared resid	289565.4	Schwarz criterion	12.52461
Log likelihood	-191.7295	Hannan-Quinn criter.	12.37151
F-statistic	33.38603	Durbin-Watson stat	1.768407
Prob(F-statistic)	0.000000		

表 7-3　回归结果

Dependent Variable: Y
Method: ARMA Generalized Least Squares (BFGS)
Date: 10/14/17 Time: 17:33
Sample: 1978Q1 1985Q4
Included observations: 32
Convergence achieved after 6 iterations
Coefficient covariance computed using outer product of gradients
d.f. adjustment for standard errors & covariance

Variable	Coefficient	Std. Error	t-Statistic	Prob.
D1	1254.983	93.68271	13.39610	0.0000
D2	1496.984	94.48671	15.84333	0.0000
D3	1597.031	94.38359	16.92064	0.0000
D4	1186.161	93.41449	12.69782	0.0000
AR(1)	0.819618	0.116979	7.006537	0.0000

R-squared	0.831822	Mean dependent var	1354.844
Adjusted R-squared	0.806907	S.D. dependent var	235.6719
S.E. of regression	103.5599	Akaike info criterion	12.29559
Sum squared resid	289565.4	Schwarz criterion	12.52461
Log likelihood	-191.7295	Hannan-Quinn criter.	12.37151
Durbin-Watson stat	1.768407		

上述回归模型显著成立，拟合优度较高，4 个回归系数显著不为零，表示冰箱销售量受到每个季度因素的影响，$\hat{b}_1 = 1\ 254.983$、$\hat{b}_2 = 1\ 496.984$、$\hat{b}_3 = 1\ 597.031$、$\hat{b}_4 = 1\ 186.161$ 依次表示第一、第二、第三、第四季度的平均销售额为 1 254.983 千台、1 496.984 千台、1 597.031 千台、1 186.161 千台。第二、第三季度比第一季度的销售量平均高出 242.001 和 342.048 千台；第四季度比第一季度的销售量平均少 68.822 千台。

例 10　表 7-4 给出了美国 1970—1995 年间的储蓄（y）与收入（x）数据（单位：10 亿美元）。

（1）试建立如下储蓄函数模型

$$y_t = b_0 + b_1 D_{1t} + b_2 x_t + b_3 (D_{1t} \cdot x_t) + u_t$$

讨论美国储蓄—收入回归中的结构差异。其中虚拟变量 D_1 在 1970—1981 年取值 0，1982—1995 年取值 1。

表 7-4 美国 1970—1995 年的储蓄与收入数据

年份	储蓄 y	收入 x	D_1	D_2	年份	储蓄 y	收入 x	D_1	D_2
1970	61.0	727.1	0	1	1983	167.0	2 522.4	1	10
1971	68.6	790.2	0	1	1984	235.7	2 810.0	1	10
1972	63.6	855.3	0	1	1985	206.2	3 002.0	1	10
1973	89.6	965.0	0	1	1986	196.5	3 187.6	1	10
1974	97.6	1 054.2	0	1	1987	168.4	3 363.1	1	10
1975	104.4	1 159.2	0	1	1988	189.1	3 640.8	1	10
1976	96.4	1 273.0	0	1	1989	187.8	3 894.5	1	10
1977	92.5	1 401.4	0	1	1990	208.7	4 166.8	1	10
1978	112.6	1 580.1	0	1	1991	246.4	4 343.7	1	10
1979	130.1	1 769.5	0	1	1992	272.6	4 613.7	1	10
1980	161.8	1 973.3	0	1	1993	214.4	4 790.2	1	10
1981	199.1	2 200.2	0	1	1994	189.4	5 021.7	1	10
1982	205.5	2 347.3	1	10	1995	249.3	5 320.8	1	10

(2) 利用表 7-4 给出的数据，估计如下模型：

$$\ln y_t = b_0 + b_1 D_{1t} + b_2 x_t + b_3(D_{1t} \cdot x_t) + u_t$$

从各种检验统计量角度与(1)结果进行比较，哪个模型更好？

(3) 利用表 7-4 给出的数据，考虑如下模型：

$$\ln y_t = b_0 + b_1 \ln x_t + b_2 \ln D_{2t} + u_t$$

其中，虚拟变量 D_{2t} 在 1970—1981 年取值 1，1982—1995 年取值 10。①如此确定虚拟变量的根据是什么？②估计上述模型并解释你的结论；③两个子期间储蓄函数的截距值是多少？如何解释它们？

解答 (1) 利用 EViews 软件对模型 $y_t = b_0 + b_1 D_{1t} + b_2 x_t + b_3(D_{1t} \cdot x_t) + u_t$ 进行 OLS 估计。首先建立工作文件，然后输入样本数据，在工作文件窗口输入命令：ls y c D1 x D1 * x，按回车键，得到美国储蓄函数(1)：

$$\hat{y}_t = 1.016 + 152.479 D_{1t} + 0.080 x_t - 0.065(D_{1t} x_t)$$

$$t = (0.050) \quad (4.609) \quad (5.541) \quad (-4.096)$$

$$\bar{R}^2 = 0.866 \quad F = 54.784 \quad DW = 1.648$$

回归结果显示，除了常数项外，各回归系数在统计上都是显著的，这就表明，1970—1981 年和 1982—1995 年的储蓄—收入回归函数是不同的。

从回归方程我们可以推导出：

1970—1981 年的储蓄收入回归函数：$\hat{y}_t = 1.016 + 0.080 x_t$

1982—1995 年的储蓄收入回归函数：

$$\hat{y}_t = (1.016 + 152.479) + (0.080 - 0.065) x_t = 153.495 + 0.015 x_t$$

由此可以看出，美国储蓄函数的特点：1970—1981 年、1982—1995 年两个时期的回归结果在截距与斜率项上是不同的。1970—1981 年美国储蓄倾向为 0.08，1982—1995 年美国储蓄倾向仅为 0.015，储蓄倾向大大下降了。

(2) 利用 EViews 软件对模型 $\ln y_t = b_0 + b_1 D_{1t} + b_2 x_t + b_3(D_{1t} \cdot x_t) + u_t$ 进行 OLS 估计，得到如下回归方程(2)：

$$\ln \hat{y}_t = 3.677 + 1.397D_{1t} + 0.000\,71x_t - 0.000\,64(D_{1t}x_t)$$
$$t = (33.896)\ (7.850)\quad (9.084)\quad (-7.436)$$
$$\bar{R}^2 = 0.924\quad F = 102.536\quad \text{DW} = 1.612$$

回归方程(1)是一个线性回归模型，而这里是一个半对数线性模型。因此，该模型中回归斜率系数可解释为半弹性。定性地看，两个模型的结论相似。从各种检验统计量来看，回归方程(2)好于回归方程(1)。因为回归方程(2)的拟合优度较高，t 统计量和 F 统计量均大于回归方程(1)。

(3) ① 由于虚拟变量以对数形式进入方程，而 0 的对数没有意义，所以通过重新定义虚拟变量为 1 和 10，我们可以得到这些数字的对数。

② 利用 EViews 软件，在工作文件窗口输入命令：ls　log(y)　c　log(x)　log(D2)　AR(1)，按回车键，回归结果如表 7-5 所示[加 AR(1)项是为了消除自相关]。

表 7-5　回归结果

Dependent Variable: LOG(Y)
Method: ARMA Generalized Least Squares (BFGS)
Date: 10/14/17　Time: 17:49
Sample: 1970 1995
Included observations: 26
Convergence achieved after 6 iterations
Coefficient covariance computed using outer product of gradients
d.f. adjustment for standard errors & covariance

Variable	Coefficient	Std. Error	t-Statistic	Prob.
C	-0.473238	1.017211	-0.465231	0.6463
LOG(X)	0.711564	0.140670	5.058399	0.0000
LOG(D2)	-0.014987	0.072554	-0.206561	0.8383
AR(1)	0.546641	0.197683	2.765243	0.0113

R-squared	0.912534	Mean dependent var	4.999615
Adjusted R-squared	0.900606	S.D. dependent var	0.452228
S.E. of regression	0.142573	Akaike info criterion	-0.903636
Sum squared resid	0.447195	Schwarz criterion	-0.710082
Log likelihood	15.74726	Hannan-Quinn criter.	-0.847899
F-statistic	76.50841	Durbin-Watson stat	1.877842
Prob(F-statistic)	0.000000		

根据输出结果，得如下回归方程(3)：

$$\ln\hat{y}_t = -0.473\,2 + 0.711\,6\ln x_t - 0.015\,0\ln D_{2t}$$
$$t = (-0.465\,2)\quad (5.058\,4)\quad (-0.206\,6)$$
$$\bar{R}^2 = 0.900\,6\quad F = 76.508\,4\quad \text{DW} = 1.877\,8$$

从各种检验统计量来看，回归方程(2)好于回归方程(3)。因为回归方程(2)的拟合优度较高，t 统计量和 F 统计量均大于回归方程(3)。

③ 由于虚拟系数在统计上并不显著，所以从实际应用的目的来看，这两个截距项是相同的。对截距系数 −0.473 2 的解释是，它表示在所有回归元都取值 0 时储蓄的对数值。

例 11　表 7-6 给出了某行业若干企业在过去一年的利润 x_1 与资产 x_2 的相关数据，同时也给出了是否曾获得贷款 x_3 与是否得到贷款 y 的数据。试估计线性概率模型、Probit 模型和 Logit 模型，并对三种模型的估计参数进行比较。

表 7-6　某行业企业利润与资产等相关数据

编号	x_1	x_2	x_3	y	编号	x_1	x_2	x_3	y
1	26.6	200	0	0	11	26.3	200	0	0
2	28.9	220	0	0	12	33.2	230	0	0
3	32.8	240	0	0	13	35.7	230	0	0
4	29.2	120	0	0	14	32.6	250	0	1
5	40.0	210	0	1	15	35.3	260	0	0
6	28.6	170	0	0	16	27.4	190	0	0
7	27.6	170	0	0	17	27.5	250	0	0
8	28.7	210	0	0	18	28.3	190	0	0
9	30.3	250	0	0	19	31.2	230	1	0
10	39.2	290	0	1	20	31.6	250	1	1

续表

编号	x_1	x_2	x_3	y	编号	x_1	x_2	x_3	y
21	20.6	220	1	0	27	33.9	170	1	1
22	36.2	280	1	1	28	26.7	240	1	0
23	28.9	140	1	0	29	36.5	210	1	1
24	35.1	260	1	0	30	40.0	230	1	1
25	35.4	240	1	1	31	31.0	210	1	0
26	28.3	270	1	1	32	23.9	190	1	1

解答 (1) 估计线性概率模型。利用 EViews 9.0 软件和表 7-6 数据,得到线性概率模型 OLS 回归结果,如表 7-7 所示。

根据表 7-7 结果得到如下回归方程:

$$\hat{P}(y_i = 1) = -1.498\,0 + 0.046\,4x_{1i} + 0.001\,1x_{2i} + 0.378\,6x_{3i}$$
$$t = (-2.859\,4) \quad (2.864\,1) \quad (0.538\,7) \quad (2.720\,0)$$
$$\bar{R}^2 = 0.353\,3 \quad F = 6.645\,7 \quad DW = 2.346\,4$$

回归结果显示,整个回归模型显著,拟合优度为 0.353 3,解释能力为 35.33%。在 1% 显著性水平上,利润、是否曾获得贷款对企业是否得到贷款的概率有显著正向影响,资产对企业是否得到贷款的概率影响不显著。

(2) 利用表 7-6 数据估计 Probit 模型。使用 EViews 9.0 软件估计 Probit 模型的主要过程为:首先建立工作文件,输入样本数据,然后在主菜单中单击选择 Quick/Estimate Equation 选项,屏幕会弹出方程定义对话框,在对话框的 Method 选项下拉菜单中选择 BINARY 估计方法,原来的对话框会发生变化,如图 7-1 所示。

表 7-7 线性概率模型回归结果

Dependent Variable: Y
Method: Least Squares
Date: 11/17/17 Time: 16:39
Sample: 1 32
Included observations: 32

Variable	Coefficient	Std. Error	t-Statistic	Prob.
C	-1.498017	0.523889	-2.859419	0.0079
X1	0.046385	0.016196	2.864054	0.0078
X2	0.001050	0.001948	0.538685	0.5944
X3	0.378555	0.139173	2.720035	0.0111

R-squared	0.415900	Mean dependent var	0.343750
Adjusted R-squared	0.353318	S.D. dependent var	0.482559
S.E. of regression	0.388057	Akaike info criterion	1.061140
Sum squared resid	4.216474	Schwarz criterion	1.244357
Log likelihood	-12.97825	Hannan-Quinn criter.	1.121872
F-statistic	6.645658	Durbin-Watson stat	2.346447
Prob(F-statistic)	0.001571		

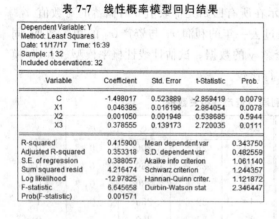

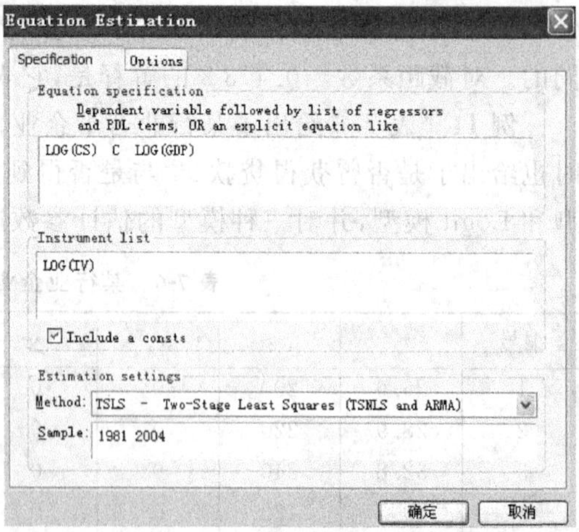

图 7-1 二元选择模型的方程定义对话框

图 7-1 所示 Equation Specification 编辑框要求用户输入变量列表,先输入因变量名 y,然后输入常数项 c 和解释变量名 x1 x2 x3。在二元选择模型估计中,用户只能使用列表法对方程进行设定,不能使用公式法。Binary estimation 选项用于供用户选择估计二元选择模型的具体方法,有 Probit、Logit 以及 Extreme value 三种估计方法(标准正态分布、逻

辑分布和极值分布)。然后点击 Option 选项,对数值方法、初始值和收敛准则进行选择,完成设置。本题选择 Probit 模型进行估计,估计结果如表 7-8 所示。

在表 7-8 所示的估计结果中,其输出界面与一般回归类似。第一部分为回归信息,回归信息的第一行为被解释变量(y),第二行显示所选用的模型及其估计方法,Method: ML-Binary Probit(Quadratic Hill Climbing)表明选取 Probit 模型并采用极大似然估计方法估计模型,解似然方程采用的数值解法是二阶爬坡算法。信息行的第六行显示数值解法的迭代信息,第七行表明计算参数估计协方差矩阵和标准误采用的方法。第二部分为参数估计、标准误、z 统计量和相应的概率值,其中的 z 统计量相当于一般回归中的 t 统计量,用于判断对应参数的显著性。第三部分为模型拟合信息,估计结果的底端则显示二元选择模型因变量的频率分布。

表 7-8 的 Probit 模型的设定形式是 $P(y_i=1)=\Phi(\boldsymbol{x}_i'\boldsymbol{B})$,其中 $\Phi(\cdot)$是标准正态分布的累积分布函数。将系数的估计结果代入得到估计的 Probit 模型为

$$
\begin{aligned}
\hat{P}(y_i = 1) &= \Phi(-7.4523 + 0.1626x_{1i} + 0.0052x_{2i} + 1.4263x_{3i}) \\
z &= (-2.9311) \quad (2.3431) \quad (0.6166) \quad (2.3970) \\
p &= (0.0034) \quad (0.0191) \quad (0.5375) \quad (0.0165)
\end{aligned}
$$

$$\mathrm{LR} = 15.5459 \quad \mathrm{McFadden}\ R^2 = 0.3775$$

表 7-8 中 Probit 回归结果表明,采用 Probit 模型估计的结果与前面用线性概率模型估计的结果有所不同。由于线性概率模型存在一些问题,因此 Probit 模型估计结果可能更准确一些。

表 7-8 中还给出了有关模型的似然比检验和拟合优度的信息。根据表 7-8 可知,LR=15.5459,它对应的 p 值只有 0.0014,表明模型整体是显著的。McFadden R^2=0.3775,含义是 Probit 模型解释了因变量的 38%的变动。在 1%显著性水平上,利润、是否曾获得贷款对企业是否得到贷款的概率有显著正向影响,资产对企业是否得到贷款的概率影响不显著。但 Probit 模型的系数估计值不能像线性概率模型那样,解释成响应概率的变动。

(3) 利用表 7-6 数据估计 Logit 模型。使用 EViews 9.0 估计 Logit 模型的主要过程为:在图 7-2 二元选择模型的方程定义对话框中,选择 Logit 模型估计,得到估计结果如表 7-9 所示。

表 7-8　Probit 模型回归结果

Dependent Variable: Y
Method: ML - Binary Probit (Newton-Raphson / Marquardt steps)
Date: 11/18/17 Time: 20:53
Sample: 1 32
Included observations: 32
Convergence achieved after 4 iterations
Coefficient covariance computed using observed Hessian

Variable	Coefficient	Std. Error	z-Statistic	Prob.
C	-7.452320	2.542472	-2.931131	0.0034
X1	0.162581	0.069388	2.343063	0.0191
X2	0.005173	0.008389	0.616626	0.5375
X3	1.426332	0.595038	2.397045	0.0165

McFadden R-squared	0.377478	Mean dependent var	0.343750
S.D. dependent var	0.482559	S.E. of regression	0.386128
Akaike info criterion	1.051175	Sum squared resid	4.174660
Schwarz criterion	1.234392	Log likelihood	-12.81880
Hannan-Quinn criter.	1.111907	Deviance	25.63761
Restr. deviance	41.18346	Restr. log likelihood	-20.59173
LR statistic	15.54585	Avg. log likelihood	-0.400588
Prob(LR statistic)	0.001405		
Obs with Dep=0	21	Total obs	32
Obs with Dep=1	11		

表 7-9　Logit 模型回归结果

Dependent Variable: Y
Method: ML - Binary Logit (Newton-Raphson / Marquardt steps)
Date: 11/17/17 Time: 17:10
Sample: 1 32
Included observations: 32
Convergence achieved after 5 iterations
Coefficient covariance computed using observed Hessian

Variable	Coefficient	Std. Error	z-Statistic	Prob.
C	-13.02135	4.931324	-2.640538	0.0083
X1	0.282611	0.126294	2.237723	0.0252
X2	0.009516	0.014155	0.672235	0.5014
X3	2.378688	1.064564	2.234424	0.0255

McFadden R-squared	0.374038	Mean dependent var	0.343750
S.D. dependent var	0.482559	S.E. of regression	0.384716
Akaike info criterion	1.055602	Sum squared resid	4.144171
Schwarz criterion	1.238819	Log likelihood	-12.88963
Hannan-Quinn criter.	1.116333	Deviance	25.77927
Restr. deviance	41.18346	Restr. log likelihood	-20.59173
LR statistic	15.40419	Avg. log likelihood	-0.402801
Prob(LR statistic)	0.001502		
Obs with Dep=0	21	Total obs	32
Obs with Dep=1	11		

表 7-9 所示的估计结果上部分显示模型估计的基本信息,其含义与表 7-8 类似。

表 7-9 的 Logit 模型的设定形式是 $P(y_i=1)=\Lambda(\boldsymbol{x}_i'\boldsymbol{B})$,其中 $\Lambda(\cdot)$ 为 Logit 分布函数。将系数的估计结果代入得到估计的 Logit 模型

$$\hat{P}(y_i=1)=\Lambda(-13.0214+0.2826x_{1i}+0.0095x_{2i}+2.3787x_{3i})$$
$$z=(-2.6405)\quad(2.2377)\quad(0.6722)\quad(2.2344)$$
$$p=(0.0083)\quad(0.0252)\quad(0.5014)\quad(0.0255)$$
$$\mathrm{LR}=15.4042\quad \text{McFadden } R^2=0.3740$$

由表 7-9 可知,采用 Logit 模型,x_1 和 x_3 的系数估计值在 5%的水平上显著,x_2 不显著。McFadden R^2、LR 等统计量与 Probit 模型的结果类似。LR=15.404 2,对应的 p 值只有 0.001 5,表明模型整体是显著的。McFadden $R^2=0.374$,含义是 Probit 模型解释了因变量的 37.4%的变动。利润、是否曾获得贷款对企业是否得到贷款的概率有显著正向影响,资产对企业是否得到贷款的概率影响不显著。同 Probit 模型类似,Logit 模型的系数估计值也不能像线性概率模型那样,解释成概率的变动。

表 7-8 和表 7-9 中的 Probit 模型和 Logit 模型中的回归系数与线性概率模型不同,并没有实际的经济意义,但可以计算解释变量 x_1、x_2 和 x_3 对 y 的平均边际影响。有关的计算结果见表 7-10。

表 7-10 Probit 和 Logit 模型边际影响分析对比

变量	Mean	Probit 模型		Logit 模型	
		$\phi(\bar{\boldsymbol{x}}'\boldsymbol{B})=0.3294$		$\Lambda(\bar{\boldsymbol{x}}'\boldsymbol{B})[1-\Lambda(\bar{\boldsymbol{x}}'\boldsymbol{B})]=0.1885$	
		回归系数	平均边际影响	回归系数	平均边际影响
x_1	31.171 9	0.162 6	0.053 6	0.282 6	0.053 3
x_2	219.375 0	0.005 2	0.001 7	0.009 5	0.001 8
x_3	0.437 5	1.426 3	0.104 1	2.378 7	0.049 3

表 7-8 和表 7-9 中,x_1、x_2 对 y 的平均边际影响是通过将各自相应的回归系数乘以 $\phi(\bar{\boldsymbol{x}}'\boldsymbol{B})$ 或 $\Lambda(\bar{\boldsymbol{x}}'\boldsymbol{B})[1-\Lambda(\bar{\boldsymbol{x}}'\boldsymbol{B})]$ 得到的。其中计算过程如下。

对于 Probit 模型,有

$$\bar{\boldsymbol{x}}'\boldsymbol{B}=-7.4523+31.1719\times0.1626+219.3750\times0.0052+0.4375\times1.4263$$
$$=-0.6190$$

$$\phi(\bar{\boldsymbol{x}}'\boldsymbol{B})=\phi(-0.6190)=\frac{1}{\sqrt{2\pi}}\exp\left[-\frac{(-0.6190)^2}{2}\right]=0.3294$$

对于 Logit 模型,有

$$\bar{\boldsymbol{x}}'\boldsymbol{B}=-13.0214+31.1719\times0.2826+219.3750\times0.0095+0.4375\times2.3787$$
$$=-1.0875$$

$$\Lambda(\bar{\boldsymbol{x}}'\boldsymbol{B})[1-\Lambda(\bar{\boldsymbol{x}}'\boldsymbol{B})]=\Lambda(-1.0875)[1-\Lambda(-1.0875)]$$
$$=\frac{e^{-1.0875}}{(1+e^{-1.0875})^2}=0.1885$$

这一算法不适用于虚拟解释变量 x_3。x_3 对 y 的边际影响是 x_3 分别取 1 和 0 时,y 取

值为1和0的概率之差，对于Probit模型

$x_3=1$ 时，

$$\bar{x}'\boldsymbol{B}=-7.4523+31.1719\times0.1626+219.3750\times0.0052+0.4375\times1$$
$$=-0.8055$$

$$\Phi(-0.8055)=0.2884$$

$x_3=0$ 时，

$$\bar{x}'\boldsymbol{B}=-7.4523+31.1719\times0.1626+219.3750\times0.0052+0.4375\times0$$
$$=-1.2430$$

$$\Phi(-1.2430)=0.1843$$

因此有：

$$\Phi(-0.8055)-\Phi(-1.2430)=0.2884-0.1843=0.1041$$

对于Logit模型，$x_3=1$ 时

$$\bar{x}'\boldsymbol{B}=-13.0214+31.1719\times0.2826+219.3750\times0.0095+0.4375\times1$$
$$=-1.6907$$

$$\Lambda(-1.6907)=\frac{e^{-1.6907}}{1+e^{-1.6907}}=0.1557$$

$x_3=0$ 时，

$$\bar{x}'\boldsymbol{B}=-13.0214+31.1719\times0.2826+219.3750\times0.0095+0.4375\times0$$
$$=-2.1282$$

$$\Lambda(-2.1282)=\frac{e^{-2.1282}}{1+e^{-2.1282}}=0.1064$$

因此有

$$\Lambda(-1.6907)-\Lambda(-2.1282)=0.1557-0.1064=0.0493$$

根据表7-10中Probit模型边际影响结果可知，在其他条件不变情况下，利润、资产增加1单位时，得到贷款的平均概率依次增加0.0536和0.0017，但后者不显著。对于曾获得贷款的企业，得到贷款的平均概率增加0.1041。

根据表7-10中Logit模型边际影响结果可知，在其他条件不变情况下，利润、资产增加1单位时，得到贷款的平均概率依次增加0.0533和0.0018，但后者不显著。对于曾获得贷款的企业，得到贷款的平均概率增加0.0493。

总体而言，Probit模型的平均边际影响和Logit模型的平均边际影响相差较小。

例12　表7-11国内生产总值GDP、消费CS、投资IV的样本观测值，试以投资IV作为国内生产总值GDP的工具变量，估计消费CS关于国内生产总值GDP的函数：

$$\ln CS_t=b_0+b_1\ln GDP_t+u_t$$

表7-11　国内生产总值GDP、消费CS、投资IV数据

年份	CS	GDP	IV	年份	CS	GDP	IV
1981	2 604.1	5 934.5	1 253	1984	3 674.5	10 202.2	2 125.6
1982	2 867.9	7 171.0	1 493	1985	4 589.0	11 962.5	2 641
1983	3 182.5	8 964.4	1 709	1986	5 175.0	14 928.3	3 098

续表

年份	CS	GDP	IV	年份	CS	GDP	IV
1987	5 961.2	16 909.2	3 742	1996	32 152.3	67 884.6	23 336.1
1988	7 633.1	18 547.9	4 624	1997	34 854.6	74 462.6	25 154.2
1989	8 523.5	21 617.8	4 339	1998	36 921.1	78 345.2	27 630.8
1990	9 113.2	26 638.1	4 732	1999	39 334.4	82 067.5	29 475.5
1991	10 315.9	5 934.5	5 940	2000	42 895.6	89 468.1	32 623.8
1992	12 459.8	7 171.0	8 317	2001	45 898.1	97 314.8	36 813.3
1993	15 682.4	34 634.4	12 980.0	2002	48 881.6	105 172.3	41 918.3
1994	20 809.8	46 759.4	16 856.3	2003	52 685.5	117 390.2	51 303.9
1995	26 944.5	58 478.1	20 300.5	2004	58 994.5	136 875.9	62 351.4

解答 模型中消费 CS 是随机变量。因为 CS 是国内生产总值 GDP 的一个重要组成部分,所以 GDP 也应该是随机变量。应该选择一个工具变量设法替代变量 GDP。投资 IV 是 GDP 的一部分,与 GDP 高度相关,可以选择 IV 做 GDP 的工具变量。

利用 EViews 软件对模型进行估计。在 EViews 窗口选择"Quick\Estimate Equation",出现 Estimate Equation 对话框,在 Estimate Setting 栏的 Methods 选项中选择"TSLS"(二阶段最小二乘法),从而打开如图 7-2 的对话框。在 Equation Specification 栏输入"LOG (CS) C LOG(GDP)",在 Instrument list 栏中输入"LOG(IV)",单击 OK 键,得表 7-12 所示输出结果。

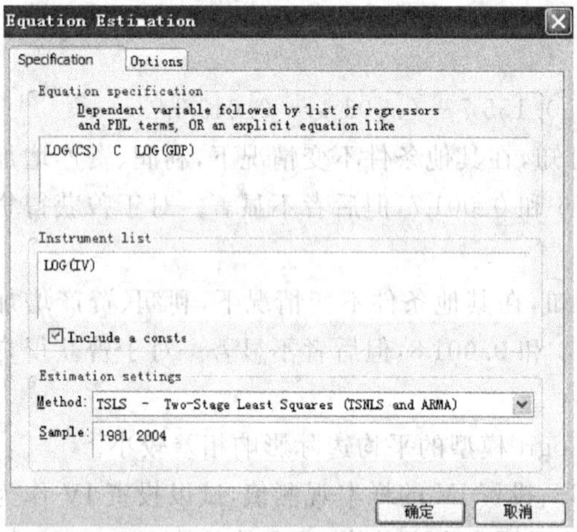

图 7-2 选择工具变量法(选择 TSLS 估计方法)对话框

表 7-12 回归结果

Dependent Variable: LOG(CS)
Method: Two-Stage Least Squares
Date: 10/14/17 Time: 20:42
Sample: 1981 2004
Included observations: 24
Instrument specification: LOG(IV)
Constant added to instrument list

Variable	Coefficient	Std. Error	t-Statistic	Prob.
C	-1.326518	0.967645	-1.370873	0.1842
LOG(GDP)	1.056325	0.093510	11.29643	0.0000

R-squared	0.828761	Mean dependent var	9.556273
Adjusted R-squared	0.820977	S.D. dependent var	1.050362
S.E. of regression	0.444419	Sum squared resid	4.345188
F-statistic	127.6094	Durbin-Watson stat	1.169007
Prob(F-statistic)	0.000000	Second-Stage SSR	0.171029
J-statistic	0.000000	Instrument rank	2

由此可得消费函数的估计方程为

$$\ln \widehat{CS}_t = -1.3265 + 1.0563 \ln GDP_t$$

$$t = (-1.3709) \quad (11.2964)$$

$$R^2 = 0.8288 \quad F = 127.6094 \quad DW = 1.171$$

工具变量法还可以直接利用 EViews 软件中的 TSLS 命令，本例中，在命令窗口输入

TSLS　log(CS)　C　log(GDP)　@　C　log(IV)

其中，C 代表常数(EViews 软件规定 C 为常数项)，则输出同样结果。

7.4　习题

7.4.1　单项选择题

1. 虚拟变量(　　)。

A. 主要代表质的因素，但在有些情况下可以用来代表数量因素

B. 只能代表质的因素

C. 只能代表数量因素

D. 只能代表季节影响因素

2. 某商品需求函数为 $y_i=b_0+b_1x_i+u_i$，其中 y 为需求量，x 为价格，为了考虑“城乡”(农村、城市)和“季节”(春、夏、秋、冬)两个因素的影响，拟引入虚拟变量，则应引入虚拟变量的个数为(　　)。

A. 2　　B. 4　　C. 5　　D. 6

3. 根据样本资料建立某消费函数如下：$\hat{C}_t=100.50+55.35D+0.45x_t$，其中 C 为消费，x 为收入，虚拟变量 $D=\begin{cases}1 & \text{城镇家庭}\\ 0 & \text{农村家庭}\end{cases}$，所有参数均检验显著，则城镇家庭消费函数为(　　)。

A. $\hat{C}_t=155.85+0.45x_t$　　B. $\hat{C}_t=100.50+0.45x_t$

C. $\hat{C}_t=100.50+55.35x_t$　　D. $\hat{C}_t=100.95+55.35x_t$

4. 假设某需求函数 $y_i=b_0+b_1x_i+u_i$，为了考虑“季节”因素(春、夏、秋、冬)，引入 4 个虚拟变量形成变截距模型，则模型的(　　)。

A. 参数估计量将达到最大精度　　B. 参数估计量是有偏估计量

C. 参数估计量是非一致估计量　　D. 参数将无法估计

5. 对于模型 $y_i=b_0+b_1x_i+u_i$，为了考虑“地区”因素(北方、南方)，引入 2 个虚拟变量形成变截距模型，则会产生(　　)。

A. 自相关性　　B. 异方差性

C. 完全多重共线性　　D. 不完全多重共线性

6. 如果一个回归模型中不包含截距项，则对季节因素需要引入虚拟变量的个数为(　　)。

A. 3　　B. 4　　C. 2　　D. 5

7. 设消费函数 $y_i=a_0+a_1D+b_0x_i+b_1D\cdot x_i+u_i$，其中虚拟变量 $D=\begin{cases}1 & \text{城镇家庭}\\ 0 & \text{农村家庭}\end{cases}$，当统计检验表明下列哪项成立时，表示城镇家庭与农村家庭有一样的消费行为(　　)。

A. $a_1=0, b_1=0$　　B. $a_1=0, b_1\neq 0$　　C. $a_1\neq 0, b_1=0$　　D. $a_1\neq 0, b_1\neq 0$

8. 设消费函数 $y_i=a_0+a_1D_{1i}+a_2D_{2i}+a_3D_{3i}+bx_i+u_i$,其中 y 为消费,x 为收入,$D_1=\begin{cases}1 & \text{第一季度}\\0 & \text{其他季度}\end{cases}$,$D_2=\begin{cases}1 & \text{第二季度}\\0 & \text{其他季度}\end{cases}$,$D_3=\begin{cases}1 & \text{第三季度}\\0 & \text{其他季度}\end{cases}$,该模型中包含了几个质的影响因素(　　)。

A. 1　　B. 2　　C. 3　　D. 4

9. 设消费函数 $y_i=a_0+a_1D+bx_i+u_i$,其中虚拟变量 $D=\begin{cases}1 & \text{北方}\\0 & \text{南方}\end{cases}$,如果统计检验表明 $a_1=0$ 成立,则北方的消费函数与南方的消费函数是(　　)。

A. 相互平行的　　B. 相互垂直的　　C. 相互交叉的　　D. 相互重叠的

10. 由于引入虚拟变量,回归模型的截距项和斜率都发生变换,则这种模型称为(　　)。

A. 平行回归模型　　B. 重合回归模型　　C. 混合回归模型　　D. 相异回归模型

11. 假定月收入水平在 1 000 元以内时,居民边际消费倾向维持在某一水平,当月收入水平达到或超过 1 000 元时,边际消费倾向将明显下降,则描述消费(C)依收入(I)变动的线性关系宜采用(　　)。

A. $C_t=a_0+b_1I_t+b_2D\cdot I_t+u_t$,$D=\begin{cases}0 & I<1\,000\\1 & I\geqslant 1\,000\end{cases}$

B. $C_t=a_0+b_1D+b_2I_t+u_t$,$D=\begin{cases}0 & I<1\,000\\1 & I\geqslant 1\,000\end{cases}$

C. $C_t=a_0+b_1(I_t-I^*)+u_t$,$I^*=1\,000$

D. $C_t=a_0+b_1I_t+b_2(I_t-I^*)D+u_t$,$I^*=1\,000$,$D=\begin{cases}0 & I<1\,000\\1 & I\geqslant 1\,000\end{cases}$

12. 当质的因素引进计量经济模型时,需要使用(　　)。

A. 外生变量　　B. 前定变量　　C. 内生变量　　D. 虚拟变量

13. 对于含有截距项的计量经济模型,若想将一个含有 m 个互斥类型的定性因素引入模型中,则应该引入的虚拟变量个数为(　　)。

A. m　　B. $m-1$　　C. $m+1$　　D. $m-k$

14. 一个回归模型中不包含截距项,若将一个具有 m 个不同性质的质的因素引入计量经济模型,则虚拟变量数目为(　　)。

A. m　　B. $m-1$　　C. $m-2$　　D. $m+1$

15. 对违背零均值的情况可采用引入虚拟变量的方法,这时会对下列某项产生影响(　　)。

A. 斜率系数　　B. 截距项　　C. 解释变量　　D. 模型的结构

16. 设某计量经济模型为:$y_t=\alpha+\beta D_t+u_t$,其中 y_t 为大学教授年薪,$D_t=\begin{cases}1 & \text{男教授}\\0 & \text{女教授}\end{cases}$,则对于参数 α、β 的含义,下列解释不正确的是(　　)。

A. α 表示大学女教授的平均年薪

B. β 表示大学男教授的平均年薪

C. $\alpha+\beta$ 表示大学男教授的平均年薪

D. β 表示大学男教授和女教授平均年薪的差额

17. 在经济发展发生转折时期，可以通过引入虚拟变量方法来表示这种变化。例如，研究中国城镇居民消费函数时。1991 年前后，城镇居民商品性实际支出 y 对实际可支配收入 x 的回归关系明显不同。现以 1991 年为转折时期，设虚拟变量 $D_t=\begin{cases}1 & \text{1991 年以前}\\0 & \text{1991 年以后}\end{cases}$，数据散点图显示消费函数发生了结构性变化：基本消费部分下降了，边际消费倾向变大了。则城镇居民线性消费函数的理论方程为(　　)。

A. $y_t=b_0+b_1x_t+u_t$　　B. $y_t=b_0+b_1x_t+b_3D_t\cdot x_t+u_t$

C. $y_t=b_0+b_1x_t+b_2D_t+u_t$　　D. $y_t=b_0+b_1x_t+b_2D_t+b_3D_t\cdot x_t+u_t$

18. 随机解释变量问题分为三种情况，下列哪一种不是？(　　)

A. 随机解释变量与随机误差项独立

B. 随机解释变量与随机误差项同期无关但异期相关

C. 随机解释变量与随机误差项同期相关

D. 随机解释变量与随机误差项高度相关

19. 在计量经济模型中，被认为具有一定概率分布的随机变量是(　　)。

A. 内生变量　　B. 外生变量　　C. 虚拟变量　　D. 解释变量

20. 如果模型中出现随机解释变量并且与随机误差项相关时，最常用的估计方法是(　　)。

A. 普通最小二乘法　　B. 加权最小二乘法

C. 差分法　　D. 工具变量法

21. 以下哪种情况下，模型 $y_i=b_0+b_1x_i+u_i$ 的 OLS 估计量既不具备无偏性，也不具备一致性？(　　)

A. x_i 为非随机变量　　B. x_i 为非随机变量，与 u_i 不相关

C. x_i 为随机变量，但与 u_i 不相关　　D. x_i 为随机变量，与 u_i 相关

22. 如果模型包含随机解释变量，且与随机误差项在大样本下渐近无关，则普通最小二乘估计量是(　　)。

A. 无偏估计量　　B. 有效估计量

C. 一致估计量　　D. 最佳线性无偏估计量

23. 假设回归模型为 $y_i=b_0+b_1x_i+u_i$，其中 x_i 为随机变量，x_i 与 u_i 相关，则 b_1 的普通最小二乘估计量(　　)。

A. 无偏且一致　　B. 无偏但不一致　　C. 有偏但一致　　D. 有偏且不一致

24. 当解释变量中包含随机变量时，以下哪一种情况不可能出现？(　　)

A. 参数估计量无偏　　B. 参数估计量渐近无偏

C. 参数估计量有偏　　D. 随机误差项自相关，但仍可用 DW 检验

25. 在工具变量的选取中，以下哪一个条件不是必需的？(　　)

A. 与所替代的随机解释变量高度相关　　B. 与随机误差项不相关

C. 与模型中的其他解释变量不相关　　D. 与被解释变量存在因果关系

7.4.2 多项选择题

1. 引入虚拟变量的基本方式有(　　)。

A. 加法方式　　B. 减法方式　　C. 乘法方式

D. 除法方式　　E. 乘方方式

2. 关于虚拟变量,下列表述正确的有(　　)。

A. 定性因素的数量化　　B. 一般情况下取值为0和1

C. 只能代表质的因素　　D. 在有些情况下可代表数量因素

E. 只能代表数量因素

3. 在线性模型中引入虚拟变量,可以反映(　　)。

A. 截距项变动　　B. 斜率变动　　C. 斜率与截距项同时变动

D. 分段回归　　E. 以上都可以

4. 关于虚拟变量,下列表述正确的有(　　)。

A. 把定性(或属性)因素变化数量化

B. 一般情况下取值为0和1

C. 当定性因素有 m 个不同属性时,引入 $m-1$ 个虚拟变量

D. 在设置虚拟变量时,基础类型、否定类型通常取值为0

E. 在单一方程中,虚拟变量可以作为解释变量,也可以作为被解释变量

5. 引入虚拟变量 D 的线性回归模型 $y_t=b_0+b_1x_t+b_2D_t(x_t-x^*)+u_t$,该模型(　　)。

A. 是 y_t 对 x_t 的分段回归模型

B. 以 $x_t=x^*$ 为界,前后两段回归直线的斜率不同

C. 以 $x_t=x^*$ 为界,前后两段回归直线的截距不同

D. 以一个模型反映两条截距、斜率均不相同的直线,但在界点 $x_t=x^*$ 不连续

E. 以一个模型反映两条截距、斜率均不相同的直线,但在界点 $x_t=x^*$ 连续

6. 对美国储蓄与收入关系的计量经济模型分成两个时期分别建模,重建时期是1946—1954年,重建后时期是1955—1963年,模型如下。

重建时期:$y_t=b_1+b_2x_t+u_{1t}$;重建后时期:$y_t=b_3+b_4x_t+u_t$

关于上述模型,下列说法正确的是(　　)。

A. $b_1=b_3, b_2=b_4$ 时称为重合回归

B. $b_1\neq b_3, b_2=b_4$ 时称为平行回归

C. $b_1=b_3, b_2\neq b_4$ 时称为共点回归

D. $b_1\neq b_3, b_2\neq b_4$ 时称为相异回归

E. $b_1\neq b_3, b_2=b_4$ 时,表明两个模型没有差异

7. 关于衣着消费支出的模型为:$y_t=a_0+a_1x_t+a_2D_{2t}+a_3D_{3t}+a_4D_{2t}D_{3t}+bx_t+u_t$,其中 y_t 为衣着方面的年度支出;x_t 为收入;$D_{2t}=\begin{cases}1 & \text{女性}\\0 & \text{男性}\end{cases}$;$D_{3t}=\begin{cases}1 & \text{大学以上}\\0 & \text{其他}\end{cases}$。则关于

模型中的参数下列说法正确的是(　　)。

A. a_2 表示在保持其他条件不变时，女性比男性在衣着消费支出方面多支出(或少支出)的差额

B. a_3 表示在保持其他条件不变时，大学文凭及以上比其他学历者在衣着消费支出方面多支出(或少支出)的差额

C. a_4 表示在保持其他条件不变时，女性大学及以上文凭者比男性大学以下文凭者在衣着消费支出方面多支出(或少支出)的差额

D. a_4 表示在保持其他条件不变时，女性比男性大学以下文凭者在衣着消费支出方面多支出(或少支出)的差额

E. a_4 表示性别和学历两种属性变量对衣着消费支出的交互影响

8. 存在随机解释变量的情形包括(　　)。

A. 滞后被解释变量作解释变量

B. 滞后解释变量作解释变量

C. 与被解释变量存在双向因果关系的变量作解释变量

D. 与随机误差项相关的变量作解释变量

E. 与随机误差项不相关的变量作解释变量

9. 选择工具变量的要求是(　　)。

A. 工具变量必须是有明确经济含义的外生变量

B. 工具变量与所替代的随机解释变量高度相关

C. 工具变量与随机误差项不相关

D. 工具变量与模型中其他解释变量不相关，以避免出现多重共线性

E. 模型中多个工具变量之间不相关

10. 工具变量估计量是(　　)。

A. 无偏估计量　　B. 有偏估计量　　C. 一致估计量

D. 非一致估计量　　E. 有效估计量

11. 随机解释变量问题主要分为三种情况(　　)。

A. 随机解释变量与随机误差项相互独立

B. 随机解释变量与随机误差项同期无关但异期相关

C. 随机解释变量与随机误差项同期相关

D. 随机解释变量与模型中其他解释变量高度相关

E. 随机解释变量与随机误差项同期相关，且随机误差项存在自相关

12. 随机解释变量 x 产生的后果主要取决于它与随机误差项 u 是否相关，以及相关的性质，以下说法正确的是(　　)。

A. 如果 x 与 u 相互独立，则参数的 OLS 估计量是无偏一致估计量

B. 如果 x 与 u 相互独立，则参数的 OLS 估计量是有偏非一致估计量

C. 如果 x 与 u 同期不相关，异期相关，则参数的 OLS 估计量在小样本下是有偏的，在大样本下具有一致性

D. 如果 x 与 u 同期相关，则参数的 OLS 估计量在小样本下是有偏的、非一致的，在大样本下是无偏的、一致的

E. 如果x与u同期相关,则无论是小样本还是大样本,参数的OLS估计量均是有偏且非一致的

7.4.3 判断题

1. 虚拟变量只能作为解释变量。 ( )

2. 若引入虚拟变量是为了反映截距项的变动,则应以加法方式引入虚拟变量。( )

3. 通过虚拟变量将属性因素引入计量经济模型,引入虚拟变量的个数仅与样本容量大小有关。 ( )

4. 虚拟解释变量的取值一般为0或1。 ( )

5. 虚拟变量系数显著性检验与其他解释变量是一样的。 ( )

6. 假定个人服装支出与收入水平和性别有关,由于性别是具有两种属性(男、女)的定性因素,因此,用虚拟变量回归方法分析性别对服装支出的影响时,需要引入两个虚拟变量。 ( )

7. 在含有虚拟变量的计量模型中,虚拟变量的值只能取1或0。 ( )

8. 含有随机解释变量的线性回归模型,其普通最小二乘估计量都是有偏的。 ( )

9. 当随机解释变量与随机误差项相关时,如果仍用最小二乘法估计,则估计量有偏且非一致。 ( )

10. 工具变量替代随机解释变量后,实际上是工具变量变成了解释变量。 ( )

11. 工具变量法是回归模型出现随机解释变量时采用的一种估计方法,该方法改变了原模型。 ( )

12. 工具变量法对回归模型进行的参数估计是一致的。 ( )

13. 工具变量法对回归模型进行的参数估计是无偏估计量。 ( )

14. 随机解释变量与工具变量是一一对应的关系。 ( )

7.4.4 简述题、分析与计算题

1. 什么是虚拟变量? 它在模型中有什么作用?

2. 引入虚拟解释变量的两种基本方式是什么? 它们各适用于什么情况?

3. 利用月度数据资料,为了检验下面的假设,应引入多少个虚拟解释变量?

(1) 一年里的12个月全部表现出季节模式;

(2) 只有2月、4月、6月、8月、10月和12月表现出季节模式。

4. 引入虚拟变量的背景是什么? 含有虚拟被解释变量模型的估计方法有哪些?

5. 为什么说普通最小二乘法一般不是估计虚拟被解释变量模型的好方法?

6. 产生随机解释变量的原因是什么? 随机解释变量会造成哪些后果?

7. 什么是工具变量法? 为什么说它是克服随机解释变量问题的有效方法? 简述工具变量法的步骤以及工具变量法存在的缺陷。

8. 根据某种商品销售量和个人收入的季度数据建立如下模型:

$$Y_t = b_1 + b_2 D_{1t} + b_3 D_{2t} + b_4 D_{3t} + b_4 D_{4t} + b_5 x_t + u_t$$

式中，定义虚拟变量 D_{it} 为第 i 季度其数值取1，其余为0，这时会发生什么问题，参数是否能够用最小二乘法进行估计？

9. 根据美国1961年第一季度至1977年第二季度的数据，我们得到如下的咖啡需求函数的回归方程：

$$\ln \hat{Q}_t = 1.2789 - 0.1647\ln P_t + 0.5115\ln I_t + 0.1483\ln P'_t - 0.0089T -$$
$$t = (-2.14)\ (1.23)\qquad (0.55)\qquad (-3.36)\qquad (-3.74)$$
$$0.0961D_{1t} - 0.157D_{2t} - 0.0097D_{3t}$$
$$(-6.03)\qquad (-0.37)$$
$$R^2 = 0.80$$

式中，Q=人均咖啡消费量，P=咖啡的价格，I=人均可支配收入，P'=茶的价格，T=时间趋势变量(1961年第一季度为1，…，1977年第二季度为66…)，$D_1=1$：第一季度；$D_2=1$：第二季度；$D_3=1$：第三季度。请回答以下问题：(1)模型中 P、I 和 P' 的系数的经济含义是什么？(2)咖啡的需求是否富有弹性？(3)咖啡和茶是互补品还是替代品？(4)你如何解释时间变量 T 的系数？(5)你如何解释模型中虚拟变量的作用？(6)哪一个虚拟变量在统计上是显著的？(7)咖啡的需求是否存在季节效应？

10. 考虑如下回归模型：

$$Y_t = b_1 + b_2D_{2t} + b_3D_{3t} + b_4(D_{2t}D_{3t}) + b_5x_t + u_t$$

式中，Y=大学教师的年收入；X=教学年限；

$$D_2 = \begin{cases} 1 & \text{男性} \\ 0 & \text{女性} \end{cases},\quad D_3 = \begin{cases} 1 & \text{白人} \\ 0 & \text{其他人种} \end{cases}$$

请回答以下问题：(1)b_4 的含义是什么？(2)求 $E(Y_t|D_2=1,D_3=1,x_t)$。

11. 家庭消费支出 C 除了依赖家庭收入 Y 之外，还同下列因素有关：(1)家庭所属民族，有汉、蒙、满、回；(2)家庭所在地域，有南方、北方；(3)户主的文化程度，有大专以下、本科、研究生。试根据以上资料分析确定家庭消费支出的线性回归模型。

12. 设某饮料需求 Y 依赖于收入 X 的变化外，还存在：(1)“地区”(农村、城市)因素影响其截距水平；(2)“季节”(春、夏、秋、冬)因素影响其截距和斜率。试分析确定该种饮料需求的线性回归模型。

13. 需求 Q 依收入 I 和价格 P 的变化是线性的：

$$Q_t = \alpha_0 + \alpha_1 I_t - \alpha_2 P_t + u_t$$

如果在 $P \geqslant P_0$ 时和 $P < P_0$ 时，P 对 Q 的影响有显著差异，并且 α_1 是随着时间变化而线性变化的，则如何修正以上模型。

14. 表7-13给出了1993—1996年服装季度销售额的原始数据。

表7-13　服装季度销售额数据　　　　百万元

年份	一季度	二季度	三季度	四季度
1993	4 190	4 927	6 843	6 912
1994	4 521	5 522	5 350	7 204
1995	4 902	5 912	5 972	7 987
1996	5 458	6 359	6 501	8 607

现考虑如下模型：

$$S_t = b_1 + b_2 D_{2t} + b_3 D_{3t} + b_4 D_{4t} + u_t$$

式中，$D_2=1$：第二季度；$D_3=1$：第三季度；$D_4=1$：第四季度；$S=$销售额。请回答以下问题：

(1)估计此模型；(2)解释 b_1, b_2, b_3, b_4；(3)如何消除数据的季节性？

15. 表7-14给出了1965—1970年美国制造业利润和销售额的季度数据。

假定利润不仅与销售额有关，而且和季度因素有关。要求：

(1) 如果认为季度影响使利润平均值发生变异，应当如何引入虚拟变量？

(2) 如果认为季度影响使利润对销售额的变化率发生变异，应当如何引入虚拟变量？

(3) 如果认为上述两种情况都存在，又应当如何引入虚拟变量？

(4) 对上述三种情况分别估计利润模型，进行对比分析。

表7-14　1965—1970年美国制造业利润和销售额的季度数据

年份	季度	利润(y)	销售额(x)	年份	季度	利润(y)	销售额(x)
1965—	1	10 503	114 862	1968—	1	12 539	148 862
	2	12 092	123 968		2	14 849	153 913
	3	10 834	123 545		3	13 203	155 727
	4	12 201	131 917		4	14 947	168 409
1966—	1	12 245	129 911	1969—	1	14 151	162 781
	2	14 001	140 976		2	15 949	176 057
	3	12 213	137 828		3	14 024	172 419
	4	12 820	145 465		4	14 315	183 327
1967—	1	11 349	136 989	1970—	1	12 381	170 415
	2	12 615	145 126		2	13 991	181 313
	3	11 014	141 536		3	12 174	176 712
	4	12 730	151 776		4	10 985	180 370

16. 以变量 z 作为模型 $y_t = b_0 + b_1 x_t + u_t$ 中 x 的工具变量。

(1) 说明 z 应具备什么条件；

(2) 写出工具变量法估计参数的正规方程组；

(3) 说明普通最小二乘法是一种特殊的工具变量法。

17. 某国的政府税收 T(百万美元)、国内生产总值GDP(10亿美元)和汽车数量 Z(百万辆)的观测数据如表7-15所示。

表7-15　某国政府税收、GDP和汽车数量数据

序号	1	2	3	4	5	6	7	8	9
T	3	2	5	6	4	5	7	9	9
GDP	4	1	7	8	5	7	8	11	10
Z	5	2	6	7	5	6	6	7	7

以汽车数量作为GDP的工具变量，估计税收函数：

$$T_t = b_0 + b_1 \mathrm{GDP}_t + u_t$$

18. 表 7-16 是南开大学国际经济研究所 1999 级研究生考试分数及录取情况数据表 ($n=97$)。定义变量 SCORE：考生考试分数；变量 Y：考生录取为 1，未录取为 0；虚拟变量 D_1：应届生为 1，非应届生为 0。

表 7-16　数据表

样本	Y	SCORE	D_1	样本	Y	SCORE	D_1	样本	Y	SCORE	D_1
1	1	401	1	34	0	332	1	67	0	275	0
2	1	401	0	35	0	332	1	68	0	273	0
3	1	392	1	36	0	332	1	69	0	273	1
4	1	387	0	37	0	331	1	70	0	272	1
5	1	384	1	38	0	330	1	71	0	267	0
6	1	379	0	39	0	328	1	72	0	266	1
7	1	378	0	40	0	328	1	73	0	263	1
8	1	378	0	41	0	328	1	74	0	261	1
9	1	376	1	42	0	321	1	75	0	260	0
10	1	371	0	43	0	321	1	76	0	256	0
11	1	362	0	44	0	318	1	77	0	252	0
12	1	362	1	45	0	318	0	78	0	252	1
13	1	361	1	46	0	316	1	79	0	245	1
14	0	359	1	47	0	308	0	80	0	243	1
15	0	358	1	48	0	308	1	81	0	242	0
16	1	356	1	49	0	304	0	82	0	241	0
17	0	356	1	50	0	303	1	83	0	239	1
18	0	355	1	51	0	303	1	84	0	235	0
19	0	354	1	52	0	299	1	85	0	232	0
20	0	354	0	53	0	297	1	86	0	228	1
21	0	353	1	54	0	294	0	87	0	219	1
22	0	350	0	55	0	293	1	88	0	219	1
23	0	349	0	56	0	293	1	89	0	214	1
24	0	349	0	57	0	292	0	90	0	210	1
25	0	348	1	58	0	291	1	91	0	204	1
26	0	347	1	59	0	291	1	92	0	198	0
27	0	347	1	60	0	287	1	93	0	189	1
28	0	344	1	61	0	286	1	94	0	188	1
29	0	339	1	62	0	286	0	95	0	182	1
30	0	338	0	63	0	282	1	96	0	166	1
31	0	338	1	64	0	282	1	97	0	123	0
32	0	336	1	65	0	282	0				
33	0	334	0	66	0	278	0				

(1) 根据表 7-16 所给数据建立二元离散 Probit 模型和 Logit 模型，对模型拟合优度和总体显著性进行检验。

(2) 利用估计的 Probit 模型和 Logit 模型进行预测，如果某一考生为应届生且考试分数为 360，则该考生被录取的概率有多大？

7.5 习题答案

7.5.1 单项选择题

1. A　2. B　3. A　4. D　5. C　6. B　7. A　8. A　9. D　10. D
11. D　12. D　13. B　14. A　15. B　16. B　17. D　18. D　19. A　20. D
21. D　22. C　23. D　24. D　25. D

7.5.2 多项选择题

1. AC　2. ABD　3. ABCDE　4. ABCDE　5. ABCE　6. ABCD
7. ABE　8. AC　9. ABCDE　10. BC　11. ABC　12. ACE

7.5.3 判断题

1. ×　2. √　3. ×　4. √　5. √　6. ×　7. ×　8. ×　9. √　10. ×
11. ×　12. √　13. ×　14. ×

7.5.4 简述题、分析与计算题

1. **解答**　虚拟变量的含义及作用见本章内容提要。

2. **解答**　虚拟变量的引入方式及适用情况见本章内容提要。

3. **解答**　(1) 一年里的 12 个月全部表现出季节模式,如果模型中包含截距,则引入 11 个虚拟变量；如果没有截距,则引入 12 个虚拟变量。

(2) 只有 2 月、4 月、6 月、8 月、10 月和 12 月表现出季节模式,如果模型中包含截距,则引入 5 个虚拟解释变量；如果没有截距,则引入 6 个虚拟变量。

4. **解答**　(1) 在现实经济现象中,被解释变量不仅受到一些可以直接度量的变量的影响,还受到一些定性(或属性)因素的影响,而且这些定性因素对被解释变量有着不可忽视的重要影响。为了将这类定性(或属性)因素与可以直接度量的变量一起纳入回归模型,通过将定性(或属性)因素定量化以后引入回归模型。

(2) 对线性概率模型可以采用加权最小二乘法进行估计；对于非线性概率模型,如 Probit 模型和 Logit 模型可以采用极大似然法进行估计。若样本容量足够大,也可以采用加权最小二乘法进行估计。

5. **解答**　线性概率模型是不能运用 OLS 法直接对参数进行估计。原因在于：第一,虚拟被解释变量 y_i 取值为 1 的平均概率为 $\hat{p}_i=\hat{P}(y_i=1)=\boldsymbol{x}_i'\hat{\boldsymbol{B}}$,$\boldsymbol{x}_i'\hat{\boldsymbol{B}}$的值并不能保证在 0 和 1 之间,而概率值 $\hat{p}_i$ 必须位于 0 和 1 之间,这是对线性概率模型运用 OLS 法估计存在的实际问题。第二,随机误差项 u_i 不服从正态分布。第三,随机误差项 u_i 存在异方差性。

对于非线性概率模型，如 Probit 模型和 Logit 模型，虚拟被解释变量 y_i 取值为 1 的平均概率关于解释变量(与参数)是非线性关系，随着解释变量的变化而变化，因此，非线性概率模型也不能运用 OLS 法直接对参数进行估计。

6. **解答** 随机解释变量的来源及后果见本章内容提要。

7. **解答** 所谓工具变量法，就是在进行参数估计的过程中选择适当的替代变量，代替回归模型中同随机误差项存在相关性的随机解释变量。

工具变量法是克服随机解释变量问题比较有效的方法。因为工具变量是有明确经济含义的外生变量，它与所替代的随机解释变量高度相关，而与随机误差项不相关，与模型中的其他解释变量也不相关，因此利用工具变量代替回归模型中同随机误差项存在相关性的随机解释变量，它满足了线性模型的基本假定。

工具变量法的主要步骤及缺陷见本章内容提要。

8. **解答** 由于 $D_{1t}+D_{2t}+D_{3t}+D_{4t}=1$，所以 $D_{1t}, D_{2t}, D_{3t}, D_{4t}$ 之间完全共线性，此时最小二乘法将不适用。

9. **解答** (1) 从咖啡需求函数的回归方程看，P 的系数 -0.1647 表示咖啡需求价格弹性，I 的系数 0.511 5 表示咖啡需求收入弹性，P' 的系数 0.148 3 表示咖啡需求交叉价格弹性。

(2) 咖啡需求价格弹性绝对值小于 1，表明咖啡是缺乏弹性的。

(3) P' 的系数大于 0，表明咖啡与茶属于替代品。

(4) 从时间变量 T 的系数为 -0.0089 来看，咖啡的需求量应该是逐年减少的，但减少的速度很慢。

(5) 虚拟变量在本模型中表示咖啡需求受季节因素的影响。

(6) 从各参数的 t 检验看，第一季度和第二季度的虚拟变量在统计上是显著的。

(7) 咖啡的需求存在季节效应，回归方程显示第一季度和第二季度的需求量比其他季节少。

10. **解答** (1) $D_{2t}\cdot D_{3t}$ 表示既是男性教师，又是白人；

(2) b_4 反映了白人男性教师与其他教师的年薪差别；

(3) $E(Y_t \mid D_2=1, D_3=1, x_t)=b_1+b_2+b_3+b_4+b_5 x_t$。

11. **解答** “民族”因素有 4 个特征，引入 3 个虚拟变量：$D_1=\begin{cases}1 & \text{蒙古族}\\ 0 & \text{其他}\end{cases}$，$D_2=\begin{cases}1 & \text{满族}\\ 0 & \text{其他}\end{cases}$，$D_3=\begin{cases}1 & \text{回族}\\ 0 & \text{其他}\end{cases}$；“地域”因素有 2 个特征，引入 1 个虚拟变量：$D_4=\begin{cases}1 & \text{南方}\\ 0 & \text{其他}\end{cases}$；“文化程度”因素有 3 个特征，引入 2 个虚拟变量：$D_5=\begin{cases}1 & \text{本科}\\ 0 & \text{其他}\end{cases}$，$D_6=\begin{cases}1 & \text{研究生}\\ 0 & \text{其他}\end{cases}$。考虑到以上 3 个质的因素后，消费函数为

$$C_t = a_0 + b_0 Y_t + \sum_{i=1}^{6} b_i D_{it} + u_t$$

或者

$$C_t = a_0 + b_0 Y_t + \sum_{i=1}^{6} b_i D_{it} + \sum_{i=1}^{6} a_i D_{it} Y_t + u_t$$

12. **解答** “地域”因素有 2 种状态,引入 1 个虚拟变量:$D_1=\begin{cases}1 & \text{城市}\\ 0 & \text{农村}\end{cases}$。“季节”因素有 4 种状态,引入 3 个虚拟变量:$D_2=\begin{cases}1 & \text{春季}\\ 0 & \text{其他}\end{cases}$,$D_3=\begin{cases}1 & \text{夏季}\\ 0 & \text{其他}\end{cases}$,$D_4=\begin{cases}1 & \text{秋季}\\ 0 & \text{其他}\end{cases}$。依题意,$D_1$ 仅影响其截距,D_2,D_3,D_4 既影响截距,又影响斜率,为此,设定该种饮料需求函数为

$$Y_t = a_0 + b_0 X_t + \sum_{i=1}^{4} a_i D_{it} + \sum_{i=2}^{4} b_i D_{it} X_t + u_t$$

13. **解答** 如果在 $P \geqslant P_0$ 和 $P < P_0$ 时,P 对 Q 的影响有显著差异,则可以设置虚拟变量 D

$$D=\begin{cases}0 & P < P_0\\ 1 & P \geqslant P_0\end{cases}$$

要体现 α_1 随着时间变化而线性变化的状况,应取时间作为影响模型参数的外生变量,设置 $\alpha_1=\beta_0+\beta_1\cdot t$。因此,原模型 $Q_t=\alpha_0+\alpha_1 I_t-\alpha_2 P_t+u_t$ 可以修正为

$$Q_t = \alpha_0 + (\beta_0 + \beta_1 \cdot t) I_t - \alpha_2 P_t + \alpha_3 D_t + \alpha_4 D_t \cdot (P_t - P_0) + u_t$$

14. **解答** (1) 由于受季节影响,每年第四季度的服装销售额大大高于其他季度,可设置三个季节变量如下:

$$D_2=\begin{cases}1 & \text{第二季度}\\ 0 & \text{其他}\end{cases};\quad D_3=\begin{cases}1 & \text{第三季度}\\ 0 & \text{其他}\end{cases};\quad D_4=\begin{cases}1 & \text{第四季度}\\ 0 & \text{其他}\end{cases}$$

在 EViews 软件中,首先生成 3 个季度的虚拟变量数据,生成 D_2 数据的 EViews 命令是“GENR D2= @SEAS(2)”,D_3、D_4 类似。其次在命令窗口输入命令“LS S C D2 D3 D4”,得到如下回归方程:

$$\hat{S}_t = 4\,767.75 + 912.25 D_{2t} + 1\,398.75 D_{3t} + 2\,909.75 D_{4t}$$
$$t = (14.713\,6) \quad (1.990\,7) \quad (3.052\,3) \quad (6.349\,6)$$
$$\bar{R}^2 = 0.723\,7 \quad \mathrm{DW} = 1.272\,7 \quad F = 14.099\,4$$

从估计结果来看,模型拟合优度较高,F 统计量对应的 p 值小于 1%,说明回归方程是显著的,1 个回归系数的 t 统计量对应的 p 值小于 7%,3 个回归系数的 t 统计量对应的 p 值小于 5%,说明各回归系数在统计上是显著的。

(2) $\hat{b}_1=4\,767.75$ 表示第一季度的平均销售额为 4 767.75 百万元;$\hat{b}_2=912.25$、$\hat{b}_3=1\,398.75$、$\hat{b}_4=2\,909.75$ 依次表示第二、三、四季度比第一季度的销售额平均高出 912.25、1 398.75、2 909.75(百万元)。

在上述估计结果中,去掉常数项,可以引入四个虚拟变量,其中 D_1 表示第一季度,得到回归结果如表 7-17 所示。

上述回归模型显著成立,拟合优度较高,四个回归系数显著不为零,表示服装销售额受到每个季度因素的影响,$\hat{b}_1=4\,767.75$、

表 7-17 回归结果

Dependent Variable: S
Method: Least Squares
Date: 11/18/17 Time: 16:40
Sample: 1993Q1 1996Q4
Included observations: 16

Variable	Coefficient	Std. Error	t-Statistic	Prob.
D1	4767.750	324.0365	14.71362	0.0000
D2	5680.000	324.0365	17.52889	0.0000
D3	6166.500	324.0365	19.03026	0.0000
D4	7677.500	324.0365	23.69332	0.0000

R-squared	0.778998	Mean dependent var	6072.938
Adjusted R-squared	0.723747	S.D. dependent var	1233.022
S.E. of regression	648.0731	Akaike info criterion	15.99820
Sum squared resid	5039985.	Schwarz criterion	16.19135
Log likelihood	-123.9856	Hannan-Quinn criter.	16.00809
Durbin-Watson stat	1.272709		

$\hat{b}_2=5\,680$、$\hat{b}_3=6\,166.5$、$\hat{b}_4=7\,677.5$ 依次表示第一、二、三、四季度的平均销售额为 4 767.75（百万元）、5 680（百万元）、6 166.5（百万元）、7 677.5（百万元），第二、三、四季度比第一季度的销售额平均高出 912.25、1 398.75、2 909.75（百万元）。

（3）为消除数据的季节性，只需将每季度中的原始数据减去相应季度虚拟变量的系数估计值即可。

15. **解答**　（1）对利润函数 $y_t=b_0+b_1x_t+u_t$ 按加法方式引入虚拟变量 D_2、D_3、D_4：

$$y_t=b_0+a_1D_{2t}+a_2D_{3t}+a_3D_{4t}+b_1x_t+u_t$$

式中，$D_2=1$：第二季度；$D_3=1$：第三季度；$D_4=1$：第四季度。利用 EViews 软件解题：首先建立工作文件，输入样本数据，在命令窗口生成虚拟变量 D_2、D_3、D_4，如生成 D_2：GENR D_2= @SEAS(2)，其他类似。然后在命令窗口输入命令：LS　Y　C　D2　D3　D4　X，去掉不显著的变量 D_3、D_4，消除 1 阶、2 阶自相关后，得到如下回归方程：

$$\hat{y}_t=1\,105.256D_{2t}+0.101\,3x_t$$

$$t=(5.642\,5)\qquad(5.857\,0)$$

$$\bar{R}^2=0.826\,0\quad \text{DW}=1.923\,8$$

$\hat{a}_1=1\,105.256$ 表示第二季度比其他季度的利润额平均高出 1 105.256。

（2）如果季度因素对利润率产生影响，则可按乘法方式引入虚拟变量：

$$y_t=b_0+a_1D_{2t}\cdot x_t+a_2D_{3t}\cdot x_t+a_3D_{4t}\cdot x_t+b_1x_t+u_t$$

利用 EViews 软件，去掉不显著的变量 D_3、D_4，消除 1 阶、2 阶自相关后，得到如下回归方程：

$$\hat{y}_t=0.007\,1D_{2t}\cdot x_t+0.099\,2x_t$$

$$t=\quad(5.151\,1)\qquad(5.164\,7)$$

$$\bar{R}^2=0.810\,9\quad \text{DW}=1.881\,7$$

由此可知，在其他季度，利润率为 0.099 2，第二季度则增加到 0.106 4。

（3）如果认为上述两种情况都存在，则可以对利润函数 $y_t=b_0+b_1x_t+u_t$ 按加法方式和乘法方式同时引入虚拟变量 D_2、D_3、D_4：

$$y_t=b_0+a_1D_{2t}+a_2D_{3t}+a_3D_{4t}+a_4D_{2t}\cdot x_t+a_5D_{3t}\cdot x_t+a_3D_{4t}\cdot x_t+b_1x_t+u_t$$

（4）按加法方式和乘法方式引入虚拟变量 D_2、D_3、D_4 后，利用样本数据对模型进行回归，除解释变量 x_t 回归系数显著外，其余回归系数均不显著，因此只能按照一种方式引入，即按加法方式或乘法方式引入虚拟变量，对上述（1）或（2）中的回归结果，选择哪一个都可以。

16. **解答**　（1）工具变量 z_t 是有明确经济含义的外生变量；工具变量 z_t 与所替代的随机解释变量 x_t 高度相关，且与随机误差项不相关。

（2）记 $\dot{y}_t=y_t-\bar{y}$，$\dot{x}_t=x_t-\bar{x}$，$\dot{u}_t=u_t-\bar{u}$，则模型 $y_t=b_0+b_1x_t+u_t$ 的离差形式为

$$\dot{y}_t=b_1\dot{x}_t+\dot{u}_t$$

用 z_t 的离差乘以 $\dot{y}_t=b_1\dot{x}_t+\dot{u}_t$ 的两边，然后求和得到一个类似于 OLS 正规方程的方程：

$$\sum\dot{z}_t\dot{y}_t=b_1\sum\dot{z}_t\dot{x}_t+\sum\dot{z}_t\dot{u}_t$$

由于 z_t 与 u_t 无关，所以有 $\sum\dot{z}_t\dot{u}_t=0$，因此有

$$\sum \dot{z}_t \dot{y}_t = b_1 \sum \dot{z}_t \dot{x}_t$$

上式称为拟正规方程,求解得

$$\begin{cases} \hat{b}_1 = \dfrac{\sum \dot{z}_t \dot{y}_t}{\sum \dot{z}_t \dot{x}_t} = \dfrac{\sum (z_t - \bar{z})(y_t - \bar{y})}{\sum (z_t - \bar{z})(x_t - \bar{x})} \\ \hat{b}_0 = \bar{y} - \hat{b}_1 \bar{x} \end{cases}$$

(3) OLS 法也可以看作一种工具变量法,即利用模型中的解释变量 x_t 作为自身的工具变量,可以得到与普通最小二乘法一样的参数估计量,这说明普通最小二乘法是一种特殊的工具变量法。

17. **解答** 利用 EViews 软件对税收函数 $T_t = b_0 + b_1 \text{GDP}_t + u_t$ 进行估计。在 EViews 窗口选择"Quick \ Estimate Equation",出现 Estimate Equation 对话框,在 Estimate Setting 栏的 Methods 选项中选择"TSLS"(二阶段最小二乘法),从而打开选择工具变量方法对话框。在 Equation Specification 栏输入"T C GDP",在 Instrument list 栏中输入"Z",单击 OK 键,得表 7-18 所示输出结果。

表 7-18 回归结果

Dependent Variable: T
Method: Two-Stage Least Squares
Date: 11/18/17 Time: 16:34
Sample: 1 9
Included observations: 9
Instrument specification: Z
Constant added to instrument list

Variable	Coefficient	Std. Error	t-Statistic	Prob.
C	0.767584	0.664084	1.155854	0.2857
GDP	0.706422	0.090986	7.764111	0.0001

R-squared	0.920681	Mean dependent var	5.555556
Adjusted R-squared	0.909350	S.D. dependent var	2.455153
S.E. of regression	0.739201	Sum squared resid	3.824931
F-statistic	60.28141	Durbin-Watson stat	1.371050
Prob(F-statistic)	0.000110	Second-Stage SSR	15.28333
J-statistic	1.28E-45	Instrument rank	2

由此可得税收函数的估计方程为

$$\hat{T} = 0.7676 + 0.7064\text{GDP}$$
$$t = (1.1559) \quad (7.7641)$$
$$\bar{R}^2 = 0.9094 \quad F = 60.2814 \quad \text{DW} = 1.3711$$

工具变量法还可以直接利用 EViews 软件中的 TSLS 命令,本例中,在命令窗口输入

```
TSLS T C GDP @ C Z
```

则可以得到同样结果。

18. **解答** (1) 利用表 7-16 数据估计 Probit 模型。使用 EViews 9.0 软件估计 Probit 模型的主要过程为:首先建立工作文件,输入样本数据,然后在主菜单中单击选择 Quick/Estimate Equation 选项,屏幕会弹出方程定义对话框,在对话框的 Method 选项下拉菜单中选择 BINARY 估计方法,在 Equation Specification 编辑框输入 y c SCORE D1。在 Binary estimation 选项选择 Probit 模型进行估计,估计结果如表 7-19 所示。

表 7-19 的 Probit 模型的设定形式是 $P(y_i = 1) = \Phi(\boldsymbol{x}_i' \boldsymbol{B})$,其中 $\Phi(\cdot)$ 是标准正态分布的累积分布函数。将系数的估计结果代入得到估计的 Probit 模型为

$$\hat{P}(y_i = 1) = \Phi(-143.3214 + 0.4003\text{SCORE}_i - 0.2471 D_{1i})$$
$$z = (-2.0529) \qquad (2.0522) \qquad (-0.1504)$$
$$p = (0.0401) \qquad (0.0401) \qquad (0.8805)$$
$$\text{LR} = 72.2218 \quad \text{McFadden } R^2 = 0.9020$$

根据表 7-19 可知,LR=72.2218,它对应的 p 值只有 0.0000,表明模型整体是显著的。

McFadden $R^2=0.902\ 0$，含义是 Probit 模型解释了因变量的 90%的变动。在 5%显著性水平上，考生考试分数对考生录取的概率有显著正向影响，应届生对考生录取的概率有负向影响但不显著。

利用表 7-16 数据估计 Logit 模型。使用 EViews 9.0 估计 Logit 模型的主要过程为：在二元选择模型的方程定义对话框中，选择 Logit 模型估计，得到估计结果如表 7-20 所示。

表 7-19　Probit 模型回归结果

Dependent Variable: Y
Method: ML - Binary Probit (Newton-Raphson / Marquardt steps)
Date: 11/18/17 Time: 12:54
Sample: 1 97
Included observations: 97
Convergence achieved after 14 iterations
Coefficient covariance computed using observed Hessian

Variable	Coefficient	Std. Error	z-Statistic	Prob.
C	-143.3214	69.81269	-2.052941	0.0401
SCORE	0.400315	0.195064	2.052220	0.0401
D1	-0.247079	1.643147	-0.150369	0.8805

McFadden R-squared	0.901952	Mean dependent var	0.144330
S.D. dependent var	0.353250	S.E. of regression	0.116307
Akaike info criterion	0.142794	Sum squared resid	1.271570
Schwarz criterion	0.222424	Log likelihood	-3.925501
Hannan-Quinn criter.	0.174992	Deviance	7.851002
Restr. deviance	80.07278	Restr. log likelihood	-40.03639
LR statistic	72.22178	Avg. log likelihood	-0.040469
Prob(LR statistic)	0.000000		
Obs with Dep=0	83	Total obs	97
Obs with Dep=1	14		

表 7-20　Logit 模型回归结果

Dependent Variable: Y
Method: ML - Binary Logit (Newton-Raphson / Marquardt steps)
Date: 11/18/17 Time: 14:26
Sample: 1 97
Included observations: 97
Convergence achieved after 14 iterations
Coefficient covariance computed using observed Hessian

Variable	Coefficient	Std. Error	z-Statistic	Prob.
C	-242.4576	124.5183	-1.947165	0.0515
SCORE	0.677061	0.348036	1.945380	0.0517
D1	-0.476605	2.984586	-0.159689	0.8731

McFadden R-squared	0.900603	Mean dependent var	0.144330
S.D. dependent var	0.353250	S.E. of regression	0.115377
Akaike info criterion	0.143907	Sum squared resid	1.251316
Schwarz criterion	0.223537	Log likelihood	-3.979482
Hannan-Quinn criter.	0.176105	Deviance	7.958964
Restr. deviance	80.07278	Restr. log likelihood	-40.03639
LR statistic	72.11382	Avg. log likelihood	-0.041026
Prob(LR statistic)	0.000000		
Obs with Dep=0	83	Total obs	97
Obs with Dep=1	14		

表 7-20 的 Logit 模型的设定形式是 $P(y_i=1)=\Lambda(\boldsymbol{x}_i'\boldsymbol{B})$，其中 $\Lambda(\cdot)$为 Logit 分布函数。将系数的估计结果代入得到估计的 Logit 模型

$$\hat{P}(y_i=1)=\Lambda(-242.457\ 6+0.677\ 1\text{SCORE}_i-0.476\ 6D_{1i})$$
$$z=(-1.947\ 2)\qquad(1.945\ 4)\qquad(-0.159\ 7)$$
$$p=(0.051\ 5)\qquad(0.051\ 7)\qquad(0.873\ 1)$$
$$\text{LR}=72.113\ 8\quad \text{McFadden } R^2=0.900\ 6$$

由表 7-20 可知，采用 Logit 模型，SCORE 的系数估计值在 5%的水平上显著，D_1 不显著。McFadden R^2、LR 等统计量与 Probit 模型的结果类似。LR=72.113 8，对应的 p 值只有 0.000 0，表明模型整体是显著的。McFadden $R^2=0.900\ 6$，含义是 Probit 模型解释了因变量的 90%的变动。在 5%显著性水平上，考生考试分数对考生录取的概率有显著正向影响，应届生对考生录取的概率有负向影响但不显著。结论与 Probit 模型类似。

(2) 利用估计的 Probit 模型和 Logit 模型进行预测。利用估计的 Probit 模型和 Logit 模型，可以计算出拟合概率 $\hat{p}_i=\hat{P}(y_i=1)$和拟合指标变量 $\boldsymbol{x}_i'\hat{\boldsymbol{B}}$。以估计的 Probit 模型为例，在方程对象窗口中，选择工具栏中的 Forecast 功能键，弹出图 7-3 所示的预测对话

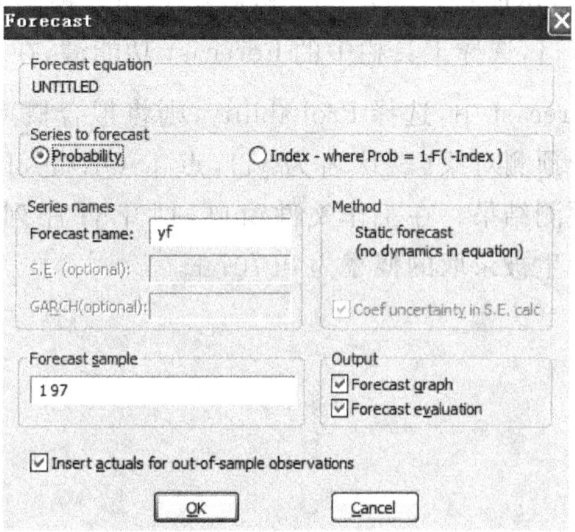

图 7-3　Probit 模型的方程预测对话框

框。在 Series to forecast 中，若选择 Probability，则将拟合概率值 $\hat{p}_i$ 作为预测对象(如命名为 yf)，若选择 Index-where Prob＝1－F(－Index)，则将拟合指标变量 $\boldsymbol{x}_i'\hat{\boldsymbol{B}}$ 作为预测对象(如命名为 **XB**)。其他选项设定为系统默认值，点击 OK 键，即可得到图 7-4 所示的预测结果。图 7-4 中右侧的数值为响应概率预测值。概率值越接近于 1，说明因变量取值 1 的概率越大。

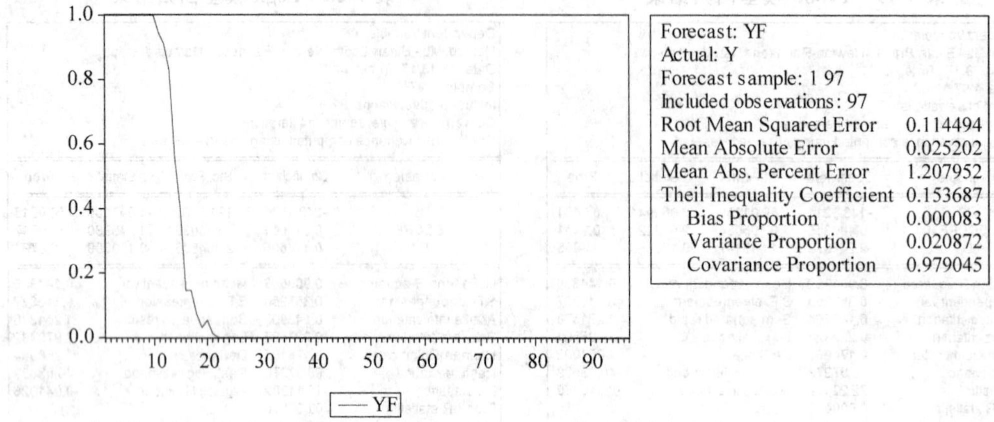

图 7-4　Probit 模型的预测结果

在工作文件中，打开 yf 和 **XB**，可以得到 $\hat{p}_i=\hat{P}(y_i=1)$ 和 $\boldsymbol{x}'\hat{\boldsymbol{B}}$ 的具体数值，如表 7-21 所示(仅列出部分结果)。

如果某一考生为应届生且考试分数为 360，即 SCORE＝360，$D_1=1$，利用估计的 Probit 模型进行预测，则可以得到该考生被录取的概率。操作过程如下：首先扩大工作文件范围，即将样本范围扩展至 98；其次输入预测的解释变量观测值，即 SCORE＝360，$D_1=1$；然后在 Probit 模型回归结果窗口，选择工具栏中的 Forecast 功能键，在 Series to forecast 中，选择 Probability，则将拟合概率值 $\hat{p}_i$ 作为预测对象(默认名为 yf)，点击 OK 键，即可得到预测结果。在工作文件窗口，打开 yf 序列，得到该考生被录取的概率为 0.707 1。

表 7-21　Probit 模型响应概率 p_i 和指标变量 $\boldsymbol{x}_i'\boldsymbol{B}$ 的预测值

	Y	YF	XB
1	1	1.000000	16.95782
2	1	1.000000	17.20490
3	1	1.000000	13.35499
4	1	1.000000	11.60049
5	1	1.000000	10.15247
6	1	1.000000	8.397976
7	1	1.000000	7.997661
8	1	1.000000	7.997661
9	1	1.000000	6.949952
10	1	1.000000	5.195457
11	1	0.944378	1.592623
12	1	0.910775	1.345544
13	1	0.827729	0.945229
14	0	0.557486	0.144599
15	0	0.399085	-0.255715
16	1	0.145405	-1.056345
17	0	0.145405	-1.056345
18	0	0.072605	-1.456660
19	0	0.031657	-1.856975
20	0	0.053710	-1.609896
21	0	0.011995	-2.257290
22	0	0.000661	-3.211156
23	0	0.000152	-3.611471
24	0	0.000152	-3.611471
25	0	1.03E-05	-4.258864

第8章

滞后变量模型

8.1 内容提要

滞后变量模型将静态分析动态化，这在实证研究中非常有用。本章重点阐述产生滞后现象的原因，分布滞后模型估计时遇到的主要问题，分布滞后模型的估计方法，以及自回归模型的估计方法。

8.1.1 滞后变量模型概述

1. 滞后现象与产生滞后现象的原因

因变量受其自身或其他经济变量前期水平影响的经济现象，称之为滞后现象(或滞后效应)。产生滞后现象主要是由于以下几个方面的原因：(1)经济变量自身的原因；(2)决策者心理上的原因；(3)技术上的原因；(4)制度的原因。

2. 滞后变量与滞后变量模型

滞后变量是指过去时期的、对当前因变量产生影响的变量。滞后变量可分为滞后解释变量与滞后因变量两类。把滞后变量(滞后解释变量与滞后因变量)引入回归模型，这种回归模型称为滞后变量模型。滞后变量模型的一般形式为

$$y_t = a + b_0 x_t + b_1 x_{t-1} + \cdots + b_k x_{t-k} + \gamma_1 y_{t-1} + \gamma_2 y_{t-2} + \cdots + \gamma_p y_{t-p} + u_t$$

其中，k、p 分别为滞后解释变量和滞后因变量的滞后期长度。y_{t-p} 为被解释变量 y 的第 p 阶滞后，x_{t-k} 为解释变量 x 的第 k 阶滞后。若滞后期长度为有限，称模型为有限滞后变量模型；若滞后期长度为无限，称模型为无限滞后变量模型。

(1) **分布滞后模型**。如果滞后变量模型中没有滞后因变量，因变量受解释变量的影响分布在解释变量不同时期的滞后值上，即模型形如

$$y_t = a + b_0 x_t + b_1 x_{t-1} + \cdots + b_k x_{t-k} + u_t$$

$$y_t = a + b_0 x_t + b_1 x_{t-1} + \cdots + b_k x_{t-k} + \cdots + u_t$$

具有这种滞后分布结构的模型称为分布滞后模型。

在分布滞后模型中，各系数体现了解释变量的各个滞后值对因变量的不同影响程度。其中 b_0 称为短期影响乘数(或短期乘数)，表示 t 期解释变量变动一个单位对 t 期被解释变

量产生的影响。b_i 称为延期过渡性乘数(或中期乘数)($i=1,2,\cdots,k,\cdots$),表示解释变量在各滞后期,如 $t-1$ 期、$t-2$ 期、…,每变动一个单位对 t 期被解释变量的影响。$\sum b_i$ 称为长期影响乘数(或长期乘数),表示解释变量变动一个单位时,由于滞后效应而形成的对被解释变量总的影响大小。

(2) **自回归模型**。如果滞后变量模型的解释变量仅包括自变量 x 的当期值和因变量的若干期滞后值,即模型形如

$$y_t = a + b_0 x_t + \gamma_1 y_{t-1} + \gamma_2 y_{t-2} + \cdots + \gamma_p y_{t-p} + u_t$$

则称这类模型为自回归模型,其中 p 称为自回归模型的阶数。例如,$y_t = a + b_0 x_t + \gamma_1 y_{t-1} + u_t$ 为一阶自回归模型。

3. 滞后变量模型的作用

建立滞后变量模型主要基于以下几方面的原因:(1)滞后变量模型可以更加全面、客观地描述经济现象,提高模型的拟合优度。(2)滞后变量模型可以反映过去的经济活动对现期经济行为的影响(或者说现期经济行为对将来的影响),从而描述了经济系统的运动过程,使模型成为动态模型。(3)可以用滞后变量模型来模拟分析经济系统的变化和调整过程。

8.1.2 有限分布滞后模型及其估计

1. 有限分布滞后模型估计中存在的问题

估计有限分布滞后模型时遇到的主要问题有:损失自由度问题、同名滞后变量之间容易产生多重共线性问题、滞后长度难以确定的问题等。

2. 有限分布滞后模型的估计方法

(1) **经验加权估计法**。经验加权法是根据实际经济问题的特点及经验判断,对滞后变量赋予一定的权数,利用这些权数构成各滞后变量的线性组合,以形成新的变量,再应用最小二乘法进行估计。这种方法的基本思路是设法减少模型中被估计的参数个数,消除或削弱多重共线性问题。权数的不同分布决定了模型滞后结构的不同类型,常见的滞后结构类型有:①递减滞后型。认为权数是递减的,滞后解释变量对因变量的影响随着时间的推移越来越小,即遵循远小近大的原则。②不变滞后型。认为权数不变,滞后解释变量对因变量的影响不随时间而变化。③倒 V 滞后型。认为权数先递增后递减呈倒 V 型,即两头小中间大。中期滞后解释变量对因变量的影响较大,而近期、远期影响较小。

(2) **阿尔蒙(Almon)法**。其基本原理是针对有限分布滞后模型,通过阿尔蒙变换,定义新变量,以减少模型中解释变量个数,然后用 OLS 法估计参数。其主要步骤如下:

第一步,阿尔蒙变换。对于有限分布滞后模型 $y_t = a + b_0 x_t + b_1 x_{t-1} + \cdots + b_k x_{t-k} + u_t$,假定其回归系数 b_i 可以近似地用一个关于 i 的低阶多项式来表示:

$$b_i = \alpha_0 + \alpha_1 i + \alpha_2 i^2 + \cdots \alpha_m i^m \quad (i = 0,1,2,\cdots,k,m < k)$$

此式称为阿尔蒙多项式变换。原模型变为如下形式:

$$y_t = a + \alpha_0 z_{0t} + \alpha_1 z_{1t} + \alpha_2 z_{2t} + \cdots + \alpha_m z_{mt} + u_t$$

其中:

$$z_{0t} = x_t + x_{t-1} + x_{t-2} + \cdots + x_{t-k}$$
$$z_{1t} = x_{t-1} + 2x_{t-2} + 3x_{t-3} + \cdots + kx_{t-k}$$
$$z_{2t} = x_{t-1} + 2^2 x_{t-2} + 3^2 x_{t-3} + \cdots + k^2 x_{t-k}$$
$$\vdots$$
$$z_{mt} = x_{t-1} + 2^m x_{t-2} + 3^m x_{t-3} + \cdots + k^m x_{t-k}$$

第二步,模型的估计。在随机误差项 u_t 满足古典假定的条件下,可用最小二乘法对经过阿尔蒙多项式变换后的模型进行估计,得到参数估计量$\hat{a}$,$\hat{\alpha}_0$,$\hat{\alpha}_1$,…,$\hat{\alpha}_m$,然后将估计结果代入 $b_i=\alpha_0+\alpha_1 i+\alpha_2 i^2+\cdots+\alpha_m i^m$,就可求出原分布滞后模型参数 b_0,b_1,b_2,…的估计值。

多项式次数可以依据经济理论和实际经验加以确定。例如,滞后结构为递减型和常数型时选择一次多项式;倒 V 型时选择二次多项式;有两个转向点时选择三次多项式等。多项式次数 k 一般取 2 或 3,很少超过 4。如果次数取得过大,则达不到通过阿尔蒙多项式变换减少变量个数的目的。

8.1.3　几种常见的自回归模型

1. 库伊克(Koyck)模型

对于无限分布滞后模型:$y_t=a+b_0x_t+b_1x_{t-1}+\cdots+u_t$,如果其滞后变量的系数 b_i 是按几何数列衰减的,即 $b_i=b_0\lambda^i(i=1,2,\cdots,0<\lambda<1)$。其中 b_0 为常数,λ 称为衰减率,$1-\lambda$ 称为调整速度。此模型称为几何分布滞后模型,或库伊克模型。

库伊克模型的基本假定是:随着滞后期的增加,滞后变量对被解释变量的影响会越来越小。此模型可以化为

$$y_t = a + b_0(x_t + \lambda x_{t-1} + \lambda^2 x_{t-2} + \cdots) + u_t$$

式中,b_0 为短期影响乘数,$b_i=b_0\lambda^i(i=1,2,\cdots)$为过渡性影响乘数,$\sum\limits_{i=0}^{\infty} b_0\lambda^i = \dfrac{b_0}{1-\lambda}$ 为长期影响乘数。利用 $b_i = b_0\lambda^i(i = 1,2,\cdots)$,原模型可以转化为一阶自回归模型:

$$y_t = a(1-\lambda) + b_0 x_t + \lambda y_{t-1} + u_t^*$$

其中 $u_t^*=u_t-\lambda u_{t-1}$。库伊克模型的突出优点是可以把无限分布滞后模型变换为仅包含少数几个参数的自回归模型。

库伊克模型的特点:(1)模型仅包含两个解释变量 x_t、y_{t-1},有效地避免了分布滞后模型的多重共线性问题;(2)模型仅有 a、b_0、λ 三个参数需要估计,有效地解决了无限分布滞后模型由于包含无限个参数无法估计的问题;(3)模型的短期乘数为 b_0、长期乘数为 $b_0/(1-\lambda)$。

2. 自适应预期模型

如果被解释变量主要受某个预期变量的影响,预期变量的变化满足自适应预期假设,则被解释变量的变化可以用自适应预期模型来描述。其理论基础:影响被解释变量的因素不是解释变量现值 x_t 而是 x_{t+1}的预期值 x_{t+1}^*,即解释变量的预期值影响着被解释变量的现值。包含一个预期解释变量的"期望模型"具有如下形式:

$$y_t = a + bx_{t+1}^* + u_t$$

式中，y_t 为因变量，x_{t+1}^* 为解释变量预期值，u_t 为随机误差项。

自适应预期假定认为，经济活动主体会根据自己过去在作预期时所犯错误的程度，来修正他们以后每一时期的预期，即自适应预期假设为

$$x_{t+1}^* - x_t^* = \gamma(x_t - x_t^*) \quad 或者 \quad x_{t+1}^* = \gamma x_t + (1-\gamma)x_t^*$$

式中，参数 γ 为预期系数，或调节系数，$0<\gamma<1$。运用自适应预期假定，则自适应预期模型可以化为一阶自回归模型：

$$y_t = a\gamma + \gamma b x_t + (1-\gamma)y_{t-1} + u_t^*$$

式中，$u_t^* = u_t - (1-\gamma)u_{t-1}$。如果模型的解释变量中含有不可观测的预期变量，则在自适应预期假设下，可以将模型转化成只含变量实际值的自回归模型，从而可以利用实际观测数据估计模型。

自适应预期模型本身是一个几何分布滞后模型。因为把自适应预期假设表达式 $x_{t+1}^* = \gamma x_t + (1-\gamma)x_t^*$ 展开有 $x_{t+1}^* = \gamma x_t + \gamma(1-\gamma)x_{t-1} + \gamma(1-\gamma)^2 x_{t-2} + \cdots$，将该式代入原模型，即可得到无限分布滞后模型：

$$y_t = a + b\gamma x_t + b\gamma(1-\gamma)x_{t-1} + b\gamma(1-\gamma)^2 x_{t-2} + \cdots + u_t$$

在此式中，短期影响乘数为 $b\gamma$，延期过渡影响乘数为 $b\gamma(1-\gamma)^i$，$(i=1,2,\cdots)$，长期影响乘数为 $\dfrac{b\gamma}{1-(1-\gamma)} = b$。

3. 局部调整模型

被解释变量的期望值是同期解释变量线性函数的模型称为局部调整模型，或存量调整模型。建立局部调整模型的理论基础是：解释变量的现值影响着被解释变量的预期值，即被解释变量的理想值 y_t^* 是同期解释变量 x_t 的线性函数：

$$y_t^* = a + b x_t + u_t$$

式中，y_t^* 为因变量的预期值，x_t 为解释变量的现值。局部调整假设认为，被解释变量的实际变化仅仅是预期变化的一部分，即理想值与实际值之间的关系可以表示为

$$y_t - y_{t-1} = \delta(y_t^* - y_{t-1}) \quad 或者 \quad y_t = \delta y_t^* + (1-\delta)y_{t-1}$$

式中，δ 为调整系数，$0\leqslant\delta\leqslant1$，它代表调整速度。运用局部调整假设，则原模型可以化为一阶自回归模型：

$$y_t = \delta a + \delta b x_t + (1-\delta)y_{t-1} + \delta u_t$$

如果模型的被解释变量中含有不可观测的预期变量，则在局部调整假设下，可以将模型转化成只含变量实际值的自回归模型，从而可以利用实际观测数据估计模型。

此外，局部调整模型也是一个几何分布滞后模型。因为把局部调整模型 $y_t = \delta a + \delta b x_t + (1-\delta)y_{t-1} + \delta u_t$ 展开有

$$y_t = \delta a + b\delta x_t + b\delta(1-\delta)x_{t-1} + b\delta(1-\delta)^2 x_{t-2} + \cdots + u_t$$

由乘数的定义可知，$b\delta$ 是短期影响乘数，$\sum_{i=0}^{\infty} b\delta(1-\delta)^i = b\delta \cdot \dfrac{1}{1-(1-\delta)} = b$ 是长期影响乘数。

4. 局部调整—自适应期望综合模型

将局部调整模型与自适应期望模型结合起来对某一经济问题进行研究，即建立局部调整—自适应期望综合模型。考虑如下模型：

$$y_t^* = a + bx_t^* + u_t$$

该模型反映了因变量的预期水平同解释变量预期值的关联性。对 y_t^* 作局部调整假设，对 x_t^* 作自适应预期假设，局部调整—自适应期望综合模型可转化为如下形式的二阶自回归模型：

$$y_t = a^* + b_0^* x_t + b_1^* y_{t-1} + b_2^* y_{t-2} + u_t^*$$

库伊克模型、自适应预期模型、局部调整模型、局部调整—自适应期望综合模型的经济假设前提不同，但是，最终都得到了十分相似的自回归形式。库伊克模型、自适应预期模型、局部调整模型采取一阶自回归形式，而局部调整—自适应期望综合模型采取二阶自回归形式。而自回归模型与分布滞后模型之间存在密切联系，实质上，它们都是无限分布滞后模型的不同表现形式。库伊克模型、自适应预期模型、局部调整模型是几何分布滞后模型，而局部调整—自适应期望综合模型是无限分布滞后模型。

8.1.4　自回归模型的估计

1. 自回归模型估计中存在的问题

库伊克模型、自适应预期模型与局部调整模型最终都可表示为一阶自回归形式，只有局部调整模型满足随机误差项无自相关、与解释变量 y_{t-1} 不相关的古典假定，从而可使用最小二乘法直接进行估计，而库伊克模型与自适应预期模型不满足古典假定，如果用最小二乘法直接进行估计，则估计是有偏的，而且不是一致估计。

关于随机误差项是否存在一阶自相关的诊断，可以用 DW 检验法，但 DW 检验法不适合于自回归模型。因为在自回归模型中，滞后因变量是随机变量，不满足古典假定，已有研究表明，如果用 DW 检验法，则 DW 统计量值总是趋近于 2。也就是说，在一阶自回归中，当随机误差项存在自相关时，DW 检验倾向于得出不存在自相关的结论。因此，检验自回归模型是否存在自相关性，不能采用 DW 检验法，需要采用其他方法，比如，杜宾 h 统计量检验法、LM 检验法等。

2. 自回归模型的估计：工具变量法

自回归模型的解释变量中含有滞后因变量，它可能与随机误差项相关；而且随机误差项还可能存在自相关。对于前者，选择工具变量法，即在进行参数估计的过程中选择适当的替代变量，代替回归模型中同随机误差项存在相关性的解释变量。对于后者，采用广义差分法来修正模型中随机误差项自相关问题。

所谓工具变量法，就是在进行参数估计的过程中选择适当的替代变量，代替回归模型中同随机误差项存在相关性的解释变量。工具变量的选择应满足如下条件：(1)与随机误差项不相关，这是最基本的要求；(2)与所代替的解释变量高度相关，这样的工具变量与替代的解释变量才有足够的代表性；(3)与其他解释变量不相关，以免出现多重共线性。

在实际应用中，一般用$\hat{y}_{t-1}$代替滞后因变量 y_{t-1} 进行估计，这样，一阶自回归模型就变为如下形式：$y_t = a^* + b_0^* x_t + b_1^* \hat{y}_{t-1} + u_t^*$，其中$\hat{y}_{t-1}$是$\hat{y}_t$ 的滞后值，$\hat{y}_t$ 是因变量 y_t 对解释变量 x_t 滞后值的回归：$\hat{y}_t = \hat{a} + \hat{b}_0 x_t + \hat{b}_1 x_{t-1} + \cdots + \hat{b}_k x_{t-k}$。

8.2 学习重点与难点

(1) 滞后现象与产生滞后现象的原因；(2)滞后变量与滞后变量模型的基本概念(如有限分布滞后模型、自回归模型,短期乘数、中期乘数、长期乘数),引入滞后变量模型的作用；(3)有限分布滞后模型估计中存在的问题及估计方法(重点掌握阿尔蒙多项式变换法)；(4)几种常见的自回归模型(库伊克模型、自适应预期模型、局部调整模型)；(5)自回归模型估计中存在的问题及估计方法(重点掌握工具变量法)。

8.3 典型例题分析

例 1 什么是经验加权估计法？常见的权数有哪几种？这种方法的特点是什么？

解答 经验加权估计法是用于有限期分布滞后模型的一种修正估计方法。该方法是根据实际问题的特点,以及人们的经验给各滞后变量指定权数,并按权数构成各滞后变量的线性组合,形成新的变量,再进行估计。

常用的权数类型有三类：递减权数、不变权数和先递增后递减权数(呈倒 V 形)。

该方法的优点是简单易行、不损失自由度、避免多重共线性干扰和参数估计具有一致性等。缺点是设置权数的主观随意性较大,要求对实际问题的特征具有比较透彻的了解。通常的做法是多选几组权数分别进行估计,根据检验统计量选取最佳方程。

例 2 格里利谢斯曾用以下模型研究农场对拖拉机的需求：

$$T_t^* = \alpha X_{1,t-1}^{\beta_1} X_{2,t-1}^{\beta_2}$$

式中,T^* =拖拉机的理想存量,X_1 =拖拉机的相对价格,X_2 =利率。他利用局部调整模型,对美国 1921—1957 年数据进行回归得到如下回归结果：

$$\ln \hat{T}_t = 0.12 - 0.218 \ln x_{1,t-1} - 0.855 \ln x_{2,t-1} + 0.864 \ln T_{t-1}$$

$$s = (0.027) \quad (0.051) \quad (0.170) \quad (0.035)$$

其中括号里的数字是系数估计量的标准误。请回答下列问题：

(1) 估计的调整系数是多少？

(2) 短期的价格弹性和长期的价格弹性各为多少？

(3) 短期的利率弹性和长期的利率弹性各为多少？

(4) 在本模型中出现高或低的调整速度的理由是什么？

解答 (1) 估计的调整系数 $\hat{\delta}=1-0.864=0.136$。

(2) 短期的价格弹性为 -0.218,长期的价格弹性为 $(-0.218/0.136)=-1.602$。

(3) 短期利率弹性为 -0.855,长期利率弹性为 $(-0.855/0.136)=-6.287$。

(4) 调整系数为 0.136,调整速度相对较低。这可能是因为市场上的技术特性。因为拖拉机是一种耐用品,并具有相对较长的寿命。

例 3 假设货币需求关系式为 $M_t=\alpha+\beta Y_t^*+\gamma R_t$,式中,$M_t$ 为时间 t 的实际现金余额,Y_t^* 为时间 t 的"期望"实际收入,R_t 为时间 t 的利率。根据自适应预期规则,由 $Y_t^*=\lambda Y_{t-1}+(1-\lambda)Y_{t-1}^*+u_t(0<\lambda<1)$ 修改期望值。已知 Y_t、M_t、R_t 的数据,但 Y_t^* 的数据未知。请回

答下列问题：

(1) 建立一个可以用于推导 α、β、γ 和 λ 估计值的计量经济模型；

(2) 假设 $E(u_t)=0$，$E(u_t^2)=\sigma^2$，$E(u_tu_{t-s})=0(s\neq 0)$，Y_{t-1}、R_t、M_{t-1} 和 R_{t-1} 与 u_t 都不相关，OLS 估计值是无偏的、一致的吗？为什么？

解答　(1) 由于 $Y_t^*=\lambda Y_{t-1}+(1-\lambda)Y_{t-1}^*+u_t$，两边乘以 β 有

$$\beta Y_t^* = \lambda\beta Y_{t-1} + (1-\lambda)\beta Y_{t-1}^* + \beta u_t$$

由 $M_t=\alpha+\beta Y_t^*+\gamma R_t$ 得 $\beta Y_t^*=M_t-\alpha-\gamma R_t$，$\beta Y_{t-1}^*=M_{t-1}-\alpha-\gamma R_{t-1}$，代入方程 $\beta Y_t^*=\lambda\beta Y_{t-1}+(1-\lambda)\beta Y_{t-1}^*+\beta u_t$ 得

$$M_t-\alpha-\gamma R_t = \lambda\beta Y_{t-1} + (1-\lambda)(M_{t-1}-\alpha-\gamma R_{t-1}) + \beta u_t$$

整理得

$$\begin{aligned} M_t &= \alpha-\alpha(1-\lambda)+\lambda\beta Y_{t-1}+\gamma R_t+(1-\lambda)M_{t-1}-(1-\lambda)\gamma R_{t-1}+\beta u_t \\ &= \alpha\lambda+\lambda\beta Y_{t-1}+(1-\lambda)M_{t-1}+\lambda R_t-(1-\lambda)\gamma R_{t-1}+\beta u_t \end{aligned}$$

该模型可用来估计并计算出 α、β、γ 和 λ。

(2) 在给定的假设条件下，尽管 u_t 与 M_t 相关，但 u_t 与模型中出现的任何解释变量都不相关，所以 OLS 估计是一致的，但有偏的估计值。

例 4　将局部调整模型与自适应期望模型结合起来对资本存量水平进行研究，即建立局部调整—自适应期望综合模型。考虑如下模型：

$$y_t^* = a + bx_t^* + u_t$$

式中，y_t^* 代表“理想的资本存量”，x_t^* 代表“预期的产出水平”。该模型反映了理想的资本存量同预期的产出水平的关联性。由于 y_t^* 和 x_t^* 都是不可直接观测的，可以对 y_t^* 作局部调整假设：

$$y_t - y_{t-1} = \delta(y_t^* - y_{t-1})$$

对 x_t^* 作自适应预期假设：

$$x_t^* - x_{t-1}^* = \gamma(x_t - x_{t-1}^*)$$

试证明：建立的局部调整—自适应期望综合模型为

$$y_t = a^* + b_0^* x_t + b_1^* y_{t-1} + b_2^* y_{t-2} + u_t^*$$

其中，$a^*=a\delta\gamma$，$b_0^*=b\delta\gamma$，$b_1^*=(1-\gamma)+(1-\delta)$，$b_2^*=-(1-\gamma)(1-\delta)$，$u_t^*=\delta u_t-\delta(1-\gamma)u_{t-1}$。

解答　将 y_t^* 作局部调整假设 $y_t-y_{t-1}=\delta(y_t^*-y_{t-1})$，写成 $y_t=\delta y_t^*+(1-\delta)y_{t-1}$，将 $y_t^*=a+bx_t^*+u_t$ 代入此式得

$$\begin{aligned} y_t &= \delta(a+bx_t^*+u_t)+(1-\delta)y_{t-1} \\ &= \delta a+\delta bx_t^*+(1-\delta)y_{t-1}+\delta u_t \end{aligned} \tag{8-1}$$

将 x_t^* 作自适应预期假设 $x_t^*-x_{t-1}^*=\gamma(x_t-x_{t-1}^*)$，写成 $x_t^*=\gamma x_t+(1-\gamma)x_{t-1}^*$，将它代入式(8-1)得 $y_t=\delta a+\delta b[\gamma x_t+(1-\gamma)x_{t-1}^*]+(1-\delta)y_{t-1}+\delta u_t$，整理得

$$y_t = a\delta + b\delta\gamma x_t + b\delta(1-\gamma)x_{t-1}^* + (1-\delta)y_{t-1} + \delta u_t \tag{8-2}$$

将式(8-1)滞后一期并在方程两端同乘以$(1-\gamma)$得

$$\begin{aligned} (1-\gamma)y_{t-1} =& a\delta(1-\gamma)+b\delta(1-\gamma)x_{t-1}^*+(1-\gamma)(1-\delta)y_{t-2}+ \\ & \delta(1-\gamma)u_{t-1} \end{aligned} \tag{8-3}$$

将式(8-2)减去式(8-3)得

$$y_t-(1-\gamma)y_{t-1}=a\delta\gamma+b\delta\gamma x_t+(1-\delta)y_{t-1}-(1-\gamma)(1-\delta)y_{t-2}+\delta u_t-\delta(1-\gamma)u_{t-1}$$

整理后得

$$y_t=a\delta\gamma+b\delta\gamma x_t+[(1-\gamma)+(1-\delta)]y_{t-1}-(1-\gamma)(1-\delta)y_{t-2}+\delta u_t-\delta(1-\gamma)u_{t-1}$$

记 $a^*=a\delta\gamma, b_0^*=b\delta\gamma, b_1^*=(1-\gamma)+(1-\delta), b_2^*=-(1-\gamma)(1-\delta), u_t^*=\delta u_t-\delta(1-\gamma)u_{t-1}$，则上式可以写成

$$y_t=a^*+b_0^*x_t+b_1^*y_{t-1}+b_2^*y_{t-2}+u_t^*$$

例 5 设 $M_t=\alpha+\beta_1Y_t^*+\beta_2R_t^*+u_t$，其中，$M_t$ 为现金余额需求，R_t 为长期利率，Y_t^* 为期望收入，R_t^* 为预期利率。假定期望值的形成方式如下：

$$Y_t^*=\gamma_1Y_t+(1-\gamma_1)Y_{t-1}^*;\quad R_t^*=\gamma_2R_t+(1-\gamma_2)R_{t-1}^*$$

式中，γ_1、γ_2 是期望系数，均在 0～1 之间。

(1) 如何利用可观测的量来表示 M_t？

(2) 分析这种变换后的模型存在什么问题。

解答 (1) 将期望假设 $Y_t^*=\gamma_1Y_t+(1-\gamma_1)Y_{t-1}^*$ 代入现金余额需求函数

$$M_t=\alpha+\beta_1Y_t^*+\beta_2R_t^*+u_t \tag{8-4}$$

得到

$$M_t=\alpha+\beta_1[\gamma_1Y_t+(1-\gamma_1)Y_{t-1}^*]+\beta_2R_t^*+u_t^*$$

整理得

$$M_t=\alpha+\beta_1\gamma_1Y_t+\beta_1(1-\gamma_1)Y_{t-1}^*+\beta_2R_t^*+u_t \tag{8-5}$$

将式(8-4)滞后一期并在方程两端同乘以$(1-\gamma_1)$得

$$(1-\gamma_1)M_{t-1}=\alpha(1-\gamma_1)+\beta_1(1-\gamma_1)Y_{t-1}^*+\beta_2(1-\gamma_1)R_{t-1}^*+(1-\gamma_1)u_{t-1} \tag{8-6}$$

将式(8-5)减去式(8-6)得

$$M_t-(1-\gamma_1)M_{t-1}=\alpha\gamma_1+\beta_1\gamma_1Y_t+\beta_2R_t^*-\beta_2(1-\gamma_1)R_{t-1}^*+u_t-(1-\gamma_1)u_{t-1}$$

记 $u_t^*=u_t-(1-\gamma_1)u_{t-1}$，上式整理得

$$M_t=(1-\gamma_1)M_{t-1}+\alpha\gamma_1+\beta_1\gamma_1Y_t+\beta_2R_t^*-\beta_2(1-\gamma_1)R_{t-1}^*+u_t^* \tag{8-7}$$

将期望假设 $R_t^*=\gamma_2R_t+(1-\gamma_2)R_{t-1}^*$ 代入式(8-7)：

$$M_t=(1-\gamma_1)M_{t-1}+\alpha\gamma_1+\beta_1\gamma_1Y_t+\beta_2[\gamma_2R_t+(1-\gamma_2)R_{t-1}^*]-\beta_2(1-\gamma_1)R_{t-1}^*+u_t^*$$

整理得

$$M_t=(1-\gamma_1)M_{t-1}+\alpha\gamma_1+\beta_1\gamma_1Y_t+\beta_2\gamma_2R_t+\beta_2(\gamma_1-\gamma_2)R_{t-1}^*+u_t^* \tag{8-8}$$

将期望假设 $R_t^*=\gamma_2R_t+(1-\gamma_2)R_{t-1}^*$ 滞后一期代入式(8-8)：

$$M_t=(1-\gamma_1)M_{t-1}+\alpha\gamma_1+\beta_1\gamma_1Y_t+\beta_2\gamma_2R_t+\beta_2(\gamma_1-\gamma_2)[\gamma_2R_{t-1}+(1-\gamma_2)R_{t-2}^*]+u_t^* \tag{8-9}$$

将式(8-8)滞后一期并在方程两端同乘以$(1-\gamma_2)$得

$$(1-\gamma_2)M_{t-1}=(1-\gamma_1)(1-\gamma_2)M_{t-2}+\alpha\gamma_1(1-\gamma_2)+\beta_1\gamma_1(1-\gamma_2)Y_{t-1}+\beta_2\gamma_2(1-\gamma_2)R_{t-1}+\beta_2(\gamma_1-\gamma_2)(1-\gamma_2)R_{t-2}^*+(1-\gamma_2)u_{t-1}^* \tag{8-10}$$

将式(8-9)减去式(8-10)得

$$M_t=(1-\gamma_2)M_{t-1}+(1-\gamma_1)M_{t-1}+\alpha\gamma_1+\beta_1\gamma_1Y_t+\beta_2\gamma_2R_t+\beta_2(\gamma_1-\gamma_2)\gamma_2R_{t-1}-(1-\gamma_1)(1-\gamma_2)M_{t-2}-\alpha\gamma_1(1-\gamma_2)-\beta_1\gamma_1(1-\gamma_2)Y_{t-1}-\beta_2\gamma_2(1-\gamma_2)R_{t-1}+u_t^*-(1-\gamma_2)u_{t-1}^*$$

最后整理得

$$M_t=\alpha\gamma_1\gamma_2+[(1-\gamma_2)+(1-\gamma_1)]M_{t-1}-(1-\gamma_1)(1-\gamma_2)M_{t-2}+\beta_1\gamma_1Y_t-\beta_1\gamma_1(1-\gamma_2)Y_{t-1}+\beta_2\gamma_2R_t+\beta_2\gamma_2(1-\gamma_1)R_{t-1}+v_t^* \tag{8-11}$$

式中，$v_t^*=u_t^*-(1-\gamma_2)u_{t-1}^*$。由于 $u_t^*=u_t-(1-\gamma_1)u_{t-1}$，将其滞后一期并在两端同乘以 $(1-\gamma_2)$ 得 $(1-\gamma_2)u_{t-1}^*=(1-\gamma_2)u_{t-1}-(1-\gamma_1)(1-\gamma_2)u_{t-2}$

因此有

$$v_t^*=u_t^*-(1-\gamma_2)u_{t-1}^*=u_t-[(1-\gamma_1)+(1-\gamma_2)]u_{t-1}+(1-\gamma_1)(1-\gamma_2)u_{t-2}$$

如果记 $a^*=\alpha\gamma_1\gamma_2$，$b_0^*=(1-\gamma_2)+(1-\gamma_1)$，$b_1^*=-(1-\gamma_1)(1-\gamma_2)$，$b_2^*=\beta_1\gamma_1$，$b_3^*=-\beta_1\gamma_1(1-\gamma_2)$，$b_4^*=\beta_2\gamma_2$，$b_5^*=\beta_2\gamma_2(1-\gamma_1)$，则式(8-11)可以最终表示为

$$M_t=a^*+b_0^*M_{t-1}+b_1^*M_{t-2}+b_2^*Y_t+b_3^*Y_{t-1}+b_4^*R_t+b_5^*R_{t-1}+v_t^* \tag{8-12}$$

(2) 由(1)分析结果可知，变换后的模型是一个二阶自回归模型，解释变量含有滞后因变量 M_{t-1}、M_{t-2}，因而是随机变量；同名滞后解释变量之间容易产生多重共线性问题；变换后的模型中的新的误差项 $v_t^*=u_t-[(1-\gamma_1)+(1-\gamma_2)]u_{t-1}+(1-\gamma_1)(1-\gamma_2)u_{t-2}$ 存在自相关；另外，变换后的模型关于参数是非线性的，因而，变换后的模型不满足线性回归模型的基本假定，不能直接利用 OLS 法对模型进行估计。

例 6　表 8-1 给出了某行业的库存 y 和销售 x 的统计资料。假设库存额依赖于本年销售额与前三年的销售额，试用阿尔蒙变换估计以下有限分布滞后模型：

$$y_t=a+b_0x_t+b_1x_{t-1}+b_2x_{t-2}+b_3x_{t-3}+u_t$$

表 8-1　某行业 1980—1999 年的库存和销售统计资料

年份	库存 y	销售额 x	年份	库存 y	销售额 x
1980	11 267	8 827	1990	17 053	13 668
1981	12 661	9 247	1991	19 491	14 956
1982	12 968	9 579	1992	21 164	15 483
1983	12 518	9 093	1993	22 719	16 761
1984	13 177	10 073	1994	24 269	17 852
1985	13 454	10 265	1995	25 411	17 620
1986	13 735	10 299	1996	25 611	18 639
1987	14 553	11 038	1997	26 930	20 672
1988	15 011	11 677	1998	30 218	23 799
1989	15 846	12 445	1999	36 784	27 359

解答　应用阿尔蒙多项式变换：$b_i=\sum_{k=0}^{2}\alpha_k i^k\ (i=0,1,2,3)$，原模型可变换为 $y=a+\alpha_0\sum_{i=0}^{3}x_{t-1}+\alpha_1\sum_{i=0}^{3}ix_{t-i}+\alpha_2\sum_{i=0}^{3}i^2x_{t-i}+u_t$，或 $y_t=a+\alpha_0z_{0t}+\alpha_1z_{1t}+\alpha_2z_{2t}+u_t$，其中：$z_0=x_t+x_{t-1}+x_{t-2}+x_{t-3}$，$z_1=x_{t-1}+2x_{t-2}+3x_{t-3}$，$z_2=x_{t-1}+4x_{t-2}+9x_{t-3}$。

利用所给数据和 EViews 软件对模型进行估计。首先建立工作文件,然后输入样本数据,利用 GENR 生成新序列 z0、z1、z2,即在工作文件命令窗口依次输入命令并按回车键:

GENR z0=x+x(−1)+x(−2)+x(−3)

GENR z1=x(−1)+2*x(−2)+3*x(−3)

GENR z2=x(−1)+4*x(−2)+9*x(−3)

同时输入命令:"ls y c z0 z1 z2",按回车键,得到表 8-2 回归结果。

根据表 8-2 回归结果,可以得到原模型各参数的估计值:

$$\hat{a}=1\,784.821,\quad \hat{b}_0=\hat{\alpha}_0=0.496\,2$$

$$\hat{b}_1=\hat{\alpha}_0+\hat{\alpha}_1+\hat{\alpha}_2=0.496\,2+0.676\,0-0.324\,0=0.848\,2$$

$$\hat{b}_2=\hat{\alpha}_0+2\hat{\alpha}_1+4\hat{\alpha}_2=0.496\,2+2\times0.676\,0-4\times0.324\,0=0.552\,2$$

$$\hat{b}_3=\hat{\alpha}_0+3\hat{\alpha}_1+9\hat{\alpha}_2=0.496\,2+3\times0.676\,0-9\times0.324\,0=-0.391\,8$$

以上结果,可以直接用一个命令对阿尔蒙多项式变换后的函数进行估计。在工作文件命令窗口输入命令:LS Y C PDL(X,3,2),按回车键,回归结果如表 8-3 所示。

表 8-2 回归结果

Dependent Variable: Y
Method: Least Squares
Date: 10/15/17 Time: 07:50
Sample (adjusted): 1983 1999
Included observations: 17 after adjustments

Variable	Coefficient	Std. Error	t-Statistic	Prob.
C	-1784.821	498.4654	-3.580632	0.0034
Z0	0.496209	0.124159	3.996563	0.0015
Z1	0.676030	0.362493	1.864945	0.0849
Z2	-0.323982	0.124899	-2.593949	0.0223

R-squared	0.996794	Mean dependent var	20467.29
Adjusted R-squared	0.996054	S.D. dependent var	6997.995
S.E. of regression	439.5669	Akaike info criterion	15.21178
Sum squared resid	2511848.	Schwarz criterion	15.40783
Log likelihood	-125.3001	Hannan-Quinn criter.	15.23127
F-statistic	1347.416	Durbin-Watson stat	1.846084
Prob(F-statistic)	0.000000		

表 8-3 阿尔蒙多项式变换估计结果

Dependent Variable: Y
Method: Least Squares
Date: 10/15/17 Time: 07:57
Sample (adjusted): 1983 1999
Included observations: 17 after adjustments

Variable	Coefficient	Std. Error	t-Statistic	Prob.
C	-1784.821	498.4654	-3.580632	0.0034
PDL01	0.848258	0.135050	6.281080	0.0000
PDL02	0.028067	0.121891	0.230264	0.8215
PDL03	-0.323982	0.124899	-2.593949	0.0223

R-squared	0.996794	Mean dependent var	20467.29
Adjusted R-squared	0.996054	S.D. dependent var	6997.995
S.E. of regression	439.5669	Akaike info criterion	15.21178
Sum squared resid	2511848.	Schwarz criterion	15.40783
Log likelihood	-125.3001	Hannan-Quinn criter.	15.23127
F-statistic	1347.416	Durbin-Watson stat	1.846084
Prob(F-statistic)	0.000000		

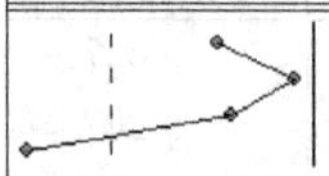

Lag Distribution of X	i	Coefficient	Std. Error	t-Statistic
	0	0.49621	0.12416	3.99656
	1	0.84826	0.13505	6.28108
	2	0.55234	0.12326	4.48121
	3	-0.39153	0.17618	-2.22234
Sum of Lags		1.50528	0.04750	31.6921

根据表 8-3 回归结果,可以得到原模型的估计结果:

$$\hat{y}_t=-1\,784.821+0.496\,2x_t+0.848\,3x_{t-1}+0.552\,3x_{t-2}-0.391\,5x_{t-3}$$

$$t=(-3.580\,6)\quad(3.996\,6)\quad(6.281\,1)\quad(4.481\,2)\quad(-2.222\,3)$$

$$\bar{R}^2=0.996\,1\quad F=1\,347.416\quad \mathrm{DW}=1.846\,1$$

表 8-3 回归结果中的解释变量回归系数与按照阿尔蒙多项式变换公式计算的系数稍有差别,主要是四舍五入方面的原因所致。

方程中 x_t 系数 0.496 2 是短期乘数,表示当期销售增加 1 单位,行业库存将增加 0.496 2 单位;x_{t-1}、x_{t-2} 和 x_{t-3} 系数为动态乘数,反映的分别是滞后一期、滞后二期和滞后三期的销售额每增加 1 单位,当期库存额将增加 0.848 3 单位、0.552 3 单位、−0.391 5 单位。这四个系数之和 1.505 3 为长期乘数,表示当销售额增加 1 单位时,由于滞后效应形成的对行业库存总的影响程度之和,即行业库存增加 1.505 3 单位。

例 7　表 8-4 给出了印度 1949—1965 年实际货币存量 M(千万卢比)、实际总国民收入 Y(10 亿卢比)和长期利率 R(%)数据。假设有如下的长期货币需求关系式

$$M_t^* = \beta_0 R_t^{\beta_1} Y_t^{\beta_2} e^{u_t}$$

式中，M_t^* 为长期货币需求(现金余额)，R_t 为长期利率，Y_t 为实际总国民收入。请在如下局部调整假说下估计该货币需求模型：

$$\frac{M_t}{M_{t-1}} = \left(\frac{M_t^*}{M_{t-1}}\right)^{\delta} \quad (0 < \delta < 1)$$

表 8-4　印度 1949—1965 年实际货币存量、实际总国民收入和长期利率数据

年份	M	Y	R	年份	M	Y	R
1949	1 898.69	86.50	3.03	1958	2 307.26	108.90	4.18
1950	1 840.71	88.20	3.07	1959	2 335.66	117.34	4.13
1951	1 838.31	88.50	3.15	1960	2 491.27	118.60	4.05
1952	1 646.39	91.00	3.41	1961	2 579.92	127.17	4.06
1953	1 699.94	94.60	3.66	1962	2 687.80	130.60	4.16
1954	1 716.88	100.30	3.64	1963	2 860.83	133.10	4.49
1955	2 054.59	102.80	3.70	1964	3 045.80	139.70	4.66
1956	2 328.00	104.80	3.74	1965	3 068.64	150.50	4.80
1957	2 277.66	110.00	3.99				

解答　为了估计货币需求模型，将原模型表达为双对数形式：

$$\ln M_t^* = \ln \beta_0 + \beta_1 \ln R_t + \beta_2 \ln Y_t + u_t$$

运用局部调整假设：$\ln M_t - \ln M_{t-1} = \delta(\ln M_t^* - \ln M_{t-1})(0<\delta<1)$，则双对数模型变换为

$$\ln M_t = \delta \ln \beta_0 + \beta_1 \delta \ln R_t + \beta_2 \delta \ln Y_t + (1-\delta)\ln M_{t-1} + \delta u_t$$

如果 u_t 满足 OLS 假设，则可对该式直接进行 OLS 估计。利用表 8-4 数据和 EViews 软件对模型进行估计，回归结果如表 8-5 所示。

表 8-5　回归结果

Dependent Variable: LNM
Method: Least Squares
Date: 10/15/17 Time: 08:07
Sample (adjusted): 1950 1965
Included observations: 16 after adjustments

Variable	Coefficient	Std. Error	t-Statistic	Prob.
C	0.555197	0.938076	0.591846	0.5649
LNR	-0.104001	0.371131	-0.280226	0.7841
LNY	0.685548	0.385963	1.776201	0.1010
LNM(-1)	0.529951	0.201339	2.632133	0.0219

R-squared	0.937929	Mean dependent var	7.720046
Adjusted R-squared	0.922411	S.D. dependent var	0.207907
S.E. of regression	0.057912	Akaike info criterion	-2.647459
Sum squared resid	0.040246	Schwarz criterion	-2.454312
Log likelihood	25.17967	Hannan-Quinn criter.	-2.637568
F-statistic	60.44199	Durbin-Watson stat	1.880213
Prob(F-statistic)	0.000000		

根据输出结果，得到如下短期货币需求函数：

$$\ln \hat{M}_t = 0.5552 - 0.1040 \ln R_t + 0.6855 \ln Y_t + 0.5300 \ln M_{t-1}$$

$$t = (0.5918) \quad (-0.2802) \quad (1.7762) \quad (2.6321)$$

$$\bar{R}^2 = 0.9224 \quad F = 60.4420 \quad DW = 1.8802$$

回归结果显示,在5%的显著性水平上,利率弹性不显著,但短期收入弹性在统计上是显著的。这里调节系数是 $\hat{\delta}=1-0.5300=0.47$,即长期货币需求与实际货币需求的差异中,约有47%可在一年内被调整。

由于短期货币需求模型中有被解释变量的滞后变量作为解释变量,因而 DW 检验失效,但可以利用拉格朗日乘数检验(LM 检验),检验结果如表 8-6 所示。因此,模型已不存在一阶自相关。

表 8-6 LM 检验

Breusch-Godfrey Serial Correlation LM Test:			
F-statistic	0.013865	Prob. F(1,11)	0.9084
Obs*R-squared	0.020142	Prob. Chi-Square(1)	0.8871

对短期货币需求函数各参数除以 $\hat{\delta}$,可以求得原模型回归系数:

$$\ln \hat{\beta}_0 = 0.5552/0.47 = 1.1813$$

$$\hat{\beta}_1 = -0.1040/0.47 = -0.2213$$

$$\hat{\beta}_2 = 0.6855/0.47 = 1.4585$$

所以长期货币需求函数为

$$\ln M_t^* = 1.1813 - 0.2213 \ln R_t + 1.4585 \ln Y_t$$

可见,货币需求的长期收入弹性为1.4585,远大于相应的短期弹性0.6855。

例 8 表 8-7 给出了 1962—1995 年某地区基本建设新增固定资产 y 和全省工业总产值 x 按当年价格计算的历史资料(单位:亿元)。

表 8-7 1962—1995 年某地区基本建设新增固定资产 y 和全省工业总产值 x

年份	y	x	年份	y	x
1962	0.94	4.95	1979	2.06	42.69
1963	1.69	6.63	1980	7.93	51.61
1964	1.78	8.51	1981	8.01	61.50
1965	1.84	9.37	1982	6.64	60.73
1966	4.36	11.23	1983	16.00	64.64
1967	7.02	11.34	1984	8.81	66.67
1968	5.55	19.90	1985	10.38	73.78
1969	6.93	29.49	1986	6.20	69.52
1970	7.17	36.83	1987	7.97	79.64
1971	2.33	21.19	1988	27.33	92.45
1972	2.18	18.14	1989	12.58	102.94
1973	2.39	19.69	1990	12.47	105.62
1974	3.30	23.88	1991	10.88	104.88
1975	5.24	29.65	1992	17.70	113.30
1976	5.39	40.94	1993	14.72	127.13
1977	1.78	33.08	1994	13.76	141.44
1978	0.73	20.30	1995	14.42	173.75

(1) 设定模型 $y_t^*=a+bx_t+u_t$,做局部调整假定,估计参数。

(2) 设定模型 $y_t=a+bx_t^*+u_t$,做自适应预期假定,估计参数。

(3) 比较上述两种模型的设定,哪一个模型拟合较好?

（4）运用阿尔蒙多项式变换法，试用 3 期滞后和 2 次多项式估计分布滞后模型：

$$y_t = a + b_0 x_t + b_1 x_{t-1} + b_2 x_{t-2} + b_3 x_{t-3} + u_t$$

（5）设定模型 $\ln y_t^* = a + \ln x_t^* + u_t$，做局部调整假定和自适应预期假定，估计局部调整—自适应期望综合模型：

$$\ln y_t = a^* + b_0^* \ln x_t + b_1^* \ln y_{t-1} + b_2^* \ln y_{t-2} + u_t^*$$

解答　（1）运用局部调整假设：

$$y_t - y_{t-1} = \delta(y_t^* - y_{t-1}) \quad (0 < \delta < 1)$$

则原模型 $y_t^* = a + bx_t + u_t$ 变换为

$$y_t = a\delta + b\delta x_t + (1-\delta) y_{t-1} + \delta u_t$$

式中，y 为基本建设新增固定资产，x 为工业总产值。

利用所给数据和 EViews 软件对模型进行估计，得到如下回归方程：

$$\hat{y}_t = 1.8966 + 0.1022 x_t + 0.0147 y_{t-1}$$

$$t = (1.6251) \quad (4.1240) \quad (0.0804)$$

$$\bar{R}^2 = 0.5571 \quad F = 21.1228 \quad DW = 1.9013$$

由于模型中含有被解释变量的滞后期作为解释变量，通过 DW 检验无法检验序列相关性，但可以利用 LM 检验，其检验结果如表 8-8 所示。LM 检验表明在 1%显著性水平上，该模型不存在一阶自相关。

表 8-8　LM 检验

Breusch-Godfrey Serial Correlation LM Test:			
F-statistic	0.170509	Prob. F(1,29)	0.6827
Obs*R-squared	0.192893	Prob. Chi-Square(1)	0.6605

从回归结果可以求得原模型的回归系数：$\hat{\delta} = 1 - 0.0147 = 0.9853$，$\hat{a} = 1.8966 / 0.9853 = 1.9249$，$\hat{b} = 0.1022 / 0.9853 = 0.1037$，所以理想的基本建设新增固定资产函数为

$$\hat{y}_t^* = 1.9249 + 0.1037 x_t$$

（2）运用自适应预期假定：

$$x_{t+1}^* - x_t^* = \gamma(x_t - x_t^*) \quad (0 < \gamma < 1)$$

则原模型可变换为如下形式：

$$y_t = a\gamma + \gamma b x_t + (1-\gamma) y_{t-1} + u_t^*$$

式中，$u_t^* = u_t - (1-\gamma) u_{t-1}$。由于该模型存在随机解释变量与滞后期的被解释变量同期相关的问题，无法直接使用 OLS 法进行估计，需采用工具变量法（IV）。用 x_{t-1} 作为 y_{t-1} 的工具变量，这是因为，首先 x_{t-1} 与 y_{t-1} 是高度相关的，其次原模型的 OLS 假设中已有 x_t 与 u_t 不存在相关性的假设。在 EViews 软件中，选择“Quick\Estimate Equation”，在出现的对话框中输入“y　c　x　y(－1)”，再在 Estimation Setting 下的“Methods”栏内选择“TSLS”，在出现的 Instrument list 栏内输入“c　x　x(－1)”，单击 OK 键得如表 8-9 所示的回归结果。

表 8-9　回归结果

Dependent Variable: Y
Method: Two-Stage Least Squares
Date: 10/15/17 Time: 08:14
Sample (adjusted): 1963 1995
Included observations: 33 after adjustments
Instrument specification: C X X(-1)

Variable	Coefficient	Std. Error	t-Statistic	Prob.
C	2.340558	1.530842	1.528936	0.1368
X	0.132615	0.068740	1.929238	0.0632
Y(-1)	-0.278682	0.643332	-0.433185	0.6680

R-squared	0.549121	Mean dependent var	7.804242
Adjusted R-squared	0.519063	S.D. dependent var	5.889686
S.E. of regression	4.084476	Sum squared resid	500.4882
F-statistic	19.54452	Durbin-Watson stat	1.418380
Prob(F-statistic)	0.000004	Second-Stage SSR	457.9087
J-statistic	0.000000	Instrument rank	3

根据输出结果,得到模型的 IV 估计结果如下:

$$\hat{y}_t = 2.3406 + 0.1326x_t - 0.2787y_{t-1}$$
$$t = (1.5289) \quad (1.9292) \quad (-0.4332)$$
$$\bar{R}^2 = 0.5191 \quad F = 19.5445 \quad \mathrm{DW} = 1.4184$$

由于模型中含有被解释变量的滞后期作为解释变量,通过 DW 检验无法检验序列相关性,但可以利用 LM 检验,其检验结果如表 8-10 所示。LM 检验表明在 1% 显著性水平上,该模型不存在一阶自相关。

表 8-10 LM 检验

Breusch-Godfrey Serial Correlation LM Test:			
Obs*R-squared	2.210412	Prob. Chi-Square(1)	0.1371

我们从回归系数可以求得:$\hat{\gamma}=1-(-0.2787)=1.2787$,$\hat{a}=2.3406/1.2787=1.8305$,$\hat{b}=0.1236/1.2787=0.0967$,所以基本建设新增固定资产函数为

$$\hat{y}_t = 1.8305 + 0.0967x_t^*$$

(3) 比较两个模型的最终结果可以发现,与(1)中得到局部调整模型相比,自适应预期模型与之差别较小,但总体来看,(1)中的模型各检验结果稍微优于模型(2)。同时,(1)中的模型不涉及随机解释变量与随机误差项的同期相关性,而这里采用了工具变量法。预期系数 γ 应该在 0 和 1 之间,即 $0<\gamma<1$,而(2)中回归结果中的 γ 却大于 1,因而不太合理。因此综合判断,(1)中的模型更合适一些。

(4) 设要估计的 3 期滞后的分布滞后模型为

$$y_t = a + b_0x_t + b_1x_{t-1} + b_2x_{t-2} + b_3x_{t-3} + u_t$$

根据阿尔蒙变换,令 $b_i=\alpha_0+\alpha_1 i+\alpha_2 i^2(i=0,1,2,3)$,则原模型变形为

$$y_t = a + \alpha_0\sum_{i=0}^{3}x_{t-i} + \alpha_1\sum_{i=0}^{3}ix_{t-i} + \alpha_2\sum_{i=0}^{3}i^2x_{t-i} + u_t$$

利用所给数据和 EViews 软件对模型进行估计。在工作文件命令窗口输入命令:LS Y C PDL(X,3,2),按回车键,估计结果如表 8-11 所示。

根据输出结果,得如下回归方程:

$$\hat{y}_t = 2.2347 + 0.1509x_t - 0.0375x_{t-1} - 0.0699x_{t-2} + 0.0535x_{t-3}$$
$$t = (2.1143) \quad (-0.5944) \quad (-1.1444) \quad (0.6278)$$
$$\bar{R}^2 = 0.5231 \quad F = 11.9696 \quad \mathrm{DW} = 1.8386$$

(5) 利用所给数据和 EViews 软件对局部调整—自适应期望综合模型进行估计,回归结果如表 8-12 所示。

根据输出结果,得如下回归方程:

$$\ln\hat{y}_t = -0.8325 + 0.5766\ln x_t + 0.5475\ln y_{t-1} - 0.3008\ln y_{t-2}$$
$$t = \quad (-1.8678) \quad (3.4843) \quad (3.0984) \quad (-1.8926)$$
$$\bar{R}^2 = 0.6632 \quad F = 21.3448 \quad \mathrm{LM}(1) = 3.0833 \quad \mathrm{LM}(2) = 5.8529$$

表 8-12 回归结果显示,t 检验值、F 检验值都显著,拟合优度较高,模型不存在一阶、二阶自相关。该模型也较好地解释了所考察基本建设新增固定资产与工业总产值之间的关系。

比较模型(4)与模型(1)的最终结果可以发现,局部调整—自适应期望综合模型(4)中的拟合优度 $\bar{R}^2$、t 统计量值、F 统计量值均大于模型(1),总体看来,模型(4)优于模型(1)。

表 8-11　阿尔蒙多项式变换估计结果

Dependent Variable: Y
Method: Least Squares
Date: 10/15/17　Time: 08:16
Sample (adjusted): 1965 1995
Included observations: 31 after adjustments

Variable	Coefficient	Std. Error	t-Statistic	Prob.
C	2.234684	1.280776	1.744789	0.0924
PDL01	-0.037455	0.063016	-0.594372	0.5572
PDL02	-0.110431	0.064800	-1.704182	0.0998
PDL03	0.077951	0.058975	1.321767	0.1973

R-squared	0.570806	Mean dependent var	8.195806
Adjusted R-squared	0.523118	S.D. dependent var	5.864016
S.E. of regression	4.049493	Akaike info criterion	5.754974
Sum squared resid	442.7565	Schwarz criterion	5.940005
Log likelihood	-85.20210	Hannan-Quinn criter.	5.815290
F-statistic	11.96955	Durbin-Watson stat	1.838632
Prob(F-statistic)	0.000036		

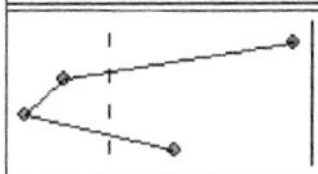

Lag Distribution of X	i	Coefficient	Std. Error	t-Statistic
	0	0.15093	0.07139	2.11427
	1	-0.03745	0.06302	-0.59437
	2	-0.06994	0.06111	-1.14435
	3	0.05349	0.08519	0.62782
	Sum of Lags	0.09702	0.02452	3.95659

表 8-12　回归结果

Dependent Variable: LNY
Method: Least Squares
Date: 10/15/17　Time: 08:19
Sample (adjusted): 1964 1995
Included observations: 32 after adjustments

Variable	Coefficient	Std. Error	t-Statistic	Prob.
C	-0.832548	0.445746	-1.867763	0.0723
LNX	0.576609	0.165487	3.484305	0.0016
LNY(-1)	0.547480	0.176700	3.098363	0.0044
LNY(-2)	-0.300792	0.158933	-1.892572	0.0688

R-squared	0.695766	Mean dependent var	1.783738
Adjusted R-squared	0.663170	S.D. dependent var	0.844354
S.E. of regression	0.490038	Akaike info criterion	1.527802
Sum squared resid	6.723847	Schwarz criterion	1.711019
Log likelihood	-20.44483	Hannan-Quinn criter.	1.588533
F-statistic	21.34484	Durbin-Watson stat	1.743200
Prob(F-statistic)	0.000000		

8.4　习题

8.4.1　单项选择题

1. 以下属于有限分布滞后模型的有(　　)。

A. $y_t=\alpha+b_0x_t+b_1y_{t-1}+b_2y_{t-2}+\cdots+u_t$

B. $y_t=\alpha+b_0x_t+b_1y_{t-1}+b_2y_{t-2}+\cdots+b_ky_{t-k}+u_t$

C. $y_t=\alpha+b_0x_t+b_1x_{t-1}+\cdots+u_t$

D. $y_t=\alpha+b_0x_t+b_1x_{t-1}+\cdots+b_kx_{t-k}+u_t$

2. 在消费函数 $C_t=400+0.5I_t+0.3I_{t-1}+0.1I_{t-2}+u_t$ 中，当期收入 I_t 对未来消费 C_{t+2} 的影响是：I_t 增加一单位，C_{t+2} 将增加(　　)。

A. 0.5 单位　　B. 0.3 单位　　C. 0.1 单位　　D. 0.9 单位

3. 在分布滞后模型 $y_t=\alpha+b_0x_t+b_1x_{t-1}+\cdots+b_kx_{t-k}+u_t$ 中，延期过渡性乘数是指(　　)。

A. b_0　　B. $b_i(i=1,2,\cdots,k)$　　C. $\sum_{i=1}^{k}b_i$　　D. $\sum_{i=0}^{k}b_i$

4. 在分布滞后模型 $y_t=\alpha+b_0x_t+b_1x_{t-1}+\cdots+b_kx_{t-k}+u_t$ 中，系数 b_0 为(　　)。

A. 长期乘数　　B. 动态乘数　　C. 均衡乘数　　D. 短期乘数

5. 在分布滞后模型的估计中，使用时间序列资料可能存在的问题表现为(　　)。

A. 异方差问题　　B. 自相关问题

C. 多重共线性问题　　D. 随机解释变量问题

6. 对于有限分布滞后模型 $y_t=\alpha+b_0x_t+b_1x_{t-1}+\cdots+b_kx_{t-k}+u_t$，如果其参数 $b_i(i=1,$

$2,\cdots,k$)可以近似地用一个关于滞后长度 $i(i=1,2\cdots m, m<k)$ 的多项式表示，则称此模型为(　　)。

A. 有限多项式滞后模型　　B. 无限多项式滞后模型

C. 库伊克变换模型　　D. 自适应预期模型

7. 对于有限分布滞后模型 $y_t=\alpha+b_0x_t+b_1x_{t-1}+\cdots+b_kx_{t-k}+u_t$，应用阿尔蒙变换估计模型时，假定回归系数 b_i 为(　　)。

A. $b_i=\alpha_0+\alpha_1 i+\alpha_2 i^2+\cdots+\alpha_m i^m \quad (m<k)$

B. $b_i=b_0\lambda^i$，　$i=0,1,2,\cdots$

C. 依据递减的方式将滞后期的系数赋值如下：$1/2,1/3,\cdots,1/(k+1)$

D. 可将所有的系数都固定为 $1/k$

8. 下列哪一个不是几何分布滞后模型的变换模型？(　　)

A. 库伊克变换模型　　B. 自适应预期模型

C. 局部调整模型　　D. 有限多项式滞后模型

9. 自适应预期模型基于如下的理论假设：影响被解释变量 y_t 的因素不是解释变量 x_t，而是关于 x_t 的预期 x_{t+1}^*，且预期 x_{t+1}^* 形成的过程是：$x_{t+1}^*-x_t^*=\gamma(x_t-x_t^*)$，其中 $0<\gamma<1$，γ 被称为(　　)。

A. 衰减率　　B. 预期系数　　C. 调整因子　　D. 预期误差

10. 当分布滞后模型的随机误差项满足线性模型假定时，下列哪一个模型可以用最小二乘法来估计？(　　)。

A. $y_t=\alpha+b_0x_t+b_1x_{t-1}+\cdots+u_t$

B. $y_t=\alpha(1-\lambda)+b_0x_t+\lambda y_{t-1}+(u_t-\lambda u_{t-1})$

C. $y_t=\gamma b_0+\gamma b_1x_t+(1-\gamma)y_{t-1}+[u_t-(1-\gamma)\lambda u_{t-1}]$

D. $y_t=\delta b_0+\delta b_1x_t+(1-\delta)y_{t-1}+\delta u_t$

11. 下列哪个模型的一阶线性自相关问题可用 DW 检验？(　　)

A. 有限多项式分布滞后模型　　B. 自适应预期模型

C. 库伊克变换模型　　D. 局部调整模型

12. 有限多项式分布滞后模型中，通过将原分布滞后模型中的参数表示为滞后期 i 的有限多项式，从而克服了原分布滞后模型估计中的(　　)。

A. 异方差问题

B. 自相关性问题

C. 多重共线性问题

D. 由于包含无穷多个参数从而不可能被估计的问题

13. 在分布滞后模型 $y_t=a+b_0x_t+b_1x_{t-1}+b_2x_{t-2}+b_3x_{t-3}+u_t$ 中，为了使模型的自由度达到 30，必须拥有多少年的观测资料？(　　)

A. 32　　B. 33　　C. 34　　D. 38

14. 库伊克变换是将无限分布滞后模型 $y_t=a+b_0x_t+b_1x_{t-1}+\cdots+u_t$ 转换为自回归模型，然后进行估计，这里假设偏回归系数按几何衰减，即 $b_i=b_0\lambda^i(0<\lambda<1, i=1,2,\cdots)$，$1-\lambda$ 称为(　　)。

A. 衰减率　　B. 调整速率　　C. 预期系数　　D. 待估参数

15. 库伊克变换是将无限分布滞后模型转换为自回归模型，然后进行估计，估计方法可采用(　　)。

A. 加权最小二乘法　　B. 广义差分法

C. 普通最小二乘法　　D. 工具变量法

8.4.2 多项选择题

1. 下列哪些是分布滞后模型？(　　)

A. $y_t=b_0+b_1x_{1t}+b_2x_{2(t-1)}+b_3x_{3(t-2)}+u_t$

B. $y_t=b_0+b_1x_{1t}+b_2x_{2(t-1)}+u_t$

C. $y_t=b_0+\sum_{i=0}^{\infty}b_ix_{i(t-i)}+u_t$

D. $y_t=b_0+\sum_{i=1}^{k}b_ix_{t-i+1}+u_t$

E. $y_t=b_0+\sum_{i=1}^{\infty}b_ix_{t-i+1}+u_t$

2. 为了将有限分布滞后模型 $y_t=\alpha+b_0x_t+b_1x_{t-1}+\cdots+b_kx_{t-k}+u_t$ 变换为有限多项式滞后模型，下列哪些设定是错误的？(　　)

A. $b_i=a_0+a_1i+a_2i^2+\cdots+a_ki^k$

B. $b_i=a_0+a_1i+2a_1i^2+\cdots+ka_ki^k$

C. $b_i=a_0+a_1i+a_2i^2+\cdots+a_mi^m(m<k)$

D. $b_i=a_0+a_1i+2a_2i+\cdots+ma_mi(m<k)$

E. $b_i=a_0+a_1i+a_2i^2+\cdots+a_mi^m(m>k)$

3. 对于有限分布滞后模型 $y_t=\alpha+b_0x_t+b_1x_{t-1}+\cdots+b_kx_{t-k}+u_t$，将参数 b_i 表示为关于滞后期 i 的多项式并代入模型，作这种变换可以(　　)。

A. 使估计量从非一致变为一致

B. 使估计量从有偏变为无偏

C. 减弱模型估计中的多重共线性问题

D. 避免因所需估计的参数过多而引起的自由度不足问题

E. 当随机误差项符合线性模型基本假定时，可用最小二乘法直接获得参数的估计量

4. 对于有限分布滞后模型 $y_t=a+b_0x_t+b_1x_{t-1}+\cdots+b_kx_{t-k}+u_t$，如果参数 $b_i(i=1,2,\cdots,k)$ 可以表示成一个关于 i 的二次多项式，则从原模型变换的有限多项式滞后模型中包含的解释变量有(　　)。

A. $\sum_{i=0}^{k}x_{t-i}$

B. $\sum_{i=0}^{k}i\cdot x_{t-i}$

C. $\sum_{i=0}^{k}i^2\cdot x_{t-i}$

D. $\sum_{i=0}^{k}2i\cdot x_{t-i}$

E. $\sum_{i=0}^{k}i\cdot x_{t-i}^2$

5. 对几何分布滞后模型 $y_t=\alpha+b_0x_t+b_1x_{t-1}+b_2x_{t-2}+\cdots+u_t$，作库伊克变换的假设条件是(　　)。

A. $\alpha,b_0,b_1,b_2,\cdots$的符号都是相同的

B. $b_0,b_1,b_2,\cdots$的符号都是相同的

C. $b_i=b_0\lambda^k$，其中 $k=1,2,\cdots,0\leqslant\lambda\leqslant1$

D. $b_i=b_0\lambda^k$，其中 $k=1,2,\cdots,0<\lambda<1$

E. $b_i=b_0\lambda^k$，其中 $k=1,2,\cdots,-1<\lambda<1$

6. 对几何分布滞后模型的三种变换模型，即库伊克变换模型、自适应预期模型、局部调整模型，它们的共同特点是(　　)。

A. 具有相同的解释变量

B. 变换模型仅包含 3 个参数需要估计,而不是无穷多个

C. 用一个被解释变量的一期滞后变量 y_{t-1} 代替了原模型中解释变量的所有滞后变量($x_{t-1}, x_{t-2}, \cdots$)

D. 避免了原模型中的多重共线性问题

E. 三种变换均以一定的经济理论为基础

7. 在模型 $y_t = a + b_0 x_t + b_1 x_{t-1} + b_2 x_{t-2} + b_3 x_{t-3} + u_t$ 中,延期过渡性乘数是指(　　)。

A. b_0　　B. b_1　　C. b_2　　D. b_3　　E. $b_0 + b_1 + b_2 + b_3$

8. 需要用工具变量法进行估计的自回归分布滞后模型有(　　)。

A. 不经变换的无限期分布滞后模型　　B. 有限期分布滞后模型

C. 库伊克变换模型　　D. 自适应预期模型

E. 局部调整模型

9. 不能直接应用 OLS 法估计分布滞后模型的原因有(　　)。

A. 对于无限期滞后模型,没有足够的样本

B. 对于有限期滞后模型,没有先验准则确定滞后期的长度

C. 可能存在多重共线性问题

D. 滞后期较长的分布滞后模型,缺乏足够的自由度进行统计检验

E. 解释变量与随机误差项相关

10. 有限分布滞后模型的修正估计方法有(　　)。

A. 经验加权法　　B. 阿尔蒙多项式法　　C. 库伊克法

D. 工具变量法　　E. 普通最小二乘法

11. 关于自回归模型,下列表述正确的有(　　)。

A. 估计自回归模型时的主要问题在于,滞后被解释变量的存在可能导致它与随机误差项相关,以及随机误差项出现自相关性

B. 库伊克模型和自适应预期模型都存在解释变量与随机误差项同期相关问题

C. 局部调整模型中解释变量与随机误差项没有同期相关,因此可以应用 OLS 法估计

D. 库伊克模型与自适应预期模型不满足古典假定,如果用 OLS 法直接进行估计,则估计量是有偏的、非一致估计

E. 无限期分布滞后模型可以通过一定的方法转换为一阶自回归模型

8.4.3 判断题

1. 在模型中引入解释变量的多个滞后项容易引起多重共线性。(　　)

2. 如果滞后变量模型中没有滞后因变量,因变量受解释变量的影响分布在解释变量不同时期的滞后值上,这种滞后变量模型称为分布滞后模型。(　　)

3. 阿尔蒙多项式估计法主要针对无限期分布滞后模型,通过阿尔蒙变换,定义新变量,减少解释变量个数,从而估计模型参数。(　　)

4. 自回归模型一般有随机解释变量问题。(　　)

5. 库伊克变换可以将有限分布滞后模型转换为一阶自回归模型,从而缓解多重共线性

问题。（　）

6. 许多滞后变量模型可以转化为自回归模型，自回归模型是经济生活中常见的模型。（　）

7. 库伊克模型、自适应预期模型与局部调整模型的最终形式是不同的。（　）

8. 库伊克模型、自适应预期模型与局部调整模型最终都可表示为一阶自回归模型。（　）

9. 库伊克模型、自适应预期模型与局部调整模型均可以使用工具变量法估计参数。（　）

10. DW 检验法可以用来检验一阶自回归模型中随机误差项是否存在自相关性。（　）

11. 可用工具变量法来估计有限分布滞后模型。（　）

12. 受样本容量限制，无法估计无限分布滞后模型。（　）

8.4.4　简答题、分析与计算题

1. 什么是滞后现象？产生滞后现象的原因主要有哪些？

2. 滞后变量模型有哪几种类型？对分布滞后模型进行估计存在哪些困难？实际应用中如何处理这些困难？

3. 试述阿尔蒙估计的原理和步骤。

4. 简述自适应预期模型的理论基础，并举实例说明。

5. 说明自适应预期模型是一个几何分布滞后模型。

6. 简述局部调整模型的理论基础，并举实例说明。

7. 库伊克模型、自适应模型与局部调整模型有何异同？模型估计会存在哪些困难？如何解决？

8. 说明三种自回归模型与几何分布滞后模型的区别。

9. 检验一阶自回归模型随机误差项是否存在自相关，为什么用杜宾 h 检验而不用 DW 检验？

10. 考察以下分布滞后模型：

$$y_t = a + b_0 x_t + b_1 x_{t-1} + b_2 x_{t-2} + b_3 x_{t-3} + b_4 x_{t-4} + b_5 x_{t-5} + u_t$$

假如用二次有限多项式变换估计这个模型后已知：

$$\hat{y}_t = 0.85 + 0.50 z_{0t} + 0.45 z_{1t} - 0.10 z_{2t}$$

式中，$z_{0t} = \sum_{i=0}^{5} x_{t-i}$，$z_{1t} = \sum_{i=0}^{5} i x_{t-i}$，$z_{2t} = \sum_{i=0}^{5} i^2 x_{t-i}$

（1）求原模型中各参数的估计值；

（2）求短期乘数、中期乘数和长期乘数。

11. 考察以下分布滞后模型：

$$y_t = a + b_0 x_t + b_1 x_{t-1} + b_2 x_{t-2} + b_3 x_{t-3} + u_t$$

假如用二次有限多项式变换估计这个模型后已知：

$$\hat{y}_t = 0.5 + 0.81 z_{0t} + 0.35 z_{1t} - 0.40 z_{2t}$$

式中，$z_{0t}=\sum_{i=0}^{3}x_{t-i}$，$z_{1t}=\sum_{i=0}^{3}ix_{t-i}$，$z_{2t}=\sum_{i=0}^{3}i^2x_{t-i}$

(1) 求原模型中各参数的估计值；

(2) 求短期乘数、中期乘数和长期乘数。

12. 考虑如下回归模型：

$$\hat{y}_t=-3\,012+0.140\,8x_t+0.236\,0x_{t-1}\quad R^2=0.727$$
$$t=(-6.27)\quad(2.6)\quad(4.26)$$

式中，y 为通货膨胀率，x 为生产设备使用率

(1) 生产设备使用率对通货膨胀率的短期影响和长期影响分别是多大？

(2) 如果你手中无原始数据，并让你估计下列回归模型：

$$y_t=b_1+b_2x_t+b_3y_{t-1}+u_t$$

你怎样估计生产设备使用率对通货膨胀率的短期影响和长期影响？

13. 对于下列估计的模型：

投资函数：$\hat{I}_t=120+0.6Y_t+0.8Y_{t-1}+0.4Y_{t-2}+0.2Y_{t-3}$

消费函数：$\hat{C}_t=280+0.58Y_t+0.12C_{t-1}$

其中，I 为投资、Y 为收入、C 为消费。试分别计算投资、消费的短期影响乘数和长期影响乘数，并解释其经济含义。

14. 表 8-13 给出了某行业 1975—1994 年的库存额 y 和销售额 x 的资料。试利用分布滞后模型：

$$y_t=a+b_0x_t+b_1x_{t-1}+b_2x_{t-2}+b_3x_{t-3}+u_t$$

建立库存函数(用阿尔蒙二次多项式变换估计这个模型)。

表 8-13 某行业 1975—1994 年库存额和销售额资料

年份	x	y	年份	x	y
1975	26.480	45.069	1985	41.003	68.221
1976	27.740	50.642	1986	44.869	77.965
1977	28.236	51.871	1987	46.449	84.655
1978	27.280	52.070	1988	50.282	90.815
1979	30.219	52.709	1989	53.555	97.074
1980	30.796	53.814	1990	52.859	101.640
1981	30.896	54.939	1991	55.917	102.440
1982	33.113	58.123	1992	62.017	107.710
1983	35.032	60.043	1993	71.398	120.870
1984	37.335	63.383	1994	82.078	147.130

15. 表 8-14 给出了美国 1970—1987 年个人消费支出(CS)与个人可支配收入(I)的数据(单位：10 亿美元，1982 年为基期)。

考虑以下模型：

$$\mathrm{CS}_t=a_1+a_2I_t+u_t$$
$$\mathrm{CS}_t=b_1+b_2I_t+b_3\mathrm{CS}_{t-1}+u_t$$

(1)估计以上两模型；(2)估计边际消费倾向(MPC)。

表 8-14　美国 1970—1987 年个人消费支出与个人可支配收入数据

年	CS	I	年	CS	I
1970	1 492.0	1 668.1	1979	2 004.4	2 212.6
1971	1 538.8	1 728.4	1980	2 004.4	2 214.3
1972	1 621.9	1 797.4	1981	2 024.2	2 248.6
1973	1 689.6	1 916.3	1982	2 050.7	2 261.5
1974	1 674.0	1 896.6	1983	2 146.0	2 331.9
1975	1 711.9	1 931.7	1984	2 249.3	2 469.8
1976	1 803.9	2 001.0	1985	2 354.8	2 542.8
1977	1 883.8	2 066.6	1986	2 455.2	2 640.9
1978	1 961.0	2 167.4	1987	2 521.0	2 686.3

16. 接上题，如果考虑如下模型：

$$\ln \mathrm{CS}_t = a_1 + a_2 \ln I_t + u_t$$

$$\ln \mathrm{CS}_t = b_1 + b_2 \ln I_t + b_3 \ln \mathrm{CS}_{t-1} + u_t$$

(1)估计以上两模型；(2)估计个人消费支出对个人可支配收入的弹性系数。

17. 表 8-15 给出了 1970—1991 年美国制造业固定厂房设备投资 y 与销售额 x 的相关数据(单位：亿元)。

表 8-15　1970—1991 年美国制造业固定厂房设备投资与销售额

年度	y	x	年度	y	x
1970	36.99	52.805	1981	128.68	168.129
1971	33.60	55.906	1982	123.97	163.351
1972	35.42	63.027	1983	117.35	172.547
1973	42.35	72.931	1984	139.61	190.682
1974	52.48	84.790	1985	152.88	194.538
1975	53.66	86.589	1986	137.95	194.657
1976	58.53	98.797	1987	141.06	206.326
1977	67.48	113.201	1988	163.45	223.541
1978	78.13	126.905	1989	183.80	232.724
1979	95.13	143.936	1990	192.61	239.459
1980	112.60	154.391	1991	182.81	235.142

试就下列模型，按照一定的处理方法估计模型参数，并解释模型的经济意义，检验模型随机误差项的一阶自相关性。

(1) 设定模型：$y_t^* = a + bx_t + u_t$(其中 y_t^* 代表理想的厂房设备投资)，运用局部调整假定。

(2) 如果模型设定为：$y_t^* = a x_t^b e^{u_t}$，运用局部调整假定，与(1)中的结果相比，你会选择哪个模型？

(3) 设定模型：$y_t = a + bx_t^* + u_t$(其中 x_t^* 代表理想的销售量)，运用自适应预期假定，与(1)中的结果相比，你认为哪个模型更合理？

(4) 运用阿尔蒙二次多项式变换法，估计如下分布滞后模型：

$$y_t = a + b_0 x_t + b_1 x_{t-1} + b_2 x_{t-2} + b_3 x_{t-3} + b_4 x_{t-4} + u_t$$

8.5 习题答案

8.5.1 单项选择题

1. D　2. C　3. B　4. D　5. C　6. A　7. A　8. D　9. B　10. D
11. A　12. C　13. D　14. B　15. D

8.5.2 多项选择题

1. DE　2. ABDE　3. CD　4. ABC　5. BD　6. ABCD
7. BCD　8. CD　9. ABCDE　10. AB　11. ABCDE

8.5.3 判断题

1. √　2. √　3. ×　4. √　5. ×　6. √　7. ×　8. √　9. √　10. ×
11. ×　12. √

8.5.4 简述题、分析与计算题

1. **解答**　被解释变量受自身或其他经济变量前期水平的影响称为滞后现象。产生滞后现象主要是由于经济变量自身、决策者心理、技术和制度的原因。

2. **解答**　(1) 滞后变量模型分为有限滞后变量模型和无限滞后变量模型。如果滞后变量模型中没有滞后因变量,因变量受解释变量的影响分布在解释变量不同时期的滞后值上,这种模型为分布滞后模型;如果滞后变量模型的解释变量仅包括自变量的当期值和因变量的若干期滞后值,这类模型为自回归模型。

(2) 估计分布滞后模型时遇到的主要问题有:对于无限分布滞后模型,由于样本观测值有限,使得无法直接对其进行估计。而对于有限分布滞后模型,OLS法会遇到以下问题:损失自由度、同名滞后变量之间容易产生多重共线性、滞后长度难以确定。

(3) 对于有限分布滞后模型,常用的估计方法有:经验加权法、阿尔蒙多项式法。对于无限分布滞后模型,常用的估计方法有库伊克法、工具变量法。

3. **解答**　阿尔蒙多项式法估计有限分布滞后模型的原理是:在有限滞后模型滞后长度已知的情况下,通过阿尔蒙变换,定义新变量,以减少解释变量个数,然后用OLS方法估计参数。这里对多项式的次数k有一定限制,一般取2或3,不超过4。如果阶数取得过大,则达不到通过阿尔蒙多项式变换减少变量个数的目的。

4. **解答**　建立自适应预期模型的理论基础是:影响被解释变量的因素不是解释变量现值x_t而是其预期值x_t^*,即解释变量的预期值影响着被解释变量的现值。

包含一个预期解释变量的“期望模型”具有如下形式:

$$y_t = a + bx_t^* + u_t$$

式中，y_t 为因变量，x_t^* 为解释变量预期值，u_t 为随机误差项。

自适应预期假定认为，经济主体会根据自己过去在作预期时所犯错误的程度，来修正他们以后每一时期的预期，即自适应预期假设为

$$x_t^* - x_{t-1}^* = \gamma(x_t - x_{t-1}^*), \quad 或者 \quad x_t^* = \gamma x_t + (1-\gamma)x_{t-1}^*$$

式中，参数 γ 为预期系数，或调节系数，$0<\gamma<1$。

运用自适应预期假定，则自适应预期模型可以化为一阶自回归模型：

$$y_t = a\gamma + \gamma b x_t + (1-\gamma)y_{t-1} + u_t^*$$

式中，$u_t^* = u_t - (1-\gamma)u_{t-1}$。如果模型的解释变量中含有不可观测的预期变量，则在自适应预期假设下，可以将模型转化成只含变量实际值的自回归模型，从而可以利用实际观测数据估计模型。

5. **解答** 自适应预期模型本身是一个几何分布滞后模型。因为把自适应预期假设表达式 $x_t^* = \gamma x_t + (1-\gamma)x_{t-1}^*$ 展开有

$$x_t^* = \gamma x_{t-1} + \gamma(1-\gamma)x_{t-2} + \gamma(1-\gamma)^2 x_{t-3} + \cdots$$

此式表明，预期的形成实际上是过去观测值累积的结果，但其中越是近期的观测值对预期形成的影响越大，随着滞后期的增大，滞后观测值的作用会越来越小。将该式代入原模型 $y_t = a + bx_t^* + u_t$，即可得到无限分布滞后模型：

$$y_t = a + b\gamma x_{t-1} + b\gamma(1-\gamma)x_{t-2} + b\gamma(1-\gamma)^2 x_{t-3} + \cdots + u_t$$

在此式中，延期过渡影响乘数为 $b\gamma$、$b\gamma(1-\gamma)^i$，$(i=1,2,\cdots)$，长期影响乘数为 $\dfrac{b\gamma}{1-(1-\gamma)} = b$。

6. **解答** 建立局部调整模型的理论基础是：解释变量的现值影响着被解释变量的预期值，即被解释变量的理想值 y_t^* 是同期解释变量 x_t 的线性函数：$y_t^* = a + bx_t + u_t$，其中：y_t^* 为因变量的预期值，x_t 为解释变量的现值。

局部调整假设认为，被解释变量的实际变化仅仅是预期变化的一部分，即理想值与实际值之间的关系可以表示为

$$y_t - y_{t-1} = \delta(y_t^* - y_{t-1}) \quad 或者 \quad y_t = \delta \cdot y_t^* + (1-\delta)y_{t-1}$$

式中，δ 为调整系数，$0 \leqslant \delta \leqslant 1$，它代表调整速度。

运用局部调整假设，则原模型可以化为一阶自回归模型：

$$y_t = \delta \cdot a + \delta b x_t + (1-\delta)y_{t-1} + \delta u_t$$

如果模型的被解释变量中含有不可观测的预期变量，则在局部调整假设下，可以将模型转化成只含变量实际值的自回归模型，从而可以利用实际观测数据估计模型。此外，局部调整模型也是一个几何分布滞后模型。

7. **解答** 库伊克模型是由无限分布滞后模型通过库伊克变换后得出的一阶自回归模型。如果被解释变量主要受某个预期变量的影响，预期变量的变化满足自适应预期假设，则被解释变量的变化可以用自适应预期模型来描述。在另一些经济活动中，为了适应解释变量的变化，被解释变量有一个预期的最佳值与之对应，即解释变量的现值影响被解释变量的预期值，被解释变量的期望值是同期解释变量线性函数的模型称为局部调整模型。

库伊克模型、自适应预期模型、局部调整模型的经济假设前提不同，但是，最终都得到了十分相似的一阶自回归形式。而自回归模型与分布滞后模型之间存在密切联系，实质

上,它们都是几何分布滞后模型的不同表现形式。

三者区别主要在两个方面:一是导出模型的经济背景与思想不同;二是由于模型形成机理不同导致随机误差项结构不同,给模型估计带来一定影响。库伊克模型和自适应预期模型不满足古典假定,解释变量与随机误差项同期相关,普通最小二乘法估计是有偏的、非一致估计,可用工具变量法进行估计;自适应预期模型则只存在解释变量与随机误差项的异期相关,因此普通最小二乘估计具有一致性。

8. **解答** 几何分布滞后模型是无限分布滞后模型,通过库伊克变换后可以化为一阶自回归模型,它没有经济假设前提和理论背景。而自适应预期模型、局部调整模型、局部调整—自适应期望综合模型都有明确的经济假设前提和理论背景。

自适应预期假定认为,经济活动主体会根据自己过去在作预期时所犯错误的程度,来修正他们以后每一时期的预期,即预期的形成是一个根据预期误差不断调整的过程:$x_t^*-x_{t-1}^*=\gamma(x_t-x_{t-1}^*)$。建立自适应预期模型的理论背景是:影响被解释变量的因素不是解释变量现值 x_t 而是其预期值 x_t^*,即解释变量的预期值影响着被解释变量的现值。

局部调整假设认为,被解释变量的实际变化仅仅是预期变化的一部分,即理想值与实际值之间的关系可以表示为:$y_t-y_{t-1}=\delta(y_t^*-y_{t-1})$。建立局部调整模型的理论背景是:解释变量的现值影响着被解释变量的预期值,即被解释变量的理想值 y_t^* 是同期解释变量 x_t 的线性函数。

自适应预期模型、局部调整模型、局部调整—自适应期望综合模型的经济假设前提不同,但是,最终都得到了十分相似的自回归形式。几何分布滞后模型(库伊克模型)、自适应预期模型、局部调整模型采取一阶自回归形式,而局部调整—自适应期望综合模型采取二阶自回归形式。而自回归模型与分布滞后模型之间存在密切联系,实质上,它们都是无限分布滞后模型的不同表现形式。库伊克模型、自适应预期模型、局部调整模型是几何分布滞后模型,而局部调整—自适应期望综合模型是无限分布滞后模型。

9. **解答** 关于随机误差项是否存在一阶自相关的诊断,可以用 DW 检验法,但 DW 检验法不适合于自回归模型。因为在自回归模型中,滞后因变量是随机变量,不满足古典假定,已有研究表明,如果用 DW 检验法,则 DW 统计量值总是趋近于 2。也就是说,在一阶自回归中,当随机误差项存在自相关时,DW 检验倾向于得出不存在自相关的结论。因此,检验自回归模型是否存在自相关性,不能采用 DW 检验法,需要采用其他方法,比如,杜宾 h 统计量检验法、LM 检验法等。

10. **解答** (1) 由回归模型 $\hat{y}_t=0.85+0.50z_{0t}+0.45z_{1t}-0.10z_{2t}$,可知 $\hat{a}=0.85$,$\hat{\alpha}_0=0.5$,$\hat{\alpha}_1=0.45$,$\hat{\alpha}_2=-0.10$。由阿尔蒙变换公式可得

$$\hat{b}_0=\hat{\alpha}_0=0.5$$

$$\hat{b}_1=\hat{\alpha}_0+\hat{\alpha}_1+\hat{\alpha}_2=0.5+0.45-0.1=0.85$$

$$\hat{b}_2=\hat{\alpha}_0+2\hat{\alpha}_1+2^2\hat{\alpha}_2=0.5+2\times0.45+4\times(-0.1)=1.0$$

$$\hat{b}_3=\hat{\alpha}_0+3\hat{\alpha}_1+3^2\hat{\alpha}_2=0.5+3\times0.45+9\times(-0.1)=0.95$$

$$\hat{b}_4=\hat{\alpha}_0+4\hat{\alpha}_1+4^2\hat{\alpha}_2=0.5+4\times0.45+16\times(-0.1)=0.70$$

$$\hat{b}_5=\hat{\alpha}_0+5\hat{\alpha}_1+5^2\hat{\alpha}_2=0.5+5\times0.45+25\times(-0.1)=0.25$$

（2）短期乘数$\hat{b}_0=0.5$；中期乘数依次为$\hat{b}_1=0.85$、$\hat{b}_2=1.0$、$\hat{b}_3=0.95$、$\hat{b}_4=0.70$、$\hat{b}_5=0.25$；长期乘数为

$$\sum_{i=0}^{5}\hat{b}_i=0.5+0.85+1.0+0.95+0.7+0.25=4.25$$

11. **解答**　（1）由回归模型$\hat{y}_t=0.5+0.81z_{0t}+0.35z_{1t}-0.40z_{2t}$，可知$\hat{a}=0.5$，$\hat{\alpha}_0=0.81$，$\hat{\alpha}_1=0.35$，$\hat{\alpha}_2=-0.40$。由阿尔蒙变换公式可得

$$\hat{b}_0=\hat{\alpha}_0=0.81$$

$$\hat{b}_1=\hat{\alpha}_0+\hat{\alpha}_1+\hat{\alpha}_2=0.81+0.35-0.40=0.76$$

$$\hat{b}_2=\hat{\alpha}_0+2\hat{\alpha}_1+2^2\hat{\alpha}_2=0.81+2\times0.35+4\times(-0.40)=-0.09$$

$$\hat{b}_3=\hat{\alpha}_0+3\hat{\alpha}_1+3^2\hat{\alpha}_2=0.81+3\times0.35+9\times(-0.40)=-1.74$$

（2）短期影响乘数$\hat{b}_0=0.81$；中期乘数依次为$\hat{b}_1=0.76$、$\hat{b}_2=-0.09$、$\hat{b}_3=-1.74$；长期乘数为$\sum_{i=0}^{3}\hat{b}_i=0.81+0.76-0.09-1.74=-0.26$

12. **解答**　（1）本期和上一期的生产设备使用率对通货膨胀率有着正向影响，这是因为其他条件保持不变，生产设备使用率的提高，意味着需求压力，因而导致通货膨胀率上升。

（2）由回归模型$\hat{y}_t=-3\,012+0.140\,8x_t+0.236\,0x_{t-1}$可知，短期影响为0.140 8，长期影响为0.140 8+0.236 0=0.376 8。

（3）如果是估计回归模型$y_t=b_1+b_2x_t+b_3y_{t-1}+u_t$，则其短期影响为$b_2$，长期影响为$\frac{b_2}{1-b_3}$。

13. **解答**　（1）由投资函数$\hat{I}_t=120+0.6Y_t+0.8Y_{t-1}+0.4Y_{t-2}+0.2Y_{t-3}$可知投资的短期乘数为0.6，表示第$t$期收入增加1个单位时，第$t$期投资将增加0.6个单位；延期过渡性乘数依次为0.8、0.4、0.2，分别表示第$t-1$期、第$t-2$期、第$t-3$期收入增加1个单位时，第t期投资将依次增加0.8、0.4、0.2个单位；长期乘数为$\sum_{i=0}^{3}\hat{b}_i=0.6+0.8+0.4+0.2=2.0$，表示收入每增加1个单位时，由于滞后效应而形成的对投资总的影响为2个单位，即投资将增加2个单位。

（2）由消费函数$\hat{C}_t=280+0.58Y_t+0.12C_{t-1}$可知，短期边际消费倾向为0.58，表示本期收入增加1个单位时，本期消费将增加0.58个单位；长期边际消费倾向为0.58/(1−0.12)=0.659，表示收入每增加1个单位时，由于滞后效应而形成的对消费总的影响为0.659个单位，即消费将增加0.659个单位。

14. **解答**　应用阿尔蒙多项式变换：$b_i=\sum_{k=0}^{2}\alpha_k i^k\ (i=0,1,2,3)$，原模型可变换为

$y=\alpha+\alpha_0\sum_{i=0}^{3}x_{t-1}+\alpha_1\sum_{i=0}^{3}ix_{t-i}+\alpha_2\sum_{i=0}^{3}i^2x_{t-i}+u_t$，写成：

$$y_t=a+\alpha_0z_{0t}+\alpha_1z_{1t}+\alpha_2z_{2t}+u_t$$

式中,$z_{0t}=x_t+x_{t-1}+x_{t-2}+x_{t-3}$,$z_{1t}=x_{t-1}+2x_{t-2}+3x_{t-3}$,$z_{2t}=x_{t-1}+4x_{t-2}+9x_{t-3}$。

利用所给数据和 EViews 软件对模型进行估计。首先建立工作文件,然后输入样本数据,利用 GENR 生成新序列 z0、z1、z2,即在工作文件命令窗口依次输入命令并按回车键:

```
GENR  z0 = x + x(-1) + x(-2) + x(-3)
GENR  z1 = x(-1) + 2 * x(-2) + 3 * x(-3)
GENR  z2 = x(-1) + 4 * x(-2) + 9 * x(-3)
```

同时输入命令:"ls y c z0 z1 z2",按回车键,得到表 8-16 回归结果。

由此可得到原模型各参数的估计结果:

$$\hat{a}=-6.4196,\hat{b}_0=\hat{\alpha}_0=0.6303$$

$$\hat{b}_1=\hat{\alpha}_0+\hat{\alpha}_1+\hat{\alpha}_2=0.6303+0.9874-0.4608=1.1569$$

$$\hat{b}_2=\hat{\alpha}_0+2\hat{\alpha}_1+4\hat{\alpha}_2=0.6303+2\times0.9874-4\times0.4608=0.7619$$

$$\hat{b}_3=\hat{\alpha}_0+3\hat{\alpha}_1+9\hat{\alpha}_2=0.6303+3\times0.9874-9\times0.4608=-0.5547$$

上述计算过程可以直接用一个命令对阿尔蒙多项式变换后的函数进行估计。在工作文件命令窗口输入命令:LS Y C PDL(X,3,2),按回车键,估计结果如表 8-17 所示。

表 8-16 回归结果

Dependent Variable: Y
Method: Least Squares
Date: 10/15/17 Time: 08:30
Sample (adjusted): 1978 1994
Included observations: 17 after adjustments

Variable	Coefficient	Std. Error	t-Statistic	Prob.
C	-6.419601	2.130157	-3.013675	0.0100
Z0	0.630281	0.179160	3.517969	0.0038
Z1	0.987410	0.525307	1.879682	0.0827
Z2	-0.460829	0.181199	-2.543216	0.0245

R-squared	0.996230	Mean dependent var	81.97653
Adjusted R-squared	0.995360	S.D. dependent var	27.85539
S.E. of regression	1.897384	Akaike info criterion	4.321154
Sum squared resid	46.80087	Schwarz criterion	4.517204
Log likelihood	-32.72981	Hannan-Quinn criter.	4.340642
F-statistic	1145.160	Durbin-Watson stat	1.513212
Prob(F-statistic)	0.000000		

表 8-17 阿尔蒙多项式变换估计结果

Dependent Variable: Y
Method: Least Squares
Date: 10/15/17 Time: 08:31
Sample (adjusted): 1978 1994
Included observations: 17 after adjustments

Variable	Coefficient	Std. Error	t-Statistic	Prob.
C	-6.419601	2.130157	-3.013675	0.0100
PDL01	1.156862	0.195928	5.904516	0.0001
PDL02	0.065752	0.176055	0.373472	0.7148
PDL03	-0.460829	0.181199	-2.543216	0.0245

R-squared	0.996230	Mean dependent var	81.97653
Adjusted R-squared	0.995360	S.D. dependent var	27.85539
S.E. of regression	1.897384	Akaike info criterion	4.321154
Sum squared resid	46.80087	Schwarz criterion	4.517204
Log likelihood	-32.72981	Hannan-Quinn criter.	4.340642
F-statistic	1145.160	Durbin-Watson stat	1.513212
Prob(F-statistic)	0.000000		

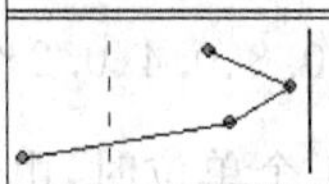

Lag Distribution of X	i	Coefficient	Std. Error	t-Statistic
	0	0.63028	0.17916	3.51797
	1	1.15686	0.19593	5.90452
	2	0.76178	0.17820	4.27495
	3	-0.55495	0.25562	-2.17104
	Sum of Lags	1.99398	0.06785	29.3877

根据输出结果,得如下回归方程:

$$\hat{y}_t=-6.4196+0.6303x_t+1.1569x_{t-1}+0.7618x_{t-2}-0.5550x_{t-3}$$

$$t=(3.5180)\quad(5.9045)\quad(4.2750)\quad(-2.1710)$$

$$\bar{R}^2=0.9954\quad F=1145.16\quad DW=1.5132$$

表 8-17 回归结果中的解释变量回归系数与按照阿尔蒙多项式变换公式计算的系数稍有差别,主要是四舍五入方面的原因所致。

回归结果显示,t 检验值显著,拟合优度较高,模型不存在自相关。该模型较好地解释了所考察的库存额与销售额之间的关系。

回归方程中 x_t 系数 0.6321 是短期(即期)乘数,表示当期销售额增加 1 单位时,行业库存额增加 0.632 1 单位；x_{t-1}、x_{t-2}和 x_{t-3}系数为动态乘数，反映的分别是滞后一期、滞后二期和滞后三期的销售额每增加 1 单位，当期库存额将增加 1.156 9 单位、0.761 8 单位和减少 0.555 0 单位。这四个系数之和 1.994 则为长期乘数，表示当销售额增加 1 单位时，由于滞后效应形成的对 y 的平均总影响为 1.994 个单位。

15. **解答**　(1) 利用表中数据，模型 $CS_t=a_1+a_2I_t+u_t$ 的 EViews 软件回归结果为

模型(1)：

$$\widehat{CS}_t=-215.2202+1.007185I_t$$
$$t=(-6.3123)\quad(64.2448)$$
$$\bar{R}^2=0.9959\quad DW=1.3028\quad F=4127.388$$

回归结果显示，拟合优度较高，回归系数显著，模型不存在自相关。该模型较好地解释了凯恩斯的绝对收入假说。

如果是估计模型 $CS_t=b_1+b_2I_t+b_3CS_{t-1}+u_t$，则利用表中数据，EViews 软件回归结果为模型(2)：

$$\widehat{CS}_t=-231.2333+0.9759I_t+0.04305CS_{t-1}$$
$$t=(-4.7831)\quad(6.3841)\quad(0.2752)$$
$$\bar{R}^2=0.9957\quad LM(1)=0.7591\quad LM(2)=1.9811\quad F=1833.093$$

由于模型中含有被解释变量的滞后期作为解释变量，故不能用 DW 检验法判断序列相关性，可以利用 LM 检验，由检验结果可知模型不存在一阶、二阶自相关。回归结果显示，拟合优度较高，回归模型整体显著，本期收入对本期消费有正向显著影响，上期消费对本期消费有正向影响，但不显著。该模型基本上解释了弗里德曼的持久收入假说。

(2) 由模型(1)回归结果得边际消费倾向 MPC=1.007；由模型(2)回归结果得短期边际消费倾向 MPC=0.975 9，长期边际消费倾向 $MPC=\frac{0.9759}{1-0.04305}=1.0198$。

16. **解答**　(1) 利用表中数据，模型 $\ln CS_t=a_1+a_2\ln I_t+u_t$ 的 EViews 软件回归结果为模型(3)：

$$\ln\widehat{CS}_t=-0.8855+1.1025\ln I_t$$
$$t=(-6.8677)\ (65.5638)$$
$$\bar{R}^2=0.9961\quad DW=1.4137\quad F=4298.614$$

对数模型回归结果显示，拟合优度较高，回归系数显著，模型不存在自相关。结果表明个人可支配收入每提高 1%时，个人消费支出将平均增长 1.102 5%。

如果是估计模型 $\ln CS_t=b_1+b_2\ln I_t+b_3\ln CS_{t-1}+u_t$，则利用表中数据，EViews 软件回归结果为模型(4)：

$$\ln\widehat{CS}_t=-0.9949+1.1317\ln I_t-0.0153\ln CS_{t-1}$$
$$t=(-4.9860)\quad(6.7137)\quad\quad(-0.1006)$$
$$\bar{R}^2=0.9956\quad LM(1)=0.2438\quad LM(2)=1.8136\quad F=1827.919$$

由于模型(4)中含有被解释变量的滞后期作为解释变量，故不能用 DW 检验法判断序列相关性，可以利用杜宾 h 统计量检验法来判断，由回归结果可知：$DW=1.6594$，$s(\hat{b}_1)=0.151814$，$n=17$，$h=\left(1-\frac{DW}{2}\right)\sqrt{\frac{n}{1-nD(\hat{b}_1)}}=\left(1-\frac{1.6594}{2}\right)\sqrt{\frac{17}{1-17\times(0.151814)^2}}=$

0.703 6,$h_{\alpha/2}=h_{0.025}=1.96$,$|h|\leqslant h_{0.025}$,所以模型不存在一阶自相关。由 LM(1)=0.243 8、LM(2)=1.813 6 可知,模型不存在一阶、二阶自相关。

回归结果显示,拟合优度较高,回归模型整体显著,以对数表示的本期收入对本期消费有正向显著影响,上期消费对本期消费有负向影响。

(2) 由模型(3)回归结果得个人消费支出对个人可支配收入的弹性系数 $E_I=1.1025$;由模型(4)回归结果得短期消费收入弹性 $E_I=1.1317$,长期消费收入弹性 $E_I=\dfrac{1.1317}{1-(-0.0153)}=1.1146$。

17. **解答** (1) 运用局部调整假设:$y_t-y_{t-1}=\delta(y_t^*-y_{t-1})(0<\delta<1)$,则原模型 $y_t^*=a+bx_t+u_t$ 变换为

$$y_t=a\delta+b\delta x_t+(1-\delta)y_{t-1}+\delta u_t$$

式中,y 为厂房设备投资,x 为销售额。利用所给数据,EViews 软件回归结果为

$$\hat{y}_t=-15.1040+0.6293x_t+0.2217y_{t-1}$$
$$t=(-3.1936)\quad(6.4330)\quad(2.3653)$$
$$\bar{R}^2=0.9857\quad F=690.0561\quad DW=1.5186$$

由于模型中含有被解释变量的滞后期作为解释变量,故不能用 DW 检验法判断序列相关性,可以利用 LM 检验,其检验结果如表 8-18 所示,表明在 5% 显著性水平上,该模型不存在一阶自相关。

我们从回归系数可以求得:$\hat{\delta}=1-0.2217=0.7783$,$\hat{a}=-15.104/0.7783=-19.4064$,$\hat{b}=0.6293/0.7783=0.8086$,所以理想的厂房设备投资函数为

$$\hat{y}_t^*=-19.4064+0.8086x_t$$

(2) 对原模型两边取对数得:$\ln y_t^*=a+b\ln x_t+u_t$,运用局部调整假设:

$$\ln y_t^*-\ln y_{t-1}=\delta(\ln y_t^*-\ln y_{t-1})\quad(0<\delta<1)$$

则原模型变换为

$$\ln y_t=a\delta+b\delta\ln x_t+(1-\delta)\ln y_{t-1}+\delta u_t$$

利用所给数据,EViews 软件回归结果为

$$\ln\hat{y}_t=-1.0780+0.9045\ln x_t+0.2600\ln y_{t-1}$$
$$t=(-5.8544)\quad(8.1310)\quad(2.9617)$$
$$\bar{R}^2=0.9930\quad F=1425.219\quad DW=1.4793$$

同样地,由于模型中含有被解释变量的滞后期作为解释变量,故不能用 DW 检验法判断序列相关性,可以利用 LM 检验,其检验结果如表 8-19 所示,LM 检验结果表明模型不存在一阶自相关。

表 8-18 LM 检验

Breusch-Godfrey Serial Correlation LM Test:			
F-statistic	3.756477	Prob. F(1,17)	0.0694
Obs*R-squared	3.800549	Prob. Chi-Square(1)	0.0512

表 8-19 LM 检验

Breusch-Godfrey Serial Correlation LM Test:			
F-statistic	2.356921	Prob. F(1,17)	0.1431
Obs*R-squared	2.556984	Prob. Chi-Square(1)	0.1098

我们从回归系数可以求得:$\hat{\delta}=1-0.26=0.74$,$\hat{a}=-1.078/0.74=-1.4568$,$\hat{b}=0.99045/0.74=1.3384$,所以理想的投资函数为

$$\ln \hat{y}_t^* = -1.456\,8 + 1.338\,4\ln x_t$$

两个模型的结论相似。对数模型的优点是，斜率系数估计值直接给出了弹性系数的估计值，而线性模型中的斜率只度量了变化率。

(3) 运用自适应预期假定：$x_{t+1}^* - x_t^* = \gamma(x_t - x_t^*)$ $(0<\gamma<1)$，则原模型可以变换为如下形式：

$$y_t = a\gamma + \gamma b x_t + (1-\gamma)y_{t-1} + u_t^*$$

式中，$u_t^* = u_t - (1-\gamma)u_{t-1}$。由于该模型存在随机解释变量与滞后期的被解释变量同期相关的问题，无法直接使用 OLS 法进行估计，需采用工具变量法(IV)。用 x_{t-1} 作为 y_{t-1} 的工具变量，这是因为首先 x_{t-1} 与 y_{t-1} 是高度相关的，其次原模型的 OLS 假设中已有 x 与 u 不存在相关性的假设。在 EViews 软件中，选择"Quick \ Estimate Equation"，在出现的对话框中输入"y c x y(−1)"，再在 Estimation Setting 下的"Methods"栏内选择"TSLS"，在出现的 Instrument list 栏内输入"c x x(−1)"，单击 OK 键得如表 8-20 所示的回归结果。

表 8-20　回归结果

Dependent Variable: Y
Method: Two-Stage Least Squares
Date: 10/15/17 Time: 08:48
Sample (adjusted): 1971 1991
Included observations: 21 after adjustments
Instrument specification: C X X(-1)

Variable	Coefficient	Std. Error	t-Statistic	Prob.
C	-15.18331	4.853648	-3.128226	0.0058
X	0.631930	0.104423	6.051628	0.0000
Y(-1)	0.268467	0.123053	2.181721	0.0426

R-squared	0.987125	Mean dependent var	109.2167
Adjusted R-squared	0.985694	S.D. dependent var	51.78550
S.E. of regression	6.193862	Sum squared resid	690.5508
F-statistic	689.6089	Durbin-Watson stat	1.514421
Prob(F-statistic)	0.000000	Second-Stage SSR	722.5379
J-statistic	0.000000	Instrument rank	3

即模型的 IV 估计结果如下：

$$\hat{y}_t = -15.183\,3 + 0.631\,9x_t + 0.268\,5y_{t-1}$$
$$t = (-3.128\,2)\quad(6.051\,6)\quad(2.181\,7)$$
$$\bar{R}^2 = 0.985\,7\quad F = 689.608\,9\quad \mathrm{DW} = 1.514\,4$$

同样，通过 DW 检验无法考证序列相关性，但可以利用 LM 检验，其检验结果如表 8-21 所示，结果表明模型已不存在一阶自相关。

我们从回归系数可以求得：$\hat{\gamma} = 1 - 0.268\,5 = 0.731\,5$，$\hat{a} = -15.183\,3/0.731\,5 = -20.756\,4$，$\hat{b} = 0.631\,9/0.731\,5 = 0.863\,8$，所以投资函数为

表 8-21　LM 检验

Breusch-Godfrey Serial Correlation LM Test:

Obs*R-squared	2.627975	Prob. Chi-Square(1)	0.1050

$$\hat{y}_t = -20.756\,4 + 0.863\,8x_t^*$$

比较两个模型的最终结果可以发现，与(1)中得到局部调整模型相比，自适应预期模型与之差别很小，但总体看来，(1)中的模型各检验结果稍微优于模型(2)。同时，(1)中的模型不涉及随机解释变量与随机误差项的同期相关性，而(2)涉及，采用了工具变量法。因此综合判断，(1)中的模型更合理一些。

不过，由于这是一个适应性预期模型，所以具有不同的解释。γ 的估计值被解释为一个比例，预期企业每期都按此比例对厂房设备投资进行修正，总体误差结构有所不同。

(4) 设要估计的 4 期滞后的分布滞后模型为

$$y_t = a + b_0x_t + b_1x_{t-1} + b_2x_{t-2} + b_3x_{t-3} + b_4x_{t-4} + u_t$$

利用 EViews 软件对阿尔蒙多项式变换后的函数进行估计。在工作文件命令窗口输入命令：LS　Y　C　PDL(X,4,2)，按回车键，结果如表 8-22 所示。

表 8-22　阿尔蒙多项式变换估计结果

Dependent Variable: Y
Method: Least Squares
Date: 10/15/17 Time: 08:50
Sample (adjusted): 1974 1991
Included observations: 18 after adjustments

Variable	Coefficient	Std. Error	t-Statistic	Prob.
C	-35.49234	8.192884	-4.332093	0.0007
PDL01	-0.031228	0.123416	-0.253031	0.8039
PDL02	-0.252336	0.062441	-4.041182	0.0012
PDL03	0.104392	0.062311	1.675338	0.1160

R-squared	0.984670	Mean dependent var	121.2322
Adjusted R-squared	0.981385	S.D. dependent var	45.63348
S.E. of regression	6.226131	Akaike info criterion	6.688517
Sum squared resid	542.7059	Schwarz criterion	6.886378
Log likelihood	-56.19666	Hannan-Quinn criter.	6.715800
F-statistic	299.7429	Durbin-Watson stat	1.130400
Prob(F-statistic)	0.000000		

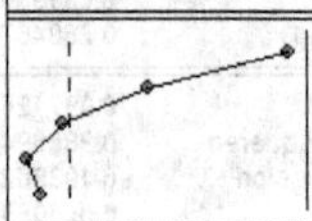

Lag Distribution of X	i	Coefficient	Std. Error	t-Statistic
	0	0.89101	0.17456	5.10425
	1	0.32550	0.08998	3.61759
	2	-0.03123	0.12342	-0.25303
	3	-0.17917	0.08488	-2.11094
	4	-0.11833	0.18034	-0.65616
Sum of Lags		0.88778	0.03007	29.5262

根据输出结果，得如下回归方程：

$$\hat{y}_t = -35.4923 + 0.8910x_t + 0.3255x_{t-1} - 0.0312x_{t-2} - 0.1792x_{t-3} - 0.1183x_{t-4}$$

$$t = (5.1043) \quad (3.6176) \quad (-0.2530) \quad (-2.1109) \quad (-0.6562)$$

$$\bar{R}^2 = 0.9814 \quad F = 299.7429 \quad DW = 1.1304$$

回归方程中 x_t 系数 0.8910 是短期乘数，表示当期销售额增加 1 亿元，制造业固定厂房设备投资增加 0.8910 亿元；x_{t-1}、x_{t-2}、x_{t-3} 和 x_{t-4} 系数为动态乘数，反映的分别是滞后一期、滞后二期、滞后三期和滞后四期的销售额每增加 1 亿元，当期库存额将增加 0.3255 亿元，减少0.0312亿元、0.1792 亿元和 0.1183 亿元。这四个系数之和 0.8878 则为长期(均衡)乘数，表示当销售额增加 1 亿元时，由于滞后效应形成的对制造业固定厂房设备投资总的影响程度之和，即制造业固定厂房设备投资增加 0.8878 亿元。

第9章 时间序列分析

9.1 内容提要

时间序列数据是最常见的经济数据，时间序列分析是计量经济分析中最为重要的组成部分。本章从以下几个方面重点阐述时间序列分析的主要内容：时间序列平稳性及其检验、ARIMA(p,d,q)模型、协整理论与误差修正模型、Granger因果关系检验、向量自回归模型(VAR)。

9.1.1 时间序列概述

1. 时间序列的含义

在概率论中，我们称一族(无限多个)随机变量的集合$\{y_t, t\in T\}$为随机过程。当$T=(-\infty,\infty)$时，随机过程可以表示成$\{y_t,-\infty<t<\infty\}$，其中y_t是时间t的随机函数，因为在每个时刻t，y_t为一个随机变量。

当$t=\{0,\pm1,\pm2,\cdots\}$时，即时间t只取整数时，随机过程$\{y_t,t\in T\}$可写成如下形式：$\{y_t,t=0,\pm1,\pm2,\cdots\}$。此类随机过程$y_t$是离散时间$t$的随机函数，我们称它为随机时间序列，简称时间序列。

2. 时间序列的数字特征

时间序列的数字特征主要指均值函数、自协方差函数、自相关函数，用它们来描述时间序列的基本统计特性。

(1) 均值函数。设$\{y_t,t=1,2,\cdots\}$是一个时间序列，$\mu(t)=E(y_t)(t=1,2,\cdots)$称为时间序列$\{y_t,t=1,2,\cdots\}$的均值函数。均值函数是用于描述时间序列数据集中趋势的最主要指标。

(2) 自协方差函数。$r(t,s)=\operatorname{cov}(y_t,y_s)=E\{[(y_t-E(y_t)][(y_s-E(y_s)]\}$称为时间序列$\{y_t,t=1,2,\cdots\}$的自协方差函数。若$t=s$，则称$r(t,t)=E[y_t-E(y_t)]^2=\operatorname{var}(y_t)$为时间序列$\{y_t,t=1,2,\cdots\}$的方差函数，它表示时间序列对于其均值的偏离程度。

(3) 自相关函数。$\rho(t,s)=\dfrac{r(t,s)}{\sqrt{r(t,t)}\sqrt{r(s,s)}}$称为时间序列$\{y_t,t=1,2,\cdots\}$的自相关函

数,它反映了时间序列在两个不同时刻取值的线性相关程度。

3. 平稳和非平稳的时间序列

(1) 平稳时间序列。所谓时间序列的平稳性,是指时间序列的统计特征不会随着时间的推移而发生变化。一个平稳的时间序列,从直观上可以看作是一条围绕其平均值上下波动的曲线。

如果时间序列$\{y_t, t=1,2,\cdots\}$满足下列条件,则称时间序列$\{y_t, t=1,2,\cdots\}$是平稳的。

① 均值 $E(y_t)=\mu, (t=1,2,\cdots)$

② 方差 $\mathrm{var}(y_t)=E(y_t-\mu)^2=\sigma^2, (t=1,2,\cdots)$

③ 协方差 $\mathrm{cov}(y_t, y_{t+k})=E[(y_t-\mu)(y_{t+k}-\mu)]=r(t,t+k), (t=1,2,\cdots)$是仅与时间间隔有关,与时间$t$无关的常数,记为$r_k$,即$\mathrm{cov}(y_t, y_{t+k})=r_k, (k=0,1,2,\cdots)$,当$k=0$时,$\mathrm{cov}(y_t, y_t)=\mathrm{var}(y_t)=r_0$。

一般来说,如果一个时间序列是平稳的,它的自相关函数$\rho(t,t+k)=\rho(0,k)$也仅与时间间隔k有关,记为ρ_k,则有

$$\rho_k=\frac{r_k}{r_0}$$

当$k=0$时,$\rho_0=1$,当$k>1$时,$|\rho_k|<1$。特别地,具有零均值和相同方差的不相关的随机过程称为白噪声(white noise)过程或白噪声序列,用u_t表示白噪声过程,则$E(u_t)=0$,$\mathrm{var}(u_t)=\sigma^2$,$\mathrm{cov}(u_t, u_{t+k})=0$,对所有的$t$和$k\neq 0$成立。显然白噪声序列是平稳时间序列。白噪声序列$u_t$可用符号表示为

$$u_t \sim \mathrm{IID}(0,\sigma^2)$$

(2) 非平稳时间序列。所谓时间序列的非平稳性,是指时间序列的统计特征随着时间的位移而发生变化。只要弱平稳的三个条件不全满足,则该时间序列是非平稳的。

9.1.2 时间序列的平稳性检验

时间序列的平稳性检验方法主要有以下几种:利用散点图进行平稳性判断;利用样本自相关函数进行平稳性判断;ADF检验。

1. 利用散点图进行平稳性判断

首先画出该时间序列的散点图,然后直观判断散点图是否为一条围绕其平均值上下波动的曲线,如果是的话,则该时间序列是一个平稳时间序列;否则为非平稳时间序列。

2. 利用样本自相关函数进行平稳性判断

一般地,如果由样本数据计算出样本自相关函数

$$\hat{\rho}_k=\frac{\sum_{t=k+1}^{T}(y_t-\bar{y})(y_{t-k}-\bar{y})}{\sum_{t=1}^{T}(y_t-\bar{y})^2} \quad (k=0,1,2,\cdots)$$

当k增大时,$\hat{\rho}_k$迅速衰减,则认为该序列是平稳的;如果它衰减非常缓慢,则预示该序列为非平稳的。

检验自相关函数 ρ_k 的真值是否为 0 的假设，可通过如下 Q_{LB}统计量进行：

$$Q_{\mathrm{LB}} = T(T+2)\sum_{k=1}^{p}\frac{\hat{\rho}_k}{T-k}$$

该统计量近似地服从自由度为 p 的 χ^2 分布（p 为滞后长度），T 为观测值的个数。因此，如果计算的 Q_{LB}大于显著性为 α 的临界值，则有 $1-\alpha$ 的把握拒绝所有 $\hat{\rho}_k(k>0)$同时为 0 的假设。

3. 单位根检验

(1) DF 检验。如果记 L 为滞后运算符，其作用是取时间序列的滞后。y_t 的一期滞后可表示为 $L(y_t)$，即 $L(y_t)=y_{t-1}$，则 $y_t=\gamma y_{t-1}+u_t$ 可以表示成 $(1-\gamma L)y_t=u_t$，称 $1-\gamma L=0$ 为随机模型 $y_t=\gamma y_{t-1}+u_t$ 的特征方程，此方程有一个根 $L=1/\gamma$。如果特征方程有一个根为 1，则称 y_t 有一个单位根。

对于随机模型（一阶自回归模型）$y_t=\gamma y_{t-1}+u_t$（u_t 为白噪声），容易证明当 $|\gamma|<1$ 时，时间序列 y_t 是平稳的，$|\gamma|\geqslant 1$ 时是非平稳的。引入单位根后，有：时间序列 y_t 平稳的条件是特征方程 $1-\gamma L=0$ 的根的绝对值大于 1。

平稳性的单位根检验的原理：随机游走序列 $y_t=y_{t-1}+u_t$（u_t 为白噪声）可以看成是随机模型 $y_t=\gamma y_{t-1}+u_t$ 中的参数 $\gamma=1$ 的情形，随机游走时间序列有一个单位根，是非平稳的时间序列。所以在一定程度上，检验非平稳性就是检验 $\gamma=1$，即检验单位根。因此，要判断一个时间序列是否为平稳的，可通过判断 $y_t=\gamma y_{t-1}+u_t$ 是否有单位根。这就是时间序列的单位根检验。

$y_t = \gamma y_{t-1} + u_t$　　可变成差分形式：$\Delta y_t = (\gamma-1)y_{t-1} + u_t = \delta y_{t-1} + u_t$

检验 $y_t=\gamma y_{t-1}+u_t$ 是否存在单位根 $\gamma=1$，也可以通过式 $\Delta y_t=\delta y_{t-1}+u_t$ 判断是否有 $\delta=0$。因此，针对 $\Delta y_t=\delta y_{t-1}+u_t$，单侧检验的零假设和备择假设分别是

原假设：$H_0:\delta=0$（y_t 非平稳）；备择假设：$H_1:\delta<0$（y_t 平稳）

DF 检验：第一步，对 $\Delta y_t=\delta y_{t-1}+u_t$ 执行 OLS 回归，得到 t_δ 统计量值。第二步，检验假设 $H_0:\delta=0$；$H_1:\delta<0$，用 t_δ 值与 τ 临界值比较。判别准则是：若 $t_\delta>\tau$，则接受原假设 H_0，即 y_t 非平稳；若 $t_\delta<\tau$，则拒绝原假设 H_0，y_t 为平稳序列。

对另外两类方程：$\Delta y_t=\alpha+\delta y_{t-1}+u_t$，$\Delta y_t=\alpha+\beta t+\delta y_{t-1}+u_t$，DF 检验仍然是适用的。尽管三种方程的 τ 临界值有所不同，但有关时间序列平稳性的检验依赖的是 y_{t-1}的系数 δ，而与 α、β 无关。

(2) ADF 检验。ADF 检验是通过下面三个模型完成的：

模型(1)：$\Delta y_t = \delta y_{t-1} + \sum_{j=1}^{p}\lambda_j \Delta y_{t-j} + u_t$

模型(2)：$\Delta y_t = \alpha + \delta y_{t-1} + \sum_{j=1}^{p}\lambda_j \Delta y_{t-j} + u_t$

模型(3)：$\Delta y_t = \alpha + \beta t + \delta y_{t-1} + \sum_{j=1}^{p}\lambda_j \Delta y_{t-j} + u_t$

原假设都是 $H_0:\delta=0$，即存在一单位根。模型(1)与另两模型的差别在于是否包含常数项和趋势项。

实际检验时从模型(3)开始，然后模型(2)，最后模型(1)。何时检验拒绝零假设（$t_\delta<\tau$），即

原序列不存在单位根,为平稳序列,何时停止检验。否则,就要继续检验,直到检验完模型(1)为止。

4. 单整

如果一个时间序列经过一阶差分变成平稳的,就称原序列是一阶单整序列,记为 $I(1)$。若非平稳序列必须取二阶差分($\Delta^2 y_t = \Delta y_t - \Delta y_{t-1}$)才变为平稳序列,则原序列是二阶单整序列,记为 $I(2)$。一般地,若一个非平稳序列 y_t 经过 d 阶差分[$\Delta^d y_t = \Delta(\Delta^{d-1} y_t)$]后为平稳序列,则称这个时间序列是 d 阶单整序列,记为 $I(d)$。

如果一个序列不管差分多少次,也不能变为平稳序列,这种序列称为非单整的。

9.1.3 ARIMA 模型

1. 自回归模型 AR(p)

(1) 自回归模型 AR(p)的含义及平稳条件。若时间序列 y_t 可以表示成它的前期值和一个随机误差项的函数,即 $y_t = \varphi_1 y_{t-1} + \varphi_2 y_{t-2} + \cdots + \varphi_p y_{t-p} + u_t$,则称此模型为自回归模型,记为 AR($p$),相应的 y_t 序列称为自回归序列,其中 p 为 AR(p)的阶数。

如果一个 p 阶自回归模型 AR(p)生成的时间序列是平稳的,就说该 AR(p)模型是平稳的,否则就说 AR(p)模型是非平稳的。

对于 p 阶自回归模型 AR(p),引入滞后算子 L: $L(y_t) = y_{t-1}, L^2(y_t) = y_{t-2}, \cdots, L^p(y_t) = y_{t-p}$,则 AR($p$)变换为$(1 - \varphi_1 L - \varphi_2 L^2 - \cdots - \varphi_p L^p) y_t = u_t$,引进算子多项式 $\varphi_p(L) = 1 - \varphi_1 L - \varphi_2 L^2 - \cdots - \varphi_p L^p$,则 AR($p$)可改写成 $\varphi_p(L) y_t = u_t$。

如果算子多项式 $\varphi_p(L)$的特征方程 $\varphi_p(z) = 1 - \varphi_1 z - \varphi_2 z^2 - \cdots - \varphi_p z^p = 0$ 的根全部在复平面上单位圆周之外,或所有根的模$|z| > 1$,则 AR(p)模型是平稳的。AR(p)模型是平稳的,则 y_t 可表示为白噪声的无穷加权和: $y_t = \varphi_p^{-1}(L) u_t$。

AR(p)模型平稳的充分条件是: $|\varphi_1| + |\varphi_2| + \cdots + |\varphi_p| < 1$

(2) 自回归模型 AR(p)的识别

① 自相关函数与偏自相关函数。p 阶自回归过程 AR(p)的自相关函数(ACF)为

$$\rho_k = \varphi_1 \rho_{k-1} + \varphi_2 \rho_{k-2} + \cdots + \varphi_p \rho_{k-p}$$

上述自相关函数是 p 阶差分方程,其通解为: $\rho_k = \sum_{i=1}^{p} c_i \lambda_i^k$,其中 $z_i = 1/\lambda_i$ 是 AR(p)特征方程 $\varphi_p(z) = 1 - \varphi_1 z - \varphi_2 z^2 - \cdots - \varphi_p z^p = 0$ 的特征根,由 AR(p)平稳条件可知,$|z_i| > 1$ 或者$|\lambda_i| < 1$,因此,当 λ_i 均为实数根时,ρ_k 呈几何衰减;当 λ_i 均为共轭复根时,ρ_k 呈正弦波衰减。

② p 阶自回归过程 AR(p)的偏自相关函数(PACF)。偏自相关是指对于时间序列 y_t,在给定 $y_{t-1}, y_{t-2}, \cdots, y_{t-(k-1)}$ 的条件下,y_t 与 y_{t-k} 之间的条件相关关系。其相关程度用偏自相关系数 φ_{kk} 度量。

对于 p 阶自回归过程 AR(p)的自相关函数(ACF): $\rho_k = \varphi_1 \rho_{k-1} + \varphi_2 \rho_{k-2} + \cdots + \varphi_p \rho_{k-p}$,令 $k = 1, 2, 3, \cdots, p$,则得一组方程式,称为尤拉—沃克(Yule-Walker)方程

$$\begin{cases}\rho_1 = \varphi_1 + \varphi_2\rho_1 + \varphi_3\rho_2 + \cdots + \varphi_p\rho_{p-1} \\ \rho_2 = \varphi_1\rho_1 + \varphi_2 + \varphi_3\rho_1 + \cdots + \varphi_p\rho_{p-2} \\ \rho_3 = \varphi_1\rho_2 + \varphi_2\rho_1 + \varphi_3 + \cdots + \varphi_p\rho_{p-3} \\ \quad\cdots \\ \rho_p = \varphi_1\rho_{p-1} + \varphi_2\rho_{p-2} + \varphi_3\rho_{p-3} + \cdots + \varphi_p\end{cases}$$

对尤拉-沃克方程中的 $p(p=1,2,\cdots)$ 阶方程组求解，每个方程组的最后一个解就是相应的偏自相关系数 $\varphi_{11},\varphi_{22},\cdots,\varphi_{kk},\cdots$。

③ 自回归过程的识别与估计。利用实际时间序列提供的信息，首先求得总体自相关函数 $\rho_1,\rho_2,\cdots,\rho_p$ 的估计值，可以用样本自相关函数 $\hat{\rho}_1,\hat{\rho}_2,\cdots,\hat{\rho}_p$ 替代，然后根据尤拉-沃克方程，求出模型参数的估计值 $\hat{\varphi}_1,\hat{\varphi}_2,\cdots,\hat{\varphi}_p$，由此可以得到自回归方程 AR($p$)：

$$y_t = \hat{\varphi}_1 y_{t-1} + \hat{\varphi}_2 y_{t-2} + \cdots + \hat{\varphi}_p y_{t-p} + e_t$$

如何确定自回归模型的阶数 p，其方法是在自回归阶数 k 逐步增加的过程中，通过对偏自相关系数 $\hat{\varphi}_{kk}$ 的显著性检验来确定适当阶数 p。

对于大样本来说，如果自回归过程(AR)的阶数为 p，那么，在 $k>p$ 时，偏自相关系数估计量 $\hat{\varphi}_{kk}$ 近似服从期望值为 0，方差为 $1/n$ 的正态分布，这里的 n 为样本容量。

比如，要判断在 0.05 显著性水平下 φ_{kk} 是否为 0，只要考察 $\hat{\varphi}_{kk}$ 的数值是否落在下面的区间内：$\left[-\frac{1.96}{\sqrt{n}},\frac{1.96}{\sqrt{n}}\right]\approx\left[-\frac{2}{\sqrt{n}},\frac{2}{\sqrt{n}}\right]$，如果 $\hat{\varphi}_{kk}$ 落在这个区间内，则 φ_{kk} 不显著，即确认 $\varphi_{kk}=0$，如果 $\hat{\varphi}_{kk}$ 落在此区间之外，则显著，即确认 $\varphi_{kk}\neq 0$，从而确定自回归模型的阶数为 k。

2. 移动平均模型 MA(q)

(1) 移动平均模型的含义及自相关函数。若时间序列 y_t 可以表示成当期和前期值随机误差项的函数，即 $y_t=u_t+\theta_1 u_{t-1}+\theta_2 u_{t-2}+\cdots+\theta_q u_{t-q}$，则称此模型为移动平均模型，记为 MA($q$)，其中 q 为 MA(q)的阶数，u_t 为白噪声。

对于 q 阶移动平均模型 MA(q)：$y_t=u_t+\theta_1 u_{t-1}+\theta_2 u_{t-2}+\cdots+\theta_q u_{t-q}$，其中参数 $\theta_1,\theta_2,\cdots,\theta_q$ 为移动平均系数，u_t 为白噪声，有：

$$E(y_t)=0,\quad \mathrm{var}\,(y_t)=r_0=\sigma_u^2(1+\theta_1^2+\cdots+\theta_q^2)\ \text{为常数}$$

当 $k<q$ 时，$\mathrm{cov}\,(y_t,y_{t+k})=r_k=\sigma_u^2(-\theta_k+\theta_1\theta_{k+1}+\theta_2\theta_{k+2}+\cdots+\theta_{q-k}\theta_q)$不依赖时间 t，而只依赖时间间隔 k，当 $k>q$ 时，$r_k=0$。因此，q 阶移动平均模型 MA(q)总是平稳的。

q 阶移动平均模型 MA(q)自相关函数 ρ_k 为

$$\rho_k=\begin{cases}1 & k=0 \\ \dfrac{-\theta_k+\theta_1\theta_{k+1}+\theta_2\theta_{k+2}+\cdots+\theta_{q-k}\theta_q}{1+\theta_1^2+\theta_2^2+\cdots+\theta_q^2} & k=1,2,\cdots,q \\ 0 & k>q\end{cases}$$

对于无穷阶移动平均过程要求$(1+\theta_1^2+\cdots+\theta_q^2+\cdots)<\infty$。当 $k>q$ 时，$\rho_k=0$，这种性质通常称为截尾。

(2) 移动平均模型的识别。假设时间序列样本 $y_1,y_2,\cdots,y_n$ 已经给定(这里的 y_t 已经中心化了，即$\bar{y}=0$)，我们可以计算出各阶自相关函数 ρ_k 的估计值 $\hat{\rho}_k$，然后对每一个 $\rho_k(k=1,2,\cdots)$进行显著检验。可以证明，当样本容量很大时，$\hat{\rho}_k$ 近似服从期望值为 0，方差为

$1/n$ 的正态分布。

于是可以有与自回归过程类似的检验方法：

第一，构造 95% 的置信区间 $\left[-\frac{2}{\sqrt{n}},\frac{2}{\sqrt{n}}\right]$；第二，计算样本的各阶自相关系数 $\hat{\rho}_k(k=1,2,\cdots)$；第三，考察 $\hat{\rho}_k$ 是否落在这一区间之内。如果 $\hat{\rho}_k$ 的数值落在此区间之外，表明 ρ_k 显著($\rho_k \neq 0$)，否则不显著($\rho_k = 0$)。若 $k \leqslant q$ 时，ρ_k 皆显著，$k > q$ 时，ρ_k 皆不显著，则移动平均过程的阶数确定为 q。

(3) 移动平均模型的参数估计。利用自相关函数 ρ_k 与 θ 之间的关系，ρ_k 用相应的估计值 $\hat{\rho}_k$ 代替，便得到关于 θ 的 q 个非线性代数方程，解这个非线性方程组便可得到 q 个 θ 的估计值。

3. 自回归移动平均模型 ARMA(p,q)

模型 ARMA(p,q)的一般表达式为

$$y_t = \varphi_1 y_{t-1} + \varphi_2 y_{t-2} + \cdots + \varphi_p y_{t-p} + u_t + \theta_1 u_{t-1} + \theta_2 u_{t-2} + \cdots + \theta_q u_{t-q}$$

MA(q)和 AR(p)可以分别看作 ARMA(p,q)在 $p=0$ 和 $q=0$ 时的特例。ARMA(p,q)的自相关函数可以看作 AR(p)的自相关函数和 MA(q)的自相关函数的混合物。当 $p=0$ 时，它具有截尾性质，当 $q=0$ 时，它具有拖尾性质。当 p 和 q 都不为 0 时，它具有拖尾性质。

(1) ARMA 模型阶数的确定。通过计算偏自相关系数和自相关系数，来确定 ARMA 模型的阶数 p 和 q，p 与 q 阶数选择的判别标准有赤池信息准则(AIC)与施瓦兹准则(SC)。

(2) ARMA 模型的估计。在 ARMA(p,q)模型中，共有$(p+q+1)$个待估参数 $\varphi_1,\varphi_2,\cdots,\varphi_p$ 与 $\theta_1,\theta_2,\cdots,\theta_q$ 以及 σ_u^2，其估计量计算步骤及公式如下：

第一步，通过尤拉-沃克方程估计 $\hat{\varphi}_1,\hat{\varphi}_2,\cdots,\hat{\varphi}_p$；

第二步，改写模型，求 $\theta_1,\theta_2,\cdots,\theta_q$ 的估计值。将模型

$$y_t = \varphi_1 y_{t-1} + \varphi_2 y_{t-2} + \cdots + \varphi_p y_{t-p} + u_t + \theta_1 u_{t-1} + \theta_2 u_{t-2} + \cdots + \theta_q u_{t-q}$$

改写为

$$y_t - \varphi_1 y_{t-1} - \varphi_2 y_{t-2} - \cdots - \varphi_p y_{t-p} = u_t + \theta_1 u_{t-1} + \theta_2 u_{t-2} + \cdots + \theta_q u_{t-q}$$

令 $\tilde{y}_t = y_t - \hat{\varphi}_1 y_{t-1} - \hat{\varphi}_2 y_{t-2} - \cdots - \hat{\varphi}_p y_{t-p}$，于是将原模型改写成

$$\tilde{y}_t = u_t + \theta_1 u_{t-1} + \theta_2 u_{t-2} + \cdots + \theta_q u_{t-q}$$

按照 MA(q)模型的估计方法，可以得到 $\theta_1,\theta_2,\cdots,\theta_q$ 的估计值。

需要说明的是，在上述模型的平稳性、识别与估计的讨论中，ARMA(p,q)模型中均未包括常数项。如果包括常数项，该常数项并不影响模型的原有性质，因为通过适当变形，可将包括常数项的模型转换为不包括常数项的模型。

4. 单整自回归移动平均模型 ARIMA(p,d,q)

(1) ARIMA 模型的形式。设 y_t 是 d 阶单整序列，即 $y_t \sim I(d)$，记 $\omega_t = \Delta^d y_t = (1-L)^d y_t$，则 ω_t 为平稳序列，即 $\omega_t \sim I(0)$，于是可以对 ω_t 建立 ARMA(p,q)模型：

$$\omega_t = \varphi_1 \omega_{t-1} + \varphi_2 \omega_{t-2} + \cdots + \varphi_p \omega_{t-p} + u_t + \theta_1 u_{t-1} + \theta_2 u_{t-2} + \cdots + \theta_q u_{t-q}$$

经过 d 阶差分变换后的 ARMA(p,q)模型称为(p,d,q)阶单整自回归移动平均模型，记为 ARIMA(p,d,q)。ARMA(p,q)、AR(p)、MA(q)和白噪声过程可以分别看作是 ARIMA(p,d,q)模型的特例。

估计 ARIMA(p,d,q)模型同估计 ARMA(p,q)具体的步骤相同，唯一不同的是在估计之前要确定原序列的差分阶数 d，对 y_t 进行 d 阶差分。

(2) 应用 ARMA(p,q)模型建模的过程。分为如下 4 个步骤：

第一，对原序列进行平稳性检验(模型的特征根的倒数皆小于 1)，如果序列不满足平稳性条件，可以通过差分变换，使序列满足平稳性条件；

第二，通过计算偏自相关系数和自相关系数，来确定 ARMA 模型的阶数 p 和 q(采用 EViews 软件来判断 p 和 q 的阶数比较方便)；

第三，估计模型的未知参数，并检验参数的显著性，以及模型本身的合理性；

第四，进行诊断分析(残差序列应当是一个白噪声序列)，以证实所得模型确实与所观察到的数据特征相符。

9.1.4　协整与误差修正模型

1. 协整与均衡关系

如果序列 $x_{1t}, x_{2t}, \cdots, x_{kt}$ 都是 d 阶单整的，存在向量 $\boldsymbol{\alpha}=(\alpha_1,\alpha_2,\cdots,\alpha_k)$，使 $\boldsymbol{z}_t=\boldsymbol{\alpha X}_t' \sim I(d-b)$，其中 $d \geqslant b > 0$，$\boldsymbol{X}_t=(x_{1t},x_{2t},\cdots,x_{kt})'$，则称序列 $x_{1t},x_{2t},\cdots,x_{kt}$ 是(d,b)阶协整，记为：$\boldsymbol{X}_t \sim \mathrm{CI}(d,b)$，$\alpha$ 称为协整向量。协整的经济意义在于：多个变量之间，虽然它们具有各自的长期波动规律，但如果它们是协整的，则这些变量之间存在一个长期稳定的比例关系，即存在长期均衡关系。

2. 协整的检验

(1) 两变量的 EG 检验。检验步骤：第一步，若两变量 y_t 与 x_t 是同阶单整的，则用 OLS 法估计长期均衡方程 $y_t=b_0+b_1x_t+u_t$ 得到 $\hat{y}_t=\hat{b}_0+\hat{b}_1x_t$，并保存残差 $e_t=y_t-\hat{y}_t$，作为均衡误差 u_t 的估计值。第二步，检验残差项 e_t 的平稳性。如果残差项 e_t 是平稳的，则变量 y_t 与 x_t 是协整的，y_t 与 x_t 存在长期均衡关系；如果残差项 e_t 是非平稳的，则变量 y_t 与 x_t 不是协整的，y_t 与 x_t 不存在长期均衡关系。

具体做法是将迪克—福勒检验法用于时间序列 e_t，也就是使用 OLS 法估计形如 $\Delta e_t = \delta e_{t-1}+\sum_{i=1}^{p}\delta_i\Delta e_{t-i}+v_t$ 的方程进行检验。需要注意的是：迪克—福勒检验中 τ 统计量不适于此检验，需要用 EG 检验的临界值表。

(2) 多变量协整关系的检验。对于多变量的协整检验过程，基本与双变量情形相同。需要通过设一个变量为被解释变量，其他变量为解释变量，进行 OLS 估计并检验残差序列是否平稳。如果不平稳，则需要更换被解释变量，进行同样的 OLS 估计及相应的残差序列是否平稳的检验。当所有变量都被作为被解释变量检验之后，仍不能得到平稳的残差序列，则认为这些变量之间不存在协整关系。

3. 误差修正模型(ECM)

格兰杰表述定理：如果变量 x 与 y 是协整的，则它们间的短期非均衡关系总能由一个误差修正模型表述。即

$$\Delta y_t = \mathrm{lagged}(\Delta y, \Delta x) - \lambda \mathrm{ECM}_{t-1} + u_t$$

式中,ECM_{t-1}是非均衡误差项或者说成是长期均衡偏差项,λ 是短期调整参数。该式说明,本期被解释变量 y 的变化取决于本期解释变量 x 的变化、前期 x 与 y 的变化以及前期误差修正项。格兰杰表述定理可类似地推广到多个变量的情形中去。

建立误差修正模型一般采用 E-G 两步法,分别建立区分数据长期特征和短期特征的计量经济模型。

第一步,建立长期关系模型。即通过水平变量和 OLS 法估计出时间序列变量间的关系(估计协整向量长期均衡关系参数)。若估计结果形成平稳的残差序列,那么这些变量间就存在相互协整的关系。

第二步,建立短期动态关系,即误差修正方程。也就是说,若协整关系存在,则以第一步求到的残差作为非均衡误差项加入到误差修正模型中,并用 OLS 法估计相应参数。

9.1.5 格兰杰因果关系检验

所谓因果关系是指变量之间的依赖性,作为结果的变量是由作为原因的变量所决定的,原因变量的变化引起结果变量的变化。

格兰杰因果关系检验要求估计以下的回归模型:

模型(1):$y_t = \sum_{i=1}^{q}\alpha_i x_{t-i} + \sum_{j=1}^{q}\beta_j y_{t-j} + u_{1t}$

模型(2):$x_t = \sum_{i=1}^{s}\lambda_i x_{t-i} + \sum_{j=1}^{s}\delta_j y_{t-j} + u_{2t}$

其中白噪声 u_{1t}和 u_{2t}假定为不相关的。

模型(1)零假设:$H_0:\alpha_1=\alpha_2=\cdots=\alpha_q=0$

模型(2)零假设:$H_0:\delta_1=\delta_2=\cdots=\delta_s=0$

为了检验 x 是引起 y 的原因,格兰杰因果关系检验步骤如下:

(1) 将当前的 y 对所有的滞后项以及别的什么变量(如果有的话)做回归,即 y 对 y 的滞后项 $y_{t-1},y_{t-2},\cdots,y_{t-q}$及其他变量的回归,得到受约束的残差平方和 RSS_R。

(2) 做含有滞后项 x 的回归,即在前面的回归式中加进滞后项 x,这是一个无约束的回归,由此回归得到无约束的残差平方和 RSS_U。

(3) 零假设是 $H_0:\alpha_1=\alpha_2=\cdots=\alpha_q=0$,即滞后项 x 不属于此回归。

(4) 为了检验此假设,我们用 F 检验,即 $F=\frac{(RSS_R-RSS_U)/q}{RSS_U/(n-k)}$

它遵循自由度为 q 和$(n-k)$的 F 分布。在这里 n 是样本容量,q 等于滞后项 x 的个数,即有约束回归方程中待估参数的个数,k 是无约束回归中待估参数的个数。

(5) 如果在选定的显著性水平(α)上计算的 F 值超过临界值 F_α,则拒绝零假设,表明 x 是 y 的原因。

(6) 同样,为了检验 y 是否是 x 的原因,可将变量 y 与 x 相互替换,重复步骤(1)~(5)。

一般而言,在进行格兰杰因果关系检验时,通常对不同的滞后长度分别进行试验,以确信因果关系检验中的随机误差项不存在序列相关,并根据赤池信息量准则(AIC)最小来选取适当的滞后长度。

9.1.6　向量自回归模型(VAR)

1. VAR 模型及其估计

VAR 模型通常用于相关时间序列系统的预测和随机误差项对变量系统的动态冲击，从而解释各种经济冲击对经济变量形成的影响。一般的向量自回归模型数学表达式为

$$\boldsymbol{y}_t = \boldsymbol{A}_0 + \boldsymbol{A}_1 \boldsymbol{y}_{t-1} + \boldsymbol{A}_2 \boldsymbol{y}_{t-2} + \cdots + \boldsymbol{A}_p \boldsymbol{y}_{t-p} + \boldsymbol{B}_1 \boldsymbol{X}_t + \cdots + \boldsymbol{B}_q \boldsymbol{X}_{t-q} + \boldsymbol{U}_t$$

式中，$\boldsymbol{y}_t$ 是 m 维内生变量向量，$\boldsymbol{X}_t$ 是 r 维外生变量向量，$\boldsymbol{A}_0, \boldsymbol{A}_1, \boldsymbol{A}_2, \cdots, \boldsymbol{A}_p$ 和 $\boldsymbol{B}_1, \cdots, \boldsymbol{B}_q$ 是待估计的参数矩阵，内生变量和外生变量分别有 p 和 q 阶滞后期，$\boldsymbol{U}_t$ 是随机误差项。模型中内生变量有 p 阶滞后期，可称其为 VAR(p)模型。在实际应用中，一般根据 AIC 和 SC 取值最小的准则确定模型的阶数。

向量自回归模型(VAR)类似于联立方程模型，可以用二阶段最小二乘法进行估计。

2. 脉冲响应函数

脉冲响应函数描述了内生变量对随机误差变化大小的反应，即用于衡量来自随机误差项的一个标准差大小的冲击对内生变量当期值和未来值的影响。

对于多变量的 VAR(p)模型 $\boldsymbol{y}_t = \boldsymbol{A}_1 \boldsymbol{y}_{t-1} + \boldsymbol{A}_2 \boldsymbol{y}_{t-2} + \cdots + \boldsymbol{A}_p \boldsymbol{y}_{t-p} + \boldsymbol{U}_t$，如果向量自回归过程是平稳的，则它可以写成一个白噪声向量的无限移动平均过程，即

$$\boldsymbol{y}_t = (\boldsymbol{I}_k + \boldsymbol{C}_1 \boldsymbol{L} + \boldsymbol{C}_2 \boldsymbol{L}^2 + \cdots + \boldsymbol{C}_p \boldsymbol{L}^p + \cdots)\boldsymbol{U}_t$$

$\boldsymbol{y}_t$ 的第 i 个变量可以写成

$$y_{it} = \sum_{j=1}^{k} (c_{ij}^{(0)} u_{jt} + c_{ij}^{(1)} u_{jt-1} + c_{ij}^{(2)} u_{jt-2} + c_{ij}^{(3)} u_{jt-3} + \cdots)$$

由 y_j 的脉冲引起的 y_i 的响应函数为

$$c_{ij}^{(s)} = \frac{\partial y_{i,t+s}}{\partial u_{jt}}, \quad (s = 0,1,2,\cdots,t = 1,2,\cdots,n)$$

此式说明：在时期 t，第 j 个变量的随机误差项增加一个单位，而其他时期的随机误差项为常数时，对时期 $t+s$ 的第 i 个变量值的影响。

3. 方差分析

方差分析是通过分析内生变量的冲击对内生变量变化(通常用方差来度量)的贡献度，评价不同内生变量冲击的重要性。

对 $\boldsymbol{y}_t$ 的第 i 个变量：$y_{it} = \sum\limits_{j=1}^{k} (c_{ij}^{(0)} u_{jt} + c_{ij}^{(1)} u_{jt-1} + c_{ij}^{(2)} u_{jt-2} + c_{ij}^{(3)} u_{jt-3} + \cdots)$，求其方差得 $\mathrm{var}(y_i) = \sum\limits_{j=1}^{k} \left[\sum\limits_{s=0}^{\infty} (c_{ij}^{(s)})^2 \sigma_{jj} \right] (i = 1,2,\cdots,k)$，为了测定各个随机误差项对 y_i 的方差有多大程度的贡献，定义

$$\mathrm{RVC}_{j\to i}(\infty) = \frac{\sum\limits_{s=0}^{\infty} (c_{ij}^{(s)})^2 \sigma_{jj}}{\sum\limits_{j=1}^{k} \left[\sum\limits_{s=0}^{\infty} (c_{ij}^{(s)})^2 \sigma_{jj} \right]} \quad (i,j = 1,2,\cdots,k)$$

为相对方差贡献率，它度量了第 j 个变量基于冲击的方差对 y_i 的方差的相对贡献度，用它来观测第 j 个变量对第 i 个变量的影响。

9.2 学习重点与难点

(1)时间序列平稳性含义、时间序列平稳性检验(重点掌握利用样本自相关函数进行平稳性判断、ADF 检验);(2)ARIMA(p,d,q)模型平稳性条件、ARIMA(p,d,q)模型的识别与估计、ARIMA(p,d,q)模型的检验(重点掌握自回归模型 AR(p)的含义及平稳条件、自回归模型 AR(p)的识别与估计、移动平均模型 MA(q)的识别与估计、ARMA(p,q)模型建模的主要步骤);(3)单整、协整与误差修正模型(重点掌握协整检验与误差修正模型构建方法);(4)格兰杰因果关系检验;(5)向量自回归模型(重点掌握 VAR 模型估计方法、脉冲响应函数与方差分析)。

9.3 典型例题分析

例 1 随机性趋势与确定性趋势之间有何差别?如何判断随机性趋势和确定性趋势?什么是趋势平稳与差分平稳随机过程?

解答 (1) 大多数经济时间序列都表现出趋势性。若这种趋势完全可以预测,则称为确定性趋势,否则称为随机性趋势。非平稳时间序列通常表现为随机性趋势。

随机性趋势和确定性趋势用模型表述如下:含有一阶自回归的随机过程

$$y_t = \alpha + \beta t + \rho y_{t-1} + u_t$$

式中,u_t 为白噪声序列,t 为一时间趋势。

随机性趋势:如果 $\rho=1,\beta=0$,则 $y_t=\alpha+\beta t+\rho y_{t-1}+u_t$ 成为一带位移的随机游走过程,即 $y_t=\alpha+y_{t-1}+u_t$,$\alpha>0$,时间序列 y_t 向上漂移,$\alpha<0$,时间序列 y_t 向下漂移。

确定性趋势:如果 $\rho=0,\beta\neq0$,则 $y_t=\alpha+\beta t+\rho y_{t-1}+u_t$ 成为一带时间趋势的随机变化过程,即 $y_t=\alpha+\beta t+u_t$,根据 β 的正负,y_t 表现出明显的上升或下降趋势。

如果 $\rho=1,\beta\neq0$,则 y_t 包含有确定性与随机性两种趋势。

(2) 判断随机性趋势和确定性趋势的方法:通过 ADF 检验中所用的第 3 个模型进行判断。如果检验结果表明所给时间序列有单位根,且时间变量前的参数显著为零,则该序列显示出随机性趋势;如果没有单位根,且时间变量前的参数显著地异于零,则该序列显示出确定性趋势。

(3) 如果一个时间序列表现出确定性趋势,那么从这个时间序列对趋势变量的回归中得到的残差代表了所谓的趋势平稳过程。如果一个时间序列是非平稳的,但经一次(或多次)差分后变成平稳序列,则称这种时间序列为差分平稳过程。

随机性趋势可通过差分的方法消除,如 $y_t=\alpha+y_{t-1}+u_t$ 可通过差分变换为 $\Delta y_t=\alpha+u_t$,该时间序列 y_t 称为差分平稳过程;而确定性趋势无法通过差分的方法消除,只能通过除去趋势项消除,如 $y_t=\alpha+\beta t+u_t$ 可通过减去 βt 变换为 $y_t-\beta t=\alpha+u_t$,u_t 是平稳的,因此 y_t 称为趋势平稳过程。

例 2 假设两时间序列 x_t 与 y_t 分别由下面的随机过程生成:

$$x_t = x_{t-1} + u_t, \quad y_t = y_{t-1} + v_t$$

式中,u_t 与 v_t 分别是以 0 为均值,以 σ_u^2、σ_v^2 为方差的白噪声序列,且它们也是相互独立的,同时假设两序列的初值为 0，即 $x_0=y_0=0$。问：

（1）从理论上分析，两序列的相关性有多大？

（2）如果做 y_t 关于 x_t 的 OLS 回归 $y_t=\beta_0+\beta_1 x_t+\varepsilon_t$，你期望斜率 β_1 的真值为 0 吗？请判断实际回归的结果，$\hat{\beta}_1=0$ 这一假设在 5% 的显著性水平上一定会是统计显著的吗？

（3）如果对两序列的差分序列进行上述 OLS 回归：$\Delta y_t=\beta_0+\beta_1\Delta x_t+\varepsilon_t$，你期望斜率 β_1 的真值为 0 吗？在实际回归中，$\hat{\beta}_1=0$ 这一假设在 5% 的显著性水平上一定会是统计显著的吗？

解答　（1）时间序列 x_t 与 y_t 分别是两随机游走序列，由于 u_t 与 v_t 的相互独立性保证了两随机变量 x_t 与 y_t 也是相互独立的。因此，从理论上分析，该两序列应是不相关的，即相关系数的理论值应为 0。

（2）由于 x_t 与 y_t 是两独立的随机时间序列，则它们的 OLS 回归结果，期望斜率 β_1 的真值应为 0。但在实际回归中，由于两随机游走序列是非平稳的，往往会产生回归结果有较高的 R^2，同时估计的 β_1 也往往与 0 相差较大，即 $\hat{\beta}_1=0$ 这一假设在 5% 的显著性水平上不一定是统计显著的。

（3）如果对该两序列的差分序列进行上述 OLS 回归，则可以期望斜率 β_1 的真值为 0，因为，x_t 与 y_t 的差分序列实际就是两白噪声 u_t 与 v_t，它们是平稳序列。同时，在实际回归中，u_t 与 v_t 的相互独立性也就保证了估计的 β_1 与 0 十分接近，即 $\hat{\beta}_1=0$ 这一假设在 5% 的显著性水平上一定是统计显著的。

例 3　设时间序列 x_t 是由随机过程 $x_t=z_t+u_t$ 生成的，其中 u_t 为一均值为 0，方差为 σ_u^2 的白噪声序列，z_t 是一均值为 0，方差为 σ_z^2，协方差恒为常数 α 的平稳时间序列。u_t 与 z_t 不相关。

（1）求 x_t 的期望与方差，它们与时间 t 有关吗？

（2）求协方差 $\operatorname{cov}(x_t,x_{t+k})$，并指出 x_t 是否是平稳的。

（3）证明：x_t 的自相关函数为 $\rho_k=\dfrac{\alpha}{\sigma_z^2+\sigma_u^2}$。

解答　（1）$E(x_t)=E(z_t)+E(u_t)=0$

$$\operatorname{var}(x_t)=\operatorname{var}(z_t)+\operatorname{var}(u_t)+2\operatorname{cov}(z_t,u_t)=\sigma_z^2+\sigma_u^2$$

可见 x_t 的期望和方差与时间 t 无关。

（2）$\operatorname{cov}(x_t,x_{t+k})=E(x_t x_{t+k})=E[(z_t+u_t)(z_{t+k}+u_{t+k})]$

$$=E(z_t z_{t+k})+E(z_t u_{t+k})+E(u_t z_{t+k})+E(u_t u_{t+k})=\alpha$$

可见 x_t 的协方差也与时间 t 无关，结合(1)知，x_t 是平稳的。

（3）由(1)知 $\operatorname{var}(x_t)=\sigma_z^2+\sigma_u^2$，由(2)知 $\operatorname{cov}(x_t,x_{t+k})=\alpha$，所以 x_t 的自相关函数为

$$\rho_k=\frac{\operatorname{cov}(x_t,x_{t+k})}{\operatorname{var}(x_t)}=\frac{\alpha}{\sigma_z^2+\sigma_u^2}$$

例 4　假设两时间序列 x_t 与 y_t 满足

$$y_t=\beta x_t+u_{1t} \text{ 与 } \Delta x_t=\alpha\Delta x_{t-1}+u_{2t}$$

式中，$\beta\neq 0$，$|\alpha|<1$，且 u_{1t} 与 u_{2t} 是两个 $I(0)$ 序列。证明：从这两个方程可以推出一个如下形式的误差修正模型：

$$\Delta y_t=\gamma_1\Delta x_{t-1}-\gamma_2(y_{t-1}-\beta x_{t-1})+u_t$$

式中，$\gamma_1=\beta\alpha$，$\gamma_2=-1$，$u_t=u_{1t}+\beta u_{2t}$。

证明 对方程 $y_t=\beta x_t+u_{1t}$，两边同时减去 y_{t-1}，得

$$\Delta y_t=\beta x_t-y_{t-1}+u_{1t}$$

然后对该式等号右边加上再减去一个 βx_{t-1}，得

$$\begin{aligned}\Delta y_t&=\beta x_t-y_{t-1}+\beta x_{t-1}-\beta x_{t-1}+u_{1t}\\&=\beta\Delta x_t-(y_{t-1}-\beta x_{t-1})+u_{1t}\end{aligned}$$

将第二个方程 $\Delta x_t=\alpha_1\Delta x_{t-1}+u_{2t}$ 代入，得

$$\begin{aligned}\Delta y_t&=\beta(\alpha\Delta x_{t-1}+u_{2t})-(y_{t-1}-\beta x_{t-1})+u_{1t}\\&=\beta\alpha\Delta x_{t-1}-(y_{t-1}-\beta x_{t-1})+u_{1t}+\beta u_{2t}\\&=\gamma_1\Delta x_{t-1}-\gamma_2(y_{t-1}-\beta x_{t-1})+u_t\end{aligned}$$

式中，$\gamma_1=\beta\alpha$，$\gamma_2=-1$，$u_t=u_{1t}+\beta u_{2t}$。

例5 判断如下ARMA过程是不是平稳过程：

$$x_t=0.7x_{t-1}+0.1x_{t-2}+u_t-0.14u_{t-1}$$

式中，u_t 为白噪声。

解答 由于 $x_t=0.7x_{t-1}+0.1x_{t-2}+u_t-0.14u_{t-1}$，ARMA模型的平稳性取决于AR部分的平稳性。对于AR部分，特征方程为：$1-0.7z+0.1z^2=0$，其解为 $z_1=2$，$z_2=5$，即特征方程的根都在单位圆外，所以该AR过程是平稳的，可知ARMA过程也是平稳的。

例6 表9-1给出了1952—2008年我国国内生产总值GDP、资本形成总额 K(单位：亿元)与从业人员 L(单位：万人)的数据资料。请分析下列问题：

(1) 应用ADF检验对lnGDP、ln$K$ 和 ln$L$ 的平稳性进行单位根检验并确定单整阶数；

(2) 检验lnGDP与ln$K$、ln$L$ 的协整性；

(3) 如果(2)的结果是协整的，请估计lnGDP对ln$K$、ln$L$ 的误差修正模型。

表9-1 1952—2008年我国GDP、资本形成总额 K 与从业人员 L 数据

年份	GDP	从业人员 L	资本形成总额 K	年份	GDP	从业人员 L	资本形成总额 K
1952	679	20 729	153.7	1967	1 773.9	30 814	425.7
1953	824	21 364	198.3	1968	1 723.1	31 915	432.2
1954	859	21 832	226.9	1969	1 937.9	33 225	485.9
1955	910	22 328	221.5	1970	2 252.7	34 432	744.9
1956	1 028	23 018	257.6	1971	2 426.4	35 620	819.0
1957	1 068	23 771	280.0	1972	2 518.1	35 854	791.1
1958	1 307	26 600	432.0	1973	2 720.9	36 652	903.5
1959	1 439	26 173	621.7	1974	2 789.9	37 369	936.1
1960	1 457	25 880	575.0	1975	2 997.3	38 168	1 062.3
1961	1 220	25 590	274.6	1976	2 943.7	38 834	990.1
1962	1 149.3	25 910	178.1	1977	3 201.9	39 377	1 098.1
1963	1 233.3	26 640	265.3	1978	3 645.2	40 152	1 377.9
1964	1 454	27 736	350.3	1979	4 062.6	41 024	1 478.9
1965	1 716.1	28 670	462.1	1980	4 545.6	42 361	1 599.7
1966	1 868	29 805	569.8	1981	4 891.6	43 725	1 630.2

续表

年份	GDP	从业人员 L	资本形成总额 K	年份	GDP	从业人员 L	资本形成总额 K
1982	5 323.4	45 295	1 784.2	1996	71 176.6	68 950	28 784.9
1983	5 962.7	46 436	2 039.0	1997	78 973.0	69 820	29 968.0
1984	7 208.1	48 197	2 515.1	1998	84 402.3	70 637	31 314.2
1985	9 016.0	49 873	3 457.5	1999	89 677.1	71 394	32 951.5
1986	10 275.2	51 282	3 941.9	2000	99 214.6	72 085	34 842.8
1987	12 058.6	52 783	4 462.0	2001	109 655.2	73 025	39 769.4
1988	15 042.8	54 334	5 700.2	2002	120 332.7	73 740	45 565.0
1989	16 992.3	55 329	6 332.7	2003	135 822.8	74 432	55 963.0
1990	18 667.8	64 749	6 747.0	2004	159 878.3	75 200	69 168.4
1991	21 781.5	65 491	7 868.0	2005	183 217.4	75 825	80 646.3
1992	26 923.5	66 152	10 086.3	2006	211 923.5	76 400	94 402.0
1993	35 333.9	66 808	15 717.7	2007	257 305.6	76 990	110 919.4
1994	48 197.9	67 455	20 341.1	2008	300 670.0	77 480	133 612.3
1995	60 793.7	68 065	25 470.1				

解答　(1) 利用 EViews 软件，首先建立工作文件，输入样本数据 GDP、L 和 K，生成新序列 lnGDP、ln L 和 ln$K$。其次打开序列 lnGDP 窗口，单击 View 下拉菜单，选择 Unit Root Test 功能，在弹出的对话框中选择 ADF 检验，对原序列 lnGDP 做单位根检验。检验结果如表 9-2～表 9-4 所示。

表 9-2　lnGDP 单位根检验结果
（有截距项有趋势项）

Augmented Dickey-Fuller Unit Root Test on LNGDP

Null Hypothesis: LNGDP has a unit root
Exogenous: Constant, Linear Trend
Lag Length: 2 (Automatic based on SIC, MAXLAG=10)

		t-Statistic	Prob.*
Augmented Dickey-Fuller test statistic		-1.101545	0.9192
Test critical values:	1% level	-4.137279	
	5% level	-3.495295	
	10% level	-3.176618	

*MacKinnon (1996) one-sided p-values.

表 9-3　lnGDP 单位根检验结果
（有截距项无趋势项）

Augmented Dickey-Fuller Unit Root Test on LNGDP

Null Hypothesis: LNGDP has a unit root
Exogenous: Constant
Lag Length: 2 (Automatic based on SIC, MAXLAG=10)

		t-Statistic	Prob.*
Augmented Dickey-Fuller test statistic		1.827304	0.9997
Test critical values:	1% level	-3.557472	
	5% level	-2.916566	
	10% level	-2.596116	

*MacKinnon (1996) one-sided p-values.

从检验结果可以判断时间序列 lnGDP 是非平稳的。对 lnGDP 的一阶差分做单位根检验，检验结果如表 9-5 所示，可见 d(lnGDP)是平稳的，因此 lnGDP 是一阶单整的。用同样的方法可以判断 ln$L$ 和 ln$K$ 也是一阶单整序列。

表 9-4　lnGDP 单位根检验结果
（无截距项无趋势项）

Augmented Dickey-Fuller Unit Root Test on LNGDP

Null Hypothesis: LNGDP has a unit root
Exogenous: None
Lag Length: 2 (Automatic based on SIC, MAXLAG=10)

		t-Statistic	Prob.*
Augmented Dickey-Fuller test statistic		3.972385	1.0000
Test critical values:	1% level	-2.608490	
	5% level	-1.946996	
	10% level	-1.612934	

*MacKinnon (1996) one-sided p-values.

表 9-5　d(lnGDP)单位根检验结果
（有截距项无趋势项）

Augmented Dickey-Fuller Unit Root Test on D(LNGDP)

Null Hypothesis: D(LNGDP) has a unit root
Exogenous: Constant
Lag Length: 1 (Automatic based on SIC, MAXLAG=10)

		t-Statistic	Prob.*
Augmented Dickey-Fuller test statistic		-4.074172	0.0023
Test critical values:	1% level	-3.557472	
	5% level	-2.916566	
	10% level	-2.596116	

*MacKinnon (1996) one-sided p-values.

(2) 检验 lnGDP 与 ln$K$、ln$L$ 的协整性。由于 lnGDP 与 ln$K$、ln$L$ 都是一阶单整的,可能存在协整关系,做 lnGDP 关于 ln$K$、ln$L$ 的 OLS 回归,消除自相关性后得回归结果如表 9-6 所示。

根据输出结果,可得 lnGDP 与 ln$K$、ln$L$ 的长期均衡关系表达式:

$$\ln\widehat{GDP}_t = 0.2106\ \ln L_t + 0.8554\ \ln K_t$$
$$t = \quad (14.0540) \qquad (43.8340)$$
$$\bar{R}^2 = 0.9973, \quad DW = 1.895$$

从表 9-6 回归结果看,模型拟合优度较高,回归系数全部通过 t 检验,不存在自相关。根据表 9-6 回归结果计算残差序列 e,对其进行 ADF 检验,得表 9-7 残差序列检验结果。

表 9-6 回归结果

Dependent Variable: LNGDP
Method: ARMA Generalized Least Squares (BFGS)
Date: 10/15/17 Time: 09:08
Sample: 1952 2008
Included observations: 57
Convergence achieved after 6 iterations
Coefficient covariance computed using outer product of gradients
d.f. adjustment for standard errors & covariance

Variable	Coefficient	Std. Error	t-Statistic	Prob.
LNL	0.210594	0.014985	14.05397	0.0000
LNK	0.855381	0.019514	43.83403	0.0000
AR(1)	1.015719	0.129087	7.868485	0.0000
AR(2)	-0.397978	0.128069	-3.107526	0.0030

R-squared	0.997465	Mean dependent var	9.017067
Adjusted R-squared	0.997321	S.D. dependent var	1.856923
S.E. of regression	0.096104	Akaike info criterion	-1.759954
Sum squared resid	0.489511	Schwarz criterion	-1.616582
Log likelihood	54.15869	Hannan-Quinn criter.	-1.704235
Durbin-Watson stat	1.859494		

表 9-7 残差序列 e 的 ADF 检验结果

Augmented Dickey-Fuller Unit Root Test on E

Null Hypothesis: E has a unit root
Exogenous: None
Lag Length: 2 (Fixed)

		t-Statistic	Prob.*
Augmented Dickey-Fuller test statistic		-4.101260	0.0001
Test critical values:	1% level	-2.608490	
	5% level	-1.946996	
	10% level	-1.612934	

*MacKinnon (1996) one-sided p-values.

从回归结果可知残差项是平稳的。因此,lnGDP 与 ln$K$、ln$L$ 存在协整关系。

表 9-6 回归结果表明,本期从业人员每增长 1%时,我国国内生产总值将平均增长 0.210 6%;本期资本形成总额每增长 1%时,国内生产总值将平均增长 0.855 4%。

(3) 利用 EViews 软件建立 lnGDP 关于 ln$K$、ln$L$ 的误差修正模型。以滞后一期残差项作为误差修正项,可建立如表 9-8 所示的误差修正模型。

表 9-8 ECM 模型回归结果

Dependent Variable: D(LNGDP)
Method: Least Squares
Date: 10/15/17 Time: 09:18
Sample (adjusted): 1954 2008
Included observations: 55 after adjustments

Variable	Coefficient	Std. Error	t-Statistic	Prob.
C	0.034398	0.012092	2.844684	0.0064
D(LNL)	0.065637	0.243683	0.269354	0.7888
D(LNK)	0.291694	0.035409	8.237831	0.0000
D(LNGDP(-1))	0.342406	0.085584	4.000826	0.0002
E(-1)	0.056830	0.068693	0.827302	0.4120

R-squared	0.745514	Mean dependent var	0.107265
Adjusted R-squared	0.725156	S.D. dependent var	0.084216
S.E. of regression	0.044151	Akaike info criterion	-3.315895
Sum squared resid	0.097466	Schwarz criterion	-3.133410
Log likelihood	96.18710	Hannan-Quinn criter.	-3.245326
F-statistic	36.61871	Durbin-Watson stat	1.870894
Prob(F-statistic)	0.000000		

根据输出结果,可得 ECM 模型如下:

$$\Delta\ln\widehat{GDP}_t = 0.0344 + 0.0656\Delta\ln L_t + 0.2917\Delta\ln K_t + 0.3424\Delta\ln GDP_{t-1} + 0.0568 ECM_{t-1}$$
$$t = (2.8447) \quad (0.2694) \quad (8.2378) \quad (4.0008) \quad (0.8273)$$
$$\bar{R}^2 = 0.7252 \quad F = 36.6187 \quad DW = 1.8709$$

模型拟合优度较高,方程通过 F 检验、DW 检验,各回归系数符合经济意义,d(ln$K$)、d(lnGDP(−1))在 1%水平上显著,d(ln$L$)、ECM(−1)不显著,其中变量的符号与长期均衡关系的符号一致。结果表明,本期 ln$K$、ln$L$ 和上一期 lnGDP 在短期内每增长 1%,短期内 GDP 将依次增长 0.065 6%、0.229 17%和 0.342 4%。误差修正项系数为正,它表明 lnGDP

与长期均衡值的偏差中的 5.68%被修正。ECM 模型反映了 lnGDP 受 ln$K$、ln$L$ 影响的短期波动规律。根据估计结果可知，资本投入与劳动投入对产出的长期弹性分别为 0.855 4 和 0.210 6，短期弹性分别为 0.291 7 和 0.065 6。

例 7　表 9-9 给出加拿大 1979—1988 年宏观经济数据：M 为实际货币供给量[指 M_1 除以物价指数(1981=100)，单位：加拿大元，百万]，R 为利率(90 天主要公司利率，单位：%)。

利用表 9-9 给出的数据，回答下列问题：

(1) 检验货币供给量 M 与 R 之间的因果关系；

(2) 建立货币供给量 M 与利率 R 的 VAR 模型。

表 9-9　1979—1988 年加拿大宏观经济数据

季度	货币供给量 M	利率 R	季度	货币供给量 M	利率 R
1979-1	22 175.00	11.133 33	1984-1	28 715.66	10.083 33
1979-2	22 841.00	11.166 67	1984-2	28 996.33	11.450 00
1979-3	23 461.00	11.800 00	1984-3	28 479.33	12.450 00
1979-4	23 427.00	14.183 33	1984-4	28 669.00	10.766 67
1980-1	23 811.00	14.383 33	1985-1	29 018.66	10.516 67
1980-2	23 612.33	12.983 33	1985-2	29 398.66	9.666 670
1980-3	24 543.00	10.716 67	1985-3	30 203.66	9.033 330
1980-4	25 638.66	14.533 33	1985-4	31 059.33	9.016 670
1981-1	25 316.00	17.133 33	1986-1	30 745.33	11.033 33
1981-2	25 501.33	18.566 67	1986-2	30 477.66	8.733 330
1981-3	25 382.23	21.016 66	1986-3	31 563.66	8.466 670
1981-4	24 753.00	16.616 65	1986-4	32 800.66	8.400 000
1982-1	25 094.33	15.350 00	1987-1	33 958.33	7.250 000
1982-2	25 253.66	16.049 99	1987-2	35 795.66	8.300 000
1982-3	24 936.66	14.316 67	1987-3	35 878.66	9.300 000
1982-4	25 553.00	10.883 33	1987-4	36 336.00	8.700 000
1983-1	26 755.33	9.616 670	1988-1	36 480.33	8.616 670
1983-2	27 412.00	9.316 670	1988-2	37 108.66	9.133 330
1983-3	28 403.33	9.333 330	1988-3	38 423.00	10.050 00
1983-4	28 402.33	9.550 000	1988-4	38 480.66	10.833 33

解答　(1) 进入录有 M 和 R 数据的数组窗口，选择 View/Granger Causality... 后，进入 Lag Specification(指定滞后长度)画面，选择适当的滞后长度，如滞后长度为 2，单击 OK 键，则出现如图 9-1 结果。

由伴随概率可知，在 1%和 6%的显著性水平下，拒绝"R 不是 M 的格兰杰原因"的假设，在 6%的显著性水平下，拒绝"M 不是 R 的格兰杰原因"的假设。因此，从二阶滞后的情况看，M 与 R 互为因果关系。

Pairwise Granger Causality Tests
Date: 10/15/17 Time: 16:06
Sample: 1979Q1 1988Q4
Lags: 2

Null Hypothesis:	Obs	F-Statistic	Prob.
R does not Granger Cause M	38	12.9263	7.E-05
M does not Granger Cause R		3.22371	0.0526

图 9-1 滞后长度为 2 的格兰杰因果关系检验

重复单击 View/Granger Causality...后，修改滞后长度，如滞后长度为 3、4、5、6 等，表 9-10 给出了取 2～6 阶滞后的检验结果。

表 9-10 格兰杰因果关系检验结果

滞后长度($q=s$)	格兰杰因果性	F 值	F 的 p 值	LM(1)的 p 值	AIC 值	结论
2	R 不是 M 的格兰杰原因	12.926	7.E-05	0.897	15.145	拒绝
	M 不是 R 的格兰杰原因	3.224	0.053	0.686	3.796	拒绝
3	R 不是 M 的格兰杰原因	7.729	0.001	0.340	15.268	拒绝
	M 不是 R 的格兰杰原因	2.726	0.062	0.198	3.863	不拒绝
4	R 不是 M 的格兰杰原因	5.593	0.002	0.987	15.379	拒绝
	M 不是 R 的格兰杰原因	2.451	0.070	0.874	3.866	不拒绝
5	R 不是 M 的格兰杰原因	4.119	0.008	0.077	15.302	拒绝
	M 不是 R 的格兰杰原因	1.886	0.134	0.045	3.993	不拒绝
6	R 不是 M 的格兰杰原因	3.516	0.014	0.686	15.361	拒绝
	M 不是 R 的格兰杰原因	2.714	0.041	0.013	3.890	拒绝

从表 9-10 可以看出，如果同时考虑检验模型的序列相关性以及赤池信息量准则(AIC)，我们发现在 5%显著性水平上，滞后二阶的检验模型不具有一阶自相关性，而且也拥有较小的 AIC 值，这时判断结果是：在 1%显著性水平上，利率 R 是货币供给量 M 的格兰杰原因，在 6%显著性水平上，货币供给量 M 也是利率 R 的格兰杰原因。可以说货币供给量 M 与利率 R 具有双向的格兰杰因果关系，即相互影响。

(2) 利用 EViews 软件建立 VAR 模型。在 EViews 软件工作文件窗口，选中 M、R，单击左键，选择 open\as VAR，或在主菜单选择 Quick\Estimate VAR，或者在主窗口命令行输入 var，回车后屏幕出现图 9-2 所示的模型定义对话框。

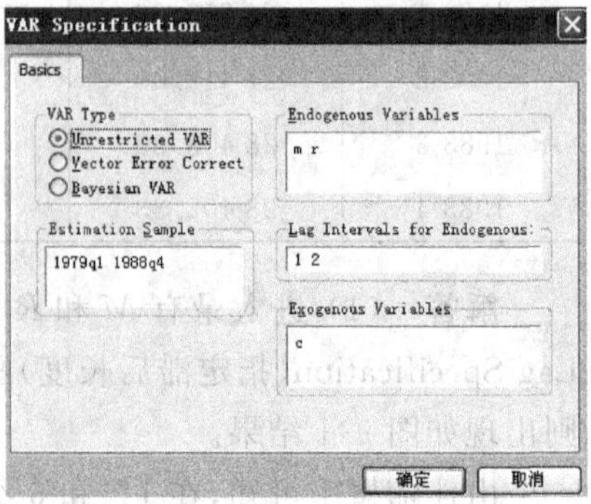

图 9-2 VAR 模型定义对话框

图 9-2 中对话框左上方是模型的类型，选择非约束模型(Unrestricted VAR)。右上方输入内生变量 M 与 R，填写内生变量滞后区间(Lag intervals for Endogenous)，本例滞后阶数取 2，右下方空白区输入外生变量名，本例仅将常数项作为外生变量，单击 OK 键，显示表 9-11 估计结果。

输出部分包括三大部分，最上面是模型的参数估计结果、估计系数标准误差、t 检验统计量值。输出窗口的第二部分是各子方程的 10 种评价统计量的值，每一列代表一个方程的检验统计量取值。窗口的最后一部分是针对 VAR 模型整体的评价统计量的值。其中包括决定性残差协方差、对数似然函数值、AIC 与 SC 信息量等。

在 VAR 模型估计结果窗口单击 View 键，选择 Representations 功能，得 VAR 模型的估计式为

$$\hat{M}=1.0172*M(-1)-0.0236*M(-2)-231.3052*R(-1)+153.5026*R(-2)+1476.861$$

$$\hat{R}=0.0011*M(-1)-0.0012*M(-2)+1.0817*R(-1)-0.2036*R(-2)+3.2729$$

VAR 模型滞后期的选择。在 VAR 模型估计结果窗口单击 View 键，选择 Lag Structure，Lag Length Criteria 功能，在随后弹出的对话框中填 3，单击 OK 键，即可得到5 个评价统计量的值。5 个评价统计量各自给出的最小滞后期用“*”表示，表 9-12 显示5 个评价指标都表明建立 VAR(2) 模型比较合理，因此滞后期长度应选择 2。

表 9-11　VAR 模型估计结果

Vector Autoregression Estimates

Vector Autoregression Estimates
Date: 10/15/17　Time: 13:31
Sample (adjusted): 1979Q3 1988Q4
Included observations: 38 after adjustments
Standard errors in ( ) & t-statistics in [ ]

	M	R
M(-1)	1.017234	0.001102
	(0.15442)	(0.00053)
	[6.58733]	[2.07856]
M(-2)	-0.023554	-0.001184
	(0.15191)	(0.00052)
	[-0.15505]	[-2.27118]
R(-1)	-231.3052	1.081717
	(45.9569)	(0.15777)
	[-5.03309]	[6.85635]
R(-2)	153.5026	-0.203644
	(49.3216)	(0.16932)
	[3.11228]	[-1.20272]
C	1476.861	3.272939
	(992.893)	(3.40857)
	[1.48743]	[0.96021]
R-squared	0.991664	0.805188
Adj. R-squared	0.990654	0.781575
Sum sq. resids	6460107.	76.13418
S.E. equation	442.4487	1.518913
F-statistic	981.4353	34.09863
Log likelihood	-282.7475	-67.12298
Akaike AIC	15.14461	3.795946
Schwarz SC	15.36008	4.011418
Mean dependent	29206.46	11.53026
S.D. dependent	4576.575	3.249987
Determinant resid covariance (dof adj.)		451522.3
Determinant resid covariance		340517.8
Log likelihood		-349.8656
Akaike information criterion		18.94029
Schwarz criterion		19.37124

表 9-12　VAR 模型滞后长度选择准则

VAR Lag Order Selection Criteria
Endogenous variables: M R
Exogenous variables: C
Date: 10/15/17　Time: 13:34
Sample: 1979Q1 1988Q4
Included observations: 37

Lag	LogL	LR	FPE	AIC	SC	HQ
0	-449.4531	NA	1.36e+08	24.40287	24.48995	24.43357
1	-350.3131	182.2033	794229.4	19.26017	19.52140	19.35226
2	-341.5654	15.13122*	616064.2*	19.00353*	19.43892*	19.15703*
3	-339.9336	2.646056	704343.7	19.13155	19.74108	19.34644

* indicates lag order selected by the criterion
LR: sequential modified LR test statistic (each test at 5% level)
FPE: Final prediction error
AIC: Akaike information criterion
SC: Schwarz information criterion
HQ: Hannan-Quinn information criterion

例 8　表 9-13 给出 1970 年第一季度至 1991 年第四季度美国宏观经济数据：GDP 为国内生产总值，PDI 为个人可支配收入，PCE 为个人消费支出。所有数据都以 1987 年的 10 亿美元

表 9-13　1970—1991 年美国宏观经济数据

年份	季度	GDP	PDI	PCE	年份	季度	GDP	PDI	PCE
1970	1	2 872.8	1 990.6	1 800.5	1981	1	3 860.5	2 783.7	2 475.5
	2	2 860.3	2 020.1	1 807.5		2	3 844.4	2 776.7	2 476.1
	3	2 896.6	2 045.3	1 824.7		3	3 864.5	2 814.1	2 487.4
	4	2 873.7	2 045.2	1 821.2		4	3 803.1	2 808.8	2 468.6
1971	1	2 942.9	2 073.9	1 849.9	1982	1	3 756.1	2 795.0	2 484.0
	2	2 947.4	2 098.0	1 863.5		2	3 771.1	2 824.8	2 488.9
	3	2 966.0	2 106.6	1 876.9		3	3 754.4	2 829.0	2 502.5
	4	2 980.8	2 121.1	1 904.6		4	3 759.6	2 832.6	2 539.3
1972	1	3 037.3	2 129.7	1 929.3	1983	1	3 783.5	2 843.6	2 556.5
	2	3 089.7	2 149.1	1 963.3		2	3 886.5	2 867.0	2 604.0
	3	3 125.8	2 193.9	1 989.1		3	3 944.4	2 903.0	2 639.0
	4	3 175.5	2 272.0	2 032.1		4	4 012.1	2 960.6	2 678.2
1973	1	3 253.3	2 300.7	2 063.9	1984	1	4 089.5	3 033.2	2 703.8
	2	3 267.6	2 315.2	2 062.0		2	4 144.0	3 065.9	2 741.1
	3	3 264.3	2 337.9	2 073.7		3	4 166.4	3 102.7	2 754.6
	4	3 289.1	2 382.7	2 067.4		4	4 194.2	3 118.5	2 784.8
1974	1	3 259.4	2 334.7	2 050.8	1985	1	4 221.8	3 123.6	2 824.9
	2	3 267.6	2 304.5	2 059.0		2	4 254.8	3 189.6	2 849.7
	3	3 239.1	2 315.0	2 065.5		3	4 309.0	3 156.5	2 893.3
	4	3 226.4	2 313.7	2 039.9		4	4 333.5	3 178.7	2 895.3
1975	1	3 154.0	2 282.5	2 051.8	1986	1	4 390.5	3 227.5	2 922.4
	2	3 190.4	2 390.3	2 086.9		2	4 387.7	3 281.4	2 947.9
	3	3 249.9	2 354.4	2 114.4		3	4 412.6	3 272.6	2 993.7
	4	3 292.5	2 389.4	2 137.0		4	4 427.1	3 266.2	3 012.5
1976	1	3 356.7	2 424.5	2 179.3	1987	1	4 460.0	3 295.2	3 011.5
	2	3 369.2	2 434.9	2 194.7		2	4 515.3	3 241.7	3 046.8
	3	3 381.0	2 444.7	2 213.0		3	4 559.3	3 285.7	3 075.8
	4	3 416.3	2 459.5	2 242.0		4	4 625.5	3 335.8	3 074.6
1977	1	3 466.4	2 463.0	2 271.3	1988	1	4 655.3	3 380.1	3 128.2
	2	3 525.0	2 490.3	2 280.8		2	4 704.8	3 386.3	3 147.8
	3	3 574.4	2 541.0	2 302.6		3	4 734.5	3 407.5	3 170.6
	4	3 567.2	2 556.2	2 331.6		4	4 779.7	3 443.1	3 202.9
1978	1	3 591.8	2 587.3	2 347.1	1989	1	4 809.8	3 473.9	3 200.9
	2	3 707.0	2 631.9	2 394.0		2	4 832.4	3 450.9	3 208.6
	3	3 735.6	2 653.2	2 404.5		3	4 845.6	3 466.9	3 241.1
	4	3 779.6	2 680.9	2 421.6		4	4 859.7	3 493.0	3 241.6
1979	1	3 780.8	2 699.2	2 437.9	1990	1	4 880.8	3 531.4	3 258.8
	2	3 784.3	2 697.6	2 435.4		2	4 900.3	3 545.3	3 258.6
	3	3 807.5	2 715.3	2 454.7		3	4 903.3	3 547.0	3 281.2
	4	3 814.6	2 728.1	2 465.4		4	4 855.1	3 529.5	3 251.8
1980	1	3 830.8	2 742.9	2 464.6	1991	1	4 824.0	3 514.8	3 241.1
	2	3 732.6	2 692.0	2 414.2		2	4 840.7	3 537.4	3 252.4
	3	3 733.5	2 722.5	2 440.3		3	4 862.7	3 539.9	3 271.2
	4	3 808.5	2 777.0	2 469.2		4	4 868.0	3 547.5	3 271.1

为单位，共有 88 个季度观测值。利用表 9-14 给出的 GDP 数据，回答下列问题：

(1) 以 GDP 为例，阐述建立 ARIMA 模型的主要步骤，估计 GDP 的 ARIMA 模型；

(2) 利用 GDP 的 ARIMA 模型预测 1992 年第一季度 GDP 的数值。

解答　(1) 建立 GDP 的 ARIMA 模型的主要步骤：

第一，检查序列的平稳性。容易验证 GDP 序列是非平稳的，但它的一阶差分是平稳的。

第二，检查 GDP 一阶差分序列的自相关函数(ACF)和偏自相关函数(PACF)，以决定哪一种 ARMA 模型可能合适。

第三，在选择了一个适当的 ARMA 模型后，估计这个模型并检查估计模型的残差。如果这些残差是白噪声，则无须进一步改进这个模型。但若它们不是白噪声，我们必须再次开始搜索或迭代程序。

由于 GDP 是非平稳的，因此不宜直接建立 ARMA 模型，但它的一阶差分序列却是平稳的，因此可以对其差分序列建立 ARMA 模型。

下面利用 EViews 软件建立 GDP 的 ARIMA 模型。首先建立工作文件，输入样本数据 GDP，在工作文件命令窗口输入命令：data　d(GDP)，按回车键，打开 d(GDP)，在数组窗口单击 View/Correlogram，在新出现的对话框中的"correlogram of"栏内，选择"level"，在"lags to include"栏内输入"30"，单击 OK 键，得 d(GDP)的相关图 9-3。

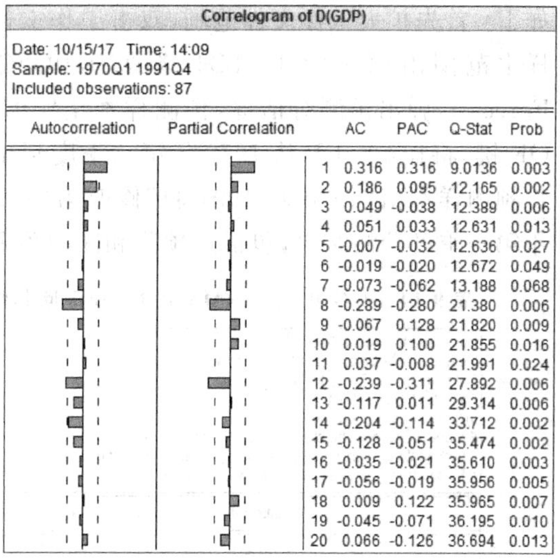

图 9-3　美国 1970—1991 年季度 GDP 一阶差分相关图

在 95%的置信水平上，d(GDP)的自相关系数、偏相关系数置信区间为

$$\left[-\frac{1.96}{\sqrt{n}},\frac{1.96}{\sqrt{n}}\right]\approx\left[-\frac{2}{\sqrt{n}},\frac{2}{\sqrt{n}}\right]=[-0.21,0.21]$$

从图 9-6 可以看出，d(GDP)的自相关系数在滞后 1、8、12 处落在置信区间之外，即自相关系数在此处显著不为零，d(GDP)的偏相关系数在滞后 1、8、12 处落在置信区间之外，即偏自相关系数在此处也显著不为零。因此，对于 d(GDP)，可以建立如下形式的 ARMA(12,12)模型：

$$d(\mathrm{GDP})_t=\varphi_0+\varphi_1 d(\mathrm{GDP})_{t-1}+\varphi_8 d(\mathrm{GDP})_{t-8}+\varphi_{12} d(\mathrm{GDP})_{t-12}+$$
$$u_t+\theta_1 u_{t-1}+\theta_8 u_{t-8}+\theta_{12} u_{t-12}$$

在 d(GDP)的 ARMA(12,12)模型回归结果中，由于 ar(1)、ar(12)、ma(8)不显著，可以从模型中去掉，回归结果如表 9-14 所示。

根据输出结果，可得 d(GDP)的 ARMA(8,12)模型如下：

$$d(\widehat{\mathrm{GDP}})_t=33.7611-0.3773d(\mathrm{GDP})_{t-8}+e_t+0.3883e_{t-1}-0.6117e_{t-12}$$
$$t=(8.5212)\qquad(-3.5482)\qquad(4.1408)\qquad(-2.5413)$$
$$\bar{R}^2=0.2998\quad F=12.1313\quad \mathrm{DW}=1.7585$$

于是 GDP 的 ARIMA 模型如下：

$$\widehat{\text{GDP}}_t = 33.7611 + \text{GDP}_{t-1} - 0.3773\text{GDP}_{t-8} + 0.3773\text{GDP}_{t-9} + e_t + 0.3883e_{t-1} - 0.6117e_{t-12}$$

容易验证残差序列基本上是一个 0 均值的平稳序列，故可以将此模型作为 GDP 序列的一个估计的 ARMA 模型。该模型各回归系数的 t 值在统计上显著，F 统计量较大，模型整体显著，也不存在自相关。

(2) 利用 GDP 的 ARIMA 模型预测 1992 年第一季度 GDP 的数值。EViews 软件操作如下：首先扩大工作文件范围，双击工作文件工具条下面的 Range，在弹出的对话框中，将样本范围由原来的 1991Q4 修改为 1992Q1，单击 OK 键。其次在 ARIMA 模型单击 Forecast，弹出预测对话框，预测样本由“1970Q1 1991Q4”修改为“1970Q1 1992Q1”，单击 OK 键，将显示 GDP 从 1972 年第二季度到 1992 年第一季度预测结果，这是点预测。如果将预测样本由“1970Q1 1991Q4”修改为“1992Q1 1992Q1”，单击 OK 键，将显示 GDP1992 年第一季度预测结果，包括点预测和区间预测，如图 9-4 所示。

表 9-14　d(GDP)的 ARMA(8,12)模型回归结果

Dependent Variable: D(GDP)
Method: ARMA Generalized Least Squares (BFGS)
Date: 10/15/17 Time: 14:12
Sample: 1972Q2 1991Q4
Included observations: 79
Failure to improve objective (non-zero gradients) after 25 iterations
Coefficient covariance computed using outer product of gradients
d.f. adjustment for standard errors & covariance

Variable	Coefficient	Std. Error	t-Statistic	Prob.
C	33.71661	3.956784	8.521216	0.0000
D(GDP(-8))	-0.377259	0.106324	-3.548206	0.0007
MA(1)	0.388318	0.093779	4.140768	0.0001
MA(12)	-0.611682	0.240694	-2.541330	0.0131

R-squared	0.326713	Mean dependent var	23.17342
Adjusted R-squared	0.299782	S.D. dependent var	36.48308
S.E. of regression	30.52870	Akaike info criterion	9.830031
Sum squared resid	69900.10	Schwarz criterion	9.950003
Log likelihood	-384.2862	Hannan-Quinn criter.	9.878095
F-statistic	12.13127	Durbin-Watson stat	1.758524
Prob(F-statistic)	0.000001		

Inverted MA Roots	.93	.80+.48i	.80-.48i	.45-.83i
	.45+.83i	-.03-.95i	-.03+.95i	-.51-.82i
	-.51+.82i	-.87+.48i	-.87-.48i	-1.00

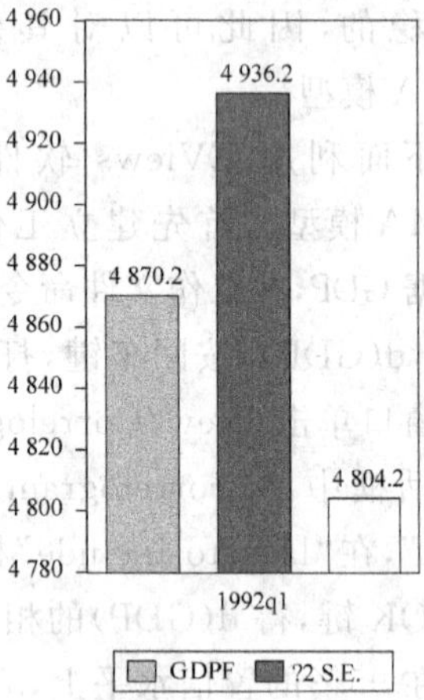

图 9-4　GDP1992 年第一季度预测结果

例 9　利用例 8 中表 9-13 给出的 PCE 和 PDI 的数据，回答下列问题：

(1) 建立 PCE 和 PDI 的 VAR 模型；

(2) 对所建立的 VAR 模型进行脉冲响应函数分析；

(3) 对所建立的 VAR 模型进行方差分解分析。

解答　(1) 利用 EViews 软件建立 VAR 模型。在 EViews 软件工作文件窗口，选中 PCE、PDI，单击左键，选择 open\as VAR，或在主菜单选择 Quick\Estimate VAR，或者在主窗口命令行输入 var，回车后屏幕出现模型定义对话框。

对话框左上方是模型的类型，选择非约束模型(Unrestricted VAR)。右上方输入内生变量 PCE 与 PDI，填写内生变量滞后区间(Lag intervals for Endogenous)，本例滞后阶数取为 2 较好，右下方空白区输入外生变量名，本例仅将常数项作为外生变量，单击 OK 键，显示表 9-15 估计结果。

容易验证 VAR 模型是一个平稳系统。在 VAR 模型估计结果窗口单击 View 键，选择 Representations 功能，得 VAR 模型的估计式为

$$\widehat{PCE}=1.133*PCE(-1)-0.137*PCE(-2)+0.080*PDI(-1)-0.077*PDI(-2)+16.338$$

$$\widehat{PDI}=0.640*PCE(-1)-0.421*PCE(-2)+0.685*PDI(-1)+0.100*PDI(-2)+62.846$$

表 9-15 VAR 模型估计结果

Vector Autoregression Estimates

Vector Autoregression Estimates
Date: 10/15/17 Time: 14:24
Sample (adjusted): 1970Q3 1991Q4
Included observations: 86 after adjustments
Standard errors in ( ) & t-statistics in [ ]

	PCE	PDI
PCE(-1)	1.133022	0.639636
	(0.11948)	(0.16818)
	[9.48318]	[3.80330]
PCE(-2)	-0.137373	-0.421419
	(0.12450)	(0.17525)
	[-1.10342]	[-2.40474]
PDI(-1)	0.079740	0.684731
	(0.08374)	(0.11788)
	[0.95222]	[5.80891]
PDI(-2)	-0.076889	0.099579
	(0.08087)	(0.11383)
	[-0.95083]	[0.87481]
C	16.33754	62.84642
	(16.2755)	(22.9098)
	[1.00381]	[2.74322]
R-squared	0.998442	0.997075
Adj. R-squared	0.998365	0.996931
Sum sq. resids	27355.44	54202.28
S.E. equation	18.37720	25.86820
F-statistic	12978.27	6903.381
Log likelihood	-369.8086	-399.2123
Akaike AIC	8.716480	9.400287
Schwarz SC	8.859174	9.542982
Mean dependent	2554.090	2818.674
S.D. dependent	454.5136	466.9321

Determinant resid covariance (dof adj.)	189636.6
Determinant resid covariance	168226.9
Log likelihood	-761.4794
Akaike information criterion	17.94138
Schwarz criterion	18.22677

(2) EViews 对每个新息与内生变量形成的对子（如 u_{1t} 与 PCE_t、u_{1t} 与 PDI_t）都可以计算出一个脉冲响应函数。本例中的 VAR 模型包含 2 个变量，则有 4 个脉冲响应函数。

EViews 中得到脉冲响应函数的方法是，在 VAR 模型估计窗口，从 VAR 对象的工具栏中选择 View/Impulse Respons...，屏幕出现脉冲响应函数定义对话框，如图 9-5 所示。

对话框右边有两个空白区。在 Impulse 下面填写产生新息影响的方程变量名 PCE 与 PDI；在 Responses 下面输入欲计算脉冲响应函数的变量名 PCE 与 PDI；对话框左下部分要求用户定义响应函数的追踪期数（默认值是 10，本例期数为 30）。对话框右边由两部分组成。上面一部分是选择结果的显示模型：表（Table），显示响应函数的系数值；组图（Multiple Graphs），绘制每个脉冲响应函数图；合成图（Combined Graphs），将来自同一新息的脉冲响应函数图合并显示。对话框右下方是关于计算响应函数标准误的选项。定义完毕后单击 OK 键。

图 9-6 和图 9-7 为脉冲响应函数合成图。以图 9-6 为例，横轴表示冲击作用的滞后期间数，纵轴为 PCE，实线表示脉冲响应函数，代表了 PCE 对一个标准差冲击的反应，虚线表示正负两倍标准差偏离带。

从图 9-6 中可以看出，PCE 对其自身的一个标准差新息立即有较强反应，个人消费支出增加了 18.38，第 6 期增加到 22.97，达到最大，以后缓慢减少，至 30 期为 22.14。该序列对来自 PDI 的影响比较小，在第 1 期最大，达到 1.90，以后影响缓慢减少，30 期为 0.37。

从图 9-7 中可以看出，PDI 对其自身的一个标准差新息立即有较强反应，第 1 期增加了 23.7，达到最大，以后快速减少，至 30 期仅为 0.43。该序列对来自 PCE 的影响比较大，前 7 期快速增加，由第 1 期的 0.38 增加至第 7 期的 22.1，以后增加幅度减小，在第 16 期达到最大，为 22.89，以后影响缓慢减少，30 期为 22.5。

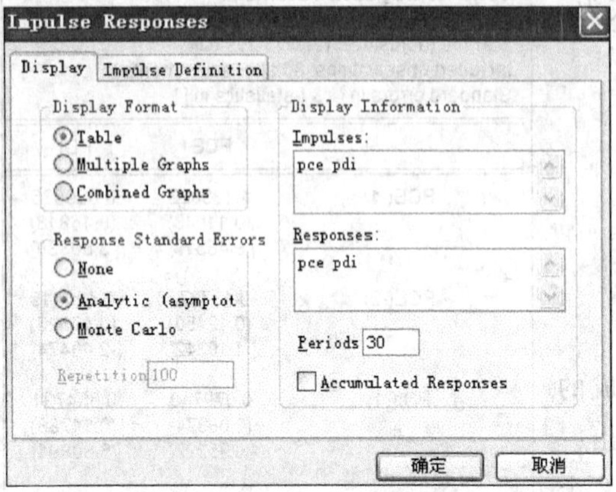

图 9-5　脉冲响应函数定义对话框

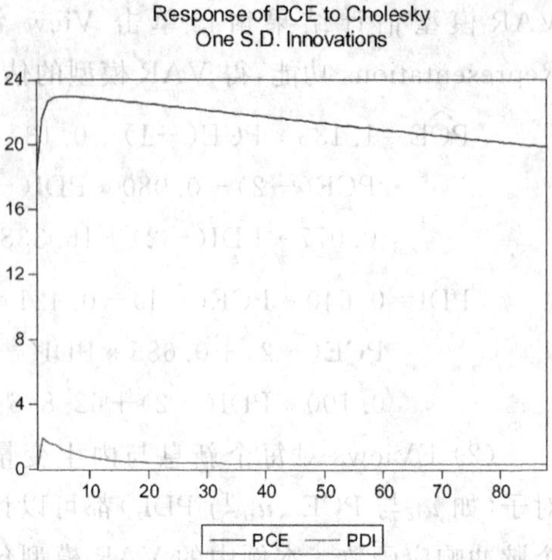

图 9-6　PCE 对一个标准差新息的响应

(3) 为了得到 VAR 模型的方差分解,从 VAR 对象的工具栏中选择 View/Variance Decomposition…,可得如图 9-8 所示的对话框。需要提供和上面的脉冲响应函数类似的信息。

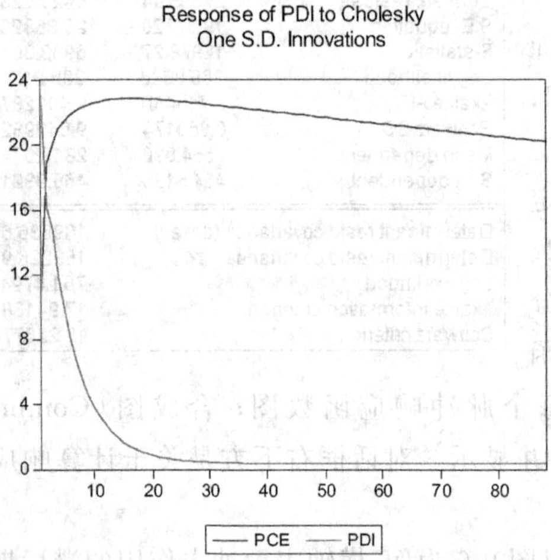

图 9-7　PDI 对一个标准差新息的响应

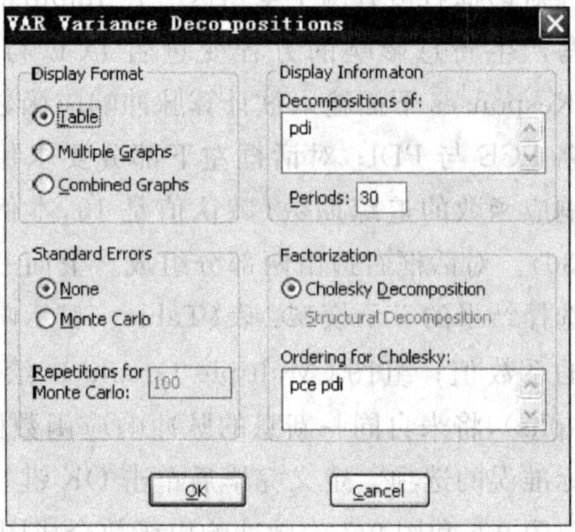

图 9-8　方差分解定义对话框

表 9-16 为变量 PCE(PDI 略)方差分解表(仅列出 30 期),图 9-9 和图 9-10 分别为变量 PCE、PDI 方差分解图,图中横轴表示滞后期数,纵轴表示贡献率(百分数)。

表 9-16 包括 4 列,第 1 列预测期,第 2 列 SE 为变量 PCE 的各期预测标准误差。其他各列分别代表以 PCE、PDI 为因变量的方程新息对各期预测误差的贡献度,每行加起来是 100。由于 PCE 是模型出现的第 1 个内生变量,根据算法要求,第一步预测误差全部来自该方程的新息。由图 9-9 可知,PCE 来自本身新息的影响最大,从第 1 期到最后一期,几乎达到 100%。

表 9-16　变量 PCE 方差分解

Variance Decomposition of PCE			
Period	SE	PCE	PDI
1	18.37720	100.0000	0.000000
2	28.46006	99.55920	0.440801
3	36.44641	99.53541	0.464586
4	43.07265	99.54760	0.452396
5	48.83030	99.57845	0.421548
6	53.97558	99.61136	0.388636
7	58.66528	99.64253	0.357475
8	62.99890	99.67058	0.329416
9	67.04430	99.69539	0.304605
10	70.84994	99.71718	0.282815
11	74.45188	99.73630	0.263698
12	77.87785	99.75310	0.246896
13	81.14969	99.76792	0.232080
14	84.28500	99.78104	0.218964
15	87.29824	99.79270	0.207304
16	90.20141	99.80311	0.196891
17	93.00468	99.81245	0.187553
18	95.71669	99.82086	0.179144
19	98.34490	99.82846	0.171541
20	100.8958	99.83536	0.164640
21	103.3751	99.84165	0.158354
22	105.7877	99.84739	0.152609
23	108.1381	99.85266	0.147340
24	110.4303	99.85751	0.142494
25	112.6678	99.86198	0.138024
26	114.8538	99.86611	0.133890
27	116.9912	99.86994	0.130056
28	119.0827	99.87351	0.126492
29	121.1306	99.87683	0.123171
30	123.1371	99.87993	0.120070

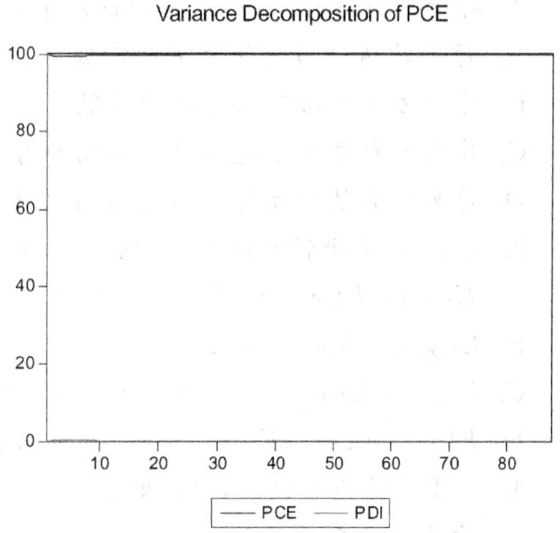

图 9-9　变量 PCE 方差分解

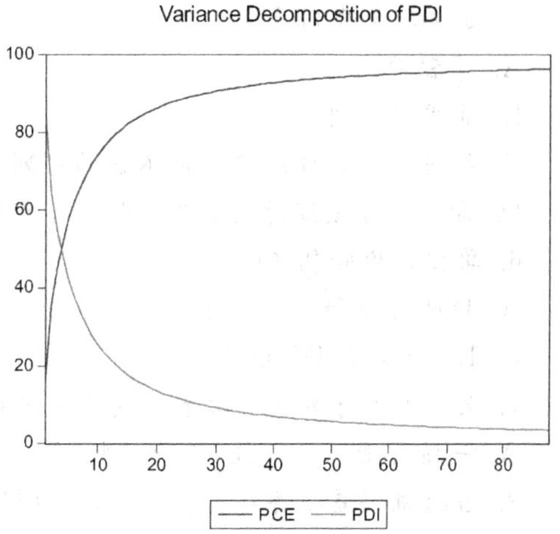

图 9-10　变量 PDI 方差分解

由图 9-10 可知，PDI 来自本身新息的影响在第 1 期最大，预测误差贡献度达到 83.91%，以后影响逐渐下降，到第 28 期以后贡献度不到 10%，到最后一期贡献度为 9.3%。来自 PCE 的影响最大，第 1 期预测误差贡献度为 16.09%，从第 4 期开始贡献度达到 50% 以上，到第 28 期预测误差的贡献度超过 90%，到最后一期预测误差的贡献度达到 90.7%。

9.4　习题

9.4.1　单项选择题

1. 产生虚假回归的原因是(　　)。

A. 自相关性　　B. 异方差性　　C. 序列非平稳　　D. 随机解释变量

2. 对于平稳的时间序列，下列说法不正确的是(　　)。

A. 序列均值是与时间无关的常数

B. 序列方差是与时间无关的常数

C. 序列的自协方差是与时间间隔和时间均无关的常数

D. 序列的自协方差是只与时间间隔有关、与时间无关的常数

3. 如果 y_t 是平稳时间序列，则(　　)。

A. $E(y_t)<E(y_{t-1})<E(y_{t-2})<\cdots$

B. $E(y_t)>E(y_{t-1})>E(y_{t-2})>\cdots$

C. $E(y_t)=E(y_{t-1})=E(y_{t-2})=\cdots$

D. $E(y_t-y_{t-1})=E(y_{t-1}-y_{t-2})=E(y_{t-2}-y_{t-3})=\cdots$

4. 关于白噪声的说法，错误的有(　　)。

A. 白噪声是非平稳的　　B. 白噪声序列均值为 0

C. 白噪声序列均值方差为一常数　　D. 白噪声序列服从正态分布

5. 随机游走序列是(　　)。

A. 平稳序列

B. 非平稳序列

C. 经过一次差分后仍然是不稳的序列

D. 期望和方差随时间变化而保持不变的序列

6. 单位根检验包括(　　)。

A. DW 检验和 DF 检验　　B. EG 检验和 ADF 检验

C. EG 检验和 DF 检验　　D. DF 检验和 ADF 检验

7. 某一时间序列经一次差分变换成平稳时间序列，该时间序列称为(　　)。

A. 一阶单整　　B. 二阶单整　　C. k 阶单整　　D. 平稳时间序列

8. 当随机误差项存在自相关时，单位根检验采用的是(　　)。

A. DF 检验　　B. ADF 检验　　C. EG 检验　　D. DW 检验

9. 考虑 AR(1)过程 $x_t=0.8x_{t-1}+\varepsilon_t$ 的平稳性，则该过程(　　)。

A. 一定是平稳的　　B. 一定是非平稳的

C. 不一定是平稳的　　D. 无法判断是否平稳

10. 若 x_t 是 ARMA(1,1,0)过程，则表明(　　)。

A. x_t 是平稳过程　　B. x_t 包含一阶自回归

C. Δx_t 是平稳过程　　D. Δx_t 包含一阶移动平均

11. AR(p)过程与 MA(q)过程的自相关函数(ACF)的特征分别是(　　)。

A. ACF 拖尾，ACF 拖尾　　B. ACF 拖尾，q 阶后截尾

C. p 阶后截尾，ACF 拖尾　　D. p 阶后截尾，q 阶后截尾

12. AR(p)过程与 MA(q)过程的偏自相关函数(PACF)的特征分别是(　　)。

A. PACF 拖尾，PACF 拖尾　　B. PACF 拖尾，q 阶后截尾

C. p 阶后截尾，PACF 拖尾　　D. p 阶后截尾，q 阶后截尾

13. ARMA(p,q)平稳性的条件是(　　)。

A. 自回归特征多项式的根都在单位圆外

B. 自回归特征多项式的根都在单位圆内

C. 移动平均特征多项式的根都在单位圆外

D. 移动平均特征多项式的根都在单位圆内

14. ARMA(p,q)可逆的条件是(   )。

A. 自回归特征多项式的根都在单位圆外

B. 自回归特征多项式的根都在单位圆内

C. 移动平均特征多项式的根都在单位圆外

D. 移动平均特征多项式的根都在单位圆内

15. 对于平稳的AR(2)过程 $x_t=\varphi_1 x_{t-1}+\varphi_2 x_{t-2}+\varepsilon_t$,如果两个特征根为共轭复根时,则其自相关函数呈现出(   )。

A. 正弦衰减　　B. 指数衰减　　C. 几何型衰减　　D. 二阶截尾特征

16. 若对序列 x_t 进行ADF单位根检验,则首先需要检验的模型是(   )。

A. $\Delta x_t = \delta x_{t-1} + \sum_{i=1}^{m} \beta_i \Delta x_{t-1} + \varepsilon_t$

B. $\Delta x_t = \alpha + \delta x_{t-1} + \sum_{i=1}^{m} \beta_i \Delta x_{t-1} + \varepsilon_t$

C. $\Delta x_t = \alpha + \beta t + \delta x_{t-1} + \sum_{i=1}^{m} \beta_i \Delta x_{t-1} + \varepsilon_t$

D. $\Delta x_t = \delta x_{t-1} + \varepsilon_t$

17. DF检验式 $\Delta x_t=\delta x_{t-1}+\varepsilon_t$ 的原假设 H_0 为(   )。

A. 序列 x_t 没有单位根,$\delta=0$　　B. 序列 x_t 没有单位根,$\delta=1$

C. 序列 x_t 有单位根,$\delta=0$　　D. 序列 x_t 有单位根,$\delta=1$

18. 如果两个变量都是一阶单整的,则(   )。

A. 这两个变量一定存在协整关系

B. 这两个变量一定不存在协整关系

C. 相应的误差修正模型一定成立

D. 是否存在协整关系,还需对误差项进行检验

19. 设时间序列 $y_t \sim I(1)$,$x_t \sim I(2)$,则 x_t 与 y_t 之间一般是(   )。

A. 0阶协整关系　　B. 一阶协整关系

C. 二阶单整关系　　D. 不存在协整关系

20. 有关EG检验的说法正确的是(   )。

A. 拒绝零假设说明被检验变量之间存在协整关系

B. 接受零假设说明被检验变量之间存在协整关系

C. 拒绝零假设说明被检验变量之间不存在协整关系

D. 接受零假设说明被检验变量之间不存在协整关系,但可以建立ECM模型

21. 检验两个变量是否协整的方法是(   )。

A. 戈德菲尔德—匡特检验　　B. 安斯卡姆伯—雷姆塞检验

C. 德宾—沃森检验　　D. 恩格尔—格兰杰检验

22. 关于误差修正模型,下列表述正确的是(   )。

A. 误差修正模型只反映变量之间的短期变化关系

B. 误差修正模型只反映变量之间的长期均衡关系

C. 误差修正模型不仅反映了变量之间短期关系的变化,同时也揭示了长期均衡关系

D. 误差修正模型既不反映变量之间短期关系的变化,也不反映长期均衡关系

23. 如果同阶单整的线性组合是平稳时间序列,则这些变量之间的关系是(　　)。

A. 伪回归关系　　B. 协整关系　　C. 短期均衡关系　　D. 短期非均衡关系

24. 如果一个时间序列呈上升趋势,则这个时间序列是(　　)。

A. 平稳时间序列　　B. 非平稳时间序列

C. 一阶单整序列　　D. 一阶协整序列

9.4.2 多项选择题

1. 平稳性检验的方法有(　　)。

A. 变量的时间序列图　　B. 自相关函数检验

C. 单位根检验　　D. ADF 检验

E. DF 检验

2. 设 u_t 是白噪声序列,则 u_t 一般满足下列条件(　　)。

A. $E(u_t)=0$　　B. $E(u_t)=\mu$(常数)

C. $\text{var}\ (u_t)=1$　　D. $\text{var}\ (u_t)=\sigma^2$(常数)

E. $\text{cov}\ (u_t,u_{t+k})=0(k\neq 0)$

3. 以下序列为非平稳时间序列的有(　　)。

A. 随机游走序列　　B. 带漂移项的随机游走序列

C. 带趋势项的随机游走序列　　D. 白噪声序列

E. 具有标准正态分布的序列

4. 当时间序列是非平稳的时候(　　)。

A. 均值函数不再是常数

B. 方差函数不再是常数

C. 自协方差函数不再是常数

D. 时间序列的统计规律随时间的位移而发生变化

E. 不能直接建立 ARMA(p,q)模型

5. 随机游走序列是(　　)。

A. 平稳序列

B. 非平稳序列

C. 统计规律不随时间的位移而发生变化的序列

D. 统计规律随时间的位移而发生变化的序列

E. 期望和方差随时间变化而变化

6. 关于某一时间序列的 Q_{LB} 统计量,下列表述正确的有(　　)。

A. 统计量的形式为 $Q_{LB}=n(n+2)\sum_{k=1}^{m}\frac{r_k^2}{n-k}$,其中 r_k 为时间序列的 k 阶自相关系数

B. 可用于检验“对所有滞后期 $k>0$，自相关系数都是0”的联合假设

C. 统计量服从自由度为 m(滞后长度)的 χ^2 分布

D. 若统计量的值大于临界值，表明序列是一个白噪声过程

E. 若临界值的值小于临界值，表明序列是一个白噪声过程

7. 时间序列的平稳性检验方法有(　　)。

A. 利用散点图进行平稳性判断　　B. 利用样本自相关函数进行平稳性判断

C. ADF 检验　　D. Phillips-Perron 检验

E. DW 检验

8. 以下有关 DF 检验的说法正确的有(　　)。

A. DF 检验的零假设是“被检验时间序列平稳”

B. DF 检验的零假设是“被检验时间序列非平稳”

C. DF 检验是单侧检验

D. DF 检验是双侧检验

E. DF 检验包含序列差分的滞后项

9. 有关 ADF 检验的说法正确的有(　　)。

A. ADF 检验的零假设是“被检验时间序列平稳”

B. ADF 检验的零假设是“被检验时间序列非平稳”

C. ADF 检验中用到的三个模型中只要有一个模型是平稳的，就可以认为时间序列是平稳的

D. ADF 检验原理与 DF 检验相同

E. ADF 检验是从不包括常数项的模型开始的

10. ARMA(p,q)模型识别主要使用的工具是(　　)。

A. 自相关系数　　B. DF 检验

C. ADF 检验　　D. 偏自相关系数

E. EG 检验

11. 建立 ARMA(p,q)模型的主要步骤包括(　　)。

A. 对原序列进行平稳性检验

B. 通过计算自相关系数和偏自相关系数，来确定 ARMA 模型的阶数 q 和 p

C. 估计模型的未知参数

D. 检验估计参数的显著性，以及模型本身的合理性

E. 进行诊断分析，以证实所得模型确实与所观察到的数据特征相符

12. 以下可以做协整性检验的有(　　)。

A. DF 检验　　B. ADF 检验

C. EG 检验　　D. Johansen 检验

E. AEG 检验

13. 下列不可能成为协整关系变量组的有(　　)。

A. $x_t \sim I(1), y_t \sim I(1)$　　B. $x_t \sim I(0), y_t \sim I(1)$

C. $x_t \sim I(2), y_t \sim I(1)$　　D. $x_t \sim I(2), y_t \sim I(2)$

E. $x_t \sim I(2), y_t \sim I(0)$

14. 以 y_t 表示消费，x_t 表示收入，则模型 $\Delta y_t = a_0 + a_1 \Delta x_t + a_2(y_{t-1} - b_0 - b_1 x_{t-1}) + u_t$ (　　)。

A. 称为误差修正模型

B. 反映 x_t 与 y_t 之间的协整关系

C. 模型中 $(y_{t-1} - b_0 - b_1 x_{t-1})$ 为滞后一期均衡误差

D. a_1 为短期参数

E. a_2 为长期参数

15. 变量 x 与 y 之间的因果关系可能有以下几种情形：(　　)。

A. x 是引起 y 变化的原因

B. y 是引起 x 变化的原因

C. x 和 y 互为因果关系

D. x 和 y 是独立的，或 x 与 y 之间不存在因果性

E. 以上阐述都正确

9.4.3 判断题

1. 宏观经济时间序列数据绝大部分是平稳的，不需要进行平稳性检验。(　　)

2. 由于经典单方程计量经济模型都没有考虑时间序列的平稳性，因此所有的单方程建模方法都是没有意义的。(　　)

3. 非平稳时间序列，往往会导致多元回归分析中的虚假回归问题。(　　)

4. 独立同分布序列不一定是平稳时间序列。(　　)

5. 白噪声过程是平稳的时间序列，其期望是零、方差是常数、自协方差为零。(　　)

6. 通过图形可以直观判断时间序列的平稳性，若某序列随时间呈现出递增趋势，则其一阶差分一定是平稳的。(　　)

7. 随机游走过程是非平稳的，其一阶差分也是非平稳的。(　　)

8. 平稳时间序列的样本自相关函数下降且趋于零的速度要比非平稳时间序列快得多。(　　)

9. 单位根检验中的DF检验的零假设是“被检验时间序列是平稳的”，此检验是双侧检验。(　　)

10. 在DF检验和ADF检验中，如果拒绝原假设，则表示原序列存在单位根。(　　)

11. 一阶单整时间序列的一阶差分肯定是平稳的。(　　)

12. 有一些时间序列，无论经过多少次差分，都不能变为平稳时间序列。(　　)

13. 用于协整检验的EG两步法，在检验残差平稳性时，应用的统计量是与单位根检验相同的DF和ADF检验。(　　)

14. 根据格兰杰表述定理，如果变量 x 与 y 是协整的，则它们之间的长期均衡关系总能由一个误差修正模型表述。(　　)

15. 格兰杰因果检验的原假设是被检验的变量之间存在因果关系。(　　)

9.4.4 简答题、分析与计算题

1. 什么是平稳随机时间序列？

2. 时间序列的数字特征有哪些？

3. 对时间序列数据进行回归分析，为什么提出平稳性问题？

4. 什么是伪回归？协整与伪回归之间有何联系？

5. 描述平稳时间序列的条件。

6. 单整变量的单位根检验为什么从 DF 检验发展到 ADF 检验？

7. 试述单位根检验的基本步骤。

8. 什么是自回归模型 AR(p)？什么是移动平均模型 MA(q)？它们的平稳条件是什么？

9. 如何根据自相关函数和偏自相关函数初步判断某个平稳 ARMA(p,q)过程的具体阶数 p、q？

10. 简述建立 ARIMA(p,q)模型的主要步骤。

11. 什么是单整？什么是协整？

12. 误差修正模型的特点是什么？

13. 怎样判断变量之间是否存在协整性关系？

14. 格兰杰因果关系检验是怎样进行的？它应满足什么条件？

15. 以 Q_t 表示粮食产量，A_t 表示播种面积，C_t 表示化肥施用量，经检验，它们取对数后都是 $I(1)$ 变量且相互之间存在(1,1)阶协整关系，同时经过检验并剔除了不显著的变量(包括滞后变量)，得到如下粮食生产模型：

$$Q_t = \alpha_0 + \alpha_1 \ln Q_{t-1} + \alpha_2 \ln A_t + \alpha_3 \ln C_{t-1} + \alpha_4 \ln C_{t-1} + u_t$$

试推导误差修正模型的表达式，并指出误差修正模型中每个待估参数的经济意义。

16. 固定资产存量模型 $K_t = \alpha_0 + \alpha_1 K_{t-1} + \alpha_2 I_t + \alpha_3 I_{t-1} + u_t$ 中，经检验，$K_t \sim I(2)$，$I_t \sim I(1)$，且 u_t 为一白噪声。试写出由该模型导出的误差修正模型的表达式。

17. 表 9-17 为美国 1970—1991 年制造业固定厂房设备(y)和产品销售量(x)的数据。(1)试检验 y 与 x 的因果关系，使用直至 6 期为止的滞后并评述其结果。(2)对固定厂房设备(y)和产品销售量(x)的 VAR 模型进行估计。

表 9-17　美国 1970—1991 年制造业固定厂房设备和产品销售量数据　　单位：10 亿美元

年份	y	x	年份	y	x
1970	36.990	52.805 0	1981	128.68	168.129
1971	33.600	55.906 0	1982	123.97	163.351
1972	35.420	63.027 0	1983	117.35	172.547
1973	42.350	72.931 0	1984	139.61	190.682
1974	52.480	84.790 0	1985	152.88	194.538
1975	53.660	86.589 0	1986	137.95	194.657
1976	58.530	98.797 0	1987	141.06	206.326
1977	67.480	113.201	1988	163.45	223.541
1978	78.130	126.905	1989	183.80	232.724
1979	95.130	143.936	1990	192.61	239.459
1980	112.60	154.391	1991	182.81	235.142

18. 中国改革开放以来，财政收入受税收的影响越来越大。表 9-18 给出了 1978—2015 年中国财政收入 y 与税收 x 的相关数据。

表 9-18　1978—2015 年中国财政收入与税收数据　单位：亿元

年份	财政收入 y	税收 x	年份	财政收入 y	税收 x
1978	1 132.26	519.28	1997	8 651.14	8 234.04
1979	1 146.38	537.82	1998	9 875.95	9 262.8
1980	1 159.93	571.7	1999	11 444.08	10 682.58
1981	1 175.79	629.89	2000	13 395.23	12 581.51
1982	1 212.33	700.02	2001	16 386.04	15 301.38
1983	1 366.95	775.59	2002	18 903.64	17 636.45
1984	1 642.86	947.35	2003	21 715.25	20 017.31
1985	2 004.82	2 040.79	2004	26 396.47	24 165.68
1986	2 122.01	2 090.73	2005	31 649.29	28 778.54
1987	2 199.35	2 140.36	2006	38 760.20	34 804.35
1988	2 357.24	2 390.47	2007	51 321.78	45 621.97
1989	2 664.90	2 727.4	2008	61 330.35	54 223.79
1990	2 937.10	2 821.86	2009	68 518.30	59 521.59
1991	3 149.48	2 990.17	2010	83 101.51	73 210.79
1992	3 483.37	3 296.91	2011	103 874.43	89 738.39
1993	4 348.95	4 255.3	2012	117 253.52	100 614.28
1994	5 218.10	5 126.9	2013	129 209.64	110 530.70
1995	6 242.20	6 038	2014	140 370.03	119 175.31
1996	7 407.99	6 090.82	2015	152 269.23	124 922.20

(1) 请用样本相关图及单位根方法，判断 y、x 以及 $\ln y$、$\ln x$ 平稳性。

(2) 检验 y 与 x 以及 $\ln y$ 与 $\ln x$ 的单整性。指出哪一组变量是同阶单整的。

(3) 对同阶单整组的变量试寻找适当的 ARIMA 模型。

(4) 对同阶单整的变量进行协整检验，如果是协整的，则建立相应的协整模型和误差修正模型。

19. 表 9-19 给出了中国 1978—2015 年按当年价格计算的国内生产总值 GDP 与最终消费 CS 数据。

表 9-19　中国 1978—2015 年国内生产总值 GDP 与最终消费 CS　单位：亿元

年份	GDP	CS	年份	GDP	CS
1978	3 678.7	2 232.9	1989	17 179.7	11 033.3
1979	4 100.5	2 578.3	1990	18 872.9	12 001.4
1980	4 587.6	2 966.9	1991	22 005.6	13 614.2
1981	4 935.8	3 277.3	1992	27 194.5	16 225.1
1982	5 373.4	3 575.6	1993	35 673.2	20 796.7
1983	6 020.9	4 059.6	1994	48 637.5	28 272.3
1984	7 278.5	4 784.4	1995	61 339.9	36 197.9
1985	9 098.9	5 917.9	1996	71 813.6	43 086.8
1986	10 376.2	6 727.0	1997	79 715.0	47 508.7
1987	12 174.6	7 638.7	1998	85 195.5	51 460.4
1988	15 180.4	9 423.1	1999	90 564.4	56 621.7

续表

年份	GDP	CS	年份	GDP	CS
2000	100 280.1	63 667.7	2008	319 515.5	157 466.3
2001	110 863.1	68 546.7	2009	349 081.4	172 728.3
2002	121 717.4	74 068.2	2010	413 030.3	198 998.1
2003	137 422.0	79 513.1	2011	489 300.6	241 022.1
2004	161 840.2	89 086.0	2012	540 367.4	271 112.8
2005	187 318.9	101 447.8	2013	595 244.4	300 337.8
2006	219 438.5	114 728.6	2014	643 974.0	328 312.6
2007	270 232.3	136 229.5	2015	689 052.1	362 266.5

(1) 利用表 9-19 数据，作出时间序列 lnGDP 与 lnCS 的样本相关图，并通过图形判断两时间序列的平稳性；

(2) 如果不进行进一步的检验，直接估计以下简单的回归模型，你是否认为此回归是虚假回归：

$$\ln \mathrm{CS}_t = b_0 + b_1 \ln \mathrm{GDP}_t + u_t$$

(3) 检验 lnGDP 与 lnCS 的单整性；

(4) 建立 lnGDP 与 lnCS 的 ARIMA 模型；

(5) 检验 lnGDP 与 lnCS 的协整性；

(6) 如果 lnGDP 与 lnCS 是协整的，请估计 lnCS 关于 lnGDP 的误差修正模型。

9.5 习题答案

9.5.1 单项选择题

1. C　2. C　3. C　4. A　5. B　6. D　7. A　8. B　9. A　10. C
11. B　12. C　13. A　14. C　15. A　16. C　17. C　18. D　19. D　20. A
21. D　22. C　23. B　24. B

9.5.2 多项选择题

1. ABCDE　2. ADE　3. ABC　4. ABCDE　5. BDE　6. ABCE
7. ABCD　8. BC　9. BCD　10. AD　11. ABCDE　12. CDE
13. BCE　14. ACD　15. ABCDE

9.5.3 判断题

1. ×　2. ×　3. √　4. ×　5. √　6. ×　7. ×　8. √　9. ×　10. ×
11. √　12. √　13. ×　14. ×　15. ×

9.5.4 简述题、分析与计算题

1. **解答** 所谓平稳随机时间序列,是指随机时间序列的统计特征不会随着时间的推移而发生变化。一个平稳的时间序列,从直观上可以看作一条围绕其平均值上下波动的曲线。一般来说,如果一个时间序列的均值和方差在任何时间都保持恒定,并且两个时期之间的协方差仅依赖于两时期之间的时间间隔,而与计算这些协方差的实际时期无关,则该时间序列是平稳的。

2. **解答** 时间序列的数字特征主要指均值函数、协方差函数、自相关函数,用它们来描述时间序列的基本统计特性,其具体表达式见本章内容提要。

3. **解答** 依据时间序列数据进行回归分析,隐含地假定了所依据的时间序列是平稳的,经典的 t 检验、F 检验等均以此假设作为依据。但在实践中大多数经济时间序列是非平稳的。用非平稳的时间序列数据进行回归分析,可能会导致一些问题:(1)用非平稳时间序列数据建模可能会导致伪回归现象,即对于非平稳的时间序列,在用一个时间序列对另一个(或多个)时间序列作回归时,即便我们先验地认为它们之间没有任何关系,但回归结果也可能出现 R^2 很高、t 检验显著等现象。如果变量之间没有协整关系,这种回归就是伪回归。(2)用非平稳时间序列数据建模可能会导致自相关。(3)用非平稳时间序列数据建模可能会导致预测失效。因此,对时间序列数据进行回归分析时,首先要考虑的是时间序列的平稳性问题。如果时间序列是非平稳的,那么在建模时,一定要考虑变量之间是否存在协整关系。

4. **解答** 如果将一个非平稳变量对另一个(或多个)非平稳变量进行回归,常常会引出无意义的或谬误的结果,这种现象被称为伪回归或虚假回归。

对于非平稳的时间序列,在用一个时间序列对另一个(或多个)时间序列作回归时,即便我们先验地认为它们之间没有任何关系,但回归结果也可能符合通常的统计准则(R^2 很高、t 检验显著等),这种情况说明存在伪回归现象。如果变量之间没有协整关系,这种回归就是伪回归。如果变量之间存在协整关系,那么即便它们都是非平稳的,这种回归也不是伪回归。

5. **解答** 平稳时间序列的条件见本章内容提要。

6. **解答** 在使用 DF 检验时,实际上假定了时间序列是由具有白噪声随机误差项的一阶自回归过程 AR(1)生成的。但在实际检验中,时间序列可能是由更高阶的自回归过程生成的,或者随机误差项并非是白噪声,这样用 OLS 法进行估计均会表现出随机误差项存在自相关,导致 DF 检验无效。另外,如果时间序列包含有明显的随时间变化的某种趋势(如上升或下降),则也容易导致上述检验中的随机误差项自相关问题。为了保证 DF 检验中随机误差项的白噪声特性,Dicky 和 Fuller 对 DF 检验进行了扩充,形成了扩展的 Dicky-Fuller 检验,即 ADF 检验。

7. **解答** 单位根检验的基本步骤见本章内容提要。

8. **解答** 若时间序列 y_t 可以表示成它的前期值和一个随机误差项的函数,即 $y_t=\varphi_1 y_{t-1}+\varphi_2 y_{t-2}+\cdots+\varphi_p y_{t-p}+u_t$,则称此模型为自回归模型,记为 AR($p$),相应的 y_t 序列称为自回归序列,其中 p 为 AR(p)的阶数。

如果一个 p 阶自回归模型 AR(p)生成的时间序列是平稳的，就说该 AR(p)模型是平稳的，否则就说 AR(p)模型是非平稳的。

对于 p 阶自回归模型 AR(p)，如果其特征方程 $\varphi_p(z)=1-\varphi_1 z-\varphi_2 z^2-\cdots-\varphi_p z^p=0$ 的所有根的模 $|z|>1$，则 AR(p)模型是平稳的。AR(p)模型平稳的充分条件是：$|\varphi_1|+|\varphi_2|+\cdots+|\varphi_p|<1$。

若时间序列 y_t 可以表示成当期和前期值随机误差项的函数，即 $y_t=u_t+\theta_1 u_{t-1}+\theta_2 u_{t-2}+\cdots+\theta_p u_{t-q}$，则称此模型为移动平均模型，记为 MA($q$)，其中 q 为 MA(q)的阶数，u_t 为白噪声。q 阶移动平均模型 MA(q)总是平稳的。

9. **解答**　对于 AR(p)过程，由于其偏自相关函数在 p 阶后表现出截尾特征，因此可以根据偏自相关图来确定自回归的阶数 p。对于 MA(q)过程，由于其自相关函数在 q 阶后出现截尾特征，因此可根据自相关图来确定移动平均的阶数 q；当自相关图和偏自相关图都表示出拖尾特征时，则可能是 ARMA(p,q)过程。具体阶数确定，p 的值仍需参考偏自相关图，q 的值仍需参考自相关图。

10. **解答**　建立 ARIMA(p,d,q)模型的主要步骤见本章内容提要。

11. **解答**　单整与协整含义见本章内容提要。

12. **解答**　误差修正模型的主要特点有：(1)避免了伪回归问题。因为 ECM 模型中包含的全部差分变量和非均衡误差都具有平稳性，所以可以用 OLS 法估计参数，而且不存在伪回归问题。(2)差分项的使用有助于消除模型可能存在的多重共线性问题；(3)ECM 模型中的参数可分为长期参数与短期参数两类。传统经济理论基本上只讨论变量间的长期关系，而不涉及短期关系。而 ECM 模型的这种长期和短期参数的明确划分，使其成为一种把变量之间长期表现与短期效应综合在一起的有力工具。

13. **解答**　两变量协整关系检验，用 EG 检验法(具体步骤见本章内容提要)。对于多变量的协整检验过程，基本与双变量情形相同。需要通过设一个变量为被解释变量，其他变量为解释变量，进行 OLS 估计并检验残差序列是否平稳。如果不平稳，则需要更换被解释变量，进行同样的 OLS 估计及相应的残差序列是否平稳的检验。当所有变量都被作为被解释变量检验之后，仍不能得到平稳的残差序列，则认为这些变量之间不存在协整关系。

14. **解答**　格兰杰因果关系检验见本章内容提要。一般而言，在进行格兰杰因果关系检验时，通常对不同的滞后长度分别进行试验，以确信因果关系检验中的随机误差项不存在序列相关，并用赤池信息量准则(AIC)最小来选取适当的滞后长度。

15. **解答**

$$\begin{aligned}\Delta\ln Q_t &= \ln Q_t-\ln Q_{t-1}\\ &=\alpha_0+(\alpha_1-1)\ln Q_{t-1}+\alpha_2(\ln A_t-\ln A_{t-1})+\alpha_2\ln A_{t-1}+\\ &\quad \alpha_3(\ln C_t-\ln C_{t-1})+(\alpha_3+\alpha_4)\ln C_{t-1}+u_t\\ &=\alpha_2\Delta\ln A_t+\alpha_3\Delta\ln C_t-(1-\alpha_1)\left(\ln Q_{t-1}-\frac{\alpha_0}{1-\alpha_1}-\right.\\ &\quad\left.\frac{\alpha_2}{1-\alpha_1}\ln A_{t-1}-\frac{\alpha_3+\alpha_4}{1-\alpha_1}\ln C_{t-1}\right)+u_t\end{aligned}$$

短期播种面积变化 1%，将引起粮食产量变化 α_2%；短期化肥施用量变化 1%，将引起粮食产量变化 α_3%；$-(1-\alpha_1)$的大小反映了对偏离长期均衡的调整力度和方向。

16. **解答** 由原模型知：$K_t - \alpha_1 K_{t-1} = \alpha_0 + \alpha_2 I_t + \alpha_3 I_{t-1} + u_t$，令 $K_t - \alpha_1 K_{t-1} = D_t$，则

$$\begin{aligned}\Delta D_t &= D_t - D_{t-1} = \alpha_0 + \alpha_2 I_t + \alpha_3 I_{t-1} - D_{t-1} + u_t \\ &= \alpha_0 + \alpha_2(I_t - I_{t-1}) + \alpha_3(I_{t-1} - I_{t-2}) - (D_{t-1} - \alpha_2 I_{t-1} - \alpha_3 I_{t-2}) + u_t \\ &= \alpha_1 \Delta I_t + \alpha_3 \Delta I_{t-1} - (D_{t-1} - \alpha_2 I_{t-1} - \alpha_3 I_{t-2}) + u_t\end{aligned}$$

该模型即为原模型经变换后的误差修正模型。

17. **解答** (1) 在录有固定厂房设备(y)和产品销售量(x)数据的数组窗口，选择 View/Granger Causality…后，进入 Lag Specification(指定滞后长度)画面，选择适当的滞后长度，如滞后长度为 2，单击 OK 键，则出现如图 9-11 结果。

由伴随概率可知，在 5% 的显著性水平下，拒绝“x 不是 y 的格兰杰原因”的假设，拒绝“y 不是 x 的格兰杰原因”的假设。因此，x 与 y 互为因果关系。

Pairwise Granger Causality Tests
Date: 10/15/17 Time: 16:17
Sample: 1970 1991
Lags: 2

Null Hypothesis:	Obs	F-Statistic	Prob.
X does not Granger Cause Y	20	17.3938	0.0001
Y does not Granger Cause X		22.8654	3.E-05

图 9-11 滞后长度为 2 的格兰杰因果关系检验

重复单击 View/Granger Causality…后，修改滞后长度，如滞后长度为 3、4、5、6 等，表 9-20 给出了取 2～6 阶滞后的检验结果。

表 9-20 格兰杰因果关系检验结果

滞后长度($q=s$)	Granger 因果性	F 值	F 的 p 值	LM(1)的 p 值	AIC 值	结论
2	x 不是 y 的格兰杰原因	17.393 8	0.000	0.338	6.771	拒绝
	y 不是 x 的格兰杰原因	22.886 5	0.000	0.065	5.618	拒绝
3	x 不是 y 的格兰杰原因	5.687 3	0.012	0.792	6.739	拒绝
	y 不是 x 的格兰杰原因	13.009 4	0.000	0.729	5.706	拒绝
4	x 不是 y 的格兰杰原因	3.308 8	0.063	0.190	6.963	不拒绝
	y 不是 x 的格兰杰原因	7.345 6	0.007	0.047	5.969	拒绝
5	x 不是 y 的格兰杰原因	2.379 0	0.161	0.588	7.093	不拒绝
	y 不是 x 的格兰杰原因	5.867 2	0.026	0.897	5.983	拒绝
6	x 不是 y 的格兰杰原因	1.306 8	0.446	0.002	7.027	不拒绝
	y 不是 x 的格兰杰原因	3.053 3	0.194	0.010	5.895	不拒绝

从表 9-20 可以看出，如果同时考虑检验模型的序列相关性以及赤池信息量准则(AIC)，我们发现在 5% 显著性水平上，滞后三阶的检验模型不具有一阶自相关性，而且也拥有较小的 AIC 值，这时判断结果是固定厂房设备(y)和产品销售量(x)有双向的格兰杰因果关系，即相互影响。

(2) 由(1)结果可知，固定厂房设备(y)和产品销售量(x)是相互影响的，可以考虑建立三阶向量自回归模型。在 EViews 主菜单下，选中 x 和 y，单击左键，选择 open\as VAR，或在主菜单选择 Quick\Estimate VAR，或者在主窗口命令行输入 var，回车后屏幕出现 VAR 模型定义对话框。对话框左上方是模型的类型，选择非约束模型(Unrestricted VAR)。右上方输入内生变量 x 与 y，填写内生变量滞后区间(Lag intervals for Endogenous)，本例滞后阶数取为 3，右下方空白区输入外生变量名，本例仅将常数项作为外生变量，单击 OK 键，显示如下估计结果(表 9-21)。

在 VAR 模型估计结果窗口单击 View 键，选择 Representations 功能，得 VAR 模型的估计式为

$$X = 0.495 * X(-1) + 0.981 * X(-2) + 0.886 * X(-3) - 0.547 * Y(-1) - 0.857 * Y(-2) - 0.271 * Y(-3) - 3.045$$

$$Y = 0.047 * X(-1) + 0.282 * X(-2) + 1.365 * X(-3) + 0.598 * Y(-1) - 1.40 * Y(-2) - 0.242 * Y(-3) - 16.716$$

可以对所建立的 VAR 模型进行平稳性检验。在 VAR 模型估计结果窗口单击 View 键，选择 AR Roots Graph(AR 根图)功能，即可得到单位圆曲线以及 VAR 模型的全部特征根的倒数值位置图(见图 9-12)。如果 VAR 模型的全部特征根的倒数值都在单位圆之内，表明 VAR 模型是稳定的，否则是不稳定的。图 9-12 显示此 VAR 模型中特征根的倒数值全部小于 1，是一个平稳系统。

18. **解答** (1) 利用 EViews 软件检验 y、x 以及 $\ln y$、$\ln x$ 的平稳性。首先建立工作文件，然后输入样本数据，打开财政收入序列 y，在数组窗口单击 View/Correlogram，在新出现的对话框中的“correlogram of”栏内，选择“level”，在“lags to include”栏内输入“12”，单击 OK 键，得图 9-13 所示的结果。

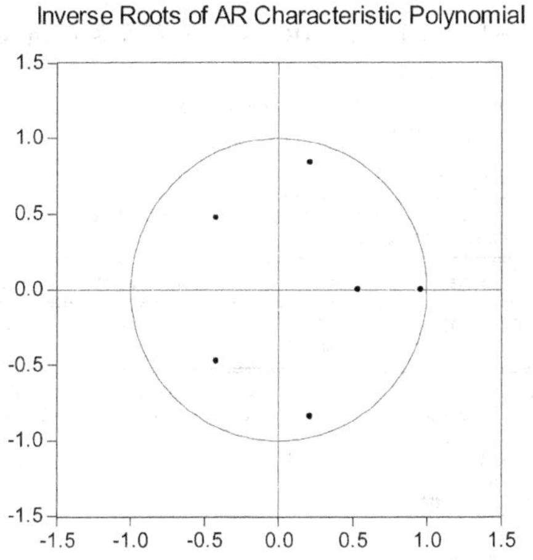

图 9-12 VAR 模型平稳性检验

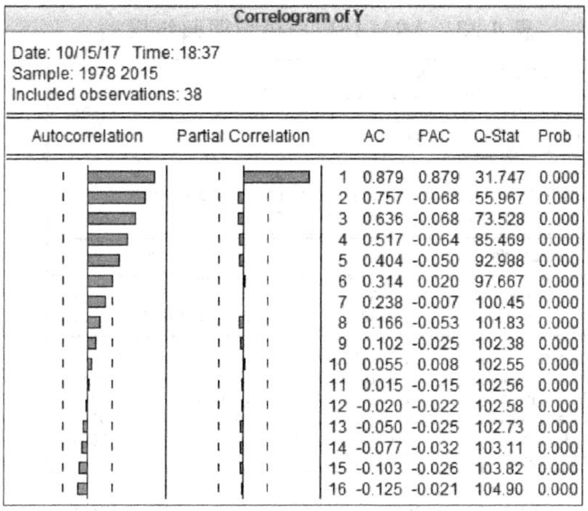

	AC	PAC	Q-Stat	Prob
1	0.879	0.879	31.747	0.000
2	0.757	-0.068	55.967	0.000
3	0.636	-0.068	73.528	0.000
4	0.517	-0.064	85.469	0.000
5	0.404	-0.050	92.988	0.000
6	0.314	0.020	97.667	0.000
7	0.238	-0.007	100.45	0.000
8	0.166	-0.053	101.83	0.000
9	0.102	-0.025	102.38	0.000
10	0.055	0.008	102.55	0.000
11	0.015	-0.015	102.56	0.000
12	-0.020	-0.022	102.58	0.000
13	-0.050	-0.025	102.73	0.000
14	-0.077	-0.032	103.11	0.000
15	-0.103	-0.026	103.82	0.000
16	-0.125	-0.021	104.90	0.000

图 9-13 财政收入 y 样本相关图

图形显示样本自相关函数缓慢下降且呈正弦波形，由 Q 统计量的伴随概率知，在每一滞后期都是拒绝平稳性假定的。因此，财政收入序列是非平稳的。对财政收入进行单位根检验，容易判断财政收入序列是非平衡的(检验结果略)。类似地，可以判断税收 x 以及 $\ln x$、$\ln y$ 也是非平衡的。

(2) 容易验证 y 是二阶单整的，检验结果如表 9-22 所示。

对于 x、$\ln y$ 与 $\ln x$，经验证是一阶单整的(检验结果略)。因此，y 与 x 不是同阶(一阶)单整(但是二阶单整)，$\ln y$ 与 $\ln x$ 是同阶(一阶)单整。

(3) $\ln y$ 的一阶差分序列是平稳的，$d(\ln y)$ 自相关函数与偏自相关函数图形如图 9-17 所示。

由图 9-14 可以看出 $p=1$ 和 $q=1$，即 $\ln y$ 样本数据具有 ARIMA(1,1,1)模型过程：

$$\Delta \ln y_t = \varphi_1 \Delta \ln y_{t-1} + u_t + \theta_1 u_{t-1}$$

表 9-22　y 单位根检验结果(有截距项无趋势项)

Augmented Dickey-Fuller Unit Root Test on D(Y,2)

Null Hypothesis: D(Y,2) has a unit root
Exogenous: None
Lag Length: 1 (Fixed)

		t-Statistic	Prob.*
Augmented Dickey-Fuller test statistic		-7.315570	0.0000
Test critical values:	1% level	-2.634731	
	5% level	-1.951000	
	10% level	-1.610907	

*MacKinnon (1996) one-sided p-values.

Correlogram of D(LNY)

Date: 10/15/17　Time: 20:01
Sample: 1978 2015
Included observations: 37

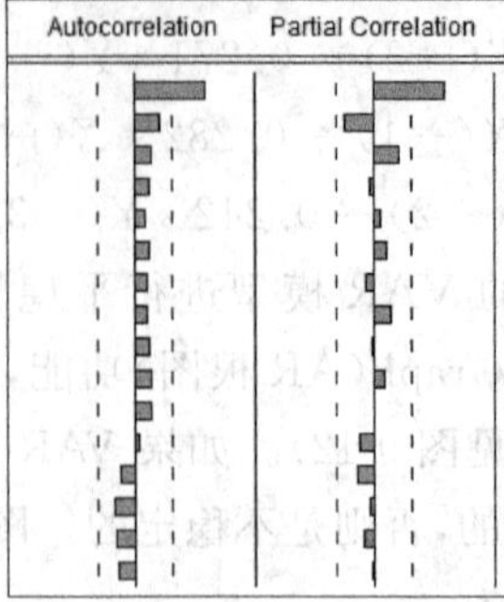

	AC	PAC	Q-Stat	Prob
1	0.616	0.616	15.221	0.000
2	0.220	-0.258	17.210	0.000
3	0.136	0.216	17.999	0.000
4	0.127	-0.047	18.702	0.001
5	0.098	0.046	19.135	0.002
6	0.131	0.108	19.932	0.003
7	0.106	-0.078	20.471	0.005
8	0.103	0.132	20.996	0.007
9	0.120	-0.013	21.737	0.010
10	0.146	0.096	22.870	0.011
11	0.132	-0.008	23.842	0.013
12	0.037	-0.116	23.922	0.021
13	-0.121	-0.145	24.798	0.025
14	-0.179	-0.047	26.802	0.020
15	-0.169	-0.085	28.666	0.018
16	-0.143	-0.022	30.076	0.018

图 9-14　d(ln$y$)相关图

在工作文件主窗口单击 Quick/Estimate Equation,在 Equation Specification 对话框中输入 d(ln$y$)　ar(1)　ma(1)[或者输入 d(ln$y$)　d(ln$y$(−1))　ma(1)]便得到模型 ARMA(1,1)的估计结果,如表 9-23(或表 9-24)所示。

表 9-23　ARMA(1,1)模型回归结果

Dependent Variable: D(LNY)
Method: ARMA Generalized Least Squares (BFGS)
Date: 10/15/17　Time: 20:02
Sample: 1979 2015
Included observations: 37
Convergence achieved after 8 iterations
Coefficient covariance computed using outer product of gradients
d.f. adjustment for standard errors & covariance

Variable	Coefficient	Std. Error	t-Statistic	Prob.
AR(1)	0.899596	0.080144	11.22478	0.0000
MA(1)	0.280839	0.172605	1.627065	0.1127

R-squared	0.369853	Mean dependent var	0.132471
Adjusted R-squared	0.351848	S.D. dependent var	0.066799
S.E. of regression	0.053778	Akaike info criterion	-2.896181
Sum squared resid	0.101223	Schwarz criterion	-2.809105
Log likelihood	55.57935	Hannan-Quinn criter.	-2.865483
Durbin-Watson stat	2.169150		

表 9-24　d(ln$y$)的 ARMA(1,1)模型回归结果

Dependent Variable: D(LNY)
Method: ARMA Generalized Least Squares (BFGS)
Date: 10/15/17　Time: 20:04
Sample: 1980 2015
Included observations: 36
Convergence achieved after 4 iterations
Coefficient covariance computed using outer product of gradients
d.f. adjustment for standard errors & covariance

Variable	Coefficient	Std. Error	t-Statistic	Prob.
D(LNY(-1))	0.899399	0.081316	11.06059	0.0000
MA(1)	0.280962	0.175126	1.604342	0.1179

R-squared	0.305942	Mean dependent var	0.135807
Adjusted R-squared	0.285528	S.D. dependent var	0.064546
S.E. of regression	0.054558	Akaike info criterion	-2.922862
Sum squared resid	0.101204	Schwarz criterion	-2.834888
Log likelihood	54.61151	Hannan-Quinn criter.	-2.892156
Durbin-Watson stat	2.169084		

根据输出结果,可得 d(ln$y$)的 ARMA(1,1)模型如下:

$$\Delta\ln \hat{y}_t = 0.899\,4\Delta\ln y_{t-1} + e_t + 0.281\,0e_{t-1}$$

$$t = (11.060\,6) \qquad (1.604\,3)$$

$$\bar{R}^2 = 0.285\,5 \quad DW = 2.169\,1$$

于是 ln$y$ 的 ARIMA 模型如下:

$$\ln \hat{y}_t = 1.899\,4\ln y_{t-1} - 0.899\,4\ln y_{t-2} + e_t + 0.281\,0e_{t-1}$$

如果认为 e_{t-1} 的参数不显著,可以去掉,加上常数项后进行 OLS 回归,结果如表 9-25 所示。

根据输出结果,可得 d(ln$y$)的 ARMA(1,1)模型如下:

$$\Delta\ln \hat{y}_t = 0.123\,2 + 0.692\,1(\Delta\ln y_{t-1} - 0.123\,2) + e_t$$

或者:

$$\Delta\ln \hat{y}_t = 0.037\,9 + 0.692\,1\Delta\ln y_{t-1} + e_t$$

$$t = (4.711\,5) \qquad (5.372\,4)$$

$$\bar{R}^2 = 0.410\,5 \quad F = 26.067\,2 \quad DW = 1.698\,4$$

于是 ln$y$ 的 ARMA 模型为:

$$\ln \hat{y}_t = 0.0379 + 1.6931 \ln y_{t-1} - 0.6921 \ln y_{t-2} + e_t$$

下面求 $\ln x$ 的 ARMA 模型。$\ln x$ 的一阶差分序列是平稳的，其自相关函数与偏自相关函数图形如图 9-14 所示。

由图 9-15 知 $\ln x$ 的一阶差分序列符合如下零阶滑动平均过程：

$$\Delta \ln x_t = u_t$$

表 9-25　d(lny)的 ARMA(1,1)模型回归结果

Dependent Variable: D(LNY)
Method: ARMA Generalized Least Squares (BFGS)
Date: 10/15/17 Time: 20:12
Sample: 1979 2015
Included observations: 37
Convergence achieved after 7 iterations
Coefficient covariance computed using outer product of gradients
d.f. adjustment for standard errors & covariance

Variable	Coefficient	Std. Error	t-Statistic	Prob.
C	0.123198	0.026149	4.711458	0.0000
AR(1)	0.692105	0.128827	5.372362	0.0000

R-squared	0.426861	Mean dependent var	0.132471
Adjusted R-squared	0.410486	S.D. dependent var	0.066799
S.E. of regression	0.051288	Akaike info criterion	-3.032562
Sum squared resid	0.092066	Schwarz criterion	-2.945485
Log likelihood	58.10240	Hannan-Quinn criter.	-3.001863
F-statistic	26.06721	Durbin-Watson stat	1.698410
Prob(F-statistic)	0.000012		

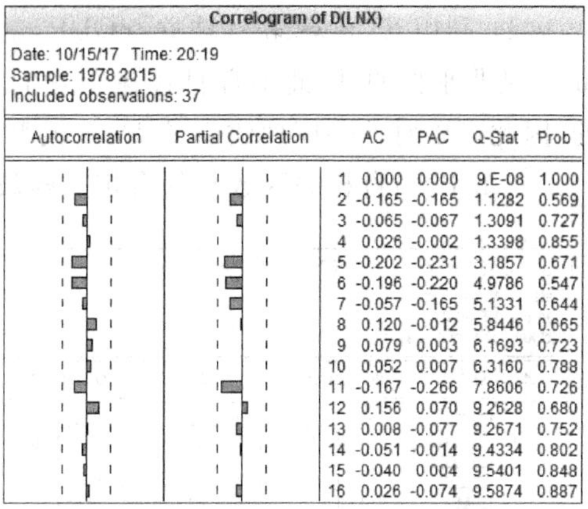
Correlogram of D(LNX)

Date: 10/15/17 Time: 20:19
Sample: 1978 2015
Included observations: 37

	AC	PAC	Q-Stat	Prob
1	0.000	0.000	9.E-08	1.000
2	-0.165	-0.165	1.1282	0.569
3	-0.065	-0.067	1.3091	0.727
4	0.026	-0.002	1.3398	0.855
5	-0.202	-0.231	3.1857	0.671
6	-0.196	-0.220	4.9786	0.547
7	-0.057	-0.165	5.1331	0.644
8	0.120	-0.012	5.8446	0.665
9	0.079	0.003	6.1693	0.723
10	0.052	0.007	6.3160	0.788
11	-0.167	-0.266	7.8606	0.726
12	0.156	0.070	9.2628	0.680
13	0.008	-0.077	9.2671	0.752
14	-0.051	-0.014	9.4334	0.802
15	-0.040	0.004	9.5401	0.848
16	0.026	-0.074	9.5874	0.887

图 9-15　$d(\ln x)$样本相关图

于是，$\ln x$ 的 ARIMA 模型为

$$\ln x_t = \ln x_{t-1} + u_t$$

(4) 由于 $\ln y$ 与 $\ln x$ 是同阶单整的，因此，有可能是协整的。首先用 OLS 法估计模型：$\ln y_t = b_0 + b_1 \ln x_t + u_t$，消除自相关后，可以得到 $\ln y$ 与 $\ln x$ 的长期均衡关系表达式：

$$\ln \hat{y}_t = 8.3714 + 0.1793 \ln x_t$$

$$t = (0.1709) \quad (4.0961)$$

$$\bar{R}^2 = 0.9992 \quad F = 16266.07 \quad \mathrm{DW} = 2.0524$$

从回归结果看，模型拟合优度较高，回归系数通过 t 检验，不存在自相关，结果表明，本期财政收入每增加 1%，税收将平均增长 0.179 3%。

根据回归结果计算残差序列 e_t，对其进行 ADF 检验，容易验证残差序列是平稳的。表明 $\ln y$ 与 $\ln x$ 是(1,1)阶协整的，利用 EViews 软件建立 $\ln y$ 与 $\ln x$ 的误差修正模型。以滞后一期残差项作为误差修正项，可以得到 ECM 模型如下：

$$\Delta \ln \hat{y}_t = 0.2179 \Delta \ln x_t - 0.1169 \Delta \ln x_{t-1} + 0.8467 \Delta \ln y_{t-1} - 0.0112 \mathrm{ECM}_{t-1}$$

$$t = (3.3982) \qquad (-1.4449) \qquad (6.3609) \qquad (-0.0555)$$

$$\bar{R}^2 = 0.4951 \quad \mathrm{DW} = 2.0081$$

19. **解答**　(1) 利用 EViews 软件，首先建立工作文件，输入样本数据 GDP 和 CS，然后生成新序列 lnGDP 和 lnCS。在工作文件窗口打开 lnGDP，在数组窗口单击 View/Correlogram，在新出现的对话框中的“correlogram of”栏内，选择“level”，在“lags to include”栏内输入“12”，单击 OK 键，得图 9-16 所示的结果。

从样本自相关函数图看，函数并未迅速趋于零，并在零附近波动，说明 lnGDP 序列是非平稳的。同样地,从 lnCS 样本自相关函数图看,lnCS 序列是非平稳的。

(2) 由于时间序列 lnGDP 与 lnCS 是非平稳的,如果没有进行协整性检验,直接对两者做 OLS 回归,此回归很可能就是伪回归。

(3) 利用 EViews 软件确定 lnGDP 与 lnCS 的单整性。容易验证时间序列 lnGDP 与 lnCS 是非平稳的(检验略),但其一阶差分是平稳的,即 lnGDP 与 lnCS 是一阶单整的(检验结果略)。

(4) 利用 EViews 软件建立 lnGDP 与 lnCS 的 ARMA 模型。(3)结果显示,lnGDP 与 lnCS 是非平稳的,因此不宜直接建立它们的 ARMA 模型,但它们的一阶差分序列是平稳的,因此可以对差分序列建立 ARMA 模型。

d(lnGDP)自相关函数与偏自相关函数图形如图 9-17 所示。

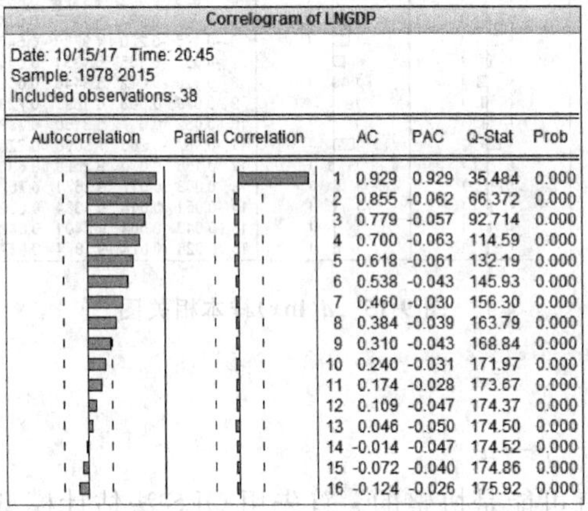

	AC	PAC	Q-Stat	Prob
1	0.929	0.929	35.484	0.000
2	0.855	-0.062	66.372	0.000
3	0.779	-0.057	92.714	0.000
4	0.700	-0.063	114.59	0.000
5	0.618	-0.061	132.19	0.000
6	0.538	-0.043	145.93	0.000
7	0.460	-0.030	156.30	0.000
8	0.384	-0.039	163.79	0.000
9	0.310	-0.043	168.84	0.000
10	0.240	-0.031	171.97	0.000
11	0.174	-0.028	173.67	0.000
12	0.109	-0.047	174.37	0.000
13	0.046	-0.050	174.50	0.000
14	-0.014	-0.047	174.52	0.000
15	-0.072	-0.040	174.86	0.000
16	-0.124	-0.026	175.92	0.000

图 9-16 lnGDP 序列样本相关图

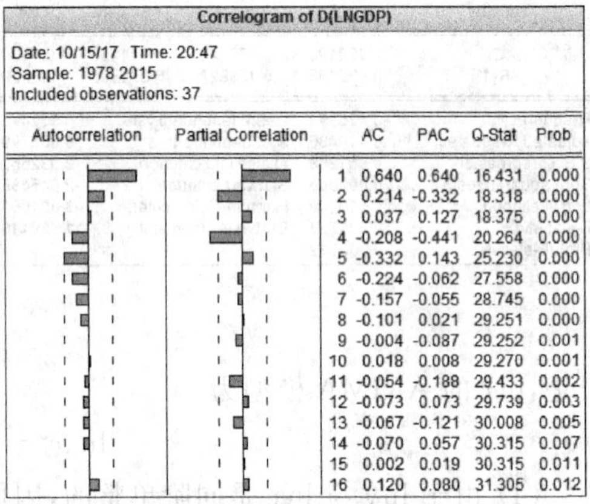

	AC	PAC	Q-Stat	Prob
1	0.640	0.640	16.431	0.000
2	0.214	-0.332	18.318	0.000
3	0.037	0.127	18.375	0.000
4	-0.208	-0.441	20.264	0.000
5	-0.332	0.143	25.230	0.000
6	-0.224	-0.062	27.558	0.000
7	-0.157	-0.055	28.745	0.000
8	-0.101	0.021	29.251	0.000
9	-0.004	-0.087	29.252	0.001
10	0.018	0.008	29.270	0.001
11	-0.054	-0.188	29.433	0.002
12	-0.073	0.073	29.739	0.003
13	-0.067	-0.121	30.008	0.005
14	-0.070	0.057	30.315	0.007
15	0.002	0.019	30.315	0.011
16	0.120	0.080	31.305	0.012

图 9-17 *d*(lnGDP)相关图

由图 9-17 可以看出,序列 d(lnGDP)的自相关函数的 1 阶滞后不为零,偏自相关函数的 1 阶滞后与 4 阶滞后项不为零,表明它是 ARMA(4,1)的平稳序列,因此原序列 LnGDP 为 ARIMA(4,1,1)过程:

$$\Delta \ln GDP_t = \varphi_1 \Delta \ln GDP_{t-1} + \varphi_4 \Delta \ln GDP_{t-4} + u_t + \theta_1 u_{t-1}$$

在工作文件主窗口单击 Quick/Estimate Equation,在 Equation Specification 对话框中输入 d(lnGDP) c ar(1) ar(4) ma(1),或者输入 d(lnGDP) c d(lnGDP(−1)) d(lnGDP(−4)) ma(1),去掉不显著的 d(lnGDP(−4)),便得到 d(lnGDP)的 ARMA(4,1)模型如下:

$$\Delta \ln \widehat{GDP}_t = 0.1182 + 0.3934 \Delta \ln GDP_{t-1} - 0.2039 \Delta \ln GDP_{t-4} + e_t + 0.7252 e_{t-1}$$

$$t = (3.1862) \quad (2.0502) \quad (-1.1890) \quad (4.7765)$$

$$\bar{R}^2 = 0.5511 \quad F = 14.0970 \quad DW = 2.0646$$

于是 lnGDP 的 ARMA 模型如下:

$$\ln \widehat{GDP}_t = 0.1182 + 1.3934 \ln GDP_{t-1} - 0.3934 \ln GDP_{t-2} - 0.2039 \ln GDP_{t-4} + 0.2039 \ln GDP_{t-5} + e_t + 0.7681 e_{t-1}$$

容易检验该模型的残差序列无序列相关性,故可以将此模型作为 lnGDP 序列的一个估计的 ARMA 模型。

下面利用 EViews 软件建立 lnCS 的 ARIMA 模型。d(lnCS)自相关函数与偏自相关函数图形如图 9-18 所示。

由图 9-18 可以看出,序列 d(lnCS)的自相关函数的 1 阶滞后不为零,偏自相关函数的 1 阶滞后与 2 阶滞后项不为零,表明它是 ARMA(2,1)的平稳序列,因此原序列 lnCS 为 ARIMA(2,1,1)序列。

在工作文件主窗口单击 Quick/Estimate Equation,在 Equation Specification 对话框中输入 d(lnCS) c ar(1) ar(2) ma(1),或者输入 d(lnCS) c d(lnCS(−1)) d(lnCS(−2)) ma(1),便得到模型 ARMA(2,1)的估计结果,如表 9-26 所示。

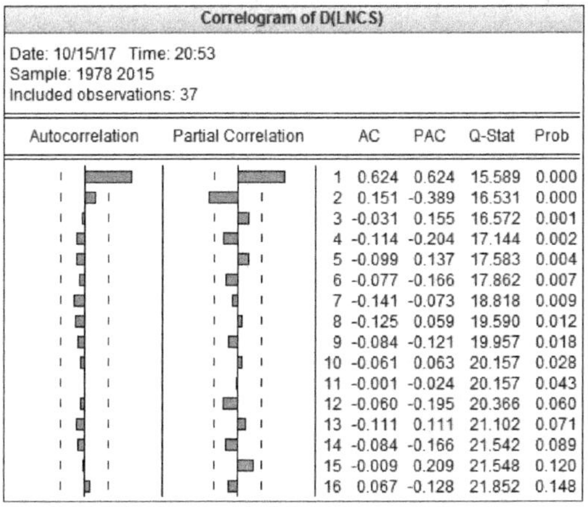

	AC	PAC	Q-Stat	Prob
1	0.624	0.624	15.589	0.000
2	0.151	-0.389	16.531	0.000
3	-0.031	0.155	16.572	0.001
4	-0.114	-0.204	17.144	0.002
5	-0.099	0.137	17.583	0.004
6	-0.077	-0.166	17.862	0.007
7	-0.141	-0.073	18.818	0.009
8	-0.125	0.059	19.590	0.012
9	-0.084	-0.121	19.957	0.018
10	-0.061	0.063	20.157	0.028
11	-0.001	-0.024	20.157	0.043
12	-0.060	-0.195	20.366	0.060
13	-0.111	0.111	21.102	0.071
14	-0.084	-0.166	21.542	0.089
15	-0.009	0.209	21.548	0.120
16	0.067	-0.128	21.852	0.148

图 9-18　d(lnCS)相关图

表 9-26　d(lnCS)的 ARMA(2,1)模型回归结果

Dependent Variable: D(LNCS)
Method: ARMA Generalized Least Squares (BFGS)
Date: 10/15/17 Time: 22:27
Sample: 1981 2015
Included observations: 35
Failure to improve objective (non-zero gradients) after 101 iterations
Coefficient covariance computed using outer product of gradients
d.f. adjustment for standard errors & covariance

Variable	Coefficient	Std. Error	t-Statistic	Prob.
C	0.101323	0.036765	2.755997	0.0097
D(LNCS(-1))	0.008704	0.192649	0.045180	0.9643
D(LNCS(-2))	0.248329	0.198658	1.250036	0.2206
MA(1)	1.000000	1289.095	0.000776	0.9994

R-squared	0.535033	Mean dependent var	0.137282
Adjusted R-squared	0.490036	S.D. dependent var	0.056046
S.E. of regression	0.040024	Akaike info criterion	-3.389094
Sum squared resid	0.049659	Schwarz criterion	-3.211340
Log likelihood	63.30914	Hannan-Quinn criter.	-3.327733
F-statistic	11.89046	Durbin-Watson stat	1.901239
Prob(F-statistic)	0.000024		

根据输出结果,可得 d(lnCS)的 ARMA 模型如下:

$$\Delta\ln\widehat{CS}_t = 0.1013 + 0.0087\Delta\ln CS_{t-1} + 0.2483\Delta\ln CS_{t-2} + e_t + 1.00e_{t-1}$$

于是 lnCS 的 ARMA 模型如下:

$$\ln\widehat{CS}_t = 0.1013 + 1.0087\ln CS_{t-1} + 0.2396\ln CS_{t-2} - 0.2483\ln CS_{t-3} + e_t + 1.00e_{t-1}$$

容易检验该模型的残差序列无序列相关性,故可以将此模型作为 lnCS 序列的一个估计的 ARMA 模型。

(5) 利用 EViews 软件检验 lnGDP 与 lnCS 的协整性。由于 lnGDP 与 lnCS 都是 1 阶单整的,可能存在协整关系,做 lnCS 关于 lnGDP 的 OLS 回归,消除自相关性后,可以得到 lnCS 与 lnGDP 的长期均衡关系表达式:

$$\ln\widehat{CS}_t = -0.0670 + 0.9566\ln GDP_t$$
$$t = (-0.4334)\quad(68.6708)$$
$$\bar{R}^2 = 0.9998\quad F = 76641.23\quad DW = 2.2752$$

从回归结果看,模型拟合优度较高,回归系数通过 t 检验、不存在自相关,结果表明,本期 GDP 每增加 1%,最终消费将平均增长 0.9566%。根据回归结果计算残差序列 e_t,容易验证残差项是平稳的。因此,lnCS 与 lnGDP 存在协整关系。

(6) 利用 EViews 软件建立 lnCS 与 lnGDP 的误差修正模型。以滞后一期残差项作为误差修正项,可以得到 ECM 模型如下:

$$\Delta\ln\widehat{CS}_t = 0.696\,6\Delta\ln GDP_t + 0.278\,2\Delta\ln CS_{t-1} - 0.130\,7ECM_{t-1}$$

$$t = \quad (11.148\,2) \qquad (4.235\,4) \qquad (-0.654\,8)$$

$$\bar{R}^2 = 0.887\,2 \quad DW = 1.320\,5$$

模型拟合优度较高,方程通过 F 检验、DW 检验,d($\ln GDP_t$)、d($\ln CS_{t-1}$)系数在 1%水平上显著,ECM_{t-1}系数不显著。其中变量的符号与长期均衡关系的符号一致。结果表明,本期 GDP、上一期最终消费每增加 1%,短期内最终消费将依次增加 0.696 6%和 0.278 2%。误差修正项系数为负,符合反向修正机制,它表明最终消费与长期均衡值的偏差中的 13.07%被修正。ECM 模型反映了 lnCS 受 lnGDP 影响的短期波动规律。

第10章

联立方程模型

10.1 内容提要

联立方程模型是相对于单一方程模型而言的，旨在讨论多个经济变量相互影响的错综复杂的运行规律，是计量经济学的重要组成部分。本章将在阐述联立方程模型、各种变量概念的基础上，重点探讨联立方程模型的识别以及联立方程模型的估计方法，如ILS法、IV法、TSLS法和3STS法等。

10.1.1 联立方程模型概述

1. 联立方程模型含义及特点

联立方程模型是指由一个以上的相互关联的单一方程组成的方程组，每一个单一方程中包含一个或多个相互关联的内生变量。

与单一方程适用于单一经济现象的研究相比，联立方程模型适用于描述复杂的经济现象，即经济系统。联立方程模型与单一方程模型的区别之一在于，估计联立方程模型的参数时必须考虑联立方程所能提供的信息，而单一方程模型的参数估计仅考虑被估方程自身所能提供的信息。

联立方程模型具有如下特点：(1)联立方程模型由若干个单一方程模型有机地组合而成；(2)联立方程模型便于研究经济变量之间的复杂关系；(3)联立方程模型中可能同时包含随机方程和确定性方程；(4)联立方程模型的各个方程中间可能含有随机解释变量。

2. 联立方程模型中的变量类型

联立方程模型中的变量主要划分为内生变量和外生变量两大类。

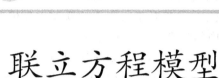

(1) 内生变量是由模型系统所决定的、具有某种概率分布的随机变量，其数值受模型中其他变量的影响，是模型求解的结果。内生变量一般有以下特点：①内生变量既受模型中其他变量的影响，同时又影响模型中的其他内生变量；②内生变量一般都直接或间接地受模型系统中随机误差项的影响，所以都是具有某种概率分布的随机变量；③内生变量的变化一般用模型中的某一个方程来描述，所以模型中每个方程左端的变量(被解释变量)都是

内生变量。

(2) 外生变量是指由模型系统之外其他因素所决定的变量,表现为非随机变量,其数值在模型求解之前就已经确定,本身不受系统的影响,但影响模型中的内生变量。外生变量的特点是:①外生变量的变化对模型系统中的内生变量产生直接影响,但自身变化却由模型系统之外其他因素来决定;②相对于所构造的联立方程模型,外生变量可以视为可控的非随机变量,从而与模型中的随机误差项不相关。

外生变量和滞后变量称为前定变量。对于滞后内生变量来说,它是联方程模型中重要的不可或缺的一部分变量,用来反映经济系统的动态性与连续性。

3. 联立方程模型的类型

联立方程模型可被分为结构式模型、简化式模型和递归式模型等。

(1) 结构式模型。结构式模型是根据经济理论和行为规律建立的,描述经济变量之间直接关系结构的计量经济方程系统。其中每一个方程都直接表述某种经济行为或经济关系。模型中的每个随机方程的被解释变量不仅是内生变量,而且还是由其他内生变量、前定变量和随机误差项所表示的函数,这种方程称为结构式方程。

结构式模型标准形式如下:

$$\begin{cases}\beta_{11}y_{1t}+\beta_{12}y_{2t}+\cdots+\beta_{1m}y_{mt}+\gamma_{11}x_{1t}+\gamma_{12}x_{2t}+\cdots+\gamma_{1k}x_{kt}=u_{1t}\\ \beta_{21}y_{1t}+\beta_{22}y_{2t}+\cdots+\beta_{2m}y_{mt}+\gamma_{21}x_{1t}+\gamma_{22}x_{2t}+\cdots+\gamma_{2k}x_{kt}=u_{2t}\\ \vdots\\ \beta_{m1}y_{1t}+\beta_{m2}y_{2t}+\cdots+\beta_{mm}y_{mt}+\gamma_{m1}x_{1t}+\gamma_{m2}x_{2t}+\cdots+\gamma_{mk}x_{kt}=u_{mt}\end{cases}$$

式中,$y_1,y_2,\cdots,y_m$ 为 m 个内生变量;$x_1,x_2,\cdots,x_k$ 为 k 个前定变量(其中 x_1 为 1 时表明存在截距);$u_1,u_2,\cdots,u_m$ 为 m 个随机误差项;β_{ij} 为内生变量的参数($i,j=1,2,\cdots,m$);γ_{ij} 为前定变量的参数($i=1,2,\cdots,m,j=1,2,\cdots,k$);$\beta_{ij}$ 和 γ_{ij} 统称为参数。

利用矩阵运算,结构式模型标准形式可以表示为

$$\boldsymbol{BY}+\boldsymbol{\Gamma X}=\boldsymbol{U}$$

其中:

$$\boldsymbol{B}=\begin{bmatrix}\beta_{11}&\beta_{12}&\cdots&\beta_{1m}\\ \beta_{21}&\beta_{22}&\cdots&\beta_{2m}\\ \vdots&\vdots&\cdots&\vdots\\ \beta_{m1}&\beta_{m2}&\cdots&\beta_{mm}\end{bmatrix};\ \boldsymbol{Y}=\begin{bmatrix}y_{1t}\\ y_{2t}\\ \vdots\\ y_{mt}\end{bmatrix};\ \boldsymbol{\Gamma}=\begin{bmatrix}\gamma_{11}&\gamma_{12}&\cdots&r_{1k}\\ \gamma_{21}&\gamma_{22}&\cdots&\gamma_{2k}\\ \vdots&\vdots&\cdots&\vdots\\ \gamma_{m1}&\gamma_{m2}&\cdots&\gamma_{mk}\end{bmatrix};\ \boldsymbol{X}=\begin{bmatrix}x_{1t}\\ x_{2t}\\ \vdots\\ x_{kt}\end{bmatrix};\ \boldsymbol{U}=\begin{bmatrix}u_{1t}\\ u_{2t}\\ \vdots\\ u_{mt}\end{bmatrix}$$

如果结构式模型中方程个数与内生变量个数相同,则称这种结构式模型为完备的结构式模型。结构式模型描述了经济变量间的直接经济联系,可用于分析各解释变量对因变量的直接影响。

结构式方程一般包括以下几种类型:行为方程,它描述经济系统中变量之间的行为关系,主要是因果关系的方程。技术方程,即根据客观经济技术关系建立的方程。制度方程,即描述由制度因素如法律、政策法令、规章等决定的经济变量关系的方程。平衡方程(均衡条件),即表示经济系统均衡或平衡状态的恒等关系式。定义方程是由经济学或统计学的定义决定的方程。

结构式模型的主要特点:①模型直观地描述了经济变量之间的关系结构,模型的经济意义明确;②模型只反映了各变量之间的直接影响,却无法直观地反映各变量之间的间接

影响和总影响；③无法直接运用结构式模型进行预测。

(2) 简化式模型。简化式模型是指联立方程中每个内生变量只是前定变量与随机误差项的函数所构成的模型。即用所有前定变量作为内生变量的解释变量所形成的模型。简化式模型中的每个方程都称为简化式方程。

简化式模型的构造途径：在已知模型所包含的全部前定变量的条件下，将模型中的每一个内生变量直接表示为前定变量的线性函数。比如，模型中含有 m 个内生变量 $y_1, y_2, \cdots, y_m$，k 个前定变量 $x_1, x_2, \cdots, x_k$，则可直接写出以下 m 个线性函数：

$$y_{it} = \pi_{i1}x_{1t} + \pi_{i2}x_{2t} + \cdots + \pi_{ik}x_{kt} + v_{it} \quad (i = 1,2,\cdots,m)$$

简化式模型用矩阵形式表示：

$$\boldsymbol{Y} = \pi\boldsymbol{X} + \boldsymbol{V}$$

其中：

$$\pi = \begin{pmatrix} \pi_{11} & \pi_{12} & \cdots & \pi_{1k} \\ \pi_{21} & \pi_{22} & \cdots & \pi_{2k} \\ \vdots & \vdots & \vdots & \vdots \\ \pi_{m1} & \pi_{m2} & \cdots & \pi_{mk} \end{pmatrix}; \quad \boldsymbol{V} = \begin{pmatrix} v_{1t} \\ v_{2t} \\ \vdots \\ v_{mt} \end{pmatrix}$$

对于结构式模型 $\boldsymbol{BY}+\boldsymbol{\Gamma X}=\boldsymbol{U}$，如果 $|\boldsymbol{B}|\neq 0$，则有

$$\boldsymbol{Y} + \boldsymbol{B}^{-1}\boldsymbol{\Gamma X} = \boldsymbol{B}^{-1}\boldsymbol{U}$$

即有

$$\boldsymbol{Y} = -\boldsymbol{B}^{-1}\boldsymbol{\Gamma X} + \boldsymbol{B}^{-1}\boldsymbol{U}$$

比较简化式模型 $\boldsymbol{Y}=\pi\boldsymbol{X}+\boldsymbol{V}$ 可得

$$\pi = -\boldsymbol{B}^{-1}\boldsymbol{\Gamma} \quad \boldsymbol{V} = \boldsymbol{B}^{-1}\boldsymbol{U}$$

该式为结构式参数与简化式参数之间的参数关系体系。

显然，在完备的结构式模型中，当矩阵 $\boldsymbol{B}$ 可逆时，结构式模型可转换成简化式模型。

简化式模型的主要特点：①简化式方程的解释变量都是与随机误差项不相关的前定变量。其意义在于，前定变量与结构式随机误差项是不相关的，从而与简化式随机误差项也是不相关的，这就为直接应用 OLS 法估计简化式方程提供了基础。②简化式参数反映了前定变量对内生变量的总影响(直接影响和间接影响的总和)。

(3) 递归模型。如果一个模型的结构式方程是用下列方法排列的：第一个方程的右边仅包含前定变量；第二个方程的右边只包含前定变量和第一个方程中的内生变量；第三个方程的右边也只包含前定变量和第一、第二两个方程中的内生变量；依次类推，第 m 个方程的右边只包含前定变量和前面 $m-1$ 个方程的内生变量，这种模型称为递归模型。

递归模型的显著特点是可以直接运用 OLS 法，依次估计每一个方程，逐步得到全部参数估计值，并且不会产生联立偏误。

10.1.2　联立方程模型的识别

1. 识别的含义与类型

联立方程模型的识别是指是否能从简化式模型参数估计值中推导出结构式模型的参数估计值。若结构式参数能由简化式参数估计值推导出来，则称这个特定的方程是可识别

的；若结构式参数不能用简化式参数估计值推导出来，则称该方程是不可识别的。

联立方程模型中某一方程的识别状态分为两种类型：第一种类型是不可识别，即无法从简化式参数计算出结构式参数；第二种类型是能够识别，或称为可识别。对于可识别的方程，又有两种情况：一是恰好识别，即可以从简化式参数计算出结构式参数，并且结构式参数是唯一的；二是过度识别，即可以从简化式参数计算出结构式参数，并且结构式参数的值不是唯一的。

2. 识别的条件

(1) 准则一：能否由简化式参数计算出结构式参数。

如果能由简化式参数计算出某随机方程的结构式参数，则该随机方程是可识别的。并且，如果由简化式参数计算得到的结构式参数是唯一确定的，则该随机方程是恰好识别的；如果由简化式参数计算得到的结构式参数有多个，则该随机方程是过度识别的。

(2) 准则二：是否具有统计形式的唯一性。

如果模型中某个随机方程具有唯一的统计形式，则这个方程是可识别的；如果模型中某个随机方程没有唯一的统计形式，则这个方程是不可识别的。确定的(或唯一的)统计形式(或统计形式的唯一性)是指：结构式模型中的某一个方程，与此模型中其他任何一个方程以及所有结构式方程的任意线性组合而成的方程相比较，具有不完全相同的内生变量和前定变量。或者说：如果模型的第 i 个结构式方程与模型中其他任何一个方程以及任意的线性组合方程包含的内生变量和前定变量不完全相同，那么称第 i 个结构式方程具有唯一的统计形式；相反，如果模型中的第 i 个结构式方程与模型中其他任何一个方程以及任意的线性组合方程具有相同的内生变量和前定变量，那么就称第 i 个结构式方程的统计形式不是唯一的。

(3) 准则三：识别的阶条件和秩条件。

① 阶条件。如果一个方程能被识别，那么这个方程不包含的变量总数应大于或等于模型系统中方程个数减 1。或者说：在包含 m 个方程的结构式模型中，如果某个结构式方程能被识别，则至少应有 $m-1$ 个变量不在该方程中。或不在该方程中的变量个数大于等于内生变量个数或方程个数减 1。

引入以下记号：m=联立方程模型中内生变量的个数；m_i=联立方程模型中第 i 个方程中内生变量的个数；k=联立方程模型中前定变量的个数；k_i=联立方程模型中第 i 个方程中前定变量的个数。

由于模型中的变量(内生变量和前定变量)个数为 $m+k$，第 i 个特定方程中的变量个数为 m_i+k_i，所以不在该方程中的变量(又称为被斥变量)个数为 $(m+k)-(m_i+k_i)$。阶条件要求：

$$(m+k)-(m_i+k_i) \geqslant m-1, \quad \text{或者} \quad m_i+k_i \leqslant k+1$$

阶条件识别步骤。首先求出联立方程模型中前定变量的个数 k、第 i 个方程中的变量个数为 m_i+k_i。其次进行判断：若 $m_i+k_i>k+1$，则该方程不可识别；若 $m_i+k_i=k+1$，该方程满足恰好识别的必要条件；若 $m_i+k_i<k+1$，则该方程满足过度识别的必要条件。

识别的阶条件只是一个必要条件，而非充分条件。如果某个方程不满足阶条件，则不可识别。但是满足阶条件的方程未必就是可识别的。

② 秩条件。在一个具有 m 个方程的模型系统中，任何一个方程可识别的充分必要条

件是：所有不包含在这个方程中的其他变量的参数矩阵的秩为 $m-1$。

秩条件识别步骤。当需要判别第 i 方程的识别性时，首先写出模型的结构式参数矩阵；其次先划去结构式参数矩阵表内的第 i 行，再划去第 i 行上非零参数所在列，剩下的参数按原顺序组成的一个矩阵，记作 $\boldsymbol{A}_i$；最后判断：如果 $\text{rank}(\boldsymbol{A}_i)=m-1$，则第 i 方程可识别，如果 $\text{rank}(\boldsymbol{A}_i)<m-1$，则第 i 方程不可识别。识别的秩条件是一个充分必要条件。

运用识别的阶条件和秩条件判断模型识别状态的一般做法：

第一，应用识别的阶条件。当 $m_i+k_i>k+1$ 时，被识别方程是不可识别的；当 $m_i+k_i\leqslant k+1$ 时，则进行下一步。

第二，应用识别的秩条件。若第 i 个被识别方程满足秩条件，即被识别方程中没有包含的其他变量(内生变量和前定变量)系数所构成的矩阵的秩 $\text{rank}(\boldsymbol{A}_i)=m-1$ 时，第 i 个被识别方程是可以识别的；若 $\text{rank}(\boldsymbol{A}_i)<m-1$，则第 i 个被识别方程是不可识别的。

第三，若满足识别的秩条件：$\text{rank}(\boldsymbol{A}_i)=m-1$，再结合识别的阶条件进一步识别；若 $m_i+k_i=k+1$，则第 i 个被识别方程为恰好识别；若 $m_i+k_i<k+1$，则第 i 个被识别方程为过度识别。

10.1.3　联立方程模型的估计

联立方程模型估计方法分为两大类：单方程估计法与系统估计法。

1. *单方程估计方法*：IV 法、ILS 法、TSLS 法

单方程估计法是对模型中的结构式方程逐个进行估计，从而获得整个联立方程模型的估计。单方程估计法主要解决的是联立方程模型系统中每一个方程中的随机解释变量问题，同时尽可能地利用单个方程没有包含的而在模型系统中包含的变量样本观测值的信息。但这类方法没有考虑模型系统方程之间的相关性对单个方程参数估计量的影响。因此，也将单方程估计法称为有限信息估计法。常用的单方程估计方法有间接最小二乘法(ILS)、工具变量法(IV)、两阶段最小二乘法(TSLS)等。

(1) **工具变量法(IV 法)**。工具变量法的基本原理是在进行参数估计的过程中选择适当的前定变量，代替结构方程中同随机误差项存在相关性的内生变量，以便减少解释变量与随机误差项的相关性，再利用最小二乘法估计结构式参数。

工具变量应满足以下条件：①工具变量与所“代替”的内生变量之间高度相关；②工具变量与结构方程中的随机误差项不相关；③工具变量与结构方程中其他解释变量之间的多重共线性程度低；④在同一个结构方程中的多个工具变量之间的多重共线性程度低。

工具变量法的具体步骤：第一，选择适当的前定变量作为工具变量，“代替”结构方程中作为解释变量的内生变量。第二，对进行变量“替换”后的结构方程应用最小二乘法来估计结构式参数，即用每个解释变量乘以结构方程两边，并对所有的样本观测值求和，其中与随机误差项的乘积和为零(这由工具变量与随机误差项不相关保证)，从而得到与未知结构式参数同样多的线性方程，解这个线性方程组，得到结构式参数的估计值。

工具变量法理论推导：对于联立方程计量经济模型 $\boldsymbol{BY}+\boldsymbol{\Gamma X}=\boldsymbol{U}$ 的每一个结构方程，如第 1 个方程(略去下标 t)，可以写成如下形式：

$$y_1=\beta_{12}y_2+\beta_{13}y_3+\cdots+\beta_{1m_1}y_{m_1}+\gamma_{11}x_1+\gamma_{12}x_2+\cdots+\gamma_{1k_1}x_{k_1}+u_1$$

该方程包含 m_1-1 个内生变量和 k_1 个前定变量。写成矩阵形式为

$$\boldsymbol{y}_1=(\boldsymbol{y}_0,\boldsymbol{x}_0)\begin{pmatrix}\boldsymbol{B}_0\\ \boldsymbol{\Gamma}_0\end{pmatrix}+\boldsymbol{U}_1$$

其中:

$$\boldsymbol{y}_0=(\boldsymbol{y}_2,\boldsymbol{y}_3,\cdots,\boldsymbol{y}_{m_1})=\begin{pmatrix}y_{21} & y_{31} & \cdots & y_{m_1 1}\\ y_{22} & y_{32} & \cdots & y_{m_1 2}\\ \vdots & \vdots & \vdots & \vdots\\ y_{2n} & y_{3n} & \cdots & y_{m_1 n}\end{pmatrix}$$

$$\boldsymbol{x}_0=(\boldsymbol{x}_1,\boldsymbol{x}_2,\cdots,\boldsymbol{x}_{k_1})=\begin{pmatrix}x_{11} & x_{21} & \cdots & x_{k_1 1}\\ x_{12} & x_{22} & \cdots & x_{k_1 2}\\ \vdots & \vdots & \vdots & \vdots\\ x_{1n} & x_{2n} & \cdots & x_{k_1 n}\end{pmatrix}$$

$$\boldsymbol{B}_0=\begin{pmatrix}\beta_{12}\\ \beta_{13}\\ \vdots\\ \beta_{1m_1}\end{pmatrix};\quad \Gamma_0=\begin{pmatrix}\gamma_{11}\\ \gamma_{12}\\ \vdots\\ \gamma_{1k_1}\end{pmatrix};\quad \boldsymbol{y}_1=\begin{pmatrix}y_{11}\\ y_{12}\\ \vdots\\ y_{1n}\end{pmatrix};\quad \boldsymbol{U}_1=\begin{pmatrix}u_{11}\\ u_{12}\\ \vdots\\ u_{1n}\end{pmatrix}$$

方程中没有包含的 $k-k_1$ 个前定变量基本满足工具变量的条件,选择它们作为方程中包含的 m_1-1 个内生变量的工具变量。

记:$\boldsymbol{x}_0^*=(\boldsymbol{x}_{k_1+1},\boldsymbol{x}_{k_1+2},\cdots,\boldsymbol{x}_k)=\begin{pmatrix}x_{k_1+1,1} & x_{k_1+2,1} & \cdots & x_{k1}\\ x_{k_1+1,2} & x_{k_1+2,2} & \cdots & x_{k2}\\ \vdots & \vdots & \vdots & \vdots\\ x_{k_1+1,n} & x_{k_1+2,n} & \cdots & x_{kn}\end{pmatrix}$,选择 $\boldsymbol{x}_0^*$ 作为 $\boldsymbol{y}_0$ 的工具变量,则得到参数估计量为

$$\begin{pmatrix}\hat{\boldsymbol{B}}_0\\ \hat{\Gamma}_0\end{pmatrix}_{\mathrm{IV}}=[(\boldsymbol{x}_0^*,\boldsymbol{x}_0)'(\boldsymbol{y}_0,\boldsymbol{x}_0)]^{-1}(\boldsymbol{x}_0^*,\boldsymbol{x}_0)'\boldsymbol{y}_1$$

工具变量法参数估计量统计性质:一般情况下,在小样本下是有偏的,在大样本下是渐近无偏的。如果选择的工具变量与方程随机误差项完全不相关,那么,其参数估计量是无偏估计量。

工具变量法适用范围:工具变量法既适用于恰好识别的结构方程,也适用于过度识别的结构方程。

(2) **间接最小二乘法(ILS 法)**。如果一个结构方程是恰好识别的,则其结构式参数可以由简化式参数唯一确定,因此只要求利用最小二乘法求得简化式参数估计值,再利用参数关系式,就可以得到该结构式参数的估计值,这就是间接最小二乘法。

间接最小二乘法的适用条件:①被估计的结构式方程是恰好识别的。②每个简化式方程的随机误差项满足古典回归模型的基本假定。③前定变量之间不存在高度多重共线性。

间接最小二乘法的主要步骤：第一，判断结构式方程的识别状态，如果方程为恰好识别的，则进行下一步；第二，将结构式模型转化成简化式模型，得到参数关系体系，解出结构式参数与简化式参数之间的关系式；第三，利用OLS法估计简化式方程，求出简化式参数的无偏估计量；第四，将简化式参数估计值代入参数关系体系，解出结构式参数。

间接最小二乘法理论推导：对于联立方程模型 $\boldsymbol{BY}+\boldsymbol{\Gamma X}=\boldsymbol{U}$ 中的第1个结构方程 $\boldsymbol{y}_1=(\boldsymbol{y}_0,\boldsymbol{x}_0)\begin{pmatrix}\boldsymbol{B}_0\\\boldsymbol{\Gamma}_0\end{pmatrix}+\boldsymbol{U}_1$（各种变量、参数符号定义见工具变量法），其参数的间接最小二乘估计量为

$$\begin{pmatrix}\hat{\boldsymbol{B}}_0\\\hat{\boldsymbol{\Gamma}}_0\end{pmatrix}_{\mathrm{ILS}}=[\boldsymbol{X}'(\boldsymbol{y}_0,\boldsymbol{x}_0)]^{-1}\boldsymbol{X}'\boldsymbol{y}_1$$

ILS法估计量统计性质：小样本下有偏，大样本下渐近无偏。

间接最小二乘法适用范围：间接最小二乘法仅适用于恰好识别的结构式方程。

（3）**两阶段最小二乘法（TSLS法）**。结构式方程的解释变量中间含有内生变量，是造成OLS估计产生偏误的主要原因。TSLS法的解决方法是，设法寻找一个工具变量来替代解释变量中的内生变量。工具变量应该具备两个条件：一是与所替代的内生变量高度相关；二是与方程中的随机误差项无关。实际上，用所替代的内生变量的简化式方程表示的变量恰好满足这两个条件。

TSLS法的主要操作步骤：第一阶段，利用OLS法估计结构式方程中所有内生变量的简化式方程，求得内生变量的估计值。第二阶段，用内生变量的估计值替代结构式方程中的内生变量，第二次利用OLS法求得结构式参数的估计值。两个阶段，并在每个阶段各用一次OLS，故称为两阶段最小二乘法。

TSLS法适用条件：①应用两阶段最小二乘法要求对应的结构式方程和简化式方程中的随机误差项满足古典假设。②前定变量之间不存在高度多重共线性。③样本容量大。

TSLS法理论推导：对于联立方程模型 $\boldsymbol{BY}+\boldsymbol{\Gamma X}=\boldsymbol{U}$ 中的第1个结构式方程 $\boldsymbol{y}_1=(\boldsymbol{y}_0,\boldsymbol{x}_0)\begin{pmatrix}\boldsymbol{B}_0\\\boldsymbol{\Gamma}_0\end{pmatrix}+\boldsymbol{U}_1$（各种变量、参数符号定义见工具变量法），由于内生变量 $\boldsymbol{y}_0$ 是随机变量，不能直接采用普通最小二乘法。而对于 $\boldsymbol{y}_0$ 的简化式方程

$$\boldsymbol{y}_0=\boldsymbol{X\Pi}_0+\boldsymbol{V}_0$$

中的每一个方程，不存在随机变量问题，可以直接采用普通最小二乘法估计其参数，并得到关于 $\boldsymbol{y}_0$ 的估计值：

$$\hat{\boldsymbol{y}}_0=\boldsymbol{X}\hat{\boldsymbol{\Pi}}_0=\boldsymbol{X}[(\boldsymbol{X}'\boldsymbol{X})^{-1}\boldsymbol{X}'\boldsymbol{y}_0]$$

这就是两阶段最小二乘法的第一阶段，即对简化式方程第一次使用普通最小二乘法。

用 $\boldsymbol{y}_0$ 的估计量 $\hat{\boldsymbol{y}}_0$ 代替 $\boldsymbol{y}_1=(\boldsymbol{y}_0,\boldsymbol{x}_0)\begin{pmatrix}\boldsymbol{B}_0\\\boldsymbol{\Gamma}_0\end{pmatrix}+\boldsymbol{U}_1$ 中的 $\boldsymbol{y}_0$，得到新的方程

$$\boldsymbol{y}_1=(\hat{\boldsymbol{y}}_0,\boldsymbol{x}_0)\begin{pmatrix}\boldsymbol{B}_0\\\boldsymbol{\Gamma}_0\end{pmatrix}+\boldsymbol{U}_1$$

该方程中不存在随机解释变量问题，可以直接采用普通最小二乘法估计其参数，得到

$$\begin{bmatrix}\hat{\boldsymbol{B}}_0\\ \hat{\boldsymbol{\Gamma}}_0\end{bmatrix}_{\text{TSLS}}=[(\hat{\boldsymbol{y}}_0,\boldsymbol{x}_0)'(\hat{\boldsymbol{y}}_0,\boldsymbol{x}_0)]^{-1}(\hat{\boldsymbol{y}}_0,\boldsymbol{x}_0)'\boldsymbol{y}_1$$

这就是两阶段最小二乘法的第二阶段,得到的参数估计量即为原结构方程参数的两阶段最小二乘估计量。

TSLS 法估计量统计性质:可以证明 TSLS 法实际上等同于将 $\hat{\boldsymbol{y}}_0$ 作为工具变量的工具变量法,其参数估计量的统计性质与工具变量法相同,即小样本下有偏,大样本下渐近无偏。

TSLS 法适用范围:TSLS 法既适用于恰好识别的结构方程,也适用于过度识别的结构方程。

对于恰好识别的结构方程,间接最小二乘法(ILS)、工具变量法(IV)、两阶段最小二乘法(TSLS)是等同的。

2. 系统估计法:3SLS 法

系统估计法是对整个模型中的所有结构式方程同时进行估计,同时得到模型中所有结构式参数的估计量。系统估计法利用了模型系统提供的所有信息,包括方程之间的相关性信息。因此,也将系统估计法称为完全信息估计法。常用的系统估计方法有三阶段最小二乘法(3SLS)、完全信息极大似然法(FIML)。

将 TSLS 法推广到 3SLS 法,主要基于以下原因:一是 TSLS 只运用了模型的一部分信息,忽视了模型结构对其他方程的参数值所施加的全部约束条件。二是忽视了模型各个方程随机误差项的同期相关性。

3SLS 法的基本思想是:在 TSLS 的基础上加以推广,当完成 TSLS 估计之后,为了克服各个结构式方程随机误差项同期相关问题,再在第三步进行广义最小二乘估计(GLS),这就是 3SLS 法。

(1) **3SLS 法的基本步骤**。第一阶段:用 OLS 估计结构式模型中每个内生变量的简化式方程,得到每个内生变量的估计。第二阶段:把第一阶段所得的各内生解释变量的估计值替换结构式模型中的内生解释变量,施以 OLS 法得到结构式参数的估计量,由此获得结构式模型中各方程随机误差项的方差和协方差的估计。第三阶段:采用 GLS 法对以单一方程形式表现的转换后的联立方程组模型进行估计,即首先将原始联立方程组模型结构,按照前面所介绍的方法转换为单一方程形式表示;其次为克服转换后单一方程随机误差项的异方差和自相关问题,用各方程随机误差项方差和协方差的估计值对单一方程表现形式进行变换,使其随机误差项满足 OLS 假定;最后用 OLS 估计变换模型,得 3SLS 的参数估计量。

(2) **3SLS 法的基本假定**。①联立方程模型中每个结构式方程都是可识别的。②联立方程模型中所有结构式方程设定正确,否则设定误差将会在结构式方程中传导,从而影响整个模型中所有参数的估计量。③各个方程的随机误差项满足零均值、同方差和序列无关的假设。④不同结构式方程的随机误差项是同期相关的。

(3) **3SLS 法的特点**。①3SLS 估计量是有偏的,但却是一致的估计量。②3SLS 估计量,比 TSLS 估计量更为有效,因为在估计过程中 3SLS 比 TSLS 使用了更多的信息。③3SLS 计算过程极为复杂,同时对联立方程模型中每一结构式方程的设定误差(变量选择和函数形式的确定误差)极为敏感,当某一结构式方程存在设定误差,这一误差会传递到模型其他所有结构式方程中,带来不良的连锁反应。④3SLS 法作为一种系统估计法,其主要困难是参数估计值容易受到模型中个别方程定型偏倚的影响。也就是说,只要有一个方程因设定不当而发生偏误,这种偏误将通过整体性的估计方法传递给整个模型中的每一个参数,使全部参数估计值发生变化。

(4) **3SLS 法与单一方程估计法的优劣**。单一方程估计法是对模型中的结构式方程逐个进行估计,从而获得整个联立方程模型的估计。单一方程估计法以没有充分利用联立方程组模型提供的结构信息为代价,不可能产生参数的有效估计。其原因有二:一是单一方程估计法忽略了模型整体结构提供的所有信息以及整体结构所反映的变量之间的全部联系。例如,单一方程估计方法考虑了被估方程中没有包含的内生变量和前定变量对参数施加的约束条件,但在估计该方程时却没有考虑到其他方程也可能受到没有包含的内生变量或前定变量的约束,而这些约束将会在模型整个结构下对被估方程产生影响。二是单一方程估计法没有考虑各结构式方程随机误差项之间的相关性信息,而是假定这些随机误差项间不存在同期相关。

三阶段最小二乘法可以克服单一方程估计法的参数估计不是有效估计的不足,是对整个模型中的所有结构式方程同时进行估计,同时得到模型中所有结构式参数的估计量。显然,从模型估计的性质来讲,三阶段最小二乘法优于单方程估计法,但从方法的复杂性来讲,单方程估计法又优于三阶段最小二乘法。

10.1.4　联立方程模型的检验

1. 单个结构方程的检验

所谓单个结构方程的检验,就是逐个地对每一个随机结构方程进行检验,其检验方法同单方程计量经济模型的所有检验,包括经济意义检验、统计推断检验、计量经济准则检验和预测检验。凡是在单方程模型中必须进行的各项检验,对于联立方程模型中的结构方程,以及应用 TSLS 或 3SLS 方法过程中的简化式方程,都是适用和需要的。

2. 总体模型的检验

当单个结构方程的检验通过后,对于总体模型,主要是检验其模拟优度与预测精度。常用的检验方法主要有拟合效果检验、预测性能检验、方程间误差传递检验、样本点间误差传递检验等。

10.2　学习重点与难点

(1)联立方程模型的基本概念(重点掌握联立方程模型含义及类型,如结构式模型、简化式模型、递归模型,掌握内生变量、外生变量、前定变量的含义)。(2)联立方程模型的识别(掌握识别的含义及类型,重点掌握识别的条件,如准则一、准则二、准则三,特别是准则三,即识别的阶条件和秩条件)。(3)联立方程模型的估计方法[重点掌握单方程估计法,如工具变量法(IV 法)、间接最小二乘法(ILS 法)、两阶段最小二乘法(TSLS 法);掌握系统估计法,如三阶段最小二乘法(3SLS 法);能够熟练运用 EViews 软件估计联立方程模型]。

(4)联立方程模型的检验(掌握单个结构方程的检验和总体模型的检验)。

10.3 典型例题分析

例 1 联立方程模型中结构式方程的结构式参数不能直接应用 OLS 估计,但为什么实际中 OLS 法又被普遍应用?

解答 主要是基于以下几点考虑:(1)从小样本特性来看,虽说 OLS 估计不具备其他估计方法的大样本下渐近无偏的特性,但在实际上并没有“大样本”。而在小样本情况下,各种参数估计方法的统计特性无法从数学上进行严格的证明。因而 OLS 估计也不一定就比其他方法有效性更差。(2)从充分利用小样本数据信息来看,用其他方法需要考虑到多个变量数据的可获得性,而 OLS 估计只考虑所估计方程涉及的变量数据即可,因而可以充分利用所估计方程的观测值数据信息。(3)关于确定性误差传递,即结构方程的关系误差和外生变量的观测误差。在采用 TSLS 等方法估计时,容易将其他方程中未包含的确定性误差传递到该方程,而 OLS 估计则可以避免。(4)从对样本容量的要求来看,TSLS 或 3SLS 等方法要求样本容量很大,实际上难以实现,因此更可能采用 OLS 估计。(5)由于宏观经济模型经常带有明显的递推结构,而对于递推结构的联立方程模型,是可以依次对每个结构方程采用 OLS 方法估计的。

例 2 在如下简单的凯恩斯收入决定模型中:

消费函数:$C_t=\beta_0+\beta_t Y_t+u_t$

收入恒等式:$Y_t=C_t+I_t$

随机误差项满足经典线性回归模型中的如下假设:$E(u_t)=0$,$\text{var}(u_t)=\sigma^2$,$\text{cov}(u_t,u_{t+j})=0\ (j\neq 0)$,$\text{cov}(I_t,u_t)=0$。(1)能在消费方程中做出假定 $\text{cov}(Y_t,u_t)=0$ 吗?为什么?(2)证明:β_1 的最小二乘估计量 $\hat{\beta}_1$ 是有偏且不一致的。

解答 (1)不能在消费方程中做出假定 $\text{cov}(Y_t,u_t)=0$。因为由消费模型知,u_t 与 C_t 是同期相关的,而由收入恒等式知,Y_t 与 C_t 同期相关,从而 Y_t 与 u_t 事实上也是同期相关的。

(2) 由联立模型两个结构式方程可联立解出

$$Y_t=\frac{\beta_0}{1-\beta_1}+\frac{1}{1-\beta_1}I_t+\frac{u_t}{1-\beta_1}$$

于是有 $E(Y_t)=\frac{\beta_0}{1-\beta_1}+\frac{1}{1-\beta_1}I_t$,从而有

$$\text{cov}(Y_t,u_t)=E[Y_t-E(Y_t)][u_t-E(u_t)]=E\left(\frac{u_t^2}{1-\beta_1}\right)=\frac{\sigma^2}{1-\beta_1}$$

记 $\dot{C}_t=C_t-\bar{C}$,$\dot{Y}_t=Y_t-\bar{Y}$,$\dot{u}_t=u_t-\bar{u}$,则 $C_t=\beta_0+\beta_t Y_t+u_t$ 简化为 $\dot{C}_t=\beta_t\dot{Y}_t+\dot{u}_t$,对消费方程应用 OLS 法估计得

$$\hat{\beta}_1=\frac{\sum\dot{C}_t\dot{Y}_t}{\sum\dot{Y}_t^2}=\frac{\sum(\beta_1\dot{Y}_t+\dot{u}_t)\dot{Y}_t}{\sum\dot{Y}_t^2}=\beta_1+\frac{\sum\dot{Y}_t\dot{u}_t}{\sum\dot{Y}_t^2}$$

由于 β_1 是边际消费倾向,$0<\beta_1<1$,$\sigma^2>0$,$\text{cov}(Y_t,u_t)=\frac{\sigma^2}{1-\beta_1}>0$,$\sum\dot{Y}_t^2>0$,因此有

$E\left[\frac{\sum \dot{Y}_t \dot{u}_t}{\sum \dot{Y}_t^2}\right] \neq 0$，于是有 $E(\hat{\beta}_1) \neq \beta_1$，所以 $\hat{\beta}_1$ 是有偏估计量。β_1 的概率极限为

$$
p\lim(\hat{\beta}_1) = p\lim(\beta_1) + p\lim\left[\frac{\sum \dot{Y}_t \dot{u}_t}{\sum \dot{Y}_t^2}\right] = p\lim(\beta_1) + \frac{p\lim\left(\sum \dot{Y}_t \dot{u}_t / n\right)}{p\lim\left(\sum \dot{Y}_t^2 / n\right)}
$$

$$
= \beta_1 + \frac{\sigma^2/(1-\beta_1)}{\sigma_y^2} > \beta_1
$$

这说明 $\hat{\beta}_1$ 也是 β_1 的非一致估计量。

由此，结构式方程中内生变量作为解释变量而引起的参数 OLS 估计的这种联立性偏误，与样本无关，并不因样本容量增大而消失。因此这时 OLS 法失效。

例 3　为什么说 ILS、IV、TSLS 方法都可以认为是工具变量法？它们在工具变量的选取上有什么区别？

解答　狭义工具变量法用结构式方程中未包含的前定变量 $\boldsymbol{x}_0^*$ 作为内生解释变量 $\boldsymbol{y}_0$ 的工具变量，用结构式方程中包含的前定变量 $\boldsymbol{x}_0$ 作为自己的工具变量；而间接最小二乘法则将前定变量 $\boldsymbol{X}$ 按自己的顺序作为$(\boldsymbol{y}_0, \boldsymbol{x}_0)$的工具变量；两阶段最小二乘法选取 $\boldsymbol{X}$ 的线性组合$\hat{\boldsymbol{y}}_0 = \boldsymbol{X}\hat{\boldsymbol{\Pi}}_0 = \boldsymbol{X}[(\boldsymbol{X}'\boldsymbol{X})^{-1}\boldsymbol{X}'\boldsymbol{y}_0]$作为结构式方程中内生解释变量 $\boldsymbol{y}_0$ 的工具变量，选取 $\boldsymbol{x}_0$ 作为自己的工具变量。

例 4　证明对于恰好识别的结构式方程，ILS、IV、TSLS 的参数估计量是等价的。

解答　分别采用三种单方程估计方法得到参数估计量如下：

$$
\begin{pmatrix} \hat{\boldsymbol{B}}_0 \\ \hat{\boldsymbol{\Gamma}}_0 \end{pmatrix}_{\mathrm{IV}} = [(\boldsymbol{x}_0^*, \boldsymbol{x}_0)'(\boldsymbol{y}_0, \boldsymbol{x}_0)]^{-1}(\boldsymbol{x}_0^*, \boldsymbol{x}_0)'\boldsymbol{y}_1 \tag{10-1}
$$

$$
\begin{pmatrix} \hat{\boldsymbol{B}}_0 \\ \hat{\boldsymbol{\Gamma}}_0 \end{pmatrix}_{\mathrm{ILS}} = [\boldsymbol{X}'(\boldsymbol{y}_0, \boldsymbol{x}_0)]^{-1}\boldsymbol{X}'\boldsymbol{y}_1 \tag{10-2}
$$

$$
\begin{pmatrix} \hat{\boldsymbol{B}}_0 \\ \hat{\boldsymbol{\Gamma}}_0 \end{pmatrix}_{\mathrm{TSLS}} = [(\hat{\boldsymbol{y}}_0, \boldsymbol{x}_0)'(\hat{\boldsymbol{y}}_0, \boldsymbol{x}_0)]^{-1}(\hat{\boldsymbol{y}}_0, \boldsymbol{x}_0)'\boldsymbol{y}_1 \tag{10-3}
$$

可以看到，三种结果是用不同的工具变量法估计得到的，区别仅在于工具变量选取不同。比较狭义工具变量法和间接最小二乘法的参数估计量式(10-1)与式(10-2)，它们选取了同样一组变量 $\boldsymbol{X}$ 作为结构方程中解释变量$(\boldsymbol{y}_0, \boldsymbol{x}_0)$的工具变量，只是次序不同。狭义工具变量法用结构方程中未包含的先决变量 $\boldsymbol{x}_0^*$ 作为 $\boldsymbol{y}_0$ 的工具变量，用结构方程中包含的先决变量 $\boldsymbol{x}_0$ 作为自己的工具变量；而间接最小二乘法则将前定变量 $\boldsymbol{X}$ 按自己的顺序作为$(\boldsymbol{y}_0, \boldsymbol{x}_0)$的工具变量，这就使得结构式方程中包含的先决变量 $\boldsymbol{x}_0$ 也选择了其他先决变量作为工具变量，而不是自身，这两种不同的选取只影响正规方程组中方程的次序，并不影响方程组的解。所以狭义工具变量法和间接最小二乘法的参数估计量是等价的。比较两阶段最小二乘法和间接最小二乘法的参数估计量式(10-3)与式(10-2)，间接最小二乘法选取 $\boldsymbol{X}$ 作为结构方程中解释变量$(\boldsymbol{y}_0, \boldsymbol{x}_0)$的工具变量，两阶段最小二乘法选取 $\boldsymbol{X}$ 的线性组合 $\hat{\boldsymbol{y}}_0 = \boldsymbol{X}\hat{\boldsymbol{\Pi}}_0 =$

$\boldsymbol{X}[(\boldsymbol{X}'\boldsymbol{X})^{-1}\boldsymbol{X}'\boldsymbol{y}_0]$作为结构式方程中内生解释变量 $\boldsymbol{y}_0$ 的工具变量,选取 $\boldsymbol{x}_0$ 作为自己的工具变量。这样使得关于二者参数估计量的正规方程组是不同的,分别为

$$\boldsymbol{X}'\boldsymbol{y}_1=[\boldsymbol{X}'(\boldsymbol{y}_0,\boldsymbol{x}_0)]\begin{pmatrix}\hat{\beta}_0\\ \hat{\Gamma}_0\end{pmatrix}_{\text{ILS}},\quad (\hat{\boldsymbol{y}}_0,\boldsymbol{x}_0)'\boldsymbol{y}_1=(\hat{\boldsymbol{y}}_0,\boldsymbol{x}_0)'(\boldsymbol{y}_0,\boldsymbol{x}_0)\begin{pmatrix}\hat{\beta}_0\\ \hat{\Gamma}_0\end{pmatrix}_{\text{TSLS}}$$

比较这两个正规方程组发现,后者可以由前者经过初等线性变换得到。而根据代数知识,初等线性变换不影响方程组的解。所以两阶段最小二乘法和间接最小二乘法的参数估计量是等价的。也可以对此进行严格证明。假设

$$\begin{pmatrix}\hat{\beta}_0\\ \hat{\Gamma}_0\end{pmatrix}_{\text{ILS}}=\begin{pmatrix}\hat{\beta}_0\\ \hat{\Gamma}_0\end{pmatrix}_{\text{TSLS}}$$

即

$$[(\hat{\boldsymbol{y}}_0,\boldsymbol{x}_0)'(\boldsymbol{y}_0,\boldsymbol{x}_0)]^{-1}(\hat{\boldsymbol{y}}_0,\boldsymbol{x}_0)'=[\boldsymbol{X}'(\boldsymbol{y}_0,\boldsymbol{x}_0)]^{-1}\boldsymbol{X}'$$

两边同时左乘 $\boldsymbol{X}'(\boldsymbol{y}_0,\boldsymbol{x}_0)$,有

$$\boldsymbol{X}'(\boldsymbol{y}_0,\boldsymbol{x}_0)[(\hat{\boldsymbol{y}}_0,\boldsymbol{x}_0)'(\boldsymbol{y}_0,\boldsymbol{x}_0)]^{-1}(\hat{\boldsymbol{y}}_0,\boldsymbol{x}_0)'=\boldsymbol{X}'$$

两边同时右乘$(\boldsymbol{y}_0,\boldsymbol{x}_0)$,有

$$\boldsymbol{X}'(\boldsymbol{y}_0,\boldsymbol{x}_0)=\boldsymbol{X}'(\boldsymbol{y}_0,\boldsymbol{x}_0)$$

该式显然成立。所以两种参数估计量是等价的假设成立。

结论是,对于恰好识别的结构式方程,狭义工具变量法、间接最小二乘法和两阶段最小二乘法三种方法是等价的。

例 5 考虑下面的联立方程模型:

$$\begin{cases}Y_{1t}=\alpha_1+\alpha_2Y_{2t}+\alpha_3X_{1t}+u_{1t}\\ Y_{2t}=\beta_1+\beta_2Y_{1t}+\beta_3X_{2t}+u_{2t}\end{cases}$$

式中,Y_1、Y_2 是内生变量,X_1、X_2 是外生变量,u 是随机误差项。

(1) 导出模型的简化式;

(2) 用阶条件和秩条件判别该联立方程模型的识别性;

(3) 分别提出可识别的结构式方程的恰当的估计方法。能用普通最小二乘估计吗?

(4) 假定先验地知道 $\alpha_3=0$,那么你将如何回答上述问题,为什么?

解答 (1) 容易由原结构式方程变换为以下简化式模型:

$$Y_{1t}=\frac{\alpha_1+\alpha_2\beta_1}{1-\alpha_2\beta_2}+\frac{\alpha_3}{1-\alpha_2\beta_2}X_{1t}+\frac{\alpha_2\beta_3}{1-\alpha_2\beta_2}X_{2t}+\frac{u_{1t}+\alpha_2u_{2t}}{1-\alpha_2\beta_2}$$

$$Y_{2t}=\frac{\alpha_1\beta_2+\beta_1}{1-\alpha_2\beta_2}+\frac{\alpha_3\beta_2}{1-\alpha_2\beta_2}X_{1t}+\frac{\beta_3}{1-\alpha_2\beta_2}X_{2t}+\frac{\beta_2u_{1t}+u_{2t}}{1-\alpha_2\beta_2}$$

(2) 联立方程模型前定变量个数 $k=2$,第一、第二个方程变量个数为 3,刚好等于 $k+1=3$,满足恰好识别的必要条件。

联立方程模型的结构式参数矩阵为 $\begin{bmatrix}Y_{1t} & Y_{2t} & X_{1t} & X_{2t}\\ 1 & -\alpha_2 & -\alpha_3 & 0\\ -\beta_1 & 1 & 0 & -\beta_3\end{bmatrix}$

对于第一个方程,其中未包含的变量在其他方程中对应系数所组成的矩阵为 $\boldsymbol{A}_1=$

$(-\beta_3)$，$\mathrm{rank}(\boldsymbol{A}_1)=1=m-1$（$m=2$ 为联立方程模型内生变量个数），所以该方程为恰好识别；

对于第二个方程，其中未包含的变量在其他方程中对应系数所组成的矩阵为 $\boldsymbol{A}_2=(-\alpha_3)$，$\mathrm{rank}(\boldsymbol{A}_2)=1=m-1$，所以该方程为恰好识别。

(3) 对于上述两个方程，可用工具变量法、间接最二乘法和两阶段最小二乘法，这三种方法得到的估计量是相同的。但不能用普通最小二乘法估计，因为两结构方程中都有内生变量作为解释变量，存在随机解释变量问题，因而 OLS 法失效。

(4) 假定 $\alpha_3=0$ 成立，则模型将变为

$$\begin{cases} Y_{1t}=\alpha_1+\alpha_2 Y_{2t}+u_{1t} \\ Y_{2t}=\beta_1+\beta_2 Y_{1t}+\beta_3 X_{2t}+u_{2t} \end{cases}$$

模型的结构式参数矩阵为

$$\begin{pmatrix} Y_{1t} & Y_{2t} & X_{1t} & X_{2t} \\ 1 & -\alpha_2 & 0 & 0 \\ -\beta_1 & 1 & 0 & -\beta_3 \end{pmatrix}$$

对于第一个方程，其中未包含的变量在其他方程中对应系数所组成的矩阵为 $\boldsymbol{A}_1=(0\quad -\beta_3)$，$\mathrm{rank}(\boldsymbol{A}_1)=1=m-1$，所以该方程为恰好识别。

对于第二个方程，其中未包含的变量在其他方程中对应系数所组成的矩阵为 $\boldsymbol{A}_2=(0)$，$\mathrm{rank}(\boldsymbol{A}_2)=0<m-1$，所以该方程为不可识别。当模型中有一个方程不可识别时，则整个模型不可识别，因此无法对模型进行估计。

例 6　已知美国经济的一个简单线性凯恩斯模型：

$$\begin{cases} \mathrm{CS}_t=a_0+a_1 Y_{\mathrm{D}t}+a_2\mathrm{CS}_{t-1}+u_{1t} \\ I_t=b_0+b_1 Y_t+b_2 R_{t-1}+u_{2t} \\ Y_t=\mathrm{CS}_t+I_t+G_t+\mathrm{NX}_t \\ Y_{\mathrm{D}t}=Y_t-T_t \end{cases}$$

式中，Y 为国内生产总值，CS 为个人总消费，Y_{D} 为可支配收入，I 为个人国内投资总额，G 为政府支出，NX 为商品和服务净出口（出口减去进口），T 为税收（实际值等于税收、折旧、公司利润、政府转移和其他将 GNP 转换为可支配收入的调整额），R 为主要商业票据的利率。请回答以下问题：

(1) 指出模型中的内生变量、外生变量和前定变量；

(2) 用阶条件和秩条件确定模型的识别状态；

(3)利用表 10-1 数据，用 OLS 法估计 Y_{D}、Y 的简化式方程，并代入消费函数和投资函数进行第二阶段的 OLS 估计；

(4) 利用表 10-1 数据，用 TSLS 和 3SLS 法估计上述联立方程模型，并对回归结果进行比较。

解答　(1) 内生变量：CS_t、I_t、Y_t、$Y_{\mathrm{D}t}$；外生变量：R_{t-1}、G_t、NX_t、T_t；前定变量：CS_{t-1}、R_{t-1}、G_t、NX_t、T_t。

(2) 联立方程模型前定变量个数 $k=5$，消费方程变量个数：$m_1+k_1=3<k+1=6$，满足过度识别的必要条件；投资方程变量个数：$m_2+k_2=3<k+1=6$，满足过度识别的必要条件。

表 10-1　宏观经济数据

年份	Y	CS	I	G	NX	R	Y_D	T
1946	312.6	203.5	52.3	48.4	8.4	0.81	239.88	72.72
1947	309.9	206.3	51.5	39.9	12.3	1.03	227.50	82.40
1948	323.7	210.8	60.4	46.3	6.1	1.44	237.62	86.08
1949	324.1	216.5	48.0	53.3	6.4	1.49	238.31	85.80
1950	355.3	230.5	69.3	52.8	2.7	1.45	258.12	97.18
1951	383.4	232.8	70.0	75.4	5.3	2.16	264.55	118.85
1952	395.1	239.4	60.5	92.1	3.0	2.33	272.51	122.59
1953	412.8	250.8	61.2	99.8	1.1	2.52	285.99	126.81
1954	407.0	255.7	59.4	88.9	3.0	1.58	287.18	119.82
1955	438.0	274.2	75.4	85.2	3.2	2.18	302.97	135.03
1956	446.1	281.4	74.3	85.3	5.0	3.31	312.01	134.09
1957	452.5	288.2	68.8	89.3	6.2	3.81	316.47	136.03
1958	447.3	290.1	60.9	94.2	2.2	2.46	318.80	128.50
1959	475.9	307.3	73.6	94.7	0.3	3.97	331.86	144.04
1960	487.7	316.1	72.4	94.9	4.3	3.85	338.88	148.82
1961	497.2	322.5	69.0	100.5	5.1	2.97	348.36	148.84
1962	529.8	338.4	79.4	107.5	4.5	3.26	364.33	165.47
1963	551.0	353.3	82.5	109.6	5.6	3.55	377.54	173.46
1964	581.1	373.7	87.8	111.2	8.3	3.97	402.56	178.54
1965	617.8	397.7	99.2	114.7	6.2	4.38	426.84	190.96
1966	658.1	418.1	109.3	126.5	4.2	5.55	449.24	208.86
1967	675.2	430.1	101.2	140.2	3.6	5.10	464.62	210.58
1968	706.6	452.7	105.2	147.7	1.0	5.90	483.22	223.38
1969	725.6	469.1	110.5	145.1	0.2	7.83	494.81	230.79
1970	722.5	477.5	103.4	139.3	2.3	7.51	511.47	211.03

注：除了利率以每年的名义百分比表示外，其他所有变量均以 1958 年美元为衡量标准，单位：10 亿美元。此样本数据从 1946 年到 1970 年共 25 年数据。

联立方程模型的结构式参数矩阵为

$$\begin{pmatrix} CS_t & I_t & Y_t & Y_{Dt} & CS_{t-1} & R_{t-1} & G_t & NX_t & T_t \\ 1 & 0 & 0 & -a_1 & -a_2 & 0 & 0 & 0 & 0 \\ 0 & 1 & -b_1 & 0 & 0 & -b_2 & 0 & 0 & 0 \\ -1 & -1 & 1 & 0 & 0 & 0 & -1 & -1 & 0 \\ 0 & 0 & -1 & 1 & 0 & 0 & 0 & 0 & 1 \end{pmatrix}$$

对于消费方程，其中未包含的变量在其他方程中对应系数所组成的矩阵为 $\boldsymbol{A}_1 = \begin{pmatrix} 1 & -b_1 & -b_2 & 0 & 0 & 0 \\ -1 & 1 & 0 & -1 & -1 & 0 \\ 0 & 1 & 0 & 0 & 0 & 1 \end{pmatrix}$，$\text{rank}(\boldsymbol{A}_1)=3=m-1$（$m=4$ 为联立方程模型内生变量

个数)，消费方程为过度识别；

对于投资方程，其中未包含的变量在其他方程中对应系数所组成的矩阵为 $\boldsymbol{A}_2=\begin{pmatrix}1 & -a_1 & -a_2 & 0 & 0 & 0\\ -1 & 0 & 0 & -1 & -1 & 0\\ 0 & 1 & 0 & 0 & 0 & 1\end{pmatrix}$，$\mathrm{rank}(\boldsymbol{A}_2)=3=m-1$，投资方程为过度识别。

(3) 首先，利用 OLS 法估计 Y_D、Y 的简化式方程。利用 EViews 软件 OLS 估计：建立工作文件，输入样本数据，在工作文件窗口输入命令：LS　YD　C　CS(－1)　R(－1)　G　NX　T，按回车键，得到 Y_D 简化式方程回归结果如表 10-2 所示。在工作文件窗口输入命令 LS　Y　C　CS(－1)　R(－1)　G　NX　T，按回车键，得到 Y 简化式方程回归结果如表 10-3 所示。

表 10-2　Y_D 简化式方程回归结果

Dependent Variable: YD
Method: Least Squares
Date: 10/17/17　Time: 21:10
Sample (adjusted): 1947 1970
Included observations: 24 after adjustments

Variable	Coefficient	Std. Error	t-Statistic	Prob.
C	23.94075	13.25080	1.806740	0.0875
CS(-1)	0.912539	0.161790	5.640272	0.0000
R(-1)	-2.471752	3.606993	-0.685267	0.5019
G	-0.037848	0.237748	-0.159193	0.8753
NX	-0.588322	0.515673	-1.140881	0.2689
T	0.378088	0.302596	1.249480	0.2275

R-squared	0.997413	Mean dependent var	346.4900
Adjusted R-squared	0.996694	S.D. dependent var	86.78353
S.E. of regression	4.989720	Akaike info criterion	6.264955
Sum squared resid	448.1515	Schwarz criterion	6.559468
Log likelihood	-69.17945	Hannan-Quinn criter.	6.343089
F-statistic	1387.890	Durbin-Watson stat	2.020751
Prob(F-statistic)	0.000000		

表 10-3　Y 简化式方程回归结果

Dependent Variable: Y
Method: Least Squares
Date: 10/17/17　Time: 21:12
Sample (adjusted): 1947 1970
Included observations: 24 after adjustments

Variable	Coefficient	Std. Error	t-Statistic	Prob.
C	23.94441	13.25112	1.806973	0.0875
CS(-1)	0.912449	0.161794	5.639576	0.0000
R(-1)	-2.470219	3.607081	-0.684825	0.5022
G	-0.037918	0.237754	-0.159485	0.8751
NX	-0.588310	0.515686	-1.140831	0.2689
T	1.378258	0.302603	4.554666	0.0002

R-squared	0.998865	Mean dependent var	496.8208
Adjusted R-squared	0.998550	S.D. dependent var	131.0410
S.E. of regression	4.989842	Akaike info criterion	6.265003
Sum squared resid	448.1734	Schwarz criterion	6.559517
Log likelihood	-69.18004	Hannan-Quinn criter.	6.343138
F-statistic	3168.878	Durbin-Watson stat	2.021190
Prob(F-statistic)	0.000000		

其次，根据表 10-2、表 10-3 输出结果，记 Y_D 的拟合值为 Y_{DF}，Y 的拟合值为 Y_F，将 Y_{DF}、Y_F 代入消费函数和投资函数进行第二阶段的 OLS 估计。在命令窗口输入命令：LS　CS　C　YDF　CS(－1)，按回车键，得到消费函数的回归结果如表 10-4 所示。在命令窗口输入命令：LS　I　C　YF　R(－1)，按回车键，得到消费函数的回归结果如表 10-5 所示。

表 10-4　消费函数估计结果

Dependent Variable: CS
Method: Least Squares
Date: 10/17/17　Time: 21:15
Sample (adjusted): 1947 1970
Included observations: 24 after adjustments

Variable	Coefficient	Std. Error	t-Statistic	Prob.
C	-20.82613	5.296804	-3.931829	0.0008
YDF	0.825655	0.186237	4.433363	0.0002
CS(-1)	0.172177	0.197575	0.871448	0.3934

R-squared	0.997765	Mean dependent var	318.0500
Adjusted R-squared	0.997553	S.D. dependent var	85.70498
S.E. of regression	4.239871	Akaike info criterion	5.843411
Sum squared resid	377.5066	Schwarz criterion	5.990668
Log likelihood	-67.12094	Hannan-Quinn criter.	5.882479
F-statistic	4688.491	Durbin-Watson stat	1.862375
Prob(F-statistic)	0.000000		

表 10-5　投资函数估计结果

Dependent Variable: I
Method: Least Squares
Date: 10/17/17　Time: 21:16
Sample (adjusted): 1947 1970
Included observations: 24 after adjustments

Variable	Coefficient	Std. Error	t-Statistic	Prob.
C	-3.115562	5.843785	-0.533141	0.5995
YF	0.192360	0.019821	9.704816	0.0000
R(-1)	-4.755175	1.515966	-3.136730	0.0050

R-squared	0.933550	Mean dependent var	77.21667
Adjusted R-squared	0.927222	S.D. dependent var	18.68214
S.E. of regression	5.039971	Akaike info criterion	6.189146
Sum squared resid	533.4274	Schwarz criterion	6.336403
Log likelihood	-71.26975	Hannan-Quinn criter.	6.228213
F-statistic	147.5138	Durbin-Watson stat	1.580123
Prob(F-statistic)	0.000000		

(4) 利用 TSLS 和 3SLS 法估计联立方程模型。①运用 TSLS 法估计收入方程。首先创建系统,在主菜单上单击 Objects\New Object,并在弹出的对象列表框中选择 System(系统);然后在打开的系统窗口输入结构式模型的随机方程:

CS=C(1)+C(2) * YD+C(3) * CS(−1)

I=C(4)+C(5) * Y+C(6) * R(−1)

INST CS(−1) R(−1) G NX T

其次估计模型,在系统窗口单击 Estimate 按钮,在弹出估计方法选择窗口,选择 TSLS 方法后,单击 OK 键,则输出估计结果如表 10-6 所示。

根据表 10-6 中 TSLS 法估计结果,得到如下消费方程、投资方程估计式,最后完成估计的联立方程式为

$$\begin{cases} \widehat{CS}_t = -20.8261 + 0.8257Y_{Dt} + 0.1722CS_{t-1} \\ t = (-4.7076) \quad (5.3081) \quad (1.0434) \qquad \bar{R}^2 = 0.9983 \\ \hat{I}_t = -3.1156 + 0.1924Y_t - 4.7552R_{t-1} \\ t = (-0.5661) \quad (10.3042) \quad (-3.3304) \quad \bar{R}^2 = 0.9354 \\ Y_t = C_t + I_t + G_t + NX_t \\ Y_{Dt} = Y_t - T_t \end{cases}$$

② 运用 3SLS 法估计收入方程:在系统窗口单击 Estimate 按钮,在弹出估计方法选择窗口,选择 3SLS 方法后,单击 OK 键,则输出估计结果如表 10-7 所示。

表 10-6 TSLS 估计结果

System: MGHGMX
Estimation Method: Two-Stage Least Squares
Date: 10/17/17 Time: 21:29
Sample: 1947 1970
Included observations: 24
Total system (balanced) observations 48

	Coefficient	Std. Error	t-Statistic	Prob.
C(1)	-20.82613	4.423918	-4.707621	0.0000
C(2)	0.825655	0.155546	5.308113	0.0000
C(3)	0.172177	0.165016	1.043395	0.3027
C(4)	-3.115562	5.503880	-0.566066	0.5744
C(5)	0.192360	0.018668	10.30416	0.0000
C(6)	-4.755175	1.427789	-3.330446	0.0018

Determinant residual covariance 208.1313

Equation: CS=C(1)+C(2)*YD+C(3)*CS(-1)
Instruments: CS(-1) R(-1) G NX T C
Observations: 24

R-squared	0.998441	Mean dependent var	318.0500
Adjusted R-squared	0.998293	S.D. dependent var	85.70498
S.E. of regression	3.541162	Sum squared resid	263.3364
Durbin-Watson stat	1.155575		

Equation: I=C(4)+C(5)*Y+C(6)*R(-1)
Instruments: CS(-1) R(-1) G NX T C
Observations: 24

R-squared	0.941055	Mean dependent var	77.21667
Adjusted R-squared	0.935442	S.D. dependent var	18.68214
S.E. of regression	4.746819	Sum squared resid	473.1782
Durbin-Watson stat	1.589806		

表 10-7 3SLS 估计结果

System: MGHGMX
Estimation Method: Three-Stage Least Squares
Date: 10/17/17 Time: 21:33
Sample: 1947 1970
Included observations: 24
Total system (balanced) observations 48
Linear estimation after one-step weighting matrix

	Coefficient	Std. Error	t-Statistic	Prob.
C(1)	-20.61180	4.123888	-4.998148	0.0000
C(2)	0.813870	0.144445	5.634449	0.0000
C(3)	0.184793	0.153229	1.205995	0.2346
C(4)	-4.336071	5.129671	-0.845292	0.4027
C(5)	0.197761	0.017356	11.39431	0.0000
C(6)	-5.211663	1.325772	-3.931039	0.0003

Determinant residual covariance 204.7171

Equation: CS=C(1)+C(2)*YD+C(3)*CS(-1)
Instruments: CS(-1) R(-1) G NX T C
Observations: 24

R-squared	0.998457	Mean dependent var	318.0500
Adjusted R-squared	0.998310	S.D. dependent var	85.70498
S.E. of regression	3.523679	Sum squared resid	260.7425
Durbin-Watson stat	1.176421		

Equation: I=C(4)+C(5)*Y+C(6)*R(-1)
Instruments: CS(-1) R(-1) G NX T C
Observations: 24

R-squared	0.940919	Mean dependent var	77.21667
Adjusted R-squared	0.935293	S.D. dependent var	18.68214
S.E. of regression	4.752292	Sum squared resid	474.2698
Durbin-Watson stat	1.570572		

根据 3SLS 法估计结果,得如下消费方程、投资方程估计式,最后完成估计的联立方程式为

$$\begin{cases}\widehat{CS}_t = -20.6118 + 0.8139Y_{Dt} + 0.11848CS_{t-1} \\ t = (-4.9981) \quad (5.6344) \quad (1.2060) \quad \bar{R}^2 = 0.9983 \\ \hat{I}_t = -4.3361 + 0.1978Y_t - 5.2117R_{t-1} \\ t = (-0.8453) \quad (11.3943) \quad (-3.9310) \quad \bar{R}^2 = 0.9353 \\ Y_t = C_t + I_t + G_t + NX_t \\ Y_{Dt} = Y_t - T_t \end{cases}$$

根据表 10-7 输出结果可知，本期消费需求与本期可支配收入和上一期消费水平同向变动；本期投资与本期收入水平同向变动，与上一期利率反向变动。各结构方程回归系数符合经济意义。

从以上 TSLS 和 3SLS 两种估计方法的估计结果看，3SLS 估计结果较好，回归系数的标准误差较小，t 统计量值较大。

例 7　表 10-8 给出了 1970—1999 年美国宏观经济数据。其中 Y 为国内生产总值，CS 为个人消费支出，I 为国内私人总投资，G 为政府购买，M 为货币供给(指广义货币供给 $M2$)，以上数据经季节性调整，均以 10 亿美元计。P 为消费者价格指数(1982—1984 年＝100)，R 为利率(6 月期国库券利率)。

表 10-8　美国 1970—1999 年宏观经济数据

年份	Y	CS	I	G	M	P	R
1970	3 578.0	2 317.5	436.2	198.600 0	626.4	38.8	6.562 0
1971	3 697.7	2 405.2	485.8	216.600 0	710.1	40.5	4.511 0
1972	3 998.4	2 550.5	543.0	240.000 0	802.1	41.8	4.466 0
1973	4 123.4	2 675.9	606.5	259.700 0	855.2	44.4	7.178 0
1974	4 099.0	2 653.7	561.7	291.200 0	901.9	49.3	7.926 0
1975	4 084.4	2 710.9	462.2	345.400 0	1 015.9	53.8	6.122 0
1976	4 311.7	2 868.9	555.5	371.900 0	1 151.7	56.9	5.266 0
1977	4 511.8	2 992.1	639.4	405.000 0	1 269.9	60.6	5.510 0
1978	4 760.6	3 124.7	713.0	444.200 0	1 365.5	65.2	7.572 0
1979	4 912.1	3 203.2	735.4	489.600 0	1 473.1	72.6	10.017
1980	4 900.9	3 193.0	655.3	576.600 0	1 599.1	82.4	11.374
1981	5 021.0	3 236.0	715.6	659.300 0	1 754.6	90.9	13.776
1982	4 913.3	3 275.5	615.2	732.100 0	1 909.5	96.5	11.084
1983	5 132.3	3 454.3	673.7	797.800 0	2 126.0	99.6	8.750 0
1984	5 505.2	3 640.6	871.5	856.100 0	2 309.7	103.9	9.800 0
1985	5 717.1	3 820.9	863.4	924.600 0	2 495.4	107.6	7.660 0
1986	5 912.4	3 981.2	857.7	978.500 0	2 732.1	109.6	6.030 0
1987	6 113.3	4 113.4	879.3	1 018.400	2 831.1	113.6	6.050 0
1988	6 368.4	4 279.5	902.8	1 066.200	2 994.3	118.3	6.920 0
1989	6 591.9	4 393.7	936.5	1 140.300	3 158.4	124.0	8.040 0
1990	6 707.9	4 474.5	907.3	1 228.700	3 277.6	130.7	7.470 0

续表

年份	Y	CS	I	G	M	P	R
1991	6 676.4	4 466.6	829.5	1 287.600	3 376.8	136.2	5.490 0
1992	6 880.0	4 594.5	899.8	1 418.900	3 430.7	140.3	3.570 0
1993	7 062.6	4 748.9	977.9	1 471.500	3 484.4	144.5	3.140 0
1994	7 347.7	4 928.1	1 107.0	1 506.000	3 499.0	148.2	4.660 0
1995	7 543.8	5 075.6	1 140.6	1 575.700	3 641.9	142.4	5.590 0
1996	7 813.2	5 237.5	1 242.7	1 635.900	3 813.3	156.9	5.090 0
1997	8 159.5	5 423.9	1 393.3	1 678.800	4 028.9	160.5	5.180 0
1998	8 515.7	5 678.7	1 566.8	1 705.000	4 380.6	163.0	4.850 0
1999	8 875.8	5 978.8	1 669.7	1 750.200	4 643.7	166.6	4.760 0

考虑以下货币供求模型：

货币需求：$M_t^d = a_0 + a_1 Y_t + a_2 R_t + a_3 P_t + u_{1t}$

货币供给：$M_t^s = b_0 + b_1 Y_t + b_2 Y_{t-1} + b_3 P_t + u_{2t}$

平衡方程：$M_t^d = M_t^s$

请回答下列问题：

(1) 用阶条件和秩条件判别该联立方程模型的识别性；

(2) 利用表 10-8 数据，对可识别的结构式方程进行估计。

解答 (1) 货币供求模型前定变量个数 $k=3$，货币需求方程变量个数 $m_1+k_1=4=k+1$，满足恰好识别的必要条件；货币供给方程变量个数 $m_2+k_2=4=k+1$，满足恰好识别的必要条件。

联立方程模型的结构式参数矩阵为 $\begin{bmatrix} M_t & Y_t & R_t & P_t & Y_{t-1} \\ 1 & -a_1 & -a_2 & -a_3 & 0 \\ 1 & -b_1 & 0 & -b_3 & -b_2 \end{bmatrix}$，对于货币需求方程，其中未包含的变量在其他方程中对应系数所组成的矩阵为 $\boldsymbol{A}_1=(-b_2)$，$\text{rank}(\boldsymbol{A}_1)=1=m-1$($m=2$ 为联立方程模型内生变量个数)，因此货币需求方程为恰好识别；对于货币供给方程，其中未包含的变量在其他方程中对应系数所组成的矩阵为 $\boldsymbol{A}_2=(-a_2)$，$\text{rank}(\boldsymbol{A}_2)=1=m-1$，因此货币供给方程为恰好识别。所以，整个联立方程模型是可识别的。

(2) 由于货币供求方程为恰好识别，因此采用 ILS、TSLS 和 3SLS 等多种方法都可以对模型进行估计。本例选择 TSLS 法对模型进行估计。利用 EViews 软件，首先建立工作文件，然后输入样本数据，在工作文件窗口输入命令：TSLS M C Y R P @ R P Y(−1)，按回车键，得到货币需求函数的回归结果，如表 10-9 所示。

根据表 10-9 输出结果，得如下回归方程：

$$\hat{M}_t^d = -1\,129.799 + 0.329\,2Y_t - 16.388\,1R_t + 16.880\,1P_t$$

$$t = (-5.192\,1) \quad (4.510\,7) \quad (-1.737\,1) \quad (6.583\,0)$$

$$\bar{R}^2 = 0.992\,3 \quad \text{DW} = 0.615\,0 \quad F = 1\,196.106$$

在工作文件窗口输入命令 TSLS M C Y Y(−1) P @ R P Y(−1)，按回车键，得到货币供给函数的回归结果，如表 10-10 所示。

表 10-9 货币需求函数 TSLS 法估计结果

Dependent Variable: M
Method: Two-Stage Least Squares
Date: 10/17/17 Time: 21:44
Sample (adjusted): 1971 1999
Included observations: 29 after adjustments
Instrument specification: R P Y(-1)
Constant added to instrument list

Variable	Coefficient	Std. Error	t-Statistic	Prob.
C	-1129.799	217.6014	-5.192056	0.0000
Y	0.329194	0.072981	4.510674	0.0001
R	-16.38810	9.434040	-1.737124	0.0947
P	16.88010	2.564177	6.583047	0.0000

R-squared	0.993087	Mean dependent var	2449.397
Adjusted R-squared	0.992257	S.D. dependent var	1189.016
S.E. of regression	104.6253	Sum squared resid	273661.3
F-statistic	1196.106	Durbin-Watson stat	0.614984
Prob(F-statistic)	0.000000	Second-Stage SSR	305895.3
J-statistic	0.000000	Instrument rank	4

表 10-10 货币供给函数 TSLS 法估计结果

Dependent Variable: M
Method: Two-Stage Least Squares
Date: 10/17/17 Time: 21:46
Sample (adjusted): 1971 1999
Included observations: 29 after adjustments
Instrument specification: R P Y(-1)
Constant added to instrument list

Variable	Coefficient	Std. Error	t-Statistic	Prob.
C	-1297.599	263.5224	-4.924055	0.0000
Y	1.495482	1.047292	1.427951	0.1657
Y(-1)	-1.182915	1.116756	-1.059242	0.2996
P	16.28016	3.992613	4.077570	0.0004

R-squared	0.981407	Mean dependent var	2449.397
Adjusted R-squared	0.979176	S.D. dependent var	1189.016
S.E. of regression	171.5823	Sum squared resid	736011.9
F-statistic	444.7318	Durbin-Watson stat	1.397265
Prob(F-statistic)	0.000000	Second-Stage SSR	305895.3
J-statistic	1.55E-33	Instrument rank	4

根据表 10-10 输出结果，得如下回归方程：

$$\hat{M}_t^s = -1\,297.599 + 1.495\,5Y_t - 1.182\,9Y_{t-1} + 16.280\,2P_t$$

$$t = (-4.924\,1) \quad (1.428\,0) \quad (-1.059\,2) \quad (4.077\,6)$$

$$\bar{R}^2 = 0.979\,2 \quad \mathrm{DW} = 1.397\,3 \quad F = 444.731\,8$$

根据表 10-9、表 10-10 输出结果可知，货币需求与收入和物价总水平同向变动，与利率反向变动，符合经济意义。货币供给与收入和物价总水平同向变动，也符合经济意义。

借助 EViews 中的 System 命令，可以直接对上述货币需求方程、货币供给方程进行 TSLS 估计。其步骤如下：

首先创建系统。在主菜单上单击 Objects\New Object，并在弹出的对象列表框中选择 System（系统）；然后在打开的系统窗口输入结构式模型的随机方程：

M=C(1)+C(2) * Y+C(3) * R+
 C(4) * P
M=C(5)+C(6) * Y+C(7) *
 Y(−1)+C(8) * P
INST C R P Y(−1)

表 10-11 TSLS 估计结果

System: HBGQMX
Estimation Method: Two-Stage Least Squares
Date: 10/17/17 Time: 21:49
Sample: 1971 1999
Included observations: 29
Total system (balanced) observations 58

	Coefficient	Std. Error	t-Statistic	Prob.
C(1)	-1129.799	217.6014	-5.192056	0.0000
C(2)	0.329194	0.072981	4.510674	0.0000
C(3)	-16.38810	9.434040	-1.737124	0.0885
C(4)	16.88010	2.564177	6.583047	0.0000
C(5)	-1297.599	263.5224	-4.924055	0.0000
C(6)	1.495482	1.047292	1.427951	0.1595
C(7)	-1.182915	1.116756	-1.059242	0.2946
C(8)	16.28016	3.992613	4.077570	0.0002

Determinant residual covariance 1.46E+08

Equation: M=C(1)+C(2)*Y+C(3)*R+C(4)*P
Instruments: C R P Y(-1)
Observations: 29

R-squared	0.993087	Mean dependent var	2449.396
Adjusted R-squared	0.992257	S.D. dependent var	1189.016
S.E. of regression	104.6253	Sum squared resid	273661.3
Durbin-Watson stat	0.614984		

Equation: M=C(5)+C(6)*Y+C(7)*Y(-1)+C(8)*P
Instruments: C R P Y(-1)
Observations: 29

R-squared	0.981407	Mean dependent var	2449.396
Adjusted R-squared	0.979176	S.D. dependent var	1189.016
S.E. of regression	171.5823	Sum squared resid	736011.9
Durbin-Watson stat	1.397265		

其次估计模型。在系统窗口单击 Estimate 按钮，在弹出估计方法选择窗口，选择 TSLS 方法后，单击 OK 键，则输出表 10-11 估计结果。

根据表 10-11 输出结果可以看出，采用系统法估计结果与直接使用 TSLS 命令估计结果完全相同。回归方程略。

例 8 考虑以下宏观经济模型：

消费函数：$CS_t = \alpha_0 + \alpha_1 Y_t + \alpha_2 CS_{t-1} + u_{1t}$

投资函数：$I_t=\beta_0+\beta_1 R_t+\beta_2 Y_t+\beta_3 I_{t-1}+u_{3t}$

利率函数：$R_t=\gamma_0+\gamma_1 Y_t+\gamma_2 M_{t-1}+\gamma_3 P_t+u_{1t}$

收入恒等式：$Y_t=CS_t+I_t+G_t$

请回答下列问题：

(1) 指出模型中的内生变量、外生变量和前定变量；

(2) 用阶条件和秩条件判别该联立方程模型的识别性；

(3) 利用例 7 中表 10-8 数据，对可识别的结构式方程进行估计。

解答 (1) 内生变量：CS_t、I_t、R_t、Y_t；外生变量：P_t、G_t；前定变量：P_t、G_t、CS_{t-1}、I_{t-1}、M_{t-1}。

(2) 联立方程模型前定变量个数 $k=5$，消费方程变量个数 $m_1+k_1=3<k+1=6$，满足过度识别的必要条件；投资方程变量个数 $m_2+k_2=4<k+1=6$，满足过度识别的必要条件；利率方程变量个数 $m_3+k_3=4<k+1=6$，满足过度识别的必要条件。

联立方程模型的结构式参数矩阵为

$$\begin{pmatrix} C_t & I_t & R_t & Y_t & CS_{t-1} & I_{t-1} & M_{t-1} & P_t & G_t \\ 1 & 0 & 0 & -\alpha_1 & -\alpha_2 & 0 & 0 & 0 & 0 \\ 0 & 1 & -\beta_1 & -\beta_2 & 0 & -\beta_3 & 0 & 0 & 0 \\ 0 & 0 & 1 & -\gamma_1 & 0 & 0 & -\gamma_2 & -\gamma_3 & 0 \\ -1 & -1 & 0 & 1 & 0 & 0 & 0 & 0 & -1 \end{pmatrix}\begin{matrix} \\ \text{消费方程} \\ \text{投资方程} \\ \text{利率方程} \\ \text{定义方程} \end{matrix}$$

对于消费方程，其中未包含的变量在其他方程中对应系数所组成的矩阵为 $\mathbf{A}_1=\begin{pmatrix} 1 & -\beta_1 & -\beta_3 & 0 & 0 & 0 \\ 0 & 1 & 0 & -\gamma_2 & -\gamma_3 & 0 \\ -1 & 0 & 0 & 0 & 0 & -1 \end{pmatrix}$，$\operatorname{rank}(\mathbf{A}_1)=3=m-1=3$（$m=4$ 为联立方程模型内生变量个数），消费方程为过度识别。

对于投资方程，其中未包含的变量在其他方程中对应系数所组成的矩阵为 $\mathbf{A}_2=\begin{pmatrix} 1 & -\alpha_2 & 0 & 0 & 0 \\ 0 & 0 & -\gamma_2 & -\gamma_3 & 0 \\ -1 & 0 & 0 & 0 & -1 \end{pmatrix}$，$\operatorname{rank}(\mathbf{A}_2)=3=m-1$，投资方程为过度识别。

对于利率方程，其中未包含的变量在其他方程中对应系数所组成的矩阵为 $\mathbf{A}_3=\begin{pmatrix} 1 & 0 & -\alpha_2 & 0 & 0 \\ 0 & 1 & 0 & -\beta_3 & 0 \\ -1 & -1 & 0 & 0 & -1 \end{pmatrix}$，$\operatorname{rank}(\mathbf{A}_3)=3=m-1$，利率方程为过度识别。因而整个联立方程模型是可识别的。

(3) 利用 EViews 软件对模型进行估计。首先建立工作文件，然后输入样本数据，借助 EViews 中的 System 命令，可以直接对上述消费方程、投资方程、利率方程进行 TSLS 估计。其步骤如下：

首先创建系统，在主菜单上单击 Objects\New Object，并在弹出的对象列表框中选择 System(系统)；然后在打开的系统窗口输入结构式模型的随机方程：

```
CS=C(1)+C(2)*Y+C(3)*CS(-1)
I=C(4)+C(5)*Y+C(6)*R+C(7)*I(-1)
```

R=C(8)+C(9) * Y+C(10) * M(−1)+C(11) * P

INST　C　CS(−1)　I(−1)　M(−1)　G　P

其次估计模型，在系统窗口单击 Estimate 按钮，在弹出估计方法选择窗口，选择 TSLS 方法后，单击 OK 键，则输出估计结果如表 10-12 所示。

表 10-12　TSLS 估计结果

System: HGMX
Estimation Method: Two-Stage Least Squares
Date: 10/17/17 Time: 22:04
Sample: 1971 1999
Included observations: 29
Total system (balanced) observations 87

	Coefficient	Std. Error	t-Statistic	Prob.
C(1)	-120.7617	37.51375	-3.219131	0.0019
C(2)	0.558954	0.149789	3.731598	0.0004
C(3)	0.196462	0.225819	0.869994	0.3870
C(4)	-7.732210	111.2064	-0.069530	0.9448
C(5)	0.022590	0.035307	0.639820	0.5242
C(6)	-6.153462	7.184542	-0.856486	0.3944
C(7)	0.950748	0.182807	5.200818	0.0000
C(8)	0.830360	5.427614	0.152988	0.8788
C(9)	0.000495	0.001670	0.296533	0.7676
C(10)	-0.010943	0.003351	-3.265239	0.0016
C(11)	0.272385	0.064761	4.205978	0.0001

Determinant residual covariance　13434866

Equation: CS=C(1)+C(2)*Y+C(3)*CS(-1)
Instruments: C CS(-1) I(-1) M(-1) G P
Observations: 29

R-squared	0.998926	Mean dependent var	3902.769
Adjusted R-squared	0.998844	S.D. dependent var	1025.171
S.E. of regression	34.86249	Sum squared resid	31600.22
Durbin-Watson stat	1.093121		

Equation: I=C(4)+C(5)*Y+C(6)*R+C(7)*I(-1)
Instruments: C CS(-1) I(-1) M(-1) G P
Observations: 29

R-squared	0.950027	Mean dependent var	862.3483
Adjusted R-squared	0.944030	S.D. dependent var	307.0832
S.E. of regression	72.64987	Sum squared resid	131950.1
Durbin-Watson stat	1.816485		

Equation: R=C(8)+C(9)*Y+C(10)*M(-1)+C(11)*P
Instruments: C CS(-1) I(-1) M(-1) G P
Observations: 29

R-squared	0.497253	Mean dependent var	6.822483
Adjusted R-squared	0.436924	S.D. dependent var	2.515972
S.E. of regression	1.887945	Sum squared resid	89.10845
Durbin-Watson stat	0.874639		

$$\begin{cases} \widehat{CS}_t = -120.7617 + 0.5590Y_t + 0.1965CS_{t-1} \\ t = (-3.2191) \quad (3.7316) \quad (0.8700) \quad \bar{R}^2 = 0.9988 \\ \hat{I}_t = -7.7322 + 0.0226Y_t - 6.1535R_t + 0.9507I_{t-1} \\ t = (-0.0695)\ (0.6398) \quad (-0.8565)\ (5.2008) \quad \bar{R}^2 = 0.9440 \\ \hat{R}_t = 0.8304 + 0.0005Y_t - 0.0109M_{t-1} + 0.2724P_t \\ t = (0.1530) \quad (0.2965) \quad (-3.2652) \quad (4.2060) \quad \bar{R}^2 = 0.4369 \end{cases}$$

根据表 10-12 输出结果可知，本期消费需求与本期收入和上一期消费水平同向变动；本期投资与本期收入和上一期投资水平同向变动，与利率反向变动；本期利率与本期收入和本期物价水平同向变动，与上一期货币供给反向变动。各结构式方程回归系数符合经济意义。

10.4 习题

10.4.1 单项选择题

1. 具有一定概率分布的随机变量,其数值由模型本身决定的是(　　)。

A. 外生前定变量　　B. 内生变量

C. 前定变量　　D. 滞后变量

2. 在联立方程模型中既能作被解释变量又能作解释变量的变量是(　　)。

A. 内生变量　　B. 外生变量

C. 前定变量　　D. 滞后变量

3. 前定变量包括(　　)。

A. 外生变量和虚拟变量　　B. 内生变量和外生变量

C. 外生变量和滞后变量　　D. 解释变量和被解释变量

4. 在完备的结构式模型 $\begin{cases} C_t = a_0 + a_1 Y_t + u_{1t} \\ I = b_0 + b_1 Y_t + b_2 Y_{t-1} + u_{2t} \\ Y_t = C_t + I_t + G_t \end{cases}$ 中,外生变量是指(　　)。

A. Y_t　　B. Y_{t-1}　　C. I_t　　D. G_t

5. 在单项选择题4所述的联立方程模型中,随机方程是指(　　)。

A. 方程1　　B. 方程2　　C. 方程3　　D. 方程1和方程2

6. 在单项选择题4所述的联立方程模型中,不用识别的方程是(　　)。

A. 方程1　　B. 方程2　　C. 方程3　　D. 方程1和方程2

7. 联立方程模型中不属于随机方程的是(　　)。

A. 行为方程　　B. 技术方程　　C. 制度方程　　D. 恒等式

8. 随机方程不包括(　　)。

A. 定义方程　　B. 技术方程　　C. 行为方程　　D. 制度方程

9. 单方程计量经济模型必然是(　　)。

A. 行为方程或技术方程　　B. 政策方程

C. 制度方程　　D. 定义方程

10. 简化式模型就是把结构式模型中的内生变量表示为(　　)。

A. 外生变量和内生变量的模型　　B. 前定变量和随机误差项的模型

C. 滞后变量和随机误差项的模型　　D. 外生变量和随机误差项的模型

11. 结构式方程中的系数称为(　　)。

A. 短期影响乘数　　B. 长期影响乘数

C. 结构式参数　　D. 简化式参数

12. 简化式参数反映对应的解释变量对被解释变量的(　　)。

A. 直接影响　　B. 间接影响

C. 直接影响与间接影响之和　　D. 直接影响与间接影响之差

13. 结构式方程中的结构式参数反映解释变量对被解释变量的(　　)。

A. 短期影响　　B. 长期影响　　C. 直接影响　　D. 总影响

14. 如果一个方程包含一个内生变量和模型系统中的全部前定变量，则这个方程是(　　)。

A. 恰好识别　　B. 过度识别

C. 不可识别　　D. 不能判定能否识别

15. 在一个结构式模型中，假如有 n 个结构方程需要识别，其中 n_1 个方程是过度识别，n_2 个方程是恰好识别，n_3 个方程是不可识别。$n_1>n_2>n_3$，$n_1+n_2+n_3=n$，则联立方程模型是(　　)。

A. 过度识别　　B. 恰好识别　　C. 不可识别　　D. 部分不可识别

16. 如果联立方程模型中两个结构方程的统计形式完全相同，则下列结论成立的是(　　)。

A. 二者之一可以识别　　B. 二者均可以识别

C. 二者均不可识别　　D. 不能判定能否识别

17. 如果联立方程模型中某个结构式方程包含了所有的变量，则这个方程(　　)。

A. 恰好识别　　B. 不可识别

C. 不能判定能否识别　　D. 过度识别

18. 设 k 表示联立方程模型前定变量的个数，k_i 表示第 i 个方程中前定变量的个数，m_i 表示第 i 个方程中内生变量的个数，如果 $m_i+k_i>k+1$，则表示(　　)。

A. 第 i 个方程恰好识别　　B. 第 i 个方程不可识别

C. 第 i 个方程过度识别　　D. 第 i 个方程具有唯一的统计形式

19. 设 k 表示联立方程模型前定变量的个数，k_i 表示第 i 个方程中前定变量的个数，m_i 表示第 i 个方程中内生变量的个数，如果 $m_i+k_i=k+1$ 成立，则表示(　　)。

A. 第 i 个方程恰好识别　　B. 第 i 个方程不可识别

C. 第 i 个方程过度识别　　D. 不能确定第 i 个方程是否可识别

20. 如果联立方程中一个随机方程具有多组参数估计量，则称该随机方程为(　　)。

A. 不可识别　　B. 恰好识别　　C. 过度识别　　D. 不能确定

21. 在一个包含有 5 个方程、8 个变量的结构式模型中，如果第 i 个结构式方程包含 3 个变量，则该方程的识别性为(　　)。

A. 不可识别　　B. 恰好识别　　C. 过度识别　　D. 不能判定能否识别

22. 在某联立方程模型中，如果第 i 个结构式方程排除的变量没有一个在第 j 个方程中出现，则(　　)。

A. 第 i 个方程是不可识别的　　B. 第 j 个方程是不可识别的

C. 第 i、第 j 个方程均是不可识别的　　D. 第 i、第 j 个方程均是可识别的

23. 在结构式模型中，具有统计形式的唯一性的结构式方程是(　　)。

A. 不可识别的　　B. 恰好识别的　　C. 过度识别的　　D. 可识别的

24. 对于过度识别的方程，适宜的单方程估计法是(　　)。

A. 普通最小二乘法　　B. 间接最小二乘法

C. 两阶段最小二乘法　　D. 加权最小二乘法

25. 对于恰好识别的方程,在简化式方程满足线性模型的基本假定的条件下,间接最小二乘估计量具备(　　)。

A. 精确性　　B. 无偏性　　C. 真实性　　D. 一致性

26. 如果某个结构式方程是恰好识别的,估计其参数可用(　　)。

A. 最小二乘法　　B. 极大似然法

C. 广义差分法　　D. 间接最小二乘法

27. 对联立方程模型进行参数估计的方法可以分为两类,即(　　)。

A. 间接最小二乘法和系统估计法　　B. 单方程估计法和系统估计法

C. 单方程估计法和两阶段最小二乘法　　D. 工具变量法和间接最小二乘法

28. 能同时对联立方程模型的全部方程进行估计,同时得到所有方程的参数估计量的方法是(　　)。

A. 单方程估计法　　B. 系统估计法

C. 有限信息估计法　　D. 两阶段最小二乘法

29. 在某个结构式方程是过度识别的条件下,在下列估计方法中,不适用的估计方法是(　　)。

A. 间接最小二乘法　　B. 工具变量法

C. 两阶段最小二乘法　　D. 有限信息极大似然估计法

10.4.2 多项选择题

1. 在模型 $\begin{cases} Q_d = a_0 + a_1 P_t + a_2 I_t + a_3 R_t + u_{1t} \\ Q_s = b_0 + b_1 P_t + b_2 P_{t-1} + u_{2t} \\ Q_d = Q_s \end{cases}$ 中,前定变量有(　　)。

A. P_t　　B. I_t　　C. R_t　　D. P_{t-1}　　E. Q_d 和 Q_s

2. 在多项选择题 1 模型中,外生变量有(　　)。

A. P_t　　B. I_t　　C. R_t　　D. P_{t-1}　　E. Q_d 和 Q_s

3. 下列关于联立方程模型中变量的说法,正确的有(　　)。

A. 内生变量与随机误差项不相关

B. 内生变量是确定性变量

C. 前定变量包括外生变量和滞后变量

D. 内生变量是由模型系统所决定的随机变量,是模型求解的结果

E. 外生变量是指由模型系统之外其他因素所决定的非随机变量,本身不受系统的影响

4. 关于结构式模型,下列表述正确的有(　　)。

A. 结构式模型是根据经济理论和行为规律建立的,描述经济变量之间直接关系结构的计量经济方程系统

B. 对于结构式模型,解释变量可以是内生变量,也可以是外生变量和滞后变量

C. 各个结构式方程的参数称为结构式参数

D. 结构式方程包括随机方程、平衡方程和定义方程

E. 结构式模型并不反映经济系统中变量间的直接经济联系

5. 结构方程中的解释变量可以是(　　)。

A. 外生变量　　B. 滞后内生变量　　C. 虚拟变量

D. 模型中其他结构式方程的被解释变量　　E. 滞后外生变量

6. 与单方程模型相比,联立方程模型的特点是(　　)。

A. 模型直观地描述了经济变量之间的关系结构,模型的经济意义明确

B. 适用于某一经济系统的研究

C. 揭示经济变量之间的单项因果关系

D. 揭示经济变量之间相互依存、相互因果的关系

E. 用一组方程来描述经济系统内内生变量与外生变量之间的数量关系

7. 简化式模型的特点:(　　)。

A. 简化式方程的解释变量都是与随机误差项不相关的前定变量

B. 简化式参数反映了前定变量对内生变量的总影响

C. 利用简化式模型可以直接进行预测

D. 简化式模型没有客观地描述经济系统内各个变量之间的内在联系

E. 简化式模型客观地描述了经济系统内各个变量之间的内在联系

8. 联立方程模型中的随机方程包括(　　)。

A. 行为方程　　B. 技术方程　　C. 制度方程

D. 平衡方程　　E. 定义方程

9. 小型宏观经济计量模型 $\begin{cases} C_t = a_0 + a_1 Y_t + u_{1t} \\ I = b_0 + b_1 Y_t + b_2 Y_{t-1} + u_{2t} \\ Y_t = C_t + I_t + G_t \end{cases}$ 中,第一个方程是(　　)。

A. 结构方程　　B. 随机方程　　C. 行为方程

D. 线性方程　　E. 包含有随机解释变量的方程

10. 简化式模型中的各方程(　　)。

A. 解释变量都是前定变量

B. 模型参数反映相应的前定变量对被解释变量的间接影响

C. 在满足线性模型假定的条件下可以用最小二乘法估计参数

D. 简化式参数的最小二乘估计量是无偏的和一致的

E. 从简化式参数中计算出来的结构式参数也是无偏的和一致的

11. 结构方程的识别情况可能是(　　)。

A. 不可识别　　B. 部分不可识别　　C. 恰好识别

D. 过度识别　　E. 完全识别

12. 结构式模型中,需要进行识别的方程是(　　)。

A. 行为方程　　B. 技术方程　　C. 制度方程

D. 平衡方程　　E. 定义方程

13. 下列关于联立方程模型的识别条件,表述正确的有(　　)。

A. 阶条件成立,则秩条件一定成立

B. 秩条件成立,则一定可以识别

C. 秩条件成立,则不一定可以识别

D. 如果能从简化式参数计算出某随机方程的结构式参数,则该随机方程是可识别的

E. 如果模型中某个随机方程具有唯一的统计形式,则这个方程是可识别的

14. 考察下列各联立方程模型中的第一个结构式方程,具有统计形式唯一性的是(　　)。

A. $\begin{cases} Q_d = a_0 + a_1 P_t + u_{1t} \\ Q_s = b_0 + b_1 P_t + u_{2t} \\ Q_d = Q_s \end{cases}$　　B. $\begin{cases} Q_d = a_0 + a_1 P_t + a_2 I_t + u_{1t} \\ Q_s = b_0 + b_1 P_t + u_{2t} \\ Q_d = Q_s \end{cases}$

C. $\begin{cases} Q_d = a_0 + a_1 P_t + a_2 I_t + a_3 R_t + u_{1t} \\ Q_s = b_0 + b_1 P_t + b_2 P_{t-1} + u_{2t} \\ Q_d = Q_s \end{cases}$　　D. $\begin{cases} Y_{1t} = a_1 Y_{2t} + a_2 X_{1t} + u_{1t} \\ Y_{2t} = b_1 Y_{3t} + b_2 X_{3t} + u_{2t} \\ Y_{3t} = c_1 Y_{1t} + c_2 Y_{2t} + c_3 X_{2t} + c_4 X_{3t} + u_{3t} \end{cases}$

E. $\begin{cases} C_t = a_0 + a_1 Y_t + u_{1t} \\ I_t = b_0 + b_1 Y_t + b_2 Y_{t-1} + u_{2t} \\ Y_t = C_t + I_t + G_t \end{cases}$

15. 对于联立方程模型,若我们依然采用单方程计量经济模型的方法来进行估计,可能出现的问题有(　　)。

A. 随机解释变量问题　　B. 损失变量信息问题

C. 工具变量问题　　D. 损失方程之间的相关信息问题

E. 结构式估计问题

16. 联立方程模型的单方程估计法主要有(　　)

A. 间接最小二乘法　　B. 工具变量法

C. 两阶段最小二乘法　　D. 三阶段最小二乘法

E. 有限信息极大似然法

17. 联立方程模型的系统估计法(　　)。

A. 主要有三阶段最小二乘法和完全信息极大似然法

B. 比单方程估计法利用更多的信息,因而更为有效

C. 对某个或某几个方程中存在的设定误差十分敏感

D. 要求有更大的样本容量

E. 估计过程比单方程估计法更为复杂和困难

18. 可以用来估计恰好识别方程的单方程估计法主要有(　　)。

A. 间接最小二乘法　　B. 工具变量法

C. 两阶段最小二乘法　　D. 普通最小二乘法

E. 一次差分法

19. 用两阶段最小二乘法估计结构方程一般要求(　　)。

A. 结构式方程必须是过度识别的

B. 结构式方程中的随机误差项满足线性模型的基本假定

C. 相应的简化式方程中的随机项也满足线性模型的基本假定

D. 模型中的所有前定变量之间不存在严重的多重共线性

E. 样本容量足够大

20. 用工具变量法估计结构式方程的一般要求是(　　)。

A. 结构式方程是可识别的

B. 工具变量是模型中的前定变量，与结构式方程中的随机误差项不相关

C. 工具变量与所要替代的内生解释变量高度相关

D. 工具变量与所要估计的结构式方程中的前定变量不存在多重共线性

E. 如果要引入多个工具变量，则这些工具变量之间不相关

21. 在实际中估计联立方程模型，OLS 法仍被普遍采用，是基于以下原因：(　　)。

A. 相比其他方法，OLS 法可以充分利用所估计的单方程样本数据信息

B. 相比其他方法，OLS 法利用了模型系统提供的所有信息

C. 相比其他方法，OLS 法可以较好地避免确定性误差的传递

D. 相比其他方法，OLS 法对样本容量要求不高

E. 对于递归模型，可以依次对每个结构方程采用 OLS 法估计

22. 联立方程模型的检验包括(　　)。

A. 拟合效果检验　　B. 预测性能检验

C. 方程间误差传递检验　　D. 样本点间误差传递检验

E. 方程整体显著性检验

10.4.3　判断题

1. 结构式模型相对于简化式模型来说更能反映出变量之间的经济关系。(　　)

2. 结构式模型中的每一个方程都称为结构式方程，在结构式方程中，解释变量只能是前定变量。(　　)

3. 在单方程计量经济模型中，内生变量作为被解释变量，外生变量与滞后变量作为解释变量。(　　)

4. 前定变量包含外生变量和滞后变量，在模型中只能作为解释变量，因此每个方程的前定变量只对本方程产生影响。(　　)

5. 普通最小二乘法不适用于估计联立方程模型中的结构式方程。(　　)

6. 如果联立方程模型是恰好识别的，则利用参数关系体系，可以从结构式参数计算出简化式参数。(　　)

7. 某个方程包含了其他方程没有包含的前定变量，表示该方程与其他方程有区别，是可以识别的。(　　)

8. 识别问题是联立方程模型所特有的问题，单方程计量经济模型是不需要识别的。(　　)

9. 如果联立方程模型中的某个结构式方程具有确定的统计形式，则该方程是可以识别的。(　　)

10. 如果一个方程中包含了联立方程模型中的所有变量(所有内生变量和前定变量)，则该方程一定是不可识别的。(　　)

11. 如果一个方程不可识别，则 TSLS 法对这个方程是不适用的。(　　)

12. 结构式方程的识别条件包括秩条件和阶条件，前者是充分条件，后者是必要条件。(　　)

13. 只要选择的工具变量组中的变量是相同的，则只能得到一种参数估计量，与变量的

次序无关。（　　）

14. 联立方程模型根本不能直接使用 OLS 方法估计参数。（　　）

15. 由间接最小二乘法与两阶段最小二乘法得到的估计量都是无偏估计量。（　　）

16. 由于秩条件是充要条件,因此,单独利用秩条件就可以完成联立方程的识别。（　　）

17. 满足阶条件的方程一定是可以识别的。（　　）

18. 对于过度识别的方程,可以采用间接最小二乘法进行参数估计。（　　）

19. 对于恰好识别的方程,可以采用间接最小二乘法、两阶段最小二乘法和三阶段最小二乘法进行参数估计。（　　）

10.4.4 简答题、分析与计算题

1. 什么是联立方程模型,为什么要建立联立方程模型?

2. 联立方程模型中的变量可以分为几类? 其含义各是什么?

3. 联立方程模型中的结构式方程有哪几种类型? 其含义各是什么?

4. 联立方程模型可以分为几类? 其含义各是什么?

5. 结构式方程可识别和不可识别的等价定义是什么?

6. 简述结构式方程识别的阶条件和秩条件的步骤。

7. 联立方程模型单方程估计有哪些主要方法? 其适用条件是什么?

8. 联立方程模型中结构式方程的结构式参数为什么不能直接应用 OLS 估计?

9. 试说明间接最小二乘法、工具变量法与两阶段最小二乘法的原理及步骤,并比较三者之间的关系。

10. 说明三阶段最小二乘法的特点与适用场合,它与单一方程估计方法相比优劣何在?

11. 设有一宏观计量经济模型的结构式方程如下:

消费函数: $C_t = a_0 + a_1 Y_t + a_2 C_{t-1} + u_{1t}$

投资函数: $I_t = b_0 + b_1 Y_{t-1} + u_{2t}$

恒等式: $Y_t = C_t + I_t + G_t$

其中,C 为消费,I 为投资,Y 为收入,G 为政府支出,u_1,u_2 均为随机误差项。

请回答以下问题:

(1) 指出模型中的内生变量、外生变量和前定变量;

(2) 导出模型的简化式;

(3) 用阶条件和秩条件判别该联立方程模型的识别性;

(4) 分别提出可识别的结构式方程的恰当的估计方法。

12. 设有联立方程模型:

消费函数: $C_t = a_0 + a_1 Y_t + u_{1t}$

投资函数: $I_t = b_0 + b_1 Y_t + b_2 Y_{t-1} + u_{2t}$

恒等式: $Y_t = C_t + I_t + G_t$

其中,C 为消费,I 为投资,Y 为收入,G 为政府支出,u_1,u_2 均为随机误差项。

请回答以下问题:

(1) 指出模型中的内生变量、外生变量和前定变量;

(2) 用阶条件和秩条件判别该联立方程模型的识别性；

(3) 分别提出可识别的结构式方程的恰当的估计方法。

13. 考察凯恩斯宏观经济模型：

消费函数：$C_t=a_0+a_1Y_t-a_2T_t+u_{1t}$

投资函数：$I_t=b_0+b_1Y_{t-1}+u_{2t}$

税收函数：$T_t=\gamma_0+\gamma_1Y_t+u_{3t}$

恒等式：$Y_t=C_t+I_t+G_t$

式中，C=消费额，I=投资额，T=税收额，Y=国民收入额，G=政府支出额。请判别方程组中每个方程的可识别性和整个模型的可识别性。

14. 简单宏观经济模型如下：

消费函数：$C_t=a_0+a_1Y_t-a_2T_t+u_{1t}$

投资函数：$I_t=b_0+b_1Y_{t-1}+b_2i_t+u_{2t}$

税收函数：$T_t=\gamma_0+\gamma_1Y_t+u_{3t}$

恒等式：$Y_t=C_t+I_t+G_t$

式中，C 为消费，I 为投资，T 为税收，Y 为国民收入，i 为利率，G 为政府支出，Y 为国民收入。要求：(1)试确定模型的内生变量和外生变量；(2)判断各结构式方程和整个模型的识别状态；(3)若将税收函数修改为 $T_t=\gamma_0+\gamma_1Y_t+\gamma_2G_t+u_{3t}$，该消费函数能否识别？

15. 表 10-13 是我国 1978—2015 年按支出法核算的国内生产总值(GDP)、货币供给量(M_2)、政府消费支出(G)和资本形成总额(I)的统计资料，试用表中数据建立我国的收入—货币供给模型：

$$\mathrm{GDP}_t = a_0 + a_1M_{2t} + a_2I_t + a_3G_t + u_{1t}$$
$$M_{2t} = b_0 + b_1\mathrm{GDP}_t + b_2M_{2t-1} + u_{2t}$$

(1) 判别模型的识别状态；

(2) 分别使用 OLS、TSLS 和 3SLS 方法估计模型，并比较三种方法的结果。

表 10-13　我国 1978—2015 年部分宏观经济数据　　单位：亿元

年份	GDP	CS	G	I	M_2	P
1978	3 634.1	1 759.1	473.8	1 412.7	1 159.1	101.33
1979	4 078.2	2 014.0	564.3	1 519.9	1 458.1	104.98
1980	4 575.3	2 336.9	630.0	1 623.1	1 842.9	108.95
1981	4 957.3	2 627.5	649.8	1 662.8	2 234.5	111.53
1982	5 426.3	2 867.1	708.5	1 759.6	2 589.8	111.39
1983	6 078.7	3 220.9	838.6	1 968.3	3 075.0	112.65
1984	7 345.9	3 689.6	1 094.9	2 560.2	4 146.3	118.21
1985	9 180.5	4 627.4	1 290.5	3 629.6	5 198.9	130.31
1986	10 473.7	5 293.5	1 433.5	4 001.9	6 720.9	136.46
1987	12 294.2	6 047.6	1 591.1	4 644.7	8 330.9	143.34
1988	15 332.2	7 532.1	1 890.9	6 060.3	10 099.8	160.73
1989	17 359.6	8 778.0	2 255.4	6 511.9	11 949.6	174.57

续表

年份	GDP	CS	G	I	M_2	P
1990	19 067.0	9 435.0	2 566.4	6 555.3	15 293.40	184.57
1991	22 124.2	10 544.5	3 069.7	7 892.5	19 349.90	196.90
1992	27 334.2	12 312.2	3 912.9	10 833.6	25 402.20	213.07
1993	35 900.1	15 696.2	5 100.5	15 782.9	34 879.80	233.88
1994	48 822.7	21 446.1	6 826.2	19 916.3	46 923.50	282.19
1995	61 539.1	28 072.9	8 125.1	24 342.5	60 750.50	320.62
1996	72 102.5	33 660.3	9 426.4	27 556.6	76 094.90	341.55
1997	80 024.8	36 626.3	10 882.3	28 966.2	90 995.30	347.19
1998	85 486.3	38 821.8	12 638.6	30 396.6	104 498.50	344.21
1999	90 823.8	41 914.9	14 706.7	31 665.6	119 897.90	339.95
2000	100 576.8	46 987.8	16 679.9	34 526.1	134 610.30	346.93
2001	111 250.2	50 708.8	17 837.9	40 378.9	158 301.90	354.15
2002	122 292.2	55 076.4	18 991.8	45 129.8	185 007.00	356.39
2003	138 314.7	59 343.8	20 169.3	55 836.7	221 222.80	362.50
2004	162 742.1	66 587.0	22 499.1	69 420.5	254 107.00	387.75
2005	189 190.4	75 232.4	26 215.4	77 533.6	298 755.70	402.87
2006	221 206.5	84 119.1	30 609.5	89 823.4	345 577.90	418.77
2007	271 699.3	99 793.3	36 436.2	112 046.8	403 442.20	451.58
2008	319 935.9	115 338.3	42 128.0	138 242.8	475 166.60	486.72
2009	349 883.3	126 660.9	46 067.4	162 117.9	610 224.50	486.07
2010	410 708.3	146 057.6	52 940.5	196 653.1	725 851.80	519.99
2011	486 037.8	176 532.0	64 490.1	233 327.2	851 590.90	562.57
2012	540 988.9	198 536.8	72 576.1	255 240.0	974 148.80	575.80
2013	596 962.9	219 762.5	80 575.3	282 073.0	1 106 524.98	588.38
2014	647 181.7	242 539.7	85 772.9	302 717.5	1 228 374.81	593.24
2015	699 109.4	265 980.1	96 286.4	312 835.7	1 392 278.11	593.80

16. 下列为一完备的联立方程模型：

$$\mathrm{GDP}_t = a_0 + a_1 M_{2t} + a_2 \mathrm{CS}_t + a_3 I_t + u_{1t}$$

$$M_{2t} = b_0 + b_1 \mathrm{GDP}_t + b_2 P_t + u_{2t}$$

其中，CS为居民消费、P为物价总水平(GDP缩减指数P，1977=100)，其他变量符号同上题。

(1) 指出模型中的内生变量、外生变量和前定变量；

(2) 写出简化式模型，并导出结构式参数与简化式参数之间的关系；

(3) 判别模型的识别状态；

(4) 指出ILS、IV、TSLS中哪些可用于原模型第1、第2个方程的参数估计；

(5) 根据表10-13所示的中国宏观经济数据，估计上述联立方程模型。要求恰好识别的方程按ILS、TSLS和3SLS法估计，并就三种估计方法的结果进行比较。

10.5　习题答案

10.5.1　单项选择题

1. B　2. A　3. C　4. D　5. D　6. C　7. D　8. A　9. A　10. B
11. C　12. C　13. C　14. A　15. C　16. C　17. B　18. B　19. D　20. C
21. D　22. A　23. D　24. C　25. D　26. D　27. B　28. B　29. A

10.5.2　多项选择题

1. BCD　2. BC　3. CDE　4. ABCD　5. ABCDE　6. ABDE
7. ABCD　8. ABC　9. ABCDE　10. ACD　11. ACD　12. ABC
13. BDE　14. CDE　15. ABD　16. ABCDE　17. ABCDE　18. ABC
19. BCDE　20. ABCDE　21. ACDE　22. ABCDE

10.5.3　判断题

1. √　2. ×　3. √　4. ×　5. √　6. √　7. ×　8. √　9. √　10. √
11. √　12. ×　13. √　14. ×　15. ×　16. ×　17. ×　18. ×　19. √

10.5.4　简述题、分析与计算题

1. **解答**　所谓联立方程模型是指由一个以上的相互关联的单一方程组成的方程组，每一个单一方程中包含一个或多个相互关联的内生变量。

经济现象是极为复杂的，其中诸因素之间的关系，在很多情况下，不是单一方程所能描述的那种简单的单向因果关系，而是相互依存、互为因果的，这时，就必须用联立方程模型才能描述清楚。所以与单方程适用于单一经济现象的研究相比，联立方程模型适用于描述复杂的经济现象，即经济系统。联立方程模型与单一方程模型的区别之一在于，估计联立方程模型的参数时必须考虑联立方程所能提供的信息，而单一方程模型的参数估计仅考虑被估方程自身所能提供的信息。

2. **解答**　联立方程模型中的变量主要划分为内生变量和外生变量两大类。内生变量是由模型系统所决定的、具有某种概率分布的随机变量，其数值受模型中其他变量的影响，是模型求解的结果。外生变量是指由模型系统之外其他因素所决定的变量，表现为非随机变量，其数值在模型求解之前就已经确定，本身不受系统的影响，但影响模型中的内生变量。外生变量和滞后变量称为前定变量。对于滞后内生变量来说，它是联方程模型中重要的不可或缺的变量，用来反映经济系统的动态性与连续性。

3. **解答**　结构式模型是根据经济理论和行为规律建立的，描述经济变量之间直接关系

结构的计量经济方程系统。结构式模型中的每一个方程都是结构式方程。

结构式方程一般包括以下几种类型：行为方程，它描述经济系统中变量之间的行为关系，主要是因果关系的方程；技术方程，即根据客观经济技术关系建立的方程；制度方程，即描述由制度因素如法律、政策法令、规章等决定的经济变量关系的方程；平衡方程(均衡条件)，即表示经济系统均衡或平衡状态的恒等关系式；定义方程是由经济学或统计学的定义决定的方程。

4. **解答** 联立方程模型可被分为结构式模型、简化式模型和递归式模型等主要形式。

结构式模型是根据经济理论和行为规律建立的，描述经济变量之间直接关系结构的计量经济方程系统。其中每一个方程都直接表述某种经济行为或经济关系。模型中的每个随机方程的被解释变量不仅是内生变量，而且还是由其他内生变量、前定变量和随机误差项所表示的函数，这种方程称为结构式方程。

简化式模型是指联立方程中每个内生变量只是由前定变量与随机误差项的函数所构成的模型。即用所有前定变量作为内生变量的解释变量所形成的模型。简化式模型中的每个方程都称为简化式方程。

如果一个模型的结构式方程是用下列方法排列的：第一个方程的右边仅包含前定变量；第二个方程的右边只包含前定变量和第一个方程中的内生变量；第三个方程的右边也只包含前定变量和第一、第二两个方程中的内生变量；依此类推，第 m 个方程的右边只包含前定变量和前面 $m-1$ 个方程的内生变量，这种模型称为递归模型。

5. **解答** 结构式方程可识别的等价定义。定义一：根据参数关系体系，在已知简化式参数估计值时，如果能从简化式参数计算出某随机方程的结构式参数，则该随机方程是可识别的。定义二：如果联立方程模型中某个结构方程具有确定的统计形式，则这个方程是可识别的。定义三：在一个具有 m 个方程的模型系统中，所有不包含在这个方程中的其他变量的参数矩阵的秩为 $m-1$。

结构式方程不可识别的等价定义。定义一：根据参数关系体系，在已知简化式参数估计值时，如果不能得到联立方程模型中某个结构式方程的确定的结构式参数估计值，则称该方程为不可识别。定义二：如果联立方程模型中某个结构式方程不具有确定的统计形式，则称该方程为不可识别。定义三：在一个具有 m 个方程的模型系统中，如果所有不包含在这个方程中的其他变量的参数矩阵的秩小于 $m-1$，则该方程不可识别。

6. **解答** 结构式方程识别的阶条件和秩条件的步骤见本章内容提要。

7. **解答** 单方程估计的主要方法有：间接最小二乘法(ILS)、工具变量法(IV)、两阶段最小二乘法(TSLS)。间接最小二乘法(ILS)只适用于恰好识别的结构方程的估计。工具变量法(IV)和两阶段最小二乘法(TSLS)既适用于恰好识别的结构方程，又适用于过度识别的结构式方程。

用工具变量法估计的参数，一般情况下，在小样本下是有偏的，但在大样本下是渐近无偏的。如果选取的工具变量与方程随机误差项完全不相关，那么其参数估计量是无偏估计量。对于间接最小二乘法，对简化式模型应用普通最小二乘法得到的参数估计量具有线性、无偏性、有效性。通过参数关系体系计算得到结构式方程的结构式参数估计量在小样本下是有偏的，在大样本下是渐近无偏的。采用两阶段最小二乘法得到结构式方程的结构式参数估计量在小样本下是有偏的，在大样本下是渐近无偏的。

8. **解答** 主要的原因有三：第一，结构式方程解释变量中的内生解释变量是随机解释变量，不能直接用 OLS 来估计；第二，在估计联立方程系统中某一个随机方程参数时，需要考虑没有包含在该方程中的变量的数据信息，而单方程的 OLS 估计做不到这一点；第三，联立方程模型系统中每个随机方程之间往往存在某种相关性，表现于不同方程随机误差项之间，如果采用单方程模型方法估计某一个方程，是不可能考虑这种相关性的，造成信息的损失。

9. **解答** ILS、IV、TSLS 的原理及步骤见本章内容提要。

10. **解答** 见本章内容提要。

11. **解答** (1) 内生变量：C_t、I_t、Y_t；外生变量：G_t；前定变量：G_t、C_{t-1}、Y_{t-1}。

(2) 容易由原结构式方程变换为以下简化式模型：

$$C_t = \frac{a_0 + a_1 b_0}{1-a_1} + \frac{a_1 b_1}{1-a_1} Y_{t-1} + \frac{a_2}{1-a_1} C_{t-1} + \frac{a_1}{1-a_1} G_t + \frac{u_{1t} + a_1 u_{2t}}{1-a_1}$$

$$I_t = b_0 + b_1 Y_{t-1} + u_{2t}$$

$$Y_t = \frac{a_0 + b_0}{1-a_1} + \frac{b_1}{1-a_1} Y_{t-1} + \frac{a_2}{1-a_1} C_{t-1} + \frac{1}{1-a_1} G_t + \frac{u_{1t} + u_{2t}}{1-a_1}$$

(3) 联立方程模型前定变量个数 $k=3$，消费函数方程变量个数 $m_1+k_1=3<k+1=4$，满足过度识别的必要条件；投资函数方程变量个数 $m_2+k_2=2<k+1=4$，满足过度识别的必要条件。

联立方程模型的结构式参数矩阵为
$$\begin{pmatrix} C_t & I_t & Y_t & C_{t-1} & Y_{t-1} & G_t \\ 1 & 0 & -a_1 & -a_2 & 0 & 0 \\ 0 & 1 & 0 & 0 & -b_1 & 0 \\ -1 & -1 & 1 & 0 & 0 & -1 \end{pmatrix}\begin{matrix} \\ \text{消费方程} \\ \text{投资方程} \\ \text{恒等式} \end{matrix}$$

对于消费方程，其中未包含的变量在其他方程中对应系数所组成的矩阵为 $\boldsymbol{A}_1 = \begin{pmatrix} 1 & -b_1 & 0 \\ -1 & 0 & -1 \end{pmatrix}$，$\operatorname{rank}(\boldsymbol{A}_1)=2=m-1$（$m=3$ 为联立方程模型内生变量个数），所以消费方程为过度识别；

对于投资方程，其中未包含的变量在其他方程中对应系数所组成的矩阵为 $\boldsymbol{A}_2 = \begin{pmatrix} 1 & -a_1 & -a_2 & 0 \\ -1 & 1 & 0 & -1 \end{pmatrix}$，$\operatorname{rank}(\boldsymbol{A}_2)=2=m-1$，所以投资方程为过度识别。因而整个联立方程模型是可识别的。

(4) 由于消费方程、投资方程为过度识别，因此可以利用两阶段最小二乘法对消费方程、投资方程进行估计。

12. **解答** (1)内生变量：C_t、I_t、Y_t；外生变量：G_t；前定变量：G_t、Y_{t-1}。

(2) 联立方程模型前定变量个数 $k=2$，消费方程变量个数 $m_1+k_1=2<k+1=3$，满足过度识别的必要条件；投资方程变量个数 $m_2+k_2=3=k+1$，满足恰好识别的必要条件。

联立方程模型的结构式参数矩阵为
$$\begin{pmatrix} C_t & I_t & Y_t & Y_{t-1} & G_t \\ 1 & 0 & -a_1 & 0 & 0 \\ 0 & 1 & -b_1 & -b_2 & 0 \\ -1 & -1 & 1 & 0 & -1 \end{pmatrix}\begin{matrix} \\ \text{消费方程} \\ \text{投资方程} \\ \text{恒等式} \end{matrix}$$

对于消费方程,其中未包含的变量在其他方程中对应系数所组成的矩阵为 $\boldsymbol{A}_1=\begin{pmatrix}1 & -b_2 & 0\\ -1 & 0 & 1\end{pmatrix}$,$\text{rank}(\boldsymbol{A}_1)=2=m-1$($m=3$ 为联立方程模型内生变量个数),所以消费方程为过度识别;

对于投资方程,其中未包含的变量在其他方程中对应系数所组成的矩阵为 $\boldsymbol{A}_2=\begin{pmatrix}1 & 0\\ -1 & -1\end{pmatrix}$,$\text{rank}(\boldsymbol{A}_2)=2=m-1$,投资方程为恰好识别。因而整个联立方程模型是可识别的。

(3) 由于消费方程为过度识别,因此可以利用两阶段最小二乘法对消费方程进行估计。投资方程为恰好识别,因此可以利用间接最小二乘法、两阶段最小二乘法对投资方程进行估计。

13. **解答** 联立方程模型前定变量个数 $k=2$,消费方程变量个数 $m_1+k_1=3=k+1$,满足恰好识别的必要条件;投资方程变量个数 $m_2+k_2=2<k+1=3$,满足过度识别的必要条件;税收方程变量个数 $m_3+k_3=2<k+1=3$,满足过度识别的必要条件。

联立方程模型的结构式参数矩阵为

$$\begin{pmatrix} C_t & I_t & T_t & Y_t & Y_{t-1} & G_t \\ 1 & 0 & a_2 & -a_1 & 0 & 0 \\ 0 & 1 & 0 & 0 & -b_1 & 0 \\ 0 & 0 & 1 & -\gamma_1 & 0 & 0 \\ -1 & -1 & 0 & 1 & 0 & -1 \end{pmatrix}\begin{matrix} \\ \text{消费方程} \\ \text{投资方程} \\ \text{税收方程} \\ \text{定义方程}\end{matrix}$$

对于消费方程,其中未包含的变量在其他方程中对应系数所组成的矩阵为 $\boldsymbol{A}_1=\begin{bmatrix}1 & -b_1 & 0\\ 0 & 0 & 0\\ -1 & 0 & -1\end{bmatrix}$,$\text{rank}(\boldsymbol{A}_1)=2<m-1=3$($m=4$ 为联立方程模型内生变量个数),消费方程为不可识别。

对于投资方程,其中未包含的变量在其他方程中对应系数所组成的矩阵为 $\boldsymbol{A}_2=\begin{bmatrix}1 & a_2 & -a_1 & 0\\ 0 & 1 & -\gamma_1 & 0\\ -1 & 0 & 1 & -1\end{bmatrix}$,$\text{rank}(\boldsymbol{A}_2)=3=m-1$,投资方程为过度识别。

对于税收方程,其中未包含的变量在其他方程中对应系数所组成的矩阵为 $\boldsymbol{A}_3=\begin{bmatrix}1 & 0 & 0 & 0\\ 0 & 1 & -b_1 & 0\\ -1 & -1 & 1 & -1\end{bmatrix}$,$\text{rank}(\boldsymbol{A}_3)=3=m-1$,税收方程为过度识别。因而整个联立方程模型是不可识别的。

14. **解答** (1)内生变量:C_t、I_t、T_t、Y_t;外生变量:G_t、i_t;前定变量:G_t、i_t、Y_{t-1}。

(2) 联立方程模型前定变量个数 $k=3$,消费方程变量个数 $m_1+k_1=3<k+1=4$,满足过度识别的必要条件;投资方程变量个数 $m_2+k_2=3<k+1=4$,满足过度识别的必要条件;税收方程变量个数 $m_3+k_3=2<k+1=4$,满足过度识别的必要条件。

联立方程模型的结构式参数矩阵为
$$\begin{pmatrix} C_t & I_t & T_t & Y_t & Y_{t-1} & i_t & G_t \\ 1 & 0 & a_2 & -a_1 & 0 & 0 & 0 \\ 0 & 1 & 0 & 0 & -b_1 & -b_2 & 0 \\ 0 & 0 & 1 & -\gamma_1 & 0 & 0 & 0 \\ -1 & -1 & 0 & 1 & 0 & 0 & -1 \end{pmatrix} \begin{matrix} \\ \text{消费方程} \\ \text{投资方程} \\ \text{税收方程} \\ \text{定义方程} \end{matrix}$$

对于消费方程，其中未包含的变量在其他方程中对应系数所组成的矩阵为 $\boldsymbol{A}_1 = \begin{pmatrix} 1 & -b_1 & -b_2 & 0 \\ 0 & 0 & 0 & 0 \\ -1 & 0 & 0 & -1 \end{pmatrix}$，$\text{rank}(\boldsymbol{A}_1)=2<m-1=3$（$m=4$ 为联立方程模型内生变量个数），消费方程为不可识别。

对于投资方程，其中未包含的变量在其他方程中对应系数所组成的矩阵为 $\boldsymbol{A}_2 = \begin{pmatrix} 1 & a_2 & -a_1 & 0 \\ 0 & 1 & -\gamma_1 & 0 \\ -1 & 0 & 1 & -1 \end{pmatrix}$，$\text{rank}(\boldsymbol{A}_2)=3=m-1$，投资方程为过度识别。

对于税收方程，其中未包含的变量在其他方程中对应系数所组成的矩阵为 $\boldsymbol{A}_3 = \begin{pmatrix} 1 & 0 & 0 & 0 & 0 \\ 0 & 1 & -b_1 & -b_2 & 0 \\ -1 & -1 & 0 & 0 & -1 \end{pmatrix}$，$\text{rank}(\boldsymbol{A}_3)=3=m-1$，税收方程为过度识别。因而整个联立方程模型是不可识别的。

(3) 若将税收函数修改为 $T_t=\gamma_0+\gamma_1 Y_t+\gamma_2 G_t+u_{3t}$，则消费方程中未包含的变量在其他方程中对应系数所组成的矩阵为 $\boldsymbol{A}_1 = \begin{pmatrix} 1 & -b_1 & -b_2 & 0 \\ 0 & 0 & 0 & -\gamma_2 \\ -1 & 0 & 0 & -1 \end{pmatrix}$，$\text{rank}(\boldsymbol{A}_1)=3=m-1=3$，因此消费方程为过度识别。

15. **解答**　(1) 内生变量：GDP_t、M_{2t}；外生变量：I_t、G_t；前定变量：I_t、G_t、M_{2t-1}。

(2) 联立方程模型前定变量个数 $k=3$，收入方程变量个数 $m_1+k_1=4=k+1$，满足恰好识别的必要条件；货币供给方程变量个数 $m_2+k_2=3<k+1=4$，满足过度识别的必要条件。

联立方程模型的结构式参数矩阵为
$$\begin{pmatrix} \text{GDP}_t & M_{2t} & I & G & M_{2t-1} \\ 1 & -a_1 & -a_2 & -a_3 & 0 \\ -b_1 & 1 & 0 & 0 & -b_2 \end{pmatrix} \begin{matrix} \\ \text{收入函数} \\ \text{货币供给} \end{matrix}$$

对于收入方程，其中未包含的变量在其他方程中对应系数所组成的矩阵为 $\boldsymbol{A}_1=(-b_2)$，$\text{rank}(\boldsymbol{A}_1)=1=m-1$（$m=2$ 为联立方程模型内生变量个数），因此收入方程为恰好识别；对于货币供给方程，其中未包含的变量在其他方程中对应系数所组成的矩阵为 $\boldsymbol{A}_2=(-a_2 \quad -a_3)$，$\text{rank}(\boldsymbol{A}_2)=1=m-1$，因此货币供给方程为过度识别。所以，整个联立方程模型是可识别的。

(3) 利用 EViews 软件对模型进行 OLS 估计。首先建立工作文件，然后输入样本数据，在工作文件窗口输入命令：LS　GDP　C　M2　I　G，按回车键，得到收入函数的回归结果：

$$\widehat{GDP}_t = 363.1337 - 0.0459M_{2t} + 0.9517I_t + 4.7959G_t$$

$$t = (0.3439) \quad (-2.2129) \quad (11.0626) \quad (17.3538)$$

$$\bar{R}^2 = 0.9997 \quad F = 35225.24$$

在工作文件窗口输入命令：LS　M2　C　GDP　M2(－1)，按回车键，得到货币供给函数的回归结果：

$$\hat{M}_{2t} = -5053.722 + 0.4388GDP_t + 0.8773M_{2t-1}$$

$$t = (-1.7853) \quad (5.4900) \quad (18.2815)$$

$$\bar{R}^2 = 0.9992 \quad F = 23649.98$$

利用EViews软件对模型进行TSLS估计。可以直接使用TSLS命令，即在命令窗口输入命令：

TSLS　GDP　C　M2　I　G　@　CI　G　M2(－1)

按回车键，得到收入函数的回归结果：

$$\widehat{GDP}_t = 260.9161 - 0.0500M_{2t} + 0.9617I_t + 4.8184G_t$$

$$t = (0.2309) \quad (-2.2304) \quad (10.8153) \quad (16.7540)$$

$$\bar{R}^2 = 0.9996 \quad F = 33599.54$$

在命令窗口输入命令：TSLS　M2　C　GDP　M2(－1)　@　C　I　G　M2(－1)，按回车键，得到货币供给函数的回归结果：

$$\hat{M}_{2t} = -5372.648 + 0.4525GDP_t + 0.8691M_{2t-1}$$

$$t = (0.0679) \quad (5.5819) \quad (17.8587)$$

$$\bar{R}^2 = 0.9992 \quad F = 23630.04$$

最后完成估计的联立方程式为

$$\begin{cases} \widehat{GDP}_t = 260.9161 - 0.0500M_{2t} + 0.9617I_t + 4.8184G_t \\ \hat{M}_{2t} = -5372.648 + 0.4525GDP_t + 0.8691M_{2t-1} \end{cases}$$

借助EViews中的System命令，可以直接对上述收入方程、货币供给方程进行TSLS估计。其步骤如下：

首先创建系统，在主菜单上单击Objects\New Object，并在弹出的对象列表框中选择System(系统)；然后在打开的系统窗口输入结构式模型的随机方程：

```
GDP=C(1)+C(2)*M2+C(3)*I+C(4)*G
M2=C(5)+C(6)*GDP+C(7)*M2(-1)
INST  I  G  M2(-1)
```

其次估计模型，在系统窗口单击Estimate按钮，在弹出估计方法选择窗口，选择TSLS方法后，单击OK键，则输出估计结果如表10-14所示。

根据表10-14输出结果可以看出，采用系统法估计结果与直接使用TSLS命令估计结果完全相同。回归方程略。

利用EViews软件对模型进行3SLS估计。在系统窗口单击Estimate按钮，在弹出估计方法选择窗口，选择3SLS方法后，单击OK键，则输出估计结果如表10-15所示。

表 10-14　TSLS 估计结果

System: HGMX1
Estimation Method: Two-Stage Least Squares
Date: 12/01/17　Time: 21:24
Sample: 1979 2015
Included observations: 37
Total system (balanced) observations 74

	Coefficient	Std. Error	t-Statistic	Prob.
C(1)	260.9161	1130.185	0.230861	0.8181
C(2)	-0.050018	0.022425	-2.230439	0.0291
C(3)	0.961724	0.088923	10.81526	0.0000
C(4)	4.818369	0.287595	16.75404	0.0000
C(5)	-5372.648	2848.963	-1.885826	0.0637
C(6)	0.452520	0.081070	5.581864	0.0000
C(7)	0.869112	0.048666	17.85871	0.0000

Determinant residual covariance　1.37E+15

Equation: GDP=C(1)+C(2)*M2+C(3)*I+C(4)*G
Instruments: I G M2(-1) C
Observations: 37

R-squared	0.999673	Mean dependent var	162389.4
Adjusted R-squared	0.999643	S.D. dependent var	203409.5
S.E. of regression	3843.482	Sum squared resid	4.87E+08
Durbin-Watson stat	0.716317		

Equation: M2=C(5)+C(6)*GDP+C(7)*M2(-1)
Instruments: I G M2(-1) C
Observations: 37

R-squared	0.999281	Mean dependent var	270727.5
Adjusted R-squared	0.999239	S.D. dependent var	386206.5
S.E. of regression	10655.46	Sum squared resid	3.86E+09
Durbin-Watson stat	1.633216		

表 10-15　3SLS 估计结果

System: HGMX1
Estimation Method: Three-Stage Least Squares
Date: 12/01/17　Time: 21:26
Sample: 1979 2015
Included observations: 37
Total system (balanced) observations 74
Linear estimation after one-step weighting matrix

	Coefficient	Std. Error	t-Statistic	Prob.
C(1)	301.1431	1067.156	0.282192	0.7787
C(2)	-0.050234	0.021178	-2.372019	0.0206
C(3)	0.969786	0.083881	11.56141	0.0000
C(4)	4.793185	0.271310	17.66681	0.0000
C(5)	-5372.648	2731.023	-1.967266	0.0533
C(6)	0.452520	0.077714	5.822918	0.0000
C(7)	0.869112	0.046651	18.62994	0.0000

Determinant residual covariance　1.37E+15

Equation: GDP=C(1)+C(2)*M2+C(3)*I+C(4)*G
Instruments: I G M2(-1) C
Observations: 37

R-squared	0.999673	Mean dependent var	162389.4
Adjusted R-squared	0.999643	S.D. dependent var	203409.5
S.E. of regression	3844.367	Sum squared resid	4.88E+08
Durbin-Watson stat	0.714247		

Equation: M2=C(5)+C(6)*GDP+C(7)*M2(-1)
Instruments: I G M2(-1) C
Observations: 37

R-squared	0.999281	Mean dependent var	270727.5
Adjusted R-squared	0.999239	S.D. dependent var	386206.5
S.E. of regression	10655.46	Sum squared resid	3.86E+09
Durbin-Watson stat	1.633216		

根据表 10-15 输出结果，得如下回归方程：

$$\begin{cases} \widehat{\mathrm{GDP}}_t = 301.1431 - 0.0502M_{2t} + 0.9698I_t + 4.7932G_t \\ t = (0.2822)\quad(-2.3720)\quad(11.5614)\quad(17.6668)\quad \bar{R}^2 = 0.9996 \\ \hat{M}_{2t} = -5372.648 + 0.4525\mathrm{GDP}_t + 0.8691M_{2t-1} \\ t = (-1.9673)\quad(5.8229)\quad(18.6299)\quad \bar{R}^2 = 0.9992 \end{cases}$$

比较普通最小二乘法、两阶段最小二乘法与三阶段最小二乘法估计结果可知，本题用三阶段最小二乘法比较适宜。

16. **解答**　(1) 内生变量为 M_{2t}、GDP_t；外生变量为 P_t、CS_t、I_t；先决变量为 P_t、CS_t、I_t。

(2) 记简化式模型为

$$\mathrm{GDP}_t = \pi_{10} + \pi_{11}P_t + \pi_{12}\mathrm{CS}_t + \pi_{13}\mathrm{I}_t + v_{1t}$$

$$M_{2t} = \pi_{20} + \pi_{21}P_t + \pi_{22}\mathrm{CS}_t + \pi_{23}\mathrm{I}_t + v_{2t}$$

容易由原结构式方程变换为以下简化式模型：

$$\mathrm{GDP}_t = \frac{a_0 + b_0 a_1}{1 - b_1 a_1} + \frac{b_2 a_1}{1 - b_1 a_1}P_t + \frac{a_2}{1 - b_1 a_1}\mathrm{CS}_t + \frac{a_3}{1 - b_1 a_1}\mathrm{I}_t + \varepsilon_{1t}(u_{1t}, u_{2t})$$

$$M_{2t} = \frac{b_0 + b_1 a_0}{1 - b_1 a_1} + \frac{b_2}{1 - b_1 a_1}P_t + \frac{b_1 a_2}{1 - b_1 a_1}\mathrm{CS}_t + \frac{b_1 a_3}{1 - b_1 a_1}\mathrm{I}_t + \varepsilon_{2t}(u_{1t}, u_{2t})$$

于是结构式参数与简化式参数之间的关系体系为

$$\pi_{10} = \frac{a_0 + b_0 a_1}{1 - b_1 a_1},\quad \pi_{11} = \frac{b_2 a_1}{1 - b_1 a_1},\quad \pi_{12} = \frac{a_2}{1 - b_1 a_1},\quad \pi_{13} = \frac{a_3}{1 - b_1 a_1}$$

$$\pi_{20} = \frac{b_0 + b_1 a_0}{1 - b_1 a_1},\quad \pi_{21} = \frac{b_2}{1 - b_1 a_1},\quad \pi_{22} = \frac{b_1 a_2}{1 - b_1 a_1},\quad \pi_{23} = \frac{b_1 a_3}{1 - b_1 a_1}$$

(3) 联立方程模型前定变量个数 $k=3$，收入方程变量个数 $m_1 + k_1 = 4 = k + 1$，满足恰好识别的必要条件；货币供给方程变量个数 $m_2+k_2=3<k+1=4$，满足过度识别的必要条件。

联立方程模型的结构式参数矩阵为 $\begin{bmatrix} GDP_t & M_{2t} & CS_t & I_t & P_t \\ 1 & -a_1 & -a_2 & -a_3 & 0 \\ -b_1 & 1 & 0 & 0 & -b_2 \end{bmatrix}$ 收入函数 货币供给

对于收入方程，其中未包含的变量在其他方程中对应系数所组成的矩阵为 $\boldsymbol{A}_1=(-b_2)$，$\text{rank}(\boldsymbol{A}_1)=1=m-1$（$m=2$ 为联立方程模型内生变量个数），因此收入方程为恰好识别；对于货币供给方程，其中未包含的变量在其他方程中对应系数所组成的矩阵为 $\boldsymbol{A}_2=(-a_2 \quad -a_3)$，$\text{rank}(\boldsymbol{A}_2)=1=m-1$，因此货币供给方程为过度识别。所以，整个联立方程模型是可识别的。

(4) 由于第一个方程恰好识别，因此三种方法都可以估计，而且结果应是一致的，第二个方程为过度识别的，所以只能用 TSLS 或 3SLS 法进行估计。

(5) 收入方程为恰好识别，可用 ILS、TSLS 和 3SLS 法估计。

① 运用 ILS 法估计收入方程：首先，利用 OLS 法估计简化式模型，回归结果如下：

$$\widehat{GDP}_t=-3\,267.0+1.274\,8P_t+1.387\,7CS_t+1.028\,4I_t$$

$$\hat{M}_{2t}=44\,125.63-476.698\,8P_t+4.992\,3CS_t+0.884\,9I_t$$

从而有

$$\hat{\pi}_{10}=-3\,267.0,\quad \hat{\pi}_{11}=1.274\,8,\quad \hat{\pi}_{12}=1.387\,7,\quad \hat{\pi}_{13}=1.028\,4$$

$$\hat{\pi}_{20}=44\,125.63,\quad \hat{\pi}_{21}=-476.698\,8,\quad \hat{\pi}_{22}=4.992\,3,\quad \hat{\pi}_{23}=0.884\,9$$

其次，求结构式参数估计值。将简化式参数估计值代入由参数关系体系解出的关系式，可求得结构式参数的估计值为

$$\hat{a}_1=\frac{\hat{\pi}_{11}}{\hat{\pi}_{21}}=\frac{1.274\,8}{-476.698\,8}=-0.002\,674,\quad \hat{b}_1=\frac{\hat{\pi}_{22}}{\hat{\pi}_{12}}=\frac{4.992\,3}{1.387\,7}=3.597\,535$$

$$\hat{a}_0=\hat{\pi}_{10}-\hat{a}_1\hat{\pi}_{20}=(-3\,267.0)-(-0.002\,674)\times 44\,125.63=-3\,149.008$$

$$\hat{a}_2=(1-\hat{b}_1\hat{a}_1)\hat{\pi}_{12}=[1-3.597\,535\times(-0.002\,674)]\times 1.387\,7=1.401\,0$$

$$\hat{a}_3=(1-\hat{b}_1\hat{a}_1)\hat{\pi}_{13}=[1-3.597\,535\times(-0.002\,674)]\times 1.028\,4=1.038\,3$$

因此，运用 ILS 法估计的收入方程为

$$\widehat{GDP}_t=-3\,149.008-0.002\,7M_{2t}+1.401\,0CS_t+1.038\,3I_t$$

② 运用 TSLS 法估计收入方程。首先创建系统，在主菜单上单击 Objects\New Object，并在弹出的对象列表框中选择 System(系统)；然后在打开的系统窗口输入结构式模型的随机方程：

```
GDP=C(1)+C(2)*M2+C(3)*CS+C(4)*I
M2=C(5)+C(6)*GDP+C(7)*P
INSTCS  I  P
```

其次估计模型，在系统窗口点击 Estimate 按钮，在弹出估计方法选择窗口，选择 TSLS 方法后，单击 OK 键，得到联立方程式最终估计结果为

$$\begin{cases} \widehat{\text{GDP}}_t = -1\,853.090 - 0.032\,0M_{2t} + 1.547\,6\text{CS}_t + 1.056\,8I_t \\ \quad t = (-1.319\,7) \quad (-1.211\,1) \quad (14.035\,4) \quad (10.540\,5) \quad \bar{R}^2 = 0.999\,5 \\ \hat{M}_{2t} = 42\,017.49 + 2.181\,4\text{GDP}_t - 397.518\,2P_t \\ \quad t = (3.914\,9) \quad (53.351\,1) \quad (-7.894\,9) \quad \bar{R}^2 = 0.996\,9 \end{cases}$$

③ 运用 3SLS 法估计收入方程。在系统窗口单击 Estimate 按钮，在弹出估计方法选择窗口，选择 3SLS 方法后，单击 OK 键，得到联立方程式最终估计结果为

$$\begin{cases} \widehat{\text{GDP}}_t = -1\,995.818 - 0.003\,5M_{2t} + 1.642\,9\text{CS}_t + 0.867\,0I_t \\ \quad t = (-1.503\,4) \quad (-0.147\,1) \quad (16.343\,8) \quad (11.264\,7) \quad \bar{R}^2 = 0.999\,6 \\ \hat{M}_{2t} = 42\,017.49 + 2.181\,4\text{GDP}_t - 397.518\,2P_t \\ \quad t = (4.079\,2) \quad (55.694\,9) \quad (-8.226\,3) \quad \bar{R}^2 = 0.996\,9 \end{cases}$$

从以上 ILS、TSLS 和 3SLS 三种估计方法估计的结果进行比较来看，3SLS 估计结果最好，回归系数的标准误差较小，t 统计量值较大，拟合优度较高。比较 ILS、TSLS 和 3SLS 法估计结果可知，本题用三阶段最小二乘法比较适宜。

第 11 章 面板数据模型

11.1 内容提要

面板数据模型是近40年来计量经济学理论方法的重要发展之一，已经形成了相对完整的理论与方法体系，具有很好的应用价值。本章重点介绍面板数据模型的分析方法，包括固定影响面板数据模型和随机影响面板数据模型。

11.1.1 面板数据模型概述

1. 面板数据的含义

面板数据(panel data)也称平行数据，或混合数据，是指在时间序列上取多个截面，在这些截面上同时选取样本观测值所构成的样本数据。面板数据从横截面上看，是由若干个体在某一时刻构成的截面观测值，从纵剖面上看是一个时间序列。

面板数据用双下标变量表示。例如：$y_{it}(i=1,2,\cdots,N;\ t=1,2,\cdots,T)$，表示在横截面 i 时间 t 上取值。N 表示面板数据中含有 N 个个体。T 表示时间序列的最大长度。若固定 t 不变，$y_{i.}\ (i=1,2,\cdots,N)$ 是横截面上的 N 个个体截面数据序列；若固定 i 不变，$y_{.t}(t=1,2,\cdots,T)$ 是纵剖面上的一个时间序列(个体)。

2. 面板数据模型的基本类型

我们把建立在面板数据基础上的计量经济模型称为面板数据模型。设 y_{it} 为被解释变量在横截面 i 和时间 t 上的观测值，x_{jit} 为第 j 个解释变量在横截面 i 和时间 t 上的观测值，u_{it} 为横截面 i 和时间 t 上的随机误差项；b_{ji} 为第 i 截面上第 j 个解释变量的模型参数；a_i 为常数项或截距项，代表不同个体 i 的影响；解释变量数为 $j=1,2,\cdots,k$；截面数为 $i=1,2,\cdots,N$；时间长度为 $t=1,2,\cdots,T$。其中，N 表示个体截面成员的个数，T 表示每个截面成员的观测时期总数，k 表示解释变量的个数。则单方程面板数据模型一般形式可写成

$$y_{it}=a_i+b_{1i}x_{1it}+b_{2i}x_{2it}+\cdots+b_{ki}x_{kit}+u_{it}\quad(i=1,2,\cdots,N;\ t=1,2,\cdots,T)$$

若记：$\boldsymbol{x}_{it}=(x_{1it},x_{2it},\cdots,x_{kit})$为 $1\times k$ 阶解释变量，$\boldsymbol{b}_i=(b_{1i},b_{2i},\cdots,b_{ki})'$为 $k\times 1$ 系数向量，u_{it} 为随机误差项，满足相互独立、零均值、同方差为 σ_u^2 的假设。则上式也可写成

$$y_{it}=a_i+\boldsymbol{x}_{it}\boldsymbol{b}_i+u_{it}\,(i=1,2,\cdots,N,t=1,2,\cdots,T)$$

若记第 i 截面样本数据为

$$\boldsymbol{y}_i=\begin{pmatrix}y_{i1}\\y_{i2}\\\vdots\\y_{iT}\end{pmatrix},\quad \boldsymbol{x}_i=\begin{pmatrix}x_{1i1}&x_{2i1}&\cdots&x_{ki1}\\x_{1i2}&x_{2i2}&\cdots&x_{ki2}\\\vdots&\vdots&\vdots&\vdots\\x_{1iT}&x_{2iT}&\cdots&x_{kiT}\end{pmatrix}=\begin{pmatrix}\boldsymbol{x}_{i1}\\\boldsymbol{x}_{i2}\\\vdots\\\boldsymbol{x}_{iT}\end{pmatrix},\quad \boldsymbol{u}_i=\begin{pmatrix}u_{i1}\\u_{i2}\\\vdots\\u_{iT}\end{pmatrix}$$

并记

$$\boldsymbol{Y}=\begin{pmatrix}\boldsymbol{y}_1\\\boldsymbol{y}_2\\\vdots\\\boldsymbol{y}_N\end{pmatrix},\quad \boldsymbol{X}=\begin{pmatrix}\boldsymbol{x}_1\\\boldsymbol{x}_2\\\vdots\\\boldsymbol{x}_N\end{pmatrix},\quad \boldsymbol{U}=\begin{pmatrix}\boldsymbol{u}_1\\\boldsymbol{u}_2\\\vdots\\\boldsymbol{u}_N\end{pmatrix},\quad \boldsymbol{b}=\begin{pmatrix}\boldsymbol{b}_1\\\boldsymbol{b}_2\\\vdots\\\boldsymbol{b}_k\end{pmatrix},\quad \boldsymbol{a}=\begin{pmatrix}a_1\\a_2\\\vdots\\a_N\end{pmatrix},\quad \boldsymbol{e}_T=\begin{pmatrix}1\\1\\\vdots\\1\end{pmatrix}_{T\times 1}$$

如果记 $\boldsymbol{I}_N\otimes\boldsymbol{e}_T$ 是 N 阶单位矩阵 $\boldsymbol{I}_N$ 和 T 阶向量 $\boldsymbol{e}_T$ 的克罗内克积，则面板数据模型的一般形式也可以写为

$$\boldsymbol{Y}=(\boldsymbol{I}_N\otimes\boldsymbol{e}_T)\boldsymbol{a}+\boldsymbol{X}\boldsymbol{b}+\boldsymbol{U}$$

面板数据模型划分为 3 种类型：无个体影响的不变系数模型，含有个体影响的不变系数模型，即变截距模型，以及含有个体影响的变系数模型，即变系数模型。

（1）**无个体影响的不变系数模型**：$a_i=a_j=a$，$\boldsymbol{b}_i=\boldsymbol{b}_j=\boldsymbol{b}$。其单方程回归形式可以写成

$$y_{it}=a+\boldsymbol{x}_{it}\boldsymbol{b}+u_{it}\quad(i=1,2,\cdots,N,t=1,2,\cdots,T)$$

这种情形意味着模型在横截面上无个体影响、无结构变化，可将模型简单地视为是横截面数据堆积的模型。

（2）**变截距模型**：$a_i\neq a_j$，$\boldsymbol{b}_i=\boldsymbol{b}_j=\boldsymbol{b}$。其单方程回归形式可以写成

$$y_{it}=a_i+\boldsymbol{x}_{it}\boldsymbol{b}+u_{it}(i=1,2,\cdots,N,t=1,2,\cdots,T)$$

这种情形意味着模型在横截面上存在个体影响，不存在结构性的变化，即解释变量的结构参数在不同横截面上是相同的，不同的只是截距项，个体影响可以用截距项 $a_i(i=1,2,\cdots,N)$的差别来说明，故通常把它称为变截距模型。对于该种变截距模型，根据个体影响是常数还是随机变量，又可分为固定影响模型和随机影响模型。

（3）**变系数模型**：$a_i\neq a_j$，$\boldsymbol{b}_i\neq\boldsymbol{b}_j$。其单方程回归形式可以写成

$$y_{it}=a_i+\boldsymbol{x}_{it}\boldsymbol{b}_i+u_{it}(i=1,2,\cdots,N,t=1,2,\cdots,T)$$

这种情形意味着模型在横截面上存在个体影响，又存在结构变化，即在允许个体影响由变化的截距项 $a_i(i=1,2,\cdots,N)$来说明的同时还允许系数向量 $\boldsymbol{b}_i(i=1,2,\cdots,N)$依个体成员的不同而变化，用以说明个体成员之间的结构变化。

3. 面板数据模型的优点

（1）利用面板数据模型可以解决样本容量不足的问题，改进模型估计的有效性；（2）利用面板数据模型可以正确地分析经济变量之间的关系；（3）利用面板数据模型可以估计某些难以度量的因素对被解释变量的影响。

11.1.2 面板数据模型设定检验

建立面板数据模型首先要检验被解释变量 y_{it} 的参数 a_i 和 $\boldsymbol{b}_i$ 是否对所有个体样本点和时间都是常数，即检验样本数据究竟属于上述 3 种情况的哪一种，从而避免模型设定的偏

差,改进参数估计的有效性。经常使用的检验是协方差分析检验(analysis of covariance),主要检验如下两个假设

假设 1：$H_1: \boldsymbol{b}_1 = \boldsymbol{b}_2 = \cdots = \boldsymbol{b}_N$

假设 2：$H_2: a_1 = a_2 = \cdots = a_N$；$\boldsymbol{b}_1 = \boldsymbol{b}_2 = \cdots = \boldsymbol{b}_N$

如果接受假设 H_2,则可以认为样本数据符合不变截距、不变系数模型。如果拒绝假设 H_2,则需检验假设 H_1。如果接受 H_1,则认为样本数据符合变截距、不变系数模型；反之,则认为样本数据符合变系数模型。

假设检验的 F 统计量的计算方法。首先计算变截距、变系数模型的残差平方和 S_1；其次计算变截距、不变系数模型的残差平方和 S_2；最后计算不变截距、不变系数模型的残差平方和 S_3。

在假设 H_2 下检验统计量 F_2 服从相应自由度下的 F 分布,即

$$F_2 = \frac{(S_3 - S_1)/[(N-1)(k+1)]}{S_1/[NT - N(k+1)]} \sim F[(N-1)(k+1), N(T-k-1)]$$

若 F_2 统计量的值小于给定显著性水平下的相应临界值,即 $F_2 < F_\alpha$,则接受假设 H_2,认为样本数据符合不变截距、不变系数模型。反之,若 $F_2 > F_\alpha$,则继续检验假设 H_1。

在假设 H_1 下检验统计量 F_1 也服从相应自由度下的 F 分布,即

$$F_1 = \frac{(S_2 - S_1)/[(N-1)k]}{S_1/[NT - N(k+1)]} \sim F[(N-1)k, N(T-k-1)]$$

若 F_1 统计量的值小于给定显著性水平下的相应临界值,即 $F_1 < F_\alpha$,则接受假设 H_1,认为样本数据符合变截距、不变系数模型。反之,若 $F_1 > F_\alpha$,则认为样本数据符合变截距、变系数模型。

11.1.3 混合回归模型

如果从时间上看,不同时期之间不存在显著性差异；从个体上看,不同个体之间也不存在显著性差异,那么这种模型与一般的回归模型无本质区别,只要随机误差项服从经典基本假设条件,就可以直接把面板数据模型混合在一起,用普通最小二乘法估计参数,且估计量是线性、无偏、有效和一致的。

混合回归模型：$y_{it} = a + \boldsymbol{x}_{it}\boldsymbol{b} + u_{it}\ (i=1,2,\cdots,N, t=1,2,\cdots,T)$,用矩阵形式写成

$$\boldsymbol{y}_i = \boldsymbol{x}_i\boldsymbol{\beta}_i + \boldsymbol{u}_i,\quad i = 1,2,\cdots,N$$

式中,$\boldsymbol{y}_i = \begin{pmatrix} y_{i1} \\ y_{i2} \\ \vdots \\ y_{iT} \end{pmatrix}$,$\boldsymbol{\beta}_i = \begin{pmatrix} a \\ b_1 \\ \vdots \\ b_k \end{pmatrix}$,$\boldsymbol{x}_i = \begin{pmatrix} 1 & x_{1i1} & x_{2i1} & \cdots & x_{ki1} \\ 1 & x_{1i2} & x_{2i2} & \cdots & x_{ki2} \\ \vdots & \vdots & \vdots & \vdots & \vdots \\ 1 & x_{1iT} & x_{2iT} & \cdots & x_{kiT} \end{pmatrix}$,$\boldsymbol{u}_i = \begin{pmatrix} u_{i1} \\ u_{i2} \\ \vdots \\ u_{iT} \end{pmatrix}$

记：$\boldsymbol{Y} = \begin{pmatrix} \boldsymbol{y}_1 \\ \boldsymbol{y}_2 \\ \vdots \\ \boldsymbol{y}_N \end{pmatrix}_{NT\times 1}$,$\boldsymbol{X} = \begin{pmatrix} \boldsymbol{x}_1 \\ \boldsymbol{x}_2 \\ \vdots \\ \boldsymbol{x}_N \end{pmatrix}_{NT\times(k+1)}$,$\boldsymbol{B} = \begin{pmatrix} \beta_1 \\ \beta_2 \\ \vdots \\ \beta_N \end{pmatrix}_{(k+1)\times 1}$,$\boldsymbol{U} = \begin{pmatrix} \boldsymbol{u}_1 \\ \boldsymbol{u}_2 \\ \vdots \\ \boldsymbol{u}_N \end{pmatrix}_{NT\times 1}$,则上式可以写成

$$\boldsymbol{Y} = \boldsymbol{XB} + \boldsymbol{U}$$

1. 模型假设

(1)随机误差项的期望为零；(2)不同个体随机误差项之间相互独立；(3)同方差假设,

即随机误差项方差为常数；(4)随机误差项与解释变量相互独立；(5)随机误差项服从正态分布；(6)解释变量之间不存在多重共线性。

2. 模型估计

如果模型满足上述假设，则模型存在有效无偏估计

$$\hat{\boldsymbol{B}} = (\boldsymbol{X}'\boldsymbol{X})^{-1}\boldsymbol{X}'\boldsymbol{Y}$$

事实上，同方差假设是一个非常强的约束条件，若将该假设弱化为存在异方差，即

$$E(\boldsymbol{u}_i\boldsymbol{u}'_i) = \sigma_i^2\boldsymbol{I}_T\text{，或者 } E(\boldsymbol{U}\boldsymbol{U}') = \Omega = \begin{pmatrix} \sigma_1^2\boldsymbol{I}_T & 0 & \cdots & 0 \\ 0 & \sigma_2^2\boldsymbol{I}_T & \cdots & 0 \\ \vdots & \vdots & \vdots & \vdots \\ 0 & 0 & \cdots & \sigma_N^2\boldsymbol{I}_T \end{pmatrix}$$

则原模型的有效无偏估计为

$$\hat{\boldsymbol{B}} = (\boldsymbol{X}'\Omega^{-1}\boldsymbol{X})^{-1}\boldsymbol{X}'\Omega^{-1}\boldsymbol{Y}$$

这里的未知参数 σ_i^2 有一致估计为：$s_i^2 = \dfrac{1}{T-k-1}\sum_{t=1}^{T} e_{it}^2$，其中，$e_{it}^2$ 是第 i 个个体的回归模型的 OLS 回归残差。

11.1.4　变截距模型

该模型允许个体成员之间存在个体影响，并用截距项的差别来说明。模型的回归方程形式如下：

$$y_{it} = a_i + \boldsymbol{x}_{it}\boldsymbol{b} + u_{it}(i = 1,\cdots,N, t = 1,\cdots,T)$$

式中，$\boldsymbol{x}_{it}=(x_{1it},x_{2it},\cdots,x_{kit})$ 为 $1\times k$ 阶解释变量，$\boldsymbol{b}=(b_1,b_2,\cdots,b_k)'$ 为 $k\times 1$ 系数向量，k 表示解释变量的个数，a_i 为个体影响，u_{it} 为随机误差项，假设其均值为零，方差为 σ_u^2，并假定 u_{it} 与 $\boldsymbol{x}_{it}$ 不相关。根据个体影响的不同形式，变截距模型又分为固定影响(或固定效应)变截距模型和随机影响(或随机效应)变截距模型两种。

1. 固定影响变截距模型及其估计

(1) **最小二乘虚拟变量模型(LSDV)及其参数估计**。在固定影响变截距模型中，如果随机误差项满足同方差、相互独立的假设，且随机误差项与解释变量不相关，则可以引入 N 个虚拟变量，将原模型变成最小二乘虚拟变量模型(LSDV)，然后再采用 OLS 法对参数进行估计。令 $\boldsymbol{y}_i$ 和 $\boldsymbol{x}_i$ 是第 i 个个体的 T 个观测值向量和矩阵，并令 $\boldsymbol{u}_i$ 是随机误差项 $T\times 1$ 向量，模型 $y_{it}=a_i+\boldsymbol{x}_{it}\boldsymbol{b}+u_{it}$ 对应的向量形式 $\boldsymbol{y}_i=\boldsymbol{e}_T a_i+\boldsymbol{x}_i\boldsymbol{b}+\boldsymbol{u}_i(i=1,\cdots,N)$，可以写成

$$\boldsymbol{Y} = \boldsymbol{D}\boldsymbol{a} + \boldsymbol{x}\boldsymbol{b} + \boldsymbol{U} \quad \text{或者} \quad \boldsymbol{Y} = (\boldsymbol{I}_N \otimes \boldsymbol{e}_T)\boldsymbol{a} + \boldsymbol{x}\boldsymbol{b} + \boldsymbol{U}$$

其中

$$\boldsymbol{D} = (\boldsymbol{d}_1,\boldsymbol{d}_2,\cdots,\boldsymbol{d}_N) = \begin{pmatrix} \boldsymbol{e}_T & 0 & \cdots & 0 \\ 0 & \boldsymbol{e}_T & \cdots & 0 \\ \vdots & \vdots & \vdots & \vdots \\ 0 & 0 & \cdots & \boldsymbol{e}_T \end{pmatrix}_{NT\times N} = \boldsymbol{I}_N \otimes \boldsymbol{e}_T$$

式中，$\boldsymbol{d}_i$ 为第 i 个单位的虚拟变量，$\boldsymbol{D}$ 为 $NT\times N$ 阶虚拟变量矩阵，其他记号同上。

如果记 $\boldsymbol{Z}=(\boldsymbol{D},\boldsymbol{x})=(\boldsymbol{I}_N\otimes\boldsymbol{e}_T,\boldsymbol{x})$,$\boldsymbol{B}=\begin{pmatrix}\boldsymbol{a}\\\boldsymbol{b}\end{pmatrix}$,则模型 $\boldsymbol{y}=(\boldsymbol{I}_N\otimes\boldsymbol{e}_T)\boldsymbol{a}+\boldsymbol{x}\boldsymbol{b}+\boldsymbol{U}$ 化为 $\boldsymbol{Y}=\boldsymbol{Z}\boldsymbol{B}+\boldsymbol{U}$,其参数的有效无偏一致估计量为

$$\hat{\boldsymbol{B}}=(\boldsymbol{Z}'\boldsymbol{Z})^{-1}\boldsymbol{Z}'\boldsymbol{Y}$$

这就是最小二乘虚拟变量模型估计。

也可以对变量进行分组,采用组内估计法,可以得到参数 a_i 和 $\boldsymbol{b}$ 的最优线性无偏估计(BLUE)为

$$\hat{\boldsymbol{b}}_{\mathrm{CV}}=\left[\sum_{i=1}^{N}\sum_{t=1}^{T}(\boldsymbol{x}_{it}-\bar{\boldsymbol{x}}_i)'(\boldsymbol{x}_{it}-\bar{\boldsymbol{x}}_i)\right]^{-1}\left[\sum_{i=1}^{N}\sum_{t=1}^{T}(\boldsymbol{x}_{it}-\bar{\boldsymbol{x}}_i)'(y_{it}-\bar{y}_i)\right]$$

$$\hat{a}_i=\bar{y}_i-\bar{\boldsymbol{x}}_i\hat{\boldsymbol{b}}_{\mathrm{CV}}$$

式中,$\bar{y}_i=\dfrac{1}{T}\sum\limits_{t=1}^{T}y_{it}$,$\bar{\boldsymbol{x}}_i=\dfrac{1}{T}\sum\limits_{t=1}^{T}\boldsymbol{x}_{it}$,$\boldsymbol{x}_{it}=(x_{1it},x_{2it},\cdots,x_{kit})$,此式所表示的 OLS 估计也称为最小二乘虚拟变量(LSDV) 估计。如果记 $\boldsymbol{Q}=\boldsymbol{I}_T-\dfrac{1}{\boldsymbol{T}}\boldsymbol{e}_T\boldsymbol{e}'_T$,则有

$$\hat{\boldsymbol{b}}_{\mathrm{CV}}=\left[\sum_{i=1}^{N}\boldsymbol{x}'_i\boldsymbol{Q}\boldsymbol{x}_i\right]^{-1}\left[\sum_{i=1}^{N}\boldsymbol{x}'_i\boldsymbol{Q}\boldsymbol{y}_i\right]$$

对应的协方差矩阵为 $\mathrm{var}(\hat{\boldsymbol{b}}_{\mathrm{CV}})=\sigma_u^2\left(\sum\limits_{i=1}^{N}\boldsymbol{x}'_i\boldsymbol{Q}\boldsymbol{x}_i\right)^{-1}$

协方差矩阵为 $\mathrm{var}(a_i)=\sigma_u^2/T+\bar{\boldsymbol{x}}_i\mathrm{var}(\hat{\boldsymbol{b}}_{\mathrm{CV}})\bar{\boldsymbol{x}}_i'$

方差 σ_u^2 的估计量为 $\hat{\sigma}_u^2=\dfrac{1}{NT-N-k}\sum\limits_{i=1}^{N}\sum\limits_{t=1}^{T}(\boldsymbol{y}_{it}-\hat{\boldsymbol{a}}_i-\boldsymbol{x}_{it}\hat{\boldsymbol{b}}_{\mathrm{CV}})^2$

(2) **固定影响变截距模型的广义最小二乘估计(GLS)**。在固定影响变截距模型中,如果随机误差项不能满足等方差或相互独立的假设,则需要使用广义最小二乘法(GLS)对模型进行估计。

具体又分为个体成员截面异方差和同期相关协方差两种情形。

① **个体成员截面异方差情形的 GLS 估计**。如果随机误差项之间存在异方差,但个体成员之间和时期之间的协方差为零,即 $E(u_{it}u_{it})=\sigma_i^2$,$E(u_{is}u_{jt})=0(i\neq j,s\neq t)$。该情形用广义最小二乘法进行估计非常简单,即先对方程进行普通最小二乘估计,然后计算各个体成员的残差,并用其来估计个体成员的样本方差(作为随机误差项方差的估计值):

$$s_i^2=\frac{1}{T}\sum_{t=1}^{T}(y_{it}-\hat{y}_{it})^2\quad(i=1,2,\cdots,N)$$

个体成员方程截面异方差的协方差矩阵的估计为

$$E(\boldsymbol{u}_t\boldsymbol{u}'_t)=\boldsymbol{\Sigma}_N=\begin{pmatrix}s_1^2&0&\cdots&0\\0&s_2^2&\cdots&0\\\vdots&\vdots&\vdots&\vdots\\0&0&\cdots&s_N^2\end{pmatrix}$$

最后用得到的样本方差估计作为各个体成员的权重,即加权矩阵为 $\boldsymbol{\Omega}=\boldsymbol{\Sigma}_N\otimes\boldsymbol{I}_T$,利用加权最小二乘方法得到相应的 GLS 估计:

$$\hat{\boldsymbol{b}}_{\mathrm{SUR}} = (\boldsymbol{X}'\boldsymbol{\Omega}^{-1}\boldsymbol{X})^{-1}\boldsymbol{X}'\boldsymbol{\Omega}^{-1}\boldsymbol{Y} = [\boldsymbol{x}'(\boldsymbol{\Sigma}_N \otimes \boldsymbol{I}_T)^{-1}\boldsymbol{x}]^{-1}[\boldsymbol{x}'(\boldsymbol{\Sigma}_N \otimes \boldsymbol{I}_T)^{-1}\boldsymbol{Y}]$$

② **同期相关协方差情形的近似不相关估计(SUR)**。如果不同的个体成员之间同时期的随机误差项是相关的，但其在不同时期之间是不相关的，即 $E(u_{it}u_{jt})=\sigma_{ij}$，$E(u_{is}u_{jt})=0(s\neq t)$。此时这种个体成员之间存在协方差的方差结构有些类似于个体成员方程框架下的近似不相关回归(seemingly unrelated regression，SUR)，因此将这种结构称为个体成员截面 SUR(cross-section SUR)。个体成员方程协方差矩阵为

$$E(\boldsymbol{u}_t\boldsymbol{u}_t') = \boldsymbol{\Sigma}_N = \begin{pmatrix} \sigma_{11} & \sigma_{12} & \cdots & \sigma_{1N} \\ \sigma_{21} & \sigma_{22} & \cdots & \sigma_{2N} \\ \vdots & \vdots & \vdots & \vdots \\ \sigma_{N1} & \sigma_{N2} & \cdots & \sigma_{NN} \end{pmatrix}$$

则模型随机误差项的方差协方差矩阵为 $\boldsymbol{\Sigma}_N \otimes \boldsymbol{I}_T$。

在一般的情况下，个体成员之间协方差是未知的，此时可以利用普通最小二乘法先估计未加权系统的参数，计算残差估计值，以此构造协方差矩阵估计量，最后再进行广义最小二乘估计(GLS)就得到 $\boldsymbol{b}$ 的 SUR 估计。SUR 估计按以下三个步骤进行：

第一，用 OLS 法分别估计每个方程，计算并保存回归中得到的残差 $\boldsymbol{e}_{it}$。

第二，用这些残差来估计随机误差项方差和不同回归方程误差项之间的协方差，即 $\boldsymbol{\Sigma}_N$ 矩阵中各元素：

$$\hat{\sigma}_{ij} = \frac{1}{T-k}\sum_{t=1}^{T} e_{it}e_{jt}$$

得到 $\boldsymbol{\Sigma}_N$ 和 $\boldsymbol{\Omega}$ 的估计值 $\hat{\boldsymbol{\Sigma}}_N$ 和 $\hat{\boldsymbol{\Omega}}$。

第三，对 $\hat{\boldsymbol{\Omega}}$ 运用广义最小二乘法，得到各方程参数的 GLS 估计量：

$$\hat{\boldsymbol{b}}_{\mathrm{SUR}} = (\boldsymbol{X}'\hat{\boldsymbol{\Omega}}^{-1}\boldsymbol{X})^{-1}\boldsymbol{X}'\hat{\boldsymbol{\Omega}}^{-1}\boldsymbol{Y} = [\boldsymbol{x}'(\hat{\boldsymbol{\Sigma}}_N \otimes \boldsymbol{I}_T)^{-1}\boldsymbol{x}]^{-1}[\boldsymbol{x}'(\hat{\boldsymbol{\Sigma}}_N \otimes \boldsymbol{I}_T)^{-1}\boldsymbol{Y}]$$

SUR 估计值是一致估计值。在下面两种情况下，SUR 估计与运用 OLS 回归的结果相同：一是各方程的随机项之间的协方差都等于 0；二是各方程的解释变量都相同，且各个解释变量的每个观测值亦相同。

(3) **固定影响变截距模型的二阶段最小二乘估计**。如果随机误差项与解释变量相关，此时需要采用二阶段最小二乘方法对模型进行估计。选择同解释变量相关、同随机误差项不相关的解释变量作为工具变量对模型进行二阶段最小二乘估计。

2. 随机影响变截距模型及其估计

与固定影响模型不同，随机影响(或随机效应)变截距模型把变截距模型中用来反映个体差异的截距项分为常数项和随机变量项两部分，并用其中的随机变量项来表示模型中被忽略的、反映个体差异的变量的影响。模型的基本形式为

$$y_{it} = (a + v_i) + \boldsymbol{x}_{it}\boldsymbol{b} + u_{it}(i = 1,\cdots,N;\ t = 1,\cdots,T)$$

式中，a 为截距中的常数项部分，v_i 为截距中的随机变量部分，代表个体的随机影响。u_{it} 与 v_i 不相关，v_i 与 $\boldsymbol{x}_{it}$ 不相关，且满足基本假定，$E(u_{it}^2)=\sigma_u^2$，$E(v_i^2)=\sigma_v^2$。

为了分析方便，可以将随机影响变截距模型写成如下形式：

$$y_{it} = \tilde{\boldsymbol{x}}_{it}\boldsymbol{\delta} + \omega_{it}(i = 1,\cdots,N,t = 1,\cdots,T)$$

式中，$\tilde{\boldsymbol{x}}_{it} = (1,\boldsymbol{x}_{it})$，$\boldsymbol{\delta} = (\boldsymbol{a},\boldsymbol{b}')'$，$\omega_{it} = v_i + u_{it}$。如果记 $\boldsymbol{w}_i = (\omega_{i1},\omega_{i2},\cdots,\omega_{iT})$，$\boldsymbol{w} = (\boldsymbol{w}_1,$

$\boldsymbol{w}_2,\cdots,\boldsymbol{w}_N$),则有

$$E(\omega_{it})=0;\ E(\omega_{it}^2)=\sigma_u^2+\sigma_v^2,E(\omega_{it}\omega_{is})=\sigma_v^2(t\neq s)$$

$$E(\boldsymbol{w}_i'\boldsymbol{w}_i)=\sigma_u^2\boldsymbol{I}_T+\sigma_v^2\boldsymbol{ee}'=\Omega;\quad E(\boldsymbol{w}'\boldsymbol{w})_{NT\times NT}=\boldsymbol{I}_N\otimes\boldsymbol{\Omega}=\boldsymbol{V}$$

$$\boldsymbol{V}^{-1}=\boldsymbol{I}_N\otimes\boldsymbol{\Omega}^{-1},\quad \boldsymbol{\Omega}^{-1}=\frac{1}{\sigma_u^2}\left(\boldsymbol{I}_T-\frac{\sigma_v^2}{\sigma_u^2+T\sigma_v^2}\boldsymbol{ee}'\right)$$

当成分方差 σ_u^2 和 σ_v^2 已知时,可以求出模型中参数 $\boldsymbol{\delta}$ 的 GLS 估计量

$$\hat{\boldsymbol{\delta}}_{\mathrm{GLS}}=\left[\sum_{i=1}^{N}\tilde{\boldsymbol{x}}_i'\boldsymbol{\Omega}^{-1}\tilde{\boldsymbol{x}}_i\right]^{-1}\left[\sum_{i=1}^{N}\tilde{\boldsymbol{x}}_i'\boldsymbol{\Omega}^{-1}\boldsymbol{y}_i\right]$$

式中,$\tilde{\boldsymbol{x}}_i=(\tilde{\boldsymbol{x}}_{i1},\tilde{\boldsymbol{x}}_{i2},\cdots,\tilde{\boldsymbol{x}}_{iT})'$,对应的协方差矩阵为

$$\mathrm{var}(\hat{\boldsymbol{\delta}}_{\mathrm{GLS}})=\sigma_u^2\left(\sum_{i=1}^{N}\tilde{\boldsymbol{x}}_i'\boldsymbol{\Omega}^{-1}\tilde{\boldsymbol{x}}_i\right)^{-1}$$

在实际分析中,成分方差几乎都是未知的。因此,需要采用可行广义最小二乘估计法(feasible generalized least squared,FGLS)对模型进行估计,即先利用数据求出未知成分方差的无偏估计,然后再进行广义最小二乘估计。

3. 随机影响模型的检验

在实际应用中,究竟是采用固定影响模型还是采用随机影响模型,这需要进行模型设定检验。主要有两种检验方法。

(1) LM 检验。设零假设和备择假设:$H_0:\sigma_v^2=0\quad H_1:\sigma_v^2\neq 0$。如果不否定原假设,就意味着没有随机影响,应当采用固定影响模型。否则采用随机影响模型。

在原假设成立的前提下,检验的统计量是

$$\mathrm{LM}=\frac{NT}{2(T-1)}\left[\frac{\sum_{i=1}^{N}\left(\sum_{t=1}^{T}e_{it}\right)^2}{\sum_{i=1}^{N}\sum_{t=1}^{T}e_{it}^2}-1\right]^2=\frac{NT}{2(T-1)}\cdot\left(\frac{\boldsymbol{e}'\boldsymbol{DD}'\boldsymbol{e}}{\boldsymbol{e}'\boldsymbol{e}}-1\right)^2$$

式中,e_{it} 是线性回归的残差,$\boldsymbol{e}$ 是由混合模型 OLS 估计的残差组成的向量,$\boldsymbol{D}$ 是前面的虚拟变量矩阵。在原假设成立情况下,LM 统计量服从自由度为 1 的 χ^2 分布。给定显著性水平 α,若统计量 $\mathrm{LM}>\chi_\alpha^2(1)$,则否定原假设,采用随机影响模型;否则采用固定影响模型。

(2) 豪斯曼(Hausman)检验。原假设与备择假设是:

H_0:个体影响与解释变量不相关(个体随机影响回归模型)

H_1:个体影响与解释变量相关(个体固定影响回归模型)

检验的统计量是

$$\boldsymbol{W}=(\hat{\boldsymbol{b}}_{\mathrm{CV}}-\hat{\boldsymbol{b}}_{\mathrm{GLS}})'[\mathrm{var}(\hat{\boldsymbol{b}}_{\mathrm{CV}})-\mathrm{var}(\hat{\boldsymbol{b}}_{\mathrm{GLS}})]^{-1}(\hat{\boldsymbol{b}}_{\mathrm{CV}}-\hat{\boldsymbol{b}}_{\mathrm{GLS}})$$

式中,k 为解释变量的个数,$\hat{\boldsymbol{b}}_{\mathrm{CV}}$ 为固定影响模型的估计参数,$\hat{\boldsymbol{b}}_{\mathrm{GLS}}$ 为随机影响模型的估计参数。在原假设成立情况下,$\boldsymbol{W}$ 服从自由度为 k 的 χ^2 分布,这样可以利用 χ^2 分布的临界值与上述统计量对比来判断原假设是否成立。

特别地,当解释变量的个数为 1 时,豪斯曼(Hausman)检验的统计量是

$$W=\frac{(\hat{b}_{\mathrm{CV}}-\hat{b}_{\mathrm{GLS}})^2}{s(\hat{b}_{\mathrm{CV}})^2-s(\hat{b}_{\mathrm{GLS}})^2}$$

11.1.5　变系数模型

变系数模型的基本形式如下：

$$y_{it}=a_i+\boldsymbol{x}_{it}\boldsymbol{b}_i+u_{it}(i=1,\cdots,N;\ t=1,\cdots,T)$$

式中，u_{it} 为随机误差项，满足相互独立、零均值、同方差为 σ_u^2 的假设，常数项 a_i 和系数向量 $\boldsymbol{b}_i$ 都是随着横截面个体的改变而变化的。可以将变系数模型改写成如下形式：

$$y_{it}=\tilde{\boldsymbol{x}}_{it}\boldsymbol{\delta}_i+u_{it}(i=1,\cdots,N;\ t=1,\cdots,T)$$

式中，$\tilde{\boldsymbol{x}}_{it}=(1,\boldsymbol{x}_{it})$，$\boldsymbol{\delta}_i=(a_i,\boldsymbol{b}_i')'$。模型相应的矩阵形式为

$$\boldsymbol{Y}=\tilde{\boldsymbol{x}}\boldsymbol{\delta}+\boldsymbol{U}$$

其中：

$$\tilde{\boldsymbol{x}}=\begin{pmatrix}\tilde{\boldsymbol{x}}_1 & 0 & \cdots & 0\\ 0 & \tilde{\boldsymbol{x}}_2 & \cdots & 0\\ \vdots & \vdots & \vdots & \vdots\\ 0 & 0 & \cdots & \tilde{\boldsymbol{x}}_N\end{pmatrix},\quad \tilde{\boldsymbol{x}}_i=\begin{pmatrix}\tilde{\boldsymbol{x}}_{i11} & \tilde{\boldsymbol{x}}_{i12} & \cdots & \tilde{\boldsymbol{x}}_{i1(k+1)}\\ \boldsymbol{x}_{i21} & \boldsymbol{x}_{i22} & \cdots & \boldsymbol{x}_{i2(k+1)}\\ \vdots & \vdots & \vdots & \vdots\\ \boldsymbol{x}_{iT1} & \boldsymbol{x}_{iT2} & \cdots & \boldsymbol{x}_{iT(k+1)}\end{pmatrix},\quad \boldsymbol{\delta}=\begin{pmatrix}\boldsymbol{\delta}_1\\ \boldsymbol{\delta}_2\\ \vdots\\ \boldsymbol{\delta}_N\end{pmatrix}$$

1. 固定影响变系数模型及其估计

当不同横截面个体之间的随机误差项不相关时，即 $E(\boldsymbol{u}_i\boldsymbol{u}_j')=0(i\neq j)$，且 $E(\boldsymbol{u}_i\boldsymbol{u}_i')=\sigma_i^2\boldsymbol{I}$，可以将模型分成对应于横截面个体的 N 个单方程，利用各横截面个体的时间序列数据采用经典的单方程模型估计方法分别估计各单方程中的参数。

当不同横截面个体的随机误差项之间存在相关性时，即 $E(\boldsymbol{u}_i\boldsymbol{u}_j')=\boldsymbol{\Omega}_{ij}\neq 0(i\neq j)$时，各截面上的单方程 OLS 估计量虽然仍是一致和无偏的，但不是最有效的，因此需要使用广义最小二乘法对模型进行估计。如果协方差矩阵未知，一种可行的方法是：首先采用经典单方程计量经济模型的估计方法，分别估计每个截面个体上的 $\boldsymbol{b}_i$，计算残差估计值，以此构造协方差矩阵的估计量，然后再进行 GLS 估计。

2. 随机影响变系数模型及其估计

考虑如下形式的变系数模型：

$$y_{it}=\tilde{\boldsymbol{x}}_{it}\boldsymbol{\delta}_i+u_{it}\quad(i=1,\cdots,N,t=1,\cdots,T)$$

式中，$\tilde{\boldsymbol{x}}_{it}=(1,\boldsymbol{x}_{it})$，$\boldsymbol{\delta}_i=(a_i,\boldsymbol{b}_i')'$。系数向量$\boldsymbol{\delta}_i$ 为跨截面变化的随机值向量，设定为

$$\boldsymbol{\delta}_i=\bar{\boldsymbol{\delta}}+\boldsymbol{v}_i\quad(i=1,\cdots,N)$$

式中，$\bar{\boldsymbol{\delta}}$ 为跨截面变化的系数的均值部分，$\boldsymbol{v}_i$ 为随机变量，表示变化系数的随机部分，其服从如下假设：

(1) $E(\boldsymbol{v}_i)=\boldsymbol{0}_{k+1}$；

(2) $E(\boldsymbol{v}_i\boldsymbol{v}_i')=\begin{cases}\lambda\boldsymbol{I}_{k+1} & i=j\\ \boldsymbol{0}_{(k+1)\times(k+1)} & i\neq j\end{cases}$；

(3) $E(\tilde{\boldsymbol{x}}_{it}'\boldsymbol{v}_j')=\boldsymbol{0}_{(k+1)\times(k+1)}$，$\boldsymbol{E}(\boldsymbol{v}_i\boldsymbol{u}_j')=\boldsymbol{0}_{(k+1)\times T}$；

(4) $E(\boldsymbol{u}_i\boldsymbol{u}_i')=\begin{cases}\sigma_i^2\boldsymbol{I}_T & i=j\\ \boldsymbol{0}_{T\times T} & i\neq j\end{cases}$

此时模型 $y_{it}=\tilde{x}_{it}\boldsymbol{\delta}_i+u_{it}$ 的矩阵形式可以改写为

$$\boldsymbol{Y}=\tilde{x}\,\bar{\boldsymbol{\delta}}+\boldsymbol{Dv}+\boldsymbol{U}$$

式中，$\boldsymbol{v}=(\boldsymbol{v}_1,\boldsymbol{v}_2,\cdots,\boldsymbol{v}_N)'$，$\tilde{x}=(\tilde{x}_1,\tilde{x}_2,\cdots,\tilde{x}_N)'_{NT\times(k+1)}$，$\boldsymbol{D}=\mathrm{diag}(\tilde{x}_1,\tilde{x}_2,\cdots,\tilde{x}_N)'_{NT\times N(k+1)}$，$\boldsymbol{D}$ 是 $\tilde{x}_i$ 的分块对角矩阵。复合误差项 $\boldsymbol{Dv}+\boldsymbol{U}$ 的协方差矩阵 $\boldsymbol{\Phi}$ 为分块对角矩阵

$$\boldsymbol{\Phi}=\begin{pmatrix}\boldsymbol{\Phi}_1 & 0 & \cdots & 0\\ 0 & \boldsymbol{\Phi}_2 & \cdots & 0\\ \vdots & \vdots & & \vdots\\ 0 & 0 & \cdots & \boldsymbol{\Phi}_N\end{pmatrix}_{NT\times NT}$$

式中，$\boldsymbol{\Phi}_i=\tilde{x}_i\boldsymbol{H}\,\tilde{x}_i'+\sigma_i^2\boldsymbol{I}_T$，$\boldsymbol{H}=\lambda\boldsymbol{I}_{k+1}$。

同随机影响变截距模型类似，在上述假设下，如果$(1/NT)\tilde{x}\tilde{x}'$收敛于非零常数矩阵，则参数 $\bar{\boldsymbol{\delta}}$ 的最优线性无偏估计是由下式给出的广义最小二乘(GLS)估计：

$$\hat{\bar{\boldsymbol{\delta}}}_{\mathrm{GLS}}=\left[\sum_{i=1}^{N}\tilde{x}_i'\boldsymbol{\Phi}_i^{-1}\,\tilde{x}_i\right]^{-1}\left[\sum_{i=1}^{N}\tilde{x}_i'\boldsymbol{\Phi}_i^{-1}y_i\right]=\sum_{i=1}^{N}w_i\hat{\boldsymbol{\delta}}_i$$

式中，$w_i=[\boldsymbol{H}+\sigma_i^2(\tilde{x}'_i\tilde{x}_i)^{-1}]^{-1}\Big/\sum_{i=1}^{N}[\boldsymbol{H}+\sigma_i^2(\tilde{x}'_i\tilde{x}_i)^{-1}]^{-1}$，$\hat{\boldsymbol{\delta}}_i=(\tilde{x}'_i\tilde{x}_i)^{-1}\,\tilde{x}'_i\boldsymbol{y}_i$。

在实际分析中，这两项方差几乎都是未知的，因此需要采用可行广义最小二乘估计法(FGLS)对模型进行估计，即先利用数据求出未知方差的无偏估计，然后再进行广义最小二乘估计。

11.1.6 面板数据的单位根检验与协整检验

1. 面板数据的单位根检验

面板数据模型的单位根检验方法同普通的单位根检验方法类似，但也不完全相同。一般情况下可以将面板数据的单位根检验划分为两大类：一类为相同根情形下的单位根检验，即假设面板数据中的各截面序列具有相同的单位根过程，这类检验方法包括 LLC(Levin-Lin Chu)检验、Breitung 检验、Hadri 检验；另一类为不同根情形下的单位根检验，这类检验方法允许面板数据中的各截面序列具有不同的单位根过程，允许参数跨截面变化，检验方法主要包括 Im-Pesaran-Shin 检验、Fisher-ADF 检验和 Fisher-PP 检验。

2. 面板数据的协整检验

Pedroni 提出了基于 Engle and Granger 两步法的面板数据协整检验方法，该方法以协整方程的回归残差为基础构造 7 个统计量来检验面板变量之间的协整关系。Kao 检验和 Pedroni 检验遵循同样的方法，即也是由 Engle and Granger 两步法发展起来的。但不同于 Pedroni 检验，Kao 检验在第一阶段将回归方程设定为每一个截面个体有不同的截距项和相同的系数。第二阶段基于 DF 检验和 ADF 检验的原理，对第一阶段求得的残差序列进行平稳性检验。Maddala 和 Wu 基于 Fisher 所提出的单个因变量联合检验的结论，建立了可用于面板数据的另一种协整检验方法，该方法通过联合单个截面个体 Johansen 协整检验的结果获得对应于面板数据的检验统计量。

11.2　学习重点与难点

(1)面板数据模型的基本概念(掌握面板数据模型的三种类型：无个体影响的不变系数模型、变截距模型和变系数模型；面板数据模型的优点)；(2)模型形式设定检验与随机影响的检验[掌握协方差分析检验与豪斯曼(Hausman)检验]；(3)面板数据模型的估计[掌握混合回归模型的估计；重点掌握固定影响变截距模型的估计，如最小二乘虚拟变量(LSDV)、广义最小二乘法(GLS)、似不相关估计(SUR)、可行广义最小二乘估计法(FGLS)；掌握随机影响变截距的估计；掌握变系数模型的估计]；(4)EViews 软件操作方法(能应用 EViews 软件解决面板数据模型的实际问题)。

11.3　典型例题分析

例 1　截面数据、时间序列数据和面板数据的特点是什么?

解答　计量经济模型中的数据主要分为三种：时间序列、截面数据、面板数据。

时间序列数据是同一统计指标，同一统计单位按时间顺序记录形成的数据列。时间序列数据可以是时期数据，也可以是时点数据。在时间序列数据中，我们得到一个微观个体在一段时期内的信息。

截面数据是同一统计指标，同一时间(时期或时点)按不同统计单位记录形成的数据列。在截面数据中，我们获取若干微观个体在同一时期的信息，通常假定这种数据基于随机样本而收集。

面板数据是指在时间序列上取多个截面，在这些截面上同时选取样本观测值所构成的样本数据。面板数据提供若干微观个体在几个不同时期内的信息，因而兼具横截面数据和时间序列数据的特征。面板数据从横截面上看，是由若干个体在某一时期构成的截面观测值，从纵剖面上看是一个时间序列。

面板数据的优点：第一，面板数据大大增加了样本容量。第二，通过重复研究横截面观测值，面板数据更加适合研究动态的变化。第三，面板数据使我们能够研究更为复杂的行为模型。

尽管面板数据有这些优点，但面板数据存在推断问题。由于数据涉及横截面和时间两个维度，因而困扰截面数据(如异方差性)和时间序列数据(如自相关)的问题就需要提及。还有一些其他问题，比如说在同一时点上个体单元的交叉相关。

例 2　什么是固定影响模型和随机影响模型?什么情况下应使用固定影响模型?什么情况下应使用随机影响模型?

解答　(1) 以变截距模型为例，固定影响模型是指未观测到的个体差异可以由各自不同的常数项(截距)来表示，这个常数项(截距)在不同时期保持不变，与解释变量相关，是非随机的。

固定影响模型允许个体成员之间存在个体影响，并用截距项的差别来说明。模型的基本形式为

$$y_{it} = a_i + \boldsymbol{x}_{it}\boldsymbol{b} + u_{it} (i = 1, \cdots, N;\ t = 1, \cdots, T)$$

其中：a_i 为个体影响，是常数项(截距)，与解释变量相关，是非随机的。

与固定影响模型不同，随机影响模型是把模型中用来反映个体差异的截距项分为常数项和随机变量项两部分，并用其中的随机变量项来表示模型中被忽略的、反映个体差异的变量的影响，与解释变量不相关。

模型的基本形式为

$$y_{it} = (a + v_i) + \boldsymbol{x}_{it}\boldsymbol{b} + u_{it} \quad (i = 1, \cdots, N;\ t = 1, \cdots, T)$$

其中：a 为截距中的常数项部分，v_i 为截距中的随机变量部分，代表个体的随机影响。u_{it} 与 v_i 不相关，v_i 与 $\boldsymbol{x}_{it}$ 不相关。

固定影响模型与随机影响模型的一个重要区别是未观测到的个体影响是否包含与模型中的解释变量相关的元素。

(2) 固定影响模型和随机影响模型适用范围

① 如果 v_i 与 $\boldsymbol{x}_{it}$ 是相关的，那么随机影响估计量是有偏差的，而从固定影响中获得的估计量则是无偏的，固定影响模型则可能更适用一些。若假定 v_i 与 $\boldsymbol{x}_{it}$ 不相关，那么随机影响可能合适一些。

② 若 T(时间序列数据的数目)较大而 N(截面单元的数量)较小，那么通过固定影响和随机影响估计的参数值之间很可能没什么差别。这时的选择依据就基于计算上的便利了，从这个理由来看，固定影响可能更加可取。

③ 当 N 较大而 T 较小时，两种方法的估计值会有显著的差异。如果样本个体或截面单元不是从一个大样本中随机取出的，那么固定影响是合适的。如果样本中的截面单元是从一个大样本中随机取出的，那么随机影响是合适的。

例 3 采用固定影响模型还是采用随机影响模型，需要进行检验。请阐述随机影响模型的检验方法和步骤。

解答 随机影响模型检验主要有两种方法。

(1) LM 检验。设零假设和备择假设：$H_0: \sigma_v^2 = 0, H_1: \sigma_v^2 \neq 0$。如果不否定原假设，就意味着没有随机影响，应当采用固定影响模型；否则采用随机影响模型。

在原假设成立的前提下，检验的统计量是

$$\mathrm{LM} = \frac{NT}{2(T-1)}\left[\frac{\sum_{i=1}^{N}\left(\sum_{t=1}^{T} e_{it}\right)^2}{\sum_{i=1}^{N}\sum_{t=1}^{T} e_{it}^2} - 1\right]^2 = \frac{NT}{2(T-1)} \cdot \left(\frac{\boldsymbol{e}'\boldsymbol{D}\boldsymbol{D}'\boldsymbol{e}}{\boldsymbol{e}'\boldsymbol{e}} - 1\right)^2$$

式中，e_{it} 是线性回归的残差，$\boldsymbol{e}$ 是由混合模型 OLS 估计的残差组成的向量，$\boldsymbol{D}$ 是前面的虚拟变量矩阵。在原假设成立情况下，LM 统计量服从自由度为 1 的 χ^2 分布。给定显著性水平 α，若统计量 $\mathrm{LM} > \chi_\alpha^2(1)$，则否定原假设，采用随机影响模型；否则采用固定影响模型。

(2) 豪斯曼(Hausman)检验。原假设与备择假设是：

H_0：个体影响与解释变量不相关(个体随机影响回归模型)

H_1：个体影响与解释变量相关(个体固定影响回归模型)

检验的统计量是

$$\boldsymbol{W} = (\hat{\boldsymbol{b}}_{\mathrm{CV}} - \hat{\boldsymbol{b}}_{\mathrm{GLS}})'[\mathrm{var}(\hat{\boldsymbol{b}}_{\mathrm{CV}}) - \mathrm{var}(\hat{\boldsymbol{b}}_{\mathrm{GLS}})]^{-1}(\hat{\boldsymbol{b}}_{\mathrm{CV}} - \hat{\boldsymbol{b}}_{\mathrm{GLS}})$$

式中，k 为解释变量的个数，$\hat{\boldsymbol{b}}_{\mathrm{CV}}$ 为固定影响模型的估计参数，$\hat{\boldsymbol{b}}_{\mathrm{GLS}}$ 为随机影响模型的估计参数。在原假设成立情况下，$\boldsymbol{W}$ 服从自由度为 k 的 χ^2 分布，这样可以利用 χ^2 分布的临界值与上述统计量对比来判断原假设是否成立。

例 4　对不同的个体有不同的截距和斜率的面板数据模型，我们称之为个体面板数据模型。而对于不同的时点（或时期）有不同的截距和斜率的面板数据模型，则称为时点（或时期）面板数据模型。时点面板数据模型也有三种类型：无时点影响的不变系数模型、时点变截距模型和时点变系数模型，请用协方差分析检验法对模型形式进行设定检验。

解答　如果面板数据模型的解释变量对被解释变量的影响既不随着时间变化而变化，也不随个体变化而变化，则可以设定混合回归模型：

$$y_{it}=a+\boldsymbol{x}_{it}\boldsymbol{b}+u_{it}(i=1,2,\cdots,N;\ t=1,2,\cdots,T)$$

如果面板数据模型的解释变量对被解释变量的截距影响只是随着时间变化而不随个体变化（对不同时点有不同的截距），则可以设定时点变截距模型：

$$y_{it}=\gamma_t+\boldsymbol{x}_{it}\boldsymbol{b}+u_{it},\quad (i=1,2,\cdots,N;\ t=1,2,\cdots,T)$$

如果面板数据模型的解释变量对被解释变量的截距和斜率影响随着时间变化而不随个体变化（对不同时点有不同的截距和斜率），则可以设定时点变斜率模型：

$$y_{it}=\gamma_t+\boldsymbol{x}_{it}\boldsymbol{b}_t+u_{it},\quad (i=1,2,\cdots,N;\ t=1,2,\cdots,T)$$

模型设定检验步骤如下：

假设 1：$H_1:\boldsymbol{b}_1=\boldsymbol{b}_2=\cdots=\boldsymbol{b}_T$

假设 2：$H_2:\gamma_1=\gamma_2=\cdots=\gamma_T,\boldsymbol{b}_1=\boldsymbol{b}_2=\cdots=\boldsymbol{b}_T$

如果接受假设 H_2，则可以认为样本数据符合混合回归模型。如果拒绝假设 H_2，则需检验假设 H_1。如果接受 H_1，则认为样本数据符合时点变截距模型；反之，则认为样本数据符合时点变系数模型。

假设检验的 F 统计量的计算方法。首先计算时点变系数模型的残差平方和 S_1；其次计算时点变截距模型的残差平方和 S_2；最后计算混合回归模型的残差平方和 S_3。

在假设 H_2 下检验统计量 F_2 服从相应自由度下的 F 分布，即

$$F_2=\frac{(S_3-S_1)/[(T-1)(k+1)]}{S_1/[NT-T(k+1)]}\sim F[(T-1)(k+1),T(N-k-1)]$$

在假设 H_1 下检验统计量 F_1 也服从相应自由度下的 F 分布，即

$$F_1=\frac{(S_2-S_1)/[(T-1)k]}{S_1/[NT-T(k+1)]}\sim F[(T-1)k,T(N-k-1)]$$

若计算所得到的 F_2 统计量的值小于给定显著性水平下的相应临界值，即 $F_2<F_\alpha$，则接受假设 H_2，认为模型为混合数据模型。反之，若 $F_2>F_\alpha$，则继续检验假设 H_1。

若计算所得到的 F_1 统计量的值小于给定显著性水平下的相应临界值，即 $F_1<F_\alpha$，则接受假设 H_1，认为模型为时点变截距模型。反之，若 $F_1>F_\alpha$，则认为模型为时点变系数模型。

例 5　如果面板数据模型的解释变量对被解释变量的截距影响随着个体和时点变化（对不同时点、不同个体有不同的截距），则可以设定如下面板数据模型（时点个体变截距模型）：

$$y_{it}=\alpha_i+\gamma_t+\boldsymbol{x}_{it}\boldsymbol{b}_i+u_{it}(i=1,2,\cdots,N;\ t=1,2,\cdots,T)$$

考虑随机影响变截距模型，即变截距模型中用来反映个体和时点差异的截距项分为常数项

和随机变量项两部分 $a_i=a+v_i$,$\gamma_t=\gamma+\varepsilon_t$,且假设 u_{it} 与 v_i、ε_t 不相关,v_i 与 ε_t 不相关,v_i、ε_t 与 $\boldsymbol{x}_{it}$ 不相关,$E(u_{it}^2)=\sigma_u^2$,$E(v_i^2)=\sigma_v^2$,$E(\varepsilon_t^2)=\sigma_\varepsilon^2$。记 $\omega_{it}=v_i+\varepsilon_t+u_{it}$,试计算:

(1) ω_{it} 的方差 $\mathrm{var}(\omega_{it})$;

(2) ω_{it} 与 ω_{jt} 之间的相关系数 $\rho(\omega_{it},\omega_{jt})$ $(i\neq j)$,即给定时点在不同个体的误差项之间的相关系数;

(3) ω_{it} 与 ω_{is} 之间的相关系数 $\rho(\omega_{it},\omega_{is})$ $(t\neq s)$,即给定个体在不同时点的误差项之间的相关系数。

解答 (1)
$$\begin{aligned}\mathrm{var}(\omega_{it})&=E[\omega_{it}-E(\omega_{it})]^2=E(\omega_{it}^2)=E(v_i+\varepsilon_t+u_{it})^2\\&=E(v_i^2+\varepsilon_t^2+u_{it}^2+2v_i\varepsilon_t+2v_iu_{it}+2\varepsilon_tu_{it})\end{aligned}$$

由假设知 u_{it} 与 v_i、ε_t 不相关,v_i 与 ε_t 不相关,因此 $E(v_i\varepsilon_t)=0$,$E(v_iu_{it})=0$,$E(\varepsilon_tu_{it})=0$,所以有:

$$\mathrm{var}(\omega_{it})=\sigma_v^2+\sigma_\varepsilon^2+\sigma_u^2$$

(2) 由于
$$\begin{aligned}\mathrm{cov}(\omega_{it},\omega_{jt})&=E[\omega_{it}-E(\omega_{it})][\omega_{jt}-E(\omega_{jt})]=E(\omega_{it}\omega_{jt})\\&=E(v_i+\varepsilon_t+u_{it})(v_j+\varepsilon_t+u_{jt})=E(\varepsilon_t^2)=\sigma_\varepsilon^2\end{aligned}$$

所以 ω_{it} 和 ω_{jt} 之间的相关系数为

$$\rho(\omega_{it},\omega_{jt})=\frac{\mathrm{cov}(\omega_{it},\omega_{jt})}{\sqrt{\mathrm{var}(\omega_{it})\cdot\mathrm{var}(\omega_{jt})}}=\frac{\sigma_\varepsilon^2}{\sigma_v^2+\sigma_\varepsilon^2+\sigma_u^2}\quad(i\neq j)$$

(3) 同理可以求得 ω_{it} 和 ω_{is} 之间的相关系数 $\rho(\omega_{it},\omega_{is})$:

$$\rho(\omega_{it},\omega_{is})=\frac{\mathrm{cov}(\omega_{it},\omega_{is})}{\sqrt{\mathrm{var}(\omega_{it})\cdot\mathrm{var}(\omega_{is})}}=\frac{\sigma_v^2}{\sigma_v^2+\sigma_\varepsilon^2+\sigma_u^2}\quad(t\neq s)$$

例 6 阐述近似不相关回归模型(SUR)及其参数估计的主要步骤。

解答 对于固定影响变截距模型,如果不同的个体成员之间同期的随机误差项是相关的,但其在不同时期之间是不相关的,即 $E(u_{it}u_{jt})=\sigma_{ij}$,$E(u_{is}u_{jt})=0(s\neq t)$,则称这种模型为近似不相关回归模型(SUR)。近似不相关回归模型(SUR)个体成员协方差矩阵为

$$E(\boldsymbol{u}_t\boldsymbol{u}_t')=\boldsymbol{\Sigma}_N=\begin{pmatrix}\sigma_{11}&\sigma_{12}&\cdots&\sigma_{1N}\\\sigma_{21}&\sigma_{22}&\cdots&\sigma_{2N}\\\vdots&\vdots&\vdots&\vdots\\\sigma_{N1}&\sigma_{N2}&\cdots&\sigma_{NN}\end{pmatrix}$$

则模型随机误差项的方差协方差矩阵为 $\boldsymbol{\Sigma}_N\otimes\boldsymbol{I}_T$。

在一般的情况下,个体成员之间协方差是未知的,此时可以利用普通最小二乘法先估计未加权系统的参数,计算残差估计值,以此构造协方差矩阵估计量,最后再进行广义最小二乘估计(GLS)就可以得到 $\boldsymbol{b}$ 的 SUR 估计。SUR 估计按以下三个步骤进行:

第一,用 OLS 法分别估计每个方程,计算并保存回归中得到的残差 e_{it}。

第二,用这些残差来估计随机误差项方差和不同回归方程误差项之间的协方差,即 $\boldsymbol{\Sigma}_N$ 矩阵中各元素:

$$\hat{\sigma}_{ij}=\frac{1}{T-k}\sum_{t=1}^{T}e_{it}e_{jt}$$

得到 $\boldsymbol{\Sigma}_N$ 和 $\boldsymbol{\Omega}$ 的估计值 $\hat{\boldsymbol{\Sigma}}_N$ 和 $\hat{\boldsymbol{\Omega}}$。

第三，对 $\hat{\boldsymbol{\Omega}}$ 运用广义最小二乘法，得到各方程参数的 GLS 估计量：

$$\hat{\boldsymbol{b}}_{\mathrm{SUR}}=(\boldsymbol{X}'\hat{\boldsymbol{\Omega}}^{-1}\boldsymbol{X})^{-1}\boldsymbol{X}'\hat{\boldsymbol{\Omega}}^{-1}\boldsymbol{Y}=[\boldsymbol{x}'(\hat{\boldsymbol{\Sigma}}_N\otimes\boldsymbol{I}_T)^{-1}\boldsymbol{x}]^{-1}[\boldsymbol{x}'(\hat{\boldsymbol{\Sigma}}_N\otimes\boldsymbol{I}_T)^{-1}\boldsymbol{Y}]$$

SUR 估计值是一致估计值。在下面两种情况下，SUR 估计与运用 OLS 回归的结果相同：一是各方程的随机项之间的协方差都等于 0；二是各方程的解释变量都相同，且各个解释变量的每个观测值亦相同。

例 7　表 11-1 列出了美国 1990 年和 1991 年 50 个州的鸡蛋价格 X（美分）和鸡蛋产量 Y（百万个）的相关数据。考虑如下模型：

$$Y_{it}=b_0+b_1X_{it}+u_{it}$$

（1）根据上述回归模型分别估计 1990 年和 1991 年鸡蛋产量 Y 相关于鸡蛋价格 X 的回归方程。

（2）将 1990 年和 1991 年的数据合并成一个大样本，按上述模型估计混合回归模型，在估计混合回归模型时需要做什么样的假设？

（3）使用固定影响模型，将两年进行区分，求出回归结果。

表 11-1　美国 1990 年和 1991 年 50 个州鸡蛋价格和鸡蛋产量数据

州	鸡蛋产量 Y		鸡蛋价格 X		州	鸡蛋产量 Y		鸡蛋价格 X	
	1990	1991	1990	1991		1990	1991	1990	1991
AL	2 206.0	2 186.0	92.7	91.4	GA	4 302.0	4 301.0	80.6	80.8
AK	0.7	0.7	151.0	149.0	HI	227.5	224.5	85.0	85.5
AZ	73.0	74.0	61.0	56.0	ID	187.0	203.0	79.1	72.9
AR	3 620.0	3 737.0	86.3	91.8	IL	793.0	809.0	65.0	70.5
CA	7 472.0	7 444.0	63.4	58.4	IN	5 445.0	5 290.0	62.7	60.1
CO	788.0	873.0	77.8	73.0	IA	2 151.0	2 247.0	56.5	53.0
CT	1 029.0	948.0	106.0	104.0	KS	404.0	389.0	54.5	47.8
DE	168.0	164.0	117.0	113.0	KY	412.0	483.0	67.7	73.5
FL	2 586.0	2 537.0	62.0	57.2	LA	273.0	254.0	115.0	115.0
ME	1 069.0	1 070.0	101.0	97.0	OH	4 667.0	4 637.0	59.1	54.7
MD	885.0	898.0	76.6	75.4	OK	869.0	830.0	101.0	100.0
MA	235.0	237.0	105.0	102.0	OR	652.0	686.0	77.0	74.6
MI	1 406.0	1 396.0	58.0	53.8	PA	4 976.0	5 130.0	61.0	52.0
MN	2 499.0	2 697.0	57.7	54.0	RI	53.0	50.0	102.0	99.0
MS	1 434.0	1 468.0	87.8	86.7	SC	1 422.0	1 420.0	70.1	65.9
MO	1 580.0	1 622.0	55.4	51.5	SD	435.0	602.0	48.0	45.8
MT	172.0	164.0	68.0	66.0	TN	277.0	279.0	71.0	80.7
NE	1 202.0	1 400.0	50.3	48.9	TX	3 317.0	3 356.0	76.7	72.6
NV	2.2	1.8	53.9	52.7	UT	456.0	486.0	64.0	59.0
NH	43.0	49.0	109.0	104.0	VT	31.0	30.0	106.0	102.0
NJ	442.0	491.0	85.0	83.0	VA	943.0	988.0	86.3	81.2
NM	283.0	302.0	74.0	70.0	WA	1 287.0	1 313.0	74.1	71.5
NY	975.0	987.0	68.1	64.0	WV	136.0	174.0	104.0	109.0
NC	3 033.0	3 045.0	82.8	78.7	WI	910.0	873.0	60.1	54.0
ND	51.0	45.0	55.2	48.0	WY	1.7	1.7	83.0	83.0

(4) 区分 50 个州后,能够使用固定影响模型吗?

(5) 随机影响模型是否适用于鸡蛋产量的建模?

解答 (1) 首先,建立合成数据库(Pool)对象。在打开工作文件窗口的基础上,单击主功能菜单中的 Objects 键,选 New Object 功能,从而打开 New Object(新对象)选择窗(见图 11-1)。

在 Type of Object 选择区选择 Pool,在 Name of Object 选择区命名 CHI,单击 OK 键,从而打开 Pool 对象说明窗口。在窗口中输入 50 个州的标识 AL,AK,AZ,…,WY。如图 11-2 所示。

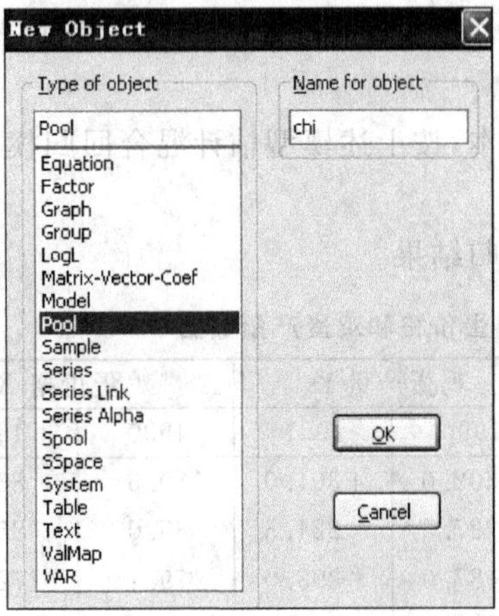

图 11-1 Pool 对象定义对话框

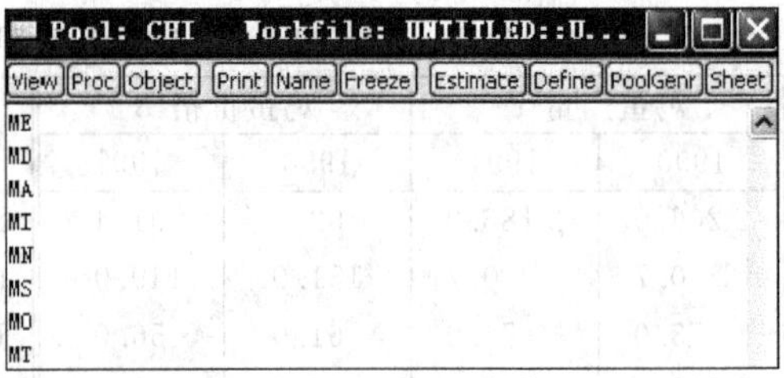

图 11-2 Pool 对象说明窗口

其次,定义序列名并输入数据。在新建立的 Pool(混合数据)窗口的工具栏中单击 Sheet 键,从而打开 Series List(列出序列名)窗口,定义时间序列变量 Y?、X?,如图 11-3 所示。单击 OK 键,从而打开 Pool(混合数据库)窗口,输入数据,输入完成后的情形见图 11-4。

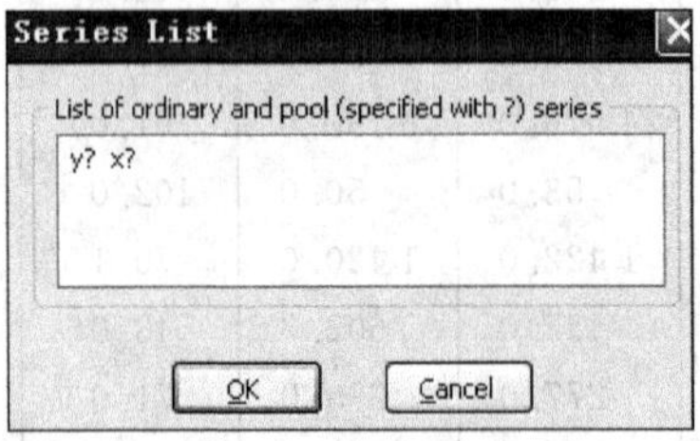

图 11-3 序列列表对话框

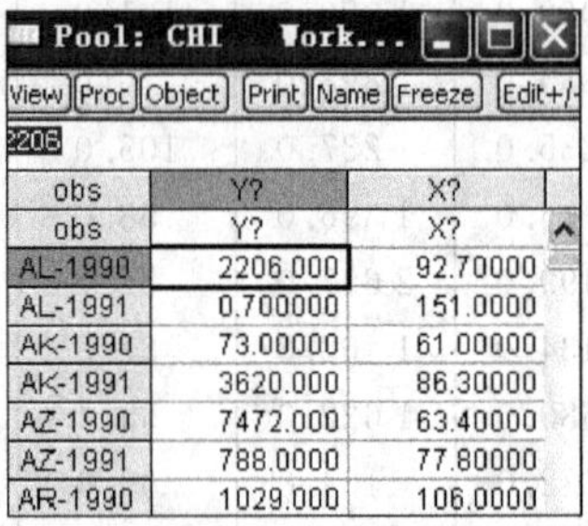

图 11-4 序列的堆栈形式数据表

再次,利用 EViews 软件估计 1990 年和 1991 年鸡蛋产量 Y 关于鸡蛋价格 X 的回归方程。在 Pool 窗口的工具栏中单击 Estimate 键,打开 Pool Estimation 窗口,如图 11-5 所示。

在 Dependent variable 对话框中输入被解释变量 y?;在 Regressors and AR() terms 的三个编辑框中,Common coefficients 栏中输入 c x?,在 Cross-section specific 和 Period specific 选择窗保持空白;在 Estimation method 三个选项框,Cross-section 选择 None,

Period 中选择 None；在 Weights(权数)中选择 No weights；在 Estimation settings 选择 LS 方法；在 Sample 设定中，将默认的“1990　1991”改为“1990　1990”，完成合成数据模型定义对话框后，单击 OK 键，得到 1990 年鸡蛋产量 Y 关于鸡蛋价格 X 的回归结果如表 11-2。

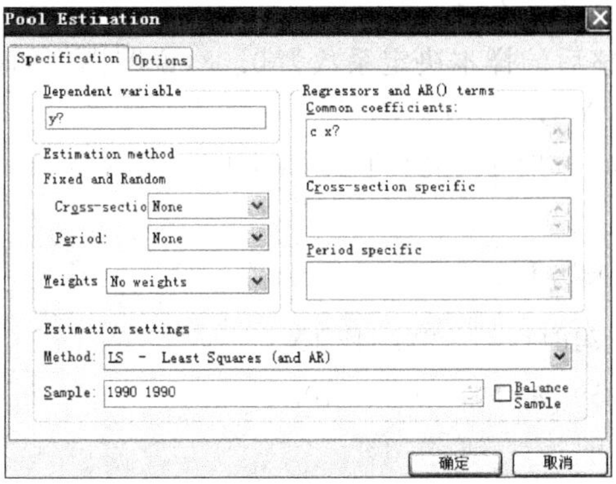

图 11-5　合成数据模型定义对话框

表 11-2　1990 年鸡蛋产量回归结果

Dependent Variable: Y?
Method: Pooled Least Squares
Date: 10/27/17 Time: 09:59
Sample: 1990 1990
Included observations: 1
Cross-sections included: 50
Total pool (balanced) observations: 50

Variable	Coefficient	Std. Error	t-Statistic	Prob.
C	3119.802	873.1681	3.572968	0.0008
X?	-22.50836	10.76864	-2.090177	0.0419

R-squared	0.083424	Mean dependent var	1357.622
Adjusted R-squared	0.064329	S.D. dependent var	1661.242
S.E. of regression	1606.921	Akaike info criterion	17.64121
Sum squared resid	1.24E+08	Schwarz criterion	17.71769
Log likelihood	-439.0301	Hannan-Quinn criter.	17.67033
F-statistic	4.368839	Durbin-Watson stat	0.000000
Prob(F-statistic)	0.041923		

在 Sample 设定中，将默认的“1990　1991”改为“1991　1991”，完成合成数据模型定义对话框后，单击 OK 键，得到 1991 年鸡蛋产量 Y 关于鸡蛋价格 X 的回归结果如表 11-3。

根据表 11-2 输出结果，得到美国 1990 年鸡蛋产量 Y 关于鸡蛋价格 X 的回归方程：

$$\hat{Y}_{1\,990} = 3\,119.802 - 22.508\,4X_{1\,990}$$
$$t = (3.573\,0) \quad (-2.090\,2)$$
$$\bar{R}^2 = 0.064\,3 \quad F = 4.368\,8$$

根据表 11-3 输出结果，得到美国 1991 年鸡蛋产量 Y 关于鸡蛋价格 X 的回归方程：

$$\hat{Y}_{1991} = 3\,149.356 - 23.348\,6X_{1991}$$
$$t = (3.883\,8) \quad (-2.274\,2)$$
$$\bar{R}^2 = 0.078\,5 \quad F = 5.172\,2$$

(2) 将 1990 年和 1991 年的数据合并成一个大样本，估计混合回归模型。在 Pool Estimation 窗口，在 Sample 设定中，选择默认，保留“1990　1991”；其他选择同(1)，得到混合回归估计结果，如表 11-4 所示。

表 11-3　1991 年鸡蛋产量回归结果

Dependent Variable: Y?
Method: Pooled Least Squares
Date: 10/27/17 Time: 10:10
Sample: 1991 1991
Included observations: 1
Cross-sections included: 50
Total pool (balanced) observations: 50

Variable	Coefficient	Std. Error	t-Statistic	Prob.
C	3149.356	810.9056	3.883751	0.0003
X?	-23.34856	10.26652	-2.274242	0.0275

R-squared	0.097272	Mean dependent var	1377.854
Adjusted R-squared	0.078465	S.D. dependent var	1660.494
S.E. of regression	1594.018	Akaike info criterion	17.62508
Sum squared resid	1.22E+08	Schwarz criterion	17.70156
Log likelihood	-438.6270	Hannan-Quinn criter.	17.65421
F-statistic	5.172177	Durbin-Watson stat	0.000000
Prob(F-statistic)	0.027461		

表 11-4　混合回归估计结果

Dependent Variable: Y?
Method: Pooled Least Squares
Date: 10/27/17 Time: 09:55
Sample: 1990 1991
Included observations: 2
Cross-sections included: 50
Total pool (balanced) observations: 100

Variable	Coefficient	Std. Error	t-Statistic	Prob.
C	3132.840	587.9002	5.328864	0.0000
X?	-22.89932	7.344919	-3.117709	0.0024

R-squared	0.090235	Mean dependent var	1367.738
Adjusted R-squared	0.080952	S.D. dependent var	1652.490
S.E. of regression	1584.193	Akaike info criterion	17.59333
Sum squared resid	2.46E+08	Schwarz criterion	17.64544
Log likelihood	-877.6667	Hannan-Quinn criter.	17.61442
F-statistic	9.720110	Durbin-Watson stat	0.004886
Prob(F-statistic)	0.002393		

根据输出结果,得如下混合回归方程:

$$\hat{Y}_{it} = 3\,132.840 - 22.899\,3X_{it}$$
$$t = (5.328\,9) \quad (-3.117\,7)$$
$$\bar{R}^2 = 0.081\,0 \quad F = 9.720\,1$$

表 11-4 结果表明,回归系数显著不为 0,调整后的样本决定系数为 0.08,说明模型的拟合优度较低。从结果看,鸡蛋产量 Y 与鸡蛋价格 X 反向变动。

(3) 引入两个虚拟变量:D1990 定义为 1990 年取 1,1991 年取 0;D1991 定义为 1991 年取 1,1990 年取 0。回归结果如表 11-5 所示。

根据输出结果,得如下引入虚拟变量后的回归方程:

$$\hat{Y}_{it} = 3\,153.996D_{1990} + 3\,118.746D_{1991} - 22.945\,1X_{it}$$
$$t = (5.077\,9) \quad (5.159\,3) \quad (-3.103\,3)$$
$$\bar{R}^2 = 0.071\,6 \quad \mathrm{DW} = 0.004\,4$$

表 11-5 结果表明,两个虚拟变量回归系数显著不为 0,表明鸡蛋产量在 1990 年和 1991 年存在明显差异。

EViews 9.0 估计方法:在 EViews 的 Pooled Estimation 对话框中,在 Dependent variable 选项中选 Y?,在 Fixed and Random 下,Cross-section 中选择 None,Period 中选择 Fixed,在 Common coeffients 填写 C X?,在 Cross-section specific 和 Period specific 选择窗保持空白。单击 OK 键,得到输出结果如表 11-6。

表 11-5 引入虚拟变量后的回归结果

Dependent Variable: Y?
Method: Pooled Least Squares
Date: 10/27/17 Time: 14:27
Sample: 1990 1991
Included observations: 2
Cross-sections included: 50
Total pool (balanced) observations: 100

Variable	Coefficient	Std. Error	t-Statistic	Prob.
D1990	3153.996	621.1182	5.077931	0.0000
D1991	3118.746	604.4909	5.159294	0.0000
X?	-22.94512	7.393842	-3.103275	0.0025

R-squared	0.090349	Mean dependent var	1367.738
Adjusted R-squared	0.071594	S.D. dependent var	1652.490
S.E. of regression	1592.238	Akaike info criterion	17.61321
Sum squared resid	2.46E+08	Schwarz criterion	17.69136
Log likelihood	-877.6605	Hannan-Quinn criter.	17.64484
Durbin-Watson stat	0.004405		

表 11-6 时点变截距模型估计结果

Dependent Variable: Y?
Method: Pooled Least Squares
Date: 10/27/17 Time: 14:50
Sample: 1990 1991
Included observations: 2
Cross-sections included: 50
Total pool (balanced) observations: 100

Variable	Coefficient	Std. Error	t-Statistic	Prob.
X?	-22.94512	7.393842	-3.103275	0.0025
C--1990	3153.996	621.1182	5.077931	0.0000
C--1991	3118.746	604.4909	5.159294	0.0000

R-squared	0.090349	Mean dependent var	1367.738
Adjusted R-squared	0.071594	S.D. dependent var	1652.490
S.E. of regression	1592.238	Akaike info criterion	17.61321
Sum squared resid	2.46E+08	Schwarz criterion	17.69136
Log likelihood	-877.6605	Hannan-Quinn criter.	17.64484
F-statistic	4.817175	Durbin-Watson stat	0.004405
Prob(F-statistic)	0.010126		

表 11-6 回归结果与表 11-5 回归结果基本相同。

(4) 如果区分 50 个州,使用固定影响模型的话,就要引入 49 个虚拟变量,这要消耗大量的自由度。对于 N 较大,而 T 较小的面板数据,建立时点面板数据模型较为合适。

(5) 由于个体较多(50 个州),而时期较短(只有两年),因此不适合建立个体面板数据模型,包括个体固定影响模型和个体随机影响模型,也不适合建立时点随机影响模型,建立时点固定影响模型较为合适。

例 8 表 11-7 至表 11-9 给出了 2000—2015 年上海市、江苏省、安徽省按支出法核算的国内生产总值 GDP、最终消费支出 CS、资本形成总额 I(亿元),出口总额 EX(亿美元)统计数据，试对三个地区经济增长影响因素进行面板数据模型分析。

表 11-7　2000—2015 年上海市 GDP、CS、*I*、EX 统计数据

年份	国内生产总值 GDP	最终消费支出 CS	资本形成总额 *I*	出口总额 EX
2000	4 771.17	2 244.52	2 169.72	253.54
2001	5 210.12	2 476.20	2 356.71	276.28
2002	5 741.03	2 791.06	2 531.29	320.55
2003	6 694.23	3 217.59	3 076.68	484.82
2004	8 072.83	3 832.59	3 782.25	735.20
2005	9 247.66	4 480.34	4 218.99	907.42
2006	10 572.24	5 175.15	4 873.34	1 135.73
2007	12 494.01	6 170.38	5 719.59	1 439.28
2008	14 069.87	7 172.67	6 143.82	1 693.50
2009	15 046.45	7 868.64	6 766.01	1 419.14
2010	17 165.98	9 424.29	7 407.78	1 807.84
2011	19 195.69	10 821.18	7 729.06	2 097.89
2012	20 181.72	11 528.58	7 674.82	2 068.07
2013	21 818.15	12 612.33	8 328.81	2 042.44
2014	23 567.70	13 858.14	8 767.78	2 102.77
2015	25 123.45	14 854.50	9 550.84	1 969.69

表 11-8　2000—2015 年江苏省 GDP、CS、*I*、EX 统计数据

年份	国内生产总值 GDP	最终消费支出 CS	资本形成总额 *I*	出口总额 EX
2000	8 553.69	3 710.72	4 044.78	257.70
2001	9 456.84	4 141.92	4 393.21	288.78
2002	10 606.85	4 801.91	4 808.67	384.80
2003	12 442.87	5 484.04	6 182.38	591.40
2004	15 003.60	6 227.21	7 957.76	874.97
2005	18 598.69	7 658.70	9 462.30	1 229.82
2006	21 742.05	9 045.90	10 721.70	1 604.19
2007	26 018.48	10 933.70	12 504.50	2 037.33
2008	30 981.98	12 843.37	15 017.72	2 380.36
2009	34 457.30	14 375.40	17 571.90	1 992.43
2010	41 425.48	17 238.08	21 173.29	2 705.50
2011	49 110.27	20 649.28	25 049.05	3 126.23
2012	54 058.22	22 714.57	27 258.07	3 285.38
2013	59 753.37	26 687.01	28 920.65	3 288.57
2014	65 088.32	31 067.33	29 799.68	3 418.69
2015	70 116.38	35 041.42	30 600.62	3 386.68

表 11-9　2000—2015 年安徽省 GDP、CS、I、EX 统计数据

年份	国内生产总值 GDP	最终消费支出 CS	资本形成总额 I	出口总额 EX
2000	3 041.24	1 947.78	1 094.97	194.427 9
2001	3 290.13	2 108.09	1 185.50	229.774 7
2002	3 553.55	2 262.95	1 294.76	294.110 2
2003	3 973.02	2 520.31	1 455.21	415.949 9
2004	4 814.65	2 835.44	1 983.21	581.463 8
2005	5 350.17	3 006.70	2 354.10	768.035 3
2006	6 112.50	3 374.70	2 760.50	1 008.942 7
2007	7 360.92	3 979.71	3 418.20	1 282.729 3
2008	8 851.66	4 571.97	4 319.15	1 542.670 0
2009	10 062.82	5 179.08	4 914.15	1 330.103 2
2010	12 359.33	6 213.15	6 171.54	1 804.648 7
2011	15 300.65	7 604.30	7 725.04	2 163.494 9
2012	17 212.05	8 439.01	8 855.77	2 245.185 4
2013	19 229.34	9 281.22	10 018.25	2 487.462 4
2014	20 848.75	10 136.81	10 905.76	2 733.289 7
2015	22 005.63	10 970.50	11 312.33	2 763.321 1

根据表 11-7 至表 11-9 数据，利用模型 $\ln GDP = a + b_1 \ln CS + b_2 \ln I + b_3 \ln EX + u$，解答下列问题：

(1) 估计混合回归模型；

(2) 估计固定影响变截距模型；

(3) 估计固定影响变系数模型；

(4) 估计固定影响变系数截面近似不相关回归模型(Cross-section SUR)；

(5) 对 lnGDP?、lnCS?、lnI?、lnEX? 序列面板数据进行单位根检验和面板协整检验；

(6) 对已经估计的混合回归模型、固定影响变截距模型和固定影响变系数模型，请用协方差分析检验法对模型形式进行设定检验，以判断采用哪类模型更好一些。

解答　(1) 估计混合回归模型。模型形式为

$$\ln GDP_{it} = a + b_1 \ln CS_{it} + b_2 \ln I_{it} + b_3 \ln EX_{it} + u_{it} \quad (i = 1,2,3;\ t = 2000,\cdots,2015)$$

其中：a 为截距项，b_1、b_2、b_3 依次为三个地区 GDP 关于 CS、I、EX 的弹性系数。

EViews 估计方法：首先建立工作文件。打开工作文件窗口，单击 EViews 主功能菜单上的 Objects 键，选 New Object 功能，从而打开 New Object 选择窗。在 Type of Object 选择区选择 Pool，并在 Name of Object 选择区为混合数据库起名为 jjzzmx，单击 OK 键，从而打开 Pool 窗口。在窗口中输入三个地区的标识 SH(上海)、JS(江苏)、AH(安徽)。

其次定义序列名并输入数据。在新建的 Pool 窗口的工具栏中单击 Sheet 键，打开 Series List(列出序列名)窗口，定义时间序列变量 GDP?、CS?、I?和 EX?，单击 OK 键，从而打开 Pool 窗口，输入数据。

生成新序列 lnGDP?、lnCS?、lnI? 和 lnX?。在 Pool 窗口的工具栏中单击 PoolGenr 键，

弹出生成新序列对话框，如图 11-6，在对话框中填写 lnGDP?＝LOG(GDP?)，生成新序列 lnGDP?。按照同样方法生成 lnCS?、lnI? 和 lnEX?。

在 Pool 窗口的工具栏中单击 Estimate 键，打开 Pool Estimation(混合估计)窗口如图 11-7。

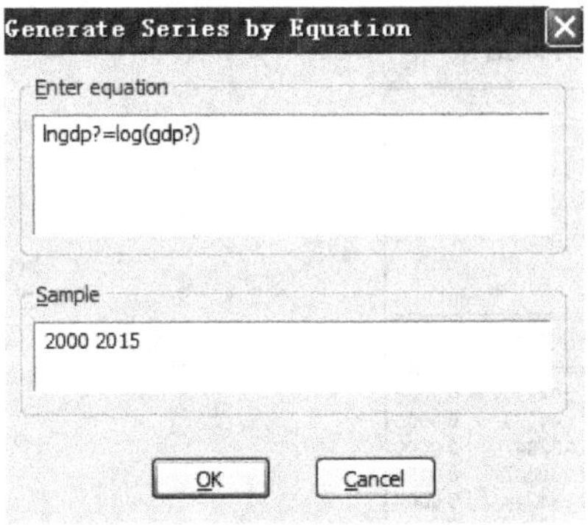

图 11-6　生成新序列对话框

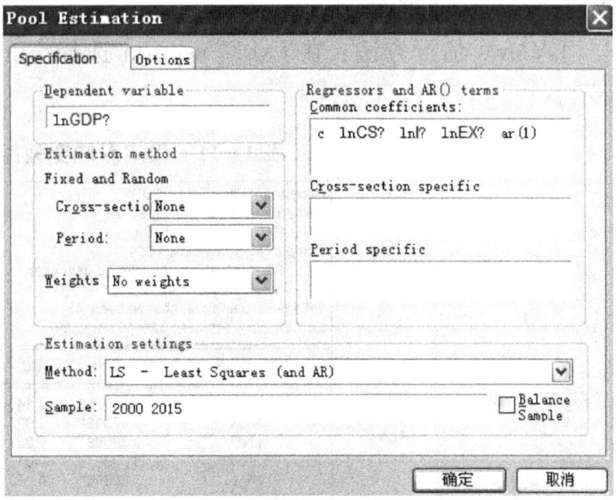

图 11-7　面板数据模型估计对话框

在 Dependent variable 对话框中输入被解释变量 lnGDP?；在 Regressors and AR() terms 的三个编辑框中，Common coefficients 栏中输入 C　lnCS?　lnI?　lnEX　ar(1)［加入 ar(1)是为了消除自相关］，在 Cross-section specific 和 Period specific 选择窗保持空白；在 Estimation method 三个选项框，Cross-section 选择 None，Period 中选择 None；在 Weights(权数)中选择 No weights；在 Estimation settings 选择 LS 方法；其他选择默认。完成合成数据模型定义对话框后，单击 OK 键，得输出结果如表 11-10。

表 11-10　无个体影响的不变系数模型估计结果

Dependent Variable: LNGDP?
Method: Pooled Least Squares
Date: 10/28/17　Time: 20:44
Sample (adjusted): 2001 2015
Included observations: 15 after adjustments
Cross-sections included: 3
Total pool (balanced) observations: 45
Convergence achieved after 7 iterations

Variable	Coefficient	Std. Error	t-Statistic	Prob.
C	0.397899	0.285514	1.393620	0.1711
LNCS?	0.616326	0.029257	21.06588	0.0000
LNI?	0.382615	0.025840	14.80684	0.0000
LNEX?	0.030000	0.011729	2.557814	0.0144
AR(1)	0.947525	0.026159	36.22209	0.0000

R-squared	0.999875	Mean dependent var	9.593801
Adjusted R-squared	0.999863	S.D. dependent var	0.789728
S.E. of regression	0.009254	Akaike info criterion	-6.423136
Sum squared resid	0.003425	Schwarz criterion	-6.222396
Log likelihood	149.5206	Hannan-Quinn criter.	-6.348302
F-statistic	80104.71	Durbin-Watson stat	1.599470
Prob(F-statistic)	0.000000		

相应回归方程为

$$\ln\widehat{\mathrm{GDP}}_{it} = 0.397\,9 + 0.616\,3\ln\mathrm{CS}_{it} + 0.382\,6\ln I_{it} + 0.030\ln\mathrm{EX}_{it}$$

$$t = (1.393\,6)\quad (21.065\,9)\quad (14.806\,8)\quad (2.557\,8)$$

$$\bar{R}^2 = 0.999\,9,\quad F = 80\,104.71,\quad S_3 = 0.003\,425,\quad \mathrm{DW} = 1.599\,5$$

从表 11-10 结果看，回归系数显著不为 0，调整后的样本决定系数达 0.999 9，说明模型的拟合优度较高。从回归结果看，GDP 关于 CS、I、EX 的弹性为 0.616 3、0.382 6、0.030，表明三个地区的最终消费、资本形成总额、出口每增长 1％时，国内生产总值将依次增长 0.616 3％、0.382 6％、0.030％。消费对经济增长的影响最大，投资对经济增长的影响较大，出口对经济增长的影响最小。由此可知，内需是拉动地区经济增长的关键因素。

(2) 估计固定影响变截距模型。模型形式为

$$\ln GDP_{it} = a_i + b_1 \ln CS_{it} + b_2 \ln I_{it} + b_3 \ln EX_{it} + u_{it} \quad (i = 1,2,3;\ t = 2000,\cdots,2015)$$

其中:a_i 为截距项,反映三个省份经济增长的差异,b_1、b_2、b_3 依次为三个地区 GDP 关于 CS、I、EX 的弹性系数。

EViews 估计方法:在 Cross-section 选择 Fixed,其余选项同上,回归结果如表 11-11 所示。

表 11-11 固定影响变截距模型估计结果

Dependent Variable: LNGDP?
Method: Pooled Least Squares
Date: 10/28/17 Time: 20:59
Sample (adjusted): 2001 2015
Included observations: 15 after adjustments
Cross-sections included: 3
Total pool (balanced) observations: 45
Convergence achieved after 19 iterations

Variable	Coefficient	Std. Error	t-Statistic	Prob.
C	0.819768	0.146522	5.594834	0.0000
LNCS?	0.573198	0.026760	21.41973	0.0000
LNI?	0.388881	0.027140	14.32847	0.0000
LNEX?	0.033174	0.013481	2.460687	0.0185
AR(1)	0.822961	0.093180	8.831944	0.0000
Fixed Effects (Cross)				
SH--C	-0.012565			
JS--C	0.065954			
AH--C	-0.053389			

Effects Specification

Cross-section fixed (dummy variables)

R-squared	0.999882	Mean dependent var	9.593801
Adjusted R-squared	0.999863	S.D. dependent var	0.789728
S.E. of regression	0.009230	Akaike info criterion	-6.390613
Sum squared resid	0.003238	Schwarz criterion	-6.109576
Log likelihood	150.7888	Hannan-Quinn criter.	-6.285845
F-statistic	53675.05	Durbin-Watson stat	1.496037
Prob(F-statistic)	0.000000		

表 11-11 中给出了变截距模型估计结果,表中第 1 行系数为平均截距,表中第 2、3、4 行系数依次为 GDP 关于 CS、I、EX 的弹性系数估计值,后面 3 列是参数估计标准误、t 统计量值和相伴概率。表中下半部是三个省份对平均截距的偏离值,即固定影响估计值,平均截距与偏离值之和为三个省份的截距项。表 11-11 对应的估计式为

$$\ln \widehat{GDP}_{it} = (0.8198 + \hat{v}_i) + 0.5732 \ln CS_{it} + 0.3889 \ln I_{it} + 0.0332 \ln EX_{it}$$
$$t = (5.5948) \qquad (21.4197) \qquad (14.3285) \qquad (2.4607)$$
$$\bar{R}^2 = 0.9999,\quad F = 53\,675.05,\quad S_2 = 0.003\,238,\quad DW = 1.4960$$

其中反映三个省份经济增长差异的固定影响 v_i 的估计结果如表 11-12。

表 11-12 三个省份截距估计结果

省 份	固定影响估计值 $\hat{v}_i$	截距项 $=0.8198+\hat{v}_i$
上海市	−0.012 6	0.807 2
江苏省	0.0 660	0.885 8
安徽省	−0.053 4	0.766 4

表 11-11 结果表明,回归系数显著不为 0,调整后的样本决定系数达 0.999 9,说明模型的拟合优度较高。从估计结果可以看出,对于三个省份来说,经济增长影响因素的差异体现在截距上。

(3) 估计固定影响变系数模型。模型形式为

$$\ln GDP_{it} = a_i + b_{1i}\ln CS_{it} + b_{2i}\ln I_{it} + b_{3i}\ln EX_{it} + u_{it} \quad (i=1,2,3;\ t=2000,\cdots,2015)$$

其中：a_i、b_{1i}、b_{2i}、b_{3i}依次反映三个省份 GDP 关于截距项、CS、I、EX 的弹性系数差异。

在 Dependent variable 对话框中输入被解释变量 lnGDP?；Common coefficients 栏中输入 c　ar(1)；在 Cross-section specific 栏中输入 lnCS?　lnI?　lnEX?，Period specific 选择窗保持空白；Cross-section 选择 Fixed，Period 中选择 None；在 Weights(权数)中选择 No weights；在 Estimation Settings 选择 LS 方法；其他选择默认。完成合成数据模型定义对话框后，单击 OK 键，得到固定影响变系数模型输出结果如表 11-13。

表 11-13 上半部第 2 列是各地区的产出弹性估计值，后面 3 列是参数估计标准误、t 统计量值和相伴概率。表 11-13 中部为各地区回归模型截距对平均截距(第 1 行系数估计值 1.029 8)的偏离。表 11-13 下半部是整个回归方程的拟合优度、F 统计量、DW 统计量等指标。相关统计量如下：

$$\bar{R}^2 = 0.9999, \quad F = 28\,349.96, \quad DW = 1.1291, \quad S_1 = 0.002\,581$$

表 11-13 结果表明，除了出口以外，其他解释变量的回归系数显著不为 0，F 统计量较大，模型的拟合优度较高。三个省份 GDP 关于截距项、CS、I、EX 的弹性系数存在明显的差异。从三个地区的截距项看，上海最大，江苏次之，安徽最小。从三个地区的弹性系数看，消费每增长 1%，上海、江苏、安徽的 GDP 将依次增长 0.623 6%、0.575 6%、0.598 6%；投资每增长 1%，上海、江苏、安徽的 GDP 将依次增长 0.265 0%、0.366 6%、0.416 5%；出口每增长 1%，上海、江苏、安徽的 GDP 将依次增长 0.039 5%、0.034 3%、−0.006%。

(4) 估计固定影响变系数截面近似不相关回归模型(Cross-section SUR)

以上建立的模型使用的是普通最小二乘法，由于各省份的经济增长结构存在一定程度上的差异，所以可以使用固定影响变系数截面近似不相关回归估计(Cross-section SUR)，即以截面模型残差的方差协方差矩阵为权数对固定影响变系数模型进行估计。

EViews 估计方法：表 11-13 所示窗口，在 Weights(权数)选择窗选择 Cross-section SUR(截面近似不相关回归模型)，其余选项同上。固定影响变系数截面近似不相关回归估计(Cross-section SUR)输出结果如表 11-14 所示。

$$\bar{R}^2 = 0.999\,967, \quad F = 130\,468.2, \quad DW = 1.134\,089$$

表 11-14 输出结果的最上方 EViews 给出了因变量、估计方法和样本的信息。接着在下面给出了解释变量对应于各年份的截距和系数的估计结果。在输出结果的最下方给出了评价总体估计效果的统计量，由于权数选择的是 Cross section SUR 估计，所以结果中给出了加权和未加权两种情况下的评价统计量。从这部分结果可以看出，与(2)、(3)回归结果相比较，利用 Cross section SUR 法建立的经济增长影响因素模型，$\bar{R}^2$、t 统计量、F 统计量均有所提高，也消除了自相关，因此所建的截面近似不相关回归模型(Cross section SUR)是比较合适的。

(5) 对 lnGDP?、lnCS?、lnI?、lnEX?序列面板数据进行单位根检验和面板协整检验。

① 单位根检验：在 Pool 窗口中打开 lnGDP? 变量，单击 View 键，选 Unit Root Test 功能，打开面板数据单位根检验对话框如图 11-8。

表 11-13　固定影响变系数模型估计结果

Dependent Variable: LNGDP?
Method: Pooled Least Squares
Date: 11/01/17 Time: 09:41
Sample (adjusted): 2001 2015
Included observations: 15 after adjustments
Cross-sections included: 3
Total pool (balanced) observations: 45
Convergence not achieved after 500 iterations

Variable	Coefficient	Std. Error	t-Statistic	Prob.
C	1.029797	0.118555	8.686237	0.0000
SH--LNCSSH	0.623596	0.044555	13.99605	0.0000
JS--LNCSJS	0.575574	0.034494	16.68641	0.0000
AH--LNCSAH	0.598622	0.062233	9.619024	0.0000
SH--LNISH	0.265044	0.066377	3.993034	0.0004
JS--LNIJS	0.366567	0.044203	8.292753	0.0000
AH--LNIAH	0.416524	0.055409	7.517248	0.0000
SH--LNEXSH	0.039546	0.021326	1.854352	0.0729
JS--LNEXJS	0.034280	0.024361	1.407178	0.1690
AH--LNEXAH	-0.005976	0.027254	-0.219285	0.8278
AR(1)	0.407752	0.187372	2.176163	0.0370
Fixed Effects (Cross)				
SH--C	0.433024			
JS--C	0.020131			
AH--C	-0.453155			

Effects Specification

Cross-section fixed (dummy variables)

R-squared	0.999906	Mean dependent var	9.593801
Adjusted R-squared	0.999871	S.D. dependent var	0.789728
S.E. of regression	0.008981	Akaike info criterion	-6.350597
Sum squared resid	0.002581	Schwarz criterion	-5.828672
Log likelihood	155.8884	Hannan-Quinn criter.	-6.156028
F-statistic	28349.96	Durbin-Watson stat	1.129120
Prob(F-statistic)	0.000000		

表 11-14　Cross-section SUR 估计结果

Dependent Variable: LNGDP?
Method: Pooled EGLS (Cross-section SUR)
Date: 11/01/17 Time: 13:48
Sample: 2000 2015
Included observations: 16
Cross-sections included: 3
Total pool (balanced) observations: 48
Linear estimation after one-step weighting matrix

Variable	Coefficient	Std. Error	t-Statistic	Prob.
C	1.086020	0.047986	22.63206	0.0000
SH--LNCSSH	0.661706	0.019609	33.74445	0.0000
JS--LNCSJS	0.528727	0.035637	14.83643	0.0000
AH--LNCSAH	0.581583	0.016866	34.48318	0.0000
SH--LNISH	0.185227	0.038460	4.816071	0.0000
JS--LNIJS	0.420871	0.050725	8.297188	0.0000
AH--LNIAH	0.437208	0.015871	27.54689	0.0000
SH--LNEXSH	0.060777	0.012617	4.817194	0.0000
JS--LNEXJS	0.032759	0.017067	1.919450	0.0629
AH--LNEXAH	-0.014519	0.005144	-2.822476	0.0077
Fixed Effects (Cross)				
SH--C	0.519731			
JS--C	-0.065552			
AH--C	-0.454180			

Effects Specification

Cross-section fixed (dummy variables)

Weighted Statistics

R-squared	0.999975	Mean dependent var	2194.017
Adjusted R-squared	0.999967	S.D. dependent var	1544.244
S.E. of regression	1.122674	Sum squared resid	45.37430
F-statistic	130468.2	Durbin-Watson stat	1.134089
Prob(F-statistic)	0.000000		

Unweighted Statistics

R-squared	0.999895	Mean dependent var	9.526365
Sum squared resid	0.003294	Durbin-Watson stat	0.954515

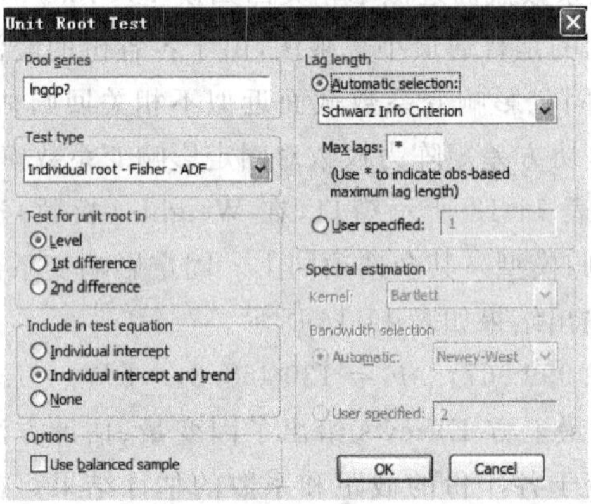

图 11-8　单位根检验定义对话框

在 Pool series 填写 lnGDP?(需要检验的变量),在 Test type 中选择 Individual root-Fisher-ADF(检验方法),在 Test for unit root in 中 Level,对原序列做单位根检验,Include in test equation 中选择 Individual intercept and trend(截距项和趋势项),其他选择默认值,单击 OK 键,得到 lnGDP? 序列有截距项和有趋势项的单位根检验结果,见表 11-15;选择 Individual intercept(截距项),得到 lnGDP? 序列仅有截距项的单位根检验结果,见表 11-16;选择 None,得到 lnGDP? 序列不含有截距项、不含有趋势项的单位根检验结果,见表 11-17。

表 11-15　lnGDP？单位根检验结果（有截距项有趋势项）

ADF Fisher Unit Root Test on LNGDP?

Null Hypothesis: Unit root (individual unit root process)
Series: LNGDPSH, LNGDPJS, LNGDPAH
Date: 11/01/17 Time: 10:29
Sample: 2000 2015
Exogenous variables: Individual effects, individual linear trends
Automatic selection of maximum lags
Automatic lag length selection based on SIC: 0 to 1
Total number of observations: 44
Cross-sections included: 3

Method	Statistic	Prob.**
ADF - Fisher Chi-square	0.69906	0.9945
ADF - Choi Z-stat	3.43103	0.9997

** Probabilities for Fisher tests are computed using an asymptotic Chi -square distribution. All other tests assume asymptotic normality.

表 11-16　lnGDP？单位根检验结果（有截距项无趋势项）

ADF Fisher Unit Root Test on LNGDP?

Null Hypothesis: Unit root (individual unit root process)
Series: LNGDPSH, LNGDPJS, LNGDPAH
Date: 11/01/17 Time: 15:40
Sample: 2000 2015
Exogenous variables: Individual effects
Automatic selection of maximum lags
Automatic lag length selection based on SIC: 0
Total (balanced) observations: 45
Cross-sections included: 3

Method	Statistic	Prob.**
ADF - Fisher Chi-square	5.05642	0.5366
ADF - Choi Z-stat	0.24932	0.5984

** Probabilities for Fisher tests are computed using an asymptotic Chi -square distribution. All other tests assume asymptotic normality.

因为表 11-15 至表 11-17 中 ADF-Fisher Chi-square 统计量的相伴概率远大于 5%，所以 lnGDP？是一个非平稳时间序列，而 lnGDP？的一阶差分序列面板数据 d(lnGDP？)为平稳时间序列，检验结果如表 11-18 所示。

表 11-17　lnGDP？单位根检验结果（无截距项无趋势项）

ADF Fisher Unit Root Test on LNGDP?

Null Hypothesis: Unit root (individual unit root process)
Series: LNGDPSH, LNGDPJS, LNGDPAH
Date: 11/01/17 Time: 10:31
Sample: 2000 2015
Exogenous variables: None
Automatic selection of maximum lags
Automatic lag length selection based on SIC: 0 to 3
Total number of observations: 41
Cross-sections included: 3

Method	Statistic	Prob.**
ADF - Fisher Chi-square	1.34714	0.9690
ADF - Choi Z-stat	3.54085	0.9998

** Probabilities for Fisher tests are computed using an asymptotic Chi -square distribution. All other tests assume asymptotic normality.

表 11-18　*d*(lnGDP？)序列面板数据单位根检验结果

ADF Fisher Unit Root Test on D(LNGDP?)

Null Hypothesis: Unit root (individual unit root process)
Series: LNGDPSH, LNGDPJS, LNGDPAH
Date: 11/01/17 Time: 10:33
Sample: 2000 2015
Exogenous variables: Individual effects, individual linear trends
Automatic selection of maximum lags
Automatic lag length selection based on SIC: 0 to 2
Total number of observations: 40
Cross-sections included: 3

Method	Statistic	Prob.**
ADF - Fisher Chi-square	12.6848	0.0483
ADF - Choi Z-stat	-1.43275	0.0760

** Probabilities for Fisher tests are computed using an asymptotic Chi -square distribution. All other tests assume asymptotic normality.

类似地，可以检验，lnCS？、lnI？、lnEX？是一个非平稳时间序列，而 lnCS？、lnI？、lnEX？的一阶差分为平稳时间序列。

② 面板数据协整检验：由于 lnGDP？、lnCS？、lnI？、lnEX？为一阶单整，因此可能存在协整关系。EViews 方法：在 Pool 窗口，单击 View 菜单，选择 Cointegration Test 菜单项，即出现面板数据协整检验窗口，见图 11-9。

首先，在该窗口的 Variables 中输入需要检验的面板数据变量名序列 lnGDP？、lnCS？、lnI？、lnEX？；其次，在 Test Type 菜单中选择 Kao（Engle-Granger based）；然后在 Deterministic trend specification 菜单中确定协整检验式中的漂移项和趋势项；在 Lag length 中选择滞后期的范围，如 Automatic selection；单击 OK 键。出现面板数据协整检验结果如表 11-19 所示。

从表 11-19 面板数据协整检验结果可知，出现拒绝变量 lnGDP？与 lnCS？、lnI？、lnEX？之间不存在协整关系的零假设，所以存在协整关系。

（6）模型形式设定检验。以上建立了无个体影响的不变系数模型、变截距模型和变系数模型，样本数据究竟属于哪一种面板数据模型形式，需要通过 F 检验来完成。

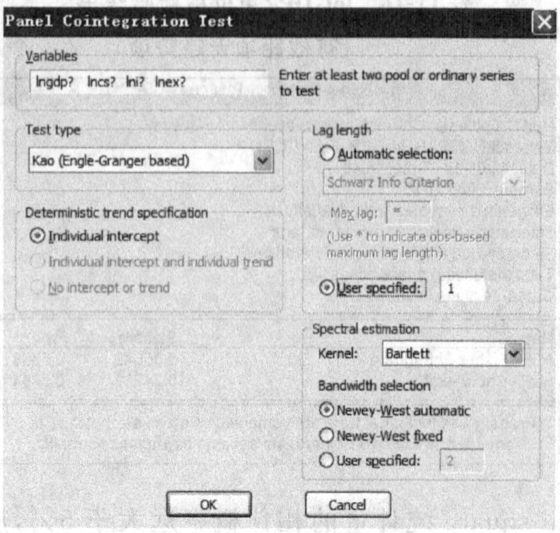

图 11-9　面板数据协整检验窗口

表 11-19　面板数据协整检验结果

Kao Residual Cointegration Test
Series: LNGDP? LNCS? LNI? LNEX?
Date: 11/01/17 Time: 10:35
Sample: 2000 2015
Included observations: 16
Null Hypothesis: No cointegration
Trend assumption: No deterministic trend
User-specified lag length: 1
Newey-West automatic bandwidth selection and Bartlett kernel

	t-Statistic	Prob.
ADF	-4.794653	0.0000
Residual variance	8.52E-05	
HAC variance	8.15E-05	

根据以上计算结果可知，$S_1=0.002\,581$，$S_2=0.003\,238$，$S_3=0.003\,425$，$n=3$，$k=3$，$T=15$，下面计算检验统计量 F_1 和 F_2。

$$F_2=\frac{(S_3-S_1)/[(N-1)(k+1)]}{S_1/[NT-N(k+1)]}=\frac{(0.003\,425-0.002\,581)/(3-1)(3+1)}{0.002\,581/[3\times15-3\times(3+1)]}$$
$$=1.348\,9$$

对于 F_2，在 5% 的显著性水平下，自由度为(8,33)的 F 分布的临界值 $F_{0.05}(8,33)$ 在 2.18～2.27，因为 $F_2=1.348\,9<F_{0.05}(8,33)$，所以拒绝假设 H_2，即接受“截距和斜率在不同的横截面样本点和时间上都相同”的假设，表明应该选取不变截距不变系数模型拟合样本。

11.4　习题

11.4.1　单项选择题

1. 1978—2009 年中国 31 个省、直辖市、自治区的居民家庭人均消费和人均收入数据是(　　)。

A. 时间序列数据　　B. 横截面数据　　C. 面板数据　　D. 虚拟变量数据

2. 属于面板数据模型的有(　　)。

A. $y_t=a_t+bx_t+u_t \quad (t=1,\cdots,T)$

B. $y_t=a_0+\sum_{i=1}^{k}a_iD_{it}+bx_t+u_t \quad (t=1,\cdots,T)$

C. $y_t=a_0+\sum_{i=1}^{k}a_ix_{it}+u_t \quad (t=1,\cdots,T)$

D. $y_{it}=a_i+bx_{it}+u_{it} \quad (i=1,\cdots,N;\ t=1,\cdots,T)$

3. 对于有 k 个解释变量的面板数据模型 $y_{it}=a_i+\boldsymbol{x}_{it}\boldsymbol{b}_i+u_{it}(i=1,\cdots,N;\ t=1,\cdots,T)$，

其样本容量为(　　)。

A. $T+N$　　B. $T\times N$

C. $T+N+(k+1)$　　D. $T\times N\times(k+1)$

4. 对于有 k 个解释变量的变系数的面板数据模型 $y_{it}=a_i+\boldsymbol{x}_{it}\boldsymbol{b}_i+u_{it}(a_i\neq a_j,\boldsymbol{b}_i\neq\boldsymbol{b}_j,i=1,\cdots,N,t=1,\cdots,T)$,共有多少个参数需要估计?(　　)

A. $k+1$　　B. $T\times(k+1)$　　C. $T\times N$　　D. $N\times(k+1)$

5. 对于面板数据模型 $y_{it}=a_i+\boldsymbol{x}_{it}\boldsymbol{b}_i+u_{it}(i=1,\cdots,N;\ t=1,\cdots,T)$中的类型1:$a_i=a_j,\boldsymbol{b}_i=\boldsymbol{b}_j$,以下阐述正确的有(　　)。

A. 在横截面上无个体影响、无结构变化　　B. 在横截面上有个体影响、无结构变化

C. 在横截面上有个体影响、有结构变化　　D. 在横截面上无个体影响、有结构变化

6. 面板数据模型 $y_{it}=a_i+\boldsymbol{x}_{it}\boldsymbol{b}_i+u_{it}(i=1,\cdots,N;\ t=1,\cdots,T)$中常见的三种类型,不包括(　　)。

A. 无个体影响的不变系数模型:$a_i=a_j,\boldsymbol{b}_i=\boldsymbol{b}_j$

B. 变截距模型:$a_i\neq a_j,\boldsymbol{b}_i=\boldsymbol{b}_j$

C. 变系数模型:$a_i=a_j,\boldsymbol{b}_i\neq\boldsymbol{b}_j$

D. 变系数模型:$a_i\neq a_j,\boldsymbol{b}_i\neq\boldsymbol{b}_j$

7. 关于面板数据模型,以下叙述不正确的有(　　)。

A. 变截距模型根据横截面的个体影响的确定性和随机性,可分为固定效应模型和随机效应模型

B. 固定影响变截距模型可以采用最小二乘虚拟变量估计法估计参数

C. 变系数模型意味着模型在横截面上存在个体影响,又存在结构变化

D. 根据随机误差项是否存在序列相关,可分为固定效应模型和随机效应模型

8. 关于变截距面板数据模型 $y_{it}=a_i+\boldsymbol{x}_{it}\boldsymbol{b}_i+u_{it}(i=1,\cdots,N;\ t=1,\cdots,T)$,以下阐述正确的是(　　)。

A. 根据随机误差项与解释变量的关系,可分为固定效应模型和随机效应模型

B. 根据解释变量的确定性和随机性,可分为固定效应模型和随机效应模型

C. 根据横截面的个体影响的确定性和随机性,可分为固定效应模型和随机效应模型

D. 根据随机误差项是否存在序列相关,可分为固定效应模型和随机效应模型

9. 为检验面板数据模型 $y_{it}=a_i+\boldsymbol{x}_{it}\boldsymbol{b}_i+u_{it}(i=1,\cdots,N;\ t=1,\cdots,T)$的参数在横截面上有无变化,可进行的检验假设为(　　)。

A. $H_1:\boldsymbol{b}_1=\boldsymbol{b}_2=\cdots=\boldsymbol{b}_N$

B. $H_2:a_1=a_2=\cdots=a_N;\ \boldsymbol{b}_1=\boldsymbol{b}_2=\cdots=\boldsymbol{b}_N$

C. 检验 H_1 和 H_2,先进行 H_1 的检验,再进行 H_2 的检验

D. 检验 H_1 和 H_2,先进行 H_2 的检验,再进行 H_1 的检验

10. 对于变截距面板数据模型,横截面上存在个体影响可以用常数项的差别来说明,以下阐述不正确的有(　　)。

A. 可以建立固定影响变截距模型进行分析

B. 可以建立随机影响变截距模型进行分析

C. 如果随机误差项不满足同方差和相互独立的假设,则需要采用广义最小二乘法

(GLS)对模型进行估计

D. 如果随机误差项与解释变量相关,则需要采用两阶段最小二乘方法对模型进行估计

11. 固定影响变截距模型常用的参数估计方法为( )。

A. 最小二乘虚拟变量估计法 B. 广义差分法

D. 广义最小二乘估计法 C. 加权最小二乘估计法

12. 对于面板数据模型是选择固定效应模型还是随机效应模型,需要进行的检验是( )。

A. DW 检验 B. 怀特检验

C. ADF 检验 D. 豪斯曼检验

11.4.2 多项选择题

1. 面板数据模型的优点是( )。

A. 解决样本容量不足的问题

B. 有助于正确地分析经济变量之间的关系

C. 可以估计某些难以度量的因素对被解释变量的影响

D. 可以直接利用 OLS 法对模型进行估计

E. 可以区分变量之间的长期均衡关系和短期动态关系

2. 属于面板数据模型的有( )。

A. $y_{it}=a_0+\sum_{j=1}^{k} b_j x_{jit}+u_{it}(i=1,\cdots,N;\ t=1,\cdots,T)$

B. $y_t=a_0+\sum_{i=1}^{k} a_i D_{it}+bx_t+u_t(t=1,\cdots,T)$

C. $y_t=a_0+\sum_{i=1}^{k} a_i x_{it}+u_t\quad(t=1,\cdots,T)$

D. $y_{it}=a_i+\sum_{j=1}^{k} b_j x_{jit}+u_{it}(i=1,\cdots,N;\ t=1,\cdots,T)$

E. $y_{it}=a_i+\sum_{j=1}^{k} b_{ji} x_{jit}+u_{it}(i=1,\cdots,N;\ t=1,\cdots,T)$

3. 面板数据模型 $y_{it}=a_i+\boldsymbol{x}_{it}\boldsymbol{b}_i+u_{it}(i=1,\cdots,N;\ t=1,\cdots,T)$常见的三种类型为( )。

A. 无个体影响的不变系数模型:$a_i=a_j,\boldsymbol{b}_i=\boldsymbol{b}_j$

B. 变截距模型:$a_i\neq a_j,\boldsymbol{b}_i=\boldsymbol{b}_j$

C. 变截距模型:$a_i\neq a_j,\boldsymbol{b}_i\neq\boldsymbol{b}_j$

D. 变系数模型:$a_i=a_j,\boldsymbol{b}_i\neq\boldsymbol{b}_j$

E. 变系数模型:$a_i\neq a_j,\boldsymbol{b}_i\neq\boldsymbol{b}_j$

4. 对于面板数据模型 $y_{it}=a_i+\gamma_t+\boldsymbol{x}_{it}\boldsymbol{b}_i+u_{it}(i=1,\cdots,N;\ t=1,\cdots,T)$:$a_i\neq a_j,\gamma_i\neq\lambda_j,\boldsymbol{b}_i\neq\boldsymbol{b}_j(i\neq j)$,以下阐述正确的有( )。

A. 在横截面上有个体影响 B. 在纵剖面上有时点影响

C. 在横截面上有结构变化　　D. 在纵剖面上有结构变化

E. 在横截面上、纵剖面上均有结构变化

5. 对于固定影响的变截距面板数据模型，以下阐述正确的有(　　)。

A. 模型满足古典假定，可以采用 OLS 法对模型进行估计

B. 模型满足古典假定，可以采用最小二乘虚拟变量法(LSDV)对模型进行估计

C. 随机误差项不满足基本假设，可以采用广义最小二乘法(GLS)对模型进行估计

D. 随机误差项与解释变量相关，可以采用两阶段最小二乘方法(TSLS)对模型进行估计

E. 以上阐述都正确

6. 对于无个体影响、不变系数的混合回归模型 $y_{it}=a+\boldsymbol{x}_{it}\boldsymbol{b}+u_{it}(i=1,\cdots,N;\ t=1,\cdots,T)$，如果满足以下经典假设条件，则回归系数的 OLS 估计为有效无偏估计(　　)。

A. 随机误差项的期望为零，方差为常数　　B. 不同个体随机误差项之间相互独立

C. 随机误差项与解释变量相互独立　　D. 随机误差项服从正态分布

E. 解释变量之间不存在多重共线性

7. 面板数据模型，截面上个体影响不同，且个体影响可用常数项的差别来说明的模型，下列表述正确的有(　　)。

A. 可以建立固定影响变截距模型进行分析

B. 可以建立随机影响变截距模型进行分析

C. 可以用最小二乘虚拟变量模型(LSDV)进行参数估计

D. 可以用普通最小二乘法(OLS)进行参数估计

E. 可以通过模型设定检验法对模型的形式进行检验

8. 对于时期面板数据模型 $y_{it}=\gamma_t+\boldsymbol{x}_{it}\boldsymbol{b}_t+u_{it}(i=1,\cdots,N;\ t=1,\cdots,T)$，其中：$\boldsymbol{x}_{it}=(x_{1it},x_{2it},\cdots,x_{kit})$为 $1\times k$ 解释变量向量，$\boldsymbol{b}_t=(b_{1t},b_{2t},\cdots,b_{kt})'$为 $k\times 1$ 系数向量，常见的三种类型为(　　)。

A. 无时期影响的不变系数模型：$\gamma_t=\gamma_s,\boldsymbol{b}_t=\boldsymbol{b}_s$

B. 时期变截距模型：$\gamma_t\neq\gamma_s,\boldsymbol{b}_t=\boldsymbol{b}_s$

C. 时期变截距模型：$\gamma_t\neq\gamma_s,\boldsymbol{b}_t\neq\boldsymbol{b}_s$

D. 时期变系数模型：$\gamma_t=\gamma_s,\boldsymbol{b}_t\neq\boldsymbol{b}_s$

E. 时期变系数模型：$\gamma_t\neq\gamma_s,\boldsymbol{b}_t\neq\boldsymbol{b}_s$

9. 对于面板数据模型 $y_{it}=a_i+\gamma_t+\boldsymbol{x}_{it}\boldsymbol{b}_t+u_{it}(i=1,\cdots,N;\ t=1,\cdots,T)$：$a_i\neq a_j,\gamma_t\neq\gamma_s,\boldsymbol{b}_t\neq\boldsymbol{b}_s(t\neq s)$，以下阐述正确的有(　　)。

A. 在截面上有个体影响　　B. 在纵剖面上有时期影响

C. 在截面上有结构变化　　D. 在纵剖面上有结构变化

E. 在截面上、纵剖面上均有结构变化

11.4.3　判断题

1. 变系数面板数据模型 $y_{it}=a_i+\boldsymbol{x}_{it}\boldsymbol{b}_i+u_{it}(i=1,2,\cdots,N,t=1,2,\cdots,T)$是指参数 a_i 和 $\boldsymbol{b}_i$是变化的，但解释变量对被解释变量的影响不变。(　　)

2. 变截距面板数据模型，根据个体影响是常数还是随机变量，又可分为固定影响模型和随机影响模型。（　）

3. 固定影响变截距面板数据模型中的截面样本个数很大时，该模型的参数可采用最小二乘虚拟变量估计法(LSDV)进行估计。（　）

4. 为了避免模型设定的偏差，改进参数估计的有效性，需要对面板数据模型的三种形式(混合回归模型、变截距模型和变系数模型)进行设定检验。（　）

5. 固定影响面板数据模型反映的是不同截面样本点上截距的变动，随机影响面板数据模型反映的是不同截面样本点上斜率的变动。（　）

6. 当固定影响变截距模型中的截面样本个数 n 较少时，该模型可以当作具有 $n+k$ 个参数的多元回归模型，参数可由普通最小二乘法进行估计。（　）

7. 混合回归模型如果满足所有古典假定，则其参数可采用最小二乘法进行估计。（　）

8. 如果面板数据模型的解释变量对被解释变量的截距影响只是随着时间变化而不随个体变化，则可以设定时期变截距模型 $y_{it}=\gamma_t+\boldsymbol{x}_{it}\boldsymbol{b}+u_{it}$ $(i=1,2,\cdots,N,t=1,2,\cdots,T)$，其中 $\boldsymbol{x}_{it}=(x_{1it},x_{2it},\cdots,x_{kit})$ 为 $1\times k$ 解释变量向量，$\boldsymbol{b}=(b_1,b_2,\cdots,b_k)'$ 为 $k\times 1$ 系数向量。（　）

9. 如果面板数据模型的解释变量对被解释变量的截距和斜率影响随着时间变化而不随个体变化，则可以设定时期变斜率模型 $y_{it}=\gamma_t+\boldsymbol{x}_{it}\boldsymbol{b}_t+u_{it}$，其中 $\boldsymbol{b}_t=(b_{1t},b_{2t},\cdots,b_{kt})'$ 为 $k\times 1$ 系数向量。（　）

10. 如果面板数据模型的解释变量对被解释变量的截距影响随着个体和时点变化(斜率不变)，则可以设定时期个体变截距模型 $y_{it}=a_i+\gamma_t+\boldsymbol{x}_{it}\boldsymbol{b}+u_{it}$。（　）

11.4.4 简答题、分析与计算题

1. 什么是面板数据？面板数据模型有哪些类型？面板数据模型有哪些优点？

2. 如何检验面板数据模型属于哪一种模型形式？

3. 固定影响变截距模型和固定影响变系数模型如何估计？

4. 在学习面板数据模型之前，我们也经常将多个时间的截面数据综合为一组样本估计模型，现在看来，它是否肯定是错误的？为什么？

5. 对于变系数面板数据模型 $Y_{it}=a_i+\boldsymbol{X}_{it}\boldsymbol{b}_i+u_{it}$，如果 $E(\boldsymbol{UU}')\neq 0$，说明为什么利用所有样本的 GLS 估计比每个截面个体方程的独立估计更有效。

6. 表 11-20 列出了美国、加拿大、英国在 1980—1999 年的失业率 $Y(\%)$ 及对制造业的补助 X(美元/小时)的相关资料。考虑如下模型：

$$Y_{it}=b_0+b_1X_{it}+u_{it}$$

(1) 根据上述回归模型分别估计这三个国家 Y 关于 X 的回归方程；

(2) 将这三个国家的数据合并成一个大样本，按上述模型估计一个总的回归方程；

(3) 估计变截距固定效应模型；

(4) 分析上述三类回归方程的估计结果，判断哪类模型更好一些。

表 11-20　美国、加拿大、英国失业率及对制造业补助资料

年份	美国		加拿大		英国	
	补助 X	失业率 Y	补助 X	失业率 Y	补助 X	失业率 Y
1980	55.6	7.1	49.0	7.2	43.7	7.0
1981	61.1	7.6	54.1	7.3	44.1	10.5
1982	67.0	9.7	59.6	10.6	42.2	11.3
1983	68.8	9.6	63.9	11.5	39.0	11.8
1984	71.2	7.5	64.3	10.9	37.2	11.7
1985	75.1	7.2	63.5	10.2	39.0	11.2
1986	78.5	7.0	63.3	9.2	47.8	11.2
1987	80.7	6.2	68.0	8.4	60.2	10.3
1988	64.0	5.5	76.0	7.3	68.3	8.6
1989	86.6	5.3	84.1	7.0	67.7	7.2
1990	90.8	5.6	91.5	7.7	81.7	6.9
1991	95.6	6.8	100.1	9.8	90.5	8.8
1992	100.0	7.5	100.0	10.6	100.0	10.1
1993	102.7	6.9	95.5	10.7	88.7	10.5
1994	105.6	6.1	91.7	9.4	92.3	9.7
1995	107.9	5.6	93.3	8.5	95.9	8.7
1996	109.3	5.4	93.1	8.7	95.6	8.2
1997	111.4	4.9	94.4	8.2	103.3	7.0
1998	117.3	4.5	90.6	7.5	109.8	6.3
1999	123.2	4.9	91.9	5.7	112.2	6.1

7. 继续题 6，请用普通最小二乘法（OLS）与广义最小二乘法（GLS）估计固定影响变系数模型，并对两种估计方法所得估计结果进行比较。

8. 表 11-21 列出美国通用电气（GE）、通用汽车（GM）、美国钢铁（US）、西屋（WEST）四家大型公司每年的总投资 Y、股价总市值 X_1 及固定资产净值 X_2 的相关数据资料（单位：万美元）。显然，投资依赖于股价市值及固定资产净值：

$$Y_{it} = b_0 + b_1 X_{1it} + b_2 X_{2it} + u_{it}$$

（1）根据上述回归模型分别估计这四个公司 Y 关于 X_1 与 X_2 的回归方程；

（2）将这四个公司的数据合并成一个大样本，按上述模型估计一个总的回归方程；

（3）估计变截距固定效应模型；

（4）分析上述三类回归方程的估计结果，判断哪类模型更好一些。

表 11-21　美国 GE、GM、US、WEST 四家公司统计数据

年份	GE			GM			US			WEST		
	Y	X_1	X_2	Y	X_1	X_2	Y	X_1	X_2	Y	X_1	X_2
1935	33.1	1 170.6	97.8	317.6	3 078.5	2.8	209.9	1 362.4	53.8	12.93	191.5	1.8
1936	45.0	2 015.8	104.4	391.8	4 661.7	52.6	355.3	1 807.1	50.5	25.90	516.0	0.8
1937	77.2	2 803.3	118.0	410.6	5 387.1	156.9	469.9	2 673.3	118.1	35.05	729.0	7.4
1938	44.6	2 039.7	156.2	257.7	2 792.2	209.2	262.3	1 801.9	260.2	22.89	560.4	18.1

续表

年份	GE			GM			US			WEST		
	Y	X_1	X_2	Y	X_1	X_2	Y	X_1	X_2	Y	X_1	X_2
1939	48.1	2 256.2	172.6	330.8	4 313.2	203.4	230.4	1 957.3	312.7	18.84	519.9	23.5
1940	74.4	2 132.2	186.6	461.2	4 643.9	207.2	361.6	2 202.9	254.2	28.57	628.5	26.5
1941	113.0	1 834.1	220.9	512.0	4 551.2	255.2	472.8	2 380.5	261.4	48.51	537.1	36.2
1942	91.9	1 588.0	287.8	448.0	3 244.1	303.7	445.6	2 168.6	298.7	43.34	561.2	60.8
1943	61.3	1 749.4	319.9	499.6	4 053.7	264.1	361.6	1 985.1	301.8	37.02	617.2	84.4
1944	56.8	1 687.2	321.3	547.5	4 379.3	201.6	288.2	1 813.9	279.1	37.81	626.7	91.2
1945	93.6	2 007.7	319.6	561.2	4 840.9	265.0	258.7	1 850.2	213.8	39.27	737.2	92.4
1946	159.9	2 208.3	346.0	688.1	4 900.0	402.2	420.3	2 067.7	232.6	53.46	760.5	86.0
1947	147.2	1 656.7	456.4	568.9	3 526.5	761.5	420.5	1 796.7	264.8	55.56	581.4	111.1
1948	146.3	1 604.4	543.4	529.2	3 245.7	922.4	494.5	1 625.8	306.9	49.56	662.3	130.6
1949	98.3	1 431.8	618.3	555.1	3 700.2	1 020.1	405.1	1 667.0	351.1	32.04	583.8	141.8
1950	93.5	1 610.5	647.4	642.9	3 755.6	1 099.0	418.8	1 677.4	357.8	32.24	635.2	136.7
1951	135.2	1 819.4	671.3	755.9	4 833.0	1 207.7	588.2	2 289.5	341.1	54.38	732.8	129.7
1952	157.3	2 079.7	726.1	891.2	4 924.9	1 430.5	645.2	2 159.4	444.2	71.78	864.1	145.5
1953	179.5	2 371.6	800.3	1 304.4	6 241.7	1 777.3	641.0	2 031.3	623.6	90.08	1 193.5	174.8
1954	189.6	2 759.9	888.9	1 486.7	5 593.6	2 226.3	459.3	2 115.5	669.7	68.60	1 188.9	213.5

9. 继续题 8,请用普通最小二乘法(OLS)与广义最小二乘法(GLS)估计固定影响变系数模型,并对两种估计方法所得估计结果进行比较。

11.5 习题答案

11.5.1 单项选择题

1. C　2. D　3. B　4. D　5. A　6. C　7. D　8. C　9. D　10. B
11. A　12. D

11.5.2 多项选择题

1. ABC　2. ADE　3. ABE　4. ABC　5. BCD　6. ABCDE
7. ACDE　8. ABE　9. ABD

11.5.3 判断题

1. ×　2. √　3. √　4. √　5. ×　6. ×　7. √　8. √　9. √　10. √

11.5.4　简述题、分析与计算题

1. **解答**　见本章内容提要。

2. **解答**　见本章内容提要。

3. **解答**　(1) 固定影响变截距模型的估计。在固定影响变截距模型中，如果随机误差项满足同方差和相互独立的假设，且随机误差项与解释变量不相关，则可以引入 N 个虚拟变量，将原模型变成最小二乘虚拟变量模型(LSDV)，然后再采用 OLS 法对参数进行估计。也可以对变量进行分组，采用组内估计法。

如果随机误差项不满足同方差和相互独立的假设，则需要使用广义最小二乘法(GLS)对模型进行估计。具体又分为个体成员截面异方差和同期相关协方差两种情形。

如果随机误差项之间存在异方差，但个体成员之间和时期之间的协方差为零。该情形用广义最小二乘法进行估计非常简单，即先对方程进行普通的最小二乘估计，然后计算各个体成员的残差，并用其来估计个体成员的样本方差，最后用得到的样本方差估计作为各个体成员的权重，利用加权最小二乘方法得到相应的 GLS 估计。

如果不同的个体成员之间同时期的随机误差项是相关的，但其在不同时期之间是不相关的。此时这种个体成员之间存在协方差的方差结构有些类似于个体成员方程框架下的近似不相关回归。此时可以利用普通最小二乘法先估计未加权系统的参数，计算残差估计值，以此构造协方差矩阵估计量，最后再进行广义最小二乘估计(GLS)就得到参数的 SUR 估计。

如果随机误差项与解释变量相关，此时需要采用两阶段最小二乘方法对模型进行估计。选择同解释变量高度相关、但同随机误差项不相关的解释变量作为工具变量对模型进行两阶段最小二乘估计。

(2) 固定影响变系数模型的估计。当不同横截面个体之间的随机误差项不相关时，可以将模型分成对应于截面个体的 N 个单方程，利用各截面个体的时间序列数据采用经典的单方程模型估计方法分别估计各单方程中的参数。

当不同截面个体的随机误差项之间存在相关性时，各截面上的单方程 OLS 估计量虽然仍是一致和无偏的，但不是最有效的，因此需要使用广义最小二乘法对模型进行估计。如果协方差矩阵是未知的。一种可行的方法是：首先采用经典单方程计量经济模型的估计方法，分别估计每个截面个体上的参数向量，计算残差估计值，以此构造协方差矩阵的估计量，然后再进行 GLS 估计。

4. **解答**　单方程面板数据模型的一般形式为 $y_{it}=a_i+\boldsymbol{x}_{it}\boldsymbol{b}_i+u_{it}$ $(i=1,\cdots,N;\ t=1,\cdots,T)$，该模型常用的有如下三种情形：

情形 1：无个体影响的不变系数模型：$a_i=a_j$，$\boldsymbol{b}_i=\boldsymbol{b}_j$

情形 2：变截距模型：$a_i\neq a_j$，$\boldsymbol{b}_i=\boldsymbol{b}_j$

情形 3：变系数模型：$a_i\neq a_j$，$\boldsymbol{b}_i\neq\boldsymbol{b}_j$

对于情形 1，在横截面上无个体影响，无结构变化，则普通最小二乘估计给出了 a 和 b 的一致有效估计。相当于将多个时期的截面数据放在一起作为样本数据。情形 2 为变截距模型，在截面上个体影响不同，个体影响表现为模型中被忽略的反映个体差异的变量的影

响,又分为固定影响和随机影响两种情况。情形 3 为变系数模型,除了存在个体影响外,在截面上还存在变化的经济结构,因而结构参数在不同截面单位上是不同的。若分析的问题属于第一种情况则原来的模型是正确的,否则就会损失一些数据信息并带来模型估计中的误差甚至错误。

5. **解答** 对于变系数面板数据模型 $Y_{it}=a_i+\boldsymbol{X}_{it}\boldsymbol{b}_i+u_{it}$,用矩阵形式写成

$$\boldsymbol{y}_i=\boldsymbol{x}_i\boldsymbol{\beta}_i+\boldsymbol{u}_i,\quad i=1,2,\cdots,N$$

式中,$\boldsymbol{y}_i=\begin{pmatrix} y_{i1}\\ y_{i2}\\ \vdots\\ y_{iT}\end{pmatrix}$,$\boldsymbol{\beta}_i=\begin{pmatrix} a_i\\ b_{1i}\\ \vdots\\ b_{ki}\end{pmatrix}$,$\boldsymbol{x}_i=\begin{pmatrix} 1 & x_{1i1} & x_{2i1} & \cdots & x_{ki1}\\ 1 & x_{1i2} & x_{2i2} & \cdots & x_{ki2}\\ \vdots & \vdots & \vdots & & \vdots\\ 1 & x_{1iT} & x_{2iT} & \cdots & x_{kiT}\end{pmatrix}$,$\boldsymbol{u}_i=\begin{pmatrix} u_{i1}\\ u_{i2}\\ \vdots\\ u_{iT}\end{pmatrix}$

记:$\boldsymbol{Y}=\begin{pmatrix} \boldsymbol{y}_1\\ \boldsymbol{y}_2\\ \vdots\\ \boldsymbol{y}_N\end{pmatrix}_{NT\times 1}$,$\boldsymbol{X}=\begin{pmatrix} \boldsymbol{x}_1\\ \boldsymbol{x}_2\\ \vdots\\ \boldsymbol{x}_N\end{pmatrix}_{NT\times (k+1)}$,$\boldsymbol{B}=\begin{pmatrix} \boldsymbol{\beta}_1\\ \boldsymbol{\beta}_2\\ \vdots\\ \boldsymbol{\beta}_N\end{pmatrix}_{(k+1)\times 1}$,$\boldsymbol{U}=\begin{pmatrix} \boldsymbol{u}_1\\ \boldsymbol{u}_2\\ \vdots\\ \boldsymbol{u}_N\end{pmatrix}_{NT\times 1}$

则 $\boldsymbol{y}_i=\boldsymbol{x}_i\boldsymbol{\beta}_i+\boldsymbol{u}_i$ 可以写成

$$\boldsymbol{Y}=\boldsymbol{X}\boldsymbol{B}+\boldsymbol{U}$$

对于变系数面板数据模型,如果 $E(\boldsymbol{U}\boldsymbol{U}')\neq 0$,则表示随机误差项在不同截面个体之间的协方差不为零,记 $E(\boldsymbol{U}\boldsymbol{U}')=\boldsymbol{\Omega}$,则参数的 GLS 估计为

$$\hat{\boldsymbol{B}}=(\boldsymbol{X}'\boldsymbol{\Omega}^{-1}\boldsymbol{X})^{-1}(\boldsymbol{X}'\boldsymbol{\Omega}^{-1}\boldsymbol{Y})$$

若 $\boldsymbol{\Omega}$ 为单位阵,则 GLS 估计与每个截面个体方程的独立估计结果一样,若 $\boldsymbol{\Omega}$ 不是单位阵,仍然对每个截面个体方程进行独立估计则损失了截面之间的数据信息,因此采用 GLS 估计相对有效。

6. **解答** (1) 首先,建立合成数据库(pool)对象。在打开工作文件窗口的基础上,单击主功能菜单中的 Objects 键,选 New Object 功能,打开 New Object(新对象)选择窗。在 Type of Object 选择区选择 Pool,在 Name of Object 选择区命名 U(初始显示为 Untitled),单击 OK 键,从而打开 Pool 对象说明窗口。在窗口中输入 3 个国家标识 US、CA、UK。

其次,定义序列名并输入数据。在新建立的 Pool 窗口的工具栏中单击 Sheet 键,打开 Series List(列出序列名)窗口,定义时间序列变量 Y?、X?,单击 OK 键,打开 Pool 窗口,输入数据。

对三个国家分别建立失业率回归方程。在命令窗口,输入命令:ls yus c xus ar(1) ar(2),加 ar(1)、ar(2)项是为了消除 1 阶、2 阶自相关,得到美国失业率的 OLS 估计结果如表 11-22 所示。

表 11-22 美国(US)失业率的 OLS 的回归结果

Dependent Variable: YUS
Method: ARMA Generalized Least Squares (BFGS)
Date: 10/28/17 Time: 09:40
Sample: 1980 1999
Included observations: 20
Convergence achieved after 8 iterations
Coefficient covariance computed using outer product of gradients
d.f. adjustment for standard errors & covariance

Variable	Coefficient	Std. Error	t-Statistic	Prob.
C	9.196301	1.388309	6.624102	0.0000
XUS	-0.029839	0.015186	-1.964855	0.0670
AR(1)	1.051057	0.221324	4.748942	0.0002
AR(2)	-0.584997	0.214989	-2.721056	0.0151

R-squared	0.758990	Mean dependent var	6.545000
Adjusted R-squared	0.713801	S.D. dependent var	1.432875
S.E. of regression	0.766553	Akaike info criterion	2.553888
Sum squared resid	9.401667	Schwarz criterion	2.753035
Log likelihood	-21.53888	Hannan-Quinn criter.	2.592764
F-statistic	16.79579	Durbin-Watson stat	1.931401
Prob(F-statistic)	0.000034		
Inverted AR Roots	.53+.56i	.53-.56i	

$$\hat{Y}_{US} = 9.1963 - 0.0298X_{US}$$
$$t = (6.6241)\ (-1.9649)$$
$$\bar{R}^2 = 0.7138 \quad F = 16.7958 \quad DW = 1.9314$$

用同样的方法得到加拿大失业率的 OLS 估计结果：

$$\hat{Y}_{CA} = 11.1182 - 0.0282X_{CA}$$
$$t = (5.5672) \quad (-1.1478)$$
$$\bar{R}^2 = 0.6541 \quad F = 12.9761 \quad DW = 1.9117$$

英国失业率的 OLS 估计结果：

$$\hat{Y}_{UK} = 10.6568 - 0.0225X_{UK}$$
$$t = (7.4211) \quad (-1.2522)$$
$$\bar{R}^2 = 0.8050 \quad F = 27.1522 \quad DW = 1.9002$$

三个国家失业率的回归结果均显示，失业率与制造业的补助之间呈现反向变动关系。

(2) 将这三个国家的数据合并成一个大样本，估计面板数据模型：

$$Y_{it} = b_0 + b_1 X_{it} + u_{it} \quad (i = 1,2,3, t = 1980,\cdots,1999)$$

在 Pool 窗口的工具栏中单击 Estimate 键，打开 Pool Estimation 窗口。在 Dependent variable 对话框中输入被解释变量 Y?；在 Regressors and AR() terms 的三个编辑框中，Common coefficients 栏中输入 C　X?　ar(1)　ar(2)，加 ar(1)、ar(2)项是为了消除 1 阶、2 阶自相关。在 Cross-section specific 和 Period specific 选择窗保持空白；在 Estimation Method 三个选项框，Cross-section 选择 None，Period 中选择 None；在 Weights（权数）中选择 No weights；在 Estimation Settings 选择 LS 方法；其他选择默认。完成合成数据模型定义对话框后，单击 OK 键，得到混合回归模型估计结果如表 11-23 所示。

表 11-23　混合回归模型估计结果

Dependent Variable: Y
Method: ARMA Generalized Least Squares (BFGS)
Date: 10/28/17 Time: 07:23
Sample: 1 60
Included observations: 60
Convergence achieved after 9 iterations
Coefficient covariance computed using outer product of gradients
d.f. adjustment for standard errors & covariance

Variable	Coefficient	Std. Error	t-Statistic	Prob.
C	9.884029	0.780561	12.66272	0.0000
X	-0.021872	0.008411	-2.600328	0.0119
AR(1)	1.259934	0.112764	11.17323	0.0000
AR(2)	-0.560584	0.111897	-5.009844	0.0000

R-squared	0.806096	Mean dependent var	8.173333
Adjusted R-squared	0.795708	S.D. dependent var	2.009120
S.E. of regression	0.908095	Akaike info criterion	2.739563
Sum squared resid	46.17963	Schwarz criterion	2.879186
Log likelihood	-78.18689	Hannan-Quinn criter.	2.794177
F-statistic	77.60097	Durbin-Watson stat	1.845271
Prob(F-statistic)	0.000000		

Inverted AR Roots	.63+.40i	.63-.40i

$$\hat{Y}_{it} = 9.8840 - 0.0219X_{it}$$
$$t = (12.6627) \quad (-2.6003)$$
$$\bar{R}^2 = 0.7957 \quad F = 77.6010 \quad DW = 1.8453$$

结果表明，回归系数显著不为 0，调整后的样本决定系数达 0.795 7，说明模型的拟合优度较高。从结果看，失业率 Y 与制造业补助 X 反向变动，制造业补助每增加 1 美元/小时，失业率将下降 0.021 9%。

(3) 估计变截距固定影响模型。模型形式为

$$Y_{it} = a_i + bX_{it} + u_{it} \quad (i = 1,2,3, t = 1980,\cdots,1999)$$

其中：a_i 为截距，用来反映国家间的失业率差异，b 为斜率。

EViews 估计方法：在 Cross-sectio 选择 Fixed，其余选项同上，则回归结果如表 11-24 所示。EViews 给出的个体影响反映的是各个体成员对总体平均状态的偏离。

表 11-24　变截距固定效应模型回归结果

Dependent Variable: Y?
Method: Pooled EGLS (Cross-section weights)
Date: 10/28/17 Time: 07:01
Sample (adjusted): 1982 1999
Included observations: 18 after adjustments
Cross-sections included: 3
Total pool (balanced) observations: 54
Iterate coefficients after one-step weighting matrix
Convergence achieved after 13 total coef iterations

Variable	Coefficient	Std. Error	t-Statistic	Prob.
C	11.07407	0.836422	13.23980	0.0000
X?	-0.035587	0.009666	-3.681612	0.0006
AR(1)	1.092863	0.112334	9.728733	0.0000
AR(2)	-0.596904	0.098059	-6.087218	0.0000
Fixed Effects (Cross)				
US--C	-1.345311			
CA--C	0.724821			
UK--C	0.620490			

Effects Specification

Cross-section fixed (dummy variables)

Weighted Statistics

R-squared	0.882864	Mean dependent var	8.395874
Adjusted R-squared	0.870662	S.D. dependent var	2.449975
S.E. of regression	0.778674	Sum squared resid	29.10396
F-statistic	72.35601	Durbin-Watson stat	1.516660
Prob(F-statistic)	0.000000		

Unweighted Statistics

R-squared	0.872053	Mean dependent var	8.216667
Sum squared resid	29.18156	Durbin-Watson stat	1.507188

根据输出结果，得如下变截距回归方程：

$$\hat{Y}_{it} = (11.074\,1 + \hat{a}_{0i}) - 0.035\,6X_{it}$$

$$t = (13.239\,8) \qquad (-3.681\,6)$$

$$\overline{R}^2 = 0.870\,7 \quad F = 72.356\,0 \quad \mathrm{DW} = 1.516\,7$$

其中反映各国家失业率差异的固定影响$\hat{a}_{0i}$的估计结果见表 11-25。

表 11-25　三个国家失业率差异的固定影响

公　司	固定影响估计值$\hat{a}_{0i}$	截距$=11.074\,1+\hat{a}_{0i}$
US	−1.345 3	9.728 8
CA	0.724 8	11.798 9
UK	0.620 5	11.694 6

表 11-24 中给出了变截距模型估计结果，表中上半部第 2 列为回归系数估计值，各国对平均截距的偏离值，后 3 列是估计标准误、t 统计量值和相伴概率。

表 11-24 结果表明，回归系数显著不为 0，调整后的样本决定系数为 0.870 7，说明模型的拟合优度较高。从估计结果可以看出，对于三个国家来说，失业率差异体现在截距上。

(4) 用 OLS 方法分别估计美国、加拿大、英国失业率回归方程(共有 3 个回归方程)，将这三个国家的数据合并成一个大样本估计一个总的失业率回归方程，估计变截距固定效应模型，从上述三类回归方程的估计结果看，最后一个回归方程，即变截距固定效应模型，t、F、调整后 R^2 较大，显著性水平和拟合优度较高，表 11-24 回归结果更好一些。

7. **解答** 估计变系数固定影响模型。上题中的(1)已经给出了每个国家单个方程的 OLS 估计,这就是固定影响变系数模型的 OLS 估计,也可以在 EViews 软件中一次估计。

EViews 估计方法:在 Dependent variable 对话框中输入被解释变量 Y?;Common coefficients 栏中输入 ar(1) ar(2);在 Cross-section specific 栏中输入 C X?,Period specific、Cross-section 选择窗保持空白;在 Period 中选择 None;在 Weights(权数)中选择 No weights;在 Estimation Settings 选择 LS 方法;其他选择默认。完成合成数据模型定义对话框后,单击 OK 键,得到固定影响变系数模型输出结果如表 11-26。

根据表 11-26 输出结果,得到如下方程形式:

$$\mathrm{YUS} = 9.1414 - 0.0291\mathrm{XUS}$$

$$\mathrm{YCA} = 12.6307 - 0.0458\mathrm{XCA}$$

$$\mathrm{YUK} = 11.8601 - 0.0377\mathrm{XUK}$$

$$\bar{R}^2 = 0.8538, \quad F = 45.2279, \quad \mathrm{DW} = 1.4818$$

表 11-26 结果表明,回归系数 XUS、XCA 在 10%水平上显著,其余在 1%水平上显著,F 统计量较大,模型的拟合优度较高。从估计结果可以看出,3 个国家的失业率有一定的差异。

为了得到 GLS 估计,只需在“Weights”选项栏内选择“Cross-section weights”即可。GLS 估计结果如表 11-27 所示。

表 11-26 固定影响变系数模型估计结果

Dependent Variable: Y?
Method: Pooled Least Squares
Date: 12/13/17 Time: 13:59
Sample (adjusted): 1982 1999
Included observations: 18 after adjustments
Cross-sections included: 3
Total pool (balanced) observations: 54
Convergence achieved after 7 iterations

Variable	Coefficient	Std. Error	t-Statistic	Prob.
US--C	9.141439	1.539170	5.939200	0.0000
CA--C	12.63073	2.134170	5.918334	0.0000
UK--C	11.86009	1.163744	10.19133	0.0000
US--XUS	-0.029135	0.016386	-1.778022	0.0820
CA--XCA	-0.045765	0.025707	-1.780282	0.0816
UK--XUK	-0.037740	0.014483	-2.605751	0.0123
AR(1)	1.097363	0.115139	9.530776	0.0000
AR(2)	-0.609956	0.102415	-5.955718	0.0000

R-squared	0.873137	Mean dependent var	8.216667
Adjusted R-squared	0.853832	S.D. dependent var	2.074440
S.E. of regression	0.793099	Akaike info criterion	2.510217
Sum squared resid	28.93430	Schwarz criterion	2.804881
Log likelihood	-59.77586	Hannan-Quinn criter.	2.623858
F-statistic	45.22794	Durbin-Watson stat	1.481803
Prob(F-statistic)	0.000000		

表 11-27 固定影响变系数模型 GLS 法

Dependent Variable: Y?
Method: Pooled EGLS (Cross-section weights)
Date: 12/13/17 Time: 14:06
Sample (adjusted): 1982 1999
Included observations: 18 after adjustments
Cross-sections included: 3
Total pool (balanced) observations: 54
Iterate coefficients after one-step weighting matrix
Convergence achieved after 12 total coef iterations

Variable	Coefficient	Std. Error	t-Statistic	Prob.
US--C	9.029665	1.548343	5.831823	0.0000
CA--C	12.69934	2.542669	4.994490	0.0000
UK--C	11.82503	1.051564	11.24519	0.0000
US--XUS	-0.027949	0.016426	-1.701510	0.0956
CA--XCA	-0.046619	0.030579	-1.524552	0.1342
UK--XUK	-0.037408	0.013000	-2.877526	0.0061
AR(1)	1.100910	0.114024	9.655072	0.0000
AR(2)	-0.592651	0.099813	-5.937644	0.0000

Weighted Statistics

R-squared	0.883945	Mean dependent var	8.400392
Adjusted R-squared	0.866285	S.D. dependent var	2.456839
S.E. of regression	0.792585	Sum squared resid	28.89681
F-statistic	50.05208	Durbin-Watson stat	1.478638
Prob(F-statistic)	0.000000		

Unweighted Statistics

R-squared	0.872976	Mean dependent var	8.216667
Sum squared resid	28.97110	Durbin-Watson stat	1.472013

从表 11-27 可以看出,变系数固定影响模型的 OLS 估计与 GLS 估计的参数相差较小,检验指标略有不同。GLS 估计使美国、加拿大的斜率项的 t 检验绝对值略有变小,英国的斜率项的 t 检验绝对值略有变大。GLS 估计使 $\bar{R}^2$ 变大、F 统计量值增大,GLS 估计结果相对 OLS 估计结果更好一些。

8. **解答** (1) 首先建立合成数据库(pool)对象;其次定义序列名并输入数据;最后利用 EViews 软件对四家公司总投资模型进行 OLS 估计。

对第一个公司(GE)的 OLS 估计结果为

$$\hat{Y}_{GE} = -9.9563 + 0.0266X_{1GE} + 0.1517X_{2GE}$$

$$t = (-0.3173) \quad (1.7057) \quad (5.9015)$$

$$\bar{R}^2 = 0.6706 \quad DW = 1.0721 \quad F = 20.3436 \quad RSS_1 = 13216.59$$

对第二个公司(GM)的 OLS 估计结果为

$$\hat{Y}_{GM} = -149.4667 + 0.1192X_{1GM} + 0.3715X_{2GM}$$

$$t = (-1.4138) \quad (4.6197) \quad (10.0270)$$

$$\bar{R}^2 = 0.9121 \quad DW = 0.9374 \quad F = 99.6457 \quad RSS_2 = 143117.9$$

对第三个公司(US)的 OLS 估计结果为

$$\hat{Y}_{US} = -50.0780 + 0.1714X_{1GM} + 0.4087X_{2GM}$$

$$t = (-0.3413) \quad (2.3254) \quad (2.8208)$$

$$\bar{R}^2 = 0.4200 \quad DW = 0.9216 \quad F = 7.8780 \quad RSS_3 = 154988.0$$

对第四个公司(WEST)的 OLS 估计结果为

$$\hat{Y}_{WEST} = -0.5804 + 0.0531X_{1WEST} + 0.0917X_{2WEST}$$

$$t = (-0.0724) \quad (3.3776) \quad (1.6335)$$

$$\bar{R}^2 = 0.7151 \quad DW = 1.4108 \quad F = 24.8401 \quad RSS_4 = 1769.034$$

(2) 将这 4 个公司的数据合并成一个大样本,按上述模型估计一个总的回归方程。

估计无个体影响的不变系数模型。模型形式为

$$Y_{it} = b_0 + b_1X_{1it} + b_2X_{2it} + u_{it} \quad (i = 1,2,3,4;\ t = 1935,\cdots,1954)$$

在 Pool 窗口的工具栏中单击 Estimate 键,打开 Pool Estimation(混合估计)窗口。在 Dependent variable 对话框中输入被解释变量 Y?;在 Regressors and AR() terms 的三个编辑框中,Common coefficients 栏中输入 C X1? X2?,在 Cross-section specific 和 Period specific 选择窗保持空白;在 Estimation method 三个选项框,Cross-section 选择 None, Period 中选择 None,在 Weights(权数)中选择 No weights;在 Estimation settings 选择 LS 方法;其他选择默认。完成合成数据模型定义对话框后,单击 OK 键,得如下混合回归方程:

$$\hat{Y}_{it} = -63.3041 + 0.1101X_{1it} + 0.3034X_{2it}$$

$$t = (-2.1376) \quad (8.0188) \quad (6.1546)$$

$$\bar{R}^2 = 0.7502 \quad DW = 0.2187 \quad F = 119.6292 \quad S_3 = 1560690$$

回归结果表明,回归系数显著不为 0,调整后的样本决定系数达 0.75,说明模型的拟合优度较高。从结果看,总投资 Y 与公司股价总市值 X_1 和固定资产净值 X_2 同向变动,公司股价总市值每增加 1 单位时,总投资将增加 0.11 个单位,固定资产净值每增加 1 单位时,总投资将增加 0.3 个单位。

(3) 估计变截距固定影响模型。在 Cross-section 选择 Fixed,其余选项同上,得到如下截距回归方程:

$$\hat{Y}_{it} = (-73.8495 + \hat{a}_{0i}) + 0.1079X_{1it} + 0.3462X_{2it}$$

$$t = (-1.9681) \quad (6.1653) \quad (12.9821)$$

$$\bar{R}^2 = 0.9301 \quad DW = 0.8072 \quad F = 211.3706 \quad S_2 = 419462.9$$

EViews 给出的个体影响反映的是各个体成员对总体平均状态的偏离。平均自发投资水平与各公司自发投资对平均自发投资的偏离之和为各公司自发投资。其中反映各公司投资差异的固定影响 a_{0i} 的估计结果见表 11-28。

表 11-28　各公司投资差异的固定影响

公　　司	固定影响估计值 $\hat{a}_{0i}$	截距 $=-73.8495+\hat{a}_{0i}$
GE	−171.942 9	−245.792 4
GM	−10.370 7	−84.220 2
US	167.689 9	93.840 4
WEST	14.623 7	−59.225 8

回归结果表明，回归系数显著不为 0，调整后的样本决定系数达 0.93，说明模型的拟合优度较高。从估计结果可以看出，对于 4 个公司来说，虽然公司的边际投资倾向相同，但是其公司的自发投资存在显著的差异。

在 Pool 窗口单击 View/Representations 可得方程式：

YGE=−171.942 9−73.849 5+0.107 9X1GE+0.346 2X2GE

YGM=−10.370 7−73.849 5+0.107 9X1GM+0.346 2X2GM

YUS=167.689 9−73.849 5+0.107 9X1US+0.346 2X2US

YWEST=14.623 7−73.849 5+0.107 9X1WEST+0.3461 2X2WEST

固定影响模型可按最小二乘虚拟变量(LSDV)模型估计，记 D_1 为公司 GE 的虚拟变量，即观测值属于 GE 时取值为 1，其他取值为 0；记 D_2、D_3、D_4 分别为公司 GM、US、WEST 的虚拟变量，取值规律同 D_1。LSDV 模型的 OLS 估计结果如下。

$$\hat{y}_{it}=-245.7924D_{1t}-84.2202D_{2t}+93.8405D_{3t}-59.2258D_{4t}+0.1079X_{1it}+0.3462X_{2it}$$
$$t=(-6.8636)\quad(-1.1502)\quad(2.5698)\quad(-2.9364)\quad(6.1653)\quad(12.9821)$$
$$\bar{R}^2=0.9301\quad \mathrm{DW}=1.1077$$

可以看出，该结果与上述固定影响模型的估计结果是一致的。

(4) 为了在上述模型中选取最好的模型，需进行如下两个 F 统计量检验。

首先，进行“截距和斜率在不同的横截面样本点和时间上都相同”的假设检验(H_2)。由上述估计结果可知：$S_2=419\,462.9$，$S_3=156\,069\,0$，$\mathrm{RSS}_1=13\,216.59$，$\mathrm{RSS}_2=143\,117.9$，$\mathrm{RSS}_3=154\,988.0$，$\mathrm{RSS}_4=1\,769.034$，$S_1=\mathrm{RSS}_1+\mathrm{RSS}_2+\mathrm{RSS}_3+\mathrm{RSS}_4=313\,091.5$，因此，$F_2$ 统计量为

$$F_2=\frac{(S_3-S_1)/[(N-1)(k+1)]}{S_1/[NT-N(k+1)]}=\frac{(1\,560\,690-313\,091.5)/(4-1)(2+1)}{313\,091.5/[4\times20-4\times(2+1)]}$$
$$=30.1072$$

对于 F_2，在 5% 的显著性水平下，自由度为(9,68)的 F 分布的临界值为 $F_{0.05}(9,68)=2.021$，因为 $F_2=30.1072>F_{0.05}(9,68)=2.021$，所以拒绝假设 H_2，即拒绝“截距和斜率在不同的横截面样本点和时间上都相同”的假设，继续检验假设 H_1。

$$F_1=\frac{(S_2-S_1)/[(N-1)k]}{S_1/[NT-N(k+1)]}=\frac{(419\,462.9-313\,091.5)/(4-1)\times2}{313\,091.5/[4\times20-4\times(2+1)]}=3.8504$$

对于 F_1，在 5% 的显著性水平下，相应的临界值为 $F_{0.05}(6,68)=3.079$，因为 $F_1=$

3.850 4 > $F_{0.05}(6,68)$ = 3.079，所以拒绝假设 H_1，即拒绝“斜率在不同的截面样本点和时间上都相同，但截距不相同”假设，表明应该选取固定影响变系数模型拟合样本，即按截面样本点四个公司各自的单一模型估计方程。

9. **解答** 估计变系数固定影响模型。上题中的(1)已经给出了每个公司单个方程的 OLS 估计，这也就是固定影响变系数模型的 OLS 估计。也可以在 EViews 软件中一次估计。

在 Dependent variable 对话框中输入被解释变量 Y?；Common coefficients 保持空白；在 Cross-section specific 栏中输入 C X1? X2?，Period specific 选择窗保持空白；Cross-section 选择 Fixed，Period 中选择 None；在 Weights（权数）中选择 No weights；在 Estimation settings 选择 LS 方法；其他选择默认。完成合成数据模型定义对话框后，单击 OK 键，得到固定影响变系数模型输出结果如表 11-29。

表 11-29 固定影响变系数模型估计结果

Dependent Variable: Y?
Method: Pooled Least Squares
Date: 10/28/17 Time: 10:04
Sample: 1935 1954
Included observations: 20
Cross-sections included: 4
Total pool (balanced) observations: 80

Variable	Coefficient	Std. Error	t-Statistic	Prob.
C	-52.52035	40.04327	-1.311590	0.1941
GE--X1GE	0.026551	0.037881	0.700903	0.4858
GM--X1GM	0.119210	0.019083	6.246796	0.0000
US--X1US	0.171430	0.052390	3.272221	0.0017
WEST--X1WEST	0.053055	0.104485	0.507779	0.6133
GE--X2GE	0.151694	0.062553	2.425046	0.0180
GM--X2GM	0.371525	0.027401	13.55858	0.0000
US--X2US	0.408709	0.102966	3.969367	0.0002
WEST--X2WEST	0.091694	0.373394	0.245568	0.8068
Fixed Effects (Cross)				
GE--C	42.56405			
GM--C	-96.94631			
US--C	2.442312			
WEST--C	51.93995			

Effects Specification

Cross-section fixed (dummy variables)

R-squared	0.951157	Mean dependent var	290.9154
Adjusted R-squared	0.943256	S.D. dependent var	284.8528
S.E. of regression	67.85489	Akaike info criterion	11.41010
Sum squared resid	313091.5	Schwarz criterion	11.76741
Log likelihood	-444.4040	Hannan-Quinn criter.	11.55335
F-statistic	120.3830	Durbin-Watson stat	0.974483
Prob(F-statistic)	0.000000		

表 11-29 上半部第 2 列是各公司的边际投资倾向估计值，后面 3 列是参数估计标准误、t 统计量值和相伴概率。表 11-29 中部为各公司自发投资对平均自发投资(第 1 行系数估计值−52.520 4)的偏离。表 11-29 下半部是整个回归方程的拟合优度、F 统计量、DW 统计量等指标。输出结果的方程形式如下：

$$YGE = 42.564\,1 - 52.520\,4 + 0.026\,6X1GE + 0.1517X2GE$$

$$YGM = -96.946\,3 - 52.520\,4 + 0.119\,2X1GM + 0.371\,5X2GM$$

$$YUS = 2.442\,3 - 52.520\,4 + 0.171\,4X1US + 0.408\,7X2US$$

$$YWEST = 51.940\,0 - 52.520\,4 + 0.053\,1X1WEST + 0.091\,7X2WEST$$

$$\bar{R}^2 = 0.943\,3 \quad F = 120.383\,0 \quad S_1 = 313\,091.5 \quad DW = 0.974\,5$$

表 11-29 结果表明，回归系数显著不为 0，F 统计量较大，模型的拟合优度较高。从估计

结果可以看出，4 个公司的投资结构具有明显的差异。在 4 个公司中，投资倾向最高是 US，其次是 GM、GE，而投资最低的是 WEST。

为了得到 GLS 估计，只需在“Weights”选项栏内选择“Cross-section weights”即可。GLS 估计结果如表 11-30 所示。

表 11-30 固定影响变系数模型 GLS 法

Dependent Variable: Y?
Method: Pooled EGLS (Cross-section weights)
Date: 10/28/17 Time: 10:06
Sample: 1935 1954
Included observations: 20
Cross-sections included: 4
Total pool (balanced) observations: 80
Linear estimation after one-step weighting matrix

Variable	Coefficient	Std. Error	t-Statistic	Prob.
C	-52.52035	45.34852	-1.158149	0.2509
GE--X1GE	0.026551	0.015566	1.705705	0.0926
GM--X1GM	0.119210	0.025804	4.619724	0.0000
US--X1US	0.171430	0.073721	2.325409	0.0230
WEST--X1WEST	0.053055	0.015708	3.377633	0.0012
GE--X2GE	0.151694	0.025704	5.901548	0.0000
GM--X2GM	0.371525	0.037052	10.02704	0.0000
US--X2US	0.408709	0.144889	2.820836	0.0063
WEST--X2WEST	0.091694	0.056135	1.633465	0.1070
Fixed Effects (Cross)				
GE--C	42.56405			
GM--C	-96.94631			
US--C	2.442312			
WEST--C	51.93995			

Effects Specification

Cross-section fixed (dummy variables)

Weighted Statistics

R-squared	0.953377	Mean dependent var	318.8954
Adjusted R-squared	0.945835	S.D. dependent var	166.7454
S.E. of regression	67.85489	Sum squared resid	313091.5
F-statistic	126.4104	Durbin-Watson stat	1.127765
Prob(F-statistic)	0.000000		

Unweighted Statistics

R-squared	0.951157	Mean dependent var	290.9154
Sum squared resid	313091.5	Durbin-Watson stat	0.974483

可以看出，变系数固定影响模型的 OLS 估计与 GLS 估计的参数是相同的，但检验指标不相同。GLS 估计显然更有效，t 统计量、F 统计量、R^2 统计量值等有所增加。

参考文献

[1] 孙敬水,马淑琴.计量经济学(第3版).北京:清华大学出版社,2014.

[2] 孙敬水.计量经济学学习指导与EViews应用指南.北京:清华大学出版社,2010.

[3] 李子奈,潘文卿.计量经济学(第四版).北京:高等教育出版社,2015.

[4] 李子奈,叶阿忠.高级应用计量经济学.北京:清华大学出版社,2012.

[5] 潘文卿,李子奈.计量经济学习学习指南与练习(第四版).北京:高等教育出版社,2016.

[6] 赵国庆.计量经济学(第五版).北京:中国人民大学出版社,2016.

[7] 赵国庆.高级计量经济学——理论与方法.北京:中国人民大学出版社,2014.

[8] 张晓峒.计量经济学.北京:清华大学出版社,2017.

[9] 张晓峒.EViews使用指南与案例.北京:中国财经经济出版社,2007.

[10] 庞皓.计量经济学(第五版).北京:科学出版社,2014.

[11] 庞皓.计量经济学学习辅导.北京:科学出版社,2012.

[12] 高铁梅.计量经济分析方法与建模:EViews应用与实例(第3版).北京:清华大学出版社,2016.

[13] 潘省初.计量经济学中级教程(第2版).北京:清华大学出版社,2013.

[14] 朱建平,胡朝霞,王艺明.高级计量经济学导论.北京:北京大学出版社,2009.

[15] 李宝仁.高级计量经济学.北京:经济科学出版社,2012.

[16] 靳云汇,金赛男.高级计量经济学(上册).北京:北京大学出版社,2007.

[17] 靳云汇,金赛男.高级计量经济学(下册).北京:北京大学出版社,2011.

[18] 白仲林.面板数据的计量经济分析.天津:南开大学出版社,2008.

[19] 易丹辉.数据分析与EViews应用(第2版).北京:中国人民大学出版社,2014.

[20] 马慧慧.EViews统计分析与应用(第3版).北京:电子工业出版社,2016.

[21] Damodar N. Gujarrati. Basic Econometrics. 5th edition, McGraw-Hill Company, 2008.

[22] William H. Greene. Econometric Analysis. 7th edition, Prentice-Hall Inc., 2012.

[23] Jeffrey M. Wooldridge. Introductory Econometrics: A Modern Approach. 5th edition, South-Western (Cengage Learning), 2013.

[24] Peter Kennedy. A Guide to Econometrics. 6th Edition, Wiley-Blackwell, 2008.

[25] Christopher Dougherty. Introductoin to Econometrics. 4th Edition, Pearson Education. Oxford University Press. 2011.

[26] Marno Verbeek. A Guide to Modern Econometrics. 4th Edition. England: John Wiley and Sons Ltd., 2012.

教师服务

感谢您选用清华大学出版社的教材！为了更好地服务教学，我们为授课教师提供本书的教学辅助资源，以及本学科重点教材信息。请您扫码获取。

教辅获取

本书教辅资源，授课教师扫码获取

样书赠送

管理科学与工程类重点教材，教师扫码获取样书

清华大学出版社

E-mail: tupfuwu@163.com
电话：010-83470332 / 83470142
地址：北京市海淀区双清路学研大厦 B 座 509

网址：https://www.tup.com.cn/
传真：8610-83470107
邮编：100084